学术著作

第二次国共合作的分歧、冲突与谈判研究

张守广 著

图书在版编目(CIP)数据

第二次国共合作的分歧、冲突与谈判研究/张守广著. —重庆：重庆出版社，2017.9
ISBN 978-7-229-11786-3

Ⅰ.①第… Ⅱ.①张… Ⅲ.①国共合作—研究—中国—1936—1946 Ⅳ.①K265.190.7

中国版本图书馆 CIP 数据核字(2017)第 226675 号

第二次国共合作的分歧、冲突与谈判研究
DIER CI GUOGONG HEZUO DE FENQI CHONGTU YU TANPAN YANJIU

张守广 著

责任编辑：郭 宜 王 娟
责任校对：何建云
装帧设计：重庆出版社艺术设计有限公司

重庆出版集团
重庆出版社 出版

重庆市南岸区南滨路 162 号 1 幢 邮政编码：400061 http://www.cqph.com
重庆出版社艺术设计有限公司制版
自贡兴华印务有限公司印刷
重庆出版集团图书发行有限公司发行
E-MAIL:fxchu@cqph.com 邮购电话：023-61520646
全国新华书店经销

开本：787mm×1092mm 1/16 印张：30.75 字数：453 千
2017 年 9 月第 1 版 2017 年 9 月第 1 次印刷
ISBN 978-7-229-11786-3
定价：61.50 元

如有印装质量问题，请向本集团图书发行有限公司调换：023-61520678

版权所有 侵权必究

《中国抗战大后方历史文化丛书》

编纂委员会

总 主 编：章开沅
副总主编：周 勇

编　　委：（以姓氏笔画为序）

山田辰雄	日本庆应义塾大学教授
马 振 犊	中国第二历史档案馆馆长、研究馆员
王 川 平	重庆中国三峡博物馆名誉馆长、研究员
王 建 朗	中国社科院近代史研究所副所长、研究员
方 德 万	英国剑桥大学东亚研究中心主任、教授
巴 斯 蒂	法国国家科学研究中心教授
西村成雄	日本放送大学教授
朱 汉 国	北京师范大学历史学院教授
任　　竞	重庆图书馆馆长、研究馆员
任 贵 祥	中共中央党史研究室研究员、《中共党史研究》主编
齐 世 荣	首都师范大学历史学院教授
刘 庭 华	中国人民解放军军事科学院研究员
汤 重 南	中国社科院世界历史研究所研究员
步　　平	中国社科院近代史研究所所长、研究员
何　　理	中国抗日战争史学会会长、国防大学教授
麦 金 农	美国亚利桑那州立大学教授
玛玛耶娃	俄罗斯科学院东方研究所教授

陆大钺	重庆市档案馆原馆长、中国档案学会常务理事
李红岩	中国社会科学杂志社研究员、《历史研究》副主编
李忠杰	中共中央党史研究室副主任、研究员
李学通	中国社会科学院近代史研究所研究员、《近代史资料》主编
杨天石	中国社科院学部委员、近代史研究所研究员
杨天宏	四川大学历史文化学院教授
杨奎松	华东师范大学历史系教授
杨瑞广	中共中央文献研究室研究员
吴景平	复旦大学历史系教授
汪朝光	中国社科院近代史研究所副所长、研究员
张国祚	国家社科基金规划办公室原主任、教授
张宪文	南京大学中华民国史研究中心主任、教授
张海鹏	中国史学会会长、中国社科院学部委员,近代史研究所研究员
陈　晋	中共中央文献研究室副主任、研究员
陈廷湘	四川大学历史文化学院教授
陈兴芜	重庆出版集团总编辑、编审
陈谦平	南京大学中华民国史研究中心副主任、教授
陈鹏仁	台湾中正文教基金会董事长、中国文化大学教授
邵铭煌	中国国民党文化传播委员会党史馆主任
罗小卫	重庆出版集团董事长、编审
周永林	重庆市政协原副秘书长、重庆市地方史研究会名誉会长
金冲及	中共中央文献研究室原常务副主任、研究员
荣维木	《抗日战争研究》主编、中国社科院近代史研究所研究员
徐　勇	北京大学历史系教授
徐秀丽	《近代史研究》主编、中国社科院近代史研究所研究员
郭德宏	中国现代史学会会长、中共中央党校教授
章百家	中共中央党史研究室副主任、研究员
彭南生	华中师范大学历史文化学院教授
傅高义	美国哈佛大学费正清东亚研究中心前主任、教授

温贤美　四川省社科院研究员
谢本书　云南民族大学人文学院教授
简笙簧　台湾"国史馆"纂修
廖心文　中共中央文献研究室研究员
熊宗仁　贵州省社科院研究员
潘　洵　西南大学历史文化学院教授
魏宏运　南开大学历史学院教授

编辑部成员（按姓氏笔画为序）

朱高建　刘志平　吴　畏　别必亮　何　林　黄晓东　曾海龙　曾维伦

总　序

章开沅

我对四川、对重庆常怀感恩之心,那里是我的第二故乡。因为从1937年冬到1946年夏前后将近9年的时间里,我在重庆江津国立九中学习5年,在铜梁201师603团当兵一年半,其间曾在川江木船上打工,最远到过今天四川的泸州,而启程与陆上栖息地则是重庆的朝天门码头。

回想在那国破家亡之际,是当地老百姓满腔热情接纳了我们这批流离失所的小难民,他们把最尊贵的宗祠建筑提供给我们作为校舍,他们从来没有与沦陷区学生争夺升学机会,并且把最优秀的教学骨干稳定在国立中学。这是多么宽阔的胸怀,多么真挚的爱心!2006年暮春,我在57年后重访江津德感坝国立九中旧址,附近居民闻风聚集,纷纷前来看望我这个"安徽学生"(当年民间昵称),执手畅叙半个世纪以前往事情缘。我也是在川江的水,巴蜀的粮和四川、重庆老百姓大爱的哺育下长大的啊!这是我终生难忘的记忆。

当然,这八九年更为重要的记忆是抗战,抗战是这个历史时期出现频率最高的词语。抗战涵盖一切,渗透到社会生活的各个层面。记得在重庆大轰炸最频繁的那些岁月,连许多餐馆都不失"川味幽默",推出一道"炸弹汤",即榨菜鸡蛋汤。……历史是记忆组成的,个人的记忆汇聚成为群体的记忆,群体的记忆会汇聚成为民族的乃至人类的记忆。记忆不仅由文字语言承载,也保存于各种有形的与无形的、物质的与非物质的文化遗产之中。历史学者应该是文化遗产的守望者,但这绝非是历史学者单独承担的责任,而应是全社会的共同责任。因此,我对《中国抗战大后方历史文化丛书》编纂出版寄予厚望。

抗日战争是整个中华民族(包括海外侨胞与华人)反抗日本侵略的正义战争。自从19世纪30年代以来，中国历次反侵略战争都是政府主导的片面战争，由于反动统治者的软弱媚外，不敢也不能充分发动广大人民群众，所以每次都惨遭失败的结局。只有1937年到1945年的抗日战争，由于在抗日民族统一战线的旗帜下，长期内战的国共两大政党终于经由反复协商达成第二次合作，这才能够实现史无前例的全民抗战，既有正面战场的坚守严拒，又有敌后抗日根据地的英勇杀敌，经过长达8年艰苦卓绝的壮烈抗争，终于赢得近代中国第一次民族解放战争的胜利。我完全同意《中国抗战大后方历史文化丛书》的评价："抗日战争的胜利成为了中华民族由衰败走向振兴的重大转折点，为国家的独立，民族的解放奠定了基础。"

中国的抗战，不仅是反抗日本侵华战争，而且还是世界反法西斯战争的重要组成部分。

日本明治维新以后，在"脱亚入欧"方针的误导下，逐步走上军国主义侵略道路，而首当其冲的便是中国。经过甲午战争，日本首先占领中国的台湾省，随后又于1931年根据其既定国策，侵占中国东北三省，野心勃勃地以"满蒙"为政治军事基地妄图灭亡中国，独霸亚洲，并且与德、意法西斯共同征服世界。日本是法西斯国家中最早在亚洲发起大规模侵略战争的国家，而中国则是最早投入反法西斯战争的先驱。及至1935年日本军国主义者通过政变使日本正式成为法西斯国家，两年以后更疯狂发动全面侵华战争。由于日本已经与德、意法西斯建立"柏林—罗马—东京"轴心，所以中国的全面抗战实际上揭开了世界反法西斯战争（第二次世界大战）的序幕，并且曾经是亚洲主战场的唯一主力军。正如1938年7月中共中央《致西班牙人民电》所说："我们与你们都是站在全世界反法西斯的最前线上。"即使在"二战"全面爆发以后，反法西斯战争延展形成东西两大战场，中国依然是亚洲的主要战场，依然是长期有效抗击日本侵略的主力军之一，并且为世界反法西斯战争的胜利做出了极其重要的贡献。2002年夏天，我在巴黎凯旋门正好碰见"二战"老兵举行盛大游行庆祝法国光复。经过接待人员介绍，他们知道我也曾在1944年志愿从军，便热情邀请我与他们合影，因为大家都曾是反法西斯的战士。我虽感光荣，但却受之有愧，因为作为现役军人，未能决胜于疆场，日本就宣布投降了。但是法国老兵非常尊重中国，这是由于他们曾经投降并且亡国，而中国则始终坚持英勇抗战，并主要依靠自己的力量赢得最后胜利。尽管都是"二战"的主要战胜国，毕竟分量与地位有所区别，我们千万不可低估自己的抗战。

重庆在抗战期间是中国的战时首都，也是中共中央南方局与第二次国共合作的所在地，"二战"全面爆发以后更成为世界反法西斯战争远东指挥中心，因而具有多方面的重要贡献与历史地位。然而由于大家都能理解的原因，对于抗战期间重庆与大后方的历史研究长期存在许多不足之处，至少是难以客观公正地反映当时完整的社会历史原貌。现在经由重庆学术界倡议，并且与全国各地学者密切合作，同时还有日本、美国、英国、法国、俄罗斯等外国学者的关怀与支持，共同编辑出版《中国抗战大后方历史文化丛书》，堪称学术研究与图书出版的盛事壮举。我为此感到极大欣慰，并且期望有更多中外学者投入此项大型文化工程，以求无愧于当年的历史辉煌，也无愧于后世对于我们这代人的期盼。

在民族自卫战争期间，作为现役军人而未能亲赴战场，是我的终生遗憾，因此一直不好意思说曾经是抗战老兵。然而，我毕竟是这段历史的参与者、亲历者、见证者，仍愿追随众多中外才俊之士，为《中国抗战大后方历史文化丛书》的编纂略尽绵薄并乐观其成。如果说当年守土有责未能如愿，而晚年却能躬逢抗战修史大成，岂非塞翁失马，未必非福？

2010年已经是抗战胜利65周年，我仍然难忘1945年8月15日山城狂欢之夜，数十万人涌上街头，那鞭炮焰火，那欢声笑语，还有许多人心头默诵的杜老夫子那首著名的诗："剑外忽传收蓟北，初闻涕泪满衣裳！却看妻子愁何在？漫卷诗书喜欲狂。白日放歌须纵酒，青春作伴好还乡。即从巴峡穿巫峡，便下襄阳向洛阳。"

即以此为序。

庚寅盛暑于实斋

（章开沅，著名历史学家、教育家，现任华中师范大学东西方文化交流研究中心主任）

序

周 勇

"中国人民抗日战争的胜利,成为中华民族走向复兴的历史转折点。"①

"这一伟大胜利,彻底粉碎了日本军国主义殖民奴役中国的图谋,洗刷了近代以来中国抗击外来侵略屡战屡败的民族耻辱;重新确立了我国在世界上的大国地位,中国人民赢得了世界爱好和平人民的尊敬;开辟了中华民族伟大复兴的光明前景,开启了古老中国凤凰涅槃、浴火重生的新征程。这一伟大胜利,也是中国人民为世界反法西斯战争胜利、维护世界和平作出的重大贡献。"②

抗日战争时期,重庆是中国的战时首都、中共中央南方局所在地,是以国共合作为基础的抗日民族统一战线的重要政治舞台,是世界反法西斯战争东方战场统帅部所在地,为中国人民抗日战争和世界反法西斯战争的胜利作出了巨大的历史贡献。以重庆为中心的中国西部地区,是中国抗战的大后方,大后方人民在浴血奋战的抗战历史中,创造出独具特色的抗战历史文化。抗战大后方历史文化发展的主导力量,是中国共产党倡导和推动建立的以国共合作为基础的抗日民族统一战线。

为纪念中国人民抗日战争暨世界反法西斯战争胜利60周年,2008年以来,在中共重庆市委的领导下,重庆市实施了"重庆中国抗战大后方历史文化

---

① 胡锦涛:《在纪念抗日战争胜利60周年大会上的讲话》(2005年9月3日),《人民日报》2005年9月4日。
② 《习近平在中共中央政治局第二十五次集体学习时强调,让历史说话,用史实发言,深入开展中国人民抗日战争研究》(2015年7月30日),《人民日报》2015年7月31日。

研究和建设工程"。在此背景下，我们根据以重庆为中心的抗战大后方历史特点，专门设计以抗战时期国共合作为题的重大研究项目，获得了中宣部的批准立项。历时八年，我们承担并开展了国家交给我们的"第二次国共合作及其经验研究"，取得了一系列新进展、新成果。纳入《中国抗战大后方历史文化丛书》的"第二次国共合作及其经验研究系列"就是这些成果的集中体现。

时值上述成果完成并即将出版之际，中共中央政治局于2015年7月30日就中国人民抗日战争的回顾和思考，进行了第二十五次集体学习。中共中央总书记习近平在主持时强调：长期以来，对中国人民抗日战争的研究，取得了许多重要成果；"同时，同中国人民抗日战争的历史地位和历史意义相比，同这场战争对中华民族和世界的影响相比，我们的抗战研究还远远不够，要继续进行深入系统的研究"。"要坚持用唯物史观来认识和记述历史，把历史结论建立在翔实准确的史料支撑和深入细致的研究分析的基础之上。"为此他要求"要加强国家层面的统筹协调，按照'总体研究要深、专题研究要细'的原则，制订中长期规划和具体工作方案，确定研究重点和主攻方向"。[①]

这一重要讲话是对中国人民抗日战争研究的顶层设计，意味着抗战研究将作为中国近现代历史学科的"显学"而成为常态，进入重点推进的新阶段。

在本课题结题的时候，这一讲话既是对既往研究的充分肯定，更是对未来深入研究的方向引领。

一、项目体系

大家看到的"第二次国共合作及其经验研究系列"是国家哲学社会科学基金特别委托项目"第二次国共合作及其经验研究——以中共中央南方局和抗战大后方为中心"（项目批准号：09@ZH012，简称"特别委托项目"）的最终成果。

这一项目的申报始于2008年重庆市酝酿"重庆中国抗战大后方历史文化研究和建设工程"之际，得到了中央领导同志和中央宣传部、中央文献研究

[①]《习近平在中共中央政治局第二十五次集体学习时强调，让历史说话，用史实发言，深入开展中国人民抗日战争研究》(2015年7月30日)，《人民日报》2015年7月31日。

室、中央党史研究室、国家新闻出版总署、军事科学院等单位的大力支持。这一项目由重庆市委宣传部和西南大学联合申报，以周勇教授为首席专家，由中共重庆市委抗战大后方历史文化工作协调小组及其办公室牵头，整合国内及全市研究力量，协同实施。

在此背景下，这一课题所涉及的一批重要的研究及工作项目被列为"特别委托项目"的子课题，有的被重庆市哲学社会科学规划领导小组办公室列为重庆市社科规划的重大项目，形成了以"第二次国共合作"为核心主题，以"特别委托项目"为中心，以重庆社科项目为延伸，以全国范围研究力量为骨干，强调基础研究与应用研究相结合、历史研究与史料搜集相结合、学术研究与应用研究相结合，主次分明、层次清晰的立体式项目结构，以达成研究力量多元、优势互补的研究体系。从而很好地发挥了中央和地方的学术引擎"双驱动"作用，呈现相互支撑、协同创新、成果互补的良好局面，为完成这一国家社科规划重大项目打下了坚实基础。

这些项目主要有：

2009年："第二次国共合作的形成与发展研究"（中央党史研究室李蓉主持，批准号：2009-ZDZX02）、"第二次国共合作国际国内环境研究"（西南大学张国镛主持，批准号：2009-ZDZX01）、"第二次国共合作政策与策略研究"（重庆市委党校胡大牛主持，批准号：2009-ZDZX03）、"第二次国共合作模式与机制研究"（西南大学潘洵、鲁克亮主持，批准号：2009-ZDZX04）、"第二次国共合作的分歧、冲突与谈判研究"（西南大学张守广、谭刚主持，批准号：2009-ZDZX05）、"第二次国共合作的成效与影响研究"（西南大学刘志英、杨如安主持，批准号：2009-ZDZX06）、"第二次国共合作破裂以来的国共关系的演变研究"（北京大学牛军主持，批准号：2009-ZDZX07）、"第二次国共合作的历史经验及其对当前发展两岸关系的指导意义研究"（重庆市委宣传部苟欣文主持，批准号：2009-ZDZX08）。

2010年："抗战大后方与周恩来研究"（中央文献研究室廖心文主持，批准号：2010-ZDZX03）、"抗战时期国共合作档案文献资料汇编"（西南大学潘洵主持，批准号：2010-ZDZX11）、"重庆谈判档案文献汇编"（重庆中国抗战大后方研究中心刘志平主持,批准号:2010-ZDZX12)、"国民参政会档案文献资料汇编"(重庆中国抗战大后方研究中心黄晓东主持,批准号:2010-ZDZX13)、"政治协商会议档案文献资料汇编"(重庆中国抗战大后方研究中心何林主持,批准号:2010-ZDZX14)"中共南方局党史资料汇编"(重庆市委党史研究室徐塞声主持,批准号:2010-ZDZX10)。

2011年:"董必武与抗战大后方研究"(西南政法大学俞荣根主持,批准号:2011-ZDZX01)、"红岩千秋——南方局口述历史资料集"(重庆中国抗战大后方研究中心刘志平主持,批准号:2011-ZDZX02)。

2012年:"西部12省区市抗战大后方党史系列研究"(重庆市抗战大后方历史文化研究会周勇主持,批准号:2012-ZDZX02)。

2013年:"中共南方局与抗战大后方社会研究"(西南大学陈跃主持,批准号:2013-ZDZX02)、"中国共产党抗战大后方文献选编"(重庆红岩联线管理中心朱军、刘志平主持,批准号:2013-ZDZX05)、"抗战大后方八路军办事处档案文献汇编"(重庆红岩联线管理中心朱军、吴绍阶主持,批准号:2013-ZDZX06)、"中国抗战时期中间党派档案文献选编"(重庆市政协学习与文史委员会杨力主持,批准号:2013-ZDZX07)、"中国共产党抗战大后方活动研究"(重庆工商大学洪富忠主持,批准号:2013-ZDZX10)、"抗战时期中国共产党在重庆的舆论话语权研究"(重庆大学张瑾主持,批准号:2013-ZDZX28)。

2014年:"中国共产党抗战大后方文献研究"(西南大学中国抗战大后方研究中心刘志平主持,批准号:2014-ZDZX06)、"抗战时期美国与中共关系档案资料汇编"(西南大学张凤英主持,批准号:2014-ZDZX19)。

二、研究的意义和价值

立项研究"第二次国共合作及其经验",旨在深化考证研究,增进历史认同,解决遗留问题,构筑政治互信,探索合作新路。

自20世纪20年代以来,中国共产党和中国国民党就是中国政治舞台上影响中国近代历史进程的两大政党。虽然两大政党在政治纲领、政治信仰方面存在重大差异,但却有过两次比较成功的合作,对国家进步、民族复兴产生了重要的推动作用。令人遗憾的是,抗日战争结束以后,国共两党发生了严重的政治对抗,乃至兵戎相见,这种状况一直延续至今。

中共中央提出:"两岸应该本着建设性态度,积极面向未来,共同努力,创造条件,通过平等协商逐步解决两岸关系中历史遗留的问题和发展过程中产生的新问题。"①

在新的历史条件下,中共中央进一步提出,要"让历史说话,用史实发言,深入开展中国人民抗日战争研究";特别提出,要"推动海峡两岸学术界共享史料、共写史书,共同捍卫民族尊严和荣誉"②。为此,史学工作者应当恪守"一个中国"原则,尊重历史,求同存异,追求最大共识,增进政治互信,为推动两岸和平统一作出贡献。

因此,今天我们研究第二次国共合作的意义和价值就在于:

(一)有利于充分认识中国共产党是领导中国人民争取民族独立和人民解放的坚强核心和全民族抗战的中流砥柱,充分认识中国共产党在抗战大后方的卓越历史地位和巨大作用,深刻反映中国共产党倡导和推动建立的以国共合作为基础的抗日民族统一战线的形成和发展历程,继承和弘扬红岩精神

抗战时期,中国共产党领导的革命斗争,逐渐形成了两条战线、两个战场。一个是敌后抗日根据地的武装斗争,一个是中国共产党倡导和推进建立的抗日民族统一战线。特别是以重庆为中心的大后方,国际国内形势风云激荡,政治斗争纷繁复杂。中共中央南方局在党中央的正确领导下,始终高举抗日和民主的旗帜,坚持国共合作,牢牢把握抗日民族统一战线的领导权,正确处理统一战线中的阶级关系,凝聚民族力量,推动全民抗战,既为抗战胜利作出了重要贡献,又为民主党派阵营的形成和新中国建立后的中国共产党领导的多党合作政治格局的开创,奠定了坚实的基础。同时,在党中央领导下,以周恩来同志为代表的南方局老一辈无产阶级革命家,培育了以崇高思想境

---

① 胡锦涛在纪念《告台湾同胞书》发表30周年座谈会上的讲话(2008年12月31日),《人民日报》2009年1月1日第1版。

② 《习近平在中共中央政治局第二十五次集体学习时强调,让历史说话,用史实发言,深入开展中国人民抗日战争研究》(2015年7月30日),《人民日报》2015年7月31日。

界、坚定理想信念、巨大人格力量和浩然革命正气为本质的红岩精神,体现了中国共产党精神风范中的核心价值。红岩精神同井冈山精神、长征精神、延安精神一样,都是中国共产党人和中华民族的宝贵精神财富。深入研究第二次国共合作及其经验,就是要加强对中国共产党在抗战大后方的地位和作用的研究,梳理中国共产党倡导和推进建立的抗日民族统一战线的发生、发展历史轨迹,厘清各民主党派成长历史和经验教训,深入研究抗日民族统一战线形成的机制和方法。大力弘扬红岩精神,有利于在新的历史时期进一步坚持中国共产党的领导,坚持和完善中国共产党领导的多党合作和政治协商制度,增强民族凝聚力,加强民族大团结,为实现中华民族的伟大复兴提供强大的精神动力。

(二)有利于充分认识第二次国共合作的重大意义和深远影响,增强新时期发展国共关系和两岸关系的责任感和自觉性

1931年"九一八"事变后,面对空前严重的民族危机和国内日益高涨的抗日浪潮,中国共产党和中国国民党及时调整政策,以民族利益为重,捐弃前嫌,求同存异,毅然再次合作,共赴国难,实现了中华民族的空前团结,并最终取得了近百年来第一次民族解放战争的完全胜利,开启了中华民族走向复兴的伟大转折。通过对大陆、台湾及其他地区和国家保存资料的参照对比、梳理考证和重新解读,进一步研究抗战时期国共两党艰难曲折的合作历程,还原第二次国共合作的历史真实;系统论证第二次国共合作取得的重大成果及其对抗日战争的伟大胜利、对中华民族走向复兴的伟大转折、对国共两党的发展所产生的深远影响;总结梳理抗战结束后,两党政治对立、国家分裂对民族复兴和国家利益造成的严重伤害,将有利于我们充分认识国共两党"合则对国家有利,分则必伤民族元气"的经验教训,进一步增强新时期发展国共关系和两岸关系的责任感和自觉性。

(三)有助于化解歧见,增加互信,解决历史遗留问题,为实现祖国和平统一排除历史认知障碍

抗战时期第二次国共合作的历史,既是国共两党求同存异、相忍为国的集中体现,也是两党智慧较量和实力斗争的充分展示。第二次国共合作取得

了抗战的胜利,推动了民族的复兴,同时也对国共两党产生了重要的影响。中国共产党通过与国民党的合作、与广大中间党派的合作,努力争取实现抗日和民主两大目标,获得了空前的发展,建立了一系列根据地,拥有了强大的军队,党员人数剧增,赢得了广大人民群众的支持,成为全国性大党,为中国人民抗日战争暨世界反法西斯战争的胜利作出了重大贡献,初步得到国际社会的了解,也为新中国政治制度奠定了重要的基础。中国国民党通过合作抗日,取得了中国历史上成功抵御外敌入侵、胜利还都的"不曾有的先例"(冯友兰语)。然而,长期以来,国民党和台湾方面并不认同国共合作,甚至完全不提"国共合作",其中重要原因,就是把国民党在大陆的失败完全归咎于国民党在抗战时期所谓的"容共政策",认为在两次国共合作中,国民党都吃尽苦头,终以中华民国退出中国大陆为代价,因此决不能再搞"国共合作"。这种对国共合作历史及经验教训的认识误区,实际上已成为国民党和台湾当局的一个历史包袱,也是阻碍当前发展两党和两岸关系的制约因素。因此,深化对第二次国共合作历史的研究,以科学的历史观正确认识第二次国共合作的历史、成果、影响及经验教训,有助于增进国共两党、海峡两岸的历史认同,逐步解决两岸关系中的历史遗留问题,构筑两岸政治互信的基石,从而排除祖国和平统一的历史认知障碍。

(四)有助于借鉴历史经验,在新的形势下积极探索发展两岸、两党关系的新内容、新形式与新机制

经过30多年的改革开放,中国的面貌发生了历史性变化,中国同世界的关系也发生了历史性变化。随着国家综合国力的整体增强,中华文化走向世界,中国的国际地位和影响力正在进一步提升,两党交流合作、两岸共谋发展迎来了新的国内和国际环境。两岸关系历经风雨坎坷,随着国民党在台湾执政地位的重新确立,台湾局势发生积极变化,两岸关系也迎来难得的历史发展机遇。历史研究的终极目的不仅是知晓过去,更是理解现在,指引未来。抗战时期以国共合作为核心的党际合作、朝野合作,最终表现为团结御侮、民族复兴,表现了中华民族生生不息的顽强生命力,尤其突出地表现了中华民族持久坚韧的民族凝聚力。研究第二次国共合作的历史,就是为发展两党关

系和两岸关系提供历史借鉴。这有助于站在新的历史起点上，探索基于民族凝聚力、建立党际政治互信与政治合作的制度性框架，乃至于更深入、更广泛层次的合作策略、合作模式与合作机制（如基于一个国家之下的不同政权、不同政党之间的合作），探索发展两党关系和两岸关系的新内容、新形式、新模式，有助于促进结束两党、两岸的政治对立，实现祖国的早日统一。

（五）有助于深化对中国近代史、抗日战争史、中华民族复兴史、国共两党关系史、民主党派史的研究，进一步从学理和法理上遏制"台独"，促进祖国统一

正确的历史经验教训建立在科学的理论指导和最基本的史实研究基础之上。没有客观、深入和系统的研究，不可能实事求是地弄清楚长期影响着两党感情的种种历史矛盾和冲突的来龙去脉。仅仅满足于早已设定的政治结论，既不利于学术研究，也不可能正确地总结历史上的经验教训。深入研究第二次国共合作的历史，要坚持中国化马克思主义的指导，要注重现实关怀，坚持学术标准，在还原历史的真实上狠下功夫；需要在已有学术研究成果的基础上，立足新形势，拓宽新领域，挖掘新史料，构建新体系，提出新思考；在历史研究中再攀学术高峰，从而深化对中国近代史、抗日战争史、中华民族复兴史、国共两党关系史、中国民主党派史的认识。更为重要的是，抗战历史文化研究，特别是第二次国共合作历史研究的基本前提是"一个中国"原则。因此，研究国共合作的历史就是对"一个中国"的论证，是对"一个中国"原则的坚持。因此，基于科学和理性基础上的研究，就是从学理和法理方面遏制"台独"，这是海峡两岸学界对促进祖国统一最实在的贡献。

三、国内外对第二次国共合作研究现状述评

（一）国内（含台湾地区）研究现状

自20世纪80年代以来，中国史学界对国共两党关系史的研究日益深入，硕果累累。其中对第二次国共合作的研究，成绩尤为显著。

发表的论文，据不完全统计，截至目前为止，以"第二次国共合作"为主题在CNKI学术期刊网上进行检索，有研究论文1200余篇，其主要侧重在共产

国际和第二次国共合作、第二次国共合作形成的历史过程和涉及的人物、对抗日战争胜利所起的巨大作用和意义、第二次国共合作期间国共两党的历次谈判、第二次国共合作为什么没能实行党内合作、抗日战争时期中共是否取得合法地位、第二次国共合作期间两党关系发生根本变化的标志、第二次国共合作破裂主要标志和过程、西安事变，等等。另外，中共党史学会选编的纪念抗日战争胜利40周年论文集《抗日民族统一战线与第二次国共合作》(中国文史出版社，1987年版)、第一至第五届全国国共两党关系史学术讨论会论文集等，均收入大量有关第二次国共合作的论文。

出版的资料集，主要有：中共党史资料征集委员会编辑的《第二次国共合作的形成》(中共党史资料出版社，1989年版)；中央统战部、中央档案馆编辑的《中共中央抗日民族统一战线文件选编(上、中、下)》(档案出版社，1985年版)；重庆市政协文史资料委员会、重庆市委党校、红岩革命纪念馆合编的《抗战时期国共合作纪实(上、下)》(重庆出版社，1992年版)；中共湖北省委党史资料征集编研委员会、中共武汉市委党史资料征集编研委员会编的《抗战初期中共中央长江局》(湖北人民出版社，1991年版)；南方局党史资料征集小组编的《南方局党史资料(1—6)》(重庆出版社，1986—1990年版)；重庆市政协文史资料研究委员会编的《国民参政会纪实(上、下、续)》(重庆出版社，1985、1987年版)；中共重庆市委党史工作委员会、重庆市政协文史资料研究委员会、红岩革命纪念馆合编的《重庆谈判纪实》(重庆出版社，1983年版)；中共重庆市委党史研究室、重庆市政协文史资料委员会、红岩革命纪念馆合编的《重庆谈判纪实增订本》(重庆出版社，1993年版)；重庆市政协文史资料研究委员会、重庆市委党校合编的《政治协商会议纪实》(重庆出版社，1989年版)；中共代表团梅园新村纪念馆编辑的《国共谈判文献资料选辑(1945.8—1947.4)》(江苏人民出版社，1980年版)；中央档案馆编辑的《中共中央文件选集》(内部本第10—13册，中央党校出版社，1985—1987年版)；中央档案馆编辑的《中共中央文件选集》(公开本第11—16册，中央党校出版社，1991—1992年版)；中央文献研究室和中共南京市委编辑的《周恩来1946年谈判文选》(中央文献出版社，1996年版)，以及中共中央文献研究室、中央档案馆合编的《建党以来重要文献选编(1921—1949)》(其中涉及1931—1945年抗战时期的共15册,即第8—22册,中央文献出版社,2011年版)。另有西安事变资料多种,皖南事变资料多种。

出版的专著主要有:张梅玲的《干戈化玉帛——第二次国共合作的形成》(中国广播电视出版社,1991年版),郝晏华的《从秘密谈判到共赴国难——国共两党第二次合作形成探微》(北京燕山出版社,1992年版),杨奎松的《失去的机会?战时国共谈判实录》(广西师范大学出版社,1992年版),李良志的《度尽劫波兄弟在——战时国共关系》(广西师范大学出版社,1993年版),黄修荣的《抗战时期国共关系纪事(1931—1945)》(中共党史出版社,1995年版)和《国共关系70年纪实》(重庆出版社,1994年版)等。

此外,国共关系史、国共合作史以及中共党史、中国国民党党史著作中均有大量篇幅论述第二次国共合作问题。此方面的著作主要有:林家有的《国共合作史》(重庆出版社,1987年版),王功安、毛磊主编的《国共两党关系史》(武汉出版社,1988年版),杨世兰等主编的《国共合作史稿》(河南出版社,1988年版),张广信的《国共关系史略》(陕西教育出版社,1989年版),唐培吉等的《两次国共合作史稿》(浙江人民出版社,1989年版),苏仲波、杨振亚主编的《国共两党关系史》(江苏人民出版社,1990年版),李良志、王顺生的《国共合作历史与展望》(福建人民出版社,1990年版),秦野风等的《国共合作的过去与未来》(黑龙江教育出版社,1991年版),王功安、毛磊主编的《国共两党关系通史》(武汉大学出版社,1991年版),马齐彬主编的《国共两党关系史》(中共中央党校出版社,1995年版),范小方、毛磊的《国共谈判史纲》(武汉出版社,1996年版),杨奎松的《国民党的"联共"与"反共"》(社会科学文献出版社,2008年版)等。

从20世纪80年代后期到90年代前期,国共合作研究曾一度形成高潮,发表了大量的研究论文和学术专著,也涌现出了李良志的《度尽劫波兄弟在——战时国共关系》,杨奎松的《失去的机会?战时国共谈判实录》,王功安、毛磊主编的《国共两党关系通史》和马齐彬主编的《国共两党关系史》等质量较高的著述。90年代中期以后,出现了杨奎松的《国民党的"联共"与"反共"》,这部著作使用了国共双方大量可靠、翔实的资料,论述严密,多有创见,被称为研究国共关系的"开先河之作"。

但总体而言,抗战期间国共关系研究无论在史料史实方面,还是在观点创新方面,取得突破性进展的研究成果并不多,[①]尤其是对国民党方面的研究相当欠缺,而低水平重复的现象大量存在,研究的视野还有待超越,研究的领域还有待拓宽,研究的史料还有待发掘,专题研究还有待深入。特别是作为第二次国共合作主要机构的中共中央南方局和重要活动舞台的抗战大后方,一直没有受到研究者的重视,这不能不说是第二次国共合作研究的重大缺陷。

台湾地区和国民党方面长期否认国共合作,1956年蒋介石撰写《苏俄在中国》,总结失败的原因、教训,认为"对共党谈判和共军收编,乃是政策和战略上的一个根本错误"。无论是国民党还是民进党,都把国民党丢掉中国大陆归因于所谓的国民党"容共政策"。陈永发的《中国共产革命七十年》(台北联经出版事业公司,1998年版)、张玉法的《中华民国史稿》(台北联经出版事业公司,2001年修订版)和《中国现代史》(东华书局,2001年增订版),都有较大的篇幅论述国共在抗日战争中的联合与斗争,但仍然仅仅是从国民党的立场来分析国共关系,具有相当的片面性。

(二)国外研究现状

国外涉及第二次国共合作研究的著述不多。日本学者波多野善大开风气之先,对国共合作进行了专题研究,并形成了一部专著《国共合作》(罗可群译,广东档案史料丛刊增刊,1982年版),这也是目前所见国外最早的一部直接研究第二次国共合作历史的学术著作。日本山田辰雄(齐福霖译)的《中国对国民党史的研究——以国共合作为中心的重新探讨》也对国共合作进行了探讨。奥夫钦尼科夫的《中国抗日民族统一战线的形成和发展》(莫斯科,1985年版)是苏联学者论述国共合作的代表性作品,但过分强调苏联和共产国际的作用。美国方面有范力沛的《敌与友:中共党史中的统一战线》(斯坦福大学出版社,1976年版),比较系统地论述了中共党史中的统一战线问题。

[①] 参见杨奎松:《抗战期间国共关系研究50年》,载《抗日战争研究》1999年第3期。

而涉及国共关系,尤其是在中美关系中涉及国共关系的论述很多,包括易劳逸的《毁灭的种子:战争和革命中的中国(1937—1949)》(斯坦福大学出版社,1948年版)、齐锡生的《抗战期间的国民党中国:军事失利与政治崩溃(1937—1945)》(密歇根大学出版社,1982年版)、迈克尔·沙勒的《美国十字军在中国(1938—1945)》、《马歇尔使华》(美国,1976年版)、苏姗娜·佩伯的《中国的内战:政治斗争(1945—1949)》(《剑桥中国史》第13卷,剑桥大学出版社,1986年版)、赫伯特·菲斯的《中国的纠葛——从珍珠港事变到马歇尔使华美国在中国的努力》(普林斯顿大学出版社,1953年版)、肯尼思·休梅克的《美国人与中国共产党人》(康奈尔大学出版社,1971年版)、约翰·斯图尔特·谢伟思的《美亚文件与中美关系史上的若干问题》(加州大学伯克利中国研究中心,1971年版)、约瑟夫·W.埃谢里的《在中国失掉的机会——美国前外交官约翰·W.谢伟思第二次世界大战时期的报告》(纽约,1974年版)、巴巴拉·W.塔奇曼的《史迪威与美国在华经验(1941—1945)》(麦克米伦公司,1978年版)等。英国有关第二次国共合作的著述包括嘉韦的《第二次统一战线的起源:共产国际和中国共产党》,论述了共产国际对中国共产党统一战线提出的影响;沈奎功的《中国共产主义者的强大道路:抗日民族统一战线(1935—1945)》,论述了中国共产党抗日民族统一战线的形成和发展过程;方德万的《中国的民族主义和战争》也对国共合作抗日有所涉及。国外研究也在美、苏等国对国共关系影响的研究方面取得了不少的成果。但总体而言,国外对国共合作的研究,由于受到意识形态、史料等多方面的影响,专题性的研究不多,也不深入。

综上所述,中外学术界对第二次国共合作已经进行了大量研究,取得了重要的成就。但是,还有大量的空白需要填补,还有许多问题需要深入,还有相当的史料需要发掘,尤其是对代表中共与国民党交往,具体实施第二次国共合作的中共中央南方局的研究,总体还相对薄弱;对国共合作舞台的大后方的研究,还处在起步阶段。因此还有相当大的空间可以施展,这是当今学人,尤其是作为第二次国共合作重要政治舞台的抗战大后方和国共合作主要机构的中共中央南方局所在地的研究机构和研究学者必须担任的历史责任。

四、项目的总体框架

本项目的基本理念是"中国立场,国际视野,学术标准,一流水平,进入西方主流社会,服务全国大局"。即:坚持国家民族立场,超越国共两党视野,站在前人研究的基础之上,以中共中央南方局与抗战大后方为中心,立足新形势,拓宽新领域,挖掘新史料,构建新体系,提出新思考,分专题深入研究第二次国共合作的国际国内环境、政策与策略、形成与发展、模式与机制、分歧与谈判、成就与影响,系统总结分析第二次国共合作的历史经验和对当前发展两岸关系的现实指导意义,服务于推动两岸关系和平发展、实现中华民族伟大复兴的大局。为此我们努力:

尊重历史事实。即从客观历史实际出发,在史料搜集、挖掘和考订上狠下功夫,通过史料的发掘来还原历史的真实。一方面要发掘和运用国共双方现存而尚未很好使用的历史档案;另一方面也要用好已经公开但利用不够的档案文献,特别是中共中央南方局档案和《新华日报》《群众周刊》等大量反映国共合作的文献资料。必须立足让史实说话。

拓宽研究领域,加强对过去较少关注或忽视的第二次国共合作的政策与策略、模式与机制、成就与影响的研究(如成就方面过去较多关注政治层面、文化层面,而对经济层面、社会层面、外交层面关注不多),特别是过去比较忽略、比较肤浅的对国民党及其政策的研究;注重构建研究框架,从纵向的发展历程研究转入横向的专题性研究。

关注历史与现实的结合。史学的任务不仅是回顾、复原历史,还要通过历史研究展望未来,探索历史发展的规律,为推进社会进步服务。

以中共中央南方局和抗战大后方为中心进行研究。中共中央南方局是抗日战争时期和解放战争初期中共中央派驻国民政府统治中心重庆的代表机关,在第二次国共合作中扮演了极其重要的角色,而抗战大后方是第二次国共合作最重要的活动舞台。以中共中央南方局和抗战大后方为中心进行研究,有助于深化对第二次国共合作诸多方面的认识。

项目研究的整体布局为三个部分:

(一)从八个方面对项目主题进行整体的深入研究

第二次国共合作国际国内环境研究；

第二次国共合作的形成与发展研究；

第二次国共合作政策与策略研究；

第二次国共合作的模式与机制研究；

第二次国共合作的分歧、冲突与谈判研究；

第二次国共合作的成果与影响研究；

第二次国共合作破裂以来国共关系的演变；

第二次国共合作的历史经验及其对当前发展两岸关系的指导意义。

以上内容是本项目研究的核心，也是本项目的代表性成果。

(二)对项目涉及的历史进行多侧面专题研究

中国共产党抗战大后方活动研究；

抗战大后方各省市党史研究；

中共南方局与抗战大后方社会研究；

抗战大后方与周恩来研究；

抗战大后方与董必武研究；

抗战时期中国共产党在重庆的舆论话语权研究。

以上内容围绕项目主题展开，是对主题所涉及的若干重大领域的挖掘，是从点和线上形成对主项目研究的深化。

(三)史料的搜集与整理

中国共产党抗战大后方文献；

中共中央南方局历史文献；

抗战大后方八路军办事处档案文献；

抗战时期国共合作档案文献资料；

国民参政会档案文献资料；

中共南方局口述历史资料；

重庆谈判档案文献；

政治协商会议档案文献资料；

中国抗战时期中间党派档案文献。

以上内容是本项目研究的特色,是整个学术研究创新的基础,也是主项目得以深化的前提。

五、项目研究的基本内容

(一)核心研究的基本内容

核心研究由八个子课题构成:

子课题之一:第二次国共合作国际国内环境研究

学术界至今尚未对该问题进行过全面系统的研究,若有也只是研究某一具体问题,没有就第二次国共合作整体系统的国际国内环境进行研究。因此我们认为,对第二次国共合作环境进行系统研究是一次新的学术尝试,本课题以求全面准确把握第二次国共合作的"生态环境"、环境表征和历史使然,为第二次国共合作的历史走向找出合乎历史逻辑的解释。这对第二次国共合作的研究是一个创新。

本子课题是整个课题研究的基础。我们力求深入系统地对第二次国共合作形成、运行和发展的外部环境和内部环境进行研究,为整个课题研究提供客观依据;同时也极大地拓宽了整个课题研究的领域,丰富和深化对整个课题的研究广度和厚度。作者把这种环境分为国际环境、国内环境、党际环境三个方面,从三个层次展开,即纵向研究影响第二次国共合作形成、发展过程中的国内外环境变化,并探究二者之间的关系;横向研究国共合作阶段决策的国内外环境及其对国共之间的影响;对比研究国共两党合作过程中各自受国内外环境变化的关系,探寻其中的规律,总结经验。

——第二次国共合作的国际环境。主要包括:一是德意日法西斯的侵略尤其是日本帝国主义对中国的侵略,这是促成第二次国共合作最主要的外部因素;二是英美等西方资本主义国家始终从自身战略利益权衡得失,在这一外部环境的影响下,国共合作始终充满变数;三是苏联为维护其自身利益,支援中国抗战和支持国共合作,牵制日本和中苏之间的博弈,支持建立广泛的反法西斯统一战线等。尽管美英和德意日进行过某种交易,甚至牺牲中国的一些利益,但根本上还是支持国共合作的,这是从积极方面促成国共合作的外部环境。

——第二次国共合作的国内环境。首先是政治环境,包括第一次国共合作的影响、各中间党派的诉求、地方实力派力量、社会贤达以及汪伪势力等因素和力量对第二次国共合作的影响。其次是经济环境。经济是基础,它对政治决策有影响作用。主要研究国共两党合作中的经济联系,以及这种经济联系对政治合作的影响。三是军事环境。两党军事力量的对比和消长,是影响第二次国共合作的重要条件。当共产党力量比较强势时,蒋介石国民党就要想方设法加以围剿;当共产党军事力量变弱时,蒋介石国民党同意改编;当双方军事斗争的矛头指向日本帝国主义侵略时,国共两党合作显得比较友好;当共产党军事力量再次发展后,蒋介石国民党又采取了军事摩擦,削弱共产党军事力量;当共产党军事力量再次减弱时,蒋介石国民党又伸出了橄榄枝,国共两党关系出现了微妙变化;当共产党力量再次强大时,国民党再也按捺不住了,于是有了后来的军事斗争,直到全面内战。四是文化环境。

——第二次国共合作的党际环境。主要是国民党、共产党、中间党派三个方面的相互影响。对于国民党来讲,作为执政党,自然要考虑处于反对党地位的共产党内外政策的变化。所以,共产党态度及政策的变化,必然会影响到国民党对共产党的态度等,从而成为一种外部环境;对于共产党来讲,处于执政地位的国民党内外政策的变化,也会影响到共产党对国民党态度的变化等,也会成为共产党制定政策和策略的外部环境;对于中间党派来说,他们虽然也处于在野地位,但他们是一支不可忽视的政治力量,或多或少能够影响国民党、共产党的政策和策略,也成为国民党、共产党的外部环境。特别需要指出的是,有时候,国民党的不同派别、共产党内部的不同意见,都可能成为一种影响决策的因素。

子课题之二:第二次国共合作的形成与发展研究

本子课题的基本任务是从历史的角度对国共第二次合作的发生、发展到结束的全过程进行系统的史实考察,给读者以第二次国共合作的完整印象,对其他子项目的研究提供史实支撑,同时形成国共第二次合作史的完整框架。

对第二次国共合作的历史,学界已经形成了一大批成果。但还没有出版将第二次国共合作作为独立的对象进行系统而全面研究且分量轻重的学术著作。特别是随着新的大量可靠、翔实的历史档案的披露和许多重要人物的日记、回忆录的公开,重新对第二次国共合作的形成与发展进行系统全面的史实梳理和深化研究就尤为迫切。

本子课题的研究着重于:与时俱进,站在21世纪的高度审视历史事件;实事求是,重视史料的掌握与运用;站上巨人的肩膀,在史学界已经取得成果的基础上前行;观水观澜,把握历史进程的关键环节。因此,在认真吸收与整合前人研究成果的基础上,重点利用中共南方局与抗战大后方等新史料,就第二次国共合作的接洽与会晤、推进与发展、合作与摩擦、破裂与对立重新进行了深入细致的梳理和研究,详细叙述了国共从分到联,再从联到分的过程,力争客观真实地描述国共两党领导人既为民族独立,也为主义、事业的坚持与妥协,最终以民族利益为重,捐弃前嫌,共赴国难,实现第二次合作并最终取得伟大的抗日战争的胜利。

在此基础上,作者形成了两个基本判断:一是国共第二次合作的历史,起于1935年中国共产党发表《八一宣言》,终于1947年3月8日中国共产党中央级人员吴玉章撤离重庆。二是国共第二次合作全过程的基本线索由八个关键环节构成,即:中共提出《八一宣言》和国民党响应—西安事变实际上结束了国共的内战—《国共合作宣言》的公开发表使中共实际上有了合法的名分—国民党五届六中全会和晋西事变所标志着的变化—林彪代毛泽东同蒋介石会谈和国民党五届十中全会表明两党关系的改善—抗战胜利后国共在新的基础上继续合作—国民党进攻中原解放区是由政治解决到军事解决的转折—中共代表团撤离是合作渠道的完全断绝。

基于以上基本判断,作者把第二次国共合作的进程分为七个阶段:1.酝酿阶段:起于《八一宣言》发表,终于西安事变之前;2.形成阶段:起于西安事变和平解决,终于《关于国共合作宣言》发表;3.展开阶段:起于国共合作宣言发表之后,终于国民党五届六中全会和晋西事变之前;4.波折阶段:起于1939

年11月国民党五届六中全会和晋西事变,终于1942年10月林彪代毛泽东同蒋介石会谈之前;5.持续阶段:起于1942年10月林彪代毛泽东同蒋介石会谈,终于抗战胜利;6.继续阶段:起于重庆谈判,终于1946年6月国民党政府军进攻中原解放区之前;7.终结阶段:起于1946年6月国民党政府军进攻中原解放区,终于1947年3月中共代表团撤出南京、上海、重庆。

子课题之三:第二次国共合作政策与策略研究

在以往的研究中,对第二次国共合作的政策与策略缺乏系统与深入的研究。本子课题围绕国共第二次合作的政策和策略展开,通过回顾和总结第二次国共合作进程中的国共两党关于合作的相关政策和策略的演变,分析其演变的主客观条件和相应的机制,力求全面深入并系统地梳理、准确理解把握合作双方在政策和策略上的演变过程和基本规律,进而为后面的几个子课题研究提供更加充分的客观依据。本子课题是整个研究课题中的创新点之一。

中共的政策和策略是旗帜鲜明的。作者将其概括为:以抗日民族统一战线包括抗日、民主两大根本任务,以在各方面工作中发展进步势力、争取中间势力、孤立反共顽固势力的战略任务为总政策,以区别对待各种政治势力而采取的又联合又斗争、以斗争求团结为总策略。以总政策和总策略指导而形成并体现为"三三制"政权、减租减息和交租交息、提高与普及民众文化和民族自尊心、大力发展中共武装力量等,以形成包括政治、经济、文化、军事等具体政策的分层级的政策和策略体系。其基本的运作程序是:总政策指导各方面战略任务,形成带有方向目标性的方针性政策和为实现方针性政策而采取的总策略。方针性政策和总策略决定各项目标的具体政策。其简化的程序是:总政策→总策略(方针性政策)→具体政策。可以说,毛泽东在政策、策略混用的纷繁表述中,厘清了政策和策略的分野与程序体系结构,具体指导了当时政策策略的策划和运用,为后世留下大量生动具体的"案例"。共产党的国共合作政策和策略,从总的方面讲,更多地注意在坚持抗战、动员群众、"发展壮大"方面着力,这是一笔厚重的思想财富,值得好好研究。

国民党绝口不提其政策策略规定,但其政策策略事实上却是客观存在的。国民党在抗战中的总政策是以"三民主义暨总理遗教"为"最高准绳",

"在本党及蒋委员长领导之下","全国人民捐弃成见,破除畛域,集中意志,统一行动",以"求抗战必胜,建国必成"的战略总目标;具体政策,如政治方面是组织国民参政会、实现县自治、改善各级政治机构、整饬纲纪、严惩贪官污吏。虽说从表现上并不涉及中共和各抗战小党派,但其"捐弃成见"就是要求中共等党派必须归属国民党当局在思想上、政治上的统一领导,即"溶共"等政策和策略内涵已包含其中。因此,其总政策可概括为抗战、反共、统一,而其策略包含在总政策中,又通过具体政策体现反映出来。由此可以推知,在反共总政策与推进参政会这类具体政策之间,有一套具体政策和策略在起作用。从反共目标和结果的关系看,从基本历史事实即政策实践的结果看,这套策略就只能是容共、溶共、限共等。所以,国民党政策规定的方式、程序仍然是:总政策→策略(方针或指导性政策)→具体政策。可以看出,国民党的国共合作政策和策略,从总的方面来讲,更多地是从依靠政府、"内部控制"的方面着力,缺乏动员群众等方面的思路。

在实践中,第二次国共合作只是发表政治宣言,有工作平台(国民参政会),但没有具体约束机制的合作方式,只能根据国共各自政策和策略采取"遇事协商"①的方式开展活动了。

纵观抗战时期的国共关系,其合作所依据的政策和策略,是国共两党各自拟订的;两党的"合作"政策目标,除抗战外,很多重大问题上是南辕北辙的,所以后来摩擦不断;正因为有了抗战这一共同点,才使合作得以形成并延续到最终。所以,研究第二次国共合作的政策和策略,基本内容就只能是以国共历史过程为经,以不同阶段的形势演变为纬,着力展现抗战中国的基本政策和策略及其演变和作用。

子课题之四:第二次国共合作的模式与机制研究

从模式与机制的角度去研究第二次国共合作,也是过去学术研究中较少关注或忽视的。本子课题从这一新的视角,全面回顾了第二次国共合作的模式和机制,即:1.第二次国共合作模式的磋商与确立。包括两党的初步合作

---

① 周恩来在中共六届六中全会上的发言记录,1938年9月30日。转引自金冲及主编的《周恩来传(1898—1949)》,人民出版社、中央文献出版社1989年版,第396页。

模式、两党关于正式合作模式的反复磋商和两党合作模式的初步形成。2.第二次国共合作的活动平台。包括抗战初期的国防参议会、《新华日报》与《群众周刊》、国民参政会、军委会政治部第三厅与文化工作委员会,以及抗战胜利后召开的政治协商会议。3.第二次国共合作的联络机制。包括国防会议及战区的划分、八路军(新四军)驻各地办事处(通讯处)和军事委员会驻延安联络参谋等。4.第二次国共合作的协商机制。包括政治谈判和军事谈判等。

在此基础上,作者分析了第二次国共合作确立后的两党合作模式和机制,探索第二次国共合作时期的两党合作模式和机制的产生、发展与破裂的演变历程与轨迹。本子课题是整个研究课题中的创新点之一。

子课题之五:第二次国共合作的分歧、冲突与谈判研究

目前学界虽对第二次国共合作的分歧有所注意与研究,但对国共政治分歧、军事冲突和国共谈判的研究相对不足。本子课题通过对抗战时期第二次国共合作的分歧、冲突与谈判进行全面系统研究,全面深入分析国共合作的特殊性和复杂性,努力加深和拓宽第二次国共合作研究的深度和广度。可以说,这是一个"问题阈"研究。

抗战时期,国共两党在政治、军事方面存在分歧和冲突,两党遇事协商谈判,两党甚至分分合合,这是第二次国共合作的常态和特点。

双方的分歧、冲突和谈判,主要围绕军队、政权、政党这三个基本问题展开。

双方的基本分歧在于:蒋介石、中国国民党及国民政府,在政治和理论上,完全缺乏关于国共合作及抗日民族统一战线的观念,并对于抗日民族统一战线形势及格局下的国共关系作出了不切实际的错误认知。这种错误认知,导致蒋介石、中国国民党及国民政府在抗战时期乃至于战后一系列重大军政处置上的严重失误,使国共两党在以抗战和建国为现实目标的第二次国共合作中冲突不断,险象环生。这种矛盾、冲突愈演愈烈的状况,既不利于战时团结抗日,也不利于战后合作建国,并导致最后两党关系的破裂。

双方的冲突表现在政治、军事、思想文化等各个方面:政治上,国民党方面掌握着中央政权,在政治上长期占据有利地位。国民党以中央政府名义,

强调军令政令统一和训政体制,要求中共交出军队,取消根据地政权。国民党拒绝从法律上承认中共合法地位,长期以"文化团体"对待中共。军事上,国民党不断制造摩擦、冲突,并对陕甘宁边区实行封锁;思想文化上,强调三民主义,认为共产主义不适合中国国情等。中共方面,强调其作为政党的独立性,并在团结、民主、抗战、建国的旗帜下,要求国民政府允许其扩编军队并补充饷弹,承认根据地民选政权,承认中共及一切抗日党派的合法地位,战时合作抗战,战后合作建国;要求国民党实行真正民主,最后提出"联合政府"的政权主张,否认国民党一党专政的合法性。中共强调,现阶段当然信奉三民主义,但将来还是要致力于共产主义的事业。

双方的谈判大致上分为战时和战后两个阶段:第一次和第二次谈判围绕防区及中共军队的扩编、边区政权的范围等具体问题展开,第三、四、五次围绕"联合政府"问题展开,第六次重庆谈判围绕"和平建国"问题展开,第七次围绕和平民主及政协会议展开。双方主张在谈判中呈现渐行渐远的总体趋势。

国共双方的分歧、冲突和谈判,为中国近代以来艰难演进的现代化进程开拓出了相对宽阔的发展空间。政治上,民主观念得到广泛传播并深入人心,并在抗战胜利后诞生出政治协商会议这样崭新的政治协商形式。军事上,敌后游击战从普通的战术形式演变为军事战略,并成功开辟出由中国共产党领导的敌后战场,创建了一系列敌后根据地,根据地、游击区和深入敌占区的武工队形成了人民战争的汪洋大海,使侵略者深深陷入无边的泥淖而不能自拔。中华民族的解放事业也由此迎来了云开日出的万道霞光,并最终迎来了抗战的胜利,民族伟大复兴的转折点终于到来。

子课题之六:第二次国共合作的成果与影响研究

在以往的研究中,对第二次国共合作所取得的成就,较多关注政治与文化层面,而对经济、社会、外交层面关注相对较弱。本子课题在吸收前人研究成果的基础上,对以国共合作为基础,国内各党派、各民族实现了空前的民族团结,在政治、军事、经济、文化、外交等众多领域开展的合作与取得的成就进行系统梳理与深入研究,重点加强对以往研究薄弱的国共在经济、外交领域中的合作进行探讨,进而分析国共合作分别对国共双方所产生的不同影响。本子课题是整个研究课题中的创新点之一。

第二次国共合作在政治上的成效主要表现在:第二次国共合作的实现,成为抗日民族统一战线的基础,尤其是克服了合作抗日历程中,曾反复出现的不利于团结抗日大局的各种投降、分裂、倒退的危机,坚持了抗日、团结、进步的大局,赢得了抗战的最终胜利。

在军事上的合作成效主要表现在:国共合作建立后,两党坚持持久战以空间换时间,两个战场相辅为用,两党在战略方针、战役战斗、军事训练等方面形成了多层面的战时军事合作关系,最终取得了对日作战的胜利。

在经济上的合作成效主要表现在:国共合作的建立,使国共两党停止了军事对抗,国民党解除了对共产党所辖区域的经济封锁,结束了国统区和根据地在此之前长时期的经济隔绝状况,缓和了封锁与反封锁的尖锐斗争,开始了有限度的经济领域的合作,为全民族抗战提供了基本的物质基础。

在外交上的合作成效主要表现在:国共合作的建立,使得国共捐弃前嫌,共同倡导、推动了世界反法西斯统一战线的建立;极大拓展了民间外交的空间,国共合作背景之下的民间外交成为国家总体外交的重要组成部分;不平等条约的废除与国家地位的提高,使得中国不断增强和提升着自己在世界的影响力和国际地位;国共还携手参与了建立联合国等涉及战后国际秩序安排的重要外交行动,最终迎来了中华民族由衰败到复兴的伟大转折。

在文化上的合作成效主要表现在:国共合作的建立,使一切不愿做亡国奴的文化工作者都联合起来,组成了我国近代文化史上最广泛、最持久的抗日文化统一战线。即便是在相持阶段到来后,国民党对内对外政策策略发生改变,对抗战进步文化实行专制主义和高压政策的时候,共产党始终坚持"相忍为国"的大局意识和"又联合又斗争"、"以斗争求团结"的策略原则,国民党也最终坚持了民族大义并作出了一些妥协,从而使国共合作"磨而不裂"。因此,在国共合作的大背景下,抗日进步文化运动始终占据主导地位,从而为取得抗日战争的最后胜利作出了独特而重大的贡献。

子课题之七:第二次国共合作破裂以来国共关系的演变

本子课题主要研究第二次国共合作破裂后,国共两党政策、策略的变化,两党、两岸之间的接触和交往及其演变,分析不同历史时期国共关系变化的内外因素,探讨国共关系的未来发展走向。研究第二次国共关系破裂后国共关系的演变,是理解和通往国共两党、两岸未来关系的桥梁和纽带。

本子课题着重研究:1.第二次国共合作破裂后国共双方的激烈对抗,包括内战的爆发、北平谈判和国民党政权的覆灭。2.海峡两岸对峙局面的形成,包括美国插手台湾事务、第三次国共合作的提出、国共两党的秘密接触。3.国共关系的缓和与两党交流的重启,"一国两制"构想的提出与隔岸政治对话,九二共识与"汪辜会谈"。4."台独"与反"台独"的斗争,"台独"的起源,台湾的"民主化"与台独的发展,民进党执政与台独势力的猖獗。5.国共关系的新篇章,两岸经贸关系的发展,国共两党党际交流的重新建立,国民党在台湾的再度执政。

本子课题的成果将以研究报告的方式呈现。

子课题之八:第二次国共合作的历史经验及其对当前发展两岸关系的指导意义

本子课题的研究主要基于2008年3月台湾局势发生积极变化,两岸关系迎来难得历史机遇的新形势。

本子课题在全面总结与借鉴第二次国共合作给我们留下的宝贵历史经验的基础上,认真探讨其对当前发展两岸关系的指导意义,积极推动两岸关系的良性发展,通过共同努力,切实做到共创双赢,促进祖国统一的早日实现。

在新时期,研究和总结抗战时期第二次国共合作的历史经验,将有利于我们对海峡两岸关系的认识,对推进祖国早日实现和平统一具有积极的现实意义。主要是:

统一的民族观念是推动国共两党合作的社会基础;

有利的国际国内形势是实现国共合作的外在环境;

共同的认识目标(即"九二共识")是促成国共两党合作的政治前提;

正确的策略方针是达成国共两党合作的关键所在；

适当的合作机制是建立国共两党合作的正确途径；

必要的妥协和让步是实现国共两党合作的重要条件。

(二)专题研究的基本内容

1. 中国共产党抗战大后方活动研究。本课题侧重于对中共在大后方的作用进行研究，进而提出了中共在大后方地位和作用的观点。作者认为，中国共产党在大后方发挥了彪炳史册的重大作用，大后方既是中国抵御日寇入侵的最后战略基地，也是抗日民族统一战线政策的实践地，也是抗战期间中共实现自己的政治抱负最重要的活动舞台之一。为此，中共努力宣传坚持抗战、反对投降的政治理念，相忍为国，维系国共合作，为抗战胜利奠定政治基础；团结一切可以团结的力量，努力争取中间势力，为抗战胜利壮大进步力量；推动抗战文化发展，为抗战胜利凝聚精神力量；开展民间外交，推动建立国际反法西斯统一战线，为抗战胜利营造有利中国的国际环境。从中共在大后方的历史作用及其发挥作用的主要方式来看，中共在大后方主要是通过立场宣告、以方向引领为主的政治指导方式发挥作用，而成为大后方政治方向的引领者和指导者。

2. 抗战大后方各省市党史研究。本课题主要研究包括中国共产党第七次全国代表大会大后方代表团和中国共产党在抗战大后方地区各省市党的活动。中国共产党第七次全国代表大会设置了大后方代表团，这是党中央对以周恩来为书记的南方局在大后方八年工作的充分肯定，也客观地反映中国共产党在南方地区领导抗战而不懈奋斗的历程。我们依据这批档案史料，对大后方代表团的面貌进行了呈现。同时，本课题对中共在大后方重庆、四川、云南、贵州、广西、陕西、甘肃、宁夏、青海、新疆等省市的活动进行了全面系统的梳理和反映。两大部分共同构成了中国共产党在抗战大后方的历史全貌。

3. 抗战大后方与周恩来研究。研究周恩来的论著不少，但迄今为止，还没有一部全面反映周恩来在抗战大后方的著作，这个课题立项研究是一个创新。课题将以现有研究成果为基础，大量补充在周恩来传记、年谱中没有使用的档案史料，力图全面、真实地反映周恩来在以重庆为中心的抗战大后方的革命斗争生涯和建立统一战线的丰功伟绩,同时,也将涉及这一时期他在延安等方面的活动。本课题以周恩来为主,对其他领袖人物及其所涉及的方方面面也将适当反映,使读者看到的是活跃在抗日民族统一战线大舞台上的周恩来,是中国共产党和各抗日党派群体中的周恩来,而不仅仅是单独的周恩来个人。全书将以纪实体的风格,适当配置历史照片,力求图文并茂。这将是一部以丰富的档案史料为显著特色的著作,也是一部迄今为止最为权威地反映周恩来在抗日战争时期的历史著作。

4. 抗战大后方与董必武研究。董必武是中共南方局仅次于周恩来的主要领导人。当时,周恩来常奔走于重庆与延安之间,以军委会政治部副主任名义巡视战区,还去莫斯科治病等,南方局就由董必武主持工作。迄今为止,没有一部全面反映董必武在抗战大后方的著作,更缺乏撰写这部著作所需要的基础性历史资料。因此,本课题首要的任务就是搜集抗战时期董必武在重庆撰写的著述、诗文、电稿、信函等,其次是搜集已经发表的有关董必武在抗战时期的生平、思想的回忆和研究文章。在此基础上,再对董必武在抗战大后方的历史活动进行深入系统的研究。

5. 抗战时期中国共产党在重庆的舆论话语权研究。重庆是国共合作的主阵地,舆论话语权是考察第二次国共合作的重要领域。中国共产党在重庆的新闻传播活动,对国共关系、战时中国时局、全民族的抗日战争、中美关系均产生了深远的影响,也是第二次国共合作的"晴雨表"。本课题在充分吸取前人研究成果的基础上,运用传播学、舆论学、历史学、政治学、社会心理学等多学科的理论和方法,运用丰富的中外文第一手历史文献,以抗战大后方中心城市重庆及其周边区域为空间,以国民政府移驻重庆时期为研究历史时段,全面系统地探讨在这一时空下,中国共产党在重庆的舆论话语权变迁及其重大意义。研究认为,国共关系是考察中国共产党在重庆时期舆论话语权的重要历史语境。国共两党对于战时合作关系的认识差异,直接影响着两党新闻宣传喉舌的话语权的走向,也必将面临大众对于其话语的接受度。中共一开始就明确了从国家民族高度看待与国民党的关系。抗日民族统一战线的建立,为中共进入大后方和在重庆建立起自己的舆论阵地创造了条件。在与各党派各方面交流和宣传中,中共的政策主张得到了前所未有的认同和支持,重庆为中共发出自己的声音提供了巨大的话语空间。

(三)史料搜集与整理的基本内容

1. 中国共产党抗战大后方文献搜集整理。抗日战争时期,中国共产党对大后方工作发了一系列重要的主张、指示,形成了丰富的关于大后方工作的文献。但是,迄今为止,还没有一部这样的文献选编。我们编纂中国共产党抗战大后方文献,就是要以此梳理中国共产党关于抗日民族统一战线的理论与实践,梳理中国共产党关于第二次国共合作的理论、路线、方针、政策,梳理中国共产党在大后方建设坚强的党组织的成功经验,从而充分认识中国共产党是领导中国人民争取民族独立和人民解放的坚强核心和全民族抗战的中流砥柱,充分认识中国共产党在抗战大后方的卓越地位和巨大作用,充分认识中国共产党倡导和推动建立的以国共合作为基础的抗日民族统一战线的艰难历程和宝贵经验,充分认识中国共产党在大后方培育和形成的红岩精神,是中国共产党和中华民族的宝贵精神财富。收入的文稿,起自1931年9月,截至1945年9月,包括中共中央及中央有关领导机构作出的关于抗战大后方工作的决定、指示,毛泽东等中共中央领导人、中共中央有关机构负责同志关于抗战大后方工作的报告、讲话、谈话、电报、书信、题词等,全面系统地反映中国共产党关于抗战大后方工作的指导思想和方针政策。

2. 中共中央南方局历史资料搜集整理。南方局党史资料的收集整理,已经进行了30年。重庆出版社1990年出版的《南方局党史资料》(六卷本)是其代表作。囿于当时的条件,由中央档案馆保存的档案史料相当部分并没有收入。后来,这部分档案文献由原中共中央党史资料征集委员会南方局党史资料征集小组移交给了中共重庆市委,保存在重庆市委党史研究室。近年来,根据中共中央关于加强南方局历史资料研究编写工作的指示精神,我们将这部分档案进行了全面系统的整理,历时六年。我们将这部分档案与此前出版的《南方局党史资料》合并起来重新编辑,成为目前关于中共中央南方局历史最为完整系统的文献资料,为研究第二次国共合作提供了翔实的史料。这些年来,南方局老同志撰写了一批回忆录,弥补了档案文献之不足;近年来我们对南方局老同志的子女进行了系统的采访,形成了一批珍贵的口述史资料,这些也将结集出版。

3. 第二次国共合作历史资料搜集整理。这些年来,我们按照第二次国共合作的发生、发展、曲折、直到最后破裂的历程,做出了四题八卷、500万字的全景式专题资料著作,计分《抗战时期国共合作纪实》《重庆谈判纪实》《政治协商会议纪实》和《国民参政会纪实》。编者本着"实事求是"原则,按照历史发展顺序,以事件本末为中心,采取融大陆、台湾国共两党,中、美两国政府档案、报刊资料,以及当事人的回忆文章为一体的纪实性体例编成。本书的编辑始于20世纪80年代。30年来,关于这段历史的资料又有了进一步的公开披露。编者寻访于中国大陆和美英俄日荷等国及台湾地区,将所得史料补充于其中,从而极大地丰富了这部史料,也将深化对第二次国共合作的研究。

4. 抗战时期中间党派档案文献搜集整理。中间党派是在抗日战争这一民族危亡的时期产生、发展起来的国共两党以外的政党和派别,以民族资产阶级、小资产阶级为其社会基础,以知识分子为主体,有独立的政治主张或利益诉求。在面对外族入侵,中华民族面临生死存亡之际,各中间党派站在救亡图存、爱国民主的立场,坚持团结抗日,积极提出各自的抗战、民主、团结的主张,开展抗日救国和民主宪政活动,对推动全民族抗战,为取得抗战最后胜利作出了重大贡献。中间势力有很大的力量,往往可以成为中共和国民党顽固派斗争时决定胜负的因素。因此,中国共产党总结出"发展进步势力,争取中间势力,孤立顽固势力"这一巩固和发展统一战线基本经验。我们组织搜集了反映中国抗战大后方各中间党派主要政治主张的文献资料。这些党派主要是组成中国民主政团同盟的几个党派,如中华民族解放行动委员会(第三党,中国农工民主党前身)、中国青年党、中国国家社会党、全国各界救国联合会和中国人民救国会、中华职业教育社、中国乡村建设协会,以及其前身统一建国同志会和改组后的中国民主同盟,等等。这些史料的搜集整理,有利于梳理中间党派与国共两党关系的演变及中国各主要中间党派的发展变化脉络;有利于清晰地呈现中国各党派对中国发展道路的判断、比较和选择;有利于厘清抗战后中国走上中共领导的多党合作与人民民主国家发展道路的深厚历史根源;有利于坚持和完善中国共产党领导的多党合作和政治协商制度;有利于借鉴历史经验,促进祖国和平统一;也有利于深化对中国近代史、抗日战争史、中华民族复兴史、各主要中间党派和各民主党派历史的研究。

六、项目的主要创新点和特色

(一)登高行远,站在国家民族立场审视两党合作的历史

历史学研究必须忠于历史。抗日战争已经结束70年了,我们今天面临着海峡两岸和平发展的国内环境和开放的国际环境。在这个环境中进行学术工作,对于忠于历史有了更好的条件,是我们这一代史学工作者的幸运。因此,使我们有可能在抗战研究中,转变"国共对立"的战场思维范式,而树立"国家民族利益和国家民族立场"的文化思维范式。如此,便能秉持国家民族的立场,增强中华民族的情怀,顺应历史潮流,把握发展趋势,在这样的高度上去研究历史,评价历史,才能洞察时事,超越创新,建功民族,成就自己。

为此,我们先后两次组团到台湾考察搜集抗战历史资料和学术交流,我们在重庆和台北与国民党高层,特别是中国国民党主席马英九、名誉主席吴伯雄和副主席林丰正、吴敦义,以及国民党文化传播委员会党史馆等就合作开展抗战历史研究深入交换意见,了解双方对历史的认知,从而也对一些问题有了新的认识,甚至共识。也便有了2009年8月13日,中共重庆市委宣传部和中国国民党党史馆签署《关于抗战文化交流备忘录》。这是60年来中国国民党党史馆与中国共产党有关组织就抗战历史文化研究交流合作达成的第一份文件。

就在本系列图书即将出版的时候,2015年7月30日,中共中央政治局就中国人民抗日战争的回顾和思考进行第二十五次集体学习。中共中央总书记习近平在主持学习时强调,深入开展中国人民抗日战争研究,必须坚持正确历史观、加强规划和力量整合、加强史料搜集和整理、加强舆论宣传工作,让历史说话,用史实发言,着力研究和深入阐释中国人民抗日战争的伟大意

义、中国人民抗日战争在世界反法西斯战争中的重要地位、中国共产党的中流砥柱作用是中国人民抗日战争胜利的关键等重大问题。特别是他提出，"要推动海峡两岸史学界共享史料、共写史书，共同捍卫民族尊严和荣誉。"这"三共"的前提就是共同的立场，这就是"国家民族利益与国家民族立场"。习近平总书记的讲话，是对我们这些年秉持"国家民族利益和国家民族立场"进行抗战历史研究的肯定，也对我们进一步研究指出了明确的方向。尽管这件事情是需要付出极大努力的。

(二)放眼世界，以全球的视野观察两党合作的历史

我曾经提出过"重庆史也是中国史、世界史"的观点，即要有全球视野和全局思维，才能在重庆史研究上有所作为。在这个项目中，我们提出以中共中央南方局和大后方为中心。南方局是中共设在重庆的党的秘密机构，负责处理国共关系，维系统一战线大局并领导南方各省党的工作；大后方是抗战时期以重庆为中心的西部广大地区，重庆是中国国家政权意义上的政治、军事、经济、文化和外交的中心，更由于中国与西方大国结盟，使中国各党各派与世界发生着密切的联系。这在中共党史和抗战史上，都是具有全局意义的，也因为如此，中国抗战史、中共党史和国共合作历史与世界反法西斯战争史紧密相连。但既往的研究，有就事论事的情况，有知其然而不知其所以然的情况，把一个全局的历史，搞成了一部地方历史；把全球背景下的角逐，搞成了纯粹是国共两党的争斗。其实，中国的抗日战争，并不只是中日之间的事情，而是亚洲的事，是世界的事。同理，国共合作的进程并不简单地是国民党和共产党的事，而是中国的事，也是世界的事。

因此，在这个项目中，我们努力把发生在重庆和大后方的历史事件，放在国内和国际的环境中去考察，努力以重庆和大后方为研究对象，去研究中国和世界的历史。这就要求研究者努力培养宏观、开阔的国际视野和中国胸怀，即以世界的眼光看中国，用中国的视角看世界。洞悉世界，而不囿于中国一域，更不能画地为牢。这种视角的转变，是学术得以创新的一大途径。

我们整体上作了对国共合作环境的研究，努力从国际视野的角度去研究国共关系，这使我们收获了许多新成果，比如，美军观察组进驻延安是第二次

世界大战时期美国国家战略的重要组成部分。这是太平洋战争爆发以后,围绕赢得东方战场的胜利这个核心问题,美国为了自己的国家利益,与中国(包括国民党、共产党及各派政治力量)、英国和苏联等国角逐的产物,是中国为了自己的国家利益,包括国民党和共产党为了自身的利益,与美国、苏联力量角逐的产物,从而成为中国抗日战争与世界反法西斯战争发生直接联系的军事行动,成为第二次世界大战东方战场的重大事件,更成为中国共产党融入世界反法西斯战争的重要标志和与美国关系史上的里程碑。

(三)纵横观察,从多角度深入剖析两党合作的历史

第二次国共合作是中国近现代史、抗日战争史和中共党史上的老课题,已经取得了相当丰硕的学术成果;但也感觉视野单一,还需努力扩大,以加深对这段历史的认识。我们这一轮的研究,就是努力站在前人的肩上,从整体上对"第二次国共合作"再作一次系统的研究,收获更多的新成果。主要包括三方面的努力:一是在整体设计上,如前所述,对第二次国共合作作全球视野的俯瞰;二是把第二次国共合作作为一个独立的对象,进行系统而全面的研究,我们的定位是"第二次国共合作及其经验研究",既注重本体,又注重经验总结,落脚点是为现实服务;三是设计了一批新的角度,对第二次国共合作进行系统的研究,主要是国际国内环境、国共合作历史进程、政策与策略、模式与机制、分歧冲突与谈判、成果与影响这六个方面,努力对第二次国共合作进行纵向的梳理和横向的展开,从而构成了当下对这一历史现象的许多新认识。

(四)突破狭隘,在与境外交流中努力实现国共合作史料的丰富性

目前,中国抗战大后方的历史资料分散保存于中国大陆、台湾地区和战时盟国(美国、英国、俄罗斯),以及日本国内。多年以来,影响第二次国共合作研究水平提升的一个重要原因是资料的偏狭;随着国门的逐渐打开,随着台湾地区对大陆的开放,随着时间的远去,大批档案得以开放,不少史料陆续披露,更随着思想的解放和实事求是的研究态度的进一步确立,再加之数字技术的兴起,加快了档案文献的数字化,以及互联网的互联互通,我们完全有可能从崭新的视野去研究国共合作的历史。

这就需要整合力量和资源,建立一个与此相适应的史料搜集整理体系,为此,我们设计了"抗战大后方海外档案史料征集暨青年学者培养计划",组织专家学者到美国、英国、俄罗斯、荷兰、日本和台湾地区搜集史料,至于零星的学者访问和资料搜集活动,已成常态;同时,将征集到的档案史料进行系统编辑出版,惠及学界,滋养研究,也成为我们的学术追求。

这项工作得到了国家新闻出版部门的支持,2009年国家新闻出版总署批准了重庆申报的"中国抗战大后方历史文化丛书"为国家出版重点项目。本课题首席专家周勇教授为负责人,以档案文献、学术专著、通俗读物、电子出版物等为主要形态,以反映中国抗战大后方历史文化为核心内容,以中国大陆、台湾地区和海外保存的档案文献合集出版为特色。其中关于国共合作的内容占三分之一以上,主要有《抗战时期国共合作纪实》《中国共产党关于抗战大后方工作文献选编》《中共中央南方局历史文献汇编》《国民参政会纪实》《重庆谈判纪实》《政治协商会议纪实》《中国抗战大后方中间党派文献资料选编》《中国共产党抗战大后方历史》《国共合作重庆谈判图史》《抗战时期中国共产党在重庆的舆论话语权研究》,等等。这些图书的出版为我们的研究,乃至国内外的学者研究第二次国共合作提供了准确的全面的史料基础。

(五)中流砥柱,以中共中央南方局为视角深化两党合作历史研究,彰显中国共产党在大后方的地位和作用

几十年来,中外学术界对于以延安为中心的抗日根据地的研究,已经取得了巨大的进步和相当的共识。但是,对于中国共产党在大后方和沦陷区的研究则比较浅表和零碎,使独具特色的中国共产党在抗战大后方的历史淹没于抗日战争史的宏大叙述之中,忽视了中共在大后方独特的历史作用和贡献。以至于在有的人看来,"大后方"就等于国民党,研究"大后方"就等于研究国民党。这固然与"非白即黑"的落后惯性思维有关,也与没有研究清楚身在大后方的中国共产党、大后方的抗日民族统一战线、大后方的中间党派等丰富的历史有关,也与提升历史认知的丰富性、复杂性有关。当我们承担了国家哲学社会科学特别委托项目"第二次国共合作及其经验研究——以中共中央南方局和抗战大后方为中心"后,感到很有必要专门对中国共产党在大

后方的历史进行必要的梳理和深入的研究,以更加清晰、完整地认识这段历史,更加深刻地彰显中国共产党对抗日战争与世界反法西斯战争作出的巨大贡献,更加准确地定位中共在抗日战争中的地位作用。

我们认为,"大后方"既是抗日战争时期各派政治势力普遍使用的概念,也是中国共产党话语体系中的基本概念。中国抗战大后方是在中国共产党倡导建立的抗日民族统一战线旗帜下,国共两党合作抗战的重要政治舞台。中国共产党是中国抗日战争的政治指导者[①]、抗日民族统一战线的倡导者和推动者,是抗日战争的中流砥柱。中共在抗战大后方的政治、经济、文化、军事、外交等方面同样发挥了重要作用。

可喜的是,我们的努力已经在国内外学术界产生了积极的反响,我们撰写的《抗战时期毛泽东对大后方的政治指导——兼论毛泽东与第二次国共合作的关系》入选2013年"全国党史界毛泽东同志诞辰120周年学术研讨会"[②];著名汉学家、荷兰莱顿大学教授彭轲(F.N.Pieke)也将研究的视野转向中共中央南方局,与我们合作研究中共的统一战线历史及其影响。

(六)全局俯瞰,以抗战大后方为中心拓展研究的视野与途径

由于深化研究"第二次国共合作"的需要,"抗战大后方"概念第一次出现在国家哲学社会科学规划项目之中。这是学术的突破,更是思想的解放。因此,我们对"大后方"的基本问题进行了系统的研究。

[①] 关于"中国共产党是中国抗日战争的政治指导者"的表述,是作者基于历史与现实的考量第一次提出来的。源于延安革命纪念馆基本陈列对延安在抗日战争中的地位作用的表述。经过全国爱国主义教育基地"一号工程"的建设,2009年,延安革命纪念馆新馆建成并开放,其基本陈列调整为六个部分:一、红军长征的落脚点;二、抗日战争的政治指导中心;三、新民主主义的模范试验区;四、延安精神的发祥地;五、毛泽东思想在全党指导地位的确立;六、夺取全国胜利的出发点。其中将延安定位于"抗日战争的政治指导中心"是关键。据报道,这一陈列大纲和陈列方案,先后经过中共中央文献研究室、中共中央党史研究室、中国人民解放军军事科学院、中国国家博物馆、中国人民军事博物馆的充分论证、反复修改。时任中共中央政治局常委李长春等中央领导同志亲临视察,作出重要指示。2006年5月,中共中央宣传部审批通过了陈列大纲和方案(见2009年8月25日延安日报:《认真践行科学发展观 精心打造时代精品工程——全国爱国主义教育示范基地"一号工程"延安革命史陈列布展纪实》)。延安是"抗日战争的政治指导中心",这是中央对延安及中共在抗日战争中的历史地位的新表述,表现了实事求是的思想路线和国家民族的宽广襟怀,使这一研究达到了新境界。这也反映了包括作者在内的学界的心声,故作上述表述。

[②] 参见《全国党史界毛泽东同志诞辰120周年学术研讨会论文集》,中央党史出版社2014年版。

我们认为,1937年中国人民抗日战争全面爆发以后,中国的政治版图逐渐呈现出一分为三的态势,即以延安为中心的抗日根据地,以上海为中心的沦陷区,以重庆为中心、由中国国民党统治的中国西部地区,这是中国抗战的大后方。

我们认为,推动和加强对中国抗战大后方历史文化的研究,这是深化中国抗战史、第二次世界大战史研究的一个新途径。可以更加深刻地认识和准确把握抗日民族统一战线的进程,揭示近代中国政治发展的大趋势;研究中国抗战大后方的历史,可以还原二战真相,进一步揭露日本侵华的战争罪行;可以还原中国战时首都的面貌,从而全面准确地认识和把握这段历史;可以全面展现中国战场的全貌,更加准确地反映中国在世界反法西斯战争中的作用和作出的巨大贡献。①

为此,从1999年起,以本项目核心团队为基础,我们联合中国社科院近代史所、哈佛大学、牛津大学、剑桥大学、日本和台湾学术机构,连续在重庆举办了相关的国际、两岸学术研讨会,将"中日战争共同研究"这个国际性研究平台的中国举办地定在重庆,从而吸引了世界的目光,使过去零星的学术研究,形成了整体而固定的研究群落,而且后继有人。在此基础上,我们对中国抗战大后方研究的基本问题进行了研究。②这是一次顶层设计,也标志着"中国抗战大后方研究板块"正式形成,并被认为"重庆所做的大后方方面的研究是实事求是的","这是一件功德无量的事"③。

本项目最终成果的陆续发表,意味着项目研究的结束。但是,对于第二次国共合作研究而言,则意味着新的阶段的开始。

---

① 周勇:《抗日战争研究视角、方法与途径的探讨——以大后方研究为例》,《抗日战争研究》2012年第3期。

② 周勇:《关于抗战大后方研究的几个基本问题》,《重庆大学学报》(哲学社会科学版)2015年第6期。

③ 杨天石:《重庆做了件功德无量的事》,《重庆日报》2013年9月15日。

目　录

- 总序 ·· 章开沅 1
- 序 ·· 周　勇 1
- 绪论 ·· 1
  - 一、研究对象与特色 ··· 1
  - 二、简要的学术回溯 ··· 5
  - 三、几个主要的观点 ··· 8

第一章　国共两党分歧、冲突的历史和现实背景 ······························· 16
- 一、国共两党的历史恩怨 ·· 17
  - (一)共产国际撮合下的国共第一次合作 ··· 17
  - (二)第一次合作破裂留下沉痛的历史阴影 ··· 18
  - (三)促使两党再次合作的主要因素 ·· 20
- 二、走向第二次合作的接触与谈判 ··· 22
  - (一)中共统战工作的全面展开 ··· 22
  - (二)西安事变的和平解决结束了国共内战 ··· 36
  - (三)艰难推进的战前两党谈判 ··· 45
- 三、国共两党关系的新页 ·· 71
  - (一)中共代表在南京取得"公开地位" ·· 71
  - (二)国共第二次合作的达成 ··· 75
  - (三)两党对相互关系的认知和表述 ·· 80

第二章　全面抗战初期国共两党的磨合与摩擦 ··································· 93
- 一、中共重登全国政治舞台 ·· 93
  - (一)从周恩来赴山西到中共代表团抵达武汉 ····································· 93
  - (二)从八路军办事处的成立到中共党报党刊在武汉创办 ··················· 95

（三）中共代表团、长江中央局两机构的合并 …………………… 96
　二、国共磨合的尝试 …………………………………………………… 98
　　（一）两党共同纲领问题 ……………………………………………… 98
　　（二）南方游击队的改编 …………………………………………… 100
　　（三）边区、第三厅、参政会 ……………………………………… 103
　三、摩擦的出现 ………………………………………………………… 108
　　（一）中共合法性问题 ……………………………………………… 109
　　（二）敌后抗日根据地及边区政府问题 …………………………… 114
　　（三）军事摩擦的出现 ……………………………………………… 116

第三章　全面抗战中期国共两党的分歧、冲突与谈判 ……………… 120
　一、越来越凸显的两党分歧 …………………………………………… 120
　　（一）两党在党政军等问题上的矛盾、冲突 ……………………… 120
　　（二）关于主义和命运的争论 ……………………………………… 139
　　（三）漩涡中的中共中央南方局 …………………………………… 144
　二、难以划定的防区问题 ……………………………………………… 160
　　（一）军事摩擦的加剧 ……………………………………………… 161
　　（二）防区问题的症结 ……………………………………………… 165
　　（三）从江北冲突到皖南事变 ……………………………………… 178
　三、皖南事变后的两党角力 …………………………………………… 204
　　（一）皖南事变后的中共中央南方局 ……………………………… 204
　　（二）1942年到1943年的国共谈判 ………………………………… 214
　　（三）两党关系的新危机及化解 …………………………………… 233

第四章　全面抗战后期与战后初期的两党格局及两党谈判 ………… 243
　一、全面抗战后期的国共谈判 ………………………………………… 243
　　（一）国共两党关系的格局变化 …………………………………… 243
　　（二）联合政府主张的提出 ………………………………………… 247
　　（三）赫尔利介入下的国共谈判 …………………………………… 268
　二、抗战胜利前后国共两党的政治交锋 ……………………………… 294

（一）六位参政员访问延安 …………………………………… 294
　　（二）中共拒绝参加四届国民参政会第一次会议 …………… 297
　　（三）毛泽东应邀到重庆"共商国是" ………………………… 300
　三、国民党军队的进兵和东北角力的迅速展开 ………………… 327
　　（一）国民党军队进兵华北及遇阻 …………………………… 328
　　（二）中共党政军力量大举挺进东北 ………………………… 329
　　（三）国民政府接收东北的进展及困难 ……………………… 335

第五章　战后两党合作建国的努力及失败 ……………………… 343
　一、昙花一现的"和平民主新阶段" ……………………………… 344
　　（一）马歇尔来华及其使命 …………………………………… 344
　　（二）三大协定的达成 ………………………………………… 347
　　（三）东北停战谈判 …………………………………………… 372
　二、两党的分歧、冲突的再度激化 ……………………………… 380
　　（一）国民党六届二中全会否决政协决议 …………………… 381
　　（二）已成破车的国民参政会 ………………………………… 385
　　（三）东北战事愈演愈烈 ……………………………………… 387
　三、两党关系的最后破裂 ………………………………………… 400
　　（一）中共弃守四平面临军事上的严峻局面 ………………… 400
　　（二）国民大会召开后两党最后决裂 ………………………… 410
　　（三）中共代表团撤回延安 …………………………………… 416

结束语 ……………………………………………………………… 423
参考书目 …………………………………………………………… 432
后记 ………………………………………………………………… 445

绪　论

一、研究对象和特色

　　书是周勇教授主持的国家社科基金重大委托项目《第二次国共合作及其经验研究》子课题之一《第二次国共合作的分歧、冲突与谈判研究》的最终成果，本书作者是这个子课题的承担者。《第二次国共合作及其经验研究》的申报书有一个副标题——"以中共中央南方局与抗战大后方为中心"。作为项目子课题的成果，本书在"第二次国共合作的分歧、冲突与谈判"的研究、阐述和立论中，遵循课题的总体设计和要求，以中共中央南方局和抗战大后方为中心展开。就是说，本书的研究以第二次国共合作中的分歧、冲突、谈判为对象，以中共中央南方局和抗战大后方为中心，展开研究、叙述和立论。

　　从1937年9月起，到1947年3月止，国共第二次合作前后持续十年，如果考虑到酝酿时期，时间则更长。同时，武汉、重庆和南京作为战时和战后政治中心所在地，自然成为第二次国共合作的重要政治舞台。中共中央先后向这几处地方派出以周恩来、董必武、叶剑英、王明等为主的代表团。其中，以周恩来、董必武及其领导下的南方局时间最久，发挥作用最为突出。周恩来是中共代表团中最核心和有影响力的人物，并为中国国民党和中间党派、无党派人士所广泛认可。王明尽管身份特殊,但其担任实际领导工作的时间主要限于武汉时期。董必武、叶剑英等作为中共中央代表团的成员,分别以国民参政会的参政员和国民革命军第十八集团军(八路军)总参谋长的身份,执行中共中央所确定的,与中国国民党及国民政府的联络、交涉、谈判事宜以及团结和争取大后方中间力量的工作。周恩来、董必武领导的南方局作为中共中央派驻中国国民党区域和国民政府政治、军事、文化中心的秘密领导机构,通过驻重庆以大后方各地的八路军办事处,处理与军务相关的交涉事务和日常事务;通过《新华日报》及其他途径,向大后方社会及时传达和宣传中国共产党的政策、方针,表达中共中央对时势的看法和态度;通过国民参政会中中共参政员所组成的党团,以合法途径阐发和传播来自延安的主张,对大后方的政治和社会,尤其是对中间党派产生政治影响。中共党史充分肯定南方局的特殊地位和作用,胡乔木曾指出:"南方局的统一战线工作是很出色的。没有南方局在大后方进行的广泛的统一战线工作,就很难把当时在国民党区域的各民主党派和各方面人士团结在我们共产党的周围,后来我们建立新中国的情况就会不一样。就没有今天这样的格局。因此,可以说,南方局的统战工作从一个方面的意义上讲,为新中国奠定了重要的政治基础。"①曾经担任中国国民党党史资料委员会主任委员的秦孝仪也在有关资料中说:"抗战期间中共的统战活动,发号施令,固出自延安。活动重点,则为战时首都之重庆,次为昆明与桂林,而周恩来、董必武则为重要的执行人,用尽心机,从事翻云覆雨的活动与阴谋。"②如果我们从秦孝仪的话中剔除其党派成见及其在措辞上春秋笔法刻意的褒贬,则这段话折射出的史实内容,恰恰说明了周恩来、董必武领导下南方局的重要作用与历史地位。

事实上,周恩来不仅是中共中央南方局的主要领导人,而且是中共中央、中共中央军委的主要负责人之一,同时也是制订、实施并完善抗战时期中国共产党统一战线政策、策略、方针的少数几个核心人物之一,并以其坚定的政

---

① 胡乔木:《关于南方局党史的编写及其他》,《胡乔木论中共党史》,人民出版社1999年版,第341页。
② 秦孝仪主编:《中华民国重要史料初编——对日抗战时期》第5编(4),中国国民党中央委员会党史委员会1985年版,第1页。

治立场①、深厚的理论素养、丰富的实践经验、高超的统战艺术,为第二次国共合作的建立、巩固和艰难维系作出了杰出的贡献。从针对张学良及东北军、杨虎城及西北军的西北统战开始,到作为"西安的谋主"和平解决西安事变,再到中共中央密使前往南京、上海及庐山,与中国国民党最高当局协商抗日事宜,其间披荆斩棘,忍辱含辛、艰难备尝,却一路凯歌,为中国共产党成功走上全国性、全局性的政治舞台,与各方面的政治力量直接对话,开辟出了一个全新的格局。全面抗战爆发之初,周恩来以中共中央副主席、中央军委副主席的政治地位,以中共中央代表团主要领导之一的政治身份,依托八路军办事处,到武汉开展工作。中共中央代表团在武汉这个当时全国政治中心的公开亮相,尽管存在种种的不足甚至瑕疵,但毕竟十分引人注目,而且办成了一系列影响深远的大事,如商定了新四军的成军办法并创办了党刊《群众》杂志和党报《新华日报》,以第三厅名义团结了一大批文化艺术界精英人士,开展了轰轰烈烈抗日宣传文化活动,高扬起中国共产党合作抗战的大旗。长江局的主要成员在武汉即将沦陷之际,先后撤退到重庆。紧接着,以周恩来为书记的南方局于1939年1月在重庆悄然成立,其成员基本上仍是长江局的原班人马。到1946年5月迁移南京为止,南方局在组织上、职能上尽管有所变动,但在组织上、工作上大致上是连续的,前后共存在7年多。这7年多时间,与中国全面抗战的相持阶段、反攻阶段及战后复员阶段大体吻合。其间,国共两党关系的格局、双方军事力量的对比发生了巨大的变迁。中国共产党由困蹙西北不毛之地的力量、影响均甚为有限的小党,发展为拥有120万党员而且纪律严明的大型政党,开辟并领导着19块大大小小的敌后抗日根据地。由中国共产党领导的抗日武装由小到大,由弱到强,正规军人数发展到100多万,民兵200万,力量空前壮大。周恩来领导的南方局开辟的事业,与这种力量变化、格局变迁恰相协调,一方面促使国民党政权坚持抗日,制约其

---

① 周恩来早在1922年3月所作的哀悼觉悟社成员黄爱的诗《生离死别》中,就写下了"生死参透了,努力为生,还要努力为死,便永别了,又算什么?"这样置生死于度外的诗句。该诗1923年4月被写进《伍的誓词》的信中并发表在天津《新民意报》,周恩来在信中写道:"我的主义一定是不变了,并且很坚决地要为他宣传奔走。"见周秉德著:《周恩来诗联集笺注》,江苏文艺出版社1998年版,第66、67页。

妥协和退步,一方面在国共力量转换的过程中,通过潜移默化的艰巨工作,凝聚了一支看似无形的但却具有排山倒海之势的巨大力量,从而加强了中国共产党在政治上的强势地位。

1937年到1947年的十年间,国共双方始终存在深刻而严重的政治分歧。在军事方面,两军在抗日问题上旗号一致,但却摩擦[①]、冲突不断,甚至发生了像皖南事变那样剧烈的军事冲突与对抗。尽管如此,全面抗战时期的国共双方始终能够通过忍让和妥协使冲突得以控制,共同维持抗日的大局。就南方局而言,周恩来既坚持原则,不屈不挠,又能临机应变,机动灵活。在一些人的眼中,周恩来是充满激情的共产党人中的一个"温和派"。[②] 不过,国共双方到底是两个具有不同历史、不同信仰、不同理念、不同组织形态并均以掌握政权为职志的政党,当国共两党在抗战结束后走向内战的过程中,南方局所组织起来的力量迅速转化为瓦解国民党统治的"第二条战线",从而加速了国民党政权的崩溃,也加速了中国共产党在全国政权的建立。

抗战时期,中国国民党当然清楚中国共产党力量发展的双重后果。因此,从1939年起采取很多措施力图限制中国共产党的发展。中国国民党的限制措施如果奏效,其结果必然是中国抗战力量的削弱,因为战时中国共产党力量在敌后的发展,包括敌后根据地的建立与发展、军队的充实与扩大、党组织的发展与壮大等,无论怎么说都是中国抗战力量壮大的重要体现。但中国共产党力量的这种发展和壮大,使国民党在考虑到战后重建的时候显得异常头痛,日益感到无法接受和容忍,国共摩擦和冲突的直接根源即在于此。中国共产党对于发展的执着,中国国民党的担忧,双方均甚清楚并有坦率的意见交流。越到抗战后期,中国国民党越感到限制中国共产党发展的困难。但中国国民党这种有苦难言的苦衷和束手无策的窘态,终究不过是其自己不争气的体现而已。

国共两党在思想上、政治上存在严重分歧,在军事上时有摩擦和冲突,但

[①] 在相关历史资料中,"摩擦""磨擦"两词被同时使用,本书在相关叙述中,一律使用"摩擦"。在引用资料时候,尊重资料原文。

[②] 洪朝辉:《熊式辉〈海桑集〉的史学价值》,《海桑集:熊式辉回忆录》,(香港)明镜出版社2008年版,第29页。

为了共同抗日又不能使双方关系破裂,这就需要沟通、谈判和妥协。因此,第二次国共合作的过程中,两党之间谈判时断时续,进行了多次。这种妥协和谈判,既体现了双方在抗日问题上的合作,又体现出基于两党利益差异而出现的"商业性"的讨价还价。当抗战胜利后,双方都觉得"生意"继续做下去自己就要折本的时候,谈判就变得更加困难,难以为继。到1946年7月以后,双方的关系和谈判就陷入这种状况,双方维系关系和谈判的意义仅仅表明双方仍存在沟通的渠道,而这种象征性的维系实际上成为双方争取民心、影响的策略性工具或手段。① 到最后,双方关系根本解决的方案,只能从前线将士厮杀的结果中寻找。

二、简要的学术回溯

关于第二次国共合作的分歧、冲突与谈判的综合研究,尽管尚无专著,但各个问题的记述和研究却可以说是汗牛充栋。但观点分歧之大,也异常突出,有关记述也莫衷一是。长期被认为是毛泽东谈话和主张权威转述者的斯诺在《我在旧中国十三年》一书中曾经说,当1937年他走进由几百眼破窑洞构成、满目风尘的陕北保安(即志丹)县城后,毛泽东与他彻夜长谈时便谈到全面抗战的设想——"在毛泽东主席的所有观点中,都贯穿着马克思主义的辩证法。然而,我必须在这里指出,他是不指望速胜的。他要我预先设想到日本将赢得所有重大的战斗,占领了主要城市和交通线,而在战争初期,就摧毁了国民党的精锐部队。继后产生的是一个持久斗争的局面,在这个局面中,红军游击队将起主要的作用。国民党的力量荡尽以后,红军的力量就迅

---

① 1946年10月13日,中共中央致电周恩来并告叶剑英:"在全国大打条件下,一切谈判是为彻底暴露美蒋反动面目,教育群众。只要美蒋一日不主动放弃政治谈判,以欺骗群众,则我亦不应主动对美蒋宣告谈判最后的破裂,使自己陷于被动。"见中共中央文献研究室编:《周恩来年谱(1898—1949)》,中央文献出版社2007年版,第715页。

速壮大起来了。"①斯诺又总结毛泽东谈话的宗旨说:"他决不隐瞒这样的事实:中国共产党就是一心要最后完全夺取政权。抗日战争不过是完成新民主主义革命的准备阶段罢了。"②斯诺这个说法最大的问题是,毛泽东新民主主义的概念并不是 1937 年斯诺访问保安的时候提出来的。斯诺显然是把先后许多次的谈话内容糅合在了一起并加上了自己的发挥。但不管怎样,在考虑国共政治分歧的时候,斯诺的记述仍值得注意。与记述中的分歧相比,国共两党编撰和编辑的相关论著和专题资料中,分歧就更加严重,完全可以说是各说各话,针锋相对。当然,这类论著和资料尽管未尽符合历史的真实情形,但也为我们研究这一段复杂、多彩的历史提供了相应的参考资料。随着两岸交流的不断扩大和深入,实事求是地研究和论述这一段历史,越来越表现出迫切性,也越来越具有可能性,两岸关系中政治的接近甚至统一毕竟需要精神上、文化上、观念上相互接近的有机配合。这是本书稿展开研究的现实背景。

中国国民党在很长的历史时期内不承认或不愿意承认有第二次国共合作和抗日民族统一战线,把中国共产党的四项承诺和八路军、新四军的改编说成是向国民党政权的"输诚"或"就抚",这方面有比较多的资料。但事实毕竟是事实,第二次国共合作和抗日民族统一战线的存在这一事实,最后连蒋介石也无法回避,还是羞羞答答地承认了。在败退台湾后撰写的《苏俄在中国》中,蒋本人说该书第三章中所记述的:"就是民国二十六年至三十四年抗战时期,中俄两国及国共两党重新合作,'和平共存'的发展,及其所得的结局。"③当然,在这个问题上,讨论最多的还是中国共产党方面,并以毛泽东和周恩来的相关论述最有代表性。其中又以周恩来的相关论述较为具体。

1939 年 8 月上中旬,在延安举行的中央政治局会议上,周恩来对全面抗战以来的统一战线工作进行初步的理论总结,对国共关系作出了实事求是的判断。他指出:蒋介石和整个中国国民党不承认中国共产党的对等地位,不

---

①斯诺著:《我在旧中国十三年》,北京三联书店 1973 年版,第 73 页。
②斯诺著:《我在旧中国十三年》,北京三联书店 1973 年版,第 74 页。
③蒋中正著:《苏俄在中国》,(台北)黎明文化事业公司 1989 年版,第 104 页。

承认国共合作,不承认统一战线,只勉强承认中共"组织坚强,生活刻苦与工作努力"。从根本上看,国共统一战线是"不平等的","不是公开法定的"。它"只是在不得已的默认中形成,在习惯中发展"。统一战线的形成"未经过公开的手续",1937年9月中共的宣言和蒋介石的谈话"可说是东方的政治手续,而不是两党正式合作的文件"。中国统一战线"具有片面性的弱点,同时也更带有商业的性质"。"要使商业的关系做得更好,那就要估计到客观的条件(当前的情况,两方面的利益与需要),那才能使统一战线的关系进步,而不至趋向坏转,趋向恶化。这一问题的关键,除决定于客观的各种条件、蒋及国民党的态度以外,还决定于我们自己的政策。"① 1946年,周恩来还就国共关系和谈判中呈现出的商业性表示说:"既称和,便须有妥协,有妥协便须有价钱。早晚市价固可不同,但一个时期,总要有一个基本价钱,好在有利时机,使妥协能够得到。否则,我有利,我涨价,他有利,他涨价,其目的便非求妥协,而是在求战。"并谓:"定了价钱,也不是一次就能解决,更不会全盘解决。但是有了定价,而他不解决,其过在彼不在我。如解决了一部分,可使我们有阵地或有资本地进而解决另一部分,到那时另一部分的价钱,也就有可能提得更高些。抗战初,国方先解决军队数目,未解决边区问题,后来边区的价钱就自然提高了。"②

显然,在第二次国共合作的过程中,周恩来感受深切的是国共关系的不平等和商业性特点。

至于学术界关于第二次国共合作中国民党、中国共产党两党分歧、冲突和谈判的研究,比较系统、深入的论著当以杨奎松著《国民党的"联共"与"反共"》《失去的机会?战时国共谈判实录》以及邓野《一党训政与联合政府》诸

---

① 南方局党史资料编辑小组编:《南方局党史资料·统一战线工作》,重庆出版社1990年版,第27—29页。
② 中共中央文献研究室、中共南京市委员会编:《周恩来一九四六年谈判文选》,中央文献出版社1996年版,第4—5页。

书为代表。①

《国民党的"联共"与"反共"》一书,运用海内外相关资料,从中国国民党的角度,并"试图尽量客观地去分析和描述国民党人在对共产党问题上的复杂心理及其情感变化"。《失去的机会？战时国共谈判实录》主要运用大陆方面保存和出版的相关史料,对1935年至1949年间国共谈判的历史过程和相关内容进行了一个比较系统深入的梳理和研究。《联合政府与一党训政》利用海内外相关资料,尤其是通过对包括蒋介石日记在内的丰富资料的深入解读,揭示出不少新的历史信息,对我们深入、全面地认识国共关系以及影响国共关系的诸多因素的交互作用,具有重要的启发作用。此外,像王奇生《党员、党权与党争：1924—1949年中国国民党的组织形态》尽管其主题不是研究国共关系,但该书关于国民党政权是"弱势独裁政党"的令人信服的观点,②自然也成为本书在思考相关问题时的重要学术前提。

三、几个主要的观点

本书认为：全面抗战时期,中国国民党以一个阶级基础薄弱、组织形态涣散的"弱势独裁政党",面对日本的大规模侵略,表现出了一个具有强烈民族主义特性的政党风骨,发动并坚持持久抗战,在一定程度上表现了胜也罢,败也罢,不与日本侵略者讲和的韧性和顽强。同时,中国国民党作为一个执政的大党,面对国内纷纭复杂的局面,没有表现出应该有的政治格局,始终不肯承认中国共产党的合法地位,坚守"一个政党、一个主义、一个领袖"的政治理

---

① 杨奎松著：《国民党的"联共"与"反共"》,社会科学文献出版社2008年版,该书后收入广西师范大学出版社2012年版《杨奎松著作集》；杨奎松著：《失去的机会？战时国共谈判实录》,广西师范大学出版社1992年版,该书2013年由新星出版社出了修订版；邓野著：《一党训政与联合政府》,社会科学文献出版社2011年版。

② 王奇生著：《党员、党权与党争：1924—1949年中国国民党的组织形态》,上海书店出版社2003年版,第361页。

念,运用政治、军事等各种手段软硬兼施,力图诱使、胁迫中国共产党放弃自己的主张、组织、军队和根据地,使中国共产党变成国民党的尾巴,甚至消灭中国共产党。与此相对,中国共产党则高举"国共合作""统一战线"的旗帜,这面旗帜既是中国共产党自立自强顽强意志和把中国国民党当成持久抗战的"合作伙伴"这一严正态度的明确表达或宣誓,也是中国共产党对包括高级干部在内的广大党员、干部的说明、要求和约束。通过这种宣誓,中国共产党一方面明确表达了作为拥有武装和政权的政治力量,独立自主地存在、发展和坚持抗战的顽强意志和严正态度,同时,也表达了中国共产党委曲求全,在不平等基础上与中国国民党及其政权、军队合作的方针,表现了中共通过国共合作为基础的统一战线来应对日本侵略这一大事变的宏大格局,合作的方针也为中共争取了一个到敌后即日本占领区活动的半合法的发展空间,得以在中国国民党区域内的战时政治组织——国民参政会中以"文化经济团体"的名义出席并发挥作用,得以获得在国民党区域设立八路军(第十八集团军)新四军办事处、创办《新华日报》《群众》周刊等局部性自由权利。由此,中国共产党登上全国性政治舞台。对于中国共产党而言,掌握中央政府权力和更多战争资源的中国国民党是否明确承认国共两党之间存在合作关系,并非不重要;重要的是,这是一个需要通过自身的发展壮大才能解决的问题。这是贯穿于本书稿中第一个主要观点。

在与国民党的诸多分歧中,思想(主义之争)和政治分歧(领导权之争)是根本所在。中国共产党为什么不能合并到国民党内,共产主义理论与孙中山的革命的三民主义到底有什么共同之处和不同之处?正是在这个政治的和理论的核心问题上,中国共产党人找到了"统一战线"这个重要武器并加以充分的发展,准确地抓住了国民党的政治机器的核心症结,正如王奇生教授所说的那样:

> 从1924年起,国民党师法俄共(布)的组织形式,以之与孙中山的三民主义嫁接一体,将党建在国上,实行以党治国,一党专政。但是,孙中山三民主义理念中的某些政治蓝图又是基于西方资产阶级

民主体制而设计的。如五院制的政府组织形式,即是效法西方的三权分立架构创设的。这样一来,国民党实际上是依据两个不能同时并立的政治架构,拼装了一台不伦不类的政治机器,即一方面依照分权学说,成立了五院,另一方面又依照党治学说,设立了集权的中执会、中政会。在资产阶级民主政治国家,有立法、司法、行政等分权的机关,但没有党治的那些委员会;而在苏俄那样的党治国家里,有集权的党的一元化领导的委员会,却无分权的独立机关。而国民党则兼收并蓄。

事实证明,这种兼收并蓄,弊漏百出。一方面,国民党对政权的独占和垄断,意味着孙中山所设计的资产阶级民主宪政蓝图成为泡影;另一方面,三民主义体系中的民主宪政目标,又使国民党的一党专政处于十分尴尬的境地,也时常成为体制外势力用来批判和攻击其党治的有力武器。

国民党仿照俄共实行一党专政,而在实际运作中,其组织散漫性,又更像西方议会政党。国民党是一个弱势独裁政党。国民党并非不想独裁,而是独裁之心有余,独裁之力不足。①

民主作为标识现代性的旗帜开始于新文化运动。产生于新文化运动后期并接受了俄国十月革命影响的中国共产党,对于有关民主的概念和理论并不陌生。正因此,在第二次国共合作时期,无论是中共中央还是中共中央南方局自始至终均高擎民主的大旗。中国共产党明确提出:

> 我们所希望于国民政府、国民党及一切党派的,就是从各方面实行民主。全世界都在抗战中,欧洲已进入决战阶段,远东决战亦快要到来了,但是中国缺乏一个为推进战争所必需的民主制度。只有民主,抗战才能够有力量,这是苏联、美国、英国的经验都证明了

---

① 王奇生著:《党员、党权与党争:1924—1949 年中国国民党的组织形态》,上海书店出版社 2003 年版,第 361 页。

的，中国几十年以来以及抗战七年以来的经验，也证明这一点。民主必须是各方面的，是政治上的，军事上的，经济上的，文化上的，党务上的以及国际关系上的，一切这些，都需要民主。毫无疑问，无论什么都需要统一，都必须统一。但是，这个统一，应该建筑在民主基础上。政治需要统一，但是只有建立在言论、出版、集会、结社的自由与民主选举政府的基础上面，才是有力的政治。统一在军事上尤为需要，但是军事的统一，亦应建筑在民主基础上，在军官与士兵之间，军队与人民之间，各部分军队互相之间，如果没有一种民主生活、民主关系、这种军队是不能统一作战的。经济民主，就是经济制度要不是妨碍广大人民的生产、交换与消费的发展，而是促进其发展的。文化民主，例如教育、学术思想、报纸与艺术等，也只有民主才能促进其发展。党务民主，就是在政党的内部关系上与各党的相互关系上，都应该是一种民主的关系。在国际关系上，各国都应该是民主的国家，并发生民主的相互关系，我们希望外国及外国朋友以民主态度对待我们，我们也应该以民主态度对待外国及外国朋友。我重复说一句，我们很需要统一，但是只有建筑在民主基础上的统一，才是真统一。国内如此，新的国际联盟，亦将是如此。只有民主的统一，才能打倒法西斯，才能建设新中国与新世界。我们赞成大西洋宪章及莫斯科、开罗、德黑兰会议的决议，就是基于这个观点的。我们希望于国民政府、国民党及各党派、各人民团体的，主要的就是这些。中国共产党所已做和所要做的，也就是这些。①

正是抓住了国民党三民主义体系中的民主宪政内容，周恩来和董必武为首的中共中央南方局，运用中国共产党独有的统一战线理论，一路势如破竹，凯歌猛进，在中国国民党统治中心的重庆，上演了一幕幕精彩纷呈的历史活剧，为中国共产党领导的新民主主义革命事业的成功，开辟出了新的广阔天地。最后，

---

① 中央统战部、中央档案馆编：《中共中央抗日民族统一战线文件选编》(下)，档案出版社1985年版，第715—716页。

并以"联合政府"重拳,使国民党统治集团陷入孤家寡人的尴尬境地。

1939年10月4日,毛泽东为即将创刊的党内刊物《共产党人》撰写了后来非常著名的发刊词。其中指出:"统一战线问题,武装斗争问题,党的建设问题,是我们党在中国革命中的三个基本问题。正确地理解了这三个问题及其相互关系,就等于正确地领导了全部中国革命。""统一战线,武装斗争,党的建设,是中国共产党在中国革命中战胜敌人的三个法宝,三个主要的法宝。""统一战线和武装斗争,是战胜敌人的两个基本武器。统一战线,是实行武装斗争的统一战线。而党的组织,则是掌握统一战线和武装斗争这两个武器以实行对敌冲锋陷阵的英勇战士。"[①]周恩来也说:"新民主主义的统一战线队伍里面,还有一个自由资产阶级,我们叫他中间力量。毛泽东同志告诉我们,这是个软弱的动摇的阶级,无产阶级应该争取他,联合他,至少可以使他中立,但是不能依靠他。右的观点忘了农民,忘了工农群众,去依靠自由资产阶级,是错误的。'左'的观点否定与自由资产阶级的联合,也是错误的。"[②]各社会阶层的民主要求与中国共产党倡导的统一战线具有某种内在的联系和统一性,与国民党坚持一党专政和一个主义、一个政党、一个领袖的主张有内在的矛盾,这是本书稿的第二个主要观点。

第二次国共合作能够在矛盾、冲突中之中,持续存在十年之久,跨越抗战时期和战后,其原因何在?在于国共两党相忍为国。互相在忍,谁忍得多一些,谁忍得少一些?各自相忍的底线何在?本书稿认为:中国共产党在西安事变中采取和平解决方针,在给中国国民党五届三中全会电文中表达的四项承诺,在皖南事变后对中国国民党"政治上采取攻势,军事上采取守势"的方针,是顾全大局的忍让,忍让的底线是中国共产党领导敌后抗战独立自主地开展、发展和壮大,并始终不渝。与此相对应,中国国民党方面,蒋介石坚持"剿共"却落得西安被捉,勉强承认中国共产党又以其为"文化经济团体",明令宣布新四军叛变并撤消其番号甚至宣布敌后根据地为"封建割据",实际上

[①] 中共中央文献研究室编:《毛泽东年谱(1893—1949)》中卷,中央文献出版社1993年版,第141页。

[②] 中共中央统战部、中共中央文献研究室编:《周恩来统一战线文选》,人民出版社1984年版,第101页。

却无可奈何,其底线实际上只在于是否承认蒋介石的领导,如此而已。就抗战而言,中国共产党承诺不在国民党统治区域发展,基本做到了。显然,为抗战相忍中忍得更多的是中国共产党方面,这是本书的第三个主要观点。

接触、协商、谈判是抗战时期国共两党政治合作的主要形式。全面抗战初期,国共两党两军间协调对敌作战行动和调整相互政治关系、解决矛盾冲突,主要通过"遇事协商"的方式进行,中国共产党方面的协商执行人主要有周恩来、王明等。1938年武汉撤退以后,两党两军关系更加复杂,矛盾冲突不断且越来越严重。在遇事协商办法继续发生作用的同时,为解决军事摩擦、陕甘宁边区、战时政府组织和战后和平建国等重大问题,双方主要采取了秘密谈判和公开谈判的方式。这种方式采取了国民政府中央代表与中共中央代表谈判这种形式进行。参与谈判的国民政府方面代表,由蒋介石指定,有何应钦、白崇禧、张治中、王世杰、邵力子、张群、徐永昌、陈诚等。中国共产党方面的代表,由中共中央任命,主要有周恩来、董必武、秦邦宪、叶剑英、林彪、林伯渠、王若飞等,在第十八集团军驻重庆办事处掩护和协助下的南方局负领导责任,并向中共中央负责。同时各自以不同的名义,负责同国民政府的代表乃至于国民党最高当局谈判、晤谈及接洽。梁漱溟曾经记述1941年的情形时说:

> 据说自上年冬以来,周君屡次求见皆不可得。一切交涉只能由叶剑英与军令部刘次长接洽。因政府认定系军令军纪问题,叶为十八集团军参谋长,在军令部系统之间义须服从,无多少商量。而周君则代表共产党,不见周即不愿落于党对党问题上也。[①]

两党谈判的许多方案、对策都由中共中央南方局常委扩大会议研究并报中共中央作出决定,大量具体工作由南方局人员执行和负责。尽管谈判中南方局并不直接出面,但实际上与以国民政府代表身份的国民党方面进行谈

[①] 梁漱溟著:《梁漱溟全集》第6卷,山东人民出版社1993年版,第170页。

判,主要是南方局的人员负责进行或协助进行,如周恩来、叶剑英、董必武、秦邦宪、王若飞,最主要的是周恩来。①

  第二次国共合作形成后,从1939年到1947年春,国共两党之间以秘密或公开的方式举行过许多次重要的谈判。国共双方公认的第一次谈判或商谈是1939年6月到1940年12月的谈判,中共方面的代表为周恩来、叶剑英等,以国民政府名义出面的国民党代表为蒋介石、何应钦、白崇禧等,谈判主要涉及军事摩擦、边区、扩军、划分防区等问题,并以划分防区为主。第二次从1942年10月至1943年7月,中共方面的代表主要是林彪,由周恩来协助,国民党方面以蒋介石、张治中等主。第三次从1944年5月至11月,中共代表以林伯渠为主,董必武等为辅,国民党代表为张治中、王世杰。谈判期间,中共代表并担任参政员的林伯渠在国民参政会三届三次会上提出了联合政府主张,产生了巨大的政治影响。抗战时期国共双方的上述三次谈判包括各次谈判,在起讫时间,第一到第三次的编序等最基本问题上,海峡两岸的学者大体上是一致的。②但台湾国民党官方学者所编的相关资料中,又有第四、第五、第六次、第七次商谈之说。③其所谓国共第四次谈判,主要指在美国总统特使赫尔利介入下,在从1944年11月到1945年1月初,双方在相关问题上的接触和谈判。而其所谓国共第五次谈判,则指赫尔利以美国驻华大使身份介入下,1945年1月下旬到5月国共双方的相关谈判。所谓国共第六次,也称"重庆会谈",大陆方面一般称为"重庆谈判"。而从第七次谈判又称"马歇尔调处",时间在1945年12月到1946年11月,④大陆方面有"1946年谈判"之说,其间的谈判又有"南京谈判""10月谈判"等具体的说法。为叙述方便和前后一致起见,本书稿采用七次谈判的说法,但不废"重庆谈判""南京谈

---

①周勇主编:《红岩精神研究》,中共党史出版社2009年版,第117页。
②周勇主编:《红岩精神研究》,中共党史出版社2009年版,第118页;秦孝仪主编:《中华民国重要史料初编——对日抗战时期》第5编(4),中国国民党中央委员会党史委员会1985年版,第217—286页。
③秦孝仪主编:《中华民国重要史料初编——对日抗战时期》第5编(4),中国国民党中央委员会党史委员会1985年版,第183、287—315页;同上第5编(4),中国国民党中央委员会党史委员会1985年版,第287—315页。
④秦孝仪主编:《中华民国重要史料初编——对日抗战时期》第7编(2),中国国民党中央委员会党史委员会1981年版,第23—243页;同上第7编(3),第41—255页。

判"等说法。以上七次谈判多数在重庆进行,其中第4次谈判在延安,第七次谈判主要在南京进行。在这些谈判中,1945年抗战胜利后举行的重庆谈判(国共第六次谈判)决定召开党派会议,实际上就是后来的政治协商会议,并由该项会议中的各方力量通过协商、谈判,郑重其事地达成了五项协议。可惜,政协决议很快就被推翻了,写在文件上的协议还不如口头承诺的君子协议来得管用。在这种情况下,最后解决问题的途径实际上只剩下一条,就是战场上的胜负了。

谈判和准备谈判作为两党之间的政治互动方式,站起来碰杯、握手,坐下来闲聊以至商谈,明里暗里互相摸底,谈判桌上唇枪舌剑,就是双方关系的一种体现。谈判的结果并非不重要,但越重要越可能不算数,重要的是过程,看谁在这个过程中出现或不出现严重的误判或错误。因此,正式协定不如君子协定,有协定胜于没有协定。这就是本书稿的第四个主要观点。

第一章　国共两党分歧、冲突的历史和现实背景

　　中国近代历史通常被看成是一个变局，十年一变，三十年、五十年大变。①中国国民党和中国共产党是先后产生于近代中国历史大变局中的两个著名的现代政党。在共产国际的撮合下，两个党从1924年到1927年还相互合作，通过凯歌猛进的北伐战争，极大地推动了国民革命。然而，当革命胜利在望的时候，中国国民党却发动血腥的政变，大肆屠杀共产党人。中国共产党人只好拿起刀枪走上战场，与昨日的"兄弟""友党"殊死搏杀，一场"兄弟阋于墙"的悲剧持续了近十年。面对日本侵略者的"蚕食"和"鲸吞"，两党经过一系列的接触，特别是由于1936年12月西安事变的和平解决，终于再次携手，共同走上抗日的战场，为挽救民族的危亡而奋斗。国共第二次合作不是第一次合作的延续或延伸，但对于在第一次合作中蒙受惨重损失的共产党人而言，教训是难以磨灭的。

---

　　① 唐德刚：《张学良自述的是是非非》，载于《张学良口述历史》，中国档案出版社2007年版，第6页。又据王尔敏研究，中国近代"提出变局之言论者不下81人"，参见王尔敏：《中国近代思想史论》，社会科学文献出版社2003年版，第325页。

一、国共两党的历史恩怨

（一）共产国际撮合下的国共第一次合作

中国国民党的创始人、被中国国民党人尊奉为民国"国父"的孙中山先生，也被中国共产党人尊奉为"革命的先行者"。这位为中华民族独立解放、民生幸福不断奋斗，屡仆屡起的革命家，在其一生极为艰难的时候，受到俄国十月革命的影响，接受共产国际的建议，毅然与成立未久的中国共产党以党内合作的形式，实行两党合作，从而为国民革命的开展和北伐战争的胜利奠定了至关重要的政治前提。两党的关系真是剪不断理还乱。据说在文强1975年被特赦后，已经处于重病中的周恩来召其到医院，说过以下的话："国民党和共产党，其实是亲兄弟，分家闹得天翻地覆，但最终是要和好的"。① 著名历史学家章开沅很赞成"国民党和共产党是一个藤上结的两个瓜"的观点，其依据在于"两者组织结构均模仿自前苏联共产党"。② 当然，两党在阶级基础、性质、宗旨等方面，有很大的不同。

中国共产党方面对于国民党改组和两党合作，总体上说热情比较高。中共早期重要领导人恽代英说："这一次国民党的改组，令我们十分兴奋，我们只希望国民党真能完成为一个有主义、有办法的政党，中国正需要这样一个政党呢！"③同时，在国共第一次合作中，中国共产党对于中国国民党的期望，与中国国民党的实际状况相比，有比较大的距离。在相继加入中国国民党后，一些共产党人开始认识到，中国国民党有许多错误观念，如"希望帝国主

---

① 章立凡著：《君子之交如水》，作家出版社2007年版，第119页。
② 章开沅：《序》，载于《党员、党权与党争——1924—1949年中国国民党的组织形态》，上海书店出版社2004年版，第3页。
③ 中央统战部、中央档案馆编：《中共中央第一次国内革命战争时期统一战线文件选编》，档案出版社1991年版，第42页。

义的列强援助中国国民革命""集中全力于军事行动,忽视了对于民众的政治宣传"。①中国共产党人直言不讳地表示:"希望中国国民党断然抛弃依赖列强及专力军事两个旧观念,十分注意对于民众的政治宣传,勿失去一个宣传的机会,以造成国民革命之真正中心势力,以树立国民革命之真正领袖地位。"②中国国民党内部也很快就发生"容共"和排共的争论,以至于一些政治敏锐的中共党员如恽代英等开始忧心忡忡起来。③陈独秀、毛泽东署名的《中央通告第十五号——对国民党右派的斗争》中,也尝历数国民党不愿反对帝国主义、反对苏俄、排斥共产党等错误。④

实际上,中国国民党高级干部中除为数不多的人之外,多数人自始至终并不认同两党能够成为长久的同道,而只是把中国共产党看作旅途中的玩伴。黄绍竑就说:"(国共)本来是两个政党,两个主义。除非某一个党将它的组织取消,将它的主义取消,或可作比较永久的合作。否则,总是很快就要破裂的。在"容共"时代,共产党中人,对于革命的工作,不说是不努力,然而国民党的同志,又何尝不努力?不过各有各的主张,各为各的目标而努力。中间有一时,虽然努力的目标,是完全趋于一致,但过了那个阶段,便又各干各的。好像一艘沿途搭客的船,同船的乘客,在某一段行程上,路线相同,但是过此后,就分道扬镳,能够共同到达终点的人,却没有几个。"⑤黄绍竑的这种说法,其实也代表了相当一部分国民党人对于两党第一次合作的看法或感受。

(二)第一次合作破裂留下沉痛的历史阴影

中国国民党1927年制造的"四一二"和"七一五"反共、分共事件,给中

---

① 中央统战部、中央档案馆编:《中共中央第一次国内革命战争时期统一战线文件选编》,档案出版社1991年版,第30页。
② 中央统战部、中央档案馆编:《中共中央第一次国内革命战争时期统一战线文件选编》,档案出版社1991年版,第30—31页。
③ 中央统战部、中央档案馆编:《中共中央第一次国内革命战争时期统一战线文件选编》,档案出版社1991年版,第54页。
④ 中央统战部、中央档案馆编:《中共中央第一次国内革命战争时期统一战线文件选编》,档案出版社1991年版,第58—59页。
⑤ 黄绍竑著:《五十回忆》,岳麓书社1999年版,第187页。

国共产党造成巨大的伤害,给两党关系造成难以弥合的历史伤痛。在第二次国共合作的酝酿和合作期间,中国共产党人不断总结第一次合作和分裂的经验与教训,归结到一点,就是强调无产阶级及其政党在统一战线中领导权即独立自主的重要性,毛泽东指出这是"成败的关键"。①毛泽东强调:"防人之心不可无,应有戒心,保障红军之发展扩大","要保持组织的独立性、批评的自由"。②1937年8月22日毛泽东在洛川会议上就国共关系问题的报告中指出:我们还要继续有原则地让步,即保持党和红军的独立性。根据大革命失败的教训,"独立性是组织的,政治的独立问题两个方面。"③24日,毛泽东又指出:"极需要把国共两党区别清楚。十大纲领的提出,就是与国民党单纯抗战的区别。"④1939年2月8日,毛泽东在中共中央书记处会议上告诫党的高级干部:大革命的"亡党之痛"提醒我们,"要国民党进步,没斗争是不行的。"⑤

周恩来对第一次国共合作的评论也很有代表性,他说:"国民党中派表面上与我们合作,赞成革命,但并不是真心和我们合作,而是随时提防和限制共产党的,其代表人物就是蒋介石。蒋介石实际上是与右派合作的,是右派势力的保护者和组织者。在当时特定的条件下,在一个短时期内,他算是国民党的中派,但后来便成了公开的右派。"他又说:"蒋介石……表面上赞成革命,但他的思想实际上是反共反苏的,并不是真心诚意地与共产党作。"他还说,1925年三二〇事件后,"蒋介石打击左派以取得右派的支持,又打击右派以表示革命,这就是他的流氓手段阴险刻毒的地方。从此以后,蒋介石实际上成了国民党的右派"。⑥

中共党史著作在总结第一次国共合作的经验和教训的时候,非常强调统一战线中的领导权、农民同盟军、革命的武装等三点:"(一)现代中国的民主

---

① 金冲及主编:《毛泽东传》(1893—1949)上册,中央文献出版社1996年版,第433页。
② 金冲及主编:《毛泽东传》(1893—1949)下册,中央文献出版社1996年版,第461页。
③ 金冲及主编:《毛泽东传》(1893—1949)下册,中央文献出版社1996年版,第464页。
④ 金冲及主编:《毛泽东传》(1893—1949)下册,中央文献出版社1996年版,第465页。
⑤ 金冲及主编:《毛泽东传》(1893—1949)下册,中央文献出版社1996年版,第537页。
⑥ 中共中央统战部、中共中央文献研究室编:《周恩来统一战线文选》,人民出版社1984年版,第55、57、63页。

革命必须由工人阶级所领导的统一战线来担任;没有统一战线是不能取得革命胜利的,统一战线不由无产阶级来领导而由资产阶级来领导是要失败的。(二)在中国的民主革命中,工人阶级领导的中心问题是农民问题,只有取得了农民作为革命的同盟军,才能够取得革命的胜利。(三)中国革命的主要形式,只能是武装的革命反对武装的反革命,没有革命的军队就没有一切。这些教训,不但在第一次国内革命战争时期被证明是正确的,而且到后来也被证明是正确的。"①国民党方面对于由于历史原因造成的两党彼此提防、猜忌的心理同样有所认识,如熊式辉在1943年6月与周恩来的晤谈中就说:"中央与中共曾经过多年之战斗,情感上已有甚深之裂痕。中央以为中共无信义,一部分人且以为除武力解决外,别无他法。中共以为中央未予以任何保障,若将政权军权交出,无疑缴械投降,以后便无生存之望。"②对此,周恩来并无不同意见。

(三)促使两党再次合作的主要因素

从1931年到1937年,从九一八事变,到"一·二八"事变、福建事变、华北事变、两广事变、西安事变、七七事变,事变接连发生。不断发生的事变,说明内忧外患的严重,也说明南京国民政府的统治危机四伏。

由于德、意、日法西斯势力的产生及猖獗,1935年夏在莫斯科举行的共产国际第七次代表大会,确立了反法西斯统一战线的策略方针,提出并号召在殖民地半殖民地国家建立反法西斯统一战线。会议期间,中共代表团以中共中央和中华苏维埃中央政府名义发表《八一宣言》,提出停止内战、抗日御侮、组织国防政府、抗日联军等主张,③并获得共产国际的首肯。

共产国际和中共驻共产国际代表团鉴于与中共中央失去电讯联系已经很久,先后派出几批人员回国传达共产国际七大的精神和《八一宣言》的主张。其中,张浩于1935年11月19日前后率先抵达中共中央所在地陕北的

---

① 胡乔木著:《中国共产党的三十年》,人民出版社1951年版,第21页。
② 熊式辉著,洪朝辉编校:《海桑集:熊式辉回忆录》,香港明镜出版社2008年版,第407页。
③ 中共中央书记处编:《六大以来》(上),人民出版社1981年版,第679—682页。

瓦窑堡。① 张浩先后与张闻天、周恩来、毛泽东等就共产国际七大和中共代表团关于建立统一战线的问题作了长谈。李维汉说:"张浩同志带回了季米特洛夫在共产国际第七次代表大会上作的关于建立反法西斯统一战线的报告,向我党中央传达了共产国际和中共代表团关于建立统一战线的意见,并带回了与共产国际进行电台联络的密码。"② 吴黎平(当时任中共中央西北局宣传部部长)后来回忆说:"张浩回国做的头一件事,就是传达了共产国际关于建立中国抗日民族统一战线的意见,对我党开展统一战线起到很好的推动作用。"③

1935年12月17日到25日,中共中央政治局召开瓦窑堡会议,就政治形势与党的任务作出决议。指出:"党的策略路线,是在发动、团结与组织全中国全民族一切革命力量去反对当前主要的敌人——日本帝国主义与卖国贼头子蒋介石。不论什么人,什么派别,什么武装队伍,什么阶级,只要反对日本帝国主义与卖国贼蒋介石的,都应该联合起来开展神圣的民族革命战争,驱逐日本帝国主义出中国,打倒日本帝国主义的走狗在中国的统治,取得中华民族的彻底解放,保持中国的独立与领土的完整。只有最广泛的反日民族统一战线(下层的与上层的),才能战胜日本帝国主义与其走狗蒋介石。"决议强调:"我们的任务,是在不但要团结一切可能的、反日的革命力量,而且要团结一切可能的反日同盟者,是在使全国人民有力出力,有钱出钱,有枪出枪,有知识出知识,不使一个爱国的中国人不参加到反日的战线上去。这就是党的最广泛的民族统一战线策略的总路线。"④这是一个以统一战线进行"抗日反蒋"的策略路线。在抗日问题上,尽管在当时还不能预料到国民党统治集团在1935年的华北事变尤其是1936年的西安事变以后所起的变化,⑤尽管仍强调"反蒋",但是这个策略路线与蒋介石"攘外必先安内"的内战政

---

① 李海文、熊经浴著:《张浩传》,当代中国出版社2001年版,第110页。
② 中华全国总工会中国工人运动史研究室编:《张浩纪念集》,上海人民出版社1986年版,第21页。
③ 中华全国总工会中国工人运动史研究室编:《张浩纪念集》,上海人民出版社1986年版,第22页。
④ 中共中央书记处编:《六大以来》(上),人民出版社1981年版,第736—737页。
⑤ 中共中央书记处编:《六大以来》(上),人民出版社1981年版,第1189页。

策和企图收编中共军队,"剿"抚并施,以"剿"促抚的两手政策相比,已经把抗日明确放在了首要的位置,从而高举起抗日民族统一战线的旗帜。中共这一策略路线的转变,意义重大,成效显著,影响深远。对此,胡乔木曾经指出:"确定抗日民族统一战线政策这个工作,1931年到1934年的党中央不能完成,1935年在长征中的毛泽东也不可能完成。直到党在共产国际关于反法西斯统一战线政策的帮助下,于8月1日发表号召统一战线的宣言,特别是中共中央政治局在12月25日通过《关于目前政治形势与党的任务决议》,毛泽东在12月27日党的活动分子会议上作了《论反对日本帝国主义的策略》的报告,才满足了这个要求。"[1]同时,国民党方面也在逐步调整政策,特别是西安事变的发生与和平解决,起到了十分关键的作用。

二、走向第二次合作的接触与谈判

(一)中共统战工作的全面展开

从1935年11月开始,中共中央的统战活动逐步展开,从西北统战、上海统战开始,扩展到对南京国民政府各派系的统战,精彩纷呈,其中西北统战成效尤其显著。

张学良于1933年4月解甲游欧,有感于德、意两国的迅速复兴,从其1934年1月初归国后便在拥蒋"剿共"问题上表现出积极的态度。张学良不仅主动承担鄂豫皖"剿共"重责,于3月1日就任豫鄂皖三省"剿匪"副司令代行总司令职权,且于5月12日组织四维学会,拥蒋介石为领袖。[2]张学良曾向其核心幕僚说明他这样做的理由为:"咱们东北的主要目的是打回老家去。我们自己力量不够,必须与握有军事实力的黄埔军相结合;同时,更需要

---

[1] 胡乔木著:《中国共产党的三十年》,人民出版社1951年版,第38页。
[2] 张德良、周毅主编:《东北军史》,辽宁大学出版社1987年版,第285页。

国家的统一,需要一个强有力的领袖,这是我这次出国吸取德、意两国的经验。目前只有蒋先生有资格作领袖,咱们拥护他。蒋先生已批准四维学会以复兴民族为己任,让我们继续东北工作,咱们应该忠诚地与他合作,实现抗日。"①之后,由于多方鼓吹蒋介石,张学良甚至成为"蓝衣社最高推行者"。②尽管如此,武汉时期的张学良,已经开始对蒋介石"攘外安内"政策产生动摇和怀疑,他甚至向南京当局建议变更先安内后攘外的错误政策。因为他深深地感觉到:"中国政府若是对内一寸一寸的收复,对外一省一省的退让,必遭广大群众的唾弃,结果政府与国家必同归于尽。"③

1935年9月,东北军十余万之众先后入陕,参加"剿共"军事。10月1日,号称东北军精锐的110师在劳山被徐海东率领的红十五军团设伏,该师师长何立中被击毙,全军覆没。2日,国民政府特派蒋介石为西北"剿匪"总司令部总司令,并由张学良为副司令代行总司令职。④ 19日,中央红军到达陕北吴起镇。25日,东北军107师619团等部,在榆林桥战役中被红十五军团消灭四个营,团长高福源被俘。29日,张学良与邵力子等从西安乘飞机到南京出席中国国民党四届六中全会。11月6日会议闭幕后,张学良留下参加同月15—23日召开的中国国民党五全大会。其间,11月21日到23日,东北军109师和106师一个团,又在直罗镇被抵达陕北不久的中央红军与红十五军团全歼。24日,在得到直罗镇战役东北军惨重失败的报告后,张学良陷入极大的困惑之中,开始明白中国共产党领导的工农红军不易对付。

11月底到12月初,张学良到上海,会见了不久前从苏联回国的东北义勇军将领李杜,并托李为其秘密介绍共产党的关系。⑤ 他还在上海探视了因《新

---

① 张友坤、钱进、李学群编:《张学良年谱》,社会科学文献出版社2009年版,第501页。
② 唐德刚著:《张学良口述历史》,中国档案出版社2007年版,第190页。
③ 张德良、周毅主编:《东北军史》,辽宁大学出版社1987年版,第285页。
④ 张友坤、钱进、李学群编:《张学良年谱》,社会科学文献出版社2009年版,第610—611页。说明:西北"剿匪"总司令部于1935年11月1日正式成立。
⑤ 张德良、周毅主编:《东北军史》,辽宁大学出版社1987年版,第326页。

生》事件被羁押的杜重远。① 此时的杜重远已与中共上海地下党胡愈之、宋介安（后改名孙达生）建立了密切的关系，并接受了中共停止内战、联合抗日的主张。杜重远在狱中还介绍胡愈之与张学良的核心幕僚之一高崇民相识。随后，高崇民在与阎宝航及宋介安多次密谈后，前往西安，劝说张学良联共抗日。② 同时，直罗镇战役之后，11月25日，毛泽东、彭德怀要求林彪、聂荣臻等前线将领速放东北军被俘军官，与东北军106师师长沈克办理交涉。26日，毛泽东、彭德怀就与争取东北军106师抗日反蒋再次联名致电林、聂等人，指示要"用积极诚恳方法"。毛泽东还致信东北军57军军长董英斌，提出相互订约抗日反蒋建议，③并表示愿互派代表，商洽一切。由此，中国共产党和陕北红军对东北军的上层统战工作迅速展开。④ 对东北军的统战工作，及同时展开的对十七路军的统一战线工作，都"是由毛泽东直接领导的"。⑤ 12月瓦窑堡会议后，张浩担任白区工作委员会书记（又称中共中央白区工作部部长），具体负责对东北军和十七路军的上层统一战线工作。12月31日，与驻甘泉的东北军达成抗日协定。⑥

就在中共方面展开西北统战的同时，蒋介石在对待中共问题上也开始采用两手策略。1935年年底，在继续"剿共"的同时，蒋介石多渠道伸出触觉，对中共进行政治试探，其中最早把国民党方面有意谈判的信息直接传送到陕北中共中央的是宋庆龄。1936年1月初，宋庆龄、宋子文委托公开身份为牧师的中共秘密党员董健吾（化名周继吾）持密信经西安前往陕北瓦窑堡，与中

---

① 张友坤、钱进、李学群编：《张学良年谱》，社会科学文献出版社2009年版，第630页。说明："九一八"事变后，张学良为集思广益，作为决策时的参考，特指定杜重远、高崇民、阎宝航、王卓然、卢广绩、王化一等人组成一个核心幕僚组，为他献计献策。该核心组成员在1935年10月9日前后到达上海，曾举行一次重要会议，认为应在西北联合西北军和红军，联合各实力派共同抗日，并决定派高崇民到西北向张面陈（参见张德良、周毅主编：《东北军史》，辽宁大学出版社1987年版，第334—335页）。
② 胡愈之著：《胡愈之文集》第6卷，三联书店1996年版，第148—149页。此外，还可参阅于友著：《胡愈之传》，新华出版社1993年版，第146—147页。
③ 中共中央文献研究室编：《毛泽东年谱（1893—1949）》上卷，中央文献出版社1993年版，第490页。
④ 金冲及主编：《毛泽东传》（1893—1949）上册，中央文献出版社1996年版，第375页；张德良、周毅主编：《东北军史》，辽宁大学出版社1987年版，第321页。
⑤ 金冲及主编：《毛泽东传》（1893—1949）上册，中央文献出版社1996年版，第403页。
⑥ 李海文、熊经浴著：《张浩传》，当代中国出版社2001年版，第152页。

共方面领导人毛泽东、周恩来联络。董健吾以财政部"西北经济专员"身份到西安见到张学良,并表示要向张学良借飞机到陕北的中共区域。张学良在致电南京核实其身份后,一方面派飞机和有关人员护送董健吾到陕北苏区,一方面利用近水楼台之便,加强与中共方面的联系和往来。后来张学良说:"(从南京)返回西安,在当时之先后,有一人(良忘其姓名)持有财政部公函见良,要求进入'匪区',良亲为谈询,彼不吐实,良告以若不露真实任务,难获通过,被迫无奈,告良负有接洽任务。良云'匪区'危险,'共匪'素不讲情面,以当年在鄂招贺龙之人被杀相告。于是彼吐露系共党同路人。遂以王以哲将该人送入'匪区',俟其返回,告良接洽经过,并同良约,尔后互通消息。……今日思之,可以说,这是共产党最成功的策略之一也。"①1月19日,张学良与李克农进行了试探性的初次接触,谈话三小时。② 在这次谈话中,张学良表示赞同中共某些主张,但表示不能同意"抗日反蒋",强调对蒋介石有好感。1月,高崇民从上海到达西安,劝说张学良联共抗日,并见杨虎城,建议杨虎城与17路军和东北军停止"剿共",一致对外。2月10日,周恩来布置李克农再次到洛川与东北军谈判。25日,李克农等与东北军67军军长王以哲达成互不侵犯、保护通商等五项口头协定,并于3月5日起开始执行。③

2月27日,董健吾、张子华到达中共中央所在地瓦窑堡。28日,林伯渠陪同董健吾、张子华与留在瓦窑堡的秦邦宪见面,转交了南京密函,详细了解了南京、上海的情况。④ 由此,中共中央了解到蒋介石和国民党中一些重要人物有与红军妥协反日的倾向。⑤ 对于南京国民政府派人联络这种突如其来的情况,周恩来在3月2日向中共中央表示意见说:"对蒋及南京方面,应答应派正式代表去。""利用蒋现时之弱点,抓住他找我之一环,向全国各方活动,并得与全国群众见面。这千载一时之机,万万不可放松"。⑥ 3月4日,张闻

---

① 毕万闻主编:《金凤玉露:张学良、赵一荻合集》第5部,时代文艺出版社2000年版,第573页。
② 张德良、周毅主编:《东北军史》,辽宁大学出版社1987年版,第329页。
③ 张友坤、钱进、李学群编:《张学良年谱》,社会科学文献出版社2009年版,第642—656页。
④ 《林伯渠传》编写组:《林伯渠传》,红旗出版社1986年版,第200页。
⑤ 中共中央文献研究室编:《毛泽东年谱(1893—1949)》上卷,中央文献出版社1993年版,第516页。
⑥ 杨奎松著:《失去的机会? 战时国共谈判实录》,广西师范大学出版社1992年版,第9页。

天、毛泽东、彭德怀致电秦邦宪转周健吾、周恩来等,明确表示愿与南京谈判,并提出五项原则,即:停止一切内战,全国武装一致抗日;组织国防政府与抗日联军;允许主力红军迅速集中河北,抵御日寇迈进;释放政治犯,容许人民政治自由;内政和经济实行必要的改革。① 次日,董健吾带上中共中央的复函密件离开瓦窑堡,踏上返程向宋庆龄复命。两党中断了十年的联系,终于再次接通。

在上述背景下,1936年2月,中共中央开始尝试改变反蒋抗日口号。毛泽东稍后回顾说:"中国最大敌人是日本帝国主义,抗日反蒋并提是错误的。我们从二月起开始改的。我们从二月起开始改变此口号。三月南京有人来接洽,我们提出一般的条件再往南京。六月、八月南京又有两次来件。八月上旬政治局讨论了对南京的方针。"② 3月4日到5日,张学良与李克农在洛川再次会谈,就联合抗日问题交换了意见③。洛川会谈后,通过李杜、刘鼎,张学良增加了对共产党和红军的具体了解。中共中央在确信张学良态度诚恳之后,也决定派周恩来为全权代表到肤施与张学良作进一步的会谈。

为研究统一战线等问题,中共中央在三月下旬连续在晋西大麦郊、石口、石楼等地召开政治局会议(又称三月扩大会议或晋西会议),④初步调整了对国民党政权的政策。会后的4月6日,毛泽东、彭德怀就周恩来赴肤施与张学良秘密商谈的五项议题致电东北军的王以哲并转张学良。周恩来于4月9日晚上返回延安。当晚8时,张学良、王以哲与周恩来、李克农在城内一座天主教堂内举行会谈,一直谈到次日凌晨4时。张表示同意停止内战一致抗日,同意组织国防政府与抗日联军,认为红军最好出绥远等。会谈中,张学良提出了统一战线应包括蒋介石在内的意见。周恩来表示:关于对蒋介石的政策,愿带回去研究后再答复。⑤ 张学良相当高兴,并表示:"你们在外边逼,我

---

① 张友坤、钱金、李学群编:《张学良年谱》,社会科学文献出版社2009年版,第658页。
② 中共中央文献研究室编:《毛泽东年谱(1893—1949)》上卷,中央文献出版社1993年版,第577—578页。
③ 张友坤、钱金、李学群编:《张学良年谱》,社会科学文献出版社2009年版,第655、659页。
④ 《林伯渠传》编写组:《林伯渠传》,红旗出版社1986年版,第201页;中共中央文献研究室编:《毛泽东年谱(1893—1949)》上卷,中央文献出版社1993年版,第527页。
⑤ 张友坤、钱金、李学群编:《张学良年谱》,社会科学文献出版社2009年版,第670—672页。

在里边劝;我们对蒋介石来个内外夹攻,一定可以把他扭转过来。"①金冲及认为:双方在对待蒋介石的问题上,这时候实际上已经有了大体相同的认识。因为就在周恩来与张学良会谈的4月9日晚,毛泽东、彭德怀致电张闻天提出:"目前不应发布讨蒋令""我们的旗帜是讨日令""中心口号是停止内战",当即接张闻天表示同意回电。②作为政治领袖人物,毛泽东有自己独特的政治思维逻辑,就是:"要首先看明天,再来看今天。不看今天,是空谈,不看明天,就是政治上的近视眼。"③在抗日民族统一战线的总方针下,中国共产党在对待蒋介石的问题上开始发生重大的变化。延安会谈,成为促成中共中央在此后不久作出"逼蒋抗日"决策的"重要因素"。④ 4月11日毛泽东、彭德怀向林彪、聂荣臻通报会谈结果说:

> 周副主席于九日下午八时入肤施城,十日晨四时出城,与张学良谈一夜,结果:(1)国防政府、抗日联军认为唯一出路,十大政纲张研究后,提出意见。(2)赞助红军集中河北,四方面军出甘肃,张之部队可让路,二、六军团则须得中央军同意,彼可任斡旋。(3)派赴苏联代表,他的由欧洲去,我们的张任保护,由新疆去。(4)完全同意停止内战,并谓如红军与日军接触,则全国停战运动更有力。(5)在他未公开表明抗日以前,不能不接受蒋令进占苏区。……(6)通商问题,普通办货由我们设店自购,军用品由他代办,子弹可供给。(7)互派代表常驻。(8)张云,红军出河北恐不利,在山西亦恐难立足,彼主张红军经营绥远,但如红军决定出河北,他可通知万福麟部不打我们。⑤

---

① 申伯纯著:《西安事变纪实》,人民出版社1979年版,第35页。
② 金冲及主编:《毛泽东传》(1893—1949)上册,中央文献出版社1996年版,第404—405页。
③ 金冲及主编:《毛泽东传》(1893—1949)上册,中央文献出版社1996年版,第385页。
④ 金冲及主编:《周恩来传》上册,中央文献出版社2008年版,第342页。
⑤ 中共中央文献研究室编:《毛泽东年谱(1893—1949)》上卷,中央文献出版社1993年版,第534页。

后来周恩来也致函张学良说:"坐谈竟夜,快慰平生。归语诸同志并电前方,咸服先生肝胆照人,诚抗日大幸。惟别后事变益亟,所得情报,蒋氏出兵山西原为接受广田三原则之具体步骤,而日帝更进一步要求中、日、'满'实行军事协定,同时复以分裂中国与倒蒋为要挟。蒋氏受此挟持,屈服难免,其两次抗议蒙苏协定尤见端倪。为抗日固足惜蒋氏,但不能以抗日殉蒋氏。为抗日战线计,为东北军前途计,先生当有以准备之也。"①

张学良晚年与唐德刚在谈到西安事变前和事变中与周恩来接触的时候说:"我们俩一见面,他一句话就把我刺透了,他也相当佩服我,你看周恩来说没?可以说我们俩一见面,当时我就答应周恩来了。周恩来说,如果你能够做保证,那我们共产党呀可以放弃掉这些个事情,我们很希望这样,你能领导,我们更愿意。我说我去说服。我自个太自骄了,我说我去说服蒋先生,我可能把他说服了,我负责任,我说我给你保证,如果你们这个条件是真的,都是这样,不变。他说好。"②据张学良说,周恩来当时还向他提出两个条件(要求):"一个,把陕北这个地方还给我们留着,让我们的后方家眷在这儿待着;一个,你不要把我们共产党给消灭。这是两个条件,其余那我们一切都服从中央,军队也交给中央改编。我们当时订的是这样的计划。"③

有些"滑头"同时又被"刺透"的张学良④,成为第二次国共合作酝酿到形成过程中的一个重要人物。唐德刚说:张学良从"九一八"后卷入政治漩涡,"他的对手又是三位当时中国政坛的第一等高手,所以少帅就开始吃亏了。"⑤唐德刚所说的三位中国政坛一等高手,自然指毛泽东、周恩来、蒋介石。至于"吃亏"与否,另当别论。因为如果说"剿共"军事,张学良显然不是中共的对手,但若说"联共抗日"或"逼蒋抗日",则根本不是吃亏不吃亏的问题。

4月14日,毛泽东与与彭德怀从东征前线电告周恩来:"张(学良)、杨(虎城)两部关系由你统一接洽并指导之,以其处置,随时告我们。我们一般

---

①中共中央文献研究室编:《周恩来书信选集》,中央文献出版社1988年版,第87页。
②唐德刚著:《张学良口述历史》,中国档案出版社2007年版,第124页。
③唐德刚著:《张学良口述历史》,中国档案出版社2007年版,第124—125页。
④张友坤、钱金、李学群编:《张学良年谱》,社会科学文献出版社2009年版,第642页。
⑤唐德刚著:《张学良口述历史》,中国档案出版社2007年版,第186页。

不与发生关系。"①同时,毛泽东致电东北军高级将领王以哲谓:"从本日起,敝方与贵方一切具体接洽与商谈关系,统由周恩来负责"。②据称,张闻天曾经与人表示:"(与张学良、杨虎城合作抗日)这些事都由毛泽东周恩来两同志在处理,前者在后面策划,后者在外奔走。"③从此周恩来统一主持东北军和十七路军的统一战线工作。④之后,周恩来并成为中共与地方实力派、国民党中央等方面谈判及中国共产党方面实际负责统战工作的核心人物。25日,中共中央发表《为创立全国各党各派的抗日人民阵线宣言》,这里所说的各党各派中,不仅把国民党包括在内,而且放在第一的位置。⑤

4月下旬,在西北隐然出现红军与东北军、西北军"暗中协商公开敌对"军事政治奇观的同时⑥,中共对蒋介石和国民党的政策调整也基本成型。5月5日,中共方面以红军革命军事委员会名义发表《停战议和一致抗日通电》(又称《五五回师通电》)。该项通电公开放弃"反蒋"口号,并发出呼吁:"红军革命军事委员会特慎重地向南京政府诸公进言,在亡国灭种紧急关头,理应翻然改悔,以兄弟阋于墙外御其侮的精神,望在全国范围内,首先在陕甘晋停止内战,双方互派代表,磋商抗日救亡的具体办法。此不仅诸公之幸,实亦民族国家之福。"⑦张学良通过刘鼎得知中共方面已经接受其联蒋抗日的意见,内心的感受自然非同一般。5月中旬,周恩来会见再次到达陕北的张子华,听取了张转达的由陈立夫提出的解决国共问题的四项办法:欢迎共方武装参加对日作战;共方武装参加作战时,待遇同中央军;共方意见可向即将成立的民意机关提出;共方可选择一地区试验其政治经济理想。⑧6月,张学良到上海再次看望了杜重远。杜重远后来告诉胡愈之:当时张学良曾驾车带他

---

① 张友坤、钱金、李学群编:《张学良年谱》,社会科学文献出版社2009年版,第677页。
② 中共中央文献研究室:《毛泽东年谱(1893—1949)》上卷,中央文献出版社1993年版,第535页。
③ 张国焘著:《我的回忆》下册,东方出版社2004年版,第472页。
④ 金冲及主编:《周恩来传》上册,中央文献出版社2008年版,第343页。
⑤ 中央统战部、中央档案馆编辑:《中共中央抗日民族统一战线文件选编》(中),档案出版社1985年版,第137页。
⑥ 张友坤、钱金、李学群编:《张学良年谱》,社会科学文献出版社2009年版,第683、687页。
⑦ 中共中央书记处编:《六大以来》(上),人民出版社1981年版,第762页。
⑧ 张友坤、钱金、李学群编:《张学良年谱》,社会科学文献出版社2009年版,第693页。

到上海郊区偏僻地方,商谈与陕北红军合作抗日事宜。①陈立夫后来认为杜重远是张学良从拥蒋到兵谏之间思想转变的幕后策划者,②应非全无根据。

由于东北军工作的重要性,6月,中共中央成立东北军工作委员会(中央工委),周恩来、张浩为正副书记(正副主任),叶剑英等为委员,负责争取东北军的相关工作。同时,中共在东北军中还秘密建立了以刘澜波为书记的东北军工作委员会(简称东工委),开展党的工作。③中共中央还在6月20日制订了《关于东北军工作的指导原则》,其中明确规定:"争取东北军走向抗日是我们的基本方针。因此,我们在东北军中的工作目标:第一,不是瓦解东北军,分裂东北军,而是给东北军以彻底的抗日的纲领,使东北军在这一纲领的周围团结起来,成为坚强的抗日的武装力量,第二,也不是把东北军变为红军,来拥护共产党的基本政纲,而是要使东北军变为红军的友军,把共产党所提出的关于抗日救国的纲领变为他们自己的纲领。目前超出于这个范围的一切言论与行动,均在排除之列。"④中共中央政治局又于7月27日召开会议,专门讨论中央工委工作问题。毛泽东在说:"过去我们确定的工作方针是三条:在西边建立根据地、在东边开展游击战争、建立联合战线。以后还是这三条,但次序要变更,把建立联合战线放在第一位。对东北军,对杨虎城部队,对南京部队,都要建立工作委员会"。会议决定成立白军工作部,并由周恩来负责。⑤由于陕甘根据地周围多数是东北军,白军工作部自然以东北军为主要对象。⑥因工作指导方针和观念的转变,以及实际工作的需要,白军工

---

①胡愈之著:《胡愈之文集》第6卷,三联书店1996年版,第150页。
②张宝裕、杨美君、关继廉主编:《杜重远传》,新疆大学出版社1987年版,第21页。
③张德良、周毅主编:《东北军史》,辽宁大学出版社1987年版,第325页;李海文、熊经浴著:《张浩传》,当代中国出版社2001年版,第181页。说明:中共中央东北军工作委员会设立的时间还有一种说法是1936年初,见中共中央统一战线工作部、中共中央文献研究室编:《周恩来统一战线文选》,人民出版社1984年,第463页,注释53。
④《中共中央文件选集》第11册,中共中央党校出版社1991年版,第30页。
⑤中共中央文献研究室编:《毛泽东年谱(1893—1949)》上卷,中央文献出版社1993年版,第562—563页;中共中央文献研究室编:《周恩来年谱(1898—1949)》上册,中央文献出版社2007年版,第321页。
⑥金冲及主编:《周恩来传》上册,中央文献出版社2008年版,第345页。

作部中的"破坏部"大概在此后不久就改为"统战部"。① 有人认为,正是白军工作部对东北军进行统战和策反工作,"导致了西安事变"。②

对于张学良在西北与共产党私下有往来的情形,蒋介石并非全然不知。1936年8月5日,贺衷寒电告蒋介石,张学良在西安的军训团收容共产党干部,并且以联俄"容共"相号召。③ 不过,对于上述情报,早已见惯不怪的蒋介石并未重视。

8月8日,潘汉年抵达保安后向中共中央报告:曾养甫希望他回陕北听取中共中央对两党合作谈判的意见,再到南京见陈果夫。④ 中共中央必须迅速作出决断。10日,中共中央召开政治局会议,决定承认南京是民族运动中一种大的力量,放弃"抗日必须反蒋"口号,要求蒋介石先给抗日的民主。同时,强调提高对同盟者的警戒性,保持党的独立性。⑤ 由此会议确定了"逼蒋抗日"方针。⑥ 据此,25日发布的《中国共产党致中国国民党书》,明确提出"重新合作"建议,表示:"只有国共重新合作以及同全国各党各派各界的总合作,才能真正的救亡图存。""我们方面,是早已准备着在任何地方与任何时候派出自己的全权代表,同贵党的全权代表一道,开始具体实际的谈判,以期迅速订立抗日救国的具体协定,并愿坚决的遵守这个协定"。⑦ 27日,张子华携带曾养甫邀请周恩来出边区商谈的信件和与国民党电台联系的密码,抵达保安。周恩来在31日复函曾养甫中,再次强调"国难至此,非联合不足以成大举",不仅明确表示愿与国民党方面代表进行谈判,而且发出邀请谓:"倘兄及

---

① 孙达生:《西安事变中一些事件的见闻》,见全国政协文史资料委员会编《文史资料存稿选编·西安事变》,中国文史出版社2002年版,第436页。说明:"白军工作部"原文做"白区工作部",误。
② 秦孝仪主编:《中华民国重要史料初编——对日抗战时期》第5编(1),中国国民党中央委员会党史委员会1985年版,第20页。
③ 朱汇森主编,萧良章编纂:《中华民国史实纪要(初稿)》(1936.7—12),"国史馆"1988年版,第314页。
④ 张云著:《潘汉年传》,上海人民出版社2006年版,第134—137页。
⑤ 中共中央文献研究室编:《毛泽东年谱(1893—1949)》上卷,中央文献出版社1993年版,第567—568页;金冲及主编:《周恩来传》上册,中央文献出版社2008年版,第349页。
⑥ 金冲及主编:《毛泽东传》(1893—1949)上册,中央文献出版社1996年版,第410页。
⑦ 中央档案馆编:《中共中央文件选集》第11册,中共中央党校出版社1991年版,第86、87页。说明:中共中央在1936年8—9间作出一系列重大决策,特别是《中国共产党致中国国民党书》影响很大。何香凝、张学良、杨虎城等及天津《益世报》记者看后,都深为感动。参见《林伯渠》编写组:《林伯渠传》,红旗出版社1986年版,第203—204页。

立夫先生能惠临敝土,则弟等愿负全责保兄等安全。万一有不便之处,则华阴之麓亦作为把晤之所。"①9月1日,周恩来还专门写信陈果夫、陈立夫表示:中共方面"准备随时与贵方负责代表作具体谈判。现养甫先生函邀面叙,极所欢迎,但甚望两先生能直接与会"。② 同日,中共中央就"逼蒋抗日"方针发出党内指示,强调"逼蒋抗日"是"我们的总方针"。③ 由此,中共方面完成了由"抗日反蒋"到"逼蒋抗日"的重大政策转变。6日,杨虎城在西安与中共代表张文彬达成抗日合作的口头协定。④ 15日到17日,中共中央召开政治局扩大会议,通过《关于抗日救国运动的新形势与民主共和国的决议》,响亮地提出"民主共和国"口号,并且郑重宣布:"民主共和国在全中国建立,依靠普选权的国会实行召集之时,苏维埃区域即将成为它的一个组成部分,苏区人民将选派代表参加国会,并将在苏区内完成同样的民主制度"。⑤ 24日,叶剑英、潘汉年、边章伍、彭雪枫等离开保安赴西安。⑥ 为准备与国民党的合作与谈判,中共方面还在9月份由毛泽东起草了《国共两党抗日救国协定草案》,准备由周恩来带往南京谈判。⑦ 10月4、5两日,张学良在西安会见叶剑英。叶剑英向张学良解释了中共从抗日反蒋到逼蒋抗日的政策变动,并将国共两党抗日救亡协定草案交张学良转蒋介石。⑧

10月9日、22日,三大主力红军在甘南会师。由于蒋介石采用军事高压和政治解决双管齐下的办法,中共中央感到蒋介石对谈判合作缺乏诚意,10月中旬,潘汉年以中共中央的谈判代表身份,携周恩来致陈果夫、陈立夫的信

---

① 《周恩来书信选集》,中央文献出版社1988年版,第98页。
② 《周恩来书信选集》,中央文献出版社1988年版,第101页。
③ 中央档案馆编:《中共中央文件选集》第11册,中共中央党校出版社1991年版,第89页。
④ 张友坤、钱金、李学群编:《张学良年谱》,社会科学文献出版社2009年版,第726页。
⑤ 中共中央文献研究室编:《毛泽东年谱(1893—1949)》上卷,中央文献出版社1993年版,第580页;中央统战部、中央档案馆编辑:《中共中央抗日民族统一战线文件选编》(中),档案出版社1985年版,第260、264页。
⑥ 中国人民解放军军事科学院编:《叶剑英年谱》,中央文献出版社2007年版,第137—138页。
⑦ 中共中央文献研究室编:《毛泽东年谱(1893—1949)》上卷,中央文献出版社1993年版,第589—590页;中央统战部、中央档案馆编辑:《中共中央抗日民族统一战线文件选编》(中),档案出版社1985年版,第287—290页。
⑧ 张友坤、钱金、李学群编:《张学良年谱》,社会科学文献出版社2009年版,第749页。

及中共《国共两党抗日救国协定草案》前往京沪,同国民党方面接触和谈判。① 几乎与此同时,张子华在10月15日带来南京方面的四项谈判条件:1.苏区可以存在;2.红军名义不改联军,待遇与国军同;3.中共代表公开参加国民大会;4.即派人具体谈判。② 22日,蒋介石到西安,强令张、杨加紧讨伐红军。毛泽东要求叶剑英查明蒋介石的确实意图。2日,叶剑英把蒋介石在西安、王曲等地活动情况电告毛泽东、周恩来,并把蒋介石在王曲军官训练团及其他场合的几次讲话内容归纳成要点附于报告之后:"A. 军人只要服从;B. 敌人只是一个共产党;C. 救国主义只有三民主义;D. 等到消灭红军后,将领导你们走光明路。"③29日,叶剑英和刘鼎致电中共中央,报告蒋介石、张学良会谈等情况:"蒋、张已会谈,结果亟恶。蒋表示'匪'不剿完决不抗日。"中共中央接电后,决定叶剑英留西安进一步做张、杨的工作,观察事态发展,随时通报并酌处各项事宜。④ 同日,蒋介石到洛阳,张学良也到洛阳并力图向蒋进言抗日,遭严厉责骂。31日,蒋介石又在洛阳军分校讲话,大骂主张抗日的人,使张学良异常苦闷。回西安后,张学良告诉叶剑英等,"满腔抗日热忱,无处说也"。⑤ 深知其中情形的陇海铁路局局长钱宗泽曾以电报向蒋报告,大意谓:"东北军自去冬陕北直罗镇之后,109、110师遭受重大损失,中央不予补充,还要取消110师的番号,因而对中央颇有怨言。他们对"剿共"心怀畏怯,认为"剿共"不是他们的前途。东北被日本侵占后,一些军官家属逃到关内,流离失所,生活极感困苦。对日寇敌忾同仇,是东北军官兵普遍心理。前线官兵已有许多与共产党联系:张副司令心中痛苦,指挥确有困难,万望对于副司令不要督责过严,使他难于忍受。张副司令曾经请求开赴绥远前线抗日,此时可否考虑将东北军开赴绥远、察哈尔一带,担任抗日前线作战。"⑥据说,蒋介石阅报后,曾有较长时间思考,但最终决心仍继续逼张剿共。中共不得

---

① 张云著:《潘汉年传》,上海人民出版社2006年版,第143页;金冲及主编:《周恩来传》上册,中央文献出版社2008年版,第352页。
② 张友坤、钱金、李学群编:《张学良年谱》,社会科学文献出版社2009年版,第757页。
③ 张友坤、钱金、李学群编:《张学良年谱》,社会科学文献出版社2009年版,第763页。
④ 中国人民解放军军事科学院编:《叶剑英年谱》,中央文献出版社2007年版,第142—143页。
⑤ 张友坤、钱金、李学群编:《张学良年谱》,社会科学文献出版社2009年版,第765页。
⑥ 张友坤、钱金、李学群编:《张学良年谱》,社会科学文献出版社2009年版,第764页。

不准备与蒋介石继续长期作战。

11月10日,潘汉年在上海沧州饭店同陈立夫会谈。陈立夫在会谈中态度强硬,要求中共方面必须取消政权及军队,红军保留三千人,师长以上军官解职出洋,半年后量才录用,并要求周恩来出来谈判。对此,潘汉年予以严词拒绝。13日,为讨论红军军事行动方向及统一战线问题,中共中央政治局召开会议,毛泽东在会上谓:同南京谈判改红军番号问题,我们没有争论,但群众方面要很好地解释。①18日,周恩来代表中共中央在河连湾迎接包括二、四方面军指战员和朱德,并介绍了国内外形势、与张学良谈判等情况。后来张国焘在其回忆录中说:听了周恩来的介绍,"使我们觉得世界是真的变了,而他又确已得风气之先"。②21日,红军三个方面军相互配合,向进入山城堡地区的国民党军发起进攻,取得山城堡战役的胜利。③22日,毛泽东、张闻天就与国民党谈判方针问题致电潘汉年,强调谈判必须在保全红军全部力量、划定抗日防线基础上进行。④23日凌晨2点半,国民政府逮捕上海各界救国联合会委员沈钧儒、邹韬奋、章乃器、李公朴、王造时、沙千里、史良等七位救国会领导人,移送苏州监狱羁押,史称"七君子事件"。⑤张学良派人到上海慰问被捕诸人。台湾中国国民党官方学者认为,西安事变与救国会及"七君子事件"有关。⑥

12月1日,毛泽东同朱德等19个红军将领致书蒋介石,批评他调集胡宗南等部共260个团进攻红军和苏区;希望他当机立断,化敌为友,共同抗日。⑦

---

① 中共中央文献研究室编:《毛泽东年谱(1893—1949)》上卷,中央文献出版社1993年版,第607—609页。
② 张国焘著:《我的回忆》下册,东方出版社2004年版,第463页。
③ 中共中央文献研究室编:《朱德年谱》,中央文献出版社2006年版,第615页。
④ 中共中央文献研究室编:《毛泽东年谱(1893—1949)》上卷,中央文献出版社1993年版,第612页。
⑤ 中国人民救国会纪念文集编辑组编:《爱国主义的丰碑——中国人民救国会纪念文集》,群言出版社2002年版,第546页。
⑥ 秦孝仪主编:《中华民国重要史料初编——对日抗战时期》第5编(1),中国国民党中央委员会党史委员会1985年版,第20、76页。
⑦ 中共中央文献研究室编:《毛泽东年谱(1893—1949)》上卷,中央文献出版社1993年版,第617页;中央统战部、中央档案馆编:《中共中央抗日民族统一战线文件选编》(中),档案出版社1985年版,第308—309页。

4日,蒋介石亲抵西安,力图胁迫张学良、杨虎城进攻红军,否则即就要把张、杨部队分别调到福建和安徽。① 9日,蒋介石宣布任命蒋鼎文为西北"剿总"前敌总司令,卫立煌为陕甘绥宁边区总指挥,陈诚以军政部次长身份驻前方指挥"督剿",樊崧甫、万耀煌分别为总预备队司令、副司令,准备对红军发动全面进攻。② 后来蒋介石说:当时"我对于中共问题所持的方针,是中共武装必先解除,而后对他的党的问题才可作为政治问题,以政治方法来解决"。③从政治上处理中共问题的任务蒋介石指派陈立夫处理。蒋介石的用心所在,早为中共窥破,周恩来在谈及此一阶段的两党交涉时说:"国民党蒋介石对谈判的想法是怎样呢? 那时他是把我们当投诚看待,想收编我们,直到西安事变以前,还是这样的想法。"④ 10日,蒋介石在西安召集全体参谋人员会议,决定12日颁布向红军发动总攻击令,如张、杨两部不服从命令,即解除其武装。⑤ 同日,中共中央给潘汉年的指令指出:谈判显无速成之望,"我们愿以战争求和平,绝对不作无原则让步。"实际上拒绝了蒋介石和国民党方面的无理要求。⑥ 在此情况下,谈判陷入僵局。

就在国共谈判陷入僵局之时,张学良、杨虎城下定最后决心发动一场影响全局的大事变。张学良晚年说:"我跟蒋先生两个冲突,……就是两句话:他是要'安内攘外',我是要'攘外安内'。""就因为学生运动时候……他说用机关枪打,我说机关枪不去打日本人,怎么能打学生? 我火了。"⑦ 11日晚,杨虎城与其身边亲信商量捉蒋的时候也说:"把这个摊子(指杨的部队)这样摔了,响! 值!"⑧

---

① 中共中央文献研究室编:《毛泽东年谱(1893—1949)》上卷,中央文献出版社1993年版,第618页。
② 张友坤、钱进、李学群编:《张学良年谱》,社会科学文献出版社2009年版,第792页。
③ 蒋中正著:《苏俄在中国》,黎明文化事业公司1989年版,第58页。
④ 中共中央文献编辑委员会编:《周恩来选集》上卷,人民出版社1980年版,第192页。
⑤ 张友坤、钱进、李学群编:《张学良年谱》,社会科学文献出版社2009年版,第793页。
⑥ 金冲及主编:《周恩来传》上册,中央文献出版社2008年版,第353页。
⑦ 唐德刚著:《张学良口述历史》,中国档案出版社2007年版,第122、123页。
⑧ 罗瑞卿、吕正操、王炳南著:《西安事变与周恩来同志》,人民出版社1978年版,第47页。

（二）西安事变的和平解决结束了国共内战

1936年12月12日凌晨，张学良、杨虎城实行"兵谏"，扣留蒋介石及其随行陈诚、蒋鼎文、朱绍良、卫立煌、陈调元等高级将领，宣布成立抗日联军临时西北军事委员会，通电全国，提出八项主张。张学良并致电中共中央告知事变的发生。毛泽东、周恩来收到张学良电报后，当晚电复张学良表示红军决不进占寸土，并拟派周恩来到西安协助。① 13日，中共中央政治局举行会议，讨论西安事变相关问题，决定不采取与南京对立方针，不把反蒋与抗日并列，并决定派周恩来等前往西安协助张、杨。② 毛泽东、周恩来并致电张学良谓："恩来拟来西安与兄协商尔后大计"。张学良接电后复电表示："现此间诸事顺利，一切恩来兄到后详谈。"③

15日，周恩来为首的中共代表团一行为处理西安事变等问题从保安启程赴西安，16日晚抵肤施（今延安）。17日下午，周恩来等九人从肤施乘飞机抵西安。傍晚，周恩来和张学良会谈。④ 周恩来的到来，使西安方面感到有所凭依。处于各种矛盾旋涡的周恩来，"俨为西安之谋主矣"。⑤ 会谈后周恩来连夜把情况电告中共中央，并提到"答应保蒋安全是可以的"。18日，周恩来致电毛泽东并中共中央，报告国内各方对事变的反应。同日，周恩来和杨虎城会谈，说明中共方面和平解决西安事变的主张。杨没有表示异议，但担心蒋介石事后报复。周恩来说明抗日是大势所趋，只要西北三方联合一致并团结全国人民，蒋介石想报复也不可能。⑥ 19日，中共中央政治局会议通过《关于西安事变及我们的任务的指示》，谓：主张南京、西安在团结抗日基础上和平解决；推动南京走向进一步抗日；给张、杨以实际的包括军事上和政治上的

---

① 中共中央文献研究室编：《周恩来年谱（1898—1949）》，中央文献出版社2007年版，第338页。
② 中共中央文献研究室编：《毛泽东年谱（1893—1949）》上卷，中央文献出版社1993年版，第621—622页。
③ 金冲及主编：《周恩来传》上册，中央文献出版社2008年版，第361页。
④ 中共中央文献研究室编：《周恩来年谱（1898—1949）》，中央文献出版社2007年版，第341页。
⑤ 毕万闻主编：《金凤玉露：张学良、赵一荻合集》第5部，时代文艺出版社2000年版，第580页。
⑥ 中共中央文献研究室编：《周恩来年谱（1898—1949）》，中央文献出版社2007年版，第341—342页。

援助;准备在"讨伐军"进攻时的防御战。会后,中共中央公开发表通电,呼吁由南京方面召开和平会议,团结全国,一致抗日。① 同日,毛泽东起草并发给周恩来十余份电报,通报了国内外形势并提出军事部署等,其要点为:张、杨要坚持,不须气馁。十七路军稳定于抗日反内战立场,是当前要着。② 20日晚,周恩来收到毛泽东关于共产国际主张用和平方法解决冲突的指示电,周恩来当即转告张、杨。③

20日上午,宋子文在端纳陪同下抵西安,两度与蒋介石会晤,并转宋美龄函。21日中午,宋子文再次与蒋介石晤谈。④ 其间,周恩来见到宋子文随行人员郭增恺时表示:这次事变中共事先未参与,对事变主张和平解决。周恩来并表示:"只要蒋先生抗日,共产党当全力以赴,并号召全国拥护国民政府,结成抗日统一战线。"郭增恺向宋子文转达了周恩来的话。⑤ 下午,宋子文飞返南京。21日,中共中央书记处就和平解决西安事变的条件致电周恩来,所提条件有五项条件,分别是:"(第一)南京政府中增加几位抗日运动之领袖人物,排除亲日派,实行初步改组;(第二)取消何应钦等之权力,停止讨伐,讨伐军退出陕甘,承认西安之抗日军;(第三)保障民主权利;(第四)停止'剿共'政策并与红军联合抗日;(第五)与同情中国抗日之国家建立合作关系。"指示强调:"在上述条件有相当保证时,恢复蒋介石之自由,并在上述条件下赞助中国统一,一致对日。"⑥周恩来据此同张、杨商讨了谈判有关问题。⑦ 同

---

① 中央统战部、中央档案馆编辑:《中共中央抗日民族统一战线文件选编》(中),档案出版社1985年版,第325—329页。
② 中共中央文献研究室编:《毛泽东年谱(1893—1949)》上卷,中央文献出版社1993年版,第626页。
③ 中共中央文献研究室编:《周恩来年谱(1898—1949)》,中央文献出版社2007年版,第343页。说明共产国际在16日曾给中共中央就西安事变的态度问题发一电报,但由于密码错误,完全无法译出。18日中共中央去电要求重发,20日得到复电。参见金冲及主编:《周恩来传》上册,中央文献出版社2008年版,第370页。
④ 吴景平著:《宋子文政治生涯编年》,福建人民出版社1998年版,第317—318页。
⑤ 金冲及主编:《周恩来传》上册,中央文献出版社2008年版,第372页。
⑥ 中央统战部、中央档案馆编辑:《中共中央抗日民族统一战线文件选编》(中),档案出版社1985年版,第337页。
⑦ 中共中央文献研究室编:《周恩来年谱(1898—1949)》,中央文献出版社2007年版,第344页。

日,毛泽东致电潘汉年,向陈立夫提出中共方面的五项合作抗日要求。① 22日,宋子文偕宋美龄等再次到达西安。蒋介石对宋氏兄妹表示:改组政府,三个月后开救国会议,改组国民党,同意联俄联共。② 蒋介石让宋子文、宋美龄代表自己与张、杨谈判,并表示双方所谈结果,由他以领袖人格作保证,但不签字。③ 西安方面答应了此一要求。23 日,张学良、杨虎城、周恩来(作为中共全权代表)同宋子文谈判。周恩来提出六项主张,得到宋子文和蒋介石的同意,事后周恩来向中共中央报告六项主张及谈判结果,谓:"子、停战,撤军至潼关外。丑、改组南京政府,排逐亲日派,加入抗日分子。寅、释放政治犯,保障民主权利。卯、停止"剿共",联合红军抗日,共产党公开活动。辰、召开各党各派各界各军救国会议。已、与同情抗日的国家合作。以上六项要蒋接受并保证实行。"④ 应该说,这个结果与中共中央所提谈判的条件是高度契合的。

同时,宋子文也提出解决事变及善后办法,并与张杨和周恩来讨论。⑤ 随后,周恩来还与宋美龄进行了晤谈,周恩来阐述了中共和平解决西安事变及团结抗日的主张和政策。⑥ 同日,叶剑英和秦邦宪等到达西安,协助周恩来工作。⑦ 24 日,周恩来、张学良、杨虎城与宋子文、宋美龄继续谈判,并达成如下协议:

> 子、孔、宋组行政院,宋负绝对责任保证组织满人意政府,肃清亲日派。
>
> 丑、撤兵及调胡宗南等中央军离西北,两宋负绝对责任。蒋鼎文已携蒋手令停战撤兵(现前线已退)。

---

① 中共中央文献研究室编:《文献和研究》(1985 年汇编本),人民出版社 1986 年版,第 201—202 页。
② 中共中央文献编辑委员会编:《周恩来选集》上卷,人民出版社 1980 年版,第 70 页。
③ 申伯纯著:《西安事变纪实》,人民出版社 1979 年版,第 154 页。
④ 中共中央文献编辑委员会编:《周恩来选集》上卷,人民出版社 1980 年版,第 70—71 页。
⑤ 中共中央文献编辑委员会编:《周恩来选集》上卷,人民出版社 1980 年版,第 71—72 页。
⑥ 中共中央文献研究室编:《周恩来年谱(1898—1949)》,中央文献出版社 2007 年版,第 346 页。
⑦ 中国人民解放军军事科学院编:《叶剑英年谱》,中央文献出版社 2007 年版,第 148 页。

寅、蒋允许归回后释放爱国领袖,我们可先发表,宋负责释放。

卯、目前苏维埃、红军仍旧。两宋担保蒋确停止剿共,并经张手接济(宋担保我与张商定多少即给多少)。三个月后抗战发动,红军再改番号,统一指挥,联合行动。

辰、宋表示不开国民代表大会,先开国民党会,开放政权,然后再召集各党各派救国会议。蒋表示三个月后改组国民党。

巳、宋答应一切政治犯分批释放,与孙夫人商办法。

午、抗战发动,共产党公开。

未、外交政策:联俄,与英、美、法联络。

申、蒋回后发表通电自责,辞行政院长职。

酉、宋表示要我们为他抗日反亲日派后盾,并派专人驻沪与他秘密接洽。①

宋子文并表示南京政府每月可给红军、苏区五十万元的经费;②蒋介石还向张学良作出六项承诺:"今日蒋答复张:子、下令东路军退出潼关以东,中央军决离开西北。丑、委托孔、宋为行政院正副院长,责孔宋与张商组府名单,蒋决令何应钦出洋,朱绍良及中央人员离开陕甘。寅、蒋允回京后释爱国七领袖。卯、联红"容共"。蒋主张为对外,现在红军、苏区仍不变,经过张暗中接济红军,俟抗战起,再联合行动,改番号。辰、蒋意开国民大会。巳、他主张联俄联英美。"③当晚,周恩来在宋氏兄妹陪同下到蒋介石住处见蒋。稍作寒暄后,蒋作出三点表示:"子、停止"剿共",联红抗日,统一中国,受他指挥。丑、由宋、宋、张全权代表他与我解决一切(所谈如前)。寅、他回南京后,我可直接去谈判。"④

由此可见,宋氏兄妹和蒋介石,当时针对不同对象,口头承诺了不同的要

---

① 中共中央文献编辑委员会编:《周恩来选集》上卷,人民出版社1980年版,第72—73页。
② 中共中央文献研究室编:《周恩来年谱(1898—1949)》,中央文献出版社2007年版,第346页。
③ 金冲及主编:《周恩来传》上册,中央文献出版社2008年版,第374—375页。
④ 中共中央文献编辑委员会编:《周恩来选集》上卷,人民出版社1980年版,第73页。

求或条件。各有重点,互有重叠,全是口头的君子协定。①

25日,宋子文提出要蒋介石当天就走,张学良表示同意并愿伴送。周恩来和秦邦宪认为在蒋介石离开之前应先签署一份政治文件,同时不赞成张学良伴送。在未告知周恩来、秦邦宪的情况下,张学良即于当天下午三点多钟,与杨虎城陪同蒋介石及宋氏兄妹到西郊机场,并亲送蒋宋等人飞洛阳。② 临行时,蒋对张、杨二人说:"今天以前发生内战,你们负责;今天以后发生内战,我负责。今后我绝不"剿共"。我有错,我承认;你们有错,你们亦须承认。"③ 当时身在西安的著名美国记者、作家史沫特莱后来记述道:

> 蒋委员长于圣诞节这天秘密获释,老百姓一无所知,西安当局显然害怕老百姓知道放蒋的消息。先一天西安当局放出风来,说英勇保卫绥远的傅作义将军于圣诞节飞抵西安参加抗日同盟。黑压压的一群人在机场上打着旗子去欢迎他。开来了一辆遮盖严密的汽车。张学良少帅下了车,受到人群的欢呼致敬,接着下车的是蒋委员长及其随从,仅有二三个人认识他们,当时还以为眼花错认了人。全体人员进入机舱后飞机起飞凌空而去。不见傅作义飞来,只见张学良飞去,人们大感不解,如五里雾中。等到真相大白时才知道,他们到机场名为迎傅、实是送蒋,给蒋一个众人爱戴他的印象。④

---

① 1936年12月28日,毛泽东将这些要求或和平解决的条件归纳为6条,(一)改组国民党与国民政府,驱逐亲日派,容纳抗日分子;(二)释放上海爱国领袖,释放一切政治犯,保证人民的自由权利;(三)停止"剿共"政策,联合红军抗日;(四)召集各党各派各界各军的救国会议,决定抗日救亡方针;(五)与同情中国抗日的国家建立合作关系;(六)其他具体的救国办法。见《关于蒋介石声明的声明》(1936年12月28日),《毛泽东选集》第1卷,人民出版社1991年版,第246页;1937年1月7日,毛泽东把周恩来在西安与蒋宋达成的条件再次归纳为6条,与此前的归纳稍有不同:(一)停战撤兵。(二)初步改组南京政府,三个月后彻底改组。(三)释放政治犯,保证民主权利。(四)停止"剿共",联红抗日,划定防地,供给军费,苏俄照旧,共党公开。(五)联俄并与英美合作。(六)西北交张学良处理。参见《要蒋、宋实践在西安所商定之条件》(1937年1月5日),中共中央文献研究室编《文献和研究》(1985年汇编本),人民出版社1986年版,第203—204页。
② 中共中央文献研究室编:《周恩来年谱(1898—1949)》,中央文献出版社2007年版,第347页。
③ 中共中央文献编辑委员会编:《周恩来选集》上卷,人民出版社1980年版,第73页。
④ 史沫特莱著,袁文等译:《史沫特莱文集》第1卷,新华出版社1985年版,第139页。简略但同样的记载可参阅罗瑞卿、吕正操、王炳南著:《西安事变与周恩来同志》,人民出版社1978年版,第58页。

叶剑英在1959年回忆此事时说:张学良出了个岔子,"他说抓是我抓的,放我亲自放。张学良亲自乘飞机送蒋介石到洛阳。张学良想当个梁山英雄,他不晓得蒋介石的立场顽固得很。张学良刚一出门,孙铭九就向周恩来和我报告:副司令走了,送蒋先生回洛阳。我们说,不行,你马上坐汽车把他请回来!待他坐汽车到机场,飞机已升空。"①张冲在1937年5月上旬给蒋介石的电报中,曾经谈及中共对蒋介石政策变化的过程及西安事变中对蒋的态度,谓:

> 共产党政策转变之过程:抗日的民族革命方针,代替了土地革命政策之后,共产党对于国民政府与蒋先生仍持绝对反对的态度,而以"反蒋抗日"为一切活动之中心。其后周恩来与张学良在肤施会见,张对于蒋氏之抗日态度与抗日准备,言之甚详,使周深受感动,曾与共党高级干部再三讨论,嗣并决定"逼蒋抗日"方针。迨二十五年秋季以后,红军与外间之接触益多,同时华北情势亦日繁,特别是绥远方面情势万分紧张,共党乃进而提出"联蒋抗日",甚至"拥蒋抗日"之口号。西安事变中,共党更以坚决的和平态度,表示其对于政治主张之诚意;故最初力主送蒋离陕,继又力主撤兵,希望在此种行动中,求得蒋氏之谅解。②

蒋介石的外籍顾问端纳在1945年2月25日从菲律宾的日本拘留所获释后接受记者采访时则说:周恩来"的确是个使蒋介石将军在1936年的西安事变中安然脱险的人"。③对于释放蒋介石的时机,毛泽东显然不认为妥当。在25日当日致彭德怀、任弼时的电报中,毛泽东说:"在五个条件下恢复蒋之

---

① 中国人民解放军军事科学院编:《叶剑英年谱》,中央文献出版社2007年版,第149页。
② 秦孝仪主编:《中华民国重要史料初编——对日抗战时期》第5编(1),中国国民党中央委员会党史委员会1985年版,第267页。
③ 〔美〕冈瑟·斯坦著,马飞海等译:《红色中国的挑战》,上海译文出版社1999年版,第19页"注释"①。

自由,以转变整个局势的方针,是我们提出的。谈判结果,蒋与南京左派代表完全承认。昨晚电恩来,待先决条件履行及局势发展到蒋出后不再动摇才释放。但他们今日已经释放蒋介石,宋子文、张学良、宋美龄今日同机飞洛。依情势看,放蒋是有利的,是否达成有利,当待证实后告。"①毛泽东所说的5条,即前述12月21日中央书记处致周恩来电报中所列5条。

26日,蒋介石抵南京。至此,西安事变算是得到了和平解决。

张学良到南京后,旋即被扣。27日,南京《中央日报》发表所谓蒋介石离陕前《对张、杨训词》,声称:离开西安之前,张学良、杨虎城"不再强勉我有任何签字与下令之非分举动,且并无任何特殊之要求";说张、杨过去"受反动派之煽惑",此次"勇于改过",是由于受"余此次精神之感召"云云。②毛泽东对蒋介石是否会履行承诺的担心进一步加重,于是代表中共在28日针对蒋介石的"训词"发表声明,要求其不打折扣地兑现诺言,彻底改变过去的错误政策,"立即走上联合各党各派一致抗日的战线"。③经国民党政府军事委员会高等军事法庭审判,31日,张学良被判有期徒刑十年,蒋介石于次日呈请国民政府特赦张学良。1937年1月4日,国民政府特赦张学良,但将张交军事委员会管束。从此,张学良失去人身自由长达半个世纪。在此前后,蒋介石决定以政治为主,军事为从的方式,解决西北善后问题。④

蒋介石获释、西安事变和平解决,内战基本结束,社会各界均感宽慰。《王世杰日记》1937年1月3日条载:"今年新岁,政府中人乃至一般社会的感触,颇与过去三四年异。舒慰之情,颇显著而普遍。盖过去一年间,国家虽遭受几次绝大凶险,迨届岁除均获一种意外结局也。日人之外交与军事压迫,一时虽有爆发战争之危,终究则中日外交谈判并未产生任何协定;绥远方面日人助匪伪进攻,终究则为我军战败。两粤反抗中央以和平方法促成一个

---

① 中共中央文献研究室编:《毛泽东年谱(1893—1949)》上卷,中央文献出版社1993年版,第631页。
② 中共中央文献研究室编:《周恩来年谱(1898—1949)》,中央文献出版社2007年版,第347页。
③ 中共中央文献编辑委员会编:《毛泽东选集》第1卷,人民出版社1991年版,第245、247页。
④ 朱汇森主编,简笙簧编纂:《中华民国史实纪要(初稿)》(1937.1—6),"国史馆"1985年版,第5—7页。

新的统一局面。十二月十二日西安张(学良)、杨(虎城)叛变,终究因全国舆论之攻击与各方面之斡旋,蒋院长中正于同月二十五日出返首都。这都是大众引为欣幸的大事。而全国丰收开民国以来新纪录,尤予全国人民以绝大之安慰。即就教育言,因政府厉行义务教育之故,一年之中,小学儿童当已增加三四百万人。"①

1月5日,国民政府行政院会议决定陕甘善后办法,裁撤西北"剿匪"总部,特派顾祝同为西安行营主任,处理西安事变善后事宜。②9日,蒋介石派王化一、吴瀚焘到西安,提出甲乙两案。后经过反复折冲,到1月底,西北方面决定采取甲案。③中共方面的态度是:"我们与张、杨两部应取进则同进、退则同退之方针,我们立场已向南京表明,即打亦不至基本妨碍我们方针,无论打胜打败,结果仍是讲和,但对张、杨两部影响较好。""当然在打之前,力争张回,而免去打。"④31日晚,红军(叶剑英代表)、东北军、第十七路军三方在西安粉巷王以哲家中召开最高军事会议,决定宜和不宜战、促进和谈成功。⑤

2月2日晨,东北军中强烈主张武力解决的少壮派军官应德田、孙铭九、苗剑秋等枪杀主和派将领王以哲,史称"二二事件"。⑥其间,几个东北军青年军官甚至气势汹汹地冲进周恩来的办公室,遭到周恩来严厉训斥。⑦随后,周恩来赶到王以哲家中,帮助料理后事。"二二事件"决定性地削弱了西安方面同南京谈判的力量和地位。6日,杨虎城回到三原,抗日联军临时西北军事委员会从西安向邻州撤退。8日,南京国民政府中央军第36师师长宋希濂率部进入西安,⑧西安事变善后处理基本解决。就南京政府而言,这是一个比

---

① 王世杰著:《王世杰日记》第1册,"中研院"近代史研究所1990年版,第18—19页。
② 朱汇森主编,筒笙簧编纂:《中华民国史实纪要(初稿)》(1937.1—6),"国史馆"1985年,第11页。
③ 中共中央文献研究室编:《周恩来年谱(1898—1949)》,中央文献出版社2007年版,第351—354页。
④ 中共中央文献研究室编:《毛泽东年谱(1893—1949)》上卷,中央文献出版社1993年版,第649—650页。
⑤ 中国人民解放军军事科学院编:《叶剑英年谱》,中央文献出版社2007年版,第151—152页。
⑥ 朱汇森主编,筒笙簧编纂:《中华民国史实纪要(初稿)》(1937.1—6),"国史馆"1985年版,第83页。
⑦ 罗瑞卿、吕正操、王炳南著:《西安事变与周恩来同志》,人民出版社1978年版,第70页。
⑧ 中国人民解放军军事科学院编:《叶剑英年谱》,中央文献出版社2007年版,第152页。

较圆满的结局。① 罗瑞卿等人曾经说:"没有周恩来同志在西安,毛主席、党中央和平解决西安事变的方针就很难得到贯彻,内战可能再起,西安事变和平解决的初步胜利就无法巩固。周恩来同志为党的革命事业,为中华民族建立了不朽的功勋"。②

西安事变的和平解决,使国共两党最高层的谈判,在完全出人意料的特殊情况下成为现实,两党之间长达十年的国内战争也得以结束。毛泽东说:"这是中国历史上的一件大事,从此建立了两党重新合作的一个必要的前提。"③中国共产党在西安事变的和平解决中发挥的积极而且关键的作用,为自己赢得了"政治上的主动权"。④ 中共方面获得的这种政治主动权,在此后的国共关系中,是一种无形但作用相当巨大的力量。1950 年,胡适曾专门写过一篇长文,追述 1924 年到 1949 年之间国共关系的历史,其中说道:"我要人知道在这廿五年的斗争里,最初二十多年处处是共产党失败,蒋介石胜利。第一次大转捩是西安事变,斯达林(即斯大林——引者)命令不得伤害蒋介石,主张和平解决。此举决定了抗日的战争,保全了红军,并且给了红军无限的发展机会。"⑤自然,从西安事变和平解决中受惠的不只中共方面,受惠的同样包括中国国民党,甚至包括张学良。唐德刚说:"盖西安无变,则蒋氏之'剿共'战争,以蒋之个性,势必坚持到底。然证诸世界各国近代史之各种实例,这一'剿共'战争,将伊于胡底,实无人可以臆测。野火烧不尽,春风吹又生。古人说,扬汤止沸,莫如去薪。共产党有群众有理论,不谋釜底抽薪,专求扬汤止沸,是消灭不了的。而专靠枪杆来'剿共',就是扬汤止沸。何况外患紧迫,大敌当前,有谁能保证,一把野火就把共产党烧得死灰不燃?所以西安事变,未始不是国共之争的光荣收场。"唐氏还说:"抗战八年,实是我国家民族历史上最光荣的一页。兄弟阋于墙而外御其侮,这句古训,在抗战初期,真表

---

① 朱汇森主编,简笙簧编纂:《中华民国史实纪要(初稿)》(1937.1—6),"国史馆"1985 年版,第 104 页。
② 罗瑞卿、吕正操、王炳南著:《西安事变与周恩来同志》,人民出版社 1978 年版,第 73 页。
③ 《毛泽东选集》(一卷横排本),人民出版社 1964 年版,第 333—334 页。
④ 《胡乔木传》编写组编:《胡乔木谈中共党史》,人民出版社 1999 年版,第 268 页。
⑤ 耿云志、欧阳哲生编:《胡适书信集》(下),北京大学出版社 1996 年版,第 1197 页。

现得刻骨铭心,为后世子孙,永留典范。笔者和一些老辈读者们都是有亲身体验的来人。我们那时亲眼见到蒋公和国民党的声望,全民仰止,真如中天。这点史实,任何公正的历史家,都不会否认。如果没有西安事实,没有全国的大一统,没有惨烈的武装抗战,则人事全非。一个独裁专政的领袖,和一个忍辱含羞的政党,在历史舞台上以何种脸谱出现,我们写历史的人就很难妄测了。"①西安事变及其和平解决是毛泽东和周恩来为代表的共产党人逼蒋抗日政策的显著成功,也是蒋介石为代表的国民党,罔顾现实政治的状况和社会人心的向背,贯彻"安内攘外"错误政策所获致的尴尬结局。从长远的眼光看,西安事变和平解决,对于蒋介石和国民党,也是"塞翁失马,焉知非福",唐德刚氏的评论是公允的。

(三)艰难推进的战前两党谈判

从1937年2月到七七事变,周恩来在西安、杭州、庐山,与国民党方面的顾祝同、蒋介石等先后进行了四次谈判。中共方面主要是周恩来和潘汉年,国民党方面是陈立夫和张冲。②

西安事变和平解决的过程中,蒋介石曾向周恩来表示,在他返回南京后可以前去谈判。但是,张学良在南京被扣,不免给两党谈判蒙上阴影,国共谈判的地点首先成为严重问题,并为中共方面所深深担忧。1937年1月5、6两日,毛泽东在致周恩来、秦邦宪电报中反复强调,应向国民党代表表示:"在撤兵释张改组政府实行后,即证明南京尚愿顾全信义时,可去南京一行。此时则无人能证明无人能证明恩来去宁后,不为张学良第二"。③"恩来绝对不可去南京","恩来此时绝对不应离开西安",④可商请国民党谈判代表张冲"到西安与周恩来协商"。⑤

---

①唐德刚著:《张学良口述历史》,中国档案出版社2007年版,第181、182页。
②陈立夫著:《成败之鉴:陈立夫回忆录》,台北正中书局1994年版,第194页。
③中央统战部、中央档案馆编辑:《中共中央抗日民族统一战线文件选编》(中),档案出版社1985年版,第358—359页。
④中共中央文献研究室编:《毛泽东年谱(1893—1949)》上卷,中央文献出版社1993年版,第638—640页。
⑤金冲及主编:《周恩来传》上册,中央文献出版社2008年版,第390页。

2月8日,顾祝同进驻西安,贺衷寒、张冲作为谈判代表同时抵达,陪同顾祝同等到达的还有潘汉年。潘汉年将顾祝同、张冲等人介绍给周恩来,[1]并向周恩来作了有关汇报。周恩来随即将情况电告中共中央,并提出相应的谈判方案,毛泽东复电同意。9日,国共两党代表在西安正式举行第一次会议,国民党代表为顾祝同、张冲、贺衷寒,共产党代表为周恩来、叶剑英、秦邦宪。顾祝同表示蒋介石原定约周恩来10日赴杭州谈判的计划推迟,要他同周恩来先谈。同日,中共中央政治局常委会议讨论通过《中共中央给中国国民党三中全会电》,并致电周恩来通报了电文内容和与国民党谈判的要点。这封以毛泽东、洛甫名义的来电要求周恩来:(1)以即将发出的致国民党五届三中全会电的精神为谈判的政治立场;(2)军队拟编12师4军,由林彪、贺龙、刘伯承、徐向前分任军长,组成一路军,以朱德、彭德怀为正副总司令;(3)军饷按中央军待遇或每月先接济八十万至一百万元;(4)如成立国防委员会,红军应派代表参加;(5)国民党保证不抓捕中共党员,不破坏中共组织,并保证中共对红军的领导。[2] 10日,毛泽东再次致电周恩来,提出谈判补充内容和条件:"我们参加者:(1)军事机关如军委会、总司令部、国防会议等;(2)政治集会如各派各党之代表会议、国民大会等;(3)抗日时参加政府。"[3]同日,中共中央《致国民党三中全会电》正式发出,向国民党提出五项要求和四项保证(或承诺)。[4] 15日《中央关于西安事变和平解决之意义及中央致国民党三中全会电宣传解释大纲》中指出:中共中央致国民党三中全会电是争取在西安事变和平解决后,在基本上建立了国内和平、团结御侮的基础上,进一步实现巩

---

[1] 张云著:《潘汉年传》,上海人民出版社2006年版,第154—155页。
[2] 中共中央文献研究室编:《周恩来年谱(1898—1949)》,中央文献出版社2007年版,第357—358页。
[3] 中共中央文献研究室编:《毛泽东年谱(1893—1949)》上卷,中央文献出版社1993年版,第651页。
[4] 中央档案馆:《中共中央文件选集》第11册,中共中央党校出版社,1991年版,第157—158页。说明:中共方面的五项要求为:(一)停止一切内战,集中国力,一致对外;(二)保障言论、集会、结社之自由,释放一切政治犯;(三)召集各党各派各界各军的代表会议,集中全国人才,共同救国;(四)迅速完成对日抗战之一切准备工作;(五)改善人民的生活。中共四项保证(或承诺)为:中共四项承诺为:(一)在全国范围内停止推翻国民政府之武装暴动方针;(二)苏维埃政府改名为中华民国特区政府,红军改名为国民革命军,直接受南京中央政府与军事委员会之指导;(三)在特区政府区域内,实行普选的彻底民主制度;(四)停止没收地主土地之政策,坚决执行抗日民族统一战线之共同纲领。

固国内和平实行对日抗战新任务的方向性措施。如果国民党方面实行了我们要求的5条,"即是说国民党放弃了他们过去的老政策,采取了上述的新政策,那么,抗日民族统一战线就在全国形成了,对日抗战就有基础了。"四项保证"是我们对国民党一个大的原则上的让步,其目的在于取消国内两个政权的对立,便利于组成抗日民族统一战线,一致的反对日本的侵略。这个让步是必须的,因为没有这个让步,就不便于组织抗日民族统一战线,就不便于迅速实行对日抗战,这是中央前年十二月决议案与去年九月决议案的具体施行步骤之一部分"。"苏区中苏维埃制度取消,施行普选的民主制度,并不能放弃工人农民已经获得的政治权利,而要继续保障之。红军改名为国民革命军,并不能放弃工农主要成分与党的政治上组织上的领导,而要继续保障之。在全国停止没收地主土地,并不能恢复苏区土地剥削制度,而要继续保障土地在农民手中。但在全国执行抗日民族统一战线之共同纲领,必须没收汉奸分子的土地。"①

2月11日、12日,国共双方代表在西安继续会谈。在11日的会谈中,张冲就西安事变善后相关问题表示:蒋介石前所提甲、乙两案,甲案是临时的,乙案是基本的。在涉及中共问题方面,张冲提出一系列具体问题:包括取消苏维埃政权改为特区;红军番号名称取消,改照国军编制,并由南京国民政府军事委员会委派政训人员、联络员等。关于西安事变善后问题,周恩来要求以甲案为基础交换意见。关于中共问题,周恩来要求南京方面释放被捕的中共党员并保证不再逮捕,不破坏中共组织。同时承诺:(1)中共实行抗日纲领,不再暴动与没收地主土地;(2)苏区可以改为受国民政府领导的特区,实行民主制度,红军可以改编为国民革命军,但军官和政治领导不能变;(3)中共代表将来可以适当名义参加国民大会、国防委员会和军事委员会等,但目前不在国民政府中担任职务。② 次日即12日,毛泽东和张闻天为谈判事复电周恩来,提出特别应注意以下诸事项:(1)陕北和西路军防地问题。陕北防地

---

① 中央统战部、中央档案馆编辑:《中共中央抗日民族统一战线文件选编》(中),档案出版社1985年版,第389、390—391页。
② 中共中央文献研究室编:《周恩来年谱(1898—1949)》,中央文献出版社2007年版,第358—359页。

要求包括金积、灵武在内。在东北军调走的情况下,还应要求海原、固原、镇原及西峰镇,因为陕北现有防地不够;西路军防地虽经初步指定,但实际上让防问题并未实行,而且尚未停战,应向对方要求停战让防;(2)陕、甘以外区域红军游击队,可以答应一律改民团或保卫团,但决不宜答应调到陕、甘集中;(3)政训联络员事,应设法加以拒绝,至少也要设法拖延;(4)致三中全会电问题。国民党方面实行五条,是我方实行四条的前提条件,并且是我方最低条件,不能再有让步。① 周恩来在当日的会谈中,把中共致国民党五届三中全会电转交给了顾祝同。至于谈判情况,西安行营顾祝同随后向蒋介石有详细的电呈,谓:

先后与恩来谈话,彼所提出之意见,分为比较具体的与临时的办法两种:

(甲)比较具体的:(一)中共承认国民党在全国的领导地位,停止武装行动及没收土地政策,坚决实行御侮救亡统一纲领。国民政府允许分期释放在狱共党,不再逮捕和破坏,并容许其在适当时间公开;(二)苏维埃制度取消,现时苏区政府改为中华民国特区政府,直受国民政府或西安行营管辖,实施普选制度。区内行政人员由地方选举,中央任命;(三)红军改编为国民革命军,接受军委会与蒋委员长统一指挥和领导。其人员编制饷额和补充,照国军待遇,其领导人员,由其推荐军委会任命,其政训工作,由其自做,但中央派少数人员任联络,其他各边区赤色游击队,编为地方团队;(四)共党得派代表参加国民会议;(五)该军得派代表参加国防机关;(六)希望三中全会关于和平统一团结御侮及容许民主自由改善人民生活,能有进一步的主张和表示。

(乙)如比较具体的办法一时不便施行,拟请定一临时办法即暂划一地区俾其驻扎,每月酌予接济。

---

① 中共中央文献研究室编:《毛泽东年谱(1893—1949)》上卷,中央文献出版社1993年版,第653页。

(丙)据云该方现有全部人员,因驻地粮食昂贵,官兵每人每月最低伙食非七元以上,不敷维持,故如具体的解决在地方上完全不取他款,每月全数至少非七十万元不能生存等。①

13日,中共中央军委主席团关于西安事变和平解决后的情况和党的方针问题致各兵团首长电中指出:"现东北军、十七路军均以拟就计划向预定地点移动,中央军已到西安,没有表现有挑战行为。"②15日,国民党五届三中全会开幕。同日,与国民党人一般认为共产党已经"就抚""归顺"不同的是,陈诚致电蒋介石提出了自己的看法。他说:张、扬两部已趋于崩溃瓦解,其中"张部将领自师长以下,多愿直接中央,从新自效,对张已无所顾惜";"杨虎城部,大致已脱离杨之关系,通电服从中央"。但是"今'赤匪'之要求,为目前计,固不能不虚与委蛇,但考其要求之用意,仍非出自诚心,不过假借特区名义,名正言顺,整顿充实,一俟坐大,伺机反噬,亦即所谓'不战而屈我'阴谋,手段原自高人一等。为中央计,当以八九年来一贯之国策为重,而以苟求一时表面之安定为轻。总之,已濒崩溃之封建集团,不可曲予保全,而原不够封建领袖之资格者,更无须予以扶植。尤其行之有效之国策,断不可轻易动摇。所谓西北问题,决非不能了之事。"③显然,陈诚是清醒地认识到中共并非"就抚""归顺"的为数不多的国民党方面高级官员之一,但其"以八九年来一贯之国策为重"即坚持"安内攘外"内战政策的建议,则显然不仅错误而且不切实际。我们不知道蒋介石对于陈诚意见的看法,但既阅其意见,则其仍认为中共方面是"归顺"或"就抚",我们只能说蒋介石无非自欺欺人罢了。这也说明,到西安事变之后,蒋介石对于中国共产党,在政策上实际上已经没有多少可以回旋的余地了。16日,蒋介石就改编中共军队问题电示顾祝同,

---

① 秦孝仪主编:《中华民国重要史料初编——对日抗战时期》第5编(1),中国国民党中央委员会党史委员会1985年版,第262页。
② 中央统战部、中央档案馆编辑:《中共中央抗日民族统一战线文件选编》(中),档案出版社1985年版,第387页。
③ 秦孝仪主编:《中华民国重要史料初编——对日抗战时期》第5编(1),中国国民党中央委员会党史委员会1985年版,第263页。

谓:"对第三者处理方针,不可与之说款项之多少,只可与之尚准留编部队人数之几何为准。当西安事变前只允编三千人,后拟加为五千人,但五千之数尚未与之明言也。今则时移情迁,彼既有诚意与好意之表示,中央准编其四团制师之两师,照中央编制,八团兵力已在一万五千人以上之数,不能再多,即可以此为标准,与之切商。其余认输,准由中央为之设法编并与安置,但其各师之参谋长与各师内各级之副职,自副师长乃至副排长人员,皆应由中央派充也。此仅对军事而言,至其他关于政治者,待军事办法商妥后,再由恩来来京另议可也。"①同日《蒋介石日记》载处理中共问题原则:"考虑大局,决定编共而不容共,抗日而不排日,外交更以独立自主为基础"。② 18日,宋庆龄在上海法租界寓所举行记者会,发表题为《实行孙中山的遗嘱》的致国民党三中全会公开信,驳斥"恐日病"和"抗日必先剿共"的主张,呼吁实现孙中山三大政策、停止内战、联共抗日。③ 公开信并附有宋庆龄、何香凝、冯玉祥、张静江、孙科、李烈钧等十四人向三中全会提出的恢复孙中山三大政策和联共抗日的提案。④ 19日,周恩来致电中共中央书记处并彭德怀、任弼时、叶剑英:我党所提四项保证已为外间所知,同情者甚多,蒋既不能封锁,亦不好再"剿共",因此蒋对国共两党谈判采取拖延政策;对东北军、西北军实行分化政策。我党应采取的对策是:(1)团结东北军,促其全部开入甘肃境内,避免被蒋分割;(2)巩固和训练第十七路军现有部队;(3)要顾祝同迅速解决红军防地和接济粮食;(4)努力宣传新政策,欢迎各方到苏区参观,以扩大影响,同时加紧加紧训练红军;(5)积极做黄埔系和南京各派的工作。21日,中共中央复电表示同意。⑤

2月21日,中国国民党五届三中全会通过《关于根绝赤祸之决议案》,该

---

① 秦孝仪主编:《中华民国重要史料初编——对日抗战时期》第5编(1),中国国民党中央委员会党史委员会1985年,第264页。
② 秦孝仪主编:《中华民国重要史料初编——对日抗战时期》第5编(1),中国国民党中央委员会党史委员会1985年,第265页。
③ 盛永华主编:《宋庆龄年谱》上册,广东人民出版社2006年版,第581—582页。
④ 荣孟源主编:《中国国民党历次全国代表大会及中央全会资料》下册,光明日报出版社1985年版,第436页。
⑤ 中共中央文献研究室编:《周恩来年谱(1898—1949)》,中央文献出版社2007年版,第360页。

案声称:"今者共产党人于穷蹙边隅之际,倡输诚受命之说。本党以博爱为怀,决不断人自新之路。"①以取消红军、取消苏维埃政府、停止赤化宣传、停止阶级斗争为最低限度解决中共问题的办法。后来叶剑英从杨虎城派往南京的代表马文彦处得知当时情况并向中央汇报说:中共致中国国民党五届三中全会电的电文,南京方面翻译时出了许多错字,就连任国民政府监察院院长于右任都看不明白。马文彦把西安油印原文带到南京,交给张继、于右任转大会主席团,国民党方面才了解到中共方面的诚恳态度。然后,将"容共"案提出讨论。同时宋庆龄等30多人提出联俄联共抗日案,会议空气转为热烈。其中以张继最热烈,邵力子解释最多。有人诘问张继,何以民国十三年你反对"容共"? 张答:那时我糊涂,今则明白了。南京已开始释放政治犯,并着手改组政府。② 对中共中央而言,叶剑英的汇报显然是一个切实可靠的好消息。22日,国民党五届三中全会在南京闭幕。会议宣言中说:"盖吾人始终如一之目的,厥为对内求自立,对外求共存,即使蒙受损害,超过忍耐之限度,而决然出于抗战,然亦只有自卫之心,绝无排外之意。"在对内政策上,确立了"和平统一"的方针。③ 当全会闭幕之后,蒋介石在会场休息室接受中央社记者采访,就开放言论、集中人才、释放政治犯三个问题作了答复并说:"吾人今后必须集中全国之意志与力量,真诚坦白,团结一致,负责力行,以挽救国家目前之困难。"④

从西安事变的和平解决和国民党五届三中全会对中共政策的转变,标志着国共关系进入一个新的阶段,基本实现了国内和平并切实开始在政治上确立了全面准备抗战的方针。国民党三中全会闭幕当天,周恩来致电中共中央书记处分析并建议说:国民党五届三中全会宣言和《关于根绝赤祸之决议案》,表明蒋介石和国民党在接受国共合作主张的同时也"树起了'根绝赤

---

① 秦孝仪主编:《中华民国重要史料初编——对日抗战时期》第5编(1),中国国民党中央委员会党史委员会1985年版,第252页。
② 中国人民解放军军事科学院编:《叶剑英年谱》,中央文献出版社2007年版,第157—158页。
③ 秦孝仪主编:《中华民国重要史料初编——对日抗战时期》第5编(1),中国国民党中央委员会党史委员会1985年版,第254、255页。
④ 秦孝仪主编:《中华民国重要史料初编——对日抗战时期》第5编(1),中国国民党中央委员会党史委员会1985年版,第260页。

祸'的旗帜"。我们应在不失立场不放弃原则的情况下接受一切可以让步的条件,以求重登全国政治舞台,参加和组织全国的抗日运动。① 后来毛泽东更表示:"三中全会在法律上确认为伟大"。② 中共党史主流观点一般认为:国民党三中全会实际上开始接受中共中央提议的国共合作的主张。③ 对于中国共产党而言,西安事变和平解决和国民党五届三中后,主要任务转变为巩固国内和平、争取民主、实现对日全面抗战。④

2月24日,周恩来在深入研究国民党对于中共的政策和两党关系问题新情况、新局面的基础上,就同国民党谈判的方针和原则等重大问题,致电洛甫(张闻天)、毛泽东,提出国共两党谈判的五项原则:

> 关于谈判方针,我意:一、可以服从三民主义,但放弃共产主义信仰绝无谈判余地。二、承认国民党在全国领导,但取消共产党绝无可能。惟国民党如能改组成民族革命联盟性质时,则共产党可整个加入这一联盟,但仍保持其独立组织。三、红军改编后,人数可让步为六七万,编制可改四个师,每师三个旅六个团,约一万五千人,其余编某路军的直属队。四、红军改编后,共党组织饰为秘密,拒绝国民党组织,政训人员自行训练,可实施统一的政训纲领,但不能辱骂和反对共产党。五、苏区改特别区后,俟共党在非苏区公开后,国民党亦得在特别区活动。⑤

周恩来的上述电报中对具体问题如国民党方面能够同意的红军改编的编制和人数,对于国民党可否允许中共在全国公开活动的估计过于乐观,但

---

① 中共中央文献研究室编:《周恩来年谱(1898—1949)》,中央文献出版社2007年版,第360页。
② 中央统战部、中央档案馆编辑:《中共中央抗日民族统一战线文件选编》(中),档案出版社1985年版,第423页。
③ 中共中央文献研究室编:《周恩来年谱(1898—1949)》,中央文献出版社2007年版,第359—360页。
④ 中央统战部、中央档案馆编辑:《中共中央抗日民族统一战线文件选编》(中),档案出版社1985年版,第473页。
⑤ 中共中央文献研究室、中国人民解放军军事科学院编:《周恩来军事文选》第1卷,人民出版社1997年版,第598页。

原则上是没有问题的,中共中央书记处第二天就复电同意上述五项原则。此后到3月初,周恩来同参加国民党五届三中全会后回到西安的张冲继续谈判。① 3月4日,周恩来向中央书记处报告与张冲谈判情况,谓:

(甲)顷见张冲,云南京复电只允三师九团,顾今早开会商量改为四师十二团,不能再多。

(乙)我与张冲商量结果,提出如下条文:(一)将现有红军中之最精壮者,选编为四个步兵师,计容四万余人,四师并设某路军总指挥部。(二)将现红军中精壮者,选编为两个徒手工兵师,计容两万余人,指定工程担任修筑。(三)原有红军军委直属队,改编为统率四个师的某路总指挥部的直属队。(四)原有红军的地方部队,改编为地方民团、保安队及特别行政区的警卫队,经费另定。(五)原有红军学校保留,办完这一期后结束。(六)原有红军的医院工厂保留。(七)编余老弱残废由中央负责解决,给资遣散。(八)以上各项经费由中央统筹。

(丙)关于每师团我提五团,张冲说他以四团去与顾商,并电南京。

(丁)临时费先给三十万,不说一月,亦不说一次,我拟以后再给二十万。

(戊)顾谈固原、瓦亭、西峰镇由中央军接防,我要张冲告顾,西峰镇属庆阳县管,应归红军接防。

(己)河西问题催顾速答。②

3月8日,中共代表周恩来、叶剑英与国民党方面代表顾祝同、贺衷寒、张冲举行会谈。双方感到有必要把所谈过程中意见接近的内容归纳成条文,于

---

① 金冲及主编:《周恩来传》上册,中央文献出版社2008年版,第391—393页;中共中央文献研究室编:《周恩来年谱(1898—1949)》,中央文献出版社2007年版,第361—362页。
② 中央统战部、中央档案馆编辑:《中共中央抗日民族统一战线文件选编》(中),档案出版社1985年版,第421—422页。

是商定由周恩来执笔,约定成文后由顾祝同于当晚送呈蒋介石,①这就是著名的"三八协议"草案。内容如下:

(甲)政治问题:(一)中国共产党承认服从三民主义的国家和国民党的领导地位,彻底取消暴动政策和没收地主土地政策,停止赤化运动。要求国民政府分批释放共产党员,容许共产党在适当时期内公开。(二)取消苏维埃政府及其制度,现红军驻在地区改为陕甘宁行政区,执行中央统一法令与民选制度,其行政人员经民选推荐,请中央任命,行政经费请由行政院及省政府规定之。(三)红军取消,改编为国民革命军,服从中央军事委员会及蒋委员长之统一指挥,其编制人员、给养及补充,通照国军同等待遇,其各级人员由其自己推选,呈请军委会任命,政训工作由中央派人联络。(四)政治方面,请求参加国民大会。(五)军事方面:求情参加国防会议。

(乙)改编问题:(一)改编现有红军中之最精壮者为三个国防师,计六旅十二团,步兵团及其他直属之工、炮、通信、辎重等部队。(二)在三个国防师上,设某路军总指挥部,其直属队为特务营、工兵营等。(三)红军原有之骑兵三个团及一个骑兵连,共约一千四五百人马,拟编骑兵一个团。(四)改编后的经费、给养补充,统照国军同样待遇,国防师编制表于九日下午可到手。

(丙)善后问题:(一)编余的老弱残废,统请中央负责解决,给资遣散。(二)红军中之地方部队,改编为地方民团及行政区的保安队,其数目及经费,由行营及省府商定之。(三)编余的精壮人员改编为徒手工兵队,担任修工兵人数及经费,由中央点验后确定之。(四)红军学校约四千五百人(连工作人员),请办完本期后结束,优秀者送军校或陆大训练。(五)红军中的医院工厂,请予保留。

---

①金冲及主编:《周恩来传》上册,中央文献出版社2008年版,第393页。

(六)河西方面,请停止马军长继续进攻,如无效,请即许可自卫增援。①

9日,周恩来、叶剑英致电中共中央,报告几天来的谈判情况说:"我们估计双方政治上已接近,但原则上还有若干差别,即:(1)我们要求民主,蒋及南京对共产党公开参加国民协商有顾虑;(2)我们主张行政区实行普选,蒋及南京则要取消民众普选;(3)我们主张红军保持独立组织及领导,蒋及南京企图乘机进入我军分化和争取领导。"电报最后说:总起来看,"基本上是一个长期的政治斗争"。② 上述分析和判断是准确的。

当"三八协议"草案交给顾祝同后,顾祝同与张冲、贺衷寒一起商议后单方面对协议作了修改,并以贺衷寒名义提出一个修改案(简称"贺案")。修正内容包括:红军改编为三个师,共三万人,服从国民政府军事委员会的命令,政训人员、各级副职由南京国民政府派充;"陕甘宁行政区"改为"地方行政区",直属所在各省,取消民选制度,改为地方推荐。停止进攻河西红军一条也从善后事宜中被删去。③ 总之,"贺案"就是要把红军和苏区完全置于南京当局的直接控制之下,听任红四方面军被消灭。10日,周恩来在会见张冲时得知国民党方面对"三八协议"作了重大改动及改动的内容,感到事态严重,当即把"贺案"电告中共中央并提出判断:在小问题上可作些让步,惟上述重大问题须中央考虑。认为这些争执基本还是民主政治和红军独立领导问题,不是同顾、贺谈判能够解决的。④ 次日(11日),毛泽东、张闻天复电周恩来,明确表示决不能同意"贺案"。中共中央政治局还于12日召开常委会议,专门讨论同国民党谈判问题。毛泽东发言说:摆在蒋介石面前有两条路,一是走日本的路,一是走向我们,他现在还在徘徊中。谈判应该是政治的斗争,

---

① 中央统战部、中央档案馆编辑:《中共中央抗日民族统一战线文件选编》(中),档案出版社1985年版,第424—426页。
② 中国人民解放军军事科学院编:《叶剑英年谱》,中央文献出版社2007年版,第159页。
③ 金冲及主编:《周恩来传》上册,中央文献出版社2008年版,第393—394页。
④ 中共中央文献研究室编:《周恩来年谱(1898—1949)》,中央文献出版社2007年版,第364—365页。

谈判的胜利是表示我们的诚意,但一定要在合作的原则上,不是投降。谈判的方针,无疑是合作的方向,而不是无产阶级做资产阶级的尾巴。如果这样,我们便要去信仰。我们宁为玉碎,不为瓦全。至于谈判的方法,应先谈原则问题,再谈技术问题。国民党的代表应确定,有些人可不同他谈。① 会后,关于同国民党谈判的方针,中共中央书记处致电周恩来并告彭德怀、任弼时,张浩等,态度强硬:

甲、贺、顾所改各点,太不成话,其企图在于欲使我党放弃独立性,而变成资产阶级政党之附属品。关于此点,我们必须坚持自己立场,绝对不能迁就。在整个谈判中,必须坚持无产阶级政党的政治立场。

乙、彼方所提如:一、划去民选;二、分裂苏区;三、派遣副佐人员;四、取消政治工作人员;五、缩小红军至两万余人;六、地方部队由行营决定;七、改要求为请求;八、服从一切命令;九、置西路军不提等,均须严拒,申明无从接受。

丙、我们的最低限度:一、三个国防师组成某路军领导不变,副佐不派,学校必须办完本期,政工人员不变,每师人数一万五千余,编制表自定,服从国防调动,西路军立即停战。二、苏区完整,坚持民选,地方部队不能少于几千人。

丁、彼方对我所提如:一、抗战准备;二、民主制度;三、改善民生;四、释放政治犯;五、民意的国民大会等置之不答,我们则必须与红军苏区问题同时解决。

戊、两星期来我方步步退让,彼方着着进迫,我们现应改换姿势。一、一面坚持(丙)项各问题最后限度,一面将(丁)项各问题严重提出,向之进攻;二、申明西安无可再谈,要求见蒋解决;三、将毛之谈话在全国发布造成舆论;四、党的宣言正准备发;五、红军准备

---

①中共中央文献研究室编:《毛泽东年谱(1893—1949)》上卷,中央文献出版社1993年版,第661页。

持久斗争。

己、总的和平局面已定，政治上采取进攻的姿势，只会有利于问题的解决，不会使谈判根本破裂。①

周恩来收到中共中央指示后，当晚（12日）会见张冲，与张约定致信顾祝同，说明修改原方案使一切有根本动摇之虞，要求将三月八日原提案报蒋介石，否则只有请张冲回南京见蒋。② 13日，按照中央中央指示，周恩来将中共中央书记处不承认顾、贺方案，谈判须重新作起的电报转给张冲。③ 周恩来和叶剑英致电中央书记处：贺、张极力解释统一与迅速解决之必要。我们答以原案十五条（即"三八协议"草案）已属定文，不能再翻脸。现要求顾将原文电蒋。顾贺提案，据云已电蒋。"拟明早直接函顾声明，只有将原案向蒋提出，与往宁晤蒋，别无办法。"同日，毛泽东、张闻天致电周恩来：请即日动身回延安开会，在延安留三五天出去见蒋谈判。剑英留西安与顾祝同保持联络。④ 14日，毛泽东同张闻天致电周恩来："谈判并不破裂，只是不承认贺案，而对十五条须加以原则上与条文上的补充修改。""和平大计已定，现谈判者是国家政策与两党关系（包括红军、苏区等组织方式问题）之具体方案问题，必须原则上妥当与事实上能行，须会商后续谈。"⑤ 15日，周恩来同张冲谈判。张冲申明"贺案"作废，改以3月8日协议草案作谈判基础。张冲还提出改政训工作派人联络为派人参加，改红军学校办完这一期为准备结束，红军改编后，国民党派副佐人员到任等。周恩来表示不能同意。其间，周恩来收到中共中央书记处来电：国内正在酝酿分裂运动，在客观上有利于民族敌人而不利于团结救国。为顾全大局，请按照中共中央提出的15项谈判条件继续谈判，并

---

① 中央统战部、中央档案馆编辑：《中共中央抗日民族统一战线文件选编》（中），档案出版社1985年版，第427—428页。
② 金冲及主编：《周恩来传》上册，中央文献出版社2008年版，第394页。
③ 中共中央文献研究室编：《周恩来年谱（1898—1949）》，中央文献出版社2007年版，第365页。
④ 中国人民解放军军事科学院编：《叶剑英年谱》，中央文献出版社2007年版，第160页。
⑤ 中共中央文献研究室编：《毛泽东年谱（1893—1949）》上卷，中央文献出版社1993年版，第663页。

要求迅速见蒋介石,当面解决同顾、张不能解决的问题。① 16日,蒋介石电召周恩来于20—25日之间到杭州与其会晤。同日,周恩来收到中共中央书记处提出的15项谈判条件,②主要内容同3月8日提案相同,增加的内容有:要求国民党彻底实现和平统一、团结御侮方针;全国停止"剿共";修改国民大会组织法及选举法;修改国防会议条例等内容。③ 当日,周恩来自西安返回延安。至此,西安谈判结束。

1937年3月19日,周恩来携中共中央谈判条件重返西安,21日由张冲陪同自西安飞往上海。④ 在上海,周恩来首先会晤了蒋宋美龄,请其把谈判书面意见转交蒋介石。周恩来在上海会晤了宋子文、蒋鼎文、东北抗日将领李杜等。⑤

3月24日,周恩来与蒋介石举行杭州谈判。周恩来表示:中共为国家和民族利益谋求与国民党合作,但决不能忍受投降收编的诬蔑。⑥ 其间,周恩来以书面形式提出中共六项承诺,包括承认国民党在中国的领导地位、红军改编为三个师等。同时要求国民党方面给予停止"剿共"、释放政治犯及共产党员、修改国民大会组织法及选举法等五项保证。周恩来并口头声明六点,包括:"(一)陕甘宁边区须成为整个行政区,不能分割。(二)红军改编后的人数须达四万余人。(三)三个师上必须设总部。(四)关于副佐及政训人员不能派遣。(五)红校必须办完本期。(六)红军防地须增加。"⑦会谈中,蒋介石承认中共有民族意识,但要求中共不必谈与国民党合作,是与他合作,"与他

---

① 中共中央文献研究室编:《周恩来年谱(1898—1949)》,中央文献出版社2007年版,第365—366页。
② 中央统战部、中央档案馆编辑:《中共中央抗日民族统一战线文件选编》(中),档案出版社1985年版,第429—430页。
③ 中共中央文献研究室编:《周恩来年谱(1898—1949)》,中央文献出版社2007年版,第366页。
④ 中国人民解放军军事科学院编:《叶剑英年谱》,中央文献出版社2007年版,第160页。
⑤ 中共中央文献研究室编:《周恩来年谱(1898—1949)》,中央文献出版社2007年版,第366—367页。
⑥ 中共中央文献研究室编:《周恩来年谱(1898—1949)》,中央文献出版社2007年版,第367页。
⑦ 中央统战部、中央档案馆编辑:《中共中央抗日民族统一战线文件选编》(中),档案出版社1985年版,第449页。说明:该文件在书中的落款是中共中央书记处,但金冲及主编的《周恩来传》中引用该资料时候,作者为周恩来,参见金冲及主编:《周恩来传》上册,中央文献出版社2008年版,第396页。

永远合作",并要中共"商量一永久合作的办法"。周恩来表示,共同纲领是保证合作到底的最好办法。蒋说,那就该快回延安商量合作和纲领问题出来。周恩来又问蒋有何具体办法？蒋说没有,要中共方面先商量。蒋介石表示具体问题是小节,容易解决。① 周恩来判断:蒋介石明白"共产党不会无条件的拥护他",而蒋"又不能满足乎党外合作,故他要我们想新的办法,他认为这一问题如能解决,其他具体问题自可放松一些,否则必从各方面给我们困难,企图逼我就范"。② 后来的人事实证明,周恩来的这一判断是准确的。3月26日,蒋介石再次"召见周恩来,与谈中共内部改正、根本政策的决定及认定领袖地位等,周闻之甚表意外,盖彼以仅及对共收编之条件也"③。3月30日,周恩来乘飞机飞抵西安,杭州谈判结束。当晚,周恩来又同顾祝同就接济红军给养等事项进行了谈判。4月初,周恩来回到延安。

4月5日,中共中央政治局举行扩大会议,听取周恩来关于杭州谈判的汇报,认为"结果尚好",决定起草民族统一战线纲领,提议成立各党派、各政治团体在内的民族联盟,推蒋介石为领袖。会议决定党的策略中心是彻底实现全国和平统一、团结御侮的方针,加紧从各方面进行抗战准备及民族统一战线的民主运动。④ 会后,周恩来在为中共中央书记处起草的《关于与蒋介石谈判经过和我党对各方面策略方针向共产国际的报告》中说:

> 我们商定办法如下:(一)我方起草一个民族统一战线的纲领(以抗日十大纲领及国民党第一次代表大会宣言为共同基础),征求蒋的同意,并提议在这个纲领基础上,结合新的民族联盟(或党),包含国共两党及赞成这个纲领的各党派及政治团体,共同推举蒋为领袖。(二)我们提出修改国民大会组织法选举法的草案,征蒋同意,

---

①中央统战部、中央档案馆编辑:《中共中央抗日民族统一战线文件选编》(中),档案出版社1985年版,第450页。

②中央统战部、中央档案馆编辑:《中共中央抗日民族统一战线文件选编》(中),档案出版社1985年版,第450页。

③秦孝仪主编:《中华民国重要史料初编——对日抗战时期》第5编(1),中国国民党中央委员会党史委员会1985年版,第265页。

④中共中央文献研究室编:《周恩来年谱(1898—1949)》,中央文献出版社2007年版,第368页。

如蒋同意上述统一纲领及这一修改,我们可以答应赞助蒋为总统。(三)我们准备提出修改宪法的草案,在全国范围内进行民主运动以影响蒋。(四)对其他具体问题,我们坚持在不妨碍苏区实行民主制度及共产党在红军中的独立领导的原则之下,进行一切谈判,故对行政区的问题拟接受红军改编以四万五千人为定数,地方部队另编一万人,如此除老弱妇女外,便无多余精壮青年。(五)如基本上及具体问题上均能满意解决,则我们拟以党的名义发表合作宣言,以争取公开活动,否则拟采取拖延办法,待事变发展,以便促蒋让步。(六)恩来俟纲领起草好后,即将再度南下见蒋。①

4月7日,中共中央政治局又开会讨论国民大会选举法与组织法问题,周恩来提出,要利用国民大会争取民主。9日,周恩来用从杭州谈判时带回的电报联络密码致电蒋介石,谓:"归肤施后述及先生合作诚意,均极兴奋,现党中正开会计议纲领及如何与先生永久合作问题。"并说会后即将南下继续商谈。② 15日,中共中央执行委员会发布《告全党同志书》,就中共中央在国共关系方面作出的重大调整如承诺停止武装暴动、苏区中苏维埃制度取消、红军改名为国民革命军等原则性的让步,向全体党员作出说明和澄清:"本党给国民党三中全会的四项保证,决不能解释为所谓'共产党的投降'。这些保证,在某种意义上说来是一种让步,但这种让步是必要的与许可的。"③ 显然,中共方面并不认为四项承诺是"投降"或国民党方面所说的"归顺"。

4月20日,中共中央召开政治局会议,讨论《御侮救亡复兴中国的民族统一纲领》(草案)和民族统一联盟问题,周恩来就民族统一纲领草案作了简要的说明。④

---

① 中央统战部、中央档案馆编辑:《中共中央抗日民族统一战线文件选编》(中),档案出版社1985年版,第450—451页。
② 中共中央文献研究室编:《周恩来年谱(1898—1949)》,中央文献出版社2007年版,第368—369页。
③ 中央统战部、中央档案馆编辑:《中共中央抗日民族统一战线文件选编》(中),档案出版社1985年版,第475页。
④ 金冲及主编:《周恩来传》上册,中央文献出版社2008年版,第398—399页。

4月25日,周恩来离开延安前往西安,计划由此南下继续两党商谈,路上遇土匪袭击折回,次日改乘坐顾祝同派来的飞机到西安。28日,周恩来与顾祝同、张冲谈判,并出示《御侮救亡复兴中国的民族统一纲领草案》,顾祝同当即将该纲领电呈蒋介石。① 5月6日,周恩来"同张冲谈判,坚持在确定共同纲领的基础上由国共两党共同发表宣言"②。实际上,此次周恩来与张冲的谈判中,涉及内容不仅广泛而且相当深入。据张冲经侍从室转呈蒋介石的《与周恩来谈话概要》,内容包括"共产党政策转变之真因""共产党政策转变之过程""共产党目前的政治要求""理论问题"等四个方面。应该说,这个谈话概要所述的内容是中共方面对国民党关系的相当准确的概括。如第三个部分"共产党目前的政治要求"中包含甲乙两项:甲项为"初步办法",主要是中共向国民党五届三中全会要求的各项,但更加明确地表示:"党的活动,须事实上允许其公开,在一种各党共同政治纲领之下从事工作";"政治上暂时保持苏区原有地区,惟名称可以改变,内部组织可以逐渐接受中央法令";"红军在名称军令与编制上,可以听中央之规定,但军队干部与原有系统,不能改变。红军大学可以停办;政治委员可以由中央派遣。事实上是'联军'的形式。"乙项为"理想的办法",包括"各党在国民会议中活动""国民政府之产生决于国民会议""军队'国家化'"。第四部分"理论问题",主要阐释中共"民族统一战线"理论,谓:"此为民族统一战线,其精义为'和平统一,团结御侮'。对内在求和平方法下的统一,对外在求团结一致努力御侮。中国非独立的国家,非帝国主义,不能有侵略国外弱小民族的统治者,故非法西斯的统治。因此,人民阵线,没有对象,只是无的放矢。同时因中国目前为危机的半殖民地国家,不容许长期的国内对立,因此,不能学西班牙,同时不能够做西班牙。"③大约在此前后,张冲还曾到延安与毛泽东有所商谈,资料载:

---

① 秦孝仪主编:《中华民国重要史料初编——对日抗战时期》第5编(1),中国国民党中央委员会党史委员会1985年版,第265页。
② 中共中央文献研究室编:《周恩来年谱(1898—1949)》,中央文献出版社2007年版,第371页。
③ 秦孝仪主编:《中华民国重要史料初编——对日抗战时期》第5编(1),中国国民党中央委员会党史委员会1985年,第267—268页。

张冲与毛泽东谈话概要(毛氏所谈与周颇多相同,兹仅择其不同者记之)

一、暂时联军相互间信用担保问题:红军在统一编制与军令之下,随时可以用服从命令的事实来证明其信用。

二、立即抗日问题:共产党也主张准备后抗日,但必须在对内和平统一的前提之下。过早对外战争,是大局的损失。目前最多不过立即援绥,如果绥远方面情势紧急的话。

三、单方面的投降问题:如中央要强迫共产党单方面投降,则只有战争,现在共产党也已经预备这一着。在他看来,政府如要强迫共产党投降,便是不诚心走和平统一的路,那末就是有战争,其责任也不在共产党了。

四、第三国际问题:第三国际的政策,近已注意各国共党的民族性与地方性,这点没有多大问题。

五、群众运动问题:和平统一如能进展,则目前可以停止农村、工厂及学校中的斗争,把对内的目光转到对外上去。①

该项资料标明,毛泽东所谈与周恩来所谈内容重复者颇多,只录不同者。但"联军"问题两次被提及,毛泽东谈话且强调"中央要强迫共产党单方面投降,则只有战争",这都是其他材料中所少见的内容。5月8日,陈布雷把张冲与周恩来、毛泽东谈判结果电呈蒋介石。② 由此可知,蒋介石对于中共方面的态度是清楚和明白的。

5月9日,周恩来收到张闻天、毛泽东、秦邦宪共同署名的同蒋介石会谈时解决国共两关系具体步骤电:"(1)确定共同纲领;(2)发表共同宣言;(3)发表边区政府及四个师师长以上首长名单;(4)红军实行改编,南京释放政治

---

① 秦孝仪主编:《中华民国重要史料初编——对日抗战时期》第5编(1),中国国民党中央委员会党史委员会1985年版,第268页。
② 秦孝仪主编:《中华民国重要史料初编——对日抗战时期》第5编(1),中国国民党中央委员会党史委员会1985年版,第266页。

犯;(5)目前为免除顾祝同、张冲等疑虑可由周恩来发表一谈话。"①

5月15日,周恩来同顾祝同、张冲谈判,对他们所提的视察边区问题,提出两条原则:(一)不能称视察团应称考察团;(二)不能让康泽和中共叛徒参加。谈判中要求交还红军西路军被俘人员。② 5月16日,张闻天、毛泽东、秦邦宪、朱德、张国焘复电周恩来,对国民党要派考察团到苏区考察一事提出意见,指出:"(甲)同意他们派考察团,并力争由张冲率领进来。(乙)考察目的应为增进团结,绝对不能有妨碍团结之表现。(丙)坚决反对康泽及其他任何叛徒进来,非叛徒而蓄意破坏的分子也坚决拒绝,此等人如冒充进来请谢绝招待。"③

5月23日,周恩来致电中共中央报告准备赴庐山见蒋介石及若干谈判的重点问题,并致电洛甫、毛泽东、秦邦宪,就边区政府委员会组成人员等提出建议。④ 24日,张闻天、秦邦宪、毛泽东致电周恩来:"我们觉得此次见蒋须谈两方面的问题:第一方面,关于纲领及苏区、红军、共犯、党报、经费、防地等问题;第二方面,关于对日、对英、对苏外交,国防军事、国防经济及国民大会、人民自由、政治犯等问题。请将你对上述两方面如何提法之意见电告,我们将于二十七日以前有一电报给你。因此请你准备二十八日飞沪。"⑤同日,周恩来致电蒋介石,就修改国民大会组织法、选举法问题申明中共方面的意见,谓:使此次国民大会真正民主化;应使各党各派各民众职业团体及各武装部队都能有代表参加;过去的选举一律作废,选举前释放政治犯,保障人民自由。并提出十项具体意见。⑥ 5月25日,周恩来致电张闻天、毛泽东、秦邦宪,提出同蒋介石谈判内容还包括外交问题,电文还提出当前最中心的问题

---

① 张培森主编:《张闻天年谱》上卷,中共党史出版社2010年版,第315页。
② 中共中央文献研究室编:《周恩来年谱(1898—1949)》,中央文献出版社2007年版,第371页。
③ 张培森主编:《张闻天年谱》上卷,中共党史出版社2010年版,第316页。说明:5月29日,国民党所派中央考察团一行18人,在团长涂思宗,副团长邵华、萧致平的率领下到达延安。中共中央派叶剑英、陈赓陪同考察。31日,考察团离开延安南返。参见中国人民解放军军事科学院编:《叶剑英年谱》,中央文献出版社2007年版,第164页。
④ 中共中央文献研究室编:《周恩来年谱(1898—1949)》,中央文献出版社2007年版,第372页。
⑤ 张培森主编:《张闻天年谱》,中共党史出版社2010年版,第316—317页。
⑥ 中共中央文献研究室编:《周恩来年谱(1898—1949)》,中央文献出版社2007年版,第372页。

是要求召开各党各派联席会议和国防会议。① 同日,张闻天、毛泽东、秦邦宪致电周恩来,提出同蒋介石进行的谈判须力争办到者诸位问题。②

5月末,周恩来飞上海。6月1日,顾祝同根据周恩来的要求,请蒋介石发陕北红军夏季服装3万套,蒋介石照准。③ 3日,叶剑英致电张闻天、毛泽东、秦邦宪、彭德怀、任弼时,报告与顾祝同会谈结果:(1)6月份经费大约5号可领出,6月份发足30万元的问题,南京未复电。(2)夏衣事已电请南京军政部,仍未复。(3)我们拟派张文彬、彭加伦、关洪兵三人到兰州任各方联络,顾已同意,事宜去函介绍。(4)组织考察团往南京各地考察,顾本人同意并答应向蒋请示。不过依顾估计,去的时间大约要在蒋、周见面以后。④

6月4日,周恩来抵庐山。8日到13日,周恩来同蒋介石多次晤谈(即第一次庐山谈判),并向蒋提交了中共中央起草的《民族统一纲领》(草案)。⑤ 对于中共提出的该项纲领草案,存心"不容共"的蒋介石自然难以接收,而是提出成立国民革命同盟会办法力图贯彻其"编共"的方针。根据周恩来向中共中央的汇报,蒋介石在晤谈中的表达要点有子丑寅三项:其中子项主要是成立国民革命同盟会的问题,具体内容是:"一、由蒋指定国民党的干部若干人,共产党推出同等数量之干部合组之,蒋为主席,有最后决定之权。二、两党一切对外行动及宣传,统由同盟会讨论决定,然后执行。关于纲领问题,亦由同盟会加以讨论。三、同盟会在进行顺利后,将来视情况许可扩大为国共两党分子合组之党。四、同盟会在进行顺利后,可与第三国际发生代替共党关系,并由此坚定联俄政策,形成民族国家间之联合。"⑥丑项主要是当前具体问题处理办法,包括红军改编、边区政府编制等。蒋介石允许红军编为3个师12个团45000人,但要求在其上设政训处指挥部队,毛泽东、朱德"须出来

---

① 中共中央文献研究室编:《周恩来年谱(1898—1949)》,中央文献出版社2007年版,第372—373页。
② 张培森主编:《张闻天年谱》,中共党史出版社2010年版,第317页。
③ 秦孝仪主编:《中华民国重要史料初编——对日抗战时期》第5编(1),中国国民党中央委员会党史委员会1985年版,第305页。
④ 中国人民解放军军事科学院编:《叶剑英年谱》,中央文献出版社2007年版,第164—165页。
⑤ 金冲及主编:《周恩来传》上册,中央文献出版社2008年版,第400页。
⑥ 中央档案馆编:《中共中央文件选集》第11册(1936—1938),中共中央党校出版社1991年版,第265页。

做事";各边区编遣后,"其领袖须离开";国民大会"可指定共党代表出席,但不以共党名义出席"。周恩来稍后回到延安时说,"尤其是指挥和人事问题,与蒋争论很久不能解决。经宋子文宋美龄张冲往返磋商,仍不能解决。蒋仍坚主张设政训处指挥。我只有回来讨论。"①寅项为中共全国政治活动问题。实际上,蒋介石当时甚至明确地表示:"请毛先生、朱先生出洋。"蒋介石终于亮出的底牌,使中共方面在与其商谈乃至于合作的过程中更加清醒。直到1945年,周恩来在中共七大上作报告时还说提及此事说:"他(指蒋介石——引者)竟会这样想!我们这样好好地同他谈判,他却以送杨虎城出洋的办法来对付我们。"②

6月14日,周恩来抵达西安,随即向顾祝同要求补发红军5月份运输费5万元,6月份照发30万元,夏季服装3万套之外,请求再加拨15000套。顾祝同报告后,蒋介石允照发,并电示:"周如要求组织军部,则应坚决拒绝"。③18日,周恩来到延安。

周恩来回到延安后,向中共中央汇报了的情况,中共中央书记处开会进行讨论。6月22日,周恩来电告蒋介石谓:中共中央认为如红军改编后三个师上边无指挥机关实无法进行改编,朱德不能离去。同时,为顾全国内团结和准备抗日的大局,中共中央再次研究并准备作出重大让步。6月25日,中共中央书记处提出了由周恩来起草的关于国共谈判的新提案,④立即向共产国际进行了通报及电示彭德怀、任弼时、叶剑英等。⑤新提案对应蒋介石的方案,分两党合作问题、目前具体问题解决办法和全国政治活动等三个部分,共

---

①中央档案馆编:《中共中央文件选集》第11册(1936—1938),中共中央党校出版社1991年版,第266—267页。
②中共中央统战部、中共中央文献研究室编:《周恩来统一战线文选》,人民出版社1984年版,第83页。说明:周恩来讲话中说蒋介石作上述表示的时间为第一次庐山谈话会,似不准确,应为国共第一次庐山会谈期间。
③秦孝仪主编:《中华民国重要史料初编——对日抗战时期》第5编(1),中国国民党中央委员会党史委员会1985年版,第305页。
④中共中央文献研究室编:《周恩来年谱(1898—1949)》,中央文献出版社2007年版,第374页。
⑤金冲及主编:《周恩来传》上册,中央文献出版社2008年版,第402页;《中央关于与国民党谈判的方案问题致彭德怀、任弼时、叶剑英电》,中央统战部、中央档案馆编辑:《中共中央抗日民族统一战线文件选编》(中),档案出版社1985年版,第517—520页。

15条。关于国共两党合作问题,方案提出:"(一)原则上同意组织国民革命同盟会,但要求先确定共同纲领,以便奠定同盟会及两党合作之政治基础。(二)同盟会组织原则,在共同承认纲领的基础上,可同意国共两方各推出同数干部组织最高会议,另以蒋为主席,承认其依据纲领有最后决定之权。其组织原则,由我方拟出草案与蒋商定。(三)关于同盟会将来发展之趋势及与第三国际关问题,我们可不加反对(不使之成为合作之障碍),但目前应着重保持共党之独立组织及政治宣传和讨论之自由。(四)我们运用同盟会使之成为在政治上两党合作的最高党团。"①在这里,强调保持中共的独立组织恰与蒋介石方案中力图通过成立国民革命同盟会把中共从组织上取消的设想针锋相对。关于目前具体问题解决办法中,军队改编及人事的办法初定为:"在宣言发表后,如蒋同意设立总的军事指挥部,红军即待其名义发表后改编,否则即于'八一'自行宣布改编,采用国民革命军暂编军师名义,编三个正规师,共四万五千人。每师以编至一万四千人上下为标准。每师仍两旅两团,每团等于过去红军的师,约两千七百人。其他编师直属队,总部编三千人,另外地方部队编一万人,保卫队在内。工厂医院另编。抗日军政大学另行解决,本期毕业后力求继续办一学校。在此编制下编余之老弱残废妇女及机关工作人员约三四千人,另设法安置。军委改为党的秘密组织,领导全国军事工作(红军在内)。红军中政治工作及党的组织准备改变形式。"②至于陕甘宁边区人事问题,准备在7月自动实行民主选举,在此基础上向蒋推荐张继或宋子文或于右任三为挂名的边区行政长官,而以林伯渠为副长官。其下各个行政部门负责人选均由中共方面通过边区参议会向国民政府行政院推荐负责人选。各游击区部队大者编成独立团或保安团,小者编成保安队或民团保甲。朱、毛两人出外问题,"力争朱为红军改编后的指挥人,军事或政

---

① 中央统战部、中央档案馆编辑:《中共中央抗日民族统一战线文件选编》(中),档案出版社1985年版,第517页。

② 中央统战部、中央档案馆编辑:《中共中央抗日民族统一战线文件选编》(中),档案出版社1985年版,第518页。

治名义可不拘,原则上毛不拒绝出外做事,但非至适当时机,则托故不去。"①在全国政治活动问题上,联合全国各民众政治团体呼吁修改国民大会选举法,讨论宪法草案并提出修改方案,利用蒋、汪庐山谈话会,设法扩大召请范围,以扩大统一战线等。② 6月26日,中共中央就国民革命同盟会组织原则问题专门致电共产国际。③

6月26日,南京致电催促周恩来再到庐山继续谈判,中共决定先等拟出两党合作宣言后再应约。7月初,周恩来负责起草了《中共中央为公布国共合作宣言(草案)》。宣言提出了中国共产党奋斗的总目标,并重申中共四项保证。7月4日,周恩来、秦邦宪、林伯渠为谈判事从延安启程,当日到达西安,7日飞抵上海,准备转往庐山。④ 就在同一日,日军发动了全面侵华战争。

7月11日,张冲把7月9日毛泽东等为日寇进攻、全面抗战爆发,红军将士愿为国效命与敌周旋的陈请电转呈蒋介石。⑤ 约14日前后,由周恩来为首的中共三人代表团秘密抵达庐山。⑥ 为使谈判取得进展,中共中央也在14日致电南京国民政府表示:"愿在蒋指挥下努力抗敌,红军主力准备随时出动抗日,已令各军十天内准备完毕,待令出动,同意担任平绥线国防。"⑦ 15日前后,周恩来会见张冲并请转交《中共中央为公布国共合作宣言》。⑧ 张冲转达

---

① 中央统战部、中央档案馆编辑:《中共中央抗日民族统一战线文件选编》(中),档案出版社1985年版,第518—519页。
② 中央统战部、中央档案馆编辑:《中共中央抗日民族统一战线文件选编》(中),档案出版社1985年版,第519页。
③ 中央统战部、中央档案馆编辑:《中共中央抗日民族统一战线文件选编》(中),档案出版社1985年版,第522—523页。说明:该组织原则又称为国共《两党关系调整方案》,由周恩来起草,参见中共中央文献研究室编:《周恩来年谱(1898—1949)》,中央文献出版社2007年版,第377页。
④ 中共中央文献研究室编:《周恩来年谱(1898—1949)》,中央文献出版社2007年版,第378页。
⑤ 秦孝仪主编:《中华民国重要史料初编——对日抗战时期》第5编(1),中国国民党中央委员会党史委员会1985年,第269页。
⑥ 周恩来说:"庐山谈话会的时候,共产党没有份,我同林伯渠、博古同志三个人不露面,是秘密的。"见中共中央统战部、中共中央文献研究室编:《周恩来统一战线文选》,人民出版社1984年版,第82页。
⑦ 金冲及主编:《周恩来传》上册,中央文献出版社2008年版,第404页。
⑧ 中共中央文献研究室编:《周恩来年谱(1898—1949)》,中央文献出版社2007年版,第379页。说明:7月15日交给国民党。原文见中央统战部、中央档案馆编辑:《中共中央抗日民族统一战线文件选编》(下),档案出版社1985年版,第8—10页;张治中著:《张治中回忆录》,中国文史出版社1985年版,第671页。

蒋介石的意见,提出中共部队在军改编后,"各师须直隶行营,政治机关,只管联络"。这一关乎红军改编后指挥和人事问题的,中共方面当然无法答应。经过思考,第二天,周恩来致书蒋介石,要求晤面,以便"获一妥善之办法"。① 上述书信并附有三个附件,这三个附件大体上反映了当时国共双方达成的一些基本共识。其中附录之一的《国协一》内容为国民党及国民政府方面与中共方面已经达成共识的内容,附录2《中国共产党承认》,从内容上看是当时为中共方面所认可的和承诺的内容以及要求国民党方面给予保证的条件。② 附录3内容包括政治问题、改编问题、善后问题,主要是国民党方面的解决方案。③

7月16日,蒋介石邀集全国学者于本日上午在庐山举行谈话会,讨论中日局势,共策御侮大计,到会宾客157人。④ 同日,闽粤边区游击队的领导人何鸣,对国民党利用谈判改编之机消灭红军的阴谋丧失警惕,致使近千人的部队于本日被国民党军第157师包围缴械。⑤ 这一事件,当然使中共方面对于蒋介石的态度更加疑虑。同一日(16日),就红军准备参战及编制问题,毛泽东、朱德致电彭德怀、任弼时并电叶剑英、刘伯承、张浩,指示两套军事行动方案谓:在国民党政府许可主力红军参战的条件下,"拟以原一、二、四方面军出动,即以方面军编为师,军编为旅,师编为团。而以二十七军、二十八军、二十九军、三十军、三十一军五部共五千人,连同地方武装,准备编为第四师,留置后方,保卫苏区根据地"。在国民党政府不许可主力红军参战,但许可部分参战条件下,"则以二十七军、二十八军、三十二军及骑兵团共三千余人,编成

---

① 秦孝仪主编:《中华民国重要史料初编——对日抗战时期》第5编(1),中国国民党中央委员会党史委员会1985年版,第269页;中共中央文献研究室编:《周恩来年谱(1898—1949)》,中央文献出版社2007年版,第379页。
② 秦孝仪主编:《中华民国重要史料初编——对日抗战时期》第5编(1),中国国民党中央委员会党史委员会1985年版,第270—272页。
③ 秦孝仪主编:《中华民国重要史料初编——对日抗战时期》第5编(1),中国国民党中央委员会党史委员会1985年版,第173—174页。
④ 朱汇森主编,简笙簧编纂:《《中华民国史实纪要(初稿)》(1937.7—12)》,"国史馆"1987年版,第124页。
⑤ 中共中央文献研究室编:《毛泽东年谱(1893—1949)》中卷,中央文献出版社1993年版,第9页。

一游击师派去,活动于热、察、冀间,而多派红大干部随去,扩大义勇军运动"。① 可见,中共方面态度的谨慎。

7月17日,蒋介石发表了庐山谈话,周恩来等没有出席谈话会。后来说:"庐山谈话会的时候,共产党没有份,我同林伯渠、秦邦宪同志三个人不露面,是秘密的。"② 同一日,周恩来为首的中共代表团与蒋介石、邵力子、张冲举行了会谈。③ 同日,张闻天、毛泽东致电周恩来、秦邦宪、林伯渠,提出:"为大局计,可承认平时指挥人事等之政治处制度,请要求设正副主任,朱正彭副。但战时不能不设指挥部,以资统率。"④

7月18日,周恩来通过宋美龄向蒋介石谈了关于谈判的十二条意见。蒋介石仍固执地坚持其对红军改编后指挥与人事的意见,中共方面无法接受,"力争无效"。⑤ 由此,谈判陷于僵局。周恩来等随即离开庐山,前往上海。

7月20日,周恩来收到张闻天、毛泽东电,电文据日军进攻的军事形势,判断全面抗战有可能实现,指示周恩来采取蒋介石不让步就不再与其谈判的方针,并要求周恩来、林伯渠暂留在上海观察形势的发展变化。21日,周恩来等电告张闻天、毛泽东表示已来到南京、上海,并建议立即自行改编三个方面军,每个方面军编足一万五千人,加强干部配备,使其能独立工作。⑥ 27日,周恩来一行抵西安,接奉中共中央指示把红军自行改编的具体时间、编制、指挥、人事等办法请西安行营主任蒋鼎文转达蒋介石。稍后,毛泽东、张闻天还指示周恩来一行去云阳处理红军改编时应同时明确改编后军队作战的原则为:"在整个战略方针下,执行独立自主的分散作战的游击战争,而不是阵地战,也不是集中作战,因此不能在战役、战术上受束缚。只有如此,才能发挥红军特点,给日寇以相当打击"。以上原则在与前方诸人商定后,可以

---

① 中国人民解放军军事科学院编:《叶剑英年谱》,中央文献出版社2007年版,第170页。
② 中共中央文献编辑委员会编:《周恩来选集》上卷,人民出版社1980年版,第195页。
③ 中共中央文献研究室编:《周恩来年谱(1898—1949)》,中央文献出版社2007年版,第379页。
④ 张培森主编:《张闻天年谱》,中共党史出版社2010年版,第326页。
⑤ 中共中央文献研究室编:《周恩来年谱(1898—1949)》,中央文献出版社2007年版,第379—380页。
⑥ 中共中央文献研究室编:《周恩来年谱(1898—1949)》,中央文献出版社2007年版,第380页。

转告国民党方面。①

大约在此前后,蒋介石指定康泽参加国共谈判。为此,康泽先后拜访了张冲、陈立夫,并在南京与陈立夫、张冲讨论了中共的《国共合作宣言》。后来康泽回忆说:

> 到了南京以后,由陈立夫约我们在一道商量。关于共产党起草的宣言稿,我主张能够表示共赴国难的意思就好了,后面一大套政治主张是多余,应删简单些。陈立夫、张冲表示同意。关于处理办法问题,陈立夫曾逐条说明原委以及他的意见。大意是:(1)关于边区辖境问题,委员长指示过,多两县,少两县,都没有什么关系。(2)关于边区隶属问题,不能按他们要求直隶于行政院,以免他们动辄来直接和中央找麻烦,不过,我们不必具体表示,让陕西省政府出来反对好了。(3)关于共产党合法地位的问题,陈立夫说:"这个问题关系太大,不能承认,我们如果承认他们有合法地位,他们就要在各地公开活动起来,那是不得了的。"(4)关于释放政治犯问题,陈立夫说:"他们一再提出要求,委员长在原则上也承认了。我们在原则上还是承认,可以推说全国各地所拘禁的政治犯,还需要有一个调查的时间,并且我们可以等要他们提名单出来,我们斟酌慢慢叫释放。"我表示完全同意。当时我觉得,陈立夫处理这些问题是比我经验多些,花样也多些。(5)关于皖赣区红军游击队的遣散问题,发一点陈立夫说:"这个问题比较简单,由军事委员会派员监督遣散,发一点遣散费就得了"。(6)关于边区主任人选问题。陈立夫说:"他们提出于右任、张继、宋子文三人,请中央择一任命。我没有什么意见,不过,边区既不让它直隶于行政院,人选就用不着考虑。"
>
> 还有一个报纸的问题,我们在一块讨论过,陈立夫说:"不能让他们在南京出版报纸,否则将来不晓得有多少麻烦。"我当时内心里

---

① 《林伯渠传》编写组:《林伯渠传》,红旗出版社1986年版,第208—209页。

是很赞成他,不过,以后这一个问题,经中央宣传部长邵力子的手解决了,即是以后在汉口出版《新华日报》。

我们把这一度商量的结果,曾向蒋介石口头报告,蒋介石大体同意。①

国共合作宣言后来以共赴国难宣言名义发表,大概与此有关。7月28日,周恩来和秦邦宪、林伯渠从西安返抵延安。周恩来后来说:在全面抗战开始以前的1936—1937年间,中共代表与当时的政府代表曾有会谈,所谈的中心问题,"是和平与民主""是要停止内战,团结抗战。""抗战以前,彼此希望停止内战,团结抗战的目的达到了,发动了'七七'抗战。"②

回到延安的当天,周恩来同中共中央其他领导商议红军改编出动抗日事,并一致决定:立即争取西安行营同意,红军集中三原进行改编,编足四万五千人,三个师上设总指挥部,朱德、彭德怀任正副职。③

三、国共两党关系的新页

(一) 中共代表在南京取得"公开地位"

7月29、30日,平、津相继沦陷。8月1日,蒋介石电邀中共领袖毛泽东、朱德、周恩来到南京"面商大计"。④ 面对即将全面抗战的新形势,中共军队改编后的作战原则、作战方式、战略战术等需要先行明确,并在与国民党谈判

---

① 康泽著:《康泽自述》,团结出版社2012年版,第67—68页。
② 中共中央文献研究室、中共南京市委员会编:《周恩来一九四六年谈判文选》,中央文献出版社1996年版,第66页。
③ 中共中央文献研究室编:《周恩来年谱(1898—1949)》,中央文献出版社2007年版,第381页。
④ 秦孝仪主编:《中华民国重要史料初编——对日抗战时期》第5编(1),中国国民党中央委员会党史委员会1985年版,第277页。

时与其沟通协商。为此,毛泽东和张闻天联名致电周恩来等,指出根据敌情,我军改编后必须须坚持一下两项原则,在开始阶段并"以出兵三分之一为宜":"(甲)在整个战略方针下执行独立自主的分散作战的游击战争,而不是阵地战,也不是集中作战,因此不能在战役战术上受束缚。只有如此才能发挥红军特长,给日寇以相当打击。(乙)依上述原则,在开始阶段,红军以出三分之一的兵力为适宜,兵力过大,不能发挥游击战,而易受敌人的集中打击。"并表示,这些原则和办法,请共同商定,并准备携往南京告知国民党。① 3日,毛泽东又致电周恩来谓:南京谈判中应解决发表宣言、确定政治纲领、决定国防计划、发表红军指挥系统及确定初步补充数量、红军作战方针等五项任务。周恩来把与朱德商定的、为参加南京国防会议而准备的提案内容电告毛泽东,包括国防会议组织机构案、重新确定战时编制案、确立全国抗战战略计划及作战原则案、确定华北抗战计划案及红军担任一方面独立作战任务、实施全国总动员及武装民众参战计划案等。② 4日,周恩来、朱德、秦邦宪、林伯渠、彭德怀、任弼时在云阳讨论了全国抗战及红军参战的方针问题,并向中共中央提出建议。关于红军出动问题,"认为仍以红军主力出去为妥。"中共中央决定应蒋介石密邀,派朱德、周恩来、叶剑英赴南京参加国防会议,③并同国民党继续谈判。④ 张闻天、毛泽东致电周恩来、朱德、叶剑英,提出同蒋介石谈判的意见:"总的战略方针暂时是攻势防御","正规战与游击战相配合。游击战以红军与其他适宜部队及人民武装担任之,在整个战略部署下,给以独立自主的指挥权。"担任游击战之部队,"为适应游击战性质,原则上应分开使用,而不是集中使用。""依现时情况,红军应出三分之一兵力,依冀察晋绥四省交界地区为中心,向着沿平绥路西进及沿平汉路南进之敌,执行侧面的游击战;另以一部向热冀察边区活动,威胁敌后方(兵力不超过一个团)。""发动人民的武装自卫战,是保证军队作战胜利的中心一环。对此方针游移是必

---

① 中共中央文献研究室编:《毛泽东年谱(1893—1949)》中卷,中央文献出版社1993年版,第8页。
② 中共中央文献研究室编:《周恩来年谱(1898—1949)》,中央文献出版社2007年版,第382页。
③ 中共中央文献研究室编:《朱德年谱》,中央文献出版社2006年版,第655页。
④ 中国人民解放军军事科学院编:《叶剑英年谱》,中央文献出版社2007年版,第174页。

败之道。"毛泽东在给叶剑英的电报中还特别提及闽粤边区何鸣部被缴械事件是极严重的教训,各部队应引以为戒。① 十分明显,毛泽东没有放松对国民党高度警觉,并与朱德、周恩来在中共方面出兵比例、作战方式、所担负任务等方面存在严重分歧。

8月6日,周恩来、朱德到达西安。7日,西安行营主任蒋鼎文与周恩来、朱德一行谈话,就红军正副指挥和发表宣言、红军出发、政训处人事、师参谋长使用等交换意见,并呈报蒋介石。② 9日,朱德、周恩来、叶剑英等从西安飞抵南京,参加国防会议,③蒋介石的代表、军事委员会办公厅副主任姚琮和何应钦、顾祝同、邵力子、张冲等一百余人在机场。④ 11日,朱德、周恩来在军政部谈话会上分别发言,朱德并建议开办游击干部训练班。⑤ 周恩来在发言中指出:在正面防御上,应当由阵地战转为平原与山地的扩大运动战,要采取游击战。⑥

11日,国民党中央政治委员会议决定设置大元帅,由其代表国府主席行使陆海空军统帅权,并分置国防最高会议,以军事委员会委员长为主席,中央政治委员会主席为副主席,"在此最高会议之下,设国防参议会,以容纳党外分子,但前曾反对政府之人民阵线分子与共产党人,暂定将以参议会容纳之。"⑦汪精卫也说:国防参议会的人选"大致着重在野党派、社会人望和具有专长的人。总之,政府为了抗战,认为必须借重的,就可选任。"⑧国防参议会成立之初,聘任的参议员的有毛泽东、周恩来、沈钧儒、邹韬奋、左舜生、李璜、晏阳初、梁漱溟、黄炎培、张伯苓、胡适、傅斯年、施肇基、蒋方震、马君武、徐谦

---

①中国人民解放军军事科学院编:《叶剑英年谱》,中央文献出版社2007年版,第174—175页。
②秦孝仪主编:《中华民国重要史料初编——对日抗战时期》第5编(1),中国国民党中央委员会党史委员会1985年版,第278页。
③中共中央文献研究室编:《周恩来年谱(1898—1949)》,中央文献出版社2007年版,第383页。
④中国人民解放军军事科学院编:《叶剑英年谱》,中央文献出版社2007年版,第176页。
⑤中共中央文献研究室编:《朱德年谱》,中央文献出版社2006年版,第656—657页。
⑥中共中央文献研究室编:《周恩来年谱(1898—1949)》,中央文献出版社2007年版,第383页。
⑦王世杰著:《王世杰日记》第1册,"中研院"近代史研究所1990年版,第86页。
⑧梁漱溟著:《梁漱溟全集》第6卷,山东人民出版社1993年版,第186页。

等 16 人。17 日,国防参议会在南京举行第一次会议①。随着军事形势的日趋严峻,国防参议会不久即移往武汉,并把参议员的人数扩大到 25 人。② 由于国防参议会的成员包括了各党各派的主要领导人,被认为是后来国民参政会的胚胎或前身。③

8 月 12 日,中共代表周恩来、朱德与国民党代表张冲、邵力子、康泽协商《国共合作宣言》内容,仍未达成一致意见。④ 13 日,淞沪抗战爆发,国共关系为之一变。当日,朱德与周恩来、叶剑英就情况和谈判条件两次致电中共中央,告以:"南京主战空气浓厚,主和者不敢公开发表意见";各方认为"蒋已有抗战初步决心,必须致力于巩固和保证";"我们已渐取得公开地位,南京各要人及刘(湘)、白(崇禧)、龙(云)等均见过"。⑤ 14 日,中共中央关于修改《国共合作宣言》的内容致电朱德、周恩来、叶剑英,最主要的修改是三大纲领改为十大纲领,并判断"在国难如此严重的情况下,国民党没有理由不同意上述的修改,更没有理由提出把国共团结等语改变。"⑥

8 月中旬,周恩来与何应钦就南方红军游击队改编问题进行了商谈,并达成一致意见。17 日,周恩来就红军南方游击队改编问题电告中共中央:"现已与军何(指何应钦——引者)商定,允许我方派人到各边区传达党中央意旨,并协助各边区传达改编。""请令往鄂豫皖之郑位三及往闽西南之方方迅速来南京,其余如派往湘鄂赣边区的人员亦请送来。"此后,长江南北各游击区游击队集中改编工作相继开始。⑦ 在南京、上海期间,周恩来等人还处理了一系列其他重要事宜,主要有:(1)与国民党协商在南京、兰州、武汉等地设立中共代表团和八路军办事处问题。(2)会见四川省政府主席刘湘,双方商定相互派人建立联络关系,会晤冯玉祥、白崇禧、龙云等,商谈合作抗日等问

---

① 孟广涵主编:《国民参政会纪实续编》,重庆出版社 1987 年版,第 12 页;梁漱溟著:《梁漱溟全集》第 6 卷,山东人民出版社 1993 年版,第 184 页。
② 闻黎明:《第三种力量与抗日战争时期的政治》,上海书店出版社 2004 年,第 11 页。
③ 孟广涵主编:《国民参政会纪实续编》,重庆出版社 1987 年版,第 13 页。
④ 中共中央文献研究室编:《周恩来年谱(1898—1949)》,中央文献出版社 2007 年版,第 384 页。
⑤ 中共中央文献研究室编:《朱德年谱》(中),中央文献出版社 2006 年版,第 658 页。
⑥ 中央统战部、中央档案馆编辑:《中共中央抗日民族统一战线文件选编》(下),档案出版社 1985 年版,第 33 页。
⑦ 金冲及主编:《周恩来传》上册,中央文献出版社 2008 年版,第 408 页。

题。(3)与邵力子商定在国民党区域创办《新华日报》《群众》等报刊问题。(4)探望于右任,并请其为《新华日报》题写报头。(5)会见叶挺,请叶出面改编南方的红军游击队。①

17日晚,国防最高会议正副主席召集国防参议会。参议会委员成分为党外人员,共产党及国家主义派领袖均被邀。委员为毛泽东(由周恩来代表,朱德16日已离开南京)、曾琦、张君劢、蒋方震、张伯苓、胡适、傅斯年等共16人。参议会只是建议机关,暂不向外公开。②

合作宣言发表问题、边区组织问题、中共军队指挥部等问题等久谈不决,显然不能无限期拖延。18日,中共中央书记处向在南京进行谈判的周恩来、叶剑英发出的训令,开列出发表中共宣言同时蒋介石发表谈话、发表边区组织、发表指挥部、发给平等待遇的经费、发给平等待遇的补充器物、中共部队充任战略的游击支队、中共部队执行独立自主的游击战争、不分割使用等十项条件,要求"请依据上述十项与国民党谈判,务求实现。"③同日,蒋介石同意发表红军改编为国民革命军八路军,任命朱德、彭德怀为正、副总指挥④。僵持已久的红军改编后指挥、人事问题终于峰回路转,获得解决。

8月21日,中苏互不侵犯条约在南京签字。⑤周恩来离开南京飞西安,未完事宜由叶剑英在南京继续交涉。⑥

(二)国共第二次合作的达成

8月22日,国民政府军事委员会正式宣布把中共主力红军编入国民革命军第八路军序列,并委任朱德、彭德怀为八路军正、副总指挥,林彪、贺龙、刘

---

①中共中央文献研究室编:《周恩来年谱(1898—1949)》,中央文献出版社2007年版,第384、386页。

②王世杰著:《王世杰日记》第1册,"中研院"近代史研究所1990年版,第90页。

③中共中央文献研究室编:《毛泽东年谱(1893—1949)》中卷,中央文献出版社1993年版,第13—14页。

④中共中央文献研究室编:《周恩来年谱(1898—1949)》,中央文献出版社2007年版,第385页。

⑤朱汇森主编,简笙簧编纂:《中华民国史实纪要(初稿)》(1937.7—12),"国史馆"1987年版,第347页。

⑥中共中央文献研究室编:《周恩来年谱(1898—1949)》,中央文献出版社2007年版,第386页。

伯承分别为其下辖的三个师的师长。① 在此前后国共两党达成了正面战场和敌后战场分工作战的初步协议。② 同时,国民党方面仍拒绝发表中共提出的国共两党合作宣言。

22—24 日,中共中央政治局在洛川召开扩大会议,史称"洛川会议"。会议讨论、研究中国共产党在抗战中的战略和基本政策。周恩来报告南京谈判、上海抗战、国统区政治经济形势以及南京国民政府的国防、外交等情况,并指出:要有持久战的估计,要继续推动国民党抗战。关于红军作战方针,认为"还是运动游击战好"。会议决定成立由 11 人组成的新的中共中央军委,毛泽东为书记(主席),朱德、周恩来为副书记(副主席)。③ 会议通过了《抗日救国十大纲领》,决定武汉工作董必武负责,西安工作林伯渠负责。④ 23 日,中央常委会决定成立长江沿岸委员会,周恩来任书记,委员有周恩来、秦邦宪、叶剑英、董必武、林伯渠等。24 日,周恩来致电张冲、康泽转蒋介石,表示八路军先头师于 22 日已向指定区域开进,希望蒋介石尽快发表《中共中央为公布国共合作宣言》和表示赞同的谈话。⑤ 25 日,中共发表《抗日救国十大纲领》。28 日,叶剑英致电中央军委报告:"蒋说宣言俟部队到达目的地可发表"。⑥

29 日,周恩来抵西安,准备和秦邦宪、彭德怀一起去南京继续谈判,并筹

---

① 中共中央文献研究室编:《毛泽东年谱(1893—1949)》中卷,中央文献出版社 1993 年版,第 16 页;秦孝仪主编:《中华民国重要史料初编——对日抗战时期》第 5 编(1),中国国民党中央委员会党史委员会 1985 年版,第 291 页。

② 1944 年 7 月 14 日,毛泽东谈话说:"过去 7 年间,我们一直遵循〔蒋介石〕委员长指示的分工,国民党负责处理前线正规作战,我们负责敌后作战。实际上,中国有两个战场:前线和敌后。我们曾规劝农民不没收土地,地主减租,以便争取地主到我们抗日斗争中来。三三制也是为了团结地主和资本家抗日。"见〔美〕约瑟夫·W. 埃谢里克(周瑞德)编著:《在中国失掉的机会:美国前驻华外交官约翰·S. 谢伟思第二次世界大战时期的报告》,国际文化出版公司 1989 年版,第 206 页;美国记者白修德也说:"游击区的中国是中共的称霸之地。在蒋介石和中共的协议之下,蒋担任阵地战,中共担任在敌人的后方发动游击战。"参见〔美〕白修德、贾安娜,端纳译:《中国暴风雨》,香港广角镜出版社 1976 年版,第 50 页。另外可参见中共中央文献研究室编:《周恩来年谱(1898—1949)》,中央文献出版社 2007 年版,第 385 页。

③ 中共中央文献研究室编:《周恩来年谱(1898—1949)》,中央文献出版社 2007 年版,第 386 页。

④《董必武年谱》编纂组编:《董必武年谱》,中央文献出版社 2007 年版,第 118 页。

⑤ 中共中央文献研究室编:《周恩来年谱(1898—1949)》,中央文献出版社 2007 年版,第 386—387 页。

⑥ 中国人民解放军军事科学院编:《叶剑英年谱》,中央文献出版社 2007 年版,第 183 页。

建中共长江沿岸委员会。① 大约在此前后,康泽向蒋介石推荐谷正鼎为军事委员会西安行营第二厅厅长。不久,谷正鼎到西安办理对共交涉,成为林伯渠在西安工作中"顽固的对手"。② 30日,周恩来会见蒋鼎文。蒋鼎文答应即日通知各方不再称共产党、红军为"伪党""匪军",以后遇到行政、民运、党务事都同林伯渠面商解决。③ 31日,毛泽东致电周恩来、秦邦宪、林伯渠:周恩来宜即赴山西晤阎锡山,商量八路军入晋后相关重大事项。④ 9月3日,周恩来从西安出发,5日到达太原。⑤ 之后,周恩来在山西工作了近三个月,南京的谈判工作由秦邦宪和叶剑英继续进行。⑥

6日,根据中共中央的提议,陕甘宁特区政府正式宣布改为陕甘宁边区政府,以林伯渠为主席,张国焘为副主席,下设民政、建设、教育、财政四厅和粮食、税务两局。因已决定林伯渠任长江沿岸中共代表,中共中央决定,边区政府的日常工作由张国焘负责。⑦ 11日,国民革命军第八路军奉令改称第十八集团军,总指挥部改称第十八集团军总司令部,属第二战区序列。⑧ 14日,张闻天、毛泽东致电秦邦宪、叶剑英、周恩来并告林伯渠、董必武、朱德、彭德怀、任弼时:"关于各边区统一战线问题:甲、湘鄂赣边区傅秋涛(时任中共湘鄂特委书记)等派至武汉谈判代表,承认武汉行营派军需主任、副官主任等许多人到部队中去,及其他许多不利条件,完全错误。已电伯渠、必武,通知谈判代表停止谈判,即速回去,由傅秋涛另派代表,否认原定条件,重定办法,坚持下列各点:(1)国民党不得插进一个人来。(2)一定的军饷。(3)驻地依靠有险可守之山地,严防暗袭及破坏,不妻求驻大地方。乙、郑位三⑨到南京已

---

① 中共中央文献研究室编:《周恩来年谱(1898—1949)》,中央文献出版社2007年版,第387页。
② 康泽著:《康泽自述》,团结出版社2012年版,第72页。
③ 中共中央文献研究室编:《周恩来年谱(1898—1949)》,中央文献出版社2007年版,第387页。
④ 中共中央文献研究室编:《毛泽东年谱(1893—1949)》中卷,中央文献出版社1993年版,第17页。
⑤ 中共中央文献研究室编:《周恩来年谱(1898—1949)》,中央文献出版社2007年版,第388页。
⑥ 金冲及主编:《周恩来传》上册,中央文献出版社2008年版,第412页。
⑦ 《林伯渠传》编写组:《林伯渠传》,红旗出版社1986年版,第211页。
⑧ 中共中央文献研究室编:《周恩来年谱(1898—1949)》,中央文献出版社2007年版,第387—388页。
⑨ 时任中共鄂东北特委书记。

见博、叶否？请转博严嘱郑位三,依照上述之点,进行鄂豫皖谈判,嗣后豫等不得踏湘鄂赣及闽粤边之覆辙。丙、要求南京责令余汉谋①退回何鸣②部人枪,不得缺少一人一枪,博、叶交涉情况如何？丁、统一战线中,地方党容易陷入右倾机会主义,这已成为党的主要危险,请严密注意。"③

9月21日,八路军抵达指定区域,八路军总部令第115师在晋东北地区活动,第120师挺进晋西北抗日前线,第129师准备开赴晋东南地区。④ 22日,国民党中央通讯社以《中国共产党中央发表共赴国难宣言》为题发表拖延已久的《中国共产党为公布国共合作宣言》。⑤同日,张闻天、毛泽东致秦邦宪、叶剑英电谓:"甲、宣言既已发表,目前谈判须解决者,应着重下列三事:(1)发布共同纲领。(2)解决边区问题。(3)《解放报》(指《解放》周刊——引者),在全国发行。乙、共同纲领须以十大纲领代替过去繁琐的条文,《解放报》须交涉在南京、西安两处翻印;至于边区问题,我们认为必需提出下列各点:(1)林正张副,委员亦不要国民党人,设长官及厅,不设主任及处。(2)区域须包括富县、洛川、淳化、旬邑、正宁、宁县、西峰、镇原、预旺、安边、清涧、河口、瓦窑堡、宜川在内。(3)经费每月十五万,另遣散费六十万。(4)保安队编八千五百人。(5)不干涉内部。以上各点判断彼方暂时还不能全部承认,

---

① 时任国民革命军第四战区副司令长官兼第十二集团军总司令。

② 时任中共闽粤边特委代理书记、红军闽南独立第三团团长兼政治委员。一九三七年七月,由于他对国民党借谈判消灭闽粤边区红军的阴谋毫无察觉,使所率独立第三团近千人被包围缴械。

③ 中国人民解放军军事科学院编:《叶剑英年谱》,中央文献出版社2007年版,第188—189页;中央统战部、中央档案馆编辑:《中共中央抗日民族统一战线文件选编》(下),档案出版社1985年版,第37页。

④ 中共中央文献研究室编:《毛泽东年谱(1893—1949)》中卷,中央文献出版社1993年版,第22页。

⑤ 中共中央文献研究室编:《周恩来年谱(1898—1949)》,中央文献出版社2007年版,第390—391页;秦孝仪主编:《中华民国重要史料初编——对日抗战时期》第5编(1),中国国民党中央委员会党史委员会1985年版,第285—287页。1938年战时出版社出版的《国共合作的前途》第3—5页所收《中国共产党为公布国共一抗日宣言》,显然为另一个版本。可见,该宣言至少有三个版本。对于这个宣言的正式名称,中国共产党方面通常提法是《中国共产党为公布国共合作宣言》,但有时候也称为《共赴国难宣言》,参见《中央关于国民党十中全会的指示》,中央统战部、中央档案馆编辑:《中共中央抗日民族统一战线文件选编》(下),档案出版社1985年版,第623页。至于国民党方面,则自始至终均称之为《中国共产党共赴国难宣言》,参见中国第二历史档案馆编:《中华民国史档案资料汇编》第5辑第1编(2),江苏古籍出版社1994年版,第2页。

我们宁可缓一点,争取有利条件。丙、一二九师暂时还不宜即开,盼设法应付之。"①23日,蒋介石为中共共赴国难宣言发表正式谈话,表示不计前嫌,"愿在国民革命抗敌御侮之旗帜下","开诚接纳"包括中国共产党在内的"国内任何党派"。②中国共产党宣言的发表及蒋介石的公开谈话,表明两党终于达成"谅解"并昭告天下。中国共产党承认国民党在全国的领导地位,军队改编,政权改制,但八路军的领导权仍牢牢掌握在自己手中。中国国民党虽然未能取消共产党和控制共产党军队的领导权,但蒋介石和中国国民党的全国领导地位和权威得到承认,中国终于实现了在抗日前提下的团结和统一。国民党依然不承认"国共合作",但由于承认了两党之间的"民族统一战线",中共方面有理由认为国民党方面实际上默认了"国共合作"。对此,毛泽东表示说:"共产党的这个宣言和蒋介石的这个谈话,宣布了两党合作的成立,对于两党联合救国的伟大事业,建立了必要的基础。共产党的宣言,不但将成为两党团结的方针,而且将成为全国人民大团结的根本方针。蒋氏的谈话,承认了共产党在全国的合法地位,指出了团结救国的必要,这是很好的,但是还没有抛弃国民党的自大精神,还没有必要的自我批评,这是我们所不能满意的。但是不论如何,两党的统一战线是宣告成立了。这在中国革命史上开辟了一个新纪元。这将给予中国革命以广大的深刻的影响,将对于打倒日本帝国主义发生决定的作用。"③毛泽东同时指出,两党合作没有一个公认的政治纲领,而共产党方面提出的共同纲领是孙中山的三民主义和共产党的抗日救国十大纲领,还有合作宣言中的"总纲领",同时需要改造国民政府和改造国民党军队。

25日,中共中央就共产党员参加国民政府及所属机构组织发出指示(决议草案),规定:在党中央没有决定参加国民政府中央政府以前,共产党员一般不得参加国民政府所属的地方政府及一切附属于国民政府行政机关的各

---

①中国人民解放军军事科学院编:《叶剑英年谱》,中央文献出版社2007年版,第190—191页。
②中央统战部、中央档案馆编:《中共中央抗日民族统一战线文件选编》(下),档案出版社1985年版,第823—824页;秦孝仪主编:《中华民国重要史料初编——对日抗战时期》第5编(1),中国国民党中央委员会党史委员会1985年版,第284—285页。
③《毛泽东选集》第2卷,人民出版社1991年版,第363—364页。

种行政会议及委员会。张闻天、毛泽东就宣传问题致电周恩来、林伯渠并告秦邦宪、叶剑英等:"1. 我们宣言及蒋氏谈话宣布了统一战线的成功,建立了两党团结救国的必要基础。2. 这个宣言不但将成为两党团结的方针,而且将成为全国国民大团结的根本方针。中华民族之复兴,日本帝国主义之打倒,将于今后的两党团结与全国团结得到基础。3. 蒋谈话指出了团结救国的深切意义,确定了共产党在全国的合法地位,发出了'与全国国民彻底更始'的诺言。但还表现着自大主义精神,缺乏自我批评,未免遗憾。今后问题是彻底实现三民主义与三民主义相符合的中共提出的十大纲领。"①八路军第115师主力同日在平型关伏击日军,取得了八路军开赴抗日前线后的第一个胜利。在国共达成谅解、统一战线建立的前提下,28日,国民政府军委会任命叶挺为国民革命军新编第四军军长。

国共两党的谅解达成以后,若干对中共有好感的国民党高级官员与共产党恢复了友谊关系,张治中就是有代表性的人物之一。张治中被任命为湖南省主席后,与中共的友谊关系得到恢复。张治中与中共派到湖南的代表徐特立相处不错。周恩来、叶剑英等也常到长沙。在湖南浏阳县逮捕了一个中共干部,县长捏造罪名以刑事犯罪予以枪毙。徐特立向张治中说明情况,经张治中查明属实,将该县长撤职严办。用张治中的话说:国共合作为基础的统一战线的实现和中苏关系的改善,"这两种新关系的出现,在当时是最令人兴奋的两件大事。它不但说明了国家内部的团结,也成为抗日战争最后胜利的最大保证。至于就国民党本身来说,等于打了一支强心针。"②

(三)两党对相互关系的认知和表述

对于以中国共产党宣言的发表和蒋介石的谈话为标志而达成的两党谅解和抗日民族统一战线的建立,两党的认知和表述有非常大的区别和歧异。中共方面正式的说法是国共合作与抗日民族统一战线,而中国国民党方面长

---

① 中央统战部、中央档案馆编辑:《中共中央抗日民族统一战线文件选编》(下),档案出版社1985年版,第41—43页。
② 张治中著:《张治中回忆录》,中国文史出版社1985年版,第673页。

期以来把中国共产党倡导的国共合作说成是"输诚受命",①把工农红军的改编说成是"收编"等等,不一而足。这种差别和歧异在两党谈判的过程中就已经存在。

早在1937年3月1日,毛泽东在凤凰山住处会见美国作家、记者史沫特莱,后者已经提出了这个问题。资料载:

>史问:外面传说共产党现在的政策是向国民党屈服、投降和牺牲,于此,你有何意见?
>
>毛答:我知道外面正有人这样说。可是值得注意的,是日本人却不愿意这样说,日本人只愿意国共相打,决不赞成这种"屈服投降悔过"的政策,因为日本军阀深知共产党采取与国民党协调的政策,尽管有人说它是"屈服、投降、悔过",可是实际是给与日本侵略政策以严重打击的。观察中国问题有一个标准,就是凡属革命政策,日本人一定反对;凡属反革命政策,日本人一定欢迎。要检查任何一政策一行动之是否正确,只要看一看日本人的态度就得了。现在也只要看一看日本人是如何反对所谓"屈服、投降与悔过"的政策,就可以证明我们的政策是何等革命的政策了。共产党向国民党要求的,是请他们结束十年来的老政策,转变到新的民族革命与民主革命的政策。这些要求,表现在共产党给国民党三中全会的电报中,那就是关于召集救国代表大会,人民民主自由,改善人民生活,迅速准备抗战等等。在这种情况下,共产党愿意改变苏维埃与红军的名义,取消同国民党的对立,停止没收地主土地。没有疑义的,共产党的这种步骤,是对国民党一个大的让步。但这种让步是必要的,因为这种让步是建立在一个更大更重要的原则上面,这就是抗日救亡的必要性与紧急性。这叫做双方让步,互相团结,一致抗日。国民

---

① 如1937年2月21日国民党五届三中全会在南京闭幕,此次会议通过的《关于根绝赤祸之决议案》中说:"今者共产党人于穷蹙边隅之际,倡输诚受命之说。本党以博爱为怀,决不断人自新之路。"参见荣孟源主编:《中国国民党历次全国代表大会及中央全会资料》下册,光明日报出版社1985年版,第434页。

党中所有明智的领袖与党员,都是明白这种意义的。但国内有一部分带着阿Q精神的人,却洋洋得意的把我们的这种让步叫做"屈服投降或悔过"。①

国共双方两党在相互关系认知上的差别和歧异在达成谅解和抗日民族统一战线之后仍长期存在。1939年9月24日,斯诺在延安再次受到毛泽东的接见,他向毛泽东提出的第一个问题就涉及国共双方关于抗日民族统一战线的认知问题,在谈话次日整理的与毛泽东谈话的记录中有如下记载:

> 斯诺问:国民党对抗日战争的政治基础的说法,同共产党的说法似乎有些矛盾。共产党一再强调,统一战线是这个战争的政治基础(见毛泽东《论持久战》《论新阶段》等),但是这个词在国民党的文件和谈话里却没有地位。在国民党看来,战争的政治基础是共产党和所有其他党派服从于国民党的独裁。
>
> 例如,在重庆我采访了张群将军,问过他对这一点的意见。他说,谈不到什么统一战线,中国只有一个合法政党,一个合法政府,这就是国民党。"边区政府"是完全非法的,最终会被消灭。蒋鼎文将军在西安对我说了同样的话。他说,在中国除国民党外没有旁的合法政党。共产党在同委员长达成协议后,就"不复存在了"。因此谈不上什么统一战线。共产党在中国没有任何合法地位,虽然前共产党人,作为国民党军队的一部分,有权维持一些办事处和仓库。去年陈立夫讲的也是差不多一样的话。
>
> 蒋介石委员长最近对一个德国记者说,"中国一个共产党也不剩了",这显然否认了共产党的合法存在,因此也否定了统一战线的概念。
>
> 你对这些说法有何答复?统一战线的合法基础在哪里?共产

---

① 中央统战部、中央档案馆编辑:《中共中央抗日民族统一战线文件选编》(中),档案出版社1985年版,第409—410页。

> 党的合法基础在哪里？一个党否认另一个党的存在，还可能存在这两个党之间的名义上的统一战线吗？①

对此，毛泽东答道："中国早已有实际上的统一战线，在大多数人民的心中、口中、文字中、行动中，已也有了名义上的统一战线。""别的政治集团怎么讲，我不知道，说到共产党，那末，从它诞生的一天起，它就是一个独立的政党，从来也没有过一天半天一小时或者一分钟放弃过它的独立性，从来也没有向什么个人或什么集团或什么党派屈服过。要共产党屈服，这大概是比上天还要困难些吧。"②毛泽东把国民党不承认统一战线的行为，称为"阿Q主义"。对国民党不承认共产党和陕甘宁边区，毛泽东说得委婉一些。他说：

> 你说蒋委员长据说否认在中国存在共产党，但是我不相信是真的。蒋介石先生是个政治家，他不仅有政治常识，还有更多的东西。其次，既然蒋先生是抗日的领袖，他不应该讲这样的话。第三，要是他真的这样讲了，那不跟他以前的话矛盾了？一九三七年十二〔九〕月二十三日蒋先生发表过声明，完全承认共产党的合法地位。因此我认为蒋先生不可能讲这样的话，因为这既缺乏政治常识，又和他以前的话相矛盾。

---

① 埃德加·斯诺著：《斯诺文集》第3卷，新华出版社1984年版，第384—385页。不过，斯诺有关张群关于统一战线的说法，与蒋介石的美籍顾问拉铁摩尔的说法未尽一致。在拉铁摩尔看来："在靠近蒋的圈子里，张群是统一战线的支持者，并且非常明确地认为，若将政府的精力用来对付共产党而不是日本人，那将是致命的错误。"参见〔日〕矾野富士子整理，吴新伯译：《蒋介石的美国顾问：欧文·拉铁摩尔回忆录》，复旦大学出版社1996年版，第111页；拉铁摩尔还说："四川省主席张群在重庆时，每逢空袭，常来吴铁城的防空洞。他在黑暗的防空洞里关于统一战线的谈话给我留下了非常深刻的印象。张群是国民党内保守派中少数几个认为绝对必须维护统一战线、战后不应发生内战的高层人士之一。"见上书，第118页。

② 金冲及主编：《毛泽东传》(1893—1949)下册，中央文献出版社1996年版，第544页。这一段话在斯诺的记录中为："毛泽东答：统一战线已经存在一个时候了，在人民的心中，在他们的谈话里，他们承认不仅存在名义上的统一战线，而且存在实际上的统一战线。但是有那么一小撮人，他们事实上不得不承认统一战线，而在口头上企图否认统一战线。我们叫这些人阿Q主义者，他们的手段是阿Q主义。""我不很清楚另外几派人怎么想，但是我知道，共产党从一开始就是完全独立的，没有一天、一小时、甚至半分钟牺牲过自己的独立。共产党从没有屈服于任何党派、任何个人。要让我们屈服是天下最难的事。"见埃德加·斯诺著：《斯诺文集》第3卷，新华出版社1984年版，第385、386页。

不过,共产党的合法地位的确实现得很不完全。中国政府从来没有实现一九三七年它答应给共产党充分的合法地位的诺言。国民党以外的其他党派同样也没有合法地位。这只是证明,中国不是一个有宪法可循的、民主的、团结的国家,而且缺乏法治。无怪中国全体人民和各党派都要求结束"训政时期"。

从西安事变起,特别是从一九三七年中,行政院正式批准给予陕甘宁边区政府合法地位的法案时起,蒋介石先生就承认了边区政府。如果不合法,为什么通过这样一个法案,为什么中央政府同意边区政府官员的任命?高级官员表态这样混乱,只能表明他们的效率实在太低。应该要提高效率。[1]

鲁迅笔下人物阿Q式的自欺欺人、国民政府的效率低下,当然都是造成国民党方面不承认事实上存在国共合作的原因同时,蒋介石和国民党把共产党视同一般的地方军阀,以为采用恩威并施的方法终究可以使共产党人"就抚"的主观想法,无疑也是一个重要的原因。

中国共产党及其武装,同地方军阀势力的本质不同在于它拥有对于主义的执着信念,拥有严密有力的组织形态,拥有博大精深的学说体系、鞭辟入里的认识方法及科学缜密的辩证思维。早在大革命时期发表的《中国社会各阶级的分析》中,毛泽东就明确指出:分别真正的敌友,是中国革命的首要问题。因为只有这样,才能团结真正的朋友,以攻击真正的敌人:

> 谁是我们的敌人?谁是我们的朋友?这个问题是革命的首要问题。中国过去一切革命斗争成效甚少,其基本原因就是因为不能团结真正的朋友,以攻击真正的敌人。革命党是群众的向导,在革命中未有革命党领错了路而革命不失败的。我们的革命要有不领错路和一定成功的把握,不可不注意团结我们的真正的朋友,以攻

---

[1] 埃德加·斯诺著:《斯诺文集》第3卷,新华出版社1984年版,第386—387页。

击我们的真正的敌人。我们要分辨真正的敌友。"①

毛泽东以这段话作为其四卷选集的第一篇、第一句,真可谓是开宗明义。其结论是:"一切勾结帝国主义的军阀、官僚、买办阶级、大地主阶级以及附属于他们的一部分反动知识界,是我们的敌人。工业无产阶级是我们革命的领导力量。一切半无产阶级、小资产阶级,是我们最接近的朋友。那动摇不定的中产阶级(民族资产阶级——引者注),其右翼可能是我们的敌人,其左翼可能是我们的朋友——但我们要时常提防他们,不要让他们扰乱了我们的阵线。"②

1936年11月—1937年4月,毛泽东研读《辩证法唯物论教程》的过程中,写了大量批注。在读到不同性质矛盾要用不同方法解决时,毛泽东写下批注谓:"目前斗争的正确口号是抗日民族统一战线"。③ "中日民族矛盾要用联合资产阶级的统一战线去解决"。④ 在读到对立面互相渗透的时候,批注写道:"共产党同国民党妥协正是加强共产党的独立性"。⑤ "在民族矛盾尖锐的条件下,国共对立则变成同一性,而转化为统一战线。"⑥ "在中日对抗的局面中,……民族统一战线如果广大的与坚固的建立起来,加上国际的因素(苏联、日本民众、其他和平国家),就有造成优于日本方面之优势。"⑦在读到对立统一问题的时候,批注写道:"列宁也有过和资产阶级合作的时期,提出分进合击的口号。中国党同国民党合作,原则上也是分进合击。不过表现的方法不同,分进是阶级与党的政治独立性,合击是统一战线。"⑧七七事变发生两天后的1937年7月9日,毛泽东与张闻天当即致电正与各方面联络、交涉的叶剑英说:"请答复救国会和各方,我们同意他们的各项要求,并且正在做。

---

① 《毛泽东选集》第1卷,人民出版社1991年版,第3页。
② 《毛泽东选集》第1卷,人民出版社1991年版,第9页。
③ 中共中央文献研究室编:《毛泽东哲学批注集》,中央文献出版社1988年版,第7—8页。
④ 中共中央文献研究室编:《毛泽东哲学批注集》,中央文献出版社1988年版,第73页。
⑤ 中共中央文献研究室编:《毛泽东哲学批注集》,中央文献出版社1988年版,第78页。
⑥ 中共中央文献研究室编:《毛泽东哲学批注集》,中央文献出版社1988年版,第79—80页。
⑦ 中共中央文献研究室编:《毛泽东哲学批注集》,中央文献出版社1988年版,第89页。
⑧ 中共中央文献研究室编:《毛泽东哲学批注集》,中央文献出版社1988年版,第96—97页。

请他们努力与政府、国民党党部及各界领袖协商,迅速组成对付大事变的统一战线。"①"惟有全国团结,才能战胜日本。"②上述事实表明:无论从哲学层面,还是政策及实际工作层面,毛泽东都坚信,以国共两党谅解与合作为基础的抗日民族统一战线是应对日本帝国主义大举侵略的威力强大的制胜法宝,长期抗战需要长期的国共合作与长期的抗日民族统一战线。

毛泽东如此,毛泽东的战友彭德怀、周恩来、朱德、张闻天等中共高层也无不如此,且各人对抗日民族统一战线均有深切的独特的理解。1937 年 7 月 22 日,彭德怀在红军高级干部会议上作红军改编的意义和今后工作报告大纲的讲话,强调红军改编"不是失败投降,而是为了便利于结成抗日民族统一战线,发动大规模的抗日战争。"他还强调:改编后的中心问题是保障共产党的单一领导。他还说:"我们的军队,不但是民族革命的军队,而且将来还要担负建立社会主义中国的任务。这种任务,不论在改名以前或改名以后,都是一样的。只有在共产党领导之下的军队,才能担负起这样伟大光荣的任务。"③

1937 年年底中共总书记张闻天撰文回答国共合作的真假及共产党对待国民政府的态度等问题,文章说:

> 有人说共产党同国民党合作是假的,共产党的目的,是要在合作的中间削弱国民党的影响与力量,是在利用合作的名义同国民党争取领导权。我们认为这是一种非常有害的谣言,为我们共产党与国民党人所决不能相信的。我们认为共产党对于国民党不应有这种思想;正像国民党对于共产党也不应有这种思想一样。因为今天全中国人民的共同敌人是日本帝国主义。为了反对我们的共同敌人,而建立全中国抗日民族统一战线,而国共两党实行合作,这都是

---

① 中共中央文献研究室编:《毛泽东年谱(1893—1949)》中卷,中央文献出版社 1993 年版,第 2 页。
② 金冲及主编:《毛泽东传》(1893—1949)下册,中央文献出版社 1996 年版,第 455 页。
③ 中央统战部、中央档案馆编辑:《中共中央抗日民族统一战线文件选编》(下),档案出版社 1985 年版,第 16、19 页。

诚心诚意的事。这中间决不能包含有丝毫的虚伪与玩弄。共产党的真诚，由共产党历来的一切言论与行动上，可以完全证明，我在这里不必多说了。如果这种合作是出于至诚，那末，那也不能希望自己朋友的力量，在合作的过程中削弱下去，因为朋友的力量的削弱，即是合作的共同的力量的削弱，即是减弱了反对共同敌人的力量，这是任何以国家民族利益为第一位的政党所不愿意作的，因为，这只有对于日寇有利。这种简单的道理，我想所有共产党与国民党人都是应该清楚了解的。

相反的，我们两党在合作的过程中，不但不是要互相抵消，互相削弱，而正是要"互相帮助，互相发展"。我们相信只有这样的合作，才能扩大与巩固国共两党的力量，因此，也就可以扩大与巩固抗日民族统一战线，因此也就能战胜日寇。

有人说，共产党人总是要反对政府；总是不拥护政府，而且甚至说共产党人把现在的政府看做俄国的克伦斯基政府，因而共产党人要推翻现在的政府，另行组织新的政府。我们认为这是一种非常有害的谣言，为我们共产党人与国民党人所决不能相信的。我们应该向国民党同志声明，我们是竭诚拥护现在蒋介石先生领导下的国民政府的，因为这个国民政府今天是一个已经开始担任着国防任务的政府，已经开始代表着民族利益的政府，这是全中国人民自己的中央政府，也是我们共产党人的中央政府。①

当然，中国共产党人也深知国共合作和抗日民族统一战线的过程会充满艰难，需要面对种种复杂局面，解决种种复杂问题。毛泽东曾经指出抗日民族统一战线有八个特点，即："全民抗日的，长期性的，不平衡的，有军队的，有

---

① 中央统战部、中央档案馆编辑：《中共中央抗日民族统一战线文件选编》(下)，档案出版社1985年版，第66—67、70页。

十五年经验的,大多数民众尚无组织的,三民主义的,处于新的国际环境中的。"[1]"首先是全民抗日的"这个特点是说,抗日民族统一战线的"政治目的之反对异族侵略与组织成分之异常广大",其组织成分异常广大所以具有伟大的力量,只有统一战线才能对付日本侵略这样的大事变,这是其优点;成分异常复杂,所以内部难免产生许多摩擦,需要恰当调整才能达到团结对外的目的,这是其缺点;至于抗日民族统一战线的长期性,则是由抗日战争的长期性决定的;不平衡性是说中国国民党是中国第一个具有实力的大党,中国共产党居其次,其他党派又次之;国共两党都有军队,使得两党在抗战中互相观摩激励,使各自达到最好地克尽分工合作的责任;十五年的经验证明,两党只应合作不应分裂;大多数民众尚无组织,使得两党可以有分工地去组织民众以应抗战的需要,而不须挤在一起搞摩擦;三民主义的政治纲领和政治思想,可以从政治上、思想上保证统一战线的长期性,不但保证战时合作,也可以成为战后合作建国的基础;新的国际环境是说统一战线获得国际上日德意之外的国家如苏联等国家的支持。这种分析是有历史和现实依据并且具有长远眼光的。

作为统一战线政策的制定者和谈判工作的具体执行者,周恩来对于国共关系和统一战线的认识有自己的独到之处。谈判具体过程中的接触和了解使他十分清楚地知道:"蒋介石的反共思想是不变的。"[2]周恩来指出:"新民主主义统一战线,有无产阶级,有农民,有小资产阶级,有自由资产阶级,甚至有时有些大地主大资产阶级也来参加,所以这个队伍很大,很复杂,力量不平衡,不容易统一。对这样一个队伍要弄得很清楚,要会分析,懂得怎么争取队伍的大多数,反对这个队伍中和我们争领导权的少数人,同他们斗争。不懂得这一点就要犯错误。"[3]

---

[1]中央档案馆编:《中共中央文件选集》第11册(1936—1938),中共中央党校出版社1991年版,第601页;中央统战部、中央档案馆编辑:《中共中央抗日民族统一战线文件选编》(下),档案出版社1985年版,第145页。

[2]中共中央统战部、中共中央文献研究室编:《周恩来统一战线文选》,人民出版社1984年版,第83页。

[3]中共中央统战部、中共中央文献研究室编:《周恩来统一战线文选》,人民出版社1984年版,第99—100页。

与中共的高层领袖对国共合作、抗日民族统一战线的重要性和复杂性相比较,中共军队的将领对于这一问题的理解和处理通常会比较明了、简洁。白修德曾经转述一位中共将领的话说:"我们将向他(指蒋介石——引者注)伸出一只友谊之手,但是我们的另一只手却必须紧握住我们的枪杆。"①这可以说是中共对于国共合作的通俗、形象、生动的认识和说明。

总之,中国共产党倡导的国共合作和统一战线,承认国民政府的合法地位,承认三民主义意识形态的主流地位。在国民政府框架下,中国共产党承认由自己领导的军队和根据地政权为国民政府下辖的武装力量序列和地方政权,以此从国民政府获得给养和补充,这就使两党在实际政治上关系处于不对等、不平等的状态;同时,中国共产党坚持对改编后的军队和政权具有绝对的控制力和领导权。至于国共合作,不仅是中国共产党对党员和相关组织对于自身处境的一种解释,实际上也是对于国、共、日关系的一种明确定位。这种政治定位可以概括为:两党合作,一致抗日,长期共存,各自领导,相忍为国,管控危机,争取胜利,复兴民族。

然而,蒋介石、中国国民党以及国民政府方面,尽管因为西安事变的发生而停止了剿共内战,但仍一心固执地力图将中国共产党领导的军队和政权,甚至意识形态,强行纳入国民党主导的国民政府政府体制之下,长期不愿意承认国共合作的事实。

1937年1月24日,中共中央政治局召开常委会议,毛泽东指出:"对国民党三中全会应有表示并应有新内容,应说明不是人民阵线而是民族阵线,应申明不待民主共和国成立就愿意成为统一的区域,苏区是人民革命政府,是特别的,但应归他管。"②毛泽东所表达的意见,实际上是此后中共向国民党五届三中全会所提要求和承诺的最初设想。这个设想呈现出来的,是一种宏大而极为复杂的包括国共关系在内的"民族阵线"新格局。对此,蒋介石和国民党方面似乎全无精神和心理上准备,以至于在很长时间内将这一格局下的中

---

① 〔美〕白修德、贾安娜著,端纳译:《中国暴风雨》,香港广角镜出版社1976年版,第240页。
② 中共中央文献研究室编:《毛泽东年谱(1893—1949)》上卷,中央文献出版社1993年版,第645—646页。

共及其行为说成是"收编""归顺""就抚"。30日,周恩来通过何柱国向驻在潼关的西安行营主任顾祝同提出,中共要求派代表参加潼关谈判。31日,顾祝同在向蒋介石电话报告中说:"共党周恩来要求派代表来,其意在协商共军接受政府收编事宜"。蒋介石说:"在政府立场,姑且每月支付二三十万元军费,由杨虎城间接发领,共军番号暂且照旧,其驻地地点及收编事宜视情形再作商量"。① 李克农到潼关后,顾祝同又同意红军在西安设立联络处,以第十七路军为掩护。2月4日,李克农回到西安后,周恩来和代表团人员从金家巷迁到七贤庄一号,设立红军联络处,对外称"第十七路军通讯训练班"。② 8日,蒋介石致电尚在潼关的顾祝同,表示:"对恩来除多说旧感情话以外,可以派亲信者间接问其就抚后之最低限度之方式,与切实统一之办法如何?我方最要注意之点,不在形式之统一,而在精神实质之统一。一国之中,决不能有性质与精神不同之军队也。简言之,要其共同实行三民主义,不作赤化宣传工作。若在此点同意,则其他当易商量。以总理与越飞共同声明之宣言中,彼越飞当时已承认中国不能施行共产主义而赞成三民主义也。"③

2月12日,周恩来在西安会谈中,把中共中央致国民党五届三中全会电交顾祝同。顾祝同旋即将其电告了蒋介石。15日,即国民党五届三中全会开幕的同一天,陈诚致电蒋介石提出了自己对于处理中共问题的看法。他说:张、杨两部已趋于崩溃瓦解,其中"张部将领自师长以下,多愿直接中央,从新自效,对张已无所顾惜";"杨虎城部,大致已脱离杨之关系,通电服从中央"。但是"今'赤匪'之要求,为目前计,固不能不虚与委蛇,但考其要求之用意,仍非出自诚心,不过假借特区名义,名正言顺,整顿充实,一俟坐大,伺机反噬,亦即所谓'不战而屈我'阴谋,手段原自高人一等。为中央计,当以八九年来一贯之国策为重,而以苟求一时表面之安定为轻。总之,已濒崩溃之

---

① 秦孝仪主编:《中华民国重要史料初编——对日抗战时期》第5编(1),中国国民党中央委员会党史委员会1985年版,第261页。
② 中共中央文献研究室编:《周恩来年谱(1898—1949)》,中央文献出版社2007年版,第355—356页。
③ 秦孝仪主编:《中华民国重要史料初编——对日抗战时期》第5编(1),中国国民党中央委员会党史委员会1985年版,第262页。

封建集团,不可曲予保全,而原不够封建领袖之资格者,更无须予以扶植。尤其行之有效之国策,断不可轻易动摇。所谓西北问题,决非不能了之事。"① 显然,陈诚是清醒地认识到中共并非"就抚""归顺"的为数不多的国民党方面高级官员之一,但其"以八九年来一贯之国策为重"即坚持"安内攘外"内战政策的建议,则显不仅然根本错误而且不切实际。16 日,蒋介石在确定了处理中共问题的原则:"考虑大局,决定编共而不容共,抗日而不排日,外交更以独立自主为基础。"② 大致上,"编共"指改编中共军队,"不容共"指不承认中共合法性。这一原则反应了其考虑的结果,确实成为国民党长期的方针。这一方针也说明,到西安事变之后,随着国内政治格局的演变及中日矛盾的进一步紧张,蒋介石对于中国共产党的政策,"剿共"既不可行,又要坚持"反共",其间实际上已经没有多少可以回旋的余地了,唯一能做的只有不承认而已。

中共致国民党三中全会电在此次大会上引起了很大的反响。根据后来叶剑英从杨虎城派往南京的代表马文彦处得知当时的情况是:中共致南京三中全会电文,在南京方面翻译时出现许多错字,连时任国民政府监察院院长的于右任都不知其详。马文彦将西安油印原文带南京,交张继(国民党中央监察委员)、于右任转给了大会主席团。由此,国民党上层始明了中共方面的真正态度。随后,大会把容共案提出讨论。加以有宋庆龄等 30 余人提出联俄联共抗日案,会议关于中共问题的讨论转为热烈。其中以张继最热烈,邵力子解释最多。有人驳张,何以民国十三年你反对容共? 张答:那时我糊涂,今则明白了。③ 21 日下午,国民党五届三中全会通过《关于根绝赤祸之决议案》以取消红军、取消苏维埃政府、停止赤化宣传、停止阶级斗争为最低限度解决中共问题的办法。应该说,该决议案还是一个不错的决议案。但该案中声称"今者共产党人于穷蹙边隅之际,倡输诚受命之说。本党以博爱为怀,决

---

① 秦孝仪主编:《中华民国重要史料初编——对日抗战时期》第 5 编(1),中国国民党中央委员会党史委员会 1985 年版,第 263 页。

② 秦孝仪主编:《中华民国重要史料初编——对日抗战时期》第 5 编(1),中国国民党中央委员会党史委员会 1985 年版,第 265 页。

③ 中国人民解放军军事科学院编:《叶剑英年谱》,中央文献出版社 2007 年版,第 157—158 页。

不断人自新之路"云云,①则纯属自欺欺人之谈。可怪的是,数十年之后,台湾方面的史家在记载中仍宣称:"中共向中央提出四项保证,表示归顺中央。"②这与中共方面"本党给国民党三中全会的四项保证,决不能解释为所谓'共产党的投降'"的认知,相去甚远,③给人风马牛不相及之感。但是,这种中国国民党在正式文件中出现的上述错误表述和错误认知,此后又得到广泛的传播,如国民党中央宣传部的材料中就有。对于组织涣散的国民党而言,这足以造成思想上的松懈和混乱。

当然,国民党高层人士中也并非缺少认同国共合作和统一战线的人士,如于右任、孙科、冯玉祥、宋庆龄、覃振、张治中、张继、张冲,甚至张群等。蒋介石的美籍顾问拉铁摩尔就曾经反复说过:"在靠近蒋的圈子里,张群是统一战线的支持者,并且非常明确地认为,若将政府的精力用来对付共产党而不是日本人,那将是致命的错误。""四川省主席张群在重庆时,每逢空袭,常来吴铁城的防空洞。他在黑暗的防空洞里关于统一战线的谈话给我留下了非常深刻的印象。张群是国民党内保守派中少数几个认为必须绝对维护统一战线、战后不应发生内战的高层人士之一。"④只是,这些人并无法从根本上影响或改变蒋介石在对待共产党问题上的根本态度。

---

① 秦孝仪主编:《中华民国重要史料初编——对日抗战时期》第5编(1),中国国民党中央委员会党史委员会1985年版,第252页。
② 朱汇森主编,筒笙簧编纂:《中华民国史实纪要(初稿)》(1937.1—6),"国史馆"1985年版,第105页。
③ 中央档案馆编:《中共中央文件选集》第11册,中共中央党校出版社1991年版,第195—196页。
④ 〔日〕矶野富士子整理,吴新伯译:《蒋介石的美国顾问:欧文·拉铁摩尔回忆录》,复旦大学出版社1996年版,第111、118页。

第二章 全面抗战初期国共两党的磨合与摩擦

在全面抗战之初,国共两党一方面迅速聚集在同一面抗日的大旗之下,另一方面不同层面上新旧问题依然存在并逐渐显现。磨合的努力和摩擦的出现,成为一个这一时期两党关系中的显著现象。

一、中共重登全国政治舞台

(一)从周恩来赴山西到中共代表团抵达武汉

1937年8月31日,毛泽东致电周恩来:宜即赴太原、大同晤阎锡山,商量好八路军入山西后的活动地区、作战原则、指挥关系、补充计划等事。9月3日,周恩来从西安出发,5日到达太原,①在山西工作近三个月。其间,秦邦宪、叶剑英继续在南京谈判,董必武、林伯渠分别负责武汉、西安的工作。11月5日,周恩来接奉毛泽东电:"速回延安开会,以便在月底赴长江流域活动。"②随后,周恩来在同国民党方面的阎锡山、卫立煌和八路军总部方面的朱

---

① 中共中央文献研究室编:《毛泽东年谱(1893—1949)》中卷,中央文献出版社1993年版,第17页。
② 金冲及主编:《周恩来传》上册,中央文献出版社2008年版,第433页。

德、任弼时等晤商后离晋,并于25日和彭德怀回到延安。① 其间11月14日,王明等乘飞机与国民党赴苏谈判代表张冲抵达迪化。11月29日,王明等人从迪化乘飞机抵达延安。王明回国,既是应蒋介石"共商国是"之邀,同时也带回了共产国际和斯大林的有关指示。②

12月9日到14日,张闻天主持召开中共中央政治局扩大会议(又称12月会议)。9日,以共产国际"钦差大臣"自居的王明在作《如何继续全国抗战与争取抗战胜利呢?》的报告。③ 有研究指出:"(该报告)批评洛川会议以来中共中央的方针和政策,认为太强调解决民主、民生问题,不赞成提改造国民党政府的口号;反对关于国民党内有左、中、右三种势力的提法,认为只有抗日、亲日之分;否认统一战线中的独立自主原则,主张'一切经过统一战线';反对提国民党和共产党谁吸引谁的问题,主张共同负责共同领导。"④10日,王明在会上再继续发言,主要作有关中共驻国际代表团工作情况的报告。⑤11日,周恩来就抗战问题和统一战线问题在会上发言,"认为从山西的情况来看,由于没有实行抗日高于一切的原则,而把独立自主提得太高,所以党内、军内和各地都有不利于抗战,不利于统一战线的思想、言论及行动"。⑥11日到12日,毛泽东两次在会上发言,重申、坚持并特别强调:"总的一句话:相对集中指挥的独立自主的山地游击战。洛川会议决定的战略方针是对的。"⑦尽管在抗日民族统一战线这个重大问题上大家意见一致,但在是否坚持洛川会议确定的"独立自主的山地游击战"这个重大战略方针上,显然出现了严重的分歧,由于相持不下,会上没有形成相应的决议,⑧只通过了《关于中

---

① 中共中央文献研究室编:《周恩来年谱(1898—1949)》,中央文献出版社2007年版,第400页。
② 郭德宏编:《王明年谱》,社会科学文献出版社2014年版,第343—346页。
③ 余子道、黄美真编:《王明言论选辑》,人民出版社1982年版,第536—545页。
④ 中共中央文献研究室编:《毛泽东年谱(1893—1949)》中卷,中央文献出版社1993年版,第40页。
⑤ 郭德宏主编:《王明年谱》,社科文献出版社2014年版,第355页。
⑥ 中共中央文献研究室编:《周恩来年谱(1898—1949)》,中央文献出版社2007年版,第401页。
⑦ 中共中央文献研究室编:《毛泽东年谱(1893—1949)》中卷,中央文献出版社1993年版,第41页。
⑧ 中共中央文献研究室编:《毛泽东年谱(1893—1949)》中卷,中央文献出版社1993年版,第40—41页。

共驻国际代表团工作报告的决议》等文件。会议决定:成立中共七大筹备委员会,毛泽东任主席,王明任书记;中央政治局常委由张闻天、毛泽东、王明、康生、陈云、周恩来、张国焘、秦邦宪、项英9人组成;中央实行集体领导分工负责,日常电报"党的交洛、军交毛,统战交王,王外出时交洛";①由王明、周恩来等组成中共中央代表团,到武汉继续谈判,协商国共两党合作事宜;由项英、周恩来等组成长江局,领导南方各省党的工作。②

(二)从八路军办事处的成立到中共党报党刊在武汉创办

西安事变得到和平解决后,中共在争得顾祝同同意的情况下在西安设立了办事处。七七事变后,中共又在争得阎锡山同意的情况下在太原设立了办事处。南京谈判中,中共又取得国民党同意在南京、上海等地设立办事处。中国共产党领导的工农红军编入国民革命军序列后,中共方面又先后在武汉、长沙、兰州等地陆续增设中共代表团办事处、八路军办事处、新四军通讯处等机构。③根据有关资料,从全面抗战爆发初期到1941年春,八路军、新四军在各地设立了55个办事机构。④

在国民党区域筹备公开出版中国共产党的机关报和机关刊物,是当时政治生活中的一件大事。1937年7月,周恩来在上海约见夏衍、潘梓年,安排在国民党区域筹建党报的工作。在庐山和南京谈判过程中,周恩来同国民党方面达成在南京出版《新华日报》的协议。根据周恩来安排,潘梓年、章汉夫等,从10月间开始在南京筹办《新华日报》和《群众》周刊。后因沪、宁先后沦陷,筹备工作移到汉口进行。12月11日《群众》周刊在汉口出版,1938年1

---

①张培森主编:《张闻天年谱》,中共党史出版社2010年版,第366页。

②中共中央文献研究室编:《毛泽东年谱(1893—1949)》中卷,中央文献出版社1993年版,第40—41页;中共中央文献研究室编:《周恩来年谱(1898—1949)》,中央文献出版社2007年版,第401—402页。说明:根据博古在1938年9月在中央政治局会议上作的"关于中共中央长江局工作报告",长江局工作范围包括滇、黔、川、湘、鄂、赣、皖、苏、浙、闽、粤、桂等省以及上海市、河南省和新四军。参见中共中央文献研究室编:《周恩来年谱(1898—1949)》,中央文献出版社2007年版,第402页。

③金冲及主编:《周恩来传》上册,中央文献出版社2008年版,第408页。

④中国人民解放军历史资料编纂委员会编:《八路军新四军驻各地办事机构》(1),军事科学出版社2009年版,第27、451—457页。

月 11 日《新华日报》在汉口出版。①

（三）中共代表团、长江中央局两机构的合并

1937 年 8 月 23 日，中共中央政治局常委会决定组成长江沿岸委员会，以周恩来为书记，委员有周恩来、秦邦宪、叶剑英、董必武、林伯渠。后因周恩来去山西，长江流域的工作实际由秦邦宪等负责。9 月，董必武作为中共代表到武汉。10 月，八路军驻武汉办事处成立。自 11 月 20 日起，中共长江沿岸委员会和八路军驻南京办事处随国民政府机关迁到武汉。12 月上中旬，中共中央政治局会议决组织中共中央长江局和中共中央代表团。会议结束后，周恩来、王明、秦邦宪、邓颖超等一行离开延安前往武汉，18 日抵达。②

12 月 20 日晚，周恩来等在武汉与陈立夫会谈，"谈话尚接近，彼亦承认两党关系须调整，规定共同纲领，努力实现。" 21 日晚，王明、周恩来、秦邦宪与蒋介石就两党关系、出版《新华日报》、建立民意机关等问题进行会谈。蒋介石对于中共代表团持欢迎态度，并表示此后国共两党关系已告陈立夫等，与中共方面"共商一切，最后并留王明在汉相助"③。双方还就成立两党关系委员会问题达成了协议，王明、周恩来、秦邦宪、叶剑英、陈立夫、康泽、刘健群、张冲分别代表共产党和国民党参加。④

23 日下午，中共中央代表团和中共长江中央局经过联席会议商议后，决定合并，对外为中共代表团，对内为长江中央局。其成员为项英、秦邦宪、周恩来、叶剑英、王明、董必武、林伯渠，王明任书记，周恩来任副书记。所辖秘书处由李克农任秘书长，参谋处由叶剑英任参谋长，民运部由董必武兼部长，组织部由秦邦宪兼部长，宣传部由王明兼部长，党报委员会由王明兼主席。上述决定及组织人事并呈报中共中央批准。周恩来作为长江局副书记和中

---

① 金冲及主编：《周恩来传》上册，中央文献出版社 2008 年版，第 408—409、435 页。
② 中共中央文献研究室编：《周恩来年谱（1898—1949）》，中央文献出版社 2007 年版，第 402 页。
③ 中央统战部、中央档案馆编辑：《中共中央抗日民族统一战线文件选编》（下），档案出版社 1985 年版，第 61、62 页。
④ 金冲及主编：《周恩来传》上册，中央文献出版社 2008 年版，第 437 页。

共中央代表团负责人,主要是负责统一战线工作。①

1938年2月27日至3月1日,中共中央政治局会议决定增派凯丰(何克全)为长江局委员。8月29日,王明离武汉回延安。9月22日,中共中央政治局参照长江局建议决定设中原局、东南局和南方局,并于9月25日致电长江局,指示组织上按照中原局、东南局、南方局、重庆党报委员会及中央代表团五个方向布置。周恩来于10月1日赶回武汉,部署长江局撤退。10月25日凌晨,周恩来撤离武汉,长江局工作结束。②

长江局在全面抗战初期,做了大量卓有成效甚至是开创性的工作,但由于受王明影响,也存在比较明显局限。首先是王明坚持其错误的指导思想。③对此,周恩来后来有比较系统的阐述。他说:武汉时期的错误是不懂领导权问题,"也就是承认大资产阶级的领导权,因而在政策上也就不要民主改革,不要改善民生。但当时党中央是很强调民主改革、改善民生这两点的。武汉时期放弃领导权,还表现在不重视敌后的发展,不主张建立敌后政权,主张一切经过统一战线……那时提出了七个统一,就是统一指挥,统一编制,统一武装,统一纪律,统一待遇,统一作战计划,统一作战行动。这不是都统一于国民党的军令吗?还不是都统一给他吗?又如提出晋察冀边区也必须经过国民党批准才能成立。这还不是统一于国民党的政令吗?这样退让政策的结果,在武汉被解散了三个群众团体,后来在华中弄出来一个皖南事变。"④其次是过于相信国民党的力量,对敌后游击战的重要性认识不足。周恩来说:"那个时候在武汉,我们自己也有错误。就是说,当时在武汉做领导工作的同志,我也在内,着重在相信国民党的力量可以打胜仗,而轻视发展我们自己的力

---

① 中共中央文献研究室编:《周恩来年谱(1898—1949)》,中央文献出版社2007年版,第403页;金冲及主编:《周恩来传》上册,中央文献出版社2008年版,第436页。
② 中共中央组织部、中共中央党史研究室、中央档案馆编:《中国共产党组织史资料》第3卷(上),中共党史出版社2000年版,第215—216页。
③ 中央统战部、中央档案馆编辑:《中共中央抗日民族统一战线文件选编》(下),档案出版社1985年版,第673、674页。
④ 中共中央文献编辑委员会编:《周恩来选集》上卷,人民出版社1980年版,第219页。

量;在战争上强调运动战,轻视游击战。"①尽管如此,长江局在不到一年的时间里,开创了统一战线工作的新局面,为此后南方局的工作奠定了重要的基础。正如金冲及所说:"新时期下国民党统治区的工作,许多都是在武汉开端的"。②

二、国共磨合的尝试

全面抗战初期,国共两党关系总体上说是比较好的,国共两党、两军的合作是多方面、多层次的,如平型关战役、徐州会战、山西牺盟会、政治部第三厅、衡山游击训练班等。同时,值得注意的是,抗战时期国共两党从一开始就存在严重分歧和矛盾,并主要表现在:共同纲领问题、党禁问题、领导权问题、主义问题、军队问题、边区问题、发展与限制等。

(一)两党共同纲领问题

中共方面一向认为共同纲领是保证两党长期合作的最好办法,因此,在1937年12月21日王明、周恩来、蒋介石举行的第一次正式交涉谈判中,周恩来即提议成立两党关系委员会,决定共同纲领等,蒋介石对此表示同意。③ 当晚,周恩来等就与陈立夫就两党关系和共同宣言等问题进行了具体商谈。26日,两党委员会在武汉成立。随后,周恩来完成了《中国人民抗日救国纲领》起草工作并于30日提交长江局讨论通过后,同日提交两党关系委员会讨论。

---

① 中共中央文献编辑委员会编:《周恩来选集》上卷,人民出版社1980年版,第197页。另据金冲及的记录,胡绳也曾说:"1938年,我到武汉,博古也到了武汉,我听了他一次讲话,因为第一次见到他,印象特别深。他一边抽烟,一边慢慢说:你们不要相信游击战,讲我们是靠游击战起家的,但靠这个不能打胜日本。我当时大吃一惊,这个印象特别深。"见金冲及著:《一本书的历史:胡乔木、胡绳谈〈中国共产党的七十年〉》,中央文献出版社2014年版,第85页。
② 金冲及主编:《周恩来传》上册,中央文献出版社2008年版,第474页。
③ 中共湖北省委党史资料征集编演委员会、中共武汉市委党史资料征集编演委员会编:《抗战初期中共中央长江局》,湖北人民出版社1991年版,第115—116页。

又经过诸多周折,该案终于在 1938 年春经过协商得以确定。但是由于蒋介石和国民党方面不愿意承认公开承认中国共产党的合法、平等地位,该项纲领被搁置。① 中国国民党也看到纲领具有的旗帜作用,于是便仿效中共办法,制定自己的纲领。这样,在 1938 年 3 月底到 4 月初,中国国民党在武汉召开的临时全国代表大会上,通过了《中国国民党抗战建国纲领》。

对此,中共中央书记处于 4 月 18 日指示长江局:对于中国国民党通过的《抗战建国纲领》,我们应该"立在主动地位,取积极赞助与拥护的态度,指出其基本精神同我党的主张是一致的"。② 27 日,中央书记处再次致电长江局,指出:就坚持抗战争取最后胜利这个方向来说,"我党十大纲领同国民党纲领应说基本上是一致的。我们坚决赞助其实现,亦即为此。""今天的中心策略,不是要国民党定出一个更完善的纲领,而是站在主动的积极地位,帮助国民党实施这个纲领,在实施中发展与提高它。"③

1938 年 7 月 6 日到 15 日,第一届国民参政会第一次大会在武汉召开,中共参政员、南方局负责人陈绍禹(王明)等提交了《拥护国民政府、实施抗战建国纲领案》,并获得数十人参加连署。在 7 月 12 日大会上,陈绍禹(王明)就该提案进行了说明。④ 他在表示"中国共产党真诚拥护《抗战建国纲领》"的同时,毫不掩饰地说,"中国共产党还有自己的为共产主义而奋斗的纲领。"当议长宣布以陈案和其他两件同类提案合并并付诸表决时,全体一致,起立通过,掌声雷动,历数分钟不止,"为国民参政会最有意义最有重要性之表示"。⑤ 汉口《大公报》发表的社评说:国民参政会通过的《拥护政府实施抗战建国纲领案》,"在精神上给予敌人的打击,不啻十万大兵!"⑥ 参加大会的林伯渠也在《解放周刊》撰文表示:从通过拥护国民政府实施《抗战建国纲领》

---

① 中共湖北省委党史资料征集编演委员会、中共武汉市委党史资料征集编演委员会编:《抗战初期中共中央长江局》,湖北人民出版社 1991 年版,第 7、887 页。
② 中共湖北省委党史资料征集编演委员会、中共武汉市委党史资料征集编演委员会编:《抗战初期中共中央长江局》,湖北人民出版社 1991 年版,第 214 页。
③ 中共湖北省委党史资料征集编演委员会、中共武汉市委党史资料征集编演委员会编:《抗战初期中共中央长江局》,湖北人民出版社 1991 年版,第 223、224 页。
④ 孟广涵主编:《国民参政会纪实》上卷,重庆出版社 1985 年版,第 173 页。
⑤ 孟广涵主编:《国民参政会纪实》上卷,重庆出版社 1985 年版,第 190、192 页。
⑥ 孟广涵主编:《国民参政会纪实》上卷,重庆出版社 1985 年版,第 219 页。

的提案这件事看来,这一次国民参政会确实把精诚团结这种精神"发扬到最峰","是大会最大的成功"。①

中国共产党颁布《抗日救国十大纲领》于先,中国国民党颁布《抗战建国纲领》于后,两党分别表达了大体上共同一致的意见,同时又避开了中国国民党方面不愿意见到的国共两党合作的相关文字表述,这也算是一种中国式政治的智慧。

(二)南方游击队的改编

早在中共中央代表与国民党当局谈判合作的过程中,南方各游击区共产党组织和红军游击队,于1937年6、7月全面抗战爆发前后,已经先后分别开始与国民党地方当局或驻军进行改编为抗日义勇军的谈判。② 由于对中共中央抗日民族统一战线的政策和策略了解不够,谈判和改编中出现了不少问题,甚至发生红军游击队被国民党军队缴械的严重事件。③ 8月1日,中共中央指示南方游击队,"在保存与巩固革命武装,保障党的绝对领导的原则之下……可与国民党的附近驻军或地方政权进行谈判,改变番号与编制以取得合法地位,但必须严防对方瓦解与消灭我们的阴谋诡计与包围袭击。"④ 9月下旬,项英应江西省政府邀请抵达南昌谈判南方红军游击队改编事宜,并与正在南京的中共中央谈判代表秦邦宪取得联系,并通过秦邦宪致电毛泽东和张闻天,很快得到指示,从而恢复了与中共中央的联系。几乎与此同时,周恩来、朱德等于8月中旬在南京与何应钦就南方红军游击队改编问题初步达成

---

① 孟广涵主编:《国民参政会纪实》上卷,重庆出版社1985年版,第237页。
② 中国人民解放军历史资料丛书编审委员会编:《新四军·参考资料》(2),解放军出版社1991年版,第4页。
③ 中共闽赣边特委和红军游击队负责人何鸣通过谈判,于1937年6月26日与国民党157师达成抗日协议,把部队改编为福建省保安独立大队,开进漳浦县城驻防。7月16日,800多人的红军游击队被157师缴械,被称为"漳浦事件"或"何鸣事件"。此事引起中共中央高度重视,后经交涉,迫使国民党当局释放相关人员,并交还武器。参见中国人民解放军历史资料丛书编审委员会编:《新四军·文献》(1),解放军出版社1988年版,第26页;《新四军战史编辑室:《新四军战史》,解放军出版社2000年版,第11页。
④ 中国人民解放军历史资料丛书编审委员会编:《新四军·文献》(1),解放军出版社1988年版,第12—13页。

一致意见。周恩来还在上海会见了叶挺,并请叶挺出面担负南方游击队改编重任。叶挺通过陈诚提出的把南方红军游击队改编为新四军的建议,为蒋介石所采纳。9月28日,蒋介石正式任命叶挺为新四军军长,10月6日又电令熊式辉以高敬亭部、傅秋涛部、项英部、刘英部、张鼎丞部等交叶挺调遣。12日,熊式辉转发了蒋介石的电报,这一天后来被确定为新四军正式成立的纪念日。①

10月1日,中共中央书记处就南方红军游击队改编问题致电张云逸、秦邦宪、叶剑英等,指出:"南方游击区是今后南方革命运动的战略支点,这些战略支点是十年血战的结果,应十分重视他[它]们。"在与国民党谈判时应采取以下步骤"达到保护这些支点"的目的:

(一)原则上部队可集中,但:1.须由中央派人员传达方针,至少须要几个月时间。2.各区游击队调动之前邻近周围二百里内之驻军、保安队、民团首先调动参加抗日,至少同时调动,往后并不能再派部队去。3.按照附近驻军民团保留数目,决定保留游击队数目,以保护原有游击区及该区内之游击队家属。4.游击区实行民选制度。5.游击区土地关系不变更。6.国民党不得派任何人员、部队移入及破坏游击区。

(二)国民党首先把何鸣部人枪交还,经证实具报无误后,方能谈判各游击区问题。

(三)张鼎丞、何鸣、刘英三部应原地不动,理由是日本将进攻鲁、闽、浙三省,该三部即为保卫各该游击区及其附近土地而战,决不应集中。

(四)在一切问题得到解决而实行将内地若干游击队集中之时,该集中部队之领导指挥及作战,国民党不能干涉,并不得插入任

---

① 新四军战史编辑室:《新四军战史》,解放军出版社2000年版,第10—15页。

何人。①

电报还指出:"项英同志似还不明白统一战线中保持独立性原则,似还更不明白不应无条件集中而应保持南方战略支点的原则。他在南昌的做法带着危险性。望速通知他来延安讨论。"②显然,这是非常有远见的方针主张。

从 10 月到 12 月,国共双方就新四军的编制、装备、经费等问题,进行了一系列协商。最后确定新四军辖 4 个支队,12000 人。11 月,新四军在汉口成立军部,1938 年 1 月 6 日移南昌。长江局和中共中央东南局成立后,③新四军筹建事宜即由受到中共中央和长江局双重领导的中共中央东南分局负责。④ 1938 年 2 月到 4 月,南方 8 省 40 余县的红军游击队,完成集结和整编,开赴华中前线。其中新四军 1、2、3 支队和军部相继到达皖南岩寺,隶属于第 3 战区。第 4 支队集中皖中舒城地区,隶属于第 5 战区。国民党军事当局赋予新四军的作战任务是:在苏南、皖南、皖中敌侧后进行游击战争,破坏敌交通,袭击敌人,牵制敌人。给新四军划定的活动区域是:南京、江宁、镇江、句容、深水、高淳、丹阳、当涂、芜湖、繁昌、铜陵、南陵等日伪统治中心和狭小地区,东西不过百余公里,南北仅五六十公里,并一再下达指令不准新四军越境活动。⑤ 4 月下旬到 7 月,新四军先遣支队和第 1、2 支队先后东进苏南敌后,创建了以茅山为中心的抗日根据地,初步打开了江南敌后抗战局面。但是项英对挺进江南、江北敌后迟疑犹豫,与军长叶挺难以相处。这种状况对新四军在大江南北的战略展开造成严重困扰。8 月叶挺就曾经致电周恩来,表示准备辞去新四军军长一职务,被周恩来劝阻。但 10 月下旬,辞意甚坚的叶挺终于离军赴港,一度到广东的东江纵队。

---

① 中国人民解放军历史资料丛书审编委员会编:《新四军·文献》(1),解放军出版社 1988 年版,第 36—37 页。
② 中国人民解放军历史资料丛书审编委员会编:《新四军·文献》(1),解放军出版社 1988 年版,第 37 页。
③ 1937 年 12 月中央政治局会议决定成立东南分局及中央军委新四军分会,以项英为东南分局书记兼新四军军分会书记,陈毅为军分会副书记。
④ 金冲及主编:《周恩来传》上册,中央文献出版社 2008 年版,第 466 页。
⑤ 中国人民解放军历史资料丛书审编委员会编:《新四军·参考资料》(2),解放军出版社 1991 年版,第 3、54 页。

（三）边区、第三厅、参政会

全面抗战初期，中国国民党和中国共产党在承认国民政府体制问题上达成了若干一致或谅解，从而为政府层面权力运作上一定程度的磨合创造了机会，除主力红军和南方红军游击队改编之外，在陕甘宁边区、军事委员会政治部第三厅、国民参政会等问题上，双方也达成了一定程度的一致，值得引起重视。

早在1934冬到1935年春主力红军到达西北之前，中共西北红军已经创建了陕甘宁边区和陕北两块根据地，并建立了陕甘边和陕北两个苏维埃政府。1935年2月，中共陕甘特委和陕北特委、陕甘宁边区根据地和陕北根据地、第26军和第27军，经过协商实现了党政军的组织统一和根据地的成功连接，形成了北起长城，南至淳化，西接环县，东临黄河，东西50余里，南北80余里，面积3万平方公里，人口90万，拥有20多个县级政权，红军主力5000人，游击队4000人的陕北革命根据地。9月，徐海东、程子华率领的红25军进入陕北革命根据地，与红26、27军合编为红15军团。10月，红15军团接连取得劳山和榆林桥战役胜利，并与中央红军会师。11月，中央红军与红15军团取得直罗镇战役胜利，使陕北革命根据地得到巩固。1936年5月，红军西征，并成立陕甘宁苏区。① 9月4日，毛泽东致电朱德、张国焘、任弼时，指出：陕甘宁苏区，版图颇大，东西长约1200余里，南北亦600里，现有盐池、定边、靖边、安定、安寨、延长、保安、环县、豫旺九城在我手中。各县山多、沟深、林稀、水缺、土质松，人户少，交通不便，不宜大部队运动，物产一般贫乏，不能供给大军久驻。神木特区，东西长200余里，南北约300余里，游击战争颇发展。关中苏区南界距西安90里，中部、三原、庆阳等10县乡村已连成一片，县城非我所有。陕南苏区发展至20余县，部队约2000人。② 由此可见当时西北苏区的概况。

---

① 齐心、张馨主编：《陕甘宁边区政府成立五十周年论文选编》，三秦出版社1988年版，第23—25页。
② 中共中央文献研究室编：《毛泽东年谱（1893—1949）》上卷，中央文献出版社1993年版，第576页。

1937年7月中旬,周恩来为首的中共代表团到庐山。通过谈判,国民党方面承认了陕甘宁边区合法地位。① 9月6日,陕甘宁边区政府正式成立,主席林伯渠,副主席张国焘,辖陕西、宁夏、甘肃的23县,首府延安(当时称肤施)。11月,国民政府将陕甘宁边区政府改称陕甘宁特区政府。② 10月12日,国民政府行政院第333次会议通过并确定陕甘宁边区管辖18县。12月,中共方面向国民党方面签呈的文件中说:陕甘宁边区政府管辖范围除上述18县外,增加5县,从而达到23县。后经蒋介石指定,国民政府军委会划给3个县作为募补区,使陕甘宁边区管辖区域达到26县,包括延安、延川、延长、清涧、绥德、米脂、佳县、吴堡、神府、子长、安塞、靖边、定边、志丹、甘泉、富县、淳化、旬邑、正宁、宁县、庆阳、合水、镇原、环县、豫旺、盐池。此时的陕甘宁边区,总面积12603平方公里,人口200万。12月13日,中共中央政治局决定,陕甘宁边区政府由林伯渠、张国焘、习仲勋、徐特立、高岗等7人组成,林伯渠、张国焘任正、副主席。③ 全面抗战初期,国民政府方面对于由中国共产党掌握的陕甘宁边区的态度,几经变化,周恩来后来说:"(国民党)对边区呢?开始承认了,但是抗战以后又推翻了。蒋介石有一次对朱总司令说:'你抗战了还要边区!'他想给个总司令的名义,就可以取消边区。结果平型关打了一个胜仗,他又承认了,那是在行政院第三百三十三次会议通过的。到南京撤退,他又把这个决议束之高阁,直到现在还没有承认。"④

国民党方面不承认,中共方面就与之交涉。1937年9月27日,中共中央致电八路军西安办事处主任林伯渠,指示与国民党方面交涉"陕甘宁特别区

---

① 张俊南、张宪臣、牛玉民著:《陕甘宁边区大事记》,三秦出版社1986年版,第24页。周恩来说:"对边区呢?开始承认了,但是抗战以后又推翻了。蒋介石有一次对朱总司令说:'你抗战了还要边区!'他想给个总司令的名义,就可以取消边区。结果平型关打了一个胜仗,他又承认了,那是在行政院第三百三十三次会议通过的。到南京撤退,他又把这个决议束之高阁,直到现在还没有承认。"见中共中央统战部、中共中央文献研究室编:《周恩来统一战线文选》,人民出版社1984年版,第82页。
② 张俊南、张宪臣、牛玉民著:《陕甘宁边区大事记》,三秦出版社1986年版,第26—27页。
③ 齐心、张馨主编:《陕甘宁边区政府成立五十周年论文选编》,三秦出版社1988年版,第26—27页。
④ 中共中央统战部、中共中央文献研究室编:《周恩来统一战线文选》,人民出版社1984年版,第82页。

问题",并提出6项要求,①1938年1月21日,中央代表团致电中央书记处,报告就边区、留守部队等问题交涉结果说:

(一)管理县份,限于十八县,不允增加。我们继续要求增加西线各地,直达黄河右岸;

(二)边区政府,丁正,林副并代理正职。各处依省例分民、财、教、建,不允设农工,并要丁派两人做事(此事请考虑);

(三)边区行政经费,依各县、各行政专员总和,定津贴两万多元。我们要增加(的经费)及教育费在外;

(四)保安队编制及经费,依陕、甘、川省原例,改由省发给津贴;

(五)善后费给二十万,不肯加;

(六)确定联络参谋四人,好随彭去;

(七)补充师名义不肯(给),且不允增经费。我们要彭、叶与军何直接解求(决)下列问题:1.必须给陕北部队以名义。2.必须加经费、米津及临时费。3.反对说八路军伤亡少,要求发特赏伤兵费。

各事很明显,蒋及其左右不愿我们扩大部队,扩大领土,也不愿发枪加钱。现蒋已面告彭,派胡宗南率六个新补充的师驻陇海、汉中、天水及甘、凉、肃,管理部队,控制弄堂,为朱绍良战区政治部主任。②

6月19日,周恩来写出10条书面意见,经中共中央书记处同意后,送交蒋介石。这10条意见中对边区和八路军、新四军问题所提要求为:请明令划定延安等23县为陕甘宁边区,组织边区政府,直属行政院,并请委任林伯渠为边区政府主席;请扩编第18集团军为3个军9个师,所属游击部队按各战区所属游击部队同等待遇;增编为7个支队;请依同等待遇,按时补充第18

---

① 杨奎松著:《抗战前后国共谈判实录》,新星出版社2013年版,第100—101页。
② 中共湖北省委党史资料征集编演委员会、中共武汉市委党史资料征集编演委员会编:《抗战初期中共中央长江局》,湖北人民出版社1991年版,第148—149页。

集团军、新四军以枪械、弹药、被服、粮秣及卫生、通讯、交通等器材。① 对此，蒋介石的态度仍是敷衍。②

如果说陕甘宁边区问题反映的是中共实际控制的地方政权与国民党控制的中央政权关系的调整，那么中共对于国民政府军委会政治部第三厅工作的参与，则显然属于另一种类型的政治磨合。

经中共中央同意，1938年3月周恩来任国民政府军事委员会政治部副部长，郭沫若应周恩来邀请任第三厅厅长主管宣传。中共中央长江局从各地调集或动员了阳翰笙、田汉、胡愈之等一批中共党员或接近中共的文化界人士到三厅任职，以国民政府名义做抗战宣传。阳翰笙后来回忆说："蒋介石他们的如意算盘想得很美：有周恩来、郭沫若这样众望所归的人物，又通过郭老延揽大批文化、学术、文学艺术各界著名人士，同时将三厅掌握在自己控制之下，让周恩来做空头副部长，郭沫若做空头厅长，既装潢了门面，又羁縻了人才。"③实际上，中共方面在第三厅聚集了大批文化艺术界人士，通过抗战扩大宣传周活动、献金运动等，扩大了中共的社会政治影响。④ 后来，国民党方面觉得这样下去对自己不利，干脆撤销第三厅。另外成立文化工作委员会，以容纳原第三厅所属的文化界人士。

与陕甘宁边区及第三厅的情形不同，国民参政会是一种从社会各阶层、各方面遴选，具有咨询功能并具有某种反映民意作用的机构，其前身为国防参议会。

1938年3月31日中国国民党临时全国代表大会通过《组织非常时期国民参政会以统一国民意志增强抗战力量案》⑤，4月7日，国民党五届四次中央全会通过《国民参政会组织条例案》。⑥ 12日，国民政府公布《国民参政会

---

① 中共湖北省委党史资料征集编演委员会、中共武汉市委党史资料征集编演委员会编：《抗战初期中共中央长江局》，湖北人民出版社1991年版，第256—257页。
② 中共中央文献研究室编：《周恩来年谱（1898—1949）》，中央文献出版社2007年版，第424页。
③ 阳翰笙著：《风雨五十年》，人民文学出版社1986年版，第167页。
④ 张治中著：《张治中回忆录》，中国文史出版社1985年版，第313页。
⑤ 秦孝仪主编：《中华民国重要史料初编——对日抗战时期》第4编(1)，中国国民党中央委员会党史委员会1988年版，第169—174,177—179页。
⑥ 秦孝仪主编：《中华民国重要史料初编——对日抗战时期》第4编(1)，中国国民党中央委员会党史委员会1988年版，第181—183页。

组织条例》。6月17日,国防参议会举行最后一次会议并宣告结束。① 21日国民政府修正公布《国民参政会组织条例》。随后,国民政府相继公布国民参政会正副议长和参政员名单。根据协商的结果,毛泽东、陈绍禹(王明)、秦邦宪、董必武、林伯渠、吴玉章、邓颖超等中共人士,作为《国民参政会组织条例》第3条丁项规定的"曾在各重要文化团体或经济团体服务三年以上,著有信望,或努力国事,信望久著之人",②被遴选为参政员。

7月5日,毛泽东等7人联名以中共参政员名义在《新华日报》上发表《我们对于国民参政会的意见》,申明:"我们代表着中国共产党参加国民参政会",是"共产党员的参政员"。③ 毛泽东且于7月5日致电国民参政会,陈述"转旋大难三策",谓:"寇深祸极,神州有陆沉之忧,然民意发抒,大难有转旋之望。转旋之术多端,窃谓以三言为最切:一曰坚持抗战,二曰坚持统一战线,三曰坚持持久战。诚能循是猛进,勿馁勿懈,则胜利属我乃决然无疑。"④

7月6日到15日,第一届国民参政会第一次会议在武汉正式举行。中共参政员、中共中央南方局负责人王明等提交了《拥护国民政府、实施抗战建国纲领案》,并有67人连署。在12日大会上,王明就该提案进行了说明。⑤ 他表示:"我可以正式代表中国共产党说:中国共产党真诚拥护《抗战建国纲领》,认为其基本方针与本党在抗战时期的政策方针是共同的,并愿努力帮助国民党和国民政府实施《抗战建建国纲领》。但同时,中国共产党毫不掩饰地说,中国共产党还有它自己的整个为共产主义而奋斗的纲领。"⑥当议长宣布以陈案和其他两件同类提案合并并付诸表决时,"全体一致,起立通过,掌声雷动,历数分钟不止,此为国民参政会最有意义最有重要性之表示。"⑦汉口《大公报》发表的社评说:《拥护政府实施抗战建国纲领案》获国民参政会通

---

① 闻黎明著:《第三种力量与抗日战争时期的政治》,上海书店出版社2004年版,第25页。
② 秦孝仪主编:《中华民国重要史料初编——对日抗战时期》第4编(1),中国国民党中央委员会党史委员会1988年版,第188、200页。
③ 孟广涵主编:《国民参政会纪实》上卷,重庆出版社1985年版,第77、79页。
④ 中共中央文献研究室编:《毛泽东年谱(1893—1949)》中卷,中央文献出版社1993年版,第80页。
⑤ 孟广涵主编:《国民参政会纪实》上卷,重庆出版社1985年版,第173页。
⑥ 孟广涵主编:《国民参政会纪实》上卷,重庆出版社1985年版,第190页。
⑦ 孟广涵主编:《国民参政会纪实》上卷,重庆出版社1985年版,第192页。

过,"充分表示中国的统一团结已达到了精纯的程度","我们相信这个统一团结的表示,在精神上给予敌人的打击,不啻十万大兵!这是国民参政会的最大收获,也是我们国家的极大成功!"①国民党《中央日报》社论评论说:"全场一致所通过之拥护《抗战建国纲领》,最后休会之宣言,均为历史的文献,以宣示我全国国民之钢的意志。"②参加大会的林伯渠也在《解放周刊》撰文表示:从通过拥护国民政府实施《抗战建国纲领》的提案这件事看来,这一次国民参政会确实把精诚团结这种精神"发扬到最峰","也是大会最大的成功"。③

由此,隶属于国民政府的具有咨询性质的政治机关——国民参政会,正式宣告成立。国民参政会是国共合作条件下,国民政府为容纳各种社会政治力量而设立的一个政治机关。尽管国民党方面在有关文件中以文化团体人士对待中共中共参政员,但中共参政员在包括参政会上等各种场合以中共的身份出现和活动这件事本身,清楚地表明:国共合作为基础的抗日民族统一战线,是确确实实地存在的,确确实实是建立起来了。黄炎培说:"自第一届[第一次]大会闭幕,三个月间,著者旅行了五六省,五千余公里,所至谈国民参政会者,对于各党各派无党无派之倾心合作,精诚团结,莫不交口称颂,引为抗战前途最有希望之一点。"④

三、摩擦的出现

自全面抗战初期,围绕着中国共产党的合法性、中国共产党所属军队的扩编和指挥、陕甘宁边区和敌后根据地及其政权这三个根本性的东西,产生出两党之间的摩擦。中共的影响和武装,"逐月在敌人的后方发展。中共总

---

① 孟广涵主编:《国民参政会纪实》上卷,重庆出版社1985年版,第219页。
② 孟广涵主编:《国民参政会纪实》上卷,重庆出版社1985年版,第195页。
③ 孟广涵主编:《国民参政会纪实》上卷,重庆出版社1985年版,第237页。
④ 孟广涵主编:《国民参政会纪实》上卷,重庆出版社1985年版,第266页。

部仍在陕北延安,可是至一九三九年初,陕北本区虽仍然最出名,但已变成中共许多控制区中的一小块了。他们力量最大的地方,早已伸展到黄河以东,滨海区域以及长江下游。"①中共实力的这种发展,无疑是中国抗战力量发展的一部分,但中国国民党方面担心拥有武装和边区、根据地政权的中国共产党"争夺领导权",其对共政策中"联共"与"防共"的双重性开始凸显。中国共产党方面则担心中国国民党在抗日问题上"反水",这些均是产生摩擦的根源。② 两党摩擦的实质,其实是国共之间限制与反限制在政治、军事、文化等各个层面上矛盾和冲突的具体表现。

(一)中共合法性问题

1937年10月4日,西安行营主任蒋鼎文根据其了解的情况判断,并向蒋介石报告:"共党表面虽为归顺中央,一致抗日,然自始至终,毫无诚意,庐山所决定者,并不确实履行……职之观察彼方,绝无诚意,不过借此公开扩张其势力。"③作为就近观察陕北动向的前哨阵地,西安的报告举足轻重。从1938年年初开始,中国国民党方面即开始试探性地攻击共产党,并制造摩擦。④《王世杰日记》1月4日条载:"本党与共产党之间,近日裂痕渐著。今日予见一传单,缕举《解放周刊》(共党机关报纸)种种不合作之言词,以见共党无合作之诚意。此项传单,传系某重要机关所印发。"⑤17日晚7点多,数十名受国民党指使的暴徒手持铁棍、板斧,闯进武汉《新华日报》营业部和印刷厂疯狂打砸。⑥ 23日,国共两党关系委员会举行会议,周恩来出席,康泽、刘健群等诬蔑八路军"游而不击",并宣扬"一个党、一个领袖、一个主义"。⑦《王世杰日记》24日记载:近日中央鉴于"人民阵线"(指救国会——引者)分子与共

---

① 〔美〕白修德、贾安娜著,端纳译:《中国暴风雨》,香港广角镜出版社1976年版,第69页。
② 《中共中央文件选集》第11册,中共中央党校出版社1991年版,第667页。
③ 秦孝仪主编:《中华民国重要史料初编——对日抗战时期》第5编(1),中国国民党中央委员会党史委员会1985年版,第319页。
④ 杨奎松著:《抗战前后国共谈判实录》,新星出版社2013年版,第109页。
⑤ 王世杰著:《王世杰日记》第1册,"中研院"近代史研究所1990年版,第160页。
⑥ 韩辛茹著:《新华日报史》,重庆出版社1990年版,第26页。
⑦ 中共中央文献研究室编:《周恩来年谱(1898—1949)》,中央文献出版社2007年版,第410页。

产党之宣传日烈,亟思设法对抗。今日下午由汪精卫先生约集多人商组"艺文编译会",盖已由蒋先生允拨月四万元,主持之人已经蒋、汪确定陶希圣、周佛海。在会议时,宣传部部长邵力子颇表示不甚赞同或怀疑之意。① 2月1日,负责对共交涉的陈立夫呈文蒋介石,分析共产党参加抗战企图与步骤,"其计至毒、其法至妙",称:

一、共党之参加抗日,其步骤有三:(1)以联合阵线之名,取得参战之一员,虽居我下仍亦甘之如饴。(2)以国共合作之口号,期取得平等之地位,以自身取得法定公开之保障,为其他各党各派作护符。(3)俟实力既充与我对峙作正式战,而以各党各派担任游击,使我腹背受敌,内外夹攻,而致溃败,其计至毒、其法至妙。……

二②、兹觅得沈钧儒、叶剑英在东北救亡总会(人民阵线大本营,杜重远、阎宝航等及参加西安事变二分子为主干)工作讨论会中之政治报告,附呈钧阅,可见人民阵线与共党实表里一体,其计之毒,其志之大,可与其四项基本原则中见之,所谓组织"人民革命军"之阴谋,将于各部队招收青年干部中发展其组织,而以反党为其目前之主要工作。叶剑英谈话中所称之复兴社,即指杨畅卿先生所组织之秘密团体,其分析我内部矛盾之正确,与利用我内部弱点之无微不至,实使我人不寒而悚,愿钧座当机立断,重奠革命之基础,此时主义与领袖,已为国人所共信不移,所缺者互信与自信二者建立而已。彻底去除矛盾之党内小组织,使无彼此之分,以建互信之始基,提示现阶段之工作纲领,使人之认识其前途之光明,以建自信之始基。

三、信者,组织之灵魂也。魂与魄离,组织成为死体矣。此千载一时之机会,愿钧座勿再失之。

总之,封建军阀之势力未消除,多党政治徒增政客之机会,以陷

---

① 王世杰著:《王世杰日记》第1册,"中研院"近代史研究所1990年版,第169页。
② 原文无此序号,根据文意添加。

国家于循误不已之内战,次殖民地之束缚未解除,多党政治徒造成若干帝国主义者之干儿,假外力以自重,陷国家于万劫不复而已,愿钧座谅之。①

2月上旬,《扫荡报》《抗战与文化》《民意》《血路》等国民党军方报刊闻风掀起所谓"一党运动",②公开宣传"一个政党""一个军队""一个主义""一个领袖"的主张,要求中共放弃政权与军队。6日,中共代表团与长江局联席会议决定,针对《扫荡报》等掀起的这场风波,"起草向国民党建议书,指出取消各党派、限制信仰的错误,提议建立民族革命联盟,以更加巩固统一战线,并先电中央及国际请示。"③10日,周恩来又当面向蒋介石提出抗议,蒋介石只好表示:"对主义、信仰不欲限制各方","对各党派并无意取消或不容其存在,惟愿溶成一体。""对《扫荡报》言论,认为不能代表党及他个人。"④

2月27日—3月1日,中共中央召开政治局会议,鉴于王明对国民党无原则忍让的态度等问题,决定派任弼时去莫斯科,向共产国际说明中国抗战情况和国共两党关系。⑤ 会议同时决定同意周恩来出任国民政府军事委员会政治部副部长。⑥

国民党方面,据《王世杰日记》3月3日载:近日蒋、汪为对抗共产党之宣传起见,特嘱陶希圣、周佛海组织艺文研究会(初称艺文编译会),自办刊物并津贴各处意见相同之刊物。而主持宣传部之邵力子,则倾向于联络共产分子。邵与陶希圣等今日在汪先生茶会上,争论颇烈。目前内部问题,以共产党之处置为极大难题。⑦ 尽管国共双方高层意见尚未一致,但两党摩擦已经在迅速的酝酿之中。

---

① 秦孝仪主编:《中华民国重要史料初编——对日抗战时期》第5编(1),中国国民党中央委员会党史委员会1985年版,第325—326页。
② 金冲及主编:《毛泽东传》(1893—1949)下册,中央文献出版社1996年版,第511页。
③ 金冲及主编:《周恩来传》上册,中央文献出版社2008年版,第439—440页。
④ 金冲及主编:《毛泽东传》(1893—1949)下册,中央文献出版社1996年版,第511页。
⑤ 中共中央文献研究室编:《毛泽东年谱(1893—1949)》中卷,中央文献出版社1993年版,第51页;金冲及主编:《毛泽东传》(1893—1949)下册,中央文献出版社1996年版,第511—513页。
⑥ 中共中央文献研究室编:《周恩来年谱(1898—1949)》,中央文献出版社2007年版,第415页。
⑦ 王世杰著:《王世杰日记》第1册,"中研院"近代史研究所1990年版,第197页。

正当两党高层精神紧绷之时,4月初,时任陕甘宁边区政府代主席的张国焘,以参加祭黄帝陵名义离开延安,经西安到武汉。周恩来受中央委托,对张国焘进行说服工作,但张国焘还是于17日公开申明脱离共产党。① 18日,中共中央作出开除张国焘党籍的决定。接着,中共中央发出《关于开除张国焘党籍的党内报告大纲》,向党内作了说明。29日,陕甘宁边区政府发布撤销张国焘边区政府代主席等一切职务的命令。② 张国焘事件不久,国民党又导演了一出恢复若干中共党员国民党党籍的事件。吴玉章后来回忆说:

> (1938年)六月四日我由汉口飞重庆。头晚恩来、王明同志等开会一夜,我因要早起,早睡了,不知商议何事。动身时,恩来要一同志交一纸与我说,中央社有一电,说国民党监委会恢复了我们的党籍,我们已经交涉好了,各报不许登出,你到重庆如果该地报已登出,则把这紧急声明也要报馆登出。我匆匆即乘机去,到渝时有许多人来欢迎。《新蜀报》主笔周钦岳,大革命时代是我们的同志,主持该报多年,现在还是同情我们。与我素来交厚。他见面后即说:国民党恢复了你们的党籍,这于统一战线、国共合作前途很好。我说:这还要好好考虑一下,缓下再谈。许多人就约我到青年会作一长谈。这时第一重要的就是今晨各报登出恢复我们的国民党党籍问题,因为几个报馆的负责人都在座,我就说明有三点我们不能接受:第一,两党合作关系是否恢复民十三年之办法并未商定;第二,事前未通知与征求我党中央及我们的意见;第三,这恢复党籍名单中,有张国焘、陈独秀等为我党开除了的人,和我们同类相待,未免滑稽,更不能忍受。大家听我说后,都认为有理,我就把下面的声明书给他们看,请他们登。
>
> 毛泽东、周恩来等七人紧急声明:
> 顷闻中央社重庆电,中国国民党监察委员会三日上午八时开十

---

① 金冲及主编:《周恩来传》上册,中央文献出版社2008年版,第467—468页。
② 张俊南、张宪臣、牛玉民著:《陕甘宁边区大事记》,三秦出版社1986年版,第36页。

四次常会,通过恢复陈其瑗等二十六人党籍一案,内列有周恩来、林祖涵、吴玉章、毛泽东、董用威、邓颖超、叶剑英等七人姓名。按鄙人等系中国共产党党员,国共两党虽在政治上已告合作,但组织上两党合作关系是否恢复民十三年之办法并未商定,而对恢复鄙人等国民党党籍事前更未通知与征求本党中央及鄙人等意见。因特郑重声明,中国国民党中央监委会此项决议论关系鄙人等七人部分,鄙人等实不能承认。

　　周恩来、林祖涵、吴玉章、毛泽东、董用威、邓颖超、叶剑英等七人同启

六月三日

　　此声明当晚即由重庆办事处周怡同志分送各报馆作为广告发出,但当时张继在重庆,一闻此信即请各报缓登。第二天一早即来找我,苦苦说这声明万不可登出,否则影响合作甚大。我说明各种理由,他说是他们的错误,好在国民党监察委员会决议还要经过中央委员会批准才能成立,还可以想法补救。我说报上已公布,我们不能不表示态度。他说暂缓,我们双方打电到武汉去商量。于是,我打电与恩来同志,他打电与蒋。随即由国民党中央委员会间接声明取消此案了事。这也是两党合作中一段史实。①

　　由于中共的抵制,国民党单方面恢复中共党员国民党党籍事件中途流产。

　　6月17日,国民政府正式公布国民参政会名单,其中毛泽东、陈绍禹(王明)、秦邦宪、董必武、林伯渠、吴玉章、邓颖超等7位中共参政员在列,但却均被列为所谓"依照《国民参政会组织条例》第三条(丁)项遴选者"。② 而《国民参政会组织条例》第三条(丁)项的规定为:"由曾在各重要文化团体或经济

---

①中共四川省委党史工作委员会《吴玉章传》编写组:《吴玉章文集》(下),重庆出版社1987年版,第1325—1327页。

②孟广涵主编:《国民参政会纪实》上卷,重庆出版社1985年版,第67—68页。

团体服务三年以上,著有信望,或努力国事信望久著之人员中,选任五十名。"①可见,国民党方面不愿意公开承认中共合法地位,彰明昭著。

接着,又发生宣侠父在西安被暗杀事件。宣侠父为八路军总部高级参谋,于1937年10月到西安八路军办事处工作,负责与国民党方面的交涉。蒋鼎文曾经对国民党军统西北局特务说:"他经常找我交涉,要求补给八路军武器、军用品、现款,要这要那,纠缠不清。我们对八路军什么都不能给,但口头上又不能说不给,实在难对付。我非常讨厌他,头都被他闹昏了。这个人狡猾得很,共产党派他到西安来不简单,你们要特别注意他。"②随后,军统西北局特务对宣侠父进行重点跟踪和调查,并把跟踪、调查的结果报告军统局。1938年6月底或7月初,蒋介石密令西安特务将宣侠父"秘密制裁"。8月1日,宣侠父在西安被国民党特务秘密绑架勒死,投入西安下马陵的枯井中。接着,西安八路军办事处副官王克、押运员郭步海和派在火车站看守仓库的四位人员也先后"失踪"。林伯渠为此事,向西安警备司令部提出强烈抗议,多次与蒋鼎文交涉,要他把人交出来。林伯渠还将宣侠父"失踪"事件,报告给在武汉的周恩来,请周与国民党当局交涉。开始国民党矢口否认,后来,在中共方面的一再追问下,蒋介石于10月份只好说:"宣侠父是我的学生,他背叛了我,是我下命令杀掉的"。③

张国焘叛变事件、恢复若干共产党人国民党党籍事件、中共参政员身份问题、宣侠父被暗杀事件的发生,给国共关系笼罩上一层深深的阴影。

(二) 敌后抗日根据地及边区政府问题

在1937年9月25日的中央政治局常委会上,毛泽东提出了在华北敌后和南方敌后区域建立由中国共产党领导的敌后政权的大胆设想。④ 毛泽东的

---

① 孟广涵主编:《国民参政会纪实》上卷,重庆出版社1985年版,第46页。
② 张严佛:《宣侠父被害记》,见《中华文史资料文库》第8卷,中国文史出版社1996年版,第434页。
③ 张严佛:《宣侠父被害记》,见《中华文史资料文库》第8卷,中国文史出版社1996年版,第436页。
④ 中共中央文献研究室编:《毛泽东年谱(1893—1949)》中卷,中央文献出版社1993年版,第24页。

主张得到中央政治局常委会的赞同,会议决议草案中指出:共产党员一般地不得参加一党专政的国民党中央政府及地方政府,也不得参加其附属的各种行政会议及委员会;在敌占区,共产党应该公开成为统一战线政府的组织者;在原有红军中苏区中及一切游击区中,共产党有完全必要保持绝对独立的领导地位,在这个原则问题上,不允许发生任何动摇。①

平型关战役之后,八路军 115 师主力奉命离开五台南下,副师长兼政委聂荣臻奉命率领约 2000 千人的部队,留守五台山地区。11 月 7 日,中共中央正式决定成立晋察冀军区,并任命聂荣臻为军区司令员兼政委,率八路军 115 师一部,以晋东北的五台山为中心开辟晋察冀根据地。13 日,晋察冀军区成立四个军分区,分别以杨成武、赵尔陆、陈漫远、周见屏为司令员,各有辖区。18 日,军区领导机关抵达河北阜平,从此该地成为晋察冀根据地的政治军事中心。12 月,粉碎了日、伪军的围攻。② 在征得第二战区司令长官阎锡山同意的情况下,1938 年 1 月 10 日到 15 日,晋察冀边区召开军政民代表大会,用民主选举的方式,确定了晋察冀边区临时行政委员会的组织及人选。③ 1 月 14 日,晋察冀边区临时行政委员会通电全国,宣布成立。

1 月 28 日,武汉中共中央长江局的王明、周恩来、秦邦宪、董必武、叶剑英致电中共中央书记处,就晋察冀边区临时行政委员会发通电一事提出意见:八路军在华北驻区应遵守政治局讨论过的形式上维持原有政权形态,实际上政权在民众手中的原则。这次采取造成既成事实的方式通电逼蒋、阎承认,对全国统战工作将发生不良影响。④ 对此,聂荣臻后来回忆说:"对于成立晋察冀边区政府,在我们党内,也有人持反对态度。当时负责中共中央长江局工作的王明,就极力反对成立晋察冀边区政府。一九三八年一月二十八日,他曾以'长江局'的名义致电中共中央书记处和八路军总部,反对成立边区政府,声称晋察冀这样做会'刺激'国民党,'对全国统一战线工作,将发生不良

---

① 《中共中央文件选集》第 11 册,中共中央党校出版社 1991 年版,第 345—347 页。
② 聂荣臻著:《聂荣臻回忆录》(中),解放军出版社 1984 年版,第 372—377 页。
③ 聂荣臻著:《聂荣臻回忆录》(中),解放军出版社 1984 年版,第 387—388 页;《抗日战争时期解放区概况》,人民出版社 1953 年版,第 25—27 页。
④ 中共中央文献研究室编:《周恩来年谱(1898—1949)》,中央文献出版社 2007 年版,第 411 页。

影响'。这个原来推行'左'倾冒险主义的王明,在民族危亡关头,一下来了个一百八十度的大转弯,又跌入了右倾投降主义的泥坑。他的无理态度,理所当然地受到了党中央的拒绝和批评。"①此后,中共领导的其他抗日根据地民主政权也相继建立,在敌后不断发展自己力量,影响日益壮大。3月,晋察冀边区银行成立,发行边币。国民党行政院下令取消边区银行,随后,阎锡山转来了国民政府撤销边区政府的命令,均被坚决拒绝。

(三)军事摩擦的出现

1938年6月,国民政府委任鹿钟麟为河北省主席,张荫梧等为省政府委员。鹿钟麟到河北后,一面调兵遣将,袭击八路军,杀害中共民主政权人员及其家属,一面以省政府名义取消共产党设立的冀南行政公署,争抢地盘,委任县、区长,不断制造摩擦。对于八路军的隐忍不发,张荫梧等认为"八路军怕统一战线破裂"。用聂荣臻的话说,就是"晋察冀军民对国民党反共顽固派的摩擦,早就恨透了"②。八路军进入华北后,发展迅速,多次通过周恩来向国民政府提出扩编要求,但要么得不到回答,要么被拒绝。7月26日,周恩来致电毛泽东、朱德、彭德怀说:日前与林伯渠同见蒋介石后又见何应钦,但对扩大八路军事,"他们借口二百师已满额,不愿给师的番号"。③

总体上看,正如张治中所说:抗战时期国共两党的摩擦在所难免,就全局而言,到1938年时已经"颇有酝酿变化的征象"。④ 为防微杜渐,国民党高级官员张治中在1938年9月4日从长沙向在武汉的蒋介石发电报,建议承认中共合法地位,允许中共公开活动,以减少摩擦,加强两党团结,认为这样做必有利于抗战大业。张治中的建议没有被蒋采纳,且引来国民党内顽固分子的猛烈攻击。⑤ 尽管如此,从抗战的整个历史时期来看,全面抗战之初的两党

---

① 聂荣臻著:《聂荣臻回忆录》(中),解放军出版社1984年版,第389页。
② 聂荣臻著:《聂荣臻回忆录》(中),解放军出版社1984年版,第452页。
③ 中共中央文献研究室编:《毛泽东年谱(1893—1949)》中卷,中央文献出版社1993年版,第83页。
④ 张治中著:《张治中回忆录》,中国文史出版社1985年版,第674页。
⑤ 张治中著:《张治中回忆录》,中国文史出版社1985年版,第673页。

关系,还算差强人意。周恩来在1938年1月8日出版的《群众》周刊曾经发表文章指出:

> 这次对日抗战是中国海禁开后近百年来所没有的。以两个敌对的党——国民党和共产党,武装斗争了十年,一旦团结御侮,走在一条战线上杀敌;以一个尚未完全统一的政府,一个尚未完全统一的军队,一旦决心抗战,无问南北东西,都一致行动,一致奔赴前线;以许多装备不完善的军队,许多尚无组织训练的新兵,继续向前线输送,前赴后继地牺牲。这种统一团结的意志和英勇战斗的精神,是我们抗战中的伟大成绩。如果从此长期坚持下去,并扩大和发扬起来,将基本地保障着中华民族战胜日本帝国主义强盗。①

1938年2月周恩来还撰文说:

> 国共精诚合作打倒强敌,建立独立自由幸福民主共和的新中国,已具有极坚强的基础。我们至诚希望着国民党的更发扬光大,因为这就是民族的利益。说抗日败,则共产党趁火打劫,胜也是共产党的天下,完全是敌人汉奸的挑拨造谣。至于最近我们在商讨一个共同的政治纲领,原则上已大致有所决定,但用什么方法公布,或是作两党互相约束的信条,或是作为全国共同遵守的最高原则,尚须研究。我们所主张的,决不超出现实可能的范围之内,要能做得到才说得到。同时也要说得到能做得到。②

毛泽东在1938年11月所作的《论新阶段》的报告中,一方面指出国共两党关系中"现在的办法,没有成文,不要固定,遇事协商,解决两党有关之问

---

① 中共中央文献研究室、中国人民解放军军事科学院编:《周恩来军事文选》第2卷,人民出版社1997年版,第84页。
② 中共中央文献研究室、中国人民解放军军事科学院编:《周恩来军事文选》第2卷,人民出版社1997年版,第103页。

题。但这种形式太不密切,许多问题不能恰当的及时的得到解决。例如许多大政方针之推行,下级摩擦问题之调整,都因没有一种固定组织,让它延缓下去,所以这种法对于长期合作是不利的"①。同时,毛泽东也赞誉蒋介石为"伟大的领袖",肯定全面抗战初期"国民党居于领导与基干的地位":

> 抗日民族统一战线是以国共两党为基础的,而两党中以国民党为第一大党,抗战的发动与坚持,离开国民党是不能设想的。国民党有它光荣的历史,主要的是推翻满清,建立民国,反对袁世凯,建立过联俄、联共、工农政策,举行了民国十五六年的大革命;今天又在领导着伟大的抗日战争。它有三民主义的历史传统,有孙中山先生蒋介石先生前后两个伟大的领袖,有广大忠诚爱国的党员。所有这些,都是国人不可忽视的,这些都是中国历史发展的结果。
>
> 抗日战争的进行与抗日民族统一战线的组成中,国民党居于领导与基干的地位。十五个月来,全国各个抗日党派都有进步,国民党的进步也是显著的。它召集了临时代表大会,发布了抗战建国纲领,召集了国民参政会,开始组织了三民主义青年团,承认了各党各派合法存在与共同抗日建国,实行了某种程度的民主权利,军事上与政治机构上的某些改革,外交政策的适合抗日要求等等,都是具有历史意义的大事件。只要在坚持抗战与坚持统一战线的大前提之下,可以预断,国民党的前途是光明的。②

在中共七大上所作的政治报告《论联合政府》中,毛泽东仍然说:

> 从一九三七年七月七日卢沟桥事变到一九三八年十月武汉失守这一个时期内,国民党政府的对日作战是比较努力的。在这个时

---

①中央档案馆编:《中共中央文件选集》第 11 册,中共中央党校出版社 1991 年版,第 629—630 页。

②中央档案馆编:《中共中央文件选集》第 11 册,中共中央党校出版社 1991 年版,第 595—596 页。

期内,日本侵略者的大举进攻和全国人民民族义愤的高涨,使得国民党政府政策的重点在还放在反对日本侵略者身上,这样就比较顺利地形成了全国军民抗日战争的高潮,一时出现了生气蓬勃的新气象。当时全国人民,我们共产党人,其他民主党派,都对国民党政府寄予极大的希望,就是说,希望它乘此民族艰危、人心振奋的时机,厉行民主改革,将孙中山先生的革命三民主义付诸实施。①

当然,全面抗战初期国共关系中的合作又以双方"上层的了解和来往"最为显著,这从周恩来于1938年10月上旬的为《新华日报》所写的社论中有清晰的表述,并指出:"上层的了解和来往,能够影响着下层合作的扩大。因此,要巩固和扩大统一战线,必须首先在敌后战区做出统一战线的模范。拿那里的统一战线的成绩和国共两党的良好关系,来证明给自己的后方看;国共两党长期合作是有保证的,统一战线的巩固和扩大是有可能的,尤其是可以给敌人及汉奸托派看,一切破坏是枉然的,更给一切怀着历史成见及顽固分子看,一切耽心疑虑是不应有的。"②从周恩来的表述中我们可以看到,中国共产党人清醒地认识到以国共合作为基础的抗日民族统一战线,具有中华民族团结抗战象征的政治符号的作用。

实际上,抗日民族统一战线正是"不愿做奴隶的"中华民族优秀儿女奋起抗战的猎猎战旗。这个战旗这一面以国共合作为基础的战旗是不能倒掉的,是需要以血肉之躯、顽强意志和政治智慧加以维护的。

---

①《毛泽东选集》(合订本),人民出版社1964年版,第938页。
②中共中央文献研究室、中国人民解放军军事科学院编:《周恩来军事文选》第2卷,人民出版社1997年版,第156页。

第三章　全面抗战中期国共两党的分歧、冲突与谈判

全面抗战中期阶段①，国共两党之间的分歧与矛盾、摩擦与冲突，总的看来呈现出一种愈演愈烈的态势。国共双方的分歧与冲突表现在政权问题、军队问题、政党问题、思想理论问题、防区问题等诸多方面，各种问题纷乱复杂地交织在一起，甚至发生国民党军队蓄意聚歼新四军军部即皖南事变这样严重的恶性事件。以同盟国废除对华不平等条约和共产国际解散为背景，国共双方更在1943年围绕蒋介石所著《中国之命运》，展开了一场前所未有的政治思想论战。论战清楚地表明，合作抗日，并没有消除两党之间的隔阂，相反，由于在一系列问题上的严重分歧，双方的隔阂实际上加深、加剧了。当然，这种分歧、摩擦甚至冲突，都由于抗日这个民族存亡的头等大事尚在激烈进行而受到了有效的遏制。

一、越来越凸显的两党分歧

（一）两党在党政军等问题上的矛盾、冲突

抗战相持阶段即将到来之际，中共中央决定召开扩大的六届六中全会，

---

①学术界通常把1938年广州、武汉失守到1943年视为全面抗战中期阶段，本书稿采用此种分期办法。

以研究和讨论抗战中敌我友的情况,并决定相应的对策。1938年8月29日,周恩来、王明、秦邦宪等离开武汉回延安参加这次会议。9月29日至11月6日,六中全会在延安召开。9月30日下午,周恩来以中央代表团名义就统一战线问题作了报告,第二天即10月1日即带着毛泽东致蒋介石的信离开延安回到武汉。① 12日到14日,毛泽东在会上作《论新阶段》为题的政治报告,关于统一战线和国共合作问题,毛泽东指出:"长期的战争必须有长期的统一战线才能支持"。"抗日民族统一战线是以国共合作为基础的,而两党中以国民党为第一大党。抗战的发动与坚持,离开国民党是不能设想的。"毛泽东甚至说:"抗日战争的进行与抗日民族统一战线的组成中,国民党居于领导与基干的地位。"而处于第二大党地位的共产党,"发起了与坚持了各党、各派、各界、各军的统一战线,并在自己的组织上向着广大革命志士开门,用以力争抗日的胜利。"②毛泽东在报告中还说:中国抗日民族统一战线,有"全民族抗日的,长期的,不平衡的,有军队的,有十五年经验的,大多数民众尚无组织的,三民主义的,处于新的国际环境中的"八个特点。③ 关于国共合作的现状,毛泽东指出:"现在的办法,没有成文,不要固定,遇事协商,解决两党有关之问题。但这种形式太不密切,许多问题不能恰当的及时的得到解决。例如许多大政方针之推行,下级摩擦问题之调整,都因没有一种固定组织,让它延缓下去,所以这种法对于长期合作是不利的。"④11月5、6日两天,毛泽东在会议总结中着重讲了统一战线中的独立自主问题、抗战和战略问题,指出"一切经过统一战线"是不对的。他说:

中国的情形是国民党剥夺各党派的平等权利,企图指挥各党听

---

① 10月4日,周恩来会见蒋介石,转交毛泽东给蒋介石的信件,说明了中国共产党对抗战和统一战线的主张。8日,他将所谈内容写成书面意见交给蒋介石。14日,再次会见蒋介石。蒋介石对中国共产党关于抗战的主张表示赞同,但对两党关系问题仍不表示明确态度。由于日军正以强大兵力开始向武汉进攻,局势日趋紧急,国民党的党政军机关陆续撤出武汉,周恩来同蒋介石关于两党关系的会谈不能不暂时中止。参见金冲及主编:《周恩来传》上册,中央文献出版社2008年版,第472页。
② 中央档案馆编:《中共中央文件选集》第11册,中共中央党校出版社1991年版,第595、598页。
③ 中央档案馆编:《中共中央文件选集》第11册,中共中央党校出版社1991年版,第601页。
④ 中央档案馆编:《中共中央文件选集》第11册,中共中央党校出版社1991年版,第629—630页。

它一党的命令。我们提这个口号,如果是要求国民党"一切"都要"经过"我们同意,是做不到的,滑稽的。如果想把我们所要做的"一切"均事先取得国民党同意,那末,它不同意怎么办?国民党的方针是限制我们发展,我们提出这个口号,只是自己把自己的手脚束缚起来,是完全不应该的。在现时,有些应该先得国民党同意,例如将三个师的番号扩编为三个军的番号,这叫做先奏后斩。有些则造成既成事实再告诉它,例如发展二十余万军队,这叫做先斩后奏。有些则暂时斩而不奏,估计它现时不会同意,例如召集边区议会之类。有些则暂时不斩不奏,例如那些如果做了就要妨碍大局的事情。总之,我们一定不要破裂统一战线,但又决不可自己束缚自己的手脚,因此不应提出"一切经过统一战线"的口号。"一切服从统一战线",如果解释为"一切服从"蒋介石和阎锡山,那也是错误的。我们的方针是统一战线中的独立自主,既统一,又独立。[①]

全会批准了毛泽东为首的中央政治局对于抗日战争和抗日民族统一战线的路线,决定了中共独立自主地放手发动和组织抗日武装斗争的方针,并强调把主要工作放在战区和敌后。[②] 全会确定大力巩固华北、发展华中的战略方针。为适应华中、华南战略任务的需要,全会决定撤销长江局,成立中原局和南方局,东南分局改为东南局。周恩来为南方局书记,刘少奇为中原局书记,项英为东南局书记。中原局负责指导长江以北,陇海路以南的河南、湖北、安徽、江苏地区的全面工作。[③] 为增进国共两党之间的互信,会议决定:"不再在国民党及国民党军队中发展党员,如国民党容许中国共产党员加入国民党及青年团兼为党员团员,则中共党员名单可公开交出,以保证相互信任。"[④]

[①]《毛泽东选集》第 2 卷,人民出版社 1991 年版,第 539—540 页。
[②] 胡乔木著:《中国共产党的三十年》,人民出版社 1951 年版,第 51 页。
[③]《新四军战史》编委会编:《新四军战史》,解放军出版社 2007 年版,第 42 页。
[④] 中央统战部、中央档案馆编辑:《中共中央抗日民族统一战线文件选编》(下),档案出版社 1985 年版,第 198 页。

第三章 全面抗战中期国共两党的分歧、冲突与谈判

就在中共六届六中全会召开期间，广州、武汉于10月下旬相继沦陷，中国抗战的整体格局由战略防御阶段转变到战略相持阶段。与此相应的，是日本对华政策发生重大的调整。日本近卫内阁于11月3日发表对华声明，12月22日再次发表对华声明，这两次对华声明一改其本年初对华声明中"今后不以国民政为对手"的方针，鼓吹建立所谓"日满华三国相携"的"东亚新秩序"，以及所谓"友好与相互敦睦、经济提携、共同防共"的具体策略，要求重庆国民政府"放弃抗日蠢策，及对满洲之旧智"，与日本"缔结中日防共协定""允许帝国官民居住在内地及自由营业"等，并声称"日本尊重中国主权"，"为完成中国独立所必须撤废治外法权交回租界等，自当也积极加以考虑。"① 日本政府对华声明中所反映出的侵华政策的调整，其目的显然在于分化、离间中国的抗日阵营。日本侵华政策的调整后，中国国民党阵营内部作出的突出反应之一，是汪精卫集团叛国事件的发生。汪精卫认为"中国的国力已不能再战了，非设法和平不可了……假使敌人再攻重庆，我们便要亡国，我们难道袖手以待亡国吗！"② 12月18日，汪精卫夫妇从重庆乘飞机到昆明，19日转越南河内。29日，汪精卫在越南河内发表"艳电"，响应近卫声明。至于蒋介石对日本对华政策调整的反应，从现所研究和资料看，确实没有任何要投降的迹象，但确实有对日妥协的准备和行动。在蒋介石看来，妥协的障碍是共产党，这就进一步促使蒋介石设法解决中共问题，于是他再次提出国共合组"大党"的问题。

蒋介石和中国国民党早想通过合并国共两党，组织一个由蒋领导的新党或大党来实现其溶共的目的，但中共方面从一开始就不赞成此举。1938年2月6日《王士杰日记》载："蒋先生拟促共产党并入国民党。邵力子日前曾受命与周恩来商共产党并入国民党事，周认为彼等如同意于此项办法，必致内部流血，且于国民党亦无益处。故此事势难实现"。③ 同一日，中共中央代表团和长江中央局联席会议，决定向国民党提议：建立民族革命联盟以巩固统

---

① 佚名：《中国外交史资料选辑》第4册，外交学院1958年刊，第160—162页。
② 南京市档案馆编：《审讯汪伪汉奸笔录》上册，凤凰出版社2004年版，第10页。
③ 王世杰著：《王世杰日记》第1册，"中研院"近代史研究所1990年版，第176页。

一战线。① 10日,王明以毛泽东的名义发表了批驳国民党关于一个政党主张的公开谈话,明确表达了中国共产党决不放弃政治信仰和共产党组织的坚决态度。② 当天,蒋介石约见周恩来,表达如下意见:"(甲)对主义信仰,不欲限制各方,尤对孙中山所说三民主义与共产主义并不矛盾,任何人不能修改或反对。(乙)对各党派亦无意取消或不容其存在,唯愿溶成一体。(丙)对一党政权之说亦不赞,仍主张延请各方人才参加政府。(丁)对《扫荡报》等言论,认为不能代表国民党和他个人。"③由此,蒋介石婉转地向中共当面提出了组织大党这样一个关系重大的问题。把国共"溶成一体"组织大党的想法立即引起中共中央的高度警觉,迅速作出反应。3月1日,中共中央向即将在武汉召开的国民党临时全国代表大会提出建议,指出:"只许一党合法存在,同时不承认其他党派合法并存的办法,既为事实所不许,取消现存一切党派而合并为一党组织的办法,亦为事实所不能解决。一切问题的解决办法,应遵照孙中山先生的精神,建立一种包括各党派共同去参加的某种形式的民族革命联盟"。④ 中共在委婉地拒绝蒋介石欲把两党"溶成一体"组织大党主张的同时,提出了"民族革命联盟"的主张。11日,王明在中共中央政治局会议上所作《三月政治局会议的总结》中,对于"建立一种包括各党各派共同参加的某种形式的民族革命联盟"作了进一步的阐述,指出:"这种联盟建立的基本原则,应有下列三点:(1)各党、各派、各团体拟定一统一战线纲领,作为各方宣传行动共同遵守的方针;(2)由各方代表组成一由上而下的,即中央与地方的统一战线组织,以规划抗日救国的大计和调整各党派、各团体间的关系;(3)参加此联盟之各党派,仍保存其政治上和组织上的独立。统一战线纲领内容,由各党派(国民党、共产党、国家主义青年党、中国民族解放行动委员会、国家社会党等)代表共同商讨和拟定;统一战线组织形成的方式,或采取

---

① 中共中央文献研究室编:《周恩来年谱(1898—1949)》,中央文献出版社2007年版,第412页。
② 《毛泽东先生与新中华报记者谈话》,《新华日报》1938年2月10日,第3、4版。
③ 中共湖北省委党史资料征集编演委员会、中共武汉市委党史资料征集编演委员会编:《抗战初期中共中央长江局》,湖北人民出版社1991年版,第156页。
④ 中央统战部、中央档案馆编辑:《中共中央抗日民族统一战线文件选编》(下),档案出版社1985年版,第86—87页。

各党派、各团体选派代表组织的方式,或恢复民国十三年至十六年第一次国共合作的方式,或拟定其他的办法和方式,只要与团结抗战有利,中国共产党均愿与国民党及其他一切抗日党派诸同志共同计议和执行。"① 显然这是"民族革命联盟"方案的具体化。10 月,中共中央召开六届六中全会,毛泽东仍坚持认为比较好的国共合作形式是变国民党为民族联盟或由各党派合作组织民族联盟。关于"变国民党为民族联盟",毛泽东说:"国民党本身变为民族联盟,各党派加入国民党而又保持其独立性,但与第一次国共合作不同。"与第一次国共合作的不同在于:"第一,所有加入国民党的共产党员都是公开的,将加入党员之名单提交国民党的领导机关。第二,不招收任何国民党员加入共产党,有要求加入的,劝他们顾全大局,不要加入。第三,如果我们的青年党员得到国民党同意,加入三民主义青年团的话,也是一样,不组秘密党团,不收非共产党员入党。用这种办法,可以大家相安,有利无害。"关于"由各党派合作组织民族联盟",毛泽东说:"统一战线的组织形式,就是各党共同组织民族联盟,拥戴蒋介石先生作这个联盟的最高领袖,各党以平等形式互派代表组织中央以至地方的各级共同委员会,为着执行共同纲领处理共同事务而努力。这也是一种很好的形式,我们也是赞成的。"② 为此中共方面甚至草拟了民族统一联盟的组织规约,但这种民族联盟的形式,显然与蒋介石的愿望不相符合,因为无论是哪一种方式,都等于公开承认了中国共产党的合法存在。

到 1938 年 12 月,蒋介石更加明显感受到共产党力量迅速发展所带来的威胁而忧心如焚,甚至认为"亟患不在敌寇","共产党乘机扩张势力,实为内在之殷忧","应定切实对策,方足以消弭殷忧"。③ 因此,蒋介石更加急切地想按照自己的方式解决共产党问题。12 月 6 日晚,蒋介石在桂林约稍早抵达此间的周恩来,正是表达了希望把共产党吸收到国民党内的想法。资料载:

---

① 中央统战部、中央档案馆编辑:《中共中央抗日民族统一战线文件选编》(下),档案出版社 1985 年版,第 851—862 页。
② 《中共中央文件选集》第 11 册,中共中央党校出版社 1991 年版,第 629—630 页。
③ 金冲及主编:《毛泽东传》(1893—1949) 下册,中央文献出版社 1996 年版,第 532 页。

蒋遂中共中央关于国共关系的意见表示:(1)跨党不赞成,中共既行三民主义,最好合并成一个组织;(2)如果此点可谈,蒋拟约毛泽东面谈;(3)如全体加入做不到,可否以一部分中共党员加入国民党而不跨党。周恩来答:(1)中共实行三民主义,不仅因为这是抗战的出路,而且因为这是达到社会主义的必由之路,国民党员则不都如此想,所以国共终究是两个党。(2)跨党我们不强求,如认为时机未到,可采用他法。(3)加入国民党,退出共产党,这是不可能和做不到的。(4)少数共产党员退出共产党而加入国民党,不仅失节失信仰,而且于国家有害无益。蒋表示:如果考虑合并事不可能,就不必约毛泽东到西安会谈。①

12月12日,回到重庆的蒋介石,又约见中共参政员王明、秦邦宪、董必武、林伯渠、吴玉章等洽商两党合并问题。蒋介石说:"共产党员退出共产党,加入国民党,或共产党取消名义,将整个加入国民党,我都欢迎;或者共产党仍然保存自己的党,我也赞成,但是跨党办法绝对办不到。我的责任是将共产党合并国民党成一个组织,国民党名义可以取消,我过去打你们也是为保存共产党革命分子合于国民党,此事乃我的生死问题,此目的如达不到,我死了心也不安,抗战胜利了也没有什么意义,所以我的这个意见,至死也不变的。共产党不在国民党内发展也不行,因为民众也是国民党的,如果共产党在民众中发展,冲突也是不可免……根本问题不解决,一切均无意义。"②中共方面坚持认为,两党合并或跨党办法如果作不到,还可以采取其他合作方式。蒋介石坚持认为其他方式都无用。③ 双方分歧很大,争论激烈。吴玉章稍后回忆说:蒋介石"力劝我们到国民党去做强有力的骨干,为国家民族共同努力,不必要共产党"。蒋甚至说"他党可以并存,共产党不能并存","如不取

---

① 中共中央文献研究室编:《周恩来年谱(1898—1949)》,中央文献出版社2007年版,第436—437页。
② 中央统战部、中央档案馆编辑:《中共中央抗日民族统一战线文件选编》(下),档案出版社1985年版,第183页。说明:报告中尽管有周恩来,但此时周恩来不在重庆。
③ 《中共中央文件选集》第12册,中共中央党校出版社1991年版,第5—6页。

消共产党,死也不瞑目"。蒋还对他说:"你是老同盟会,国民党的老前辈,还是回到国民党来吧!"①五六个小时的会谈,没有结果。尽管如此,蒋介石还不甘心。1939年1月20日,为国共合组新党、大党事,蒋介石再约周恩来商谈。周恩来在21日就商谈情况给中共中央书记处报告说:

> 国民党全会(指国民党五届五中全会——引者)明日开,蒋、李、白、黄、黄、熊等均到。蒋昨晚约我问延安有无意见,并又提统一两党事,我告以不可能,彼仍要我电中央请示,希望在全会中得回电,我告以各地反共捉人事要他解决,他反说根本问题不解决,不仅敌人造谣,即下级也常不安定,影响上级,意在这次会有人提此类事,他并说汪走更是两党团结的好机会,即暂不赞成统一也要有新办法,我问他有何具体办法,他说未想得。其意盖欲我党对国民党全会有一具体让步,以塞众口,以利防共。②

鉴于蒋介石一再要求共产党合并到国民党之内,周恩来向中央提出两项建议:1.对国民党全会,中央应有公开祝贺电。2.党的具体意见另发一密电,"指出我党愿与国民党进一步合作,但目前事实如杀人捕人封报攻击边区甚至武装冲突,摩擦日益加甚,此必须迅速解决,以增互信。救急办法,提议由两党中央组织共同视察团或委员会,前往各地就地解决纠纷,至少可弄清事实,向两中央报告,以便寻找进一步具体合作办法"。③25日,中共中央电示周恩来并转蒋介石,明确拒绝两党合组大党建议:

> 两党为反对共同敌人与实现共同纲领而进行抗战建国之合作为一事,所谓两党合并,则纯为另一事。前者为现代中国之必然,后者则为根本原则所不许。共产党诚意的愿与国民党共同为实现民

---

① 中共四川省委党史工作委员会《吴玉章传》编写组:《吴玉章文集》(下),重庆出版社1987年版,第1331—1332页。
② 《中共中央文件选集》第12册,中共中央党校出版社1991年版,第6—7页。
③ 《中共中央文件选集》第12册,中共中央党校出版社1991年版,第7页。

族独立、民权自由、民生幸福之三民主义新中华民国而奋斗,但共产党绝不弃马克思主义之信仰,绝不能将共产党的组织合并于其他任何政党。此不论根据抗战建国之根本利益,根据两党长期合作之要求,根据中国社会历史之事实,根据三民主义中民权主义之原则,以及根据孙中山先生之遗训,都非如此不可。①

中国共产党对于合组大党持反对的态度,根本原因在于蒋介石要掌握两党合组的大党的控制权,两党组织上合作的谈判走进死胡同。② 1 月下旬,国民党在重庆召开五届五中全会,会议声言仍要"坚持抗战到底",但蒋介石解释的"抗战到底",只是"回复七七事变以前原状"。同时会议声明"吾人绝不愿见领导革命之本党发生二重党籍之事实,更不忍中国实行三民主义完成革命建国一贯之志业,因信仰不笃与意志不坚,致生顿挫",从而确定了"防共""限共""反共"的方针,并决定设立"防共委员会",全会秘密通过蒋介石提出的《防制异党活动办法》。③ "防共""限共""反共"相关办法和规定也于这次全会后陆续颁布,这些政策且持续到抗战结束。④国民党五届五中全会成为国民党抗战期间对共政策的重大转折点⑤。2 月 17 日,中国国民党中央党政军联席会,决定对中国共产党诬称"奸党":"以后一切文件上所用异党某党字样,应一律改称奸党,以正观听。"⑥21 日,国民政府军委会致函军令部称,对于新四军"应视为匪伪"⑦。3 月 3 日,国民政府军令部发出通报,命令"以后

---

① 《中共中央文件选集》第 12 册,中共中央党校出版社 1991 年版,第 17—18 页。
② 杨奎松著:《抗战前后国共谈判实录》,新星出版社 2013 年版,第 119 页。
③ 中共中央文献研究室编:《毛泽东年谱(1893—1949)》中卷,中央文献出版社 1993 年版,第 105 页;中共中央文献研究室编:《周恩来年谱(1898—1949)》,中央文献出版社 2007 年版,第 441 页。说明:打入国民党中央党部秘书处机要处的南方局情报员沈安娜在会议正式开幕前就看到《防制异党活动办法》等机密文件,并报告给南方局,会议期间,国民党秘密通过的反共方针和相关文件以及设立反共特别委员会等,均为沈安娜及时掌握,并报告南方局。参见吴葆朴、李志英著:《秦邦宪(博古)传》,中共党史出版社 2007 年版,第 306 页。
④ 金冲及主编:《周恩来传》上册,中央文献出版社 2008 年版,第 483 页。
⑤ 金冲及主编:《毛泽东传》(1893—1949)下册,中央文献出版社 1996 年版,第 533 页。
⑥ 中国人民解放军历史资料丛书编审委员编:《新四军·参考资料》(2),解放军出版社 1991 年版,第 431 页。
⑦ 中国人民解放军历史资料丛书编审委员编:《新四军·参考资料》(2),解放军出版社 1991 年版,第 432 页。

关于异军之称谓统称匪军",①而当时的抗日战场上,国民党军队之外的所谓"异军",实际上只有中共军队。4月15日,国民党中央执行委员会秘书处以代电方式向各省市政府、党部秘密颁布《限制异党活动办法》,规定"以组织对付组织"的方法来对付共产党的活动,并规定积极方法10条、消极方法13条。如规定"各地党部及军政机关,对于异党之非法活动,应采取严格防制政策,不可放弃职守。纵因此而发生摩擦,设非出于本党之过分与不是,亦应无所避忌"。"无论在战区与非战区,凡未经事前呈准有案,而假借共产党或八路军与新四军等名义,擅自组织武装队伍者,当地驻军得随时派兵解散,不得有误。""如发现有宣传阶级斗争,鼓动抗租、抗税、罢课、罢工、破坏保甲、扰乱治安者,无论其假借任何名义,应一律依法从严制裁。"②6月,国民党中央执行委员会又拟订向各省党政军高级长官为颁发对象的《共党问题处置办法》。该办法声称:"揆诸抗战以来之事实,共产党贡献于国家民族者少,谋一党之私利发展者多,在我固处处宽大为怀,相忍为国,而共党反觉有机可乘,日益放肆,长此以往,殊非国家民族之福,故吾人对共党虽仍应抱与人为善之态度,但对其非法活缔或拒绝,断不可迁就退让,再事姑息。否则,适足以演成严重之局势。""吾人处置共党问题,完全根据我最高革命领袖持平的及理智的态度,一以整个国家民族利益,而为长期久远之谋划,决非狃于任何偏见,故事吹求,以激成共党之不安。"其所规定办法中,有关军事者9条,有关党务者7条,有关行政者5条,亟待解决者为陕甘宁边区问题、八路军与新四军问题、晋察冀边区问题以及《新华日报》等其他问题。规定八路军、新四军军政军令"必须统一于中央","共党不得以其军队或他种名义,随地设立后方办事处,以为秘密工作与通讯之掩护,嗣后所有各地办事处,非经呈准中央者,一律封闭。""共党在各地不得有任何公开或秘密之组织,如个别共产党员在各地公私机关团体服务者必须开列名单,呈报中央。否则一经发现,即以战时非法活动论罪。""共党应即停止违反本党政策之种种荒谬宣传及共产主义

---

①中国人民解放军历史资料丛书编审委员会编:《新四军·参考资料》(2),解放军出版社1991年版,第433页。

②中国人民解放军历史资料编纂委员会编:《八路军新四军驻各地办事机构》(1),军事科学出版社2009年版,第412页;《抗日战争》第3卷,四川大学出版社1997年版,第826页。

思想之传播。关于'统一战线''新阶段''拉丁化运动''新启蒙运动''民主政治问题'与'少数民族问题'等反宣传活动,即应取缔。""共党不得单独设立机关报与杂志,及印刷前述种种反宣传品之书店,违则即行封闭,至于共党言论,在可能范围内准其发表于本党外围刊物。""对付共产党员之态度,可分为二种:上层注重'理性之折服',以'严正'对之;中下层当予以事实上之'打击',以'严厉'对之。然对于思想不正之青年,各级负责同志,尤宜开诚感格,善为诱导,使之悔悟。""勒令停办"抗大、陕北公学、妇女大学、工人大学等,"禁止发行"《新中华报》《新华日报》《解放》《群众》等报刊,"共党的组织,停止发展"等等。① 国民政府军事委员会复于11月11日秘密颁布8月已经拟订的《处置异党实施办法》。② 11月12—14日,国民党五届六中全会进一步强化了限共反共措施。会后,由战地党政委员会于12月20日颁布《异党问题处理办法实施方案》。③ 随着国民党方面对共政策调整的完成即防共、限共政策的制定和实施,1939年年底到1940年年初,国共之间出现了全面抗战爆发后的第一次严重危机,也就是中共党史上所说的国民党第一次反共高潮。④

早在国民党于1939年1月21日到30日召开五届五中全会调整对共政策的同时,中共中央透过对种种现象的分析已经警觉到国民党对共政策正在酝酿着大的变化,并迅速作出反应。23日,中央书记处发出《中央关于我党对国民党防共限共对策的指示》,明确指出:

> (一)国民党目前的进步,同时包含着防共限共工作的强化,这种进步中的恶劣现象,一时尚不会降低。最近蒋令敌后抗战部队不得擅自移驻,不得兼管行政,坚持取消冀南甚至冀中行政公署,石高

---

① 中国人民解放军历史资料编纂委员会编:《八路军新四军驻各地办事机构》(1),军事科学出版社2009年版,第419—426页;《抗日战争》第3卷,四川大学出版社1997年版,第828—834页。
② 《抗日战争》第3卷,四川大学出版社1997年版,第836页。
③ 中共中央党校中共党史教研室编:《中国国民党文献选编》(1894—1949年),中共中央党校科研办公室1985年刊,第304页。
④ 胡乔木:《中国共产党的三十年》,人民出版社1951年版,第53页。

之开入冀南,东北军一部开入山东,某部之移驻长治消息,战地政治委员会之设立,国民党中央发出防共密令等等,都说明蒋及国民党之政策,在于加紧限制八路军发展,同时使八路军与各地方系统部队关系恶化,以孤立八路军。

(二)因此,各方顽固分子特别是暗藏的日寇奸细,便乘机加紧对八路军的摩擦排挤与破坏,某些过去比较同情分子亦与我为防区及政权等问题发生摩擦。

(三)我们对摩擦如逆来顺受,则将来摩擦逆流必更大,顽固气焰必更高,故我应以冷静而严正之态度对之。八路军是应当发展的,因其发展对抗战有利,而目前发展方面主要的是华中华北,而不是东三省与察、热,因该地日寇统治较巩固,如无重大变化,八路军去必受严重损失。

(四)在国民党五中全会结束以前,八路军暂不作大的移动,以观统战形势之发展。雪枫支队可暂缓去皖北,六五八(六八五)团暂缓过陇海路,陈旅亦暂缓去山东,候五中全会后,再作行动的布置。在此短时间内,着重部队质量上的整理,以备将来之发展。

(五)限制八路军重要方法之一部,为不准干政与筹款筹粮,我应公开表示,抗战部队与游击队不能不吃饭,如能加饷,可考虑改变筹粮办法。已建立之政权未到万不得已时,决不应轻易放弃。①

24日,中共中央根据周恩来建议发出《中共中央致国民党总裁及五中全会电》,表达了坚持和巩固国共长期合作的愿望。电文中说:"国共两党之长期团结,乃与团结全国,团结抗日各党派,实现族解放之伟大事业,丝毫不可分离。抗战虽为一艰难过程,团结则为一无坚不摧无敌不克之利器。"②25日,中共中央又就国共关系中存在诸如合作问题、反共问题、合并问题、摩擦

---

① 《中共中央文件选集》第12册,中共中央党校出版社1991年版,第12—13页。
② 中央统战部、中央档案馆编辑:《中共中央抗日民族统一战线文件选编》(下),档案出版社1985年版,第197页。

问题等一系列具体问题,致电蒋介石表达出中共的关切和态度。电文指出:抗战新阶段中日寇对华在军事进攻之外,在"以华制华"方面特别强调反共口号以离间国共合作,"先生在驳斥近卫声明之讲演中,曾公开指明反共即灭华,实为一针见血之论,名言至理,中外同钦。盖共产党为中华民族进步之力量,国民革命不可缺少之因素,反共实即反对中华民族解放之事业,反共实即反对国民党抗战建国之友军,反共实即反对并分裂国民党。"该密电指出摩擦问题的严重性及摩擦的种种现象:"两党合作过程中常有摩擦现象,最近尤甚。许多地方不仅原有的共产党员政治犯未曾释放,而且常有逮捕和杀害共产党员之事。陕甘宁边区问题,虽经先生一再承认,但政府机关延不解决,少数不明大义分子,遂借以作无谓之摩擦。查禁敝党书报,侮蔑敝党言论之事,层出不穷。甚至八路军伤病员兵在三原附近者,亦被地方当局武装包围威胁,几至酿成流血惨剧。其他歧视共产党员与八路军员兵之事,不一而足。特别在冀鲁等地敌后游击区域中,各种排挤、污蔑八路军与共产党之行为,几乎每日皆有。此等情形,殊为严重……此种不幸事件积累之结果,定将不利于中华民族抗战建国之事业;日寇汉奸正注视此等事件之增加,而发出得意之狞笑。因此,必须停止此种现象,断不应任其发展,致陷民族国家于不利。"[1]26日,中共中央书记处就帮助国民党及其军队的工作原则作出决定,规定:"以我们之知识,力量、干部及经验来帮助国民党及其军队工作,应根据以下原则:一、我们的帮助能推动国民党及其军队之进步,有利于整个抗战者,应决心帮助之。二、但他们想利用我们知识经验干部,造成对付我们的条件,制造摩擦,而不利于整个抗战者,我们应拒绝帮助。三、因此,帮助必须有条件的,有限度性的,有进展程度的,否则所谓大公无私披诚相见,实际只自己搬石头打自己脚,不但于我无利,且于整个抗战有害。"[2]显然,中共对国民党的态度也相应发生了巨大的变化。

在2月初召开的延安高级干部会议上,王稼祥在根据华北和华中的情况就抗日民族统一战线及内部摩擦问题,进行了深入细致的分析,并提出了应

---

[1] 中共中央文献研究室编:《周恩来年谱(1898—1949)》,中央文献出版社2007年版,第441页。
[2] 《中共中央文件选集》第12册,中共中央党校出版社1991年版,第20页。

对的措施。对于摩擦,王稼祥指出:"无摩擦是幻想","统一战线是在对立的斗争中,是在摩擦中发展与巩固,不斗争,无摩擦……长期统一战线,长期内部斗争,长期摩擦。"指出国民党对中共政策的本质是:"1. 抗日、容共、限共、孤共、溶共、灭共正是资产阶级的政策本质。2. 武器:三民主义,"统一口号" "国家中央政权。"王稼祥同时认为:"目前摩擦还是对方抗日溶共政策下的斗争,而不是破裂问题。"中国共产党统一战线和对付摩擦的总方针是"巩固民族抗日统一战线,巩固国共合作,一切为了抗战利益"。同时"在对方摩擦来时,我们应在总原则下,根据具体情况确定或防御(拖延)或反攻,或让步,或给以进攻(有守有攻,有进有退,有软有硬)。""统一是主要,斗争是服从的。"①5日,毛泽东在中共中央党校所作《反对投降主义》的讲演中谈到:国民党最近向其党员发了很多材料,要防止共产党,要采取攻势。防止就是不让共产党发展,攻势就是他们所提出的"一个党、一个主义、溶共"的政策,就是要取消共产党,溶化共产党,取消共产主义。对于国民党制造和扩大摩擦,毛泽东提出两条应对的原则:第一,人不犯我,我不犯人;第二条,人若犯我,我必犯人。②28日,毛泽东在中共中央书记处会议上分析说:国民党中主张联共又防共的中间派占多数,蒋介石仍将居于中间派地位。我党与蒋斗争从未停止,"今后我党方针还是不要太尖锐,要坚韧。"③此后,中共方面针对华北、华中等全国各地摩擦的情况,制订出《国民党的防共办法与我们的对策》等系统的应对办法和措施。该文件分析了国共两党不同的抗战路线,认为正是两党不同抗战指导方针的矛盾和对立"集中的表现为国共两党的摩擦"。中共判断国民党防共的总方针是:在联共抗日的原则之下实行"防共""限共""溶共"政策。但为了抗战与统一,联共是主要的,其他是从属的。同时指出国民党在此总方针下,更采取下列防共一般政策:"1. 加强与健全本身力量,所谓以组织对组织。2. 加紧思想进攻,以三民主义溶化共产主义。所谓以宣传对宣传(今后将更利用精神总动员为工具)。3. 限止共产党(以整理民众团体

---

① 中央统战部、中央档案馆编:《中共中央抗日民族统一战线文件选编》(下),档案出版社1985年版,第219、221、222页。
② 金冲及主编:《毛泽东传》(1893—1949)下册,中央文献出版社1996年版,第534页。
③ 金冲及主编:《毛泽东传》(1893—1949)下册,中央文献出版社1996年版,第534页。

办法及战事图书杂志更移审查办法为主要工具)。4.孤立共产党。打击与争取中立者。5.破坏共产党(利用特务暗杀、绑劫、造谣、公开的秘密的)。6.不承认边区,包围边区破坏边区,以达到取消边区的目的。7.限制八路军新四军的活动地区、饷械给养、人员补充,以达到取消八路军新四军的目的。8.不承认国共合作及共产党的合法地位,坚持一党专政。"针对国民党的防共办法,文件提出了原则性的对策:"1.坚持抗战,坚持持久战,反对和平妥协。2.用一切力量巩固和扩大抗日民族统一战线。3.进行思想上的反攻,争取舆论。4.坚持我党政治上、组织上的独立,巩固和扩大党。5.巩固和扩大八路军、新四军。6.巩固边区,巩固和扩大并建立新的敌后抗日根据地。7.争取群众,争取友军。8.爱护与争取同盟者及同情者。9.争取民权主义、民主主义的实现,反对一民主义。但国民党的防共政策,根据地区环境的不同,其实施酌情形也不一样;因此我们应就国民党在各种不同地区的防共办法,更具体的规定我们的对策。"①

6月10日,周恩来向中共中央汇报自己对国民党五中全会后动向的观察和判断,他说:"目前阶段,国民党的当局及后方军政机关,均重在如何对内,如何限制共党,防备共党,乃至反对共党,如何消灭同情共党的影响及其分子,如何消灭国共以外的中间分子,以冀造成国民党独霸的局面,于是思想复古,摩擦丛生,一切抗战的言论、出版、集会、结社、信仰之自由,极受限制。对共产党,对陕甘宁边区,对八路军、新四军,乃发生许多苛刻之要求,无理之限制,不平之待遇,以致杀人捕人武装冲突。"②在国共摩擦频发的情况下,中共中央多次召开会议分析情况、研究对策。8月,周恩来在中央政治局会议上就统一战线工作发言,指出:"中国的统一战线不仅是不平等的而且也不是公开法定的","具有片面性的弱点"。周恩来认为,统一战线是民族的、民主的,社会的,但这三方面是不平衡的。统一战线处在逆转中,蒋介石的"思想基本是反共的"。在统一战线工作上,两党关系"在工作上,是竞争、互助、让

---

① 中央统战部、中央档案馆编:《中共中央抗日民族统一战线文件选编》(下),档案出版社1985年版,第343—345页。
② 金冲及主编:《周恩来传》上册,中央文献出版社2008年版,第483页;中共中央文献研究室编:《周恩来年谱(1898—1949)》,中央文献出版社2007年版。

步,相互为用,但竞争不应损人,克己互助不要舍己耘人"①。关于蒋介石的"思想基本是反共的"判断,以及在国共关系中"不要舍己耘人"原则的提出,与大约10个月前即1938年10月毛泽东在《论新阶段》中所提出的"每一个共产党员……必须用全力援助友党友军,不容有任何坐观,成败的心理"的表示相比,②在如何对待国民党的态度上,变化是鲜明的。这表明,全面抗战中期国共关系之间的隔阂已经极其严重了。

9月,德国进攻波兰,第二次世界大战在欧洲爆发,国民党进一步加强其防共限共政策和活动。尽管对于国民党限共、反共政策的认识相当清晰,但是,中国共产党与国民党合作抗日的统一战线政策同样异常坚定。10月4日,毛泽东发表《〈共产党人〉发刊词》,该文的核心是通过总结党的历史经验提出和回答了在新民主主义革命过程中建设一个什么样的党和怎样建设党的问题,指出统一战线、武装斗争、党的建设,是中国革命中的三个基本问题,是共产党在革命中战胜敌人的三个主要的法宝。其中,"统一战线和武装斗争,是战胜敌人的两个基本武器。统一战线,是实行武装斗争的统一战线。而党的组织,则是掌握统一战线和武装斗争这两个武器以实行对敌冲锋陷阵的英勇战士。这就是三者的相互关系。"③为抗日侵略的持久战的需要,中共坚持与国民党的长期合作,同时为对付国民党顽固分子的进攻和摩擦,毛泽东从1939年11月开始,越来越注意到必须争取中间势力。④

在国共之间的摩擦愈演愈烈的情况下,1940年5月4日,毛泽东进一步明确强调独立自主的发展的重要性:"所谓发展,就是不受国民党的限制,超越国民党所能允许的范围,不要别人委任,不靠上级发饷,独立自主地放手地扩大军队,坚决地建立根据地,在这种根据地上独立自主地发动群众,建立共产党领导的抗日统一战线的政权,向一切敌人占领区域发展。"⑤同时,毛泽东

---

① 中共中央文献研究室编:《周恩来年谱(1898—1949)》,中央文献出版社2007年版,第455—456页。
② 《中共中央文件选集》第11册,中共中央党校出版社1991年版,第641—642页。
③ 《毛泽东选集》第2卷,人民出版社1991年版,第613页。
④ 金冲及主编:《毛泽东传》(1893—1949)下册,中央文献出版社1996年版,第546页。
⑤ 《毛泽东选集》(合订本),人民出版社1967年版,第711—712页。

指出在国民党统治区即大后方的工作方针和争取中间力量的重要性:

> 在国民党统治区域的方针,则和战争区域、敌后区域不同。在那里,是荫蔽精干,长期埋伏,积蓄力量,以待时机,反对急性和暴露。其与顽固派斗争的策略,是在有理、有利、有节的原则下,利用国民党一切可以利用的法律、命令和社会习惯所许可的范围,稳扎稳打地进行斗争和积蓄力量。在党员被国民党强迫入党时,即加入之;对于地方保甲团体、教育团体、经济团体、军事团体,应广泛地打入之;在中央军和杂牌军中,应该广泛地展开统一战线的工作,即交朋友的工作。在一切国民党区域,党的基本方针同样是发展进步势力(发展党的组织和民众运动),争取中间势力(民族资产阶级、开明绅士、杂牌军队、国民党内的中间派、中央军中的中间派、上层小资产阶级和各小党派,共七种),孤立顽固势力,用以克服投降危险,争取时局好转。同时,充分地准备应付可能发生的任何地方性和全国性的突然事变。在国民党区域,党的机关应极端秘密。①

到1940年7月全面抗战三周年的时候,中共领导的抗日武装已经发展到50万人,收复县城150多座,解放区和游击区人口达到1亿,党员发展到80万人。② 在这种情况下,如何进一步发展自己并尽可能减少中国国民党方面的疑忌,成为中共方面需要面对的大问题。对此,在具有重要指导意义的中共中央发表七七决定和十二月指示中提出了许多明智的判断和办法。七七决定即中共中央《关于目前形势与党的政策的决定》,其中对于中间势力做了进一步明确的判断说明,指出"广大的中间势力还保存着抗战的积极性","这些中间势力是:国民党中的多数党员,中央军中的多数军官,多数的杂牌军,中等资产阶级,中小地主及开明绅士,上层小资产阶级,各抗日小党派。"并指出这些中间势力会发生分化,"我们的任务,在于争取一切可能好转的部

---

① 《毛泽东选集》(合订本),人民出版社1967年版,第714—715页。
② 胡乔木著:《中国共产党的三十年》,人民出版社1951年版,第52页。

分,争取国民党的主体延长合作时间,而孤立与驱逐一切投降派。"①该决定中关于政策的规定有17项,其中第六项规定:"我们军事力量的发展,限制在战区和敌人后方及陕甘宁边区二十三县境内,而不向国民党后方作任何可以引起冲突的行动,某些部队不愿深入敌后,而在时局严重时便想向国民党后方行动,这种想法是错误的。"第7项规定:"在一切友军(包括中央军、杂牌军在内),根据六中全会决议最后毫无保留的确定不发展党的组织的政策,原有党员一律停止组织生活,以便建立党的信誉,扩大交朋友的工作,争取二百万友军继续抗战,对于这种交朋友工作毫无成绩的地方,须受到党的严重责备。"②9月,德意日三国签定同盟条约,轴心国集团形成并猖獗一时。中国国民党则再次发起反共高潮,国共关系再次陷入严重危机。12月25日,毛泽东起草了一份党内指示,进一步阐明和规定了中共抗日民族统一战线的10项策略原则和具体政策。这10项策略原则是:联合一切抗日的人民,组成抗日民族统一战线;统一战线下的独立自主,既须统一,又须独立;军事战略方面,是战略统一下的独立自主的游击战争,基本上是游击战,但不放松有利条件下的运动战;在同反共顽固派斗争时,利用矛盾,争取多数,反对少数,各个击破,有理、有利、有节;在敌占区和国民党统治区,是尽量发展统一战线,同时在组织方式和斗争方式上采取"荫蔽精干,长期埋伏,积蓄力量,以待时机"的政策;对于国内各阶级关系问题的基本政策,是发展进步势力,争取中间势力,孤立顽固势力;对反共顽固派采取革命的两面政策;对于汉奸亲日派中的两面分子,以革命的两面政策对待之;区别对待反对抗日和主张抗日的大地主大资产阶级、主张抗日又反共的大地主大资产阶级;区别对待帝国主义,在坚持独立战争和自力更生的原则下尽可能地利用外援。指示根据上述策略原则,对于统一战线中的具体政策也作了规定,并要求"全党必须坚决地执行"。③中国共产党一方面积极调整政策以期在更大范围内争取中间力量,另一方面调整对反摩擦政策,制订出两套方案,一是政治上进攻、军事上防御,

---

① 中央档案馆编:《中共中央文件选集》第12册,中共中央党校出版社1991年版,第419、420页。
② 中央档案馆编:《中共中央文件选集》第12册,中共中央党校出版社1991年版,第421、422页。
③《毛泽东选集》第2卷,人民出版社1991年版,第763—769页。

一是政治、军事同时进攻。①皖南事变后，中共中央书记处在 1941 年 2 月 20 日的批示中说："须知皖南事变也罢，乃至蒋介石叛变投降与全面破裂也罢，七七决定与十二月指示的基本原则是不会变化的。现在有些同志似乎觉得在皖南事变后中央七七决定与十二月指示中所持的原则立场已经不适用了，这种观点是不正确的。"②中共中央军委在 4 月 2 日转发新四军第四师统战工作经验中甚至明确规定并强调："在文字上、宣传上，对反共军一律称之为友军，不准概呼之为亲日派或顽固军，只说他们受亲日派利用来打新四军。"③

1942 年敌后抗日根据地遭遇到空前困难而有所缩小，同时，在当年 10 月，美英宣布放弃对华不平等条约。在这种情况下，中共在宣传上采取隐忍的策略，力求不刺激国民党，使国民党对共产党恐惧心理有所减轻。11 月 12 日到 27 日，中国国民党在重庆召开五届十中全会，决定"对共产党仍本宽大政策，只要今后不违反法令，不扰乱社会秩序，不组织军队割裂地方，不妨碍抗战，不破坏统一，并能履行二十六年九月二十二日共赴国难之宣言，服从政府命令，忠实的实现三民主义，自可与全国军民一视同仁"④。显然，国民党五届十中全会的决定对于此后的国共关系是具有全局性影响的。对于国民党十中全会决定的上述政策，中共方面认为：一言以蔽之，就是要求我们不超出他们所设定的严格范围，他们则答应和我们合作。同时认为国民党五届十中全会决定的政策也是对于 1939 年以后国共不良关系的一个阶段性总结，为此后两党继续合作及具体地谈判与解决两党争论问题开辟了途径。中共方面判断，国民党在十中全会后，大概会放弃军事压迫而加强政治斗争，摩擦还会有的，但其方式会缓和一点。据此，中共中央指示要求："各地对于国民党人员应继续采取诚恳协商，实事求是，有理有节的态度，力戒骄傲夸大有害无

---

① 《毛泽东年谱（1893—1949）》中卷，第 217 页。
② 中央统战部、中央档案馆编辑：《中共中央抗日民族统一战线文件选编》（下），档案出版社 1985 年版，第 542 页。
③ 中央统战部、中央档案馆编辑：《中共中央抗日民族统一战线文件选编》（下），档案出版社 1985 年版，第 564—565 页。
④ 荣孟源主编：《中国国民党历次代表大会及中央全会资料》，光明日报出版社 1985 年版，第 793 页。

益的态度借以争取更进的好转。"①

1943年9月,国民党在重庆举行五届十一中全会,对于中共问题,"一致主张用政治方法解决",②对此,中共方面给予了充分的肯定。至此,国共两党在全面抗战中期处理相互关系的政策调整基本完成。

(二)关于主义和命运的争论

1939年蒋介石发表《三民主义之体系及其施行程度》演说,引起国共两党之间关于三民主义的争论,这次争论也成为全面抗战时期两党在意识形态方面的首次交锋。之后,随着蒋介石《中国之命运》在1943年3月的出版,围绕战后建设和中国前途命运问题,两党之间展开了一场涉及领域广泛的政治大讨论。

在全面抗战爆发后两党达成谅解之初,中国共产党方面承认并一再重申:"三民主义是抗日民族统一战线与国共合作的政治基础"。③但三民主义与共产主义到底关系如何,国共双方均有一些人不清楚。国民党中的顽固派于1938年初提出并鼓吹"一个党、一个主义"的政治主张,企图抹杀中国共产党存在和发展的正当性。中国共产党内部也有一些人认为:既然党中央的宣言中明确表示"孙中山先生的三民主义为中国之必需,本党愿为其彻底实现而奋斗",那么,国民党"一个党、一个主义"的主张也不是完全没有道理的。中间势力方面也存在类似的问题。1938年12月,国家社会党张君劢发表致毛泽东公开信,要求取消边区政权、八路军、新四军,要求中共"将马克思主义暂搁一边"。④1939年1月下旬,中国国民党召开五届五中全会,蒋介石在报告中更明确表示:"对中共是要斗争的,不好怕它。""现在要溶共——不是容

---

① 中央统战部、中央档案馆编辑:《中共中央抗日民族统一战线文件选编》(下),档案出版社1985年版,第623页。
② 秦孝仪主编:《中华民国重要史料初编——对日抗战时期》第7编(2),中国国民党中央委员会党史委员会1981年版,第312页。
③ 中央档案馆编:《中共中央文件选集》第11册,中共中央党校出版社1991年版,第625页。
④ 中国第二历史档案馆编:《中国民主社会党》(1893—1949)下册,中央文献出版社1996年版,第84、85页。

共。它如能取消共产主义我们就容纳它。"① 为贯彻五届五中全会确定的"溶共""防共""限共""反共"方针,2月20日,蒋介石在国民参政会上公布《国民精神总动员纲领》,并作《政府对国民精神总动员纲领及其实施办法的报告》。3月12日,国民政府正式颁布《国民精神总动员纲领》,5月正式发动国民精神总动员运动。该项运动强调"国家至上、民族至上、军事第一、胜利第一"、"意志集中、力量集中",力图从精神上控制人们的思想,压制中共和其他党派。5月7日,蒋介石在重庆中央训练团作《三民主义之体系及其实行程序》的长篇讲演,声称只有以民生哲学为基础的民生史观"才能够说明历史的真实意义",攻击唯物史观是"一偏之见";鼓吹"一切要由党来负责,所谓'以党治国''以党建国',其意义即是以党来'管'理一切,由党来负起责任"。他声称:共产主义固然"是重视经济,近于民生主义,却不重视民族和民权主义,而且共产党人倡导民主,亦只重视一个阶级的利益,而不兼顾全民的利益"云云。②

当然,就中国共产党而言,一方面承认三民主义在全面抗战阶段对于国共合作的政治作用,但这决不等于说放弃共产主义。1939年2月5日,毛泽东在中共中央党校作《反对投降主义》的讲话,强调指出:共产党"现在要实行的是三民主义,将来是社会主义,一定要把三民主义(现在的)变为社会主义(将来的),这一条我们不能放弃也不应该放弃;我们跟友党讲亲爱,讲团结,这是对的,而同时要大大发展我们的党,不要因讲亲爱、团结而放弃了自己的任务"。毛泽东还说:"三民主义是到共产主义的必经路,正如西安到延安,洛川是必经之路一样,现在我们实行三民主义,哪个说我们将来不实行社会主义?"③

随着中国国民党企图以三民主义思想体系压制共产主义思想体系问题的产生和发酵,必然引起关于主义问题的深入讨论和争论。1939年8月4日,周恩来在中央政治局会议上就统一战线作报告时,从国共关系和统一战

---

① 张宪文、方庆秋主编:《蒋介石传》,河南人民出版社2004年版,第287页。
② 蒋介石:《三民主义之体系及其实行程序》,《青年中国季刊》创刊号,1938年9月30日,第5—11页。
③ 金冲及主编:《毛泽东传》(1893—1949)下册,中央文献出版社1996年版,第535—536页。

线的角度提出了三民主义作为政治基础与共同纲领的优缺点问题。他说:"中国统一战线有现成的三民主义革命政策作共同纲领。这是他(指国民党——引者)的强点,但他的弱点也同时存在,这就是:1.三民主义本身就有多种解释,至少:甲、汪精卫的伪三民主义,乙、戴季陶的三民主义,丙、孙中山真的三民主义,丁、我们某些同志及同情者所解释的三民主义。2.三民主义的实际政策,也还与我们共产党的实际政策有多少不同。3.国民党是将三民主义用以压服和溶化其他党派及全国人民的武器,而又是看成团结全国的共同纲领。"① 由此,周恩来从统战实际工作需要出发,提出了一个如何对待三民主义和共产主义关系这样一个重大的理论问题和现实问题,他说:

> 一、共产主义是我们的信仰,三民主义是统一战线的政治纲领。二、三民主义与共产主义不仅在世界观、人生观、社会观及哲学方法论上有基本的不同,即在民族、民主及社会政策上也有许多差异。三、真正的三民主义是孙中山的三民主义,既不是汪精卫的伪三民主义,也不是戴季陶的修正三民主义,当然也不能是我们某些同志企图以马克思主义化的三民主义,因为这只能使三民主义混乱起来,而不能还它真正的革命面目。四、我们的态度,应该赞助真正了解和实行孙中山真正的革命之三民主义的人去发展三民主义,同时我们自己也应将孙中山三民主义的革命政策实行和发展起来,使它能与我们的民族解放政纲配合起来前进。五、假使不将三民主义与共产主义的差别分别清楚,不仅国民党人可以有两种看法,即一种是共产主义与三民主义既没有分别,共产党大可不必再相信共产主义,另一种是三民主义既可包括共产主义,则共产主义在中国便无存在的必要。便连非国民党人也要这样想,共产主义、三民主义既是没有分别,至少是现在没有分别,共产党人何不先将三民主义做好,而不必再说什么共产主义,至少是现在可以不谈。甚至连共产

---

① 南方局党史资料编辑小组编:《南方局党史资料·统一战线工作》,重庆出版社1990年版,第19—20页。

党人也会这样想,共产主义是将来的事,现在做的完全是三民主义的事,或者想将三民主义解释成为我们的东西来符合我们民族、民主的乃至社会主义的纲领。这都是不妥的,这只能模糊社会视听,增加国民党的自大心理,并不能帮助统一战线的发展。①

毛泽东、王稼祥也认识到了这个问题的重要性。9月25日,王稼祥撰写了《关于三民主义与共产主义》的论文。② 10月4日、12月、1940年1月,毛泽东接连发表《〈共产党人〉发刊词》《中国革命与中国共产党》《新民主主义论》③等重要的理论文章,提出了新民主主义和新民主主义革命的概念,④并系统阐述了新民主主义的完整理论。⑤ 毛泽东说,《新民主主义论》这篇理论性的东西,"目的主要为驳顽固派"。⑥ 对于顽固派企图胁迫中共党人"把共产主义暂时收起来"的议论,毛泽东回答说:"中国的民主革命,没有共产主义去指导是决不能成功的,更不必说革命的后一阶段了……其实,这是'收起'不得的,一收起,中国就会亡国。"⑦毛泽东说:三民主义与共产主义相同的部分在于,"一九二四年孙中山重新解释的三民主义中的革命的民族主义、民权主义和民生主义这三个政治原则,同共产主义在中国民主革命阶段的政纲,基本上是相同的。由于这些相同,并由于三民主义见之实行,就有两个主义两个党的统一战线。"两者的不同主要在于民主革命阶段部分政纲不同、有无社会主义革命阶段、宇宙观不同、革命彻底性不同等,"由于这些不同,共产主义者和三民主义者之间就有了差别。忽视这种差别,只看见统一方面,不看

---

① 中央统战部、中共中央文献研究室编:《周恩来统一战线文选》,人民出版社1984年版,第46—47页;南方局党史资料编辑小组编:《南方局党史资料·统一战线工作》,重庆出版社1990年版,第31页。
② 中央统战部、中央档案馆编辑:《中共中央抗日民族统一战线文件选编》(下),档案出版社1985年版,第312—324页。
③ 该文最初题目为《新民主主义的政治与新民主主义的文化》。参见中共中央文献研究室编:《毛泽东年谱(1893—1949)》中卷,中央文献出版社1993年版,第156—158页。
④ 金冲及主编:《毛泽东传》(1893—1949)下册,中央文献出版社1996年版,第561页;沙健孙著:《毛泽东思想概论》,人民出版社2013年版,第105页。
⑤《毛泽东选集》第2卷,人民出版社1991年版,第647页。
⑥ 中共中央文献研究室编:《毛泽东书信选集》,中央文献出版社2003年版,第146页。
⑦《毛泽东选集》第2卷,人民出版社1991年版,第686页。

见矛盾方面,无疑是非常错误的。"①新民主主义理论的提出对于中国共产党思想的统一和政策的统一,发挥了巨大的作用。②

新民主主义理论产生后,中国共产党统一战线的理论相应发生变化,周恩来说:"大革命、十年内战和抗日战争三个时期的统一战线,是有不同的形式和性质的。但是这三个时期的统一战线又都是属于新民主主义的统一战线,因为新民主主义是我们三个时期统一战线的政治基础。新民主主义的统一战线,就是无产阶级领导的人民大众的反帝反封建的统一战线。毛泽东同志说得很清楚,要建立一个巩固的新民主主义的统一战线,就是要认清楚敌人,队伍和司令官这三个问题。"③司令官问题就是领导权问题,对此,周恩来说:"领导权要用力量来争,因为领导权是有人和无产阶级争,和共产党争的。不但大资产阶级争,自由资产阶级也争,小资产阶级也争。他们总要照他们的思想来领导这个队伍。但是和我们争领导权最主要的力量,还是代表大地主大资产阶级的国民党这个统治集团。所以在统一战线当中,互争领导权的主要是国共两党,大资产阶级就成为我们斗争的主要对象。因为一个队伍有两个司令官,就要打架,两个中间总要下去一个。在大革命初期,国共两党曾经联合成一个队伍,大革命失败以后,就分了家,成了两个队伍。一直到现在还是两个队伍。一个是无产阶级,共产党为代表,所领导的队伍,发展到今天有了解放区,有了人民的武装。另一个是大地主大资产阶级,国民党为代表,所领导的队伍,十八年来国民党实行一党专政的统治。这两个队伍在那里斗争,双方争取的对象就是农民,小资产阶级、自由资产阶级。"④这样,经过1939年和1940年初的主义之争,中国共产党人迅速树立起新民主主义的崭新旗帜。正如毛泽东所说:"主义譬如一面旗子,旗子立起了,大家才有所指望,才知所趋赴"。⑤ 新民主主义这面从黄土高原上升起的旗帜,确实产生了

---

① 《毛泽东选集》第2卷,人民出版社1991年版,第688页。
② 胡乔木著:《中国共产党的三十年》,人民出版社1951年版,第54页。
③ 中共中央统战部、中共中央文献研究室编:《周恩来统一战线文选》,人民出版社1984年版,第96页。
④ 中共中央统战部、中共中央文献研究室编:《周恩来统一战线文选》,人民出版社1984年版,第105—106页。
⑤ 《毛泽东早期文稿》,湖南人民出版社2008年版,第498页。

令人生畏的引人趋赴的政治效果。

(三) 漩涡中的中共中央南方局

全面抗战爆发后国共达成共赴国难的谅解，中共方面在国民党区域设立了一系列的办事处，并向一些重要的办事处派出经验丰富、举足轻重的干部如周恩来、秦邦宪、董必武、林伯渠、叶剑英、谢觉哉、徐特立、陈云、滕代远、邓发、陈潭秋、张云逸等担任中共中央代表或八路军代表，主持或领导办事处的工作，同时又选派一批军政素质高、具有统一战线工作经验的干部如李克农、李涛、彭雪枫、廖承志、潘汉年、彭加伦、钱之光、伍修权、伍云甫、周子健、朱瑞、刘向三、黄道、王世英等担任办事处的领导，开展相应的工作。1941年7月31日，中共中央决定重庆、西安、兰州、洛阳、国民政府军事委员会第二战区等五地办事处由中共中央军委参谋长叶剑英负责，新疆办事处由中共中央书记处书记任弼时负责。1943年4月5日，中共中央又决定，重庆办事处工作归毛泽东直接领导，驻陕西办事处工作归任弼时领导。这些组织安排保证了中共中央的方针和决策在这些办事机构得到切实的贯彻与落实。① 在全面抗战相持阶段即全面抗战中期阶段，设在第十八集团军驻重庆办事处的中共中央南方局，具有特别重要的意义。

1939年1月5日，中共中央召开书记处会议，决定进一步合并华南及西南各省党的领导机构设立一个中央局，建议南方局改名为西南局，②由周恩来、秦邦宪、吴玉章、叶剑英、董必武等13人组成，以周恩来为书记。7日，周恩来等复电中共中央书记处，认为"以南方局名称为好"③。13日，中共中央书记处致电周恩来，同意南方局名称，并决定以周恩来、秦邦宪、吴玉章、叶剑英、董必武等人为南方局常委。16日，南方局正式成立，并致电中共中央书

---

① 中国人民解放军历史资料丛书编审委员会编：《八路军新四军驻各地办事机构》(1)，军事科学出版社2009年版，第73页。
② 中共中央文献研究室编：《毛泽东年谱(1893—1949)》中卷，中央文献出版社1993年版，第102页；中央统战部、中央档案馆编辑：《中共中央抗日民族统一战线文件选编》(下)，档案出版社1985年版，第185页。
③ 《董必武年谱》编纂组编：《董必武年谱》，中央文献出版社2007年版，第142页。

记处报告组织分工情况:秦邦宪负责组织工作,凯丰(何克全)负责宣传及党报工作,周恩来负责统战工作,叶剑英负责联络工作,吴克坚负责报馆工作,邓颖超负责妇女工作。南方局设重庆,在桂林设办事处,负责联络湘赣粤桂及香港运输,四川设川康及川东两个特委,上海仍由刘晓(江苏省委书记)负责,请派蒋南翔来负责青年工作。[1] 需要特别指出的是,南方局是秘密的,但其领导人和许多工作人员都有公开合法的身份。[2] 如周恩来是中共中央代表,叶剑英是第十八集团军代表,秦邦宪、吴玉章、董必武、邓颖超等为国民参政会参政员,其他人员也各有第十八集团军驻渝工作人员等合法身份。

中共中央南方局设在通常被称为八路军驻重庆办事处的重庆第十八集团军办事处内,其局址初时位于重庆机房街70号和棉花街30号,后由于馆舍被毁,改设红岩嘴13号大有农场内,在此建有一幢三层小楼,周恩来、董必武等南方局负责人即长驻此处。办事处还以周恩来名义租用曾家岩50号民宅,以为工作之用,即"周公馆"。重庆的南方局,肩负着受中共中央委托,处理与中国国民党和国民政府党政当局的各种交涉、谈判、统战事宜,以及与其他方面联系和交流等事宜。可以说,在坚持独立自主的原则之下,尽力维持抗日民族统一战线,是南方局工作的中心,而维护与中国国民党联合抗日的局面,争取与扩大中间阶层,则是南方局的基本工作。[3]

1939年2月12日到21日,国民参政会一届三次会议在重庆举行。遵照中共中央指示,董必武以参政员身份于18日提交了《加强民权主义的实施,发扬民气以利抗战案》。该案指出,全面抗战以来我国政治上的进步,"远远地落后于抗战的需要",民众"没有全部动员起来","民众没有参与政治的机会,没有抗战的言论出版集会结社的自由"。国民政府对于各党派,"已承认其存在,但还没有予以法律上之保障,以至摩擦时生,莫由解决"。该案建议:"参政会议决之案,经最高国防会议通过者,政府应立予实行",并将实行的效果"报告于参政会",尽快成立省参议会,尽快制订和公布县参议会组织条例,

---

[1] 南方局党史资料征集小组编:《南方局党史资料·大事记》,重庆出版社1986年版,第11—12页。
[2] 金冲及主编:《周恩来传》上册,中央文献出版社2008年版,第558页。
[3] 周勇主编:《红岩精神研究》,中共党史出版社2009年版,第13页。

应给各党派以"法律上之保障"等。① 国民党参政员对于董案激烈反对。尽管经过会议主席黄炎培"居中调停,修改通过",②但已面目全非,董必武以请假退席的方式表示不满。19 日,由于提案问题未能圆满解决,董必武再次退席以示抗议。③《黄炎培日记》载:"董必武案结果不能圆满,董又拂衣而走。问题在国民党政策不许他党活动,在法律上有地位,故对董案'予各党派以法律上的保护',绝不放松。"④配合董必武参政会上的提案,《新华日报》连续发表《民主政治问题》等社论,呼吁要"加强民意机关的发展,把现在的国民参政会和各省正筹备中的参议会,逐渐变为真正代表人民的机关",提出力争民主权利和党派合法地位,指出反民主政治者就是有意分裂孙中山三民主义。⑤

在国民党的政治中心从事统一战线工作,需要丰富的政治工作经验,并不断进行理论总结以应对新的问题。1939 年 8 月上中旬,在延安举行的中央政治局会议上,周恩来对统一战线问题从理论上和实践上进行了初步的总结,对国共关系作出了新的判断。他说:蒋介石和整个中国国民党不承认中国共产党的对等地位,不承认国共合作,不承认统一战线,只勉强承认中共"组织坚强,生活刻苦与工作努力。"他认为:从根本上看,国共统一战线是"不平等的","不是公开法定的","在不得已的默认中形成,在习惯中发展。"国共统一战线的形成"未经过公开的手续",1937 年 9 月的宣言和蒋介石的谈话"可说是东方的政治手续,而不是两党正式合作的文件"。统一战线"具有片面性的弱点,同时也更带有商业的性质"。"要使商业的关系做得更好……除决定于客观的各种条件、蒋及国民党的态度以外,还决定于我们自己的政策。"⑥ 24 日,毛泽东在中央政治局会议上发言,一方面充分肯定了南方局的工作,指出南方工作,是广大的地方工作与统战工作,工作做得好,各省工作有成绩,这是在周恩来领导下取得的成绩。同时也指出南方局工作的

---

① 孟广涵主编:《国民参政会纪实》上卷,重庆出版社 1985 年版,第 467—469 页。
② 黄炎培著:《黄炎培日记》第 6 卷,华文出版社 2008 年版,第 80 页。
③《董必武年谱》编纂组编:《董必武年谱》,中央文献出版社 2007 年版,第 143 页。
④ 黄炎培著:《黄炎培日记》第 6 卷,华文出版社 2008 年版,第 80 页。
⑤ 孟广涵主编:《国民参政会纪实》上卷,重庆出版社 1985 年版,第 489—490 页。
⑥ 南方局党史资料编辑小组编:《南方局党史资料·统一战线工作》,重庆出版社 1990 年版,第 27—29 页。

弱点在于:党不巩固,群众运动不深入,统一战线中没有中层阶级更大的发展。① 针对南方局工作中存在的这些问题,毛泽东提出南方局要巩固党、深入群众工作、向中层阶级发展统一战线的三条工作方针。对此,周恩来表示:1. 对中层阶级团结不够。过去偏于联蒋,对中层阶级联络不够,如对黄炎培、梁漱溟等的联合工作做得不够,而国民党现在不要中间分子。2. 群众工作做得不够,即利用公开合法工作做得不够。3. 巩固党的已有阵地是主要的,但有的地方也可以发展。②

尽管周恩来由于在延安骑马受伤一时间难以返回重庆,但以8月政治局会议为标志,中共中央和南方局开始从实际工作中更加重视争取中间阶级。根据毛泽东在参政会一届四次会议上要提出党派问题及团结等问题的意见,南方局立即把出席参政会与联络中间党派结合起来,加强了与他们的联系。8月8日,董必武、沈钧儒、李璜约请黄炎培、邹韬奋、林虎、章伯钧、江恒源等中间党派参政员在张澜家聚餐,协商参政会第四次会议提案问题。黄炎培提出党派合作、财政金融、民众工作、后方游记工作、禁烟等议题;董必武、沈钧儒提出"继续抗战主张之普遍贯彻"问题,至于声讨汪精卫一事,决定下次讨论。在这次聚餐会上,董必武还向与会者讲述了6月12日发生的"平江惨案"经过原委,出示即将公开发表的《追悼新四军平江嘉义留守通讯处遇害烈士启事》。③ 13日,《新华日报》刊载《追悼新四军平江嘉义留守通讯处遇害烈士启事》和董必武《挽嘉义新四军通讯处涂罗十烈士遇害》五律诗四首,公布"平江惨案"真相,谴责国民党方面的暴行。15日,张澜为主人,董必武与黄炎培、邹韬奋、林虎、章伯钧、江恒源等中间党派参政员聚餐,商议参政会提案事。商议结果,由李璜负责党派摩擦,邹韬奋负责文化问题,江恒源负责地方行政机构,褚辅成负责财政金融,黄炎培负责游记问题,董必武负责发动民众

---

① 中共中央文献研究室编:《毛泽东年谱(1893—1949)》中卷,中央文献出版社1993年版,第134页。
② 金冲及主编:《周恩来传》上册,中央文献出版社2008年版,第505页。
③ 黄炎培著:《黄炎培日记》第6卷,华文出版社2008年版,第165页;《董必武年谱》编纂组编:《董必武年谱》,中央文献出版社2007年版,第147页。

问题,分头起草提案。① 这种分工合作、联合行动的方式表明,中共南方局与中间力量在参政会内外,开始形成一种良好的政治互动与政治合作关系。

8月23日、24日,中共参政员董必武、吴玉章以接受《新华日报》记者采访的形式发表谈话,提出要加强中国抗战阵营内部团结的问题,指出抗战党派间的摩擦、部队间的摩擦等问题,"严重地影响着抗战工作"。为加强团结,参政会参政会应该有切实的具体办法,其中心工作,首先在于认真肃清反共言行、肃清对国共关系的挑拨离间,肃清制造和扩大摩擦的阴谋诡计,同时要扫除民运发展的障碍。② 李璜、章伯钧、陶行知、史良、张申府、江恒源、张澜、王卓然、褚辅成、张一麟、邹韬奋等,也纷纷在《新华日报》或其他报刊发表谈话或政论文章,呼吁承认有党有派的事实,加强民主精神,消除党派间摩擦,加强各党各派团结,肃清汪逆余孽及汉奸、改良政治机构,整顿风纪肃清贪污、积极开展民众运动、切实改善人民生活。参政会外的舆论,对国民党执政当局对日妥协,对内强化一党专政,制造政治、军事,造成很大的政治压力,对于中共的反摩擦斗争,起到了有力配合作用。

在参政会一届四次会议召开之际,9月8日,中共七位参政员毛泽东、陈绍禹(王明)、林伯渠、吴玉章、董必武、秦邦宪、邓颖超联名发表《我们对过去参政会工作和目前时局的意见》。其中,就党派合作问题,提出明令保障各党派合法权利、严禁对共产党及其他抗日党派歧视压迫行为、广泛地容纳各党派人才等三项要求。③ 从9日到18日参政会一届四次会议的提案和讨论、发言的情况看,大会实际上成为一次以声讨汪精卫叛国罪行,要求结束一党专制,实施宪政的大会。左舜生等《请结束党治立施宪政以安定人心发扬民力而利抗战案》、张君劢等《改革政治以应付非常局面案》、张申府等《建议集中人才办法案》、陈绍禹(王明)等《请政府明令保障各抗日党派合法地位案》、江恒源等《为决定立国大计解除根本纠纷谨提五项意见建议政府请求采纳施行案》、王造时等《为加强精诚团结以增强抗战力量而保证最后胜利案》、孔

---

① 黄炎培著:《黄炎培日记》第6卷,华文出版社2008年版,第168页。
② 孟广涵主编:《国民参政会纪实》上卷,重庆出版社1985年版,第519—520页。
③ 中央统战部、中央档案馆编:《中共中央抗日民族统一战线文件选编》(下),档案出版社1985年版,第303页。

庚等《请政府遵照中国国民党第五次全国代表大会决议案定期召集国民大会制定宪法开始宪政案》等7项提案，均以结束党治、实施宪政、用人不问党派、免除党派摩擦为主要诉求。尤其是左舜生《请结束党治立施宪政以安定人心发扬民力而利抗战案》明确提出并要求"颁布宪法,结束党治,全国各党各派,一律公开活动,平流并进,永杜纠纷"。① 张君劢所提《改革政治以应付非常局面案》,提议为应付战时外交、经济、政治上的非常局面,应采取两个非常步骤,即"立即结束党治,实行宪政","成立举国一致之战时行政院"。② 两项提案中的"结束党治,实行宪政"的呼吁,既反映了青年党、国社党、第三党的基本政治主张,也是全面抗战时期中间党派第一次明确针对"防制异党",坚持和加强一党专政而提出的反弹性政治要求。对此,国民党方面在紧急研究后决定,由孔庚出面提出《请政府遵照中国国民党第五次全国代表大会决议案定期召集国民大会制定宪法开始宪政案》,以表明国民党对制定宪法、实施宪政的态度是积极的。③ 结果各案经过参政会的合并审查,并经过激烈的讨论,虽然"屡濒破裂",④最后形成治本治标两项办法：

甲、治本办法：（一）请政府明令定期召集国民大会,制定宪法,实行宪政；（二）由议长指定参政员若干人,组织国民参政会宪政期成会,协助政府,促成宪政。

乙、治标办法：（一）请政府明令宣布全国人民除汉奸外,在法律上其政治地位一律平等；（二）为因应战时需要,政府行政机构应加充实并改进,借以集中全国各方人才,从事抗战建国工作,争取最后胜利。⑤

显然,这是对于国民党违背人心秘密通过并实施所谓《防止异党办法》在

---

① 孟广涵主编：《国民参政会纪实》上卷,重庆出版社1985年版,第585页。
② 孟广涵主编：《国民参政会纪实》上卷,重庆出版社1985年版,第588页。
③ 闻黎明著：《第三种力量与抗日战争时期的政治》,上海书店出版社2004年版,第78—79页。
④ 黄炎培著：《黄炎培日记》第6卷,华文出版社2008年版,第179页。
⑤ 孟广涵主编：《国民参政会纪实》上卷,重庆出版社1985年版,第593页。

政治上的强烈政治反弹,是中间党派和中间势力的在政治斗争中的胜利。① 在讨论宪政提案的时候,"那热烈的情况不敢说是绝后,恐怕总可算是空前的"。邹韬奋记述道:

> 尖锐达到最高峰的辩论,当然要推"结束党治"的这一点了。"来宾"们一致认为有此必要,一定要把这几个字加入决议案。"陪客"们却又一致大发挥其"不必要论",一定不要把这几个字加入决议案。罗隆基和李璜两先生发言最多最激昂,老将徐傅霖先生也挺身而出,大呼"一党专政不取消,一切都是空!"当时空气已紧张到一百二十分。唇枪舌剑,各显身手,好像刀光闪烁,电掣雷鸣。②

对此,毛泽东后来指出:中产阶级活跃起来,现在敢于讲话。关于宪政问题,我们要研究。③ 9月18日,蒋介石作为议长在宣读闭会词之前讲话表示:此次参政会最重要的成果是通过了川康建设方案及组织宪政期成会促成宪政两事,并当即宣布宪政期成会19位委员名单(张君劢、张澜、周炳琳、杭立武、史良、陶孟和、周览、李中襄、章士钊、黄炎培、左舜生、李璜、董必武、许孝炎、罗隆基、傅斯年、罗文干、钱端升、褚辅成)及召集人(黄炎培、张君劢、周览),大会通过该名单和召集人的提议,由此宪政期成会正式组成,后成员增加为25人,增加者为梁上栋、胡兆祥、王家桢、章伯钧、马亮、李永新。④ 在大会闭幕词中,蒋介石甚至表示:此次大会通过的《请政府定期召集国民大会实行宪政决议案》,"为(本届会议)最重大之贡献"。⑤

以《请政府定期召集国民大会实行宪政决议案》与宪政期成会成立为标

---

① 郑大华著:《张君劢传》,中华书局1997年版,第352页。说明:郑著认为"这无疑是共产党和各中间党派及无党派参政员斗争的胜利"。但实际上,共产党这时候尚未着力于参政会上的宪政问题。
② 孟广涵主编:《国民参政会纪实》上卷,重庆出版社1985年版,第596页。
③ 中共中央文献研究室编:《毛泽东年谱(1893—1949)》中卷,中央文献出版社1993年版,第144页。
④ 黄炎培著:《黄炎培日记》第6卷,华文出版社2008年版,第180页;孟广涵主编:《国民参政会纪实续编》,重庆出版社1987年版,第542页。
⑤ 孟广涵主编:《国民参政会纪实》上卷,重庆出版社1985年版,第570页。

志,全面抗战时期的第一次宪政运动很快就在以重庆为中心的大后方各地开展起来。对于力图限制异党活动的国民党而言,这一运动的兴起,无异于"晴天霹雳"。梁漱溟曾经分析突然之间出现这样一场宪政运动的缘由说:

> 此则须明了国内党派间的关系,由抗战初起到后来,由好变坏之一段经过。我们知道,国民党原不承认其他党派之合法存在,曾有"党外无党,党内无派"的话。但当抗战初起时,本于团结御侮之意,却对那些不合法而存在之各党派,极示延揽共商国是之意,成立了国防参议会。就是血斗十年的共产党,亦被邀在内,彼此间关系甚见好转。不过这种关系,没有加以明白确定。所以在野各党,于法律制度上,还是未曾取得其地位。特别是国民党和共产党,他们原各具有排他性,不是欧洲一般宪政国家的政党,彼此互相承认的那样。他们各拥有军队,又是仇雠,其冲突起来是很容易的。这种冲突,二十七年渐渐有了,到廿八年九月那时,更显著。但武装冲突,仍只限于游击区域(华北华东);在大后方既无两相对抗的武力,依然由国民党统治一切。国民党在这些地方,从干涉言论出版干涉集会结社,及其他种种手段(例如强迫军政教育各界人员入党之类)以排除异己,几使其他党派无存在余地。虽其所对付者,首在共产党,而各小党派及一般文化界人,同样不堪其苦。此时唯一可以诉苦请愿之机关,就是参政会。此即纷纷有类似提案之由来。①

邹韬奋对于宪政问题突然被提起,也记述说:

> 一九三九年,政治"曲线"逐渐下降,华北发生国共间的"军事摩擦",大后方发生国民党和各抗日党派"文化摩擦"。其实"文化摩擦"这个名词还不能成立,因为军事还可以武装对垒一打,受压迫

---

① 梁漱溟著:《梁漱溟全集》第6卷,山东人民出版社1993年版,第566—567页。

的方面还有武装可以来抵抗一下。讲到大后方的进步文化，一遇到国民党的压迫，那就只有受压迫罢了，在压迫得透不过气来的时候，疏解和抗议都无用，压迫者是可以任所欲为，倒行逆施的。

各抗日党派只有国共两党有武装，所以"军事摩擦"只限于国共两党。关于这件事，何应钦氏以参谋总长的资格在国民参政会报告军事，只根据国民党"摩擦专家"的单面报告，大放厥词，置对方将领的无数报告的事实于不顾，完全抹煞，一字不提。这种偏私的态度引起了中共参政员的严重抗议。这种情形也引起了国共两党以外的各抗日党派的焦虑，因为在此抗战时期，枪口应该一致对外，内部的"军事摩擦"如果扩大，徒然消耗自己的力量，有利敌人，这对抗战是大不利，是很显然的。他们再三加以考虑之后，觉得要根本"治疗"，达到和衷共济的目的，还是要在民主政治方面着手，于是在第三届国民参政会开会时，实施宪政的提案有如雨后春笋，由国民党以外的各抗日党派纷纷提出。①

国民参政会结束后的9月20日，宪政期成会即在国民参政会内召开第一次会议。10月1日，沈钧儒、张澜、张申府、褚辅成、莫德惠、李璜、江恒源、胡石青、张君劢、王造时等13名参政员，邀请关心宪政的各界人士，在重庆银行公会举行宪政问题座谈会，中共参政员董必武、吴玉章应邀参加。② 18日，潘大逵、黄炎培、熊子骏、张熟秀、章友江等21人聚会，发起宪政座谈会。③ 到1940年3月为止，宪政座谈会共举行了8次，产生了巨大的影响。正是在第一次宪政运动的声浪中，1939年11月23日，在重庆青年会，中间党派参政员沈钧儒、张澜、黄炎培、梁漱溟、章伯钧、罗隆基、左舜生等发起组织统一建国

---

① 中国韬奋基金会韬奋著作编辑部编：《韬奋全集》第10卷，上海人民出版社1995年版，第859页。
② 沈谱、沈人骅编：《沈钧儒年谱》，中国文史出版社1992年版，第222页。
③ 黄炎培著：《黄炎培日记》第6卷，华文出版社2008年版，第192页。说明：实际上，这一次会议通常被认为是第二次宪政座谈会。

同志会，①中间党派的力量得到了初步整合。

中国共产党对于一届四次参政会后兴起的宪政运动，迅速作出正面积极的反应。1939年10月2日，中共中央书记处作出《关于第四届参政会的指示——关于宪政运动的第一次指示》，指出："要求立刻实行民主政治，召集真正民选的全权的国民大会，实施宪政。""积极参加国民参政会宪政期成会的各种宪政运动。"②11月12—20日，国民党五届六中全会在重庆召开，会议宣布于1940年11月12日召开国民大会，同时秘密修改政治限共为主、军事限共为辅的政策为军事限共为主，政治限共为辅的新方针。③这使全面抗战时期本来已经比较紧张的国共关系进一步加剧，从而爆发全面抗战时期国共关系的第一次严重危机。④中间党派也更加紧张起来，扩大民主宪政运动。11月30日，宪政促进会筹备会在重庆举行首次会议，推举孔庚、张申府、董必武、秦邦宪、章乃器、褚辅成、沈钧儒、左舜生、史良、张友渔、黄炎培、章伯钧、沙千里、康心之、李璜等人组成常委会，下设秘书处，以及宣传、联络、研究三个委员会。⑤12月1日，中共中央发出《关于推进宪政运动的第二次指示》。指出：我们的立场分为根本主张和临时办法，根本主张是新式代议制民主共和国，临时折中办法为成立群众团体性质的国民宪政促进会，并通过各种途径和方法宣传共产党在宪政问题上的根本主张等。⑥

1940年2月20日，延安各界宪政促进会召开成立大会，这也是全面抗战时期第一次宪政运动中最早正式成立的宪政促进会，之后，各地相继成立的类似团体，大多也为共产党策动成立。⑦在延安各界宪政促进会成立大会上，

---

①黄炎培著：《黄炎培日记》第6卷，华文出版社2008年版，第208页；沈谱、沈人骅编：《沈钧儒年谱》，中国文史出版社1992年版，第222—223页。
②中央统战部、中央档案馆编辑：《中共中央抗日民族统一战线文件选编》（下），档案出版社1985年版，第328页。
③中共中央文献研究室编：《朱德年谱》，中央文献出版社2006年版，第917页。
④中共党史通常把这次危机称为"第一次反共高潮"。
⑤南方局党史资料征集小组编：《南方局党史资料·大事记》，重庆出版社1986年版，第74—75页。
⑥中央统战部、中央档案馆编辑：《中共中央抗日民族统一战线文件选编》（下），档案出版社1985年版，第336—337页。
⑦秦孝仪主编：《中华民国重要史料初编——对日抗战时期》第5编（4），中国国民党中央委员会党史委员会1985年版，第1页。

毛泽东发表演说说:没有民主,抗日是要失败的。宪政就是民主的政治,而我们现在要的民主政治,是新民主主义的宪政。现在中国顽固派所说的宪政,是挂宪政的羊头,卖一党专政的狗肉。应当动员人民大众起来,争取民主和自由,促进新民主主义宪政的实现。① 大会推举吴玉章为促进会理事长,毛泽东等45人为理事,通过宣言,宣言提出发扬民意,修改国民大会代表选举法,重新选举代表,修正国民大会组织法使之成为国家最高权力机关,发起普遍深入的宪政运动,讨论宪法与选举自由问题以及抗日党派的合法存在权利与参加选举的自由问题等四项主张。②"

1940年2月中旬,中共中央召开政治局会议,决定中共参政员不出席将于4月上旬召开的国民参政会一届五次会议③。21日,中共中央书记处致电南方局,传达了上述决定,谓:

望博、董、叶立即见蒋谈下列问题:
"一、给全国人民各地抗日党派以言论、出版、集会、结社自由,以利坚持抗战和促进宪政。二、《新华日报》有发表共产党的决议宣言及领导人文章的自由,撤销对《新华日报》的军警压迫,撤销全国对共产党的书报杂志的禁令。三、明令取消《防制异党活动办法》和《共产党问题处理方案》,承认共产党的合法地位,停止逮捕共产党员及释放一切被捕党员。四、撤销对陕甘宁边区的实际封锁,停止对往来陕甘宁边区的工作人员和青年学生的扣留逮捕行为,释放劳动集中营内的数千被扣青年,解散青年劳动集中营。五、八路军扩编为三军九师,每月经费四百四十万元。六、陕甘宁边区二十三县。七、国民大会代表名额,共产党员应占三分之一,至少为四分之一,国民党占三分之一,其他各党派及无党派代表占三分之一。八、国

---

①《毛泽东选集》第2卷,人民出版社1991年版,第731—739页。
②中央统战部、中央档案馆编辑:《中共中央抗日民族统一战线文件选编》(下),档案出版社1985年版,第378—381页。
③中共中央文献研究室编:《毛泽东年谱(1893—1949)》中卷,中央文献出版社1993年版,第172页。

民大会选举法组织法及五五宪草,必须加以彻底修改。你们可向蒋说明我党中央亟愿知道蒋对这些问题的真正态度和意见。要蒋向你们开诚布公说明,以便转报中央。①

27日,秦邦宪、董必武、叶剑英等向何应钦提出了上述解决条件,国民党方面一时"无整个应付方针"。② 29日,蒋介石表示:"对于共产党,本党当以严正态度应之。"③

3月11日,毛泽东就抗日统一战线中的策略问题,在延安党的高级干部会上作了报告。报告在谈及中间力量问题时指出:"中间力量,包括中等资产阶级、开明绅士和地方实力派,因为他们和大地主大资产阶级的主要统治力量之间有矛盾,同时和工农阶级有矛盾,所以往往站在进步势力和顽固势力之间的中间立场。他们是抗日统一战线中的中间派"。在此次报告中,毛泽东进一步阐明共产党在抗日民族统一战线中的策略总方针是"发展进步势力,争取中间势力,孤立顽固势力",强调与顽固派斗争要坚持"有理、有利、有节"的原则,对统一战线中又团结又斗争的策略原则作了进一步发挥和具体化。④ 自此开始,共产党进一步加强了争取中间势力的工作。23日,中共中央书记处召开会议,听取南方局代理书记秦邦宪关于国共两党关系的报告。秦邦宪在报告中说,半年来两党关系总的情况是日益恶化、尖锐化。即将召开的国民参政会一届五次会议,主要问题是反汪精卫和反共产党,南方局主张至少要派董必武出席,以影响中间力量。毛泽东建议由秦邦宪、林伯渠、邓颖超、董必武四人出席此次国民参政会,得到会议通过。⑤

4月1日,国民参政会一届五次大会在重庆开幕,中共参政员秦邦宪、董必武、林伯渠、邓颖超先后报到出席。同日,中共中央书记处致电凯丰(何克

---

① 中央统战部、中央档案馆编辑:《中共中央抗日民族统一战线文件选编》(下),档案出版社1985年版,第386—387页。
② 王世杰著:《王世杰日记》第2册,"中研院"近代史研究所1990年版,第233—234页。
③ 王世杰著:《王世杰日记》第2册,"中研院"近代史研究所1990年版,第235页。
④《毛泽东选集》第2卷,人民出版社1991年版,第744—752页。
⑤ 中共中央文献研究室编:《毛泽东年谱(1893—1949)》中卷,中央文献出版社1993年版,第181页。

全)、董必武、叶剑英:要求"同各小党派和中间派分子联合","必须同他们一起:甲、提出反对内战停止摩擦的要求,但说明谁是内战与摩擦的主动者,将反对内战反对摩擦的口号抓在我们手中,指出只有国内的和平统一,才能真正的抗日反汪。乙、要求实施宪政与民主政治,指出今天我们决不能以口头的允诺为满足而必须认真的实行,首先要求国民大会代表以改选及党派和爱国人士言论出版集会之自由,利用具体事实揭破当局过去实施宪政之毫无诚意,说明在抗日反汪的斗争中实施宪政与民主之必要。"①6 日,国民参政会讨论《中华民国宪法草案修正案》及建议案。② 讨论的过程中,再次产生激烈的争论,受国民党党团指挥的某国民党参议员甚至"破口大骂",连国民党中的开明分子也为之摇头叹息,感到心寒。其他的人,"大家看到他的失态,听到他的胡说八道,那就不得不对宪政前途冷了半截。"③作为国民党总裁兼参政会议长的蒋介石,态度恶劣、强硬而直接,在开会时"对于宪草中牵制政府权力之规定,表示不满,语侵罗隆基等。国社党及青年党诸参政员颇懊丧"④。梁漱溟也说:"修正案虽在议长圆滑手段之下,免遭否决,但蒋公即席作一长篇演说。所说内容分两段。头一段,力斥国民修正案之意见(指国民议政会之主张)为袭取欧西之议会政治,与总理遗教(指五权宪法)完全不合。次一段,力言制宪必求其能见施行,切勿去事实过远。如修正案者,对执政之束缚太甚,即为不能施行之制度。强行之,必遭破坏……今后国人如以国事倚畀于我,亦就不要束缚我才行。态度坦率,为向来所少见。经此强有力之表示后,修正案无形打消。群知其无被采用之希望矣。"⑤9 日,中共参政员秦邦宪、董必武被选为驻会委员。10 日会议闭幕。此次会议之后,宪政运动,即由热转冷。此后未久,国民党中央常务委员会以交通不便、筹备不及为由,宣

---

①中央统战部、中央档案馆编辑:《中共中央抗日民族统一战线文件选编》(下),档案出版社 1985 年版,第 404—405 页。
②由罗隆基等 9 位著名教授、救国会、董必武等三方面分别起草和提供草案,由宪政期成会加以归纳完善并提交大会。
③中国韬奋基金会韬奋著作编辑部编辑:《韬奋全集》第 10 卷,上海人民出版社 1995 年版,第 305 页。
④王世杰著:《王世杰日记》第 2 册,"中研院"近代史研究所 1990 年版,第 252—253 页。
⑤梁漱溟著:《梁漱溟全集》第 6 卷,山东人民出版社 1993 年版,第 569 页。

布国民大会延期举行,但并未说明延期到何时,"宪政高潮,于是低落下来"。①

在1939年9月以后兴起的持续一年左右时间的国民党统治区第一次宪政运动,周恩来和南方局与中间阶级建立了良好的关系,对国民党当局造成颇大的政治压力。同时,周恩来领导的南方局在1939年到1940年初国民党当局发动第一次反共高潮造成国共关系危机的过程中,处理得宜,并进一步受到磨炼。由于周恩来和南方局卓有成效的工作业绩,1940年7月30日到8月8日召开的中共中央政治局会议决定:国民党统治区的党组织,统归周恩来管理,以统一党的领导。在这次讲话中,毛泽东还表示:将来国民参政会的中共党团也在恩来领导下。② 毛泽东的提议获得会议通过。

在周恩来和郭沫若实际领导下的国民政府军事委员会第三厅,按照中共中央和南方局确定的文化工作方针运转,引起国民党方面的不安。在要求全部加入国民党遭到拒绝后,1940年8月,蒋介石亲自下令不愿加入国民党者退出第三厅,但仍无人响应。9月,国民政府以改组军事委员会政治部为名,撤销了政治部第三厅。③ 周恩来得知情况后,向新任军事委员会政治部部长张治中表示:"(第三厅)这批人是为抗战而来的,他们在社会上、在学术文化界中的地位很高,在第三厅来当个科员、科长,你们还不满足,还要他们入国民党。现在,他们向我们党表示,愿去延安,你弄几辆卡车,越快越好,我把他们送到延安去!"④ 张治中想出一个办法,另组一个文化工作委员会,把原来三厅的人调过去,仍由郭沫若领导。⑤ 张治中的上述建议得到蒋介石批准。蒋介石甚至亲自召见三厅的主要负责人郭沫若、杜国庠、冯乃超、田汉和阳翰笙,说打算另外成立一个文化工作委员会,仍由三厅的人参加,让郭沫若主持。周恩来听取汇报后表示可以同意,说"挂个招牌有好处,我们更可以同它

---

① 梁漱溟著:《梁漱溟全集》第6卷,山东人民出版社1993年版,第565页。
② 中共中央文献研究室编:《周恩来年谱(1898—1949)》,中央文献出版社2007年版,第472页。
③ 彭亚新主编:《中共中央南方局的文化工作》,中共党史出版社2009年版,第100页。
④ 中共重庆市委党史研究室等编:《见证红岩——回忆南方局》,重庆出版社2004年版,第448页。
⑤ 张治中著:《张治中回忆录》,中国文史出版社1985年版,第278页。

进行有理、有利、有节的斗争,展开我们的工作"。①10月1日,文化工作委员会正式成立,许多知名人士,如沈雁冰、阳翰笙、冯乃超、舒舍予、沈志远、田汉、洪深、胡风、杜国庠、吕霞光、姚蓬子、郑伯奇、张志让、孙伏园、熊佛西、王昆仑、吕振羽等被纳入其中。该委员会设有三组:第一组负责编辑国际丛刊,第二组负责文艺写作,第三组负责敌情研究,②在南方局的领导下,继续在大后方从事文化工作。

4日,中共中央南方局召开会议,讨论内部的分工。根据周恩来提议,统一战线工作委员会由董必武任书记,叶剑英任副书记,下分军政、党派、社会、青年、妇女五组,分别由叶剑英、秦邦宪、董必武、蒋南翔、邓颖超负责;文化工作委员会由凯丰任书记,周恩来任副书记,下设书店、社科、宣传、新闻等组,分别由徐冰、胡绳、冯乃超、潘梓年等负责;秘书处由童小鹏任秘书;此外,还有国际问题研究室和华侨工作组等机构。③14日,毛泽东致电南方局周恩来、叶剑英,指示要想法设法争取民族资产阶级在抗日民主问题上的合作,指示说:除对生活书店、中华职业育社人员加以联络并鼓励他们去苏北外,也要对黄炎培、江恒源、张一麟、褚辅成等代表人物作联络争取工作,"如果我们能以正确政策争取民族资产阶级,在抗日民主方面与我们合作,在国共斗争方面保持中立,则不仅对孤立大资产阶级有极大帮助,且使我们的新民主主义政策得以开始在全国注目之地区具体实现,对于目前阶段整个革命进程是有帮助的。"④此后,南方局即迅速加强了对黄炎培等人为的代表的典型人物的工作,参加其聚会,共商时局,送阅文件。⑤周恩来还通过在重庆聚兴诚银行经济研究室主任的高兴亚,希望他利用工作职务之便把西南的民族资本家联系起来,一致与四大家族对抗,至少使他们不至于被四大家族吞噬或被诱迫

---

① 中共中央文献研究室编:《周恩来年谱(1898—1949)》,中央文献出版社2007年版,第474页。
② 张治中著:《张治中回忆录》,中国文史出版社1985年版,第677页。
③ 中共中央文献研究室编:《周恩来年谱(1898—1949)》,中央文献出版社2007年版,第479页。
④ 中央统战部、中央档案馆编辑:《中共中央抗日民族统一战线文件选编》(下),档案出版社1985年版,第475页。
⑤ 黄炎培著:《黄炎培日记》第7卷,华文出版社2008年版,第31页。

投入其怀抱。① 随着国民党当局急剧酝酿第二次反共高潮,中间势力的软弱性开始显露。24日,周恩来致电毛泽东和中共中央,忧心忡忡地说:"中间势力一部分已在畏缩,如黄炎培等,一部分已参加反共反苏,如李、白、阎及何公敢等。"②

10月下旬到11月初,周恩来先后与冯玉祥讨论"皓电"、与国民党元老覃振商讨反摩擦办法。冯玉祥主张中共立即复电何、白,"软硬兼用,表面让步,实际自己干";覃振表示愿联络冯玉祥、孙科(国府立法院院长)和于右任等商讨阻止蒋反共的办法。③ 12月24日,第二届国民参政会人选名单由重庆各大报纸正式刊载公布,"既于名额一再扩充,而上届在选之党外人士或敢言之士顾屏除不少,殊失人望。"④ 24、25日,黄炎培、梁漱溟、张君劢、左舜生等人连日聚会,"彼此同声慨叹国民党之褊狭暗劣,不自振作以与全国人共赴国难,乃仇视共产党之外,且排斥及于沈钧儒、章伯钧、陶行知,其不足肩负救亡重任也明矣。广大中间人士如吾侪者,不容自轻责任,必当慷慨而起,联合同心,进而推动两党团结抗敌。"⑤ 认识到"吾辈调解国共,必须有第三者明确的立场和主张",遂密商"新组织问题",⑥拟在统一建国同志会基础上,筹建中国民主政团同盟。旋即第三党的章伯钧加入,并与南方局书记周恩来进行了深入的沟通。⑦

---

① 中共重庆市委党史研究室等编:《见证红岩——回忆南方局》,重庆出版社2004年版,第327—330页。
② 周恩来致中共中央、毛泽东电(1940年10月24日),转自胡大牛主编:《中共中央南方局统战史稿》,人民出版社2008年版,第121页。
③ 胡大牛主编:《中共中央南方局统战史稿》,人民出版社2008年版,第118页。
④ 梁漱溟著:《梁漱溟全集》第6卷,山东人民出版社1993年版,第369页。
⑤ 梁漱溟著:《梁漱溟全集》第6卷,山东人民出版社1993年版,第378页。
⑥ 黄炎培著:《黄炎培日记》第7卷,华文出版社2008年版,第46页。
⑦ 中共中央文献研究室编:《周恩来年谱(1898—1949)》,中央文献出版社2007年版,第491页;黄炎培著:《黄炎培日记》第7卷,华文出版社2008年版,第47页。

二、难以划定的防区问题

全面抗战进入中期的相持阶段后,国共关系一度仍比较密切。1938年11月底,周恩来和叶剑英出席蒋介石在湖南衡山召开的军事会议,就举办游击干部训练班事宜与国民党军政当局达成协议。在经报中共中央同意后,国民党方面决定派叶剑英负责训练班筹建并担任教育长,周恩来为讲师。① 1939年2月15日,在中共高度重视和积极配合下,第一期南岳游击干部训练班在湖南衡山南岳镇开学,中共派出6位教官共30人组成的代表团,叶剑英任团长。4月18—19日,周恩来借到江南视察新四军之便,到该训练班作了题为《中日战争中的政略与战略问题》的报告,②引起强烈反响。南岳游击干部训练班虽然只办了3期,因第一次反共高潮而终止,但是它的积极意义却显而易见。正如叶剑英在给中共中央的报告中指出的那样:"我们认为在统一战线的前途上,这项工作是有不少作用的。我们相信在游击战方面,首先使他们认识了游击战的重要性与非神秘性,实际的体验了游击战中'政治重于军事,民众重于士兵'的真理,这就使那些为着抗战利益的进步学员,找到了一条光明大道,而更接近于我们;同时也给那些少数顽固分子从事实上证明了中共对友军的诚恳态度,与对国家民族的无限忠诚。"③但几乎与此同时,国共两党两军之间的摩擦也在加剧,如1938年12月,周恩来和叶剑英收到朱德等人的电报云:"前方经费目前处于极困难阶段,冬衣尚未完全解决,山西、河南筹粮摩擦特别多,兵工厂经费只能从本月份及明年一月份各拨五万

---

① 中共中央文献研究室编:《周恩来年谱(1898—1949)》,中央文献出版社2007年版,第436页。
② 中共中央文献研究室、中国人民解放军军事科学院编:《周恩来军事文选》第2卷,人民出版社1997年版,第194—206页。
③ 叶剑英等:《关于参加南岳游击干部训练班工作情形给中共中央的报告》,南方局党史资料征集小组编:《南方局党史资料·军事工作》,重庆出版社1990年版,第92页。

元,共十万元,再无法多拨。"①随着国民党五届五中全会秘密制定《限制异党活动办法》,国共两党的摩擦纠纷,在各地不断发生,有些地区甚至"发生武装冲突"②。尤其在1939年冬到1940年春、1940年底到1941年春、1943年夏,相继出现国共关系的三次严重危机。

(一)军事摩擦的加剧

随着中国国民党防共、限共、反共原则的确立和相关政策、措施的秘密颁布,从1939年2月起,中国国民党方面以陕甘宁边区为重点,在各地制造一系列军事摩擦。如4月,国民党山东省政府主席沈鸿烈指使秦启荣部袭击八路军山东纵队第三支队,杀害支队政治部主任鲍辉和干部战士400多人,制造了博山惨案。③6月中旬,河北省民政厅长兼任民军总司令张荫梧率河北民军3000余人,配合日军对冀中的扫荡,率部袭击冀中深县八路军后方机关,屠杀指战员四百余人,制造了深县惨案。④ 6月12日,国民党第27集团军杨森部根据蒋介石的密令,以擅自收留逃兵为由,派重机枪排和手枪队在内的小股军队袭击湖南平江嘉义镇新四军留守通讯处,惨杀新四军平江留守通讯处负责人涂正坤和通讯处军需员吴贺泉,并将湘鄂赣特委书记、八路军少校副官罗梓铭、新四军司令部少校秘书曾金声等活埋,制造了平江惨案。⑤

尽管国民党方面严密封锁消息,但到7月初,平江惨案真相还是被揭露

---

①中国人民解放军军事科学院编:《叶剑英年谱》,中央文献出版社2007年版,第257页。
②张治中著:《张治中回忆录》,中国文史出版社1985年版,第674页。
③章伯锋、庄建平主编:《抗日战争》第3卷,四川大学出版社1997年版,第868页;金冲及主编:《周恩来传》上册,中央文献出版社2008年版,第496页。
④中共中央文献研究室编:《周恩来年谱(1898—1949)》,中央文献出版社2007年版,第451页。说明:事件发生后,刘伯承部奉命反击,一击歼灭张荫梧大部分,再合全歼其残部,张荫梧只身逃脱。到1939年底,河北民军被全部肃清,张荫梧也被蒋介石撤职查办。参见吕正操:《吕正操回忆录》,解放军出版社2007年版,第138—139页;金冲及主编:《毛泽东传》(1893—1949)下册,中央文献出版社1996年版,第542页;张知行、梁蔼然:《抗战初期鹿钟麟在河北》,见《中华文史资料文库》第5卷,中国文史出版社1996年版,第882—890页;张治中著:《张治中回忆录》,中国文史出版社1985年版,第680—681页;郑一民:《张荫梧与河北民军》,《文史资料选辑》第111辑(合订本),中国文史出版社2000年版,第175—203页;郑一民:《"摩擦专家"张荫梧》,《中华文史资料文库》,中国文史出版社1996年版,第1538—1540页。
⑤南方局党史资料征集小组编:《南方局党史资料·党的建设》,重庆出版社1990年版,第317页;《董必武年谱》编纂组编:《董必武年谱》,中央文献出版社2007年版,第145—146页。

出来,引起新四军、八路军和边区军民的愤慨。周恩来在延安得知真相后,向国民党方面提出严正抗议。8月初,中共中央召开政治局会议,研究统一战线的新情况和国共两党问题的对策,决定利用平江惨案,对国民党方面进行政治反击。1日,中共中央在延安召开追悼平江惨案死难烈士大会,毛泽东发表讲话说:平江惨案这件事非同小可,是全国的事,是很大的事,我们一定要反对!"现在国内流行一种秘密办法,叫做什么《限制异党活动办法》,其内容……是不利于抗战,不利于团结,不利于进步的","这种办法就是破坏团结的种种罪恶行为的根源。我们今天开这个大会,就是为了继续抗战,继续团结,继续进步。为了这个,就要取消《限制异党活动办法》,就要制裁那些投降派、反动派,就要保护一切革命的同志、抗日的同志、抗日的人民。"①9月16日,毛泽东在延安会见全国慰劳总会北路慰问团随行记者,当记者问到中共对待摩擦的态度时,毛泽东说:"我可以率直地告诉你们,我们根本反对抗日党派之间那种互相对消力量的摩擦。但是,任何方面的横逆如果一定要来,如果欺人太甚,如果实行压迫,那末,共产党就必须用严正的态度对待之。这态度就是:人不犯我,我不犯人;人若犯我,我必犯人。但我们是站在严格的自卫立场上的,任何共产党员不许超过自卫原则。"②11月11日,国民党第三十一集团军总司令部少将参议耿明轩,奉汤恩伯的命令,指挥1800余人,围攻河南确山竹沟镇的新四军第八团留守处。为了保护伤病员和工作人员的生命安全,留守处奋起自卫,坚持战斗2天1夜,终因寡不敌众,部分人员被迫撤出竹沟。国民党方面进入竹沟镇后,惨杀新四军伤病残人员、家属及群众200余人。惨案发生后,中共中央严肃追究事件真相,隆重追悼被害烈士。③1939年冬到1940年春,在四川綦江又发生綦江战干团惨案。战干团的全称为国民政府军事委员会创设战时工作干部训练团,成立于1938年春。其中,战干团一团下辖三个总队,初设武昌,后迁四川綦江,又称綦江战干团,教育长桂永清为实际负责人。1939年冬到1940年春,借口共产党在学生中

---

①《毛泽东选集》第2卷,人民出版社1991年版,第577、578页。
②《毛泽东选集》第2卷,人民出版社1991年版,第590页。
③章伯锋、庄建平主编:《抗日战争》第3卷,四川大学出版社1997年版,第883页。

组织暴动,桂永清指使部属对綦江战干团第五期、第六期的进步学生,进行屠杀,先后一两百人(一说二百余人)被害。① 此外,1940年3月14日,国民党特务康泽指使数百人化装成贫民,闯进成都重庆银行,诬陷共产党策划饥民抢米、妄图暴动,胁迫地方军阀逮捕八路军驻成都代表罗世文等,史称成都抢米事件。②

陕甘宁边区作为重点地区,从1939年年初就摩擦不断,6月更加摩擦严重,7月12日,毛泽东提出"保卫边区"的任务。③ 关中、绥德、陇东是陕甘宁边区摩擦最激烈的区域。关中地区及其附近的鄜县、甘泉一带地处陕甘宁边区的南边,是陕甘宁边区与外界联系和往来的主要通道所在,这里也是胡宗南的防区。年初,奉命撤退到该区域栒县土桥镇八路军残废院,遭到国民党保安队围攻,被迫转移到栒县县城。5月底,国民党地方武装又向栒县县城的中共留守留守兵团独立一营进攻。在寡不敌众情况下,中共留守留守兵团独立一营退出县城,掉队的残废院17名重残人员被国民党保安队逮捕杀害。当地国民党地方军政当局抓扣中共方面往来人员,抓扣前往陕甘宁边区青年的事例更多。绥德地区由于历史原因,中共边区政府和国民党方面分别任命的县长及其他行政人员同时存在的情况比较普遍,尤其是国民党方面的行政督察专员何绍南以摩擦专家著称,他以确保地方治安为名、收买兵痞等扩编保安队,大事制造摩擦。陇东地区属第八战区司令长官兼甘肃省主席朱绍良的防区,朱绍良对中共表面友好,实际反共,是该地区制造摩擦的幕后人物。对于摩擦,中共方面采用一方面交涉,一方面斗争的办法应对。如通过与朱绍良所派代表的谈判,双方达成"暂维现状,听候双方中央解决"的协议。对于比较严重的摩擦,采用从政治予以揭露的宣传战来应对,迫使国民党方面

---

① 周振强:《四川綦江战干团惨案回忆》,《文史资料选辑》第5辑(合订本第2卷),中国文史出版社2000年版,第123—126页;刘非:《綦江惨案亲历记》,见《中华文史资料文库》第5卷,中国文史出版社1996年版,第211—215页;张治中著:《张治中回忆录》,中国文史出版社1985年版,第680—681页。
② 中共中央统一战线工作部、中共中央文献研究室编:《周恩来统一战线文选》,人民出版社1984年版,第464页注释61。
③ 金冲及主编:《毛泽东传》(1893—1949)下册,中央文献出版社1996年版,第540页。

不能不有所收敛。①

　　7月3日到8月25日,中共中央多次召开政治局会议,讨论形势特别是统一战线问题,布置反摩擦斗争。② 9月,王震的359旅奉命返回陕北。③ 11月,国民党方面在西北、华北、华中三区订颁《处理异党问题实施方案》。12月,胡宗南部进驻陕甘宁边区五县,加剧了两党关系的恶化。④ 在1939年冬到1940年春的国共关系危机中,⑤以1939年12月阎锡山策划发动的晋西事变(又称十二月事变、晋西新军事变、新军事变)最为严重。⑥ 事变中收到袭击的山西新军即山西青年抗敌决死队,成立于1937年8月,名义上归阎锡山领导,实际上是中共领导的武装。这支抗日武装成立时只有一个团,很快发展到50个,并与八路军协同作战,使阎锡山深感不安。为消灭这支武装,1939年12月1日,阎锡山以发动冬季攻势为由,命令山西新军决死二纵队为第一线、晋绥军第19军和第61军等部为第二线,向同蒲线日军展开军事行动,预定日进行大举破击,但在3日,第19军突然包围决死二纵队旅部,逮捕44名政工干部。4日到6日,第19军和第61军捣毁永和、隰县、蒲县、临汾、洪洞、赵城等县抗日民主政府和牺盟会领导机关,杀害洪洞县长高希敏、蒲县县长李玉波、牺盟会临汾特派员李存文、中共洪赵地委宣传部长刘钧等共产党员和进步人士多人,并杀害八路军晋西支队隰县后方医院伤病员数十人。7日,决死二纵队政治部主任韩钧致电阎锡山,表示自卫决心。阎锡山则诬称决死二纵队"叛变",通令"讨伐"。这就是晋西事变。⑦ 之后,决死二纵队一面抵抗日军,一面自卫,在八路军的协助下,苦战突围,转入晋西北。⑧

　　八路军在晋西北、晋东南、太行山等处,立即行动,组织反击,先后取得反

---

①萧劲光:《陕甘宁边区的反摩擦斗争》,《中共党史资料》第20辑,中共党史资料出版社1986年版,第27—48页。
②金冲及主编:《毛泽东传》(1893—1949)下册,中央文献出版社1996年版,第541页。
③萧劲光著:《萧劲光回忆录》,当代中国出版社2013年版,第105页。
④张治中著:《张治中回忆录》,中国文史出版社1985年版,第674—675页。
⑤中共中央党史研究室著:《中国共产党历史》第1卷下册,中共党史出版社2002年版,第694页。
⑥金冲及主编:《毛泽东传》(1893—1949)下册,中央文献出版社1996年版,第546页。
⑦梁来茂主编:《回眸晋西事变》,吕梁市政协学习宣传与文史资料委员会2008年版,第40页。
⑧薄一波著:《七十年奋斗与思考》上卷,中共党史出版社1996年版,第284页。

摩擦的胜利。到1940年2月,八路军与国民党中央军在河北等地就划定防线达成协定。① 4月24日,中共与阎锡山在陕西秋林达成相关协议,晋西事变得到和平解决。② 根据八路军取得反摩擦斗争胜利的实践,毛泽东在1940年3月11日中共高级干部会议上,从理论上归纳了反摩擦的经验。毛泽东说:"抗日战争胜利的基本条件,是抗日统一战线的扩大和巩固。而要达此目的,必须采取发展进步势力,争取中间势力,反对顽固势力的策略,这是不可分离的三个环节,而以斗争为达到团结一切抗日势力的手段。在抗日统一战线时期中,斗争是团结的手段,团结是斗争的目的。以斗争求团结则团结存,以退让求团结则团结亡,这一真理,已经逐渐为党内同志们所了解。但不了解的依然还多,他们或者认为斗争会破裂统一战线,或者认为斗争可以无限制地使用,或者对于中间势力采取不正确的策略,或者对顽固势力有错误的认识,这些都是必须纠正的。"毛泽东强调:"争取中间势力,就是争取中等资产阶级,争取开明绅士,争取地方实力派。这是不同的三部分人,但都是目前时局中的中间派。""在中国,这种中间势力有很大的力量,往往可以成为我们同顽固派斗争时决定胜负的因素,因此,必须对他们采取十分慎重的态度。"毛泽东说:对于顽固派的斗争,应注意自卫、胜利、休战三个原则,"换一句话来讲,就是'有理''有利''有节'"。③ 之后,毛泽东又指出:3月份,已经能够明显地看出"民族资产阶级与开明绅士的态度与大资产阶级大地主有区别"。④

(二)防区问题的症结

当军事摩擦在西北、华北、华中各地不断出现之际,1939年6月8日,周恩来向陈诚提交了一分解决两党冲突问题的建议案,内容涉及陕甘宁边区辖区及组织、河北摩擦、八路军扩编等问题,陈诚当即呈报蒋介石。⑤ 由此开启

---

① 金冲及主编:《毛泽东传》(1893—1949)下册,中央文献出版社1996年版,第552页。
② 梁来茂主编:《回眸晋西事变》,吕梁市政协学习宣传与文史资料委员会2008年版,第51页。
③ 《毛泽东选集》第2卷,人民出版社1991年版,第745—750页。
④ 中共中央文献研究室编:《毛泽东书信选集》,中央文献出版社2003年版,第147页。
⑤ 杨奎松著:《抗战前后国共谈判实录》,新星出版社2013年版,第127—128页。

了国共两党在全面抗战中期长达一年半的第一次谈判。两天后的10日晚，蒋介石特召周恩来、叶剑英晤谈，提出中共不能自居于国家体制之外、中共必须恪守中央命令、不允许先造成事实以强迫政府等解决各地纠纷的六项要求及原则。但接着就发生平江惨案，说明蒋介石和国民党方面，已经确实已经开始从政治和军事双管齐下的办法来压迫中共。本月中旬，周恩来和叶剑英面见蒋介石，谈河北摩擦和冲突问题。蒋介石表示：八路军不停止进攻就不能谈具体问题。周恩来指出：并非八路军进攻，而是八路军被人所攻。最后双方同意派人调查。① 18日，周恩来离开重庆返延安，向中央报告蒋介石的提议，并汇报工作，研究摩擦问题解决办法，南方局书记职务由秦邦宪代理。② 周恩来回延安后，在7月10日骑马摔伤，一时间难以回重庆，国共之间的谈判，暂时中断。③

9月9日到18日，国民参政会第四次会议在重庆召开，王明从延安到重庆参加了这次参政会。蒋介石利用此一时机，约王明、秦邦宪谈话，双方就《防制异党活动办法》、河北摩擦、平江惨案等问题交换了意见。蒋介石表示，愿意一个月见两次中共代表，并可指定代表与中共继续接洽。④

11月中旬，国民党方面决定先与中共军方代表叶剑英就八路军人事经理和财经货币问题进行商谈。何应钦要求中共军队不得发行纸币，国民政府中央有权委派人员到八路军中任职，有权监督八路军经费使用等。叶剑英表示钞票问题为河北省政府管辖的问题，人事任免则早已解决，经费也不存在移作他用问题等等，商谈无结果。何应钦遂提出三项条件：1. 所有十八集团军在冀南发行的钞票，立即收回销毁；2. 第十八集团军各军师政治部人员应由军委会政治部委派；3. 十八集团军步兵团长以上，特种兵营长以上，应呈请军事委员会委员长任命；中央经费应直接发到师部，师军需处长应由军需署

---

① 中共中央文献研究室编：《周恩来年谱（1898—1949）》，中央文献出版社2007年版，第451页。
② 秦孝仪主编：《中华民国重要史料初编——对日抗战时期》第5编（4），中国国民党中央委员会党史委员会1985年版，第217—218页；中共中央文献研究室编：《周恩来年谱（1898—1949）》，中央文献出版社2007年版，第452页。
③ 由于延安医疗条件的限制，周恩来于9月13日，转赴苏联疗伤，1940年3月底回到延安，5月31日返回重庆。
④ 杨奎松著：《抗战前后国共谈判实录》，新星出版社2013年版，第134页。

委派。以上各项若能切实办到,则中央可准予增编三个师,或按乙种军编制增编为三个军。对此,叶剑英表示,钞票问题纯为冀南行政公署事,只有八路军代表参加河北省府后方能过问;八路军的人事经理问题早已按中央要求办理,惟政治部及军需署派人办不到;扩编为三个师或三个乙种军亦不可能,八路军已达22万人,请准予扩编为三个甲种军九个甲种师。[1]

随着晋西事变向着有利于共产党的方向迅速演变,国民党方面对于解决国共之间军政摩擦和冲突的态度更为急切。1940年1月4日,何应钦约叶剑英谈话。关于陇东冲突,何说,迭据报告,均说明系十八集团军部队先行进攻,现已电萧劲光转饬停止军事行动,并派大员前往调查。叶剑英回答说:双方派遣代表前去调查。关于边区问题,何称:委座从未承认过所谓边区,且林伯渠去年2月12日致行政院函亦只说到18县,今忽要求23县,未免矛盾甚多。个人意见,可于林伯渠与蒋鼎文案之间,取一折中办法,划一专员区,并使军政分离。叶剑英回答说:边区问题早有行政院三三三次会议通过办法,当时只因人选问题未能求得一致,以致未能实行。关于八路军第359旅回援陕北事,何称:委座对此非常重视,并说阎锡山、邓宝珊均有电报说明事前并未下令该旅西渡,故请照委座令将该旅撤回。叶剑英回答说:关于边区名称、三五九旅等事,须向延安报告,但该旅开回,一因巩固河防,二则因要确保延安与晋冀间之联络线,闻中央有将高桂滋军开驻陕北之意,如此问题将更复杂。何应钦还提到山西新军事变、冀南纸币等问题,并中共取消"违令扩充"的部队及"非法"设立的军区。叶剑英说:这些军队和军区都是在抗日斗争中发展起来的,肩负着沉重的抗敌任务,不能取消。双方争执激烈,谈判无结果,商定日后继续谈判。[2] 5日,张冲受蒋介石命与叶剑英谈判,提要求八路军359旅回到河东。叶剑英说:359旅撤回可以,但须在中央军队陆续从边区周围撤走才有可能,否则有继续增兵的必要。如中央能够办到:1.把边区周

---

[1] 中国人民解放军军事科学院编:《叶剑英年谱》上卷,中央文献出版社2007年版,第278—279页。

[2] 秦孝仪主编:《中华民国重要史料初编——对日抗战时期》第5编(4),中国国民党中央委员会党史委员会1985年版,第221—223页;中国人民解放军军事科学院编:《叶剑英年谱》上卷,中央文献出版社2007年版,第282页。

围军队调赴前线,陕甘驻军恢复骑二师进军前之状态;2.绝对不增调任何军队赴绥德、吴堡、清涧,陕北行政专员何绍南撤职;3.解决陕甘宁边区问题;4.承认扩军,则359旅过河当可商量。① 6日,叶剑英、张冲继续谈判。张转达何应钦的答复:1.已下令陇东停止军事行动,着朱绍良派人调查解决,中央军可后撤;2.何绍南决不再去,高桂滋军亦不调;3.陕甘宁边区问题解决困难甚多,尤其陕甘宁三省当局反对,可否找一折中的办法? 4.扩军事于事态平息后,由何应钦负责向蒋提出实行。叶剑英表示:调查应由双方派人去;对边区问题的解决须按原决定发表,绝无折中的余地。9日,谈判继续。张称蒋介石、何应钦已内定以下解决国共军事问题的方案:1.撤换何绍南;2.骑二师撤回洛川以南;3.解决边区问题,以免再发生冲突;4.高桂滋不调;5.八路军扩编为三个军六个师;6.359旅过河东,冀南纸币停止发行。② 同日,叶剑英再次同何应钦谈判。何提出解决陕甘宁边区问题的方案仍是改边区为专员区,并划给14县,即从原定18个县中划去淳化、旬邑、正宁、宁县4县。并称:该4县接近公路和西安,常生摩擦。叶剑英表示反对,并提出扩军非九个师不可。10日,中共中央就陕甘宁边区、山西新旧军冲突、河北摩擦、八路军扩军、新四军、竹沟惨案等同国民党交涉指示南方局:陕甘宁边区应为23县,少一县也不行;河北方面,委任朱德为冀察战区总司令兼河北省主席,贺龙为察哈尔省主席,撤销鹿钟麟、石友三,拒绝庞炳勋;调停山西新旧军冲突;八路军扩至3个军9个师,22万人,月饷440万元;新四军编3个师,5万人,月100元,并补充1000万发子弹。11日,中共中央又指示南方局,先解决边区和扩军问题。17—19日,叶剑英应约接连同何应钦、张冲等谈判。何、张提出国民党关于两党军事问题及陕甘宁边区问题的条件:1.边区名称为陕北行政区;2.暂时隶属行政院;3.县数15县;4.十八集团军扩军3军6师;5.359旅至少要有一部分过河东,以给中央面子。③ 25日,中央书记处就谈判中不能让步

---

① 中国人民解放军军事科学院编:《叶剑英年谱》上卷,中央文献出版社2007年版,第283页;秦孝仪主编:《中华民国重要史料初编——对日抗战时期》第5编(4),中国国民党中央委员会党史委员会1985年版,第223—224页。
② 中国人民解放军军事科学院编:《叶剑英年谱》上卷,中央文献出版社2007年版,第283页。
③ 中国人民解放军军事科学院编:《叶剑英年谱》上卷,中央文献出版社2007年版,第285页。

问题指示南方局：

> 中央前电所提边区扩军等各条件都是最低限度的，正当的，合理的，不能再让步，在彼方军事限共到处发展情况下，稍一让步，即可造成彼方向我进攻的机会，故如彼方能迅速承认我方所提各点，则可照此解决，否则，我们须考虑增加扩军数与经费数，并以晋、察、冀、鲁四省及豫东、皖北、苏北全部划为我军防地，方于抗日有利。边区问题在目前形势下，不仅二十三县不能少，而且须考虑增至二十八县方能巩固后方，否则，敌在华北、西北之军事摩擦将无止境，抗日阵地将大受破坏也。①

尽管双方均不肯让步，两党间的商谈"完全陷于停顿"。② 但随着晋西事变的逐渐平息，国共第一次危机在 1940 年 1 月中旬大体上还是缓和了下来。③

随着华中摩擦的急剧升温，谈判关注的焦点，开始转向华中。就在 2 月 9 日，毛泽东为中共中央起草致南方局电中明确提醒：中央同意南方局所说现在同国民党谈判的中心，已不是陕甘宁边区应为 23 个县、八路军扩编为 9 个师的问题，而是全国摩擦问题。望据此观点与国民党谈判停止摩擦的有关问题。④ 3 月下旬，蒋介石严令长江以北新四军部队撤到到长江以南，⑤企图以此截断八路军、新四军的联系。进入 4 月，顾祝同一再致电项英，要新四军江

---

① 中央统战部、中央档案馆编：《中共中央抗日民族统一战线文件选编》（下），档案出版社 1985 年版，第 365 页。
② 秦孝仪主编：《中华民国重要史料初编——对日抗战时期》第 5 编（4），中国国民党中央委员会党史委员会 1985 年版，第 218 页。
③ 1940 年 1 月 16、18 日，毛泽东不同场合分别表示：晋西北新旧军的斗争，我们大体上已胜利了。又说：在山西的反摩擦斗争中，我们取得了胜利。参见中共中央文献研究室编：《毛泽东年谱（1893—1949）》中卷，中央文献出版社 1993 年版，第 160 页。
④ 中共中央文献研究室编：《毛泽东年谱（1893—1949）》中卷，中央文献出版社 1993 年版，第 167 页；杨奎松著：《抗战前后国共谈判实录》，新星出版社 2013 年版，第 144 页。
⑤ 杨奎松著：《抗战前后国共谈判实录》，新星出版社 2013 年版，第 146 页。

北部队全部南调,"不得故意延宕,否则以违抗命令,破坏抗战论处。"①4月16日,项英致电中共中央谓:"袁到上饶正求缓和,以我估计,江北部队不南调,冲突仍不免,全国局势日益恶化,我主张将近调江北之叶张两移全部急返江南,以应大事变。"中共中央同意中原局书记刘少奇的看法,即蒋介石、顾祝同强令新四军江北部队南调是准备消灭新四军的计划,②不同意项英的意见。

5月22日,国民政府军事委员会西安办公厅副主任兼任政治部主任谷正鼎奉第十战区司令长官蒋鼎文之命,在西安与八路军总司令朱德谈判。朱德要求国民党方面发还被扣钢铁及释放被扣人员,并盼今后对八路军后方交通联络加以保护,被国民党方面拒绝,反而要求八路军服从命令,将王震部撤回原防等等。③谷正鼎还以叶挺已经离开新四军部队为由,向朱德提出重新解决新四军问题。

周恩来于3月底回到延安,5月31日返回重庆,继续国共之间的谈判。抵达重庆当日,周恩来即接到中共中央电报,要求在与叶挺的谈话中,确定其在新四军的实际地位与职权,以保障其安心工作。④周恩来迅速处理了新四军相关问题后,于6月中旬又制订出全面调整和解决国共两党关系的六月方案:

> 一、请实行抗战建国纲领所规定之人民集会结社言论出版之自由。甲、请明令保障各抗日党派之合法存在。乙、请即释放一切在狱之共产党员,并保障不因党籍信仰之不同而横遭扣留、拘禁、非刑与歧视。丙、请停止查禁各地抗日之书籍杂志,对新华日报之出版发行请予法律保障,禁止各地之非法扣留,并允许该报登载中共之

---

① 刘树发主编:《陈毅年谱》上卷,人民出版社1995年版,第272页。
② 中共中央文献研究室编:《毛泽东年谱(1893—1949)》中卷,中央文献出版社1993年版,第186—187页;中共中央文献研究室编:《刘少奇年谱》上卷,中央文献出版社1996年版,第281页。
③ 秦孝仪主编:《中华民国重要史料初编——对日抗战时期》第5编(4),中国国民党中央委员会党史委员会1985年版,第225页;中共中央文献研究室编:《朱德年谱》,中央文献出版社2006年版,第965页。
④ 中国人民解放军历史资料丛书审编委员会编:《新四军·文献》(1),解放军出版社1994年版,第108页。

文件其领导人之言论文字。丁、请通令保护第十八集团军及新四军之军人家属,一律按抗战军人家属优待,禁止非法骚扰和残害。

二、请在游击区及敌占领区内实行抗战建国纲领所规定之指导及援助人民武装抗日,并发动普遍的游击战,对各该地区之地方政权,请予开放,实行民主,对当地民众组织,力予扶植,使各党各界之人才,均充分发挥反对敌伪斗争之能力与效果。为加强经济战争,避免敌人吸收法币,夺取外汇起见,请批准各游击根据地发行以法币为基金之地方流通券。

三、关于陕甘宁边区第十八集团军及新四军问题:甲、请明令划定延安、延长、延川、保安、安定、安塞、甘泉、鄜县、定边、靖边、淳化、栒邑、宁县、正宁、庆阳、合水、环县、盐池及河防之绥德、米脂、吴堡、葭县、清涧共二十三县,为陕甘宁边区,组织边区政府,隶属行政院,并委任林祖涵(林伯渠——引者)同志为边区政府主席。乙、请扩编第十八集团军为三军九师,其所属游击部队按各战区所属游击部队同等待遇。丙、请增编新四军为七个支队。丁、为确定战争职责及避免误会和冲突计,请规定第十八集团军新四军与友军作战分界线。戊、请依同等待遇,按时补充第十八集团军新四军以枪械、弹药、被服、粮秣及卫生通信交通等器材。①

7月2日,国民党方面提出了一个包括党的问题、陕甘宁边区问题、十八集团军及新四军作战地域和编制等办法在内的复案。其中规定:党的合法性问题俟宪法颁布后再谈;陕甘宁边区范围为14县多一点,名称为陕北行政区;八路军新四军全部或大部分调入河北省境内等,内容与中共方面的要求距离太远。经过数次交换意见后,国民党方面于中旬决定以《中央提示案》的方式向中共表明主张。为与中共达成妥协,该案在制订过程中并与周恩来有

---

① 南方局党史资料征集小组编:《南方局党史资料·统一战线工作》,重庆出版社1990年版,第50—51页。

所沟通。16日何应钦把该《中央提示案》呈送蒋介石审处。①

中央提示案

一、关于党的问题

中央最后决定：依照抗战建国纲领第二十六条之规定。

二、关于陕甘宁边区问题

中央最后决定：

区域　为绥德、米脂、吴堡、葭县、清涧、延安、延长、延川、保安、安定、安塞、甘泉、鄜县，及定边、靖边两县之各一部（定边县城不在内，靖边县城在内），甘省之合水、环县及庆阳之一部（县城在内），以上共十八县（内定边、靖边、庆阳不完整），其全部区域如附图②。

名称　改为陕北行政区。其行政机关称为陕北行政区公署。

隶属及管辖　陕北行政区公署暂隶属行政院，但归陕省府指导，并直接管辖该区内所属各县。

组织　区公署设主任一人，其详细组织，由政府以命令定之。县以下之行政机构，一律不得变更。

政令　区内政令，一律遵照政府现行法令办理。

人员　区内主任及各县县长，准由18AG保请政府任命。

驻军　18AG在陕甘宁留守部队，一律撤至该区内。

附件

1. 除此一区外，其他任何地方，一律不得援例。

2. 在绥德须设立军事委员会办事处及驻军。

3. 各方面公务人员，以及公物等件，经过该区时，不得留难。

4. 区内不准擅自发行钞票。

5. 区内人民有反共情绪者，一律不得加以仇视。

三、关于18AG及N4G作战地境问题

---

① 该案为第一次《中央提示案》。
② 此处图略。

中央最后决定：

（一）取消冀察战区，将冀察两省及鲁省黄河以北并入第二战区，阎锡山仍任战区司令长官，卫立煌、朱德仍分任副司令长官。

注：（略）

第二战区之地境如附图，但此项地境为临时性非永久性，亦非政治性，军事委员会之作战命令，绝对不受限制。

（二）关于作战指挥，应由战区司令长官，禀承军委会命令办理。各副司令长官，应绝对服从司令长官之命令，实行作战，并不得干涉战区内各省之政治党务，或擅发钞票。

（三）为遂行作战便利起见，晋东南方面由卫副司令长官，冀察两省鲁北及晋北之一部分，由朱副司令长官负责。晋西南方面，由战区司令长官直接负责。关于晋省内作战地境之细部划分，由阎长官统筹呈军委会核定。

（四）18AG全部及N4G全部扫数调赴朱副司令长官负责之区域内，（即冀察两省及鲁北晋北），并将N4G加入第十八集团军战斗序列，归朱副司令长官指挥。

（五）18AG及N4G须于奉命后一个月内，全部开到前条之规定地区内。

（六）18AG及N4G调赴前条规定之地区后，不得在原驻各地设立留守处办事处通讯处，及其他一切类似机关。

（七）18AG及N4G在前条规定之地区内，非奉军事委员会命令，不得擅自越出战区地境线外。又除军事委员会别有命令规定外，在其他各战区，以及任何地方，一律不得再有18AG及N4G名义之部队。

（八）冀察二省主席，由中央遴选任命，省府委员得由战区总司令保荐三至五人。

四、关于18AG及N4G编制问题

中央最后决定：

（一）18AG 除编为三军六个师三个补充团外，再增加两个补充团，不准有支队（师之编制为整理师，两旅四团制）。

（二）N4G 编为两个师（师之编制为整理师两旅四团制）。

（三）18AG 及 N4G 应遵守下列各条：

1. 绝对服从军令。

2. 所有纵队支队，其他一切游击队，一律限期收束。编军之后，不得再委其他一切名义，或自由成立部队。

3. 军事委员会，随时派员点验。

4. 人事经理遵照陆军法规办理，经费暂以军为单位，直接向军需局请领。

5. 对于所属官兵之待遇，须遵照中央规定之饷章，军事委员会随时派员点验。①

该案在 20 日由蒋介石交下，旋交中共方面，27 日周恩来带上该案飞回延安。7 月 30 日和 8 月 4 日、7 日、8 日，中共中央政治局连续开会听取周恩来关于南方局工作和统一战线工作的报告，并交换意见。② 经过一系列的研究，中共中央初步形成了关于国共谈判的方案和看法。8 月 12 日，中共中央向彭德怀、刘少奇、项英等发出通报，介绍了谈判的内容，并判断目前仍是拖的局面。通报全文如下：

（甲）恩来上月底回延。国共谈判具体内容：（一）边区承认十八县（绥德五县在内），我方主张以现状划界。（二）八路军三军六师加六团，新四军两两师，我方要求八路三军九师，新四军三师。（三）国方要求划区，以八路、新四开旧黄河北岸与友军分处，我方原则同意划区，但必须实现：（1）各党派在全国合法权。（2）人民在全

---

① 秦孝仪主编：《中华民国重要史料初编——对日抗战时期》第 5 编（4），中国国民党中央委员会党史委员会 1985 年版，第 218、227—230 页。
② 金冲及主编：《周恩来传》下册，中央文献出版社 2008 年版，第 524 页。

国敌区游击权(包括所有游击部队)。(3)八路、新四正规军之足够的战区(华北五省)。(4)八路、新四之足够的补给(目前及今后之枪弹补给)。(5)中共在冀察行政领导权(主席),及其他游击区之行政权。(6)八路、新四之发展保证(扩充补充)。

(乙)国民党在国际局势激变后,已发生抗战与投降两派斗争,前者是主张亲苏合共及政治改良,后者则主张反苏剿共及政治倒退。近卫登台前,英美派有与亲日派协商投降的危险,近卫登台后英美派亦不得不被迫而倾向抗战派的主张,但仍未脱离对苏疑虑,对共压制,对改良踌躇的动摇。故亲苏合共与政治改良的方向虽有了,但实现仍须时日,目前仍是拖的局面,并也未失去坏转的可能。

(丙)在此局势下国共谈判,我们利于解决某些局部问题(如边区扩军等),以促进变化,而国民党则企图以局部让步采取我方大让步,因此,还须待各方变动与各方压力,在国内争取中间势力,特别是争取二百万友军,反对剿共,至少是对剿共消极,以孤立和分化顽固势力,仍成为推动时局的中心一环。

(丁)谈判的具体对策另电告,在没有任何决定前,你们仍应努力于可能范围内有利于抗战的局部发展,局部谈判(如皖东、淮北)与局部解决。①

8月16日,在中共中央政治局会议上,周恩来就谈判中要解决的悬案有三项:一是边区问题,按现在地区不变,名义上可以让点步,改为陕北行政区;二是扩军问题,要求准八路军成立三军九师、新四军成立三个师;三是划分作战区域问题,可以同意,但河北、察哈尔两省政府主席要由中共保荐,要保证八路军、新四军的作战权,对八路军、新四军要与国军同等待遇,并允许补充。毛泽东同意周恩来的意见。② 25日,周恩来经兰州飞返重庆。28日,同蒋介

---

①中央统战部、中央档案馆编辑:《中共中央抗日民族统一战线文件选编》(下),档案出版社1985年版,第450—451页。
②中共中央文献研究室编:《周恩来年谱(1898—1949)》,中央文献出版社2007年版,第473页。

石、白崇禧行会谈,主要涉及边区辖区、八路军、新四军扩编等。蒋、白坚持要求八路军、新四军一律开到黄河北岸,并坚持主张共产党游击队应留在当地交战区司令长官指挥。周恩来在加以拒绝的同时,将会谈情况报中共中央书记处,并提出:必须打破蒋、何、白及顽固分子归罪于我们的宣传。军队问题方面,坚决以我们五十万军队要抗战、开到黄河以北无法生活为理由,与之针锋相对作斗争。① 之后,周恩来又同何应钦会谈,仍无进展。② 9月初,周恩来将与中共中央商定的复案交张冲转交国民党中央。③ 该案重要内容为:

一、悬案应行解决者:(甲)请依陕甘宁边区现在所辖之区域划为陕北行政区,其区内组织另以命令定之;(乙)请扩编第十八集团军为三军九师,其编制照甲种军及调整师办理;(丙)请改编新四军为三个师,其编制亦照甲种军及调整师办理;(丁)请改组冀察两省政府,两省政府主席由中共方面保荐,省府委员应包括各抗日有关方面人员。

二、关于划分作战区问题:(甲)同意第十八集团军及新四军应划定作战地区及与友军之作战分界线;(乙)但为实行上项原则,应请中央解决以下各项问题:……子、各抗日党派之全国合法权:1.请中央明令保障各抗日党派及各抗日人民团体之合法存在;2.请即释放一切在狱之共产党员及其他抗日分子,并保障不因党籍信仰之不同而横遭扣留拘禁非刑与歧视;3.请停止查禁各地抗日之书报杂志,对《新华日报》出版发行请予以法律之保障,禁止各地非法扣留,并允许该报登载中共之文件决议及其领导人之言论文章;4.请通令保护第十八集团军及新四军之军人家属,一律照抗战军人家属优待,禁止非法骚扰和残害。丑、中国人民之敌后游击权:1.请明令指导及援助在敌占地区广大发展抗日的人民武装游击队;2.请明令规

---

①中共中央文献研究室编:《周恩来年谱(1898—1949)》,中央文献出版社2007年版,第473—474页。
②金冲及主编:《周恩来传》下册,中央文献出版社2008年版,第525页。
③中共中央文献研究室编:《周恩来年谱(1898—1949)》,中央文献出版社2007年版,第475页。

定在敌占地区实行政权开放,建立民主的抗日政权,并扶植抗日的民众组织之发展;3.请明令规定各抗日游击区有发行以法币为基础的地方流通券之权,以加强各该区的经济战争,封锁敌人吸收法币夺取外汇。寅、第十八集团军新四军之作战权:1.请规定以华北五省为第十八集团军及新四军部队之作战地区,并规定其与友军在该区内作战之分界线;2.请依同等待遇按时补充第十八集团军及新四军的枪械弹药被服粮秣及卫生通讯交通等器材;3.请依扩军成例,先行补充十八集团军及新四军一批枪械器材以便继续作战。①

同时,周恩来还向国民党提出关于调整作战区域及游击部队的三项具体要求:一、扩大第二战区至山东全省及绥远一部;二、按照十八集团军、新四军及各地游击部队全数发饷;三、各游击队留在各战区划定作战界线,分头击敌。② 这些提议均被国民党方面搁置,谈判再次僵局。

9月到10月苏北成为国共两党军事摩擦和冲突的焦点,10月初,黄桥一战,顾祝同在苏北的主要力量韩德勤遭受重创,新四军则在苏北站稳脚跟。作为对此事的反应,10月19日,何应钦、白崇禧以国民政府国民革命军正、副参谋总长身份发出皓电,把国民党方面7月份的《中央提示案》以最后通牒的方式提出,限令八路军、新四军如期压缩编制,开赴黄河以北。11月9日,以佳电回答国民党,告知新四军决定撤退到长江以北。随着皖南事变的发生,到1941年初,国共之间的第一次谈判停止。

关于这次谈判,周恩来在中共七大发言中回顾说:"第一次反共高潮过去了,就来了个第一次谈判。我们的方针是有理、有利、有节。我们打了胜仗不骄傲,还是和他谈判。我们是相忍为国。那次是我出去谈判的。我们和他一谈判,他就想讨一点便宜。那时谈判有四件事:党的合法,边区的承认,军队的增加,还有作战地区的划分。中心是在第四条。他就是想把我们赶到黄河

---

① 《中国共产党复案》(1940年8月),转自杨奎松著:《抗战前后国共谈判实录》,新星出版社2013年版,第157—159页。

② 中共中央文献研究室编:《周恩来年谱(1898—1949)》,中央文献出版社2007年版,第475页。

以北,不要新四军在长江以南。那个时候有几'北':山东是鲁北,山西是晋北,还有一个黄河以北。他是想把我们都往北送,这真是'投畀有北'。那我们就不干,所以发生了严重的争论。他毫无让步。我们作了一点让步,答应皖南部队退到长江以北,也是一个'北',叫做江北。但是他还不干,来了一个何白《皓电》,要我们到黄河以北,也是一个'北'。他坚持《中央提示案》,因此引起了第二次反共高潮。这是一九四〇年冬天开始,是从苏北战争埋伏下来的。"①

(三)从江北冲突到皖南事变

华中地区经济文化较为发达,战略地位重要。当华北敌后抗战的战略展开在武汉沦陷前大体上完成之后,中共中央已经注意到需要在具有发展游击战争广阔空间的华中投入更多的力量。毛泽东于 1938 年 10 月中旬在中共扩大的六届六中全会上已经明确提出:"为了策应正面主力军的战斗,为了准备转入新阶段,应把敌后游击战争大体分为两种地区。一种是游击战争充分发展了的地区如华北,主要方针是巩固已经建立了的基础,以准备新阶段中能够战胜敌之残酷进攻,坚持根据地。又一种是游击战争尚未充分发展,或正开始发展的地区,如华中一带,主要方针是迅速的发展游击战争,以免敌人回师时游击战争发展的困难。在将来,为了配合正面防御使主力军得到休息整理机会,为了生长力量准备战略反攻,必须用尽一切努力坚持保卫根据地的游击战在长期坚持中,把游击部队锻炼成为一支生力军,拖住敌人,协助正面。"②会议就这样提出并确定了"巩固华北,发展华中"的方针。为此,中共中央 11 月 9 日又决定:"以胡服、朱瑞、朱治理、彭雪枫、郑位三为中央中原局委员,以胡服兼中原局书记,所有长江以北河南、湖北、安徽、江苏地区党的工作,概归中原局指导。"③后刘少奇于 1939 年 1 月 21 日到达河南确山竹沟镇,正式建立中共中央中原局的领导机关。

---

①中共中央统一战线工作部、中共中央文献研究室编:《周恩来统一战线文选》,人民出版社 1984 年,第 88—89 页。
②《中共中央文件选集》第 11 册,中共中央党校出版社 1991 年版,第 594 页。
③中共中央文献研究室编:《刘少奇年谱》上卷,中央文献出版社 1996 年版,第 241—242 页。

当时担负发展华中主要任务的新四军内部,军长叶挺因为与项英长期不和于1938年10月辞职离开部队,引起很大的反响。① 经周恩来耐心劝导,叶挺于1939年2月初到重庆,2月下旬在周恩来陪同下,回到皖南泾县云岭新四军军部。抵达后,周恩来一方面向军部领导干部传达了中共中央"发展华中"战略方针和要求项英搞好与叶挺关系的意见,同时在听取汇报、找人座谈、实地观察,增进对新四军了解的基础上,对新四军的发展提出指导性意见和建议。周恩来指出:抗战现阶段的中心区域在黄河以东、平汉路粤汉路以东的广大东部地区,因为这里不仅是敌占区,而且"是中国人口最多的地区,是交通便利、土地肥沃、经济发达、文化程度高的财富地区。整个的中国东部,代表了中国走向近代化的最有力的地区……我们要认识这个环境,这就是新四军的环境。新四军就处在敌人占领的中国东部。新四军今天所处的客观环境恰恰使得新四军的地位更加提高,落在新四军肩上的任务也就更加重要。"② 他还指出在江南敌后确定发展方向的三个原则:

> 我们在江南敌后确定发展的方向,有三条原则:(1)哪个地方空虚,我们就向哪个地方发展。(2)哪个地方危险,我们就到哪个地方去创造新的活动地区。(3)哪个地方只有敌人伪军,友党友军较不注意没有去活动,我们就向哪里发展。这样可以减少摩擦,利于抗战。根据过去三年游击战争的经验,我们认为,现在在跟民族敌人作斗争的时候,大江南北游击根据地的创造是完全可能的。③

在此基础上,周恩来与新四军领导人商定,新四军的战略方针是向南巩固,向东作战,向北发展。④ 3月14日,周恩来离开皖南前往浙江。4月中旬抵达衡山,月底回到重庆。但在项英仍未能认真执行上述已经确定的战略展

---

① 金冲及主编:《周恩来传》上册,中央文献出版社2008年版,第492页。
② 中共中央文献编辑委员会编:《周恩来选集》上卷,人民出版社1980年版,第102—103页。
③ 中共中央文献编辑委员会编:《周恩来选集》上卷,人民出版社1980年版,第105—106页。
④ 中国人民解放军历史资料丛书编审委员会编:《新四军·文献》(1),解放军出版社1988年版,第141页。

开方针。

　　国民党五届五中全会决定实行防共、限共政策方针后,国民党军事当局一再下令限制、缩小新四军在华中地区的活动范围,不准越界,并6月12日、9月1日、11月11日先后制造了平江惨案、鄂东惨案和确山惨案。国共两党合作抗日的民族统一战线局面遭到了严重破坏,这对新四军的发展造成客观上的不利环境。但项英在认识上和领导上的局限,使新四军一再错失良机。为此,4月21日中共中央书记处致电各中央局,进一步强调发展华中武装力量的重要性并对相应部署作了重大调整。指示指出:"我在华中之游击战争及武装力量有很大发展前途。过去由竹沟出发之少数部队,如八团队、彭雪枫部现已发展合计万余人,在鄂境我新成立之游击队亦有数千人,便是明证……(现在)华中是我党发展武装力量的主要地域,并在战略上华中亦为联系华北、华南之枢纽,关系整个抗战前途甚大。"指示中强调,我应利用蒋介石已批准新四军在华中成立指挥部的机会"作发展的布置","新四军在江北指挥部应成为华中我武装力量之领导中心,除指挥我原有武装外,更有建立及发展新的队伍之任务。因此,仅云逸同志还不够,应该大将主持。我们提议:或者项英同志来华中,把新四军直接领导委托叶、陈、袁等同志,或者调陈毅同志来华中主持指挥部。"指示对华中新四军发展迟缓,也提出了委婉的批评:"新四军在江南者现尚仅万余人,而发展前途又受大限制,许多大员仅指挥数千人,实不符合其才能之发展的方针,希望东南局及新四军领导同志顾全全国局势及华中之重要,抽调大员及大批干部到江北。请讨论电复。"①

　　对于中共中央重申的重大战略部署,项英等人再次表现出迟疑、抵触的态度。5月中旬,新四军一部在皖中庐江东汤池成立新四军华中指挥部,张云逸兼任指挥、邓子辉任政委。② 这种安排,与中共中央所作的布置,距离实在太远。6月15日,中共中央任命徐海东为江北指挥部副指挥兼任新四军四支队司令员。8月4日,在延安中央政治局会议上,周恩来明确提出新四军发

---

①中国人民解放军历史资料丛书编审委员会编:《新四军·文献》(1),解放军出版社1988年版,第127页。

②《新四军战史》编委会编:《新四军战史》,解放军出版社2007年版,第67页。

展方针是"向北发展,向东作战,巩固现在阵地"。① "向北发展"就是渡过长江,出击华中。"向东作战",就是出击苏南。"巩固现在阵地"就是坚持皖南和茅山根据地。11月,新四军成立江南指挥部,陈毅、粟裕任正、副指挥。②

11月初,中共中央中原局书记刘少奇抵达到华中敌后的安徽涡阳新兴集。19日,中共中央书记处致电刘少奇、项英等明确指示:"整个江北的新四军应从安庆、合肥、怀远、永城、夏邑之线起,广泛猛烈的向东发展,一直发展到海边上去,不到海边决不停止。一切有敌人而无国民党军队的区域,均应坚决的尽量的但是有计划有步骤的去发展。在此广大区域,应发展抗日武装(正规的与地方的)五万至十万人枪。"③

12月初,刘少奇率中共中央中原局领导机关,抵达新四军皖东指挥部,全面负责华中工作。④ 这时,华中敌后的形势已经十分复杂,国民党在华中的武装有20多万人枪,⑤而中共武装力量尚嫌弱小。但刘少奇很快发现并报告中共中央,谓:"有大发展希望的地区是在江苏北部","这是我们突击方向,应集中最大力量向这方面发展。"⑥6日,中共中央致电东南局、山东分局、北方局等,要求"在山东全境及华中发展数十万军队,组织数百万自卫军。"⑦27日,中共中央书记处致电刘少奇、项英等,下达关于华中和江南工作指示,要求"皖南方面抽调一部分干部,要武装过江北,发展和巩固津浦南段地区","陈毅方面抽调有力部队,发展扬州以东。"这样"才能使在将来极不利局面下,有江北及皖、浙、赣三省边界的两条退路。你们应坚决执行这一计划"⑧。

1940年1月4日,中共中央书记处综合中原局和东南局的意见,致电项

---

① 金冲及主编:《周恩来传》上册,中央文献出版社2008年版,第489页。
② 金冲及主编:《周恩来传》上册,中央文献出版社2008年版,第496页。
③ 中国人民解放军历史资料丛书编审委员会编:《新四军·文献》(1),解放军出版社1988年版,第132页。
④ 中共中央文献研究室编:《刘少奇年谱》上卷,中央文献出版社1996年版,第266页。
⑤ 《刘少奇选集》上卷,人民出版社1981年版,第278—279页。
⑥ 中国人民解放军历史资料丛书编审委员会编:《新四军·文献》(1),解放军出版社1988年版,第136、137页。
⑦ 中央统战部、中央档案馆编:《中共中央抗日民族统一战线文件选编》(下),档案出版社1985年版,第366页。
⑧ 中国人民解放军历史资料丛书编审委员会编:《新四军·文献》(1),解放军出版社1988年版,第139页。

英和中原局,同意江北中共党组织和部队改隶中原局。① 14 日,新四军军分会和东南局召开联席会议,决定"由江南加强皖南力量",实际上否定了向北发展的方针,并报中共中央。② 19 日,中共中央书记处致电项英及东南局,进一步明确了新四军战略方针是"向南巩固,向北发展,向东作战"。强调新四军"不宜大举向南,而宜向北,以求与蒋隔江而治。""发展当然会引起摩擦,但只有发展力量,给摩擦者以反打击,给武装进攻者以反攻,才能巩固自己,坚持阵地和克服投降危险。反摩擦就是反对反共派投降派的斗争。这种斗争并不促进分裂而是延迟分裂、阻止分裂、延迟投降、克服投降的有效办法。如不斗争,不足以巩固统一团结和坚持抗战。""江南陈毅同志处应努力向北发展"。③ 由此,发展苏北的任务由新四军局部发展方向问题上升为具有全局性的战略问题。④ 28 日,中共中央再次致电东南局、山东分局、北方局,询问关于在山东全境及华中发展数十万军队,组织数百万自卫军的方针和任务,"同意否,能够办到否?"并指出:"现时能够发展武装的地区,主要的只有华东与华中。"要求"把发展武装力量作为一切工作的中心,在今年一年内山东分局与一一五师至少应发展武装军队(包括游击队)到十五万人枪(一一五师应分配干部与兵力到山东全境去),中原局至少发展到十万人枪"。"山东十五万军队至少须有(一百)五十万至二百万有组织有训练的自卫军,华中有十万军队至少须有一百万至一百五十万自卫军。""争取这样的军队、自卫军与政权是一个严重斗争过程,因此不能避免有理又有利的摩擦,凡阻碍抗日进步势力发展并向我攻击之反动势力与顽固派,我必须坚决反击之,对于这种人原则上决不能丝毫让步。""集中一切力量为发展武装建立根据地而斗争,乃是你们最主要最主要的任务。"⑤29 日,毛泽东,王稼祥再次致电项英和

---

①中共中央文献研究室编:《刘少奇年谱》上卷,中央文献出版社 1996 年版,第 268 页。
②刘树发主编:《陈毅年谱》上卷,人民出版社 1995 年版,第 263—264 页。
③中国人民解放军历史资料丛书编审委员会编:《新四军·文献》(1),解放军出版社 1988 年版,第 141 页。
④粟裕著:《粟裕回忆录》,解放军出版社 2011 年版,第 164 页。
⑤中央统战部、中央档案馆编:《中共中央抗日民族统一战线文件选编》(下),档案出版社 1985 年版,第 366—367 页。

叶挺,强调"你们主要出路在江北,虽已失去良机,但仍非力争江北不可"①。

2月7日,中原局指示彭雪枫等建立苏北、皖东北根据地:"在今年六月底,要在苏皖边建立与发展党所领导的武装至三万人枪,组织不脱离生产的自卫军三十万人"。②3月29日,毛泽东和王稼祥就发展华中的军事策略致电朱德、项英、刘少奇等,指出:"顽方在华北摩擦受到严重失败后,加之我又增兵陇海路南,摩擦中心将移至华中。"为此,"在华中武装摩擦中,我军事策略应当如下:以淮河、淮南铁路为界,在此线以西避免武装斗争,在此线以东地区,则应坚决控制在我手中,先肃清地方顽固派。对桂力求缓和,对韩德勤部在有利有理条件下,即当其进到我军驻地时,坚决消灭之。将来八路军到达华中后,则应坚决争取全部苏北在我手中。陈毅部队立即应当向苏北发展。""在华中为新四军摩擦日益尖锐的条件下,顽方有可能利用其优势兵力向新四军军部地区进攻。因此,军部及皖南部队应预先有所准备,以免袭击。万不得已时,可向苏南陈支队靠拢,再向苏北转移。"③为贯彻力争江北的战略,毛泽东于4月1日电令八路军立即抽调4万—5万兵力到达华中,增援新四军。④

5月4日,毛泽东为中央写信给东南局:"所谓发展,就是不受国民党的限制,超越国民党所能允许的范围,不要别人委任,不靠上级发饷,独立自主地放手地扩大军队,坚决地建立根据地,在这种根据地上独立自主地发动群众,建立共产党领导的抗日统一战线的政权,向一切敌人占领区域发展。例如在江苏境内,应不顾顾祝同、冷欣、韩德勤等反共分子的批评、限制和压迫,西起南京,东至海边,南至杭州,北至徐州,尽可能迅速地并有步骤有计划地将一切可能控制的区域控制在我们手中,独立自主地扩大军队,建立政权,设立财政机关,征收抗日捐税,设立经济机关,发展农工商业,开办各种学校,大

---

① 金冲及主编:《毛泽东传》(1893—1949)下册,中央文献出版社1996年版,第576页。
② 中国人民解放军历史资料丛书编审委员会编:《新四军·文献》(1),解放军出版社1988年版,第147页。
③ 中国人民解放军历史资料丛书编审委员会编:《新四军·文献》(1),解放军出版社1988年版,第151页。
④ 中共中央文献研究室编:《毛泽东年谱(1893—1949)》中卷,中央文献出版社1993年版,第182页。

批培养干部。中央前要你们在今年一年内,在江浙两省敌后地区扩大抗日武装至十万人枪和迅速建立政权等项,不知你们具体布置如何?过去已经失去了时机,若再失去今年的时机,将来就会更困难了。"①对此,项英十分抵触,甚至提出辞职。② 同日,中央书记处也指示项英、陈毅:"新四军一、二、三支队主力的主要发展方向,也不是溧阳、溧水、郎溪、广德等靠近中央军之地区,而是在苏南、苏北广大敌人后方直至海边之数十个县,尤其是长江以北地区。请按这个方针布置兵力,分配指挥人员及指挥机关。"③接到上述指示后,陈毅立即执行,于6月中旬率领新四军第一支队渡江挺进苏北,并于7月上旬与新四军苏北部队会合,打破了国民党力图在苏南地区消灭新四军的企图。陈毅部抵达苏北后,将北上的江南指挥部改为苏北指挥部,部队整编为三个纵队,全军7000余人,部队面貌一新,对开辟苏北意义重大。④ 项英则置中共中央指示于不顾,于6月12日致电中央,表示由于彼方军队已经布置、地方工作差等,"军部移动已停滞","目前只有待机移动"。⑤ 新四军江北部队会合后,迅速决定东进黄桥,以此为中心建立根据地,并于7月14日电告新四军军部。⑥

6月开始,新四军所有与国民党有关的谈判,统由周恩来在重庆负责。当月,周恩来在重庆先后与蒋介石和何应钦、白崇禧就陕甘宁边区、军队编制、作战区域等问题进行谈判。7月16日,国民党方面提出一个提示案,事实上拒绝了共产党方面的要求,谈判陷于僵局。⑦ 27日,周恩来返回延安。30日,毛泽东等指示刘少奇:"我军去苏北注意自卫原则,不可先去进攻韩德勤,

---

① 《毛泽东选集》第 2 卷,人民出版社 1991 年版,第 753—754 页。
② 刘树发主编:《陈毅年谱》上卷,人民出版社 1995 年版,第 275 页。
③ 中国人民解放军历史资料丛书编审委员会:《新四军·文献》(1),解放军出版社 1988 年版,第 163 页。
④ 粟裕著:《粟裕回忆录》,解放军出版社 2011 年版,第 172—173 页。
⑤ 中国人民解放军历史资料丛书编审委员会:《新四军·文献》(1),解放军出版社 1988 年版,第 171 页。
⑥ 刘树发主编:《陈毅年谱》上卷,人民出版社 1995 年版,第 285、286 页。
⑦ 金冲及主编:《周恩来传》上册,中央文献出版社 2008 年版,第 520—522 页。

在他来攻时则给在自卫立场上消灭之。"①

7月30日到8月8日、8月16日,中共中央政治局连续召开会议,听取和讨论周恩来工作报告。最后一天,毛泽东发言强调今后要更加重视国民党区域的工作,并指出:"中央今后注意力,第一是国民党统治区域,第二是敌后城市,第三是我们的战区。"②会上,周恩来经中央授权,负责国民党区域的党的管理。8月25日,周恩来回到重庆。为应付突然事变,周恩来一方面在南方局下设立统一战线委员会,加强统战工作,一方面设立西南和南方两个工作委员会,使各地党的工作完全转入地下。③10月,南方局就新四军发展问题致电中共中央,指出:"发展方针,仍遵照中央原来决定(巩固江南,发展江北,向东行动)。"④

8月20日开始,八路军在华北发起百团大战并取得辉煌战绩,蒋介石则乘机部署进攻江北新四军。国共摩擦的重点因此从华北转移到华中。⑤从9月3日开始,江苏省政府主席韩德勤所部分两路南下,向新四军陈毅、粟裕部进攻。6日,周恩来、叶剑英获国民政府军令部发出扫荡江南、江北新四军的命令后并以绝密电报向中共中央汇报,当日,中央军委即向新四军进行了通报。⑥10月3日,韩德勤向黄桥新四军发起进攻,经过四天激战,到6日,其主力1万余人被歼灭,新四军缴获大量弹药和军需物资。⑦由此,新四军在苏北站稳了脚跟。9日,毛泽东、朱德、王稼祥致电叶挺、项英、刘少奇、陈毅、黄克诚,称赞陈毅部黄桥大胜,"振我士气,寒彼贼胆。"⑧10日,南下支援新四军的

---

① 中国人民解放军历史资料丛书编审委员会编:《新四军·文献》(1),解放军出版社1988年版,第183页。
② 金冲及主编:《周恩来传》上册,中央文献出版社2008年版,第490页;金冲及主编:《毛泽东传》(1893—1949)下册,中央文献出版社1996年版,第583页。
③ 金冲及主编:《周恩来传》上册,中央文献出版社2008年版,第524—527页。
④ 中国人民解放军历史资料丛书编审委员会编:《新四军·文献》(1),解放军出版社1988年版,第131页。
⑤ 中国人民解放军历史资料丛书编审委员会编:《新四军·参考资料》(2),解放军出版社1991年版,第224页。
⑥ 中国人民解放军历史资料丛书编审委员会编:《新四军·文献》(2),解放军出版社1994年版,第5页。
⑦ 粟裕著:《粟裕回忆录》,解放军出版社2011年版,第186页。
⑧ 中共中央文献研究室编:《朱德年谱》,中央文献出版社2006年版,第996页。

八路军与新四军会合,打开了华北八路军和华中新四军联系的通道。黄桥决战的胜利和八路军、新四军部队在华中的会师,为确立中共军队"在华中敌后抗战的领导地位奠定了基础,并对以后抗战形势的发展有重大影响"。①

10月8日,毛泽东、朱德、王稼祥就皖南部队移动方向致电叶挺、项英等,指出:"主力战将在苏北和江南","最困难的是在皖南的战争与军部,我们意见,军部应移动到三支地区,如顽军来攻不易长期抵抗时则北渡长江,如移苏南尚有可能,也可移苏南。向南深入黄山山脉游击,无论在政治上、军事上是最不利的。决心移皖北,由四支应派一部到无为接应。"②9日,刘少奇也致电叶、项:"军部在皖南既不可能,建议从速北移。因目前交通尚有可能,如果迟缓,恐有被顽固派阻断封锁可能。皖南阵地即用游击战争坚持,如不可能坚即放弃亦可。"③但项英对于问题的严重性显然认识不足,11日复电毛泽东、朱德、刘少奇等表示"依据各方形势与条件,军部困难北移,也不便移三支区域(地区太小,敌友进攻无法住),仍以军部所在地作基点较有利,以便与三支地区连成一片,作准备已相当完备"④。12日,刘少奇致电毛泽东等,再次建议放弃皖南,确保华中,建议说:"前次建议江南军部及三支队即速北移(因移苏南已不可能),你们意见如何?我意应速下决心放弃皖南阵地,或以游击坚持皖南,而集中力量巩固华中已得阵地,否则华中、华(皖)南均不能巩固,于我不利。除华北外,如我再巩固目前华中已得阵地,对中国革命的胜利就有了相当的保证,时局的好转亦有相当的保证。"⑤同日,毛泽东等就新四军行动方针再次致电项英等:"蒋在英美策动下可能加入英美战线,整个南方有变为黑暗世界之可能。但因蒋是站在反日立场上,我不能在南方国民党地区进行任何游击战争。曾生部队在东江失败就是明证。因此,军部应乘此时速速渡

---

① 黄克诚著:《黄克诚自述》,人民出版社2004年版,第194页。
② 中国人民解放军历史资料丛书编审委员会编:《新四军·文献》(2),解放军出版社1994年版,第9页。
③ 中国人民解放军历史资料丛书编审委员会编:《新四军·文献》(2),解放军出版社1994年版,第10页。
④ 中国人民解放军历史资料丛书编审委员会编:《新四军·文献》(2),解放军出版社1994年版,第11页。
⑤ 中国人民解放军历史资料丛书编审委员会编:《新四军·文献》(2),解放军出版社1994年版,第12页。

江,以皖东为根据地,绝对不要再迟延。皖南战斗部队,亦应以一部北移,留一部坚持游击战争。"①同时,毛泽东等对于苏北工作的布置也在加紧进行。14日毛泽东等致陈毅电中指出:"建设苏北根据地是很大工作,同意陈毅统一苏北军事指挥,同意胡服去苏北与陈会合,布置一切。"②这样,不至于因为皖南的迟缓而过于影响全局的发展与布置。

19日,何应钦、白崇禧以国民政府国民革命军正、副参谋总长身份向朱德、彭德怀、叶挺发出"皓电",指斥八路军和新四军:"(一)不守战区范围自由行动,(二)不遵编制数量自由扩充,(三)不服从中央命令,破坏行政系统,(四)不打敌人,专事并吞友军。以上四端,实所谓摩擦事件发生之根本,亦即第十八集团军与新四军非法行动之事实。"限令八路军年新四军在1个月内将部队压缩到10万人,开到黄河以北。③"皓电"把7月份国民党方面的提示案以最后通牒的方式提出,是国民党对共产党再次发动大规模军事摩擦行动的开端。周恩来的判断是:"何白的十九日电是表示了国方决心"。④

20日,周恩来致电叶项,渡江以无为以东为宜。⑤ 25日,毛泽东给周恩来连发两电,开始考虑最坏情况:"我们应估计到最困难、最危险、最黑暗的可能性,并把这种情况当作一切布置的出发点,而不是把乐观情况作出发点。最黑暗的情况是日本对新加坡久攻不下,美海军控制星(新)加坡,德攻英伦不下,中国英美派放弃独立战争,加入英美同盟的危险就加大了,大多数中间派跟蒋介石跑的危险也更大了。还须假定这种情况,即美国海军集中力量打败日本海军,日本投降美国,日本陆军退出中国,美国把中国英美派从财政上军事上武装起来,中国由日本殖民地变为美国殖民地,国共由合作变为大规模内战,最黑暗莫过如此。即使在这种情况,我们也是不怕的,原因是我党已经

---

① 中国人民解放军历史资料丛书编审委员会编:《新四军·文献》(1),解放军出版社1988年版,第185页。
② 中国人民解放军历史资料丛书编审委员会编:《新四军·文献》(1),解放军出版社1988年版,第186页。
③ 中国人民解放军历史资料丛书编审委员会编:《新四军·参考资料》(2),解放军出版社1991年版,第352—354页。
④ 金冲及主编:《周恩来传》上册,中央文献出版社2008年版,第529页。
⑤ 中国人民解放军历史资料丛书编审委员会编:《新四军·文献》(2),解放军出版社1994年版,第13页。

锻炼了,中国人民处在水深火热中,统治阶级内部矛盾百出,困难重重,世界革命必然会爆发,苏联是援助世界革命的。"①毛泽东强调:"我们要准备对付一切情况,任何一种情况,我们都要有办法。目前我们应准备对付最黑暗的局面。我们的对策是稳健地对付国民党的进攻,军事上采取防卫立场,他不进攻,我不乱动;政治上强调团结抗日,向国民党及中间派及广大人民说明贝当路线与英美路线两者的危险性,强调独立自主的抗日战争,说明目前的反共反苏是放弃独立战争加入英美同盟的准备。在国民党区域的党,实行全部的完全的退却下来,各根据地上实行完全的自足自给(边区已有准备)。"②"我们要准备蒋介石……宣布我们为反革命而发动全面反共,我们要准备对付最黑暗局面,任何黑暗局面我们都是不怕的。"③ 28 日,项英致电中共中央、中央军委,表示"要坚持皖南阵地,必须有相当强的兵力才能保证,因此原有的力量不能减弱北移"④。30 日,叶项致电毛泽东等,报告叶挺 28 日与上官云相晤谈情形说:"对皖南局势,上官谈,蒋责顾电到战区后,顾对进攻我迟疑不决:一因无完全把握消灭我军。二则估计如皖南动手,则我对苏北必彻底消灭韩。上官也从中表示,即把皖南新四军杀光,亦不能解决整个国共问题状况,未必因此顾仍无所顾忌,还是想以和平方式求得解决皖南问题,缓和苏北问题,但战区中黄埔系少壮派则颇有主张即打者。"⑤上述判断,显然是不准确的。

在中共开辟苏北战略任务达成的情况下,国民党势必下最后决心,在皖南采取行动消灭新四军军部。在这种情况下,11 月 1 日,毛泽东、朱德等致电叶、项,指出皖南新四军在统一战线问题上存在严重不足:"皖南各友军中联

---

① 中国人民解放军历史资料丛书审委员会编:《新四军·文献》(2),解放军出版社 1994 年版,第 14—15 页。

② 中国人民解放军历史资料丛书审委员会编:《新四军·文献》(2),解放军出版社 1994 年版,第 15 页。

③ 中国人民解放军历史资料丛书审委员会编:《新四军·文献》(2),解放军出版社 1994 年版,第 16 页。

④ 中国人民解放军历史资料丛书审委员会编:《新四军·文献》(2),解放军出版社 1994 年版,第 17 页。

⑤ 中国人民解放军历史资料丛书审委员会编:《新四军·文献》(2),解放军出版社 1994 年版,第 18 页。

络工作应大大发展,这对于你们今天有特别严重的意义和作用。你们在这方面的成绩是不大的。"①同日,中央书记处致电项英,严令:"(一)希夷及一部工作人员必须过江北指挥江北大部队。(二)你及皖南部队或整个移苏南再渡江北,或整个留皖南准备于国民党进攻时向南突围,二者应择其一,这一点可以确定。(三)如移苏南须得顾祝同许可,如顾不许可则只好留皖南(因据来电直过皖北已无可能),但须准备打内战,并蒙受政治上不利(蒋介石进剿新四军的计划是决定了的)。"②同日,周恩来致电毛泽东,对国共关系作出判断:"时机是紧迫了,只有二十天,局部'剿共'战争会开始。在二十天内,无论如何日美战争不会爆发,中日妥协不会成功,中苏关系也不会一下改善。于是,'剿共'战争有可能相当改变了三个阵线的争夺形势,使表面上内战先于妥协,实质上就是停止抗战;使英美感到中国不能拉住日本,有与日本暂时妥协,以推延冲突的可能;而中苏接近与苏联调解,中日或国共关系的可能更加紧张,这对于整个局势是不利的。"③周恩来建议:"还是用朱、彭、叶、项名义通电答复何、白,并呈蒋,要求解决悬案(边区、扩军、补给、冀察政权、党案等),表示在充分保障(政、军、经)下,可北调,特别要保证在移动中不受友军袭击。此通电准备公开,实际上只是放弃江南,以便集中兵力到江北布置良好阵势,到那时再□□停止应付事变,使我能为主动,不论分合和战都利。此为上策。一个是公开的电复何、白,先以江南移动,而不及其他。这个可延缓一两个月时间,但'剿共'布置是不会放松的。还有一个是一切照旧,准备打了再说。但还必须估计有可能一发而不可收,并也须先行电复何、白,说明苦衷,不能移动,以便向外宣传。"④周恩来表示:"破裂的危机已至,务请中央迅速考虑各种办法,权衡轻重,比较何者全局有利,速行决策电示。至建立对各

---

① 中国人民解放军历史资料丛书编审委员会编:《新四军·文献》(2),解放军出版社1994年版,第21页。
② 中国人民解放军历史资料丛书编审委员会编:《新四军·文献》(2),解放军出版社1994年版,第22页。
③ 中国人民解放军历史资料丛书编审委员会编:《新四军·文献》(2),解放军出版社1994年版,第23—24页。
④ 中国人民解放军历史资料丛书编审委员会编:《新四军·文献》(2),解放军出版社1994年版,第24页。

种办法的信心,是必要的,我们当负责进行。"①中共中央经过权衡,采纳了周恩来的建议。3日,毛泽东、朱德、王稼祥致电叶项,电文谓:"何应钦、白崇禧《皓电》,中央决定用朱、彭、叶、项名义答复,采取缓和态度,以期延缓反共战争爆发时间。对皖南方面,决定让步,答应北移。你们有何意兴,盼立复。"②但新四军领导层当日即回电,表示"决心坚持皖南阵地",③旋即改为同意。9日,朱、彭、叶、项发表"佳电",在拒绝国民党要中共军队一律撤旧黄河以北无理要求的同时,答应江南部队北移。④"佳电"使蒋介石产生了中共软弱的错觉,加紧了军事部署。11日周恩来致电中共中央,进一步断言:"破裂的危机已至"。⑤甚至张治中也看到:"事态是一天天严重起来了。从总的情况看,两党关系的严重恶化,已到了危险阶段。"而两党关系严重恶化,"核心问题是军事问题"。⑥ 11月27日10时,国民党方面在军令部办公厅开会讨论对共党问题,"因前日之驳文几经修改,有谓委员长命令(即令共军遵照命令移河北等)不可下者,谓驳电不应发者,为此复经讨论。余与程、白、何、刘仍主照前议决办理,文伯、贵严⑦、布雷、楚伧主张李电结论,命令照前。……余初亦思及今后,因此对削抗倭力量或更演变至更窘地步。继思共党之欲断送中国,较汉奸为甚,其背景亦较倭寇为险。欲免其祸,迟早必出于一战。再迟恐至无能与战。"⑧

12月8日,何应钦、白崇禧"齐电"重申"皓电"命令。10日又密令顾祝同"按照前定计划,妥为部署,如发现江北"匪伪"竟敢进攻兴化,或至限期

---

① 中国人民解放军历史资料丛书编审委员会编:《新四军·文献》(2),解放军出版社1994年版,第24页。
② 中国人民解放军历史资料丛书编审委员会编:《新四军·文献》(2),解放军出版社1994年版,第28页。
③ 中国人民解放军历史资料丛书编审委员会编:《新四军·文献》(2),解放军出版社1994年版,第29页。
④ 中国人民解放军历史资料丛书编审委员会编:《新四军·文献》(2),解放军出版社1994年版,第37—40页。
⑤ 金冲及主编:《周恩来传》上册,中央文献出版社2008年版,第529页。
⑥ 张治中著:《张治中回忆录》,中国文史出版社1985年版,第675、681页。
⑦ 贺耀祖,字贵严。
⑧ 徐永昌著:《徐永昌日记》第5册,"中研院"近代史研究所1991年12月版,第477页。

(本年12月31日)该军不遵命北移,应立即将其解决,勿再宽容"。① 25日夜,蒋介石约见周恩来,称新四军都是他的部下,只要"说出条北上的路,我可担保绝对不会妨碍你们通过"。但"如果你们非留在江北免调不可","冲突绝难避免"。次日,周恩来给中央发电指出:蒋的承诺"靠不住",这次不过是"吓压之余,又加上哄之一着"罢了,而事实上,国民党"局部'剿共',仍在加紧布置中"。② 25日,叶挺、项英再次致电中央请示"以后行动方针"。③ 中共中央已经清楚地意识到皖南新四军处境的危险,于26日致电项英等人,语气严厉,"你们要有决心有办法冲破最黑暗最不利的环境,达到北移之目的","如果动摇犹豫,自己无办法,无决心,则在敌顽夹击下,你们是很危险的。全国没有任何一个地方有你们这样迟疑犹豫无办法无决心的。在移动中如遇国民党向你们攻击,你们要有自卫的准备与决心,这个方针也早已指示你们了。我们不明了你们要我们指示何项方针,究竟你们自己有没有方针?现在又提出拖或走的问题,究竟你们自己主张的是什么?主张拖还是主张走?似此毫无定见,毫无方向,将来你们要吃大亏的。"④ 30日,毛泽东、朱德致电叶挺、项英,表示:"我们同意恩来意见,分批走苏南为好。"⑤

1941年1月1日,皖南新四军决定经过苏南北移,并电告中共中央。⑥ 3日,毛泽东、朱德复电赞许。⑦ 此时皖南新四军在军事上的被动局面已经形成,难以挽回。4日新四军军部及直属部队遵令北移,6日被包围。9日,毛泽

---

① 胡大牛主编:《中共中央南方局统战史稿》,人民出版社2008年版,第152页。
② 金冲及主编:《周恩来传》上册,中央文献出版社2008年版,第533页;《周恩来年谱》(修订本),第491页。
③ 中国人民解放军历史资料丛书编审委员会编:《新四军·文献》(2),解放军出版社1994年版,第86页。
④ 中国人民解放军历史资料丛书编审委员会编:《新四军·文献》(2),解放军出版社1994年版,第87页。
⑤ 中国人民解放军历史资料丛书编审委员会编:《新四军·文献》(2),解放军出版社1994年版,第90页。
⑥ 中国人民解放军历史资料丛书编审委员会编:《新四军·文献》(2),解放军出版社1994年版,第93页。
⑦ 中国人民解放军历史资料丛书编审委员会编:《新四军·文献》(2),解放军出版社1994年版,第94页。

东收到刘少奇发来的相关电报,10日收到叶挺、饶漱石、项英的电报。① 14日,新四军军部及皖南部队9000余人经激战弹尽粮绝,除傅秋涛所率后续部队等2000多人突围外,大部分牺牲、被俘或失散,叶挺被扣押,袁国平牺牲,项英、周子昆被叛徒杀害。② 以皖南事变为标志,全面抗战时期国共之间的军事冲突和两党关系危机达到顶点,并造成中国共产党敌后根据地的严重困难。③ 长期以来,这次危机也被中共党史称为抗战时期国民党发动的第二次反共高潮。

1月11日晚,周恩来接到新四军被包围、袭击的消息。④ 之后,周恩来召开南方局紧急会议,研究局势和应采取的措施。12日,中央书记处致电周恩来、叶剑英:"新四军全军东进行至太平、泾县间之茂林,被国民党军队重重包围已六天,突不出去。据云尚可固守七天。望向国民党提出严重交涉,即日撤围,放我东进北上,并向各方面呼吁证明国民党有意破裂,促国民党改变方针,否则有全军覆灭危险。"⑤14日,周恩来写信给蒋介石,要他"迅令新四军周围部队立即停止攻击,并让出道路,以便该军转入苏南渡江。"⑥同日,毛泽东、朱德、王稼祥等决定"在政治上军事上迅即准备作全面大反攻"。⑦ 15日,毛泽东致电周恩来、叶剑英,指示对蒋介石和国民党应采取针锋相对的对策。电文指出:"只有猛烈坚决的全面反攻,方能打退蒋介石的挑衅与进攻,必须不怕决裂,猛烈反击之,我们'佳电'的温和态度须立即终结。"⑧同日晨,何应钦到徐永昌处研讨"对新四军善后问题"。9时半何应钦等人又前往军事委

---

① 中共中央文献研究室编:《毛泽东年谱(1893—1949)》中卷,中央文献出版社1993年版,第250—251页。
② 刘树发主编:《陈毅年谱》上卷,人民出版社1995年版,第332页。
③ 胡乔木著:《中国共产党的三十年》,人民出版社1951年版,第55页。
④ 中共中央文献研究室编:《周恩来年谱(1898—1949)》,中央文献出版社2007年版,第494—495页。
⑤ 中国人民解放军历史资料丛书编审委员会编:《新四军·文献》(2),解放军出版社1994年版,第111页。
⑥ 中共中央文献研究室、中国人民解放军军事科学院编:《周恩来军事文选》第2卷,人民出版社1997年版,第291页。
⑦ 中国人民解放军历史资料丛书编审委员会编:《新四军·文献》(2),解放军出版社1994年版,第133页。
⑧ 中共中央文献研究室编:《毛泽东年谱(1893—1949)》中卷,中央文献出版社1993年版,第256—257页。

员会研商,"健生(白崇禧)主张宣布新四军不服从命令及其谋窜扰后方等之经过,即取消该军番号,叶挺交军法[审判]。"徐永昌、何应钦、刘为章均同意白崇禧主张。① 在此情形下,蒋介石于17日发布通令,宣布新四军为"叛军",取消其番号,将军长叶挺交付军法审判,并通缉副军长项英。② 中共中央和毛泽东认定:"这(17日蒋介石的通令)是抗战以来国共两党间,也是抗日民族统一战线内部空前的严重事变,应该引起全党及全国人民的注意。国民党现已公开宣布新四军叛变,叶挺交军法审判。国民党这一政治步骤,表示他自己已在准备着与我党破裂,这是七七抗战以来国民党第一次重大政治变化的表现。"③中共中央军委总政治部要求八路军、新四军"立即在广大群众中掀起反对分裂的政治运动,以提高抗日反投降的情绪……要反对一切悲观失望、无出路、动摇等等情绪。""与国民党的分裂并不等于取消统一战线政策……大地主大资产阶级对抗战对民族的叛变,要求我们更加强的争取社会各阶层、各党派、各友军对我同情,反对当局分裂的政策,这样才使我们不孤立,而使亲日派投降派孤立起来。"④当晚周恩来为《新华日报》写下"为江南死国者志哀"的题词和"千古奇冤,江南一叶,同室操戈,相煎何急"的题诗,避过国民党方面的新闻检查,于第二天刊出。⑤ 这几句题词和题诗,抓住了中日民族矛盾为首要,国共矛盾居次要的这一关键问题,在对蒋介石和国民党统治的心脏地区,发出中共党人强烈抗争的吼声。但斗争是有理、有利、有节的,把或者分裂,或者团结,这个问题摆在了大家面前,引起广泛的中间层的同情。⑥

20日,中共中央政治局召开会议,决定了重建新四军军部的命令和人员

---

① 徐永昌著:《徐永昌日记》第6册,"中研院"近代史研究所1991年12月版,第11页。
② 中国人民解放军历史资料丛书审委员会编:《新四军·参考资料》(2),解放军出版社1991年版,第416页。
③ 中央统战部、中央档案馆编辑:《中共中央抗日民族统一战线文件选编》(下),档案出版社1985年版,第522页。
④ 中央统战部、中央档案馆编辑:《中共中央抗日民族统一战线文件选编》(下),档案出版社1985年版,第525—527页。
⑤ 金冲及主编:《周恩来传》上册,中央文献出版社2008年版,第535页。
⑥ 此处参考并使用了胡绳的看法,参见金冲及著:《一本书的历史:胡乔木、胡绳谈〈中国共产党的七十年〉》,中央文献出版社2014年版,第90页。

名单,决定成立由毛泽东、朱德、彭德怀、周恩来、王稼祥组成的中央军委主席团,办理军委工作,决定驻国民党统治区的各办事处停止同国民党的一切法律关系,实行撤退。① 同日,中共中央革命军事委员会发布重建新四军军部命令,任命陈毅为新四军代理军长,张云逸为副军长,刘少奇为政治委员,赖传珠为参谋长,邓子恢为政治部主任。同时,将陇海路以南的中共抗日武装,统一整编为隶属于新四军的7个师,1个独立旅,共9万余人。② 当天,毛泽东且以中共中央发言人名义对新华社记者发表谈话,指出"中国共产党已非一九二七年那样容易受人欺骗和容易受人摧毁。中国共产党已是一个屹然独立的大政党了"。他警告反共内战这种火是不好玩的,要使事态自然平息,需要国民党方面在12条方面作好善后处理:

第一,悬崖勒马,停止挑衅;第二,取消一月十七日的反动命令,并宣布自己是完全错了;第三,惩办皖南事变的祸首何应钦、顾祝同、上官云相三人;第四,恢复叶挺自由,继续充当新四军军长;第五,交还皖南新四军全部人枪;第六,抚恤皖南新四军全部伤亡将士;第七,撤退华中的"剿共"军;第八,平毁西北的封锁线;第九,释放全国一切被捕的爱国政治犯;第十,废止一党专政,实行民主政治;第十一,实行三民主义,服从《总理遗嘱》;第十二,逮捕各亲日派首领,交付国法审判。③

毛泽东质问并一再警告国民党:"我们是珍重合作的,但必须他们也珍重合作。老实说,我们的让步是有限度的,我们让步的阶段已经完结了。他们已经杀了第一刀,这个伤痕是很深重的。他们如果还为前途着想,他们就应该自己出来医治这个伤痕。'亡羊补牢,犹未为晚。'这是他们自己性命交关

---

① 中共中央文献研究室编:《毛泽东年谱(1893—1949)》中卷,中央文献出版社1993年版,第259页。
② 中国人民解放军历史资料丛书编审委员会编:《新四军·参考资料》(2),解放军出版社1991年版,第424页。
③《毛泽东选集》第2卷,人民出版社1991年版,第775页。

的大问题,我们不得不尽最后的忠告。如若他们怙恶不悛,继续胡闹,那时,全国人民忍无可忍,把他们抛到茅厕里去,那就悔之无及了。"①

25 日,新四军新军部成立大会在苏北盐城召开。同日,中共中央指示周恩来:"我们须准备对付全面破裂。""政治上取全面攻势,军事上取守势。""你们须立即向国民党表示,如果他们不能实行我们所提的十二条(主要是取消一月十七日命令),你们应要求他们发护照立即回延。"②事变发生后,苏联等国多次向蒋介石和国民政府表达了对事件善后问题的关切并提出了化解冲突的建议案,26 日《王世杰日记》载:近数日来,苏联武官迭向我军事方面长官建议解决共产党军队方案,谓新四军事可作一结束,其他共产党军队可不责令北移,但令就地对日抗战。蒋先生未允所请。苏联大使潘又新亦面向蒋先生询问新四军案之真相,表示关切,但未提意见。③苏联的态度不能不使蒋介石有所顾及。在此前后,蒋介石通过张冲约周恩来、叶剑英谈话,表示希望恢复两党谈判等,周恩来等回答,不实行 12 条,无谈判可能。④ 27 日,毛泽东就对蒋方针致电周恩来表示,"办事处人员要打要杀权在他们,我们是每人都准备杀头的。如他们亦认为两军相交不斩来使,则放我们的人回延,否则由他们自便。在他们没有宣布全部破裂以前(取消八路番号、宣布中共叛变),我们办事处仍留少数人不走,以待他们之觉悟。这些都应公开向张冲等说明。"⑤当日,重庆办事处的全体工作人员致电中共中央和毛泽东、朱德:处在政治环境极端严重的重庆办事处同志向你们保证:无论在任何恶劣的情况下,我们仍以不屈不挠的精神,坚守我们的岗位,为党的任务奋斗到最后一口气。⑥ 同日,蒋介石发表讲话,声称新四军事件"完全是我们整饬军纪的问

---

① 《毛泽东选集》第 2 卷,人民出版社 1991 年版,第 776 页。
② 中央统战部、中央档案馆编辑:《中共中央抗日民族统一战线文件选编》(下),档案出版社 1985 年版,第 526—527 页。
③ 王世杰著:《王世杰日记》第 3 册,"中研院"近代史研究所 1990 年版,第 16 页。
④ 中共中央文献研究室编:《周恩来年谱(1898—1949)》,中央文献出版社 2007 年版,第 500—501 页。
⑤ 中国人民解放军历史资料丛书审委员会编:《新四军·文献》(2),解放军出版社 1994 年版,第 176 页。
⑥ 《董必武年谱》编纂组编:《董必武年谱》,中央文献出版社 2007 年版,第 163 页。

题","并无其他丝毫政治或任何党派的性质夹杂其中"。① 28 日,毛泽东同朱德、王稼祥致电刘少奇、陈毅、张云逸、邓子恢、彭雪枫、李先念、黄克诚等,指出:"在蒋没有宣布全部破裂时(宣布八路及中共'叛变'),我们暂时不公开提出反蒋口号,而以当局二字或其他暗指方法代替蒋介石名字。但对实行'三三制'及十二月二十五日中央指示中所述各项政策均不变,对统一战线原则均不变。"② 29 日,中共中央召开政治局会议,讨论通过《中央关于目前时局的决定》,决定断言:"这次事变是蒋介石发动全面破裂的开始,……是西安事变以来蒋介石领导的国民党由革命到反革命的转折点或分水岭。""由开始破裂到完全破裂,可能还有一个相当的过程,其时间的快慢,由国际国内各种复杂条件来决定。但蒋介石实行全面破裂的前途是确定了的。因为蒋介石所代表的大地主大资产阶级已经日益反动,毫无希望了。"③

2 月 1 日,根据中共中央指示,周恩来和南方局对直接领导下的党与非党干部等人员的撤退、疏散和隐蔽作了安排,其中叶剑英等也于本日乘飞机启程返延安。在叶临行前,周恩来将一份中共中央南方局干部名单托叶带回延安交中央组织部长陈云,并附致中共中央书记处和毛泽东信一件。2 日,叶剑英回到延安,当毛泽东看到周恩来的信件和抗议国民党的题词,立即给仍在重庆的周恩来发电:"收到来示,欣慰之至,报纸题词亦看到,为之神往"。④ 7 日,毛泽东在准备发给共产国际的《新四军事变后的各方动态》上加写了两段话,判断蒋介石要找台阶妥协。他写道:"综合各方情况,截至今日止,由于蒋介石做得太错,我们的有理而强硬的态度,日本向河南的进攻,英、美、苏的外交压力,国民党内部的矛盾,中间派的同情我们,广大人民的对蒋愤慨等等原因,已开始有了妥协的基础,内战已可避免,中国时局发生有利于我们变化

---

① 中共中央文献研究室编:《周恩来年谱(1898—1949)》,中央文献出版社 2007 年版,第 261 页。
② 中共中央文献研究室编:《毛泽东年谱(1893—1949)》中卷,中央文献出版社 1993 年版,第 261—262 页。
③ 中央统战部、中央档案馆编辑:《中共中央抗日民族统一战线文件选编》(下),档案出版社 1985 年版,第 531—532 页。
④ 金冲及主编:《毛泽东传》(1893—1949)下册,中央文献出版社 1996 年版,第 596—597 页。

的象征。"①19日,周恩来致电毛泽东并中央书记处,对国共关系作出判断并提出政策建议:"我的估计,蒋的两面政策尚未完结,由局部'剿共'到全面破裂,蒋求全延长其过程,以骗取外援,壮大自己,各个击破。我们的对策,似仍宜采让步的两面政策,利用各种矛盾以击破之。他是抗战下的'剿共',我是抗战下的反攻,迫蒋表明最后态度。建议办法:甲、政治上全面进攻……,乙、军事上局部反攻。"②

3月2日,张治中就国共关系向蒋介石上万言书,"痛陈对中共问题处理的失策"。他建议:"为保持抗战之有利形势,应派定人员与共党会谈,以让步求得解决。"③6日,蒋介石在参政会的演说中,他一面大弹军令政令必须统一老调,一面又表示:"决不忍再见所谓'剿共'的军事,更不忍见以后再闻有此种'剿共'之不祥名词,留于中国历史之中。"④会议在中共参政员全部缺席的情况下,仍然选中共参政员董必武为驻会委员会委员。这实际上标志着中国国民党发动的反共高潮开始退潮。

3月25日,蒋介石夫妇邀请周恩来夫妇餐叙,并由贺耀祖、张冲陪席。餐叙中,周恩来要求停止军事进攻和制止政治压迫。事后,周恩来致电中共中央,说今天见面时蒋只是表面上的轻微缓和,实际上要看他是否真正做些缓和的事。⑤ 至此,皖南事变后高度紧张并处于危机状态的国共关系,终于缓和下来。

中共中央在3月下旬,对皖南事变进行了一个总结,谓:"在这次反共高潮中,我们以《佳电》迎接了他的开始,以一月二十日的攻势(老十二条)对抗了他的高潮,以三月二日的新十二条打退了他在参政会上的最后一战。蒋介石在这次斗争中,遭遇到真正的劲敌与攻不开的堡垒。并由于蒋的直接出面反共,被迫着一改过去隐藏在幕后反共的态度,使广大群众过去对于蒋的幻

---

① 中共中央文献研究室编:《毛泽东年谱(1893—1949)》中卷,中央文献出版社1993年版,第267页。
② 中共中央文献研究室、中国人民解放军军事科学院编:《周恩来军事文选》第2卷,人民出版社1997年版,第301—302页。
③ 张治中著:《张治中回忆录》,中国文史出版社1985年版,第682、684页。
④ 金冲及主编:《周恩来传》上册,中央文献出版社2008年版,第538页。
⑤ 中共中央文献研究室编:《周恩来年谱(1898—1949)》,中央文献出版社2007年版,第510页。

想开始消失,蒋之狰狞面目由蒋自己大大揭露了。这是蒋的最大损失,他现在已感到有重新改变这种态度的必要。""这次国共斗争是两党力量的一次大检阅。皖南事变引起全国及全世界人士的注意,中国共产党更加成了中国团结抗战的重要因素,我党的地位已提高了。这次反共高潮的打退,在国内政治生活中,将产生严重的意义,他象征着抗日民族统一战线内部阶级力量对比的变动。蒋介石在这次反共高潮中的失败,使他今后再要发动这样的高潮更加困难,使他不能不重新考虑他自己的地位与态度。"①

皖南事变成了全面抗战期间国共关系逆转的一道分水岭,张治中甚至认为这是"招致两党破裂的开始"②。中共政权与军队从此断绝与国民政府之间的一切上下级关系,自设银行,自发货币,自定法规法令,自行其是,完全脱离国民政府而自行存在,中共的"很多基本政策达到定型",③蒋介石及国民政府也失去对共产党、八路军、新四军的一切命令之权。

如果由此就得出结论,国共之间已经是敌对关系,似乎过于武断。因为尽管在国内政治方面,两党的对立十分尖锐,甚至敌对,但是毕竟在抗日问题上是一致的,在战略层面上仍然是合作的,总体上而言,国共合作并未破裂,仍然是一种在合作抗日条件下的"破而不裂"的关系。5月8日,毛泽东起草了一份党内指示,总结打退国民党第二次反共高潮的经验教训。毛泽东说:"在中国两大矛盾中间,中日民族间的矛盾依然是基本的,国内阶级间的矛盾依然处在从属的地位。一个民族敌人深入国土这一事实,起着决定一切的作用。只要中日矛盾继续尖锐地存在,即使大地主大资产阶级全部地叛变投降,也决不能造成一九二七年的形势,重演四一二事变和马日事变。上次反共高潮曾被一部分同志估计为马日事变,这次反共高潮又被估计为四一二事变和马日事变,但是客观事实却证明了这种估计是不正确的。这些同志的错误,在于忘记了民族矛盾是基本矛盾这一点。"他还说:"极端复杂的中国政治,要求我们的同志深刻地给以注意。英美派的大地主大资产阶级既然还在

---

① 中央统战部、中央档案馆编辑:《中共中央抗日民族统一战线文件选编》(下),档案出版社1985年版,第559—560页。
② 张治中著:《张治中回忆录》,中国文史出版社1985年版,第682页。
③ 胡乔木著:《胡乔木回忆毛泽东》,人民出版社1994年版,第27页。

抗日,其对我党既然还在一打一拉,则我党的方针便是即以其人之道,还治其人之身,以打对打,以拉对拉,这就是革命的两面政策。只要大地主大资产阶级一天没有完全叛变,我们的这个政策总是不会改变的。""任何的人民革命力量如果要避免为蒋介石所消灭,并迫使他承认这种力量的存在,除了对于他的反革命政策作针锋相对的斗争,便无他路可循。……但是斗争必须是有理、有利、有节的,三者缺一,就要吃亏。"①

皖南事变使中共方面对争取中间力量的认识进一步深化。中共中央发现:"中间阶层在这次斗争中的立场,是动摇不定的,但依然处在中间地位。十月十九日以后,他们是站在中间立场,劝我们让步,主观上对我们好,实际帮助了蒋。我们为争取他们及全国人民,采取了《佳电》的态度。在一月十七日以后,他们完全同情我们,表现了从来没有的好。但在参政会开会期间,曾对蒋允许他们成立各党派委员会、各党派公开活动问题发生幻想,又恢复到劝我让步的立场。这些中间派,可以大别为三类:一是小资产阶级的代表,如救国会及第三党,与我最接近,是最同情我们的;一是民族资产阶级的代表,如黄炎培、张澜等,对大资产阶级不满,但在紧急关头,便成和事老;一是失意政客,如张君劢、左舜生等。希望从国共纠纷中谋自己升官发财的利益,得了参政会主席团时,面孔就变了。但因他们都反对国民党的一党专政,黄炎培、左舜生、张君劢、梁漱溟等正在发起组织'民主联盟'以求自保和发展,所以仍是一种中间地位。"②毛泽东指出:"我们同志中却有许多人至今还把各派地主阶级各派资产阶级混为一谈,似乎在皖南事变之后整个的地主阶级资产阶级都叛变了,这是把复杂的中国政治简单化。如果我们采取了这种看法,将一切地主资产阶级都看成和国民党顽固派一样,其结果将使我们自陷于孤立。须知中国社会是一个两头小中间大的社会,共产党如果不能争取中间阶

---

① 中国人民解放军历史资料丛书编审委员会编:《新四军·文献》(2),解放军出版社1994年版,第191、192页。
② 中国人民解放军历史资料丛书编审委员会编:《新四军·文献》(2),解放军出版社1994年版,第187—188页。

级的群众,并按其情况使之各得其所,是不能解决中国问题的。"①

皖南事变也使中国共产党和军队内部的问题暴露出来。陈毅指出:"皖变失败的政治原因系由于项、袁路线的错误,只了解对资产阶级联合的一面,忘记了斗争的一面,并且一贯来违背党中央向华中敌后发展的决定,组织上又不执行中央撤退皖南的命令。"②叶剑英从事变的教训中提出了党性问题,引起毛泽东的注意。3月26日,中共中央召开政治局会议,专门讨论关于增强党性反对独立主义问题。毛泽东在会上说:党性问题是一个重要问题。要使中级以上的干部实行检查,干部巩固了党便巩固了。实行自我批评,是一个很难办到的事情,鲁迅也说解剖自己是困难的。自遵义会议后党内思想斗争少了,干部政策向失之宽的方面去了。对干部的错误要正面批评,不要姑息。我们党的组织原则是团结全党,但同时必须进行斗争,斗争是为了团结;我党干部要做到虽受到打击也要服从组织,就是在一个时期为上级所不了解,并且孤立,都要能够忍耐下去。要能上能下。项英、袁国平的错误,中央也要负责,因一九三七年十二月政治局会议是有些错误的。当时对形势估计不足,没有迅速地布置工作;其次对国共关系忽视了斗争性,因此边区也失掉些地方,直到张国焘逃跑后才解决。③朱德在会上批评个人主义,说这种个人主义倾向,是由于英雄主义思想、封建皇帝思想作怪。④会议决定由王稼祥起草关于党性问题的决定。7月1日,中共中央政治局通过《关于增强党性的决定》,要求"党更进一步地成为思想上、政治上、组织上完全巩固的布尔什维克的党,要求全党党员和党的各个组成部分都在统一意志、统一行动和统一纪律下面,团结起来,成为有组织的整体"。决定指出:"今天巩固党的主要工作是要求全党党员,尤其是干部党员,更加增强自己党性的锻炼,把个人利益服从于全党的利益,把个别党的组成部分的利益服从于全党的利益,使全党

---

① 中国人民解放军历史资料丛书编审委员会编:《新四军·文献》(2),解放军出版社1994年版,第192—193页。
② 中国人民解放军历史资料丛书编审委员会编:《新四军·文献》(2),解放军出版社1994年版,第195页。
③ 中共中央文献研究室编:《毛泽东年谱(1893—1949)》中卷,中央文献出版社1993年版,第284—285页。
④ 中共中央文献研究室编:《朱德年谱》,中央文献出版社2006年版,第1048页。

能够团结得像一个人一样。"决定还指出存在于党内的各种违反党性的错误倾向,如个人主义、无组织的状态、分散主义等,并提出克服这些错误倾向的办法。①胡乔木后来总结说:经过皖南事变的深刻教训和党性教育,"我们党更团结了,毛主席的领导威信大大提高了。"②周恩来在回到延安后的一场演说中表示:近年来党之所以能取得巨大的成就,"具有决定意义的,是全党团结在毛泽东同志的领导之下",③他在11月中旬中央政治局会议上也曾表示:经过这几年的实践,对毛泽东的领导确实心悦诚服地信服。④

5月7日,日军在华北发动大规模攻势,进攻的重点是山西中条山地区。中条山战役(又称晋南战役)开始。集结在这个地区的国民党军队近16万人,在三个星期内,损失兵力约7万人。当战役爆发之初,国民党方面要刘斐同周恩来谈话,说明日军发动新的军事进攻,要求中共在军事上配合国民党军。8日,中共中央召开政治局会议讨论时局,并决定由毛泽东为中共中央书记处起草复周恩来电:"(1)对于敌军进攻,须强调'全国人民团结起来反对日本帝国主义进攻'的号召。(2)对于国民党要求我们配合作战,须告以当然如此,不成问题。(3)我们要求事项:(甲)速解决新四军问题;(乙)速发饷弹;(丙)停止反共;(丁)派机送周回延开会。"⑤9日,周恩来会见了蒋介石委派前来商谈的张冲,并就蒋介石要华北八路军配合对进犯中条山的敌人作战的问题,按照中共中央书记处的意见,说明配合作战,"当然如此,不成问题"。同时转达中共中央的意见:1.速解决新四军问题;2.速发饷弹;3.停止反共;4.派机送周恩来回延安开会。⑥11日,周恩来应邀同蒋介石谈话。对蒋要求华北八路军配合国军中条山作战的问题,告以中共中央已电八路军拟制配合作战计划。并要蒋介石通知卫立煌、阎锡山直接同八路军总部联络。

---

① 中共中央文献研究室编:《毛泽东年谱(1893—1949)》中卷,中央文献出版社1993年版,第310页。
② 胡乔木著:《胡乔木回忆毛泽东》,人民出版社1994年版,第29页。
③ 中共中央文献编辑委员会编:《周恩来选集》上卷,人民出版社1980年版,第138页。
④ 金冲及主编:《周恩来传》上册,中央文献出版社2008年版,第625页。
⑤ 中共中央文献研究室编:《毛泽东年谱(1893—1949)》中卷,中央文献出版社1993年版,第294—295页。
⑥ 中共中央文献研究室编:《周恩来年谱(1898—1949)》,中央文献出版社2007年版,第512页。

蒋表示应允。周恩来向中央报告说：

甲、前日，我以中央的复电告张冲，昨日见刘为章，今日见蒋。蒋表示说：你们能配合行动很好，近来的谣言（这是他们自己的心病）可一扫而空，各方的士气也为之振奋（这也是他自己以反共弄得衰颓的）。你们如配合行动，我决不会亏待你们。有了成绩后，饷弹自然发给，根本问题也可谈好（门是小开了，但还要拿一手），只要你们用游击战争的办法，切断同蒲路、正太路、平汉路等，敌人一恐慌，定会恢复原状。各地反共捉人，要使他们安心，我一定命他们放的（又作一次诺言）。回去开会事，过几天再谈（他要等几天看分晓）。陈长捷决不是派去进攻你们的，而是因为人事问题，陈与阎先生不能处，故派归傅宜生管。你晓得要进攻，陈也不是你们对手。中央军也非无人。至进攻盐池、延安，决无其事。你可告诉延安各位，我用人，一定会顾到这一点的。

乙、原来昨日刘为章见我时，有这样一段话："周先生的话，张淮南已经告诉我了，昨日汇报中，总顾问也提出这样意见，说华北敌人有渡河攻取洛阳企图，应该命令前线各军，连华北军队在内，共同配合攻击，谁不听命，谁就应该受到处罚。当时我同白公都很同意此说，当晚报告委员长。委员长说很好，既然十八集团军愿意配合行动，即由他们自己行动，不必给什么命令，免得给了不做，反失中央威信，惹起大家质问。其他一切，如新四、饷弹、反共等，只要有成绩表现都好办。"刘又着重说，"现在敌人切断华北，渡河而西，是由他们估计国共不能配合作战，必出敌人意外，其胜利不仅是军事上的而且是政治上的"。

丙、我当时因为刘之前卑鄙说话简直是流氓味道，所以表示淡然。据张冲说，他回去，颇怀疑刘之传话，乃将刘之谈话录送蒋。蒋在张之信上批给刘说，照中正昨日所言再告周。于是今日蒋乃直接约我，并约张、刘陪谈。我见蒋，便将中央指示意见告他，唯因在座便未能将开会事多谈。蒋之回答大意如上。他又问我国际情势,我于是根据我们意见,大说一番,并提及外交政策。蒋不同意对美估计,说美国大方,又要西半球,不会占有英国其他地方的。蒋说,世界最后胜利是科学胜利,德国外,只有美国胜于德国,故最后胜利必属于美(他肯承认社会科学胜利在苏联)。中国问题,需要美、苏弄好,不仅中国要间接努力,希望美、苏也能自己接近,最后世界仍然只有两个阵线,侵略与反侵略,苏联是不能置身事外的。①

14日,毛泽东来电称:"已迭电前方配合作战",朱总已电卫立煌等表示团结对敌。"武汉失守后,两年半来,日本政策是主要对共,放松对国,以利诱降,故两年半来,国民党对日打得很少,他也和日本一样,主要对共,放松对日,发动两次自毁藩篱的反共高潮给日本看,希望日本不再进攻,这个政策是根本错误了。"②15日,毛泽东同朱德、王稼祥、叶剑英电告彭德怀、左权:八路军总部应不断向蒋介石等通报敌情、战况,特别是胜利消息(包括全华北的),以影响其抗战决心,争取国共关系好转。③18日,毛泽东、朱德、王稼祥、叶剑英复电彭德怀:"目前方针是必须打日本"。④20日,周恩来致电毛泽东:据莫斯科电,美正就中日战争同日商谈劝和条件。"在中国政府方面,随着困难增加而来的靠美和降日的空气,恐将会得到更大的反映,这是今后值得注意的一个趋势。"⑤针对蒋介石派刘为章向周恩来表示希望八路军有战报,周恩来一面将手上的有关战报交刘为章,一面建议中央向蒋介石送战报。⑥30日毛泽东电告彭德怀:"九个月来中央社第一次广播我军战绩,谓据洛阳讯,我军已截断正太路车不通等语,是卫处已起作用,望对正太、平汉两路战绩多报

---

① 中共中央文献研究室、中国人民解放军军事科学院编:《周恩来军事文选》第2卷,人民出版社1997年版,第305—306页。
② 中共中央文献研究室编:《周恩来年谱(1898—1949)》,中央文献出版社2007年版,第513页。
③ 中共中央文献研究室编:《毛泽东年谱(1893—1949)》中卷,中央文献出版社1993年版,第297页。
④ 中共中央文献研究室编:《朱德年谱》,中央文献出版社2006年版,第1058页。
⑤ 中共中央文献研究室编:《周恩来年谱(1898—1949)》,中央文献出版社2007年版,第514页。
⑥ 金冲及主编:《周恩来传》上册,中央文献出版社2008年版,第604页。

卫、蒋。"①至此,国共关系逐渐从全面抗战时期相互关系的第二次严重危机中走出,在新的更加脆弱的基础上,继续合作抗日。

美国记者白修德说:1941年6月,"我终于设法见到了委员长本人。这是一次拘谨的会见。……这时他用了一句警句来概括那次事件(指皖南事变——引者):'日本人是疥癣之患,共产党是心腹之患。'"②皖南事变的发动和结局,对蒋介石而言,"确实得不偿失"。③ 周恩来后来说:"从此新四军变成只受共产党领导、指挥的军队,不受蒋介石领导了,于是就麻雀满天飞,从十万人发展到三十万人,从三个省的地区发展到现在七八个省。"④政治方面,蒋介石同样损失惨重。全面抗战时期苏联驻重庆的军事顾问崔可夫说:"在皖南事变后,蒋的政治损失包括:进步舆论看到内战一触即发的政治危机边缘;国民党有影响的人士宋庆龄、何香凝等公开抗议蒋介石;知识分子和企业家中的自由派人士成立中国民主政团同盟尖锐批评国民党。"⑤

三、皖南事变后的两党角力

(一)皖南事变后的中共中央南方局

周恩来曾在1941年11月发表于《新华日报》上的《悼张淮南先生》一文中,概括地记述了包括皖南事变在内的1941年上半年南方局所面临的险象

---

① 中共中央文献研究室编:《毛泽东年谱(1893—1949)》中卷,中央文献出版社1993年版,第302页。
② 〔美〕白修德著,马清槐、方生译:《探索历史:白修德笔下的中国抗日战争》,生活·读书·新知三联书店1987年版,第68—69页。说明:白修德关于此次蒋谈话的另一个近似说法是:"你以为这些年我不让日本人扩张是最重要的吗?我告诉你,不让共产党扩张是更重要的呢。日本人只是皮毛的病,而共产党却是心腹之患。他们说愿意支持我,但暗地里他们要把我倾覆。"见〔美〕白修德、贾安娜著,端纳译:《中国暴风雨》,香港广角镜出版社1976年版,第124页。
③ 胡乔木著:《胡乔木回忆毛泽东》,人民出版社1994年版,第29页。
④ 中共中央文献编辑委员会编:《周恩来选集》上卷,人民出版社1980年版,第202页。
⑤ 〔苏〕瓦·崔可夫:《在华使命——一个军事顾问的笔记》,新华出版社1980年版,第55页。

环生的政治局面:"一月事起,二月报事随之,三月为参政会期,四、五月有中条山战役,此中风浪之险,环境之恶,为五年来所创见。"①

皖南事变后,周恩来和南方局根据中共中央指示,将南方局和南方局领导下的党内、党外工作人员进行了秘密疏散和转移,同时留下部分人员坚持岗位和工作。② 由于《新华日报》重要性,自然也成为当局监控的重点目标和对象。南方局印发的《新四军皖南部队被歼真相》和任命陈毅为新四军代军长通电等传单,不少即随《新华日报》送出,国民党当局对此实际上心知肚明。《王世杰日记》1月18日载:"中央对于新四军之处置,于昨晚发布,新华日报于报端提'千古奇冤,江南一叶,同室操戈,相煎何急'十六字,由周恩来署名,且系于检查局检查完毕后插入,自系故意违检,以示反抗。予通知检查局勿就此事对该报施行压迫。晚间失眠。"③2月4日,当周恩来得知宪兵在重庆两路口逮捕了4名《新华日报》报差并扣留若干报纸后,先打电话向国民党谈判代表张冲提出抗议,随即亲自到宪兵队要求释放报差、退还报纸。卫兵不让进门,周恩来与之僵持近两小时。最后在闻讯赶到的张冲帮助下,报差获释,报纸被发还。周恩来拿到报纸后,当场散发给围观的市民。为抗议当局拘捕差扣留报纸的行为,《新华日报》编辑部专门编发消息、短评、重要启事等几篇文稿,并故意"违检"排印。新闻检查当局查出后,强令铲版,使报纸上只剩下"本报重要启事""我们的抗议""法纪何在!"等标题。这种现象当时被称为"暴检",是揭露当局扼杀新闻自由的一种抗议行为。此后几天,《新华日报》"开天窗"、"暴检"以及周恩来在重庆街头散发《新华日报》的各种消息不胫而走。④ 周恩来这种舍生忘死的拼命抗争,即"二月报事"。

尽管对国民党方面1月17日的措施采取尖锐对立的步骤,但中共中央和南方局针的总方针仍然是以斗争求团结,通过政治上进攻,军事上守势的总策略,继续联合和拉住中国国民党抗日,并通过争取和加强与中间势力、中

---

① 周恩来:《悼张淮南先生》,《新华日报》1941年11月9日,第3版。
② 中共四川省委党史研究室著:《中共中央南方局的文化工作》,中共党史出版社2009年版,第114页。
③ 王世杰著:《王世杰日记》第3册,"中研院"近代史研究所1990年版,第11页。
④ 韩辛茹著:《新华日报史》,重庆出版社1990年版,第208—209页。

间力量的联系来制约国民党的对日妥协和反共倾向。皖南事变也使中间势力更加感觉到了团结的必要,24日周恩来、董必武、叶剑英等就各小党派动向向中共中央书记处报告说:

一、江南惨变发生后,中间人士及中间派对国民党大失所望,痛感自由民主与反内战而团结之必要。章伯钧、左舜生等拟发起成立民主联合会,以团结各党各派无党无派以及国民党左派,愿与我们保持合作,以香港或上海为中心,利用国社党徐傅霖在香港所办之报纸为喉舌,对国内及华侨、东江进行民主及反内战运动。章等已与我等交换意见,我等深表赞同。

二、章伯钧拟请中共、国社党、救国会、青年党、第三党各出一人,加上梁漱溟、黄任之,成立一秘密核心,以领导上述民主联合会工作。

三、第三党近因当局之压迫,日渐左倾。现正整顿其组织,并提出联苏、联共之主张,与我党建立更密切之合作。近派章伯钧、邱哲为代表与我们正式谈判,表示合作诚意,并盼我们党对他们的政纲、组织、宣传及经济予以协助,我们已表示极端赞同,并愿予以种种协助之意。[①]

2月10日,国民参政会参政员周士观在重庆玉皇观招餐,周恩来、黄炎培、沈钧儒、邹韬奋、章伯钧、张申府、左舜生、张君劢等应邀前往。[②] 在餐会上,周恩来说明了中共拒绝出席即将举行的第二届参政会一次会议的决定和原因。沈钧儒等向周恩来建议:以中共参政员名义将所提12条善后办法交参政会要求讨论,以此作为出席参政会的条件,否则不能出席;成立各党派委员会,讨论国共关系和民主问题以及国内政治民主化问题。[③] 事后,周恩来将

[①] 中央统战部、中央档案馆编辑:《中共中央抗日民族统一战线文件选编》(下),档案出版社1985年版,第54—55页。
[②] 黄炎培著:《黄炎培日记》第7卷,华文出版社2008年版,第65页。
[③] 沈谱、沈人骅编:《沈钧儒年谱》,中国文史出版社1992年版,第233页。

聚谈情况电告毛泽东,主张接受上述建议。14 日中共中央书记处回电同意,并同意在参政会外成立各党派委员会讨论政治问题。① 15 日,毛泽东等 7 位中共参政员致电国民参政会秘书处,提出善后办法 12 条,并表示"在政府未予裁夺前,泽东等碍难出席。"② 18 日,周恩来以 18 集团军驻渝办事处名义将中共 7 参政员致国民参政会公函送国民参政会秘书长王世杰,声明在中共中央所提处理皖南事变的 12 条"未得政府裁夺"以前,中共参政员"碍难出席"。同时,周恩来还将上述公函抄送国共两党以外的各党派和国民参政员 20 余人。③ 当日,王世杰"以毛等此种表示,似系借此要挟"。"托张冲转告周恩来,告以如此做法,只促成破裂,决不能威吓中央。盼其将来电收回。④" 20 日,周恩来致电中共中央书记处,建议致参政会公函不撤回,将 12 条交各党派委员会讨论⑤。23 日,中共中央政治局举行会议,讨论通过了毛泽东起草的复周恩来电。复电指出:"同意你的根本立场,但不拒绝谈判。"致参政会公函不能撤回,并须广泛发布。应告张冲:"如国民党方面认为可以谈判十二条,参政会方面自可暂时不付讨论,而由两党在会外谈判,但在谈判无满意结果前,我们不能出席参政会。""国民党方面如无破裂决心,必须迅即停止各方面的政治压迫与军事进攻。"⑥ 25 日晚,周恩来应邀带国民参政会秘书处商谈处置办法,周恩来表示无权应允。27 日,黄炎培等 14 位参政员先后与蒋介石、周恩来晤谈,仍无结果。28 日,黄炎培、梁漱溟等再见蒋介石,"临末,蒋公追问中共出席不成问题否? 无人敢负责答复。于是蒋公严切表示,明天(3 月 1 日)他们出席,即当按一个党派参加主席团一个主席之原则,推选周恩来为主席团之一。如其不出席,则是他们不惜以国内裂痕暴露于外,他们要负责的。以后即无话谈。请你们去告诉他!"⑦ 以此向中共施压。同日,毛泽东

---

① 中共中央文献研究室编:《周恩来年谱(1898—1949)》,中央文献出版社 2007 年版,第 503 页。
② 孟广涵主编:《国民参政会纪实》下卷,重庆出版社 1985 年版,第 865 页。
③ 中共中央文献研究室编:《周恩来年谱(1898—1949)》,中央文献出版社 2007 年版,第 504 页。
④ 王世杰著:《王世杰日记》第 3 册,"中研院"近代史研究所 1990 年版,第 27—28 页。
⑤ 中共中央文献研究室编:《周恩来年谱(1898—1949)》,中央文献出版社 2007 年版,第 504 页。
⑥ 中共中央文献研究室编:《毛泽东年谱(1893—1949)》中卷,中央文献出版社 1993 年版,第 273—274 页。
⑦ 梁漱溟著:《梁漱溟全集》第 6 卷,山东人民出版社 1993 年版,第 164 页。

修改中共中央书记处关于以周恩来或董必武的名义向张冲口头提出临时解决办法 12 条(即新 12 条)致周恩来的电报。即新 12 条的内容是:(1)立即停止全国向我军事进攻;(2)立即停止全国的政治压迫,承认中共及各党派之合法地位,释放西安、重庆、贵阳及各地之被捕人员;(3)启封各地被封书店,解除扣寄各地抗战书报之禁令;(4)立即停止对《新华日报》之一切压迫;(5)承认陕甘宁边区之合法地位;(6)承认敌后之抗日民主政权;(7)华北、华中及西北防地均维持现状;(8)于十八集团军之外,再成立一个集团军,共应辖有 6 个军;(9)释放所有皖南被捕干部,拨款抚恤死难家属;(10)发还皖南所有被捕人枪;(11)成立各党派联合委员会,每党派出席代表一人,国民党代表为主席,中共代表副之;(12)中共代表加入国民参政会主席团。① 以此 12 条作为中共出席参政会的先决条件,被国民党方面拒绝。

3 月 1 日,第二届国民参政会第一次会议在重庆开幕,中共参政员没有出席。2 日,周恩来、董必武、邓颖超致书沈钧儒等 20 位各党派参政员,说明中国共产党为顾全大局,改定 12 条临时解决办法,国民党方面倘能接受,则董必武、邓颖超可以到会报到,希望各方一致主张。由于该临时办法被国民党方面拒绝,沈钧儒、陶行知、史良等救国会籍参政员也宣布拒绝出席参政会。② 6 日,王云五等 50 余位参政员提出临时动议,要求毛泽东等中共参政员"勿创恶例,从速出席"。③ 同日,蒋介石在参政会上发表《政府对中共参政员不出席参政会问题的态度》的演说中,一方面指责中共所提条件是信口雌黄、颠倒黑白、混淆视听的恶意宣传,为其行为辩护,一方面又表示政府"决不忍再见所谓'剿共'的军事"。④ 9 日,未出席会议的中共参政员董必武被选为驻会委员。⑤ 在其后,国民参政会决议文和中共参政员的答文均揭载于报端,但"彼此一往一复文章愈多,彼此间的距离愈远"。国共问题愈加僵持不下。梁

---

① 中共中央文献研究室编:《毛泽东年谱(1893—1949)》中卷,中央文献出版社 1993 年版,第 277—278 页;中央统战部、中央档案馆编辑:《中共中央抗日民族统一战线文件选编》(下),档案出版社 1985 年版,第 548—549 页。
② 沈谱、沈人骅编:《沈钧儒年谱》,中国文史出版社 1992 年版,第 234—235 页。
③ 孟广涵主编:《国民参政会纪实》下卷,重庆出版社 1985 年版,第 894 页。
④ 孟广涵主编:《国民参政会纪实》下卷,重庆出版社 1985 年版,第 886 页。
⑤ 孟广涵主编:《国民参政会纪实》下卷,重庆出版社 1985 年版,第 836 页。

漱溟、张澜在 10 日即会议结束的当日,特意往访张群。梁漱溟表示:"我为国民党打算,认为那个委员会应当赶快成立才好。要知抗战四年中,共产党一天一天长大起来,就是国民党的失败。这失败由于三点:一点是遇事含糊,没有清楚明白的解决,陕北边区到底合法不合法,即其一例,其他类此甚多。一点是遇事拖延,不迅速解决。此事例亦甚多。末一点是单靠武力和特务警察来制止共产党发展,没得舆论有力的援助。类乎我们这一般人均不愿说话,是其一例,共产党就在这三点中得其发展。要想补救,必须改正前失。"①张群也认为梁氏说得有理。14 日,周恩来应邀同蒋介石谈话。根据梁漱溟的说法:"据说自上年冬以来,周君屡次求见皆不可得。一切交涉只能由叶剑英与军令部刘次长接洽。因政府认定系军令军纪问题,叶为十八集团军参谋长,在军令部系统之间义须服从,无多少商量。而周君则代表共产党,不见周即不愿落于党对党问题上也。忽然传见,意必有话商谈。"②见面时,蒋询延安意见。周恩来提出新四军事件、二月份政治压迫、防地问题、扩军问题、饷弹未发等,要求见叶挺,并按中共 12 条解决等,蒋表示你可以再写了来。15 日,周恩来将会见情况电告毛泽东,说蒋在我们的政治攻势下,为敷衍局面,采取表面和缓而实际仍在加紧布置以便各个击破。其法宝仍是压、吓、哄三字。压已困难,吓又无效,现在正走着哄字。并请示可否利用目前的可能先解决捕人、发饷等小问题,还是等大问题一起解决。毛泽东复电:先解决小问题,但大问题绝不放松。③17 日周恩来向蒋介石递交签呈 8 件,"前次系一签呈列举多事,今改为一事一呈,委员长喜欢批哪一件即可批哪一件。"④周恩来此举,与其说是无奈,不如说是对蒋介石和国民党政权的蔑视。

出于调解国共冲突和自保自存的需要,3 月 19 日,黄炎培、张君劢、张澜、左舜生、梁漱溟、李璜、冷遹、章伯钧、罗隆基等 13 人在重庆上清寺特园秘密

---

① 梁漱溟著:《梁漱溟全集》第 6 卷,山东人民出版社 1993 年版,第 169 页。
② 梁漱溟著:《梁漱溟全集》第 6 卷,山东人民出版社 1993 年版,第 170 页。
③ 中共中央文献研究室编:《周恩来年谱(1898—1949)》,中央文献出版社 2007 年版,第 508—509 页。
④ 梁漱溟著:《梁漱溟全集》第 6 卷,山东人民出版社 1993 年版,第 170 页。

召开中国民主政团同盟成立大会,①推选出中央执行委员会委员、中央常务委员会委员,推选黄炎培为常务委员会主席,决定派人去香港办报,然后公开盟的组织。未久,当局追查,黄炎培、梁漱溟颇为紧张,但终于塞过去。作为"国内在政治上一向抱民主思想各党派一初步结合"的中国民主政团同盟,就这样得以秘密成立,这是试图走第三条道路的中间力量在皖南事变后国共危机加深情况下的一次大凝聚,是中国政治格局的一个巨大变化,是全面抗战时期中国政治史上的重大事件。对于民盟的成立,中共中央南方局的态度是力促其成,条件为真正中间,不偏向国民党。② 国民党的态度是极力反对,但面对既成事实又无可奈何。③ 这样在第二次国共关系危机之后,中间势力通过结成中国民主政团同盟的形式,在"十大纲领"的基础上,④进行了一次重要的集结和初步整合,并与中国共产党南方局建立了良好的政治互信与合作关系。尽管有国共关系起伏的影响,有时候中共参政会拒绝参会,但中共中央南方局通过参政会这个平台,在参政会内外与中间势力和中间党派建立了越来越密切的联系和相互信任,并产生日益重要的政治影响。⑤

5月上中旬,十几万国民党军队在中条山战役中损失惨重,引起国内舆论的强烈不满。国民党方面却推诿责任,诬八路军不配合对敌作战。如国民党中央宣传部主任秘书许孝炎在张冲举办的一个晚宴上公开宣称八路军抗命不遵,周恩来知道后当即写信给张冲,予以驳斥:

> 悉许孝炎先生于十二日晚宴客席上,竟公开向在座之新闻记者宣称:现在中条山敌我激战,中央令第十八集团军配合作战,该军抗不遵命云云。此言现正在中外记者中传播,并纷纷以此相询,弟自当根据事实予以驳斥,惟念许先生身为参政员,且任贵党要职,何亦

---

① 黄炎培著:《黄炎培日记》第7卷,华文出版社2008年版,第78页。
② 中共中央文献研究室编:《周恩来年谱(1898—1949)》,中央文献出版社2007年版,第509页。
③ 闻黎明著:《第三种力量与抗日战争时期的政治》,上海书店出版社2004年版,第151页。
④ 十大纲领在国家层面上的基本主张,为"政治民主化"、"军队国家化",参见闻黎明:《第三种力量与抗日战争时期的政治》,上海书店出版社2004年版,第152—157页。
⑤ 中央统战部、中央档案馆编辑:《中共中央抗日民族统一战线文件选编》(下),档案出版社1985年版,第607—610页。

袭"谣言重于宣传"之技,大有类于《中国人》刊物所云,诚不胜其遗憾。且作战行动属于军事秘密,许先生造此谣言,是否欲弟将晋谒委座经过公诸新闻记者之间,以证明其言之诬,抑故欲使之传播于外,俾敌寇据以为进攻之机邪?斯诚使弟大惑不解,敢以质之先生,并乞代呈委座兼报为章次长,实为公便。①

对国民党政权小骂大帮忙的《大公报》在5月21日发表社论《为晋南战事作一种呼吁》,呼吁八路军赴援中条山。周恩来当夜即写一长信给《大公报》,澄清事实真相。23日《大公报》刊载了周恩来的长信,其中写道:"今年二三月日寇在华北分区扫荡,由五台而太行而冀南而山东,我们决没有丝毫放弃华北战的根据。尽管十八集团军饷弹俱断,尽管无任何友军可以配合,尽管有人造谣说十八集团军已撤回陕北,然事实胜于雄辩,十八集团军终于击破了敌人扫荡。虽弹药越打越少,但我们更不会以此抱怨别人。并且,也不如敌人谣传十八集团军主力是以中条山为中心(自去年漳河划线以来,我们严遵军令,中条山并无十八集团军一兵一卒),而是远处在敌人重围中的。不过我们可负责向贵报及全国军民同胞声明:只要和日寇打仗,十八集团军永远不会放弃配合友军作战的任务,并且会给敌人以致命的打击的。同时,十八集团军作战地界,奉命不与友军混杂,免致引起误会。我们现在仍守漳河之线,未入林县一步,犹为敌人故意挑拨,说十八集团军袭击林县某总司令部队,而此地亦有人据此为言者,想见情况之杂。"②这封信的发表,使中共方面对于配合国民党军队在中条山作战的积极态度和国民党在中条山惨败的真相大白于天下。毛泽东后来致电周恩来说:"(你)那封信写得很好"。③

1941年夏秋之际,国共关系从剑拔弩张中缓和下来。阳翰笙到文协找到戏剧家陈白尘和导演陈鲤庭作了一次长谈,他的计划是:组织一个二三十人的剧团,有基本演员和舞台工作、行政的人员,其余人员可以到中国电影摄制

---

① 中共中央文献研究室编:《周恩来书信选集》,中央文献出版社1988年版,第196页。
② 中共中央文献研究室编:《周恩来书信选集》,中央文献出版社1988年版,第200—201页。
③ 金冲及主编:《周恩来传》上册,中央文献出版社2008年版,第603页。

厂和中国电影制片厂去特约邀请。当陈白尘和陈鲤庭知道这个计划已经得到胡公即南方局的周恩来的支持与批准后,便打消了顾虑。当即决定筹备中华剧艺社,由应卫云为理事长,陈白尘为秘书长,陈鲤庭等为导演。① 10月11日,中华剧艺社正式在重庆成立。紧接着,中华剧艺社演出了由应卫云导演的《大地回春》,"连连满座,盛况空前",由此拉开了1941—1942年重庆雾季演剧的序幕。接着上演了阳翰笙写的《天国春秋》,这个剧更是轰动了山城。1942年4月3日,中华剧艺社又推出了郭沫若的《屈原》。《屈原》的导演为陈鲤庭,演出的阵容也异常强大:金山饰演的屈原、白杨饰演的南后、顾而已饰演的楚怀王、张瑞芳饰演的婵娟、石羽饰演的宋玉、施超饰演的靳尚、苏绘饰演的张仪、丁然饰演的子兰、张逸生饰演的钓者,皆为最理想的人选。②《雷电颂》中"你们滚下云头来!爆炸了吧!爆炸了吧!"的吼声,在山城重庆的观众中引起强烈的共鸣。之后中华剧艺社又上演了《面子问题》(老舍)、《钦差大臣》(果戈里)、《风雪夜归人》(吴祖光)等。7月,从香港返回重庆的夏衍、宋之的、于伶、司徒慧敏、章泯等戏剧工作者,按照周恩来的指示,与金山等人于12月29日在重庆成立了中国艺术剧社成为由党领导的剧团。中国艺术剧社成立后,上演了《祖国在召唤》《戏剧春秋》等剧,对配合抗日民主运动发挥了积极作用。③ 由此,中剧和中艺两个剧团并肩活跃在山城的戏剧舞台,成为南方局领导的话剧演出的主力,④周恩来在其中起到了至关重要的领导作用。如在郭沫若创作历史剧《屈原》的过程中,周恩来就与其就其中的一些问题多次进行探讨。剧本写出后,周恩来又反复阅读,并同专家们一起讨论,肯定该剧本政治上、艺术上都是好作品。剧本排练时,周恩来多次观看。公演后,周恩来还专门设宴祝贺演出的成功。⑤

搜集战略情报和进行国际统战,也是南方局的重要工作内容之一。1941

---

① 陈白尘著:《对世人的告别》,生活·读书·新知三联书店1997年版,第754—755页。
② 陈白尘著:《对世人的告别》,生活·读书·新知三联书店1997年版,第760页。
③ 南方局党史资料征集小组编:《南方局党史资料·文化工作》,重庆出版社1990年版,第490—491页。
④ 中共四川省委党史研究室著:《中共中央南方局的文化工作》,中共党史出版社2009年版,第163—164页。
⑤ 中共中央文献研究室编:《周恩来年谱(1898—1949)》,中央文献出版社2007年版,第542页。

年6月22日,希特勒德国进攻苏联。在战争爆发前一周左右,周恩来领导下从事秘密工作的阎宝航获得德国准备向苏联发动袭击的可靠情报并向周恩来作了汇报。周恩来于6月16日致毛泽东及中共中央书记处的电报中,在分析蒋介石等待德国进攻苏联时说:说蒋介石"等六月下旬德攻苏(他甚至连日子都定了,是六月二十一日开始,蒋居然相信),他好全面'剿共'"。[1]尽管周恩来的分析并不准确,但其中透露出的德国将于6月21日前后进攻苏联的情报则极为重要,中共中央立即将该情报通报给苏联。由于中央中央及时通报,加上其他情报的佐证,在6月22日德国发动突然袭击前一周内,苏联红军得以争得时间,提早战备,避免了更加惨重的损失。为此,苏方曾特别对中共中央表示感谢。毛泽东在7月24日致周恩来电中说:"二十一日开战的预测,彼方甚为重视。"[2]12月8日,日本海军联合舰队偷袭美国在太平洋的主要海军基地珍珠港,发动对英美等国在太平洋属地(包括香港)的进攻,太平洋战争爆发。9日,中国政府随美英之后,正式对日本宣战,同时也对德、意宣战。苏德战争和太平洋战争爆发后,东西方反法西斯战争连成一片。此后,周恩来与美国、苏联等许多国家的驻华使馆人员和援华组织建立了广泛的联系。[3] 1942年6月10日,周恩来致电毛泽东:"美对苏关系已转好,反苏力量日减","美战略方针是先打败德国,再反攻日本"。[4] 1942年5月下旬,周恩来在会见随美国军事代表团到重庆的埃德加·斯诺时,希望代表团和美国记者去延安参观,并请斯诺带信给居里,表示中共将坚持抗战反对内战,并首次正式提出希望得到同盟国提供给中国的援助的一部分,明确地表示希望与美国开展战时军事合作的态度。初夏,美国驻华使馆二等秘书、美军中缅印战区司令部政治顾问约翰·戴维斯到访南方局,希望中共在侦察敌情方面给美国提供便利,周恩来建议美国派一个军官小组在陕西、山西建立观察站。

---

[1] 中共中央文献研究室、中国人民解放军军事科学院编:《周恩来军事文选》第2卷,人民出版社1997年版,第333页。
[2] 中共中央文献研究室、中国人民解放军军事科学院编:《周恩来军事文选》第2卷,人民出版社1997年版,第334页"注释"[1]。
[3] 金冲及主编:《周恩来传》上册,中央文献出版社2008年版,第597页。
[4] 中共中央文献研究室编:《周恩来年谱(1898—1949)》,中央文献出版社2007年版,第547页。

10月至11月,周恩来会见罗斯福的代表威尔斯基、美国使馆二秘约翰·谢伟思和参赞约翰·文森特。之后,南方局同美国使馆情报处建立了交换军事情报及宣传品的关系。①

(二)1942年到1943年的国共谈判

皖南事变后,国共双方的关系一度非常紧张。1941年6月22日,苏德战争爆发。12月7日,日本偷袭珍珠港,太平洋战争爆发。9日,中国对法西斯轴心国德意日宣战。12月29日,林彪自苏联治病返国。1942年1月1日,美、英、苏、中等26国代表在华盛顿签署《联合国家宣言》,国际反法西斯联盟正式成立。② 5日林彪达到兰州,受到胡宗南热情接待。此后在接触中,胡宗南表示愿意改善与陕甘宁边区的关系。20日,蒋介石致电朱德,要求八路军服从命令。③

2月17日,周恩来自重庆致电毛泽东,估计日本占领新加坡,完成第一步南进计划后三种可能的动向:攻印、攻苏、单独解决中国。他分析这三种可能对日的利弊和蒋介石的态度后认为:蒋明显地盼望日攻苏以趁机压我向北,并在布置准备工作。毛泽东电复:"与我们估计略同",应准备对付蒋的压力。④ 在20日的一份情况通报上,毛泽东加写了这样一段话:"日本确有准备攻苏讯,且有谓二月底即将发动者。我各地负责人应有精神上之准备,设想到日苏战争发生后的各种情势及我党任务,估计在国民党盼望已久之日苏战争爆发时,彼方很可能对我加强压力,迫我北上,我应准备对付此种局面。但滇缅路不久将断,英、美援华物资必经苏联,国民党亦更困难,对我决裂是不会的。"⑤ 3月21日,周恩来致电林彪,指出林在新疆、兰州、西安的统战活动"影响极好"。并告诉林大后方顽固派目前已决心肃清地方党,监视、孤立八

---

①胡大牛主编:《中共中央南方局统战史稿》,人民出版社2008年版,第271—272页。
②中共中央文献研究室编:《朱德年谱》,中央文献出版社2006年版,第109页。
③秦孝仪主编:《中华民国重要史料初编——对日抗战时期》第5编(4),中国国民党中央委员会党史委员会1985年版,第329页。
④中共中央文献研究室编:《周恩来年谱(1898—1949)》,中央文献出版社2007年版,第539页。
⑤中共中央文献研究室编:《毛泽东年谱(1893—1949)》中卷,中央文献出版社1993年版,第365页。

路军办事处、新华日报馆;对边区和游击区,国民党则采取封锁和破坏的办法。周恩来判断:外松内紧为目前蒋的中心政策。①

4月11日,中共中央举行政治局会议,毛泽东在发言中指出:恩来估计正确。蒋介石的政策是外宽内紧,积极准备太平洋战争后的行动。蒋介石对我们现已组织政治攻势与军事攻势,我们准备对付蒋的进攻。今后两年将是最困难的时期。这时候,毛泽东、周恩来都对于国民党方面发动第三次反共高潮表现出忧心忡忡。17日,中共中央召开政治局会议,通过关于准备应付国民党第三次反共高潮的指示。② 指示说:

> 有各种材料指明,蒋及国民党现正准备于日苏战争爆发后,举行第三次反共高潮,我们必须准备团结全党和人民,适当的应付此次高潮及今年极大困难。高潮到来时必须表现沉着态度,不可随便发表意见。必须向干部指明要认识困难的严重性,方能有步骤的克服困难。同时应指明。困难的性质乃是破晓前的黑暗,整个国际国内条件都和十年内战时不同,克服困难之后,就有我们与全世界人民的胜利。③

4月中旬,周恩来向南方局全体党员作报告,分析三个月来蒋介石109起反动事件及其背景条件,估计反共即使达到高潮,要求大后方共产党员对新的反共高潮保持警惕。④

5月3日,中共中央召开政治局会议,同意毛泽东提议,为准备突然事变,决定组织陕甘宁晋绥联防军司令部,统一陕甘宁边区边区和晋绥军事指挥,

---

① 中共中央文献研究室编:《周恩来年谱(1898—1949)》,中央文献出版社2007年版,第541页。
② 中共中央文献研究室编:《毛泽东年谱(1893—1949)》中卷,中央文献出版社1993年版,第374—375页。
③ 中央统战部、中央档案馆编辑:《中共中央抗日民族统一战线文件选编》(下),档案出版社1985年版,第601页。
④ 中共中央文献研究室编:《周恩来年谱(1898—1949)》,中央文献出版社2007年版,第543页。

由贺龙任司令员。① 之后,周恩来估计蒋介石将加紧军事反共,也致电中共中央建议:应调大军准备给胡宗南以迎头痛击,"只有打得痛,才能使他知难而退";同民主势力、地方势力、国民党中的联共势力结成联盟,一旦内战扩大,他们即"有机可乘来反对党治要求实现民主"。② 7日,毛泽东复电周恩来:正从军事、财政各方面准备给进攻者以痛击,已组联防司令部。13日,中共中央发出成立陕甘宁晋绥联防军司令部指示,规定联防军司令部直属部队包括:第120师、留守兵团、晋西北新军、第359旅、陕甘宁边区保安部队、炮兵团。19日,毛泽东起草朱德致胡宗南电:"据报贵部正在积极动员进攻边区,采取袭击办法,一举夺取延安,此种军事行动归陶峙岳指挥,总兵力为五个军等语。事属骇人听闻,大敌当前,岂堪有此,敢电奉询,即祈示复。"③ 21日,毛泽东判断,由于日军尚未发动反苏战争而进攻云南、浙江以及国民党内部问题的严重,国民党发动进攻边区的反共战争计划,有暂时延缓的趋向。28日,毛泽东进一步判断,最近日本人打云南,打浙江,使得国民党进攻陕甘宁边区的计划暂时停顿了。国共之间暂时可以缓和一下。④

6月10日,周恩来致电毛泽东:"美对苏关系已转好,反苏日减","美战略方针是先打败德国,再反攻日本"。⑤ 17日,毛泽东复周恩来该日来电,就蒋介石准备发动反共内战问题指出:"除布置侦察及作军事准备外,请你即找刘为章作和缓运动。"⑥ 19日,周恩来就国民党在西北布置反共军事行动等问题质问刘为章,刘否认在西北有此种布置。周恩来致电毛泽东分析说:由于日本的攻势和国际形势对苏有利,加上联络参谋到延安发现我已有防御布

---

① 中共中央文献研究室编:《毛泽东年谱(1893—1949)》中卷,中央文献出版社1993年版,第379页。
② 中共中央文献研究室编:《周恩来年谱(1898—1949)》,中央文献出版社2007年版,第544页。
③ 中共中央文献研究室编:《毛泽东年谱(1893—1949)》中卷,中央文献出版社1993年版,第379—380页。
④ 中共中央文献研究室编:《毛泽东年谱(1893—1949)》中卷,中央文献出版社1993年版,第381、384页。
⑤ 中共中央文献研究室编:《周恩来年谱(1898—1949)》,中央文献出版社2007年版,第547页。
⑥ 中共中央文献研究室编:《毛泽东年谱(1893—1949)》中卷,中央文献出版社1993年版,第388页。

置,国民党方面的反共计划遂作罢论。① 为进一步缓和两党关系,毛泽东在6月23日致电周恩来,告知中共中央决定举行盛大的全面抗战五周年纪念大会,并发表强调团结和战后建设三民主义国家的宣言和通电。26日,毛泽东就关于国共关系等问题致电周恩指出:"国共一时不会好转,也不会决裂,是拖的局面。但到希特勒倒后,国际局面变化,势必影响中国,国共好转与民主共和国前途还是有的,我们好好做下去,争取此局面。目前四个月国际国内都是关键。"待确认两党关系确实已经较为稳定之后,中国共产党开始为改善关系、重开谈判创造条件。30日,毛泽东致电周恩来,请考虑利用纪念"七七"机会,找王世杰谈两党关系问题,并表示愿见蒋介石,请王向蒋转达。②

7月2日,中共中央召开政治局会议,讨论并通过了《中共中央为纪念抗战五周年宣言》(草案)等文件。毛泽东在发言中指出:我对联络参谋说,谁打西安谁是汉奸,谁打延安也是汉奸。对何应钦,我们只是反对他的反共,何反共我反何,何不反共我也不反何。我们在统一战线中没有过去的斗争是不能存在的,在斗争之后又要团结。同日,毛泽东复电重庆中共代表董必武:"恩来须静养,不痊愈不应出院,痊愈出院后亦须节劳多休息,请你加以注意。"又说:恩来现在病中不应走动,拟请你找王世杰一谈,要求陈宏谟、郭亚生返延安,询问可否释放叶挺,申述我党中央"七七"宣言大意,请王介绍见蒋介石。③ 5日,董必武会晤王世杰。《王世杰日记》载:"晚间共产党参政员董必武来谈,表示共产党方面深望国共纠纷能获致政治的解决,并谓共产党决定于七七宣言中,重申彼党二十六年九月二十二日之宣言,拥护蒋委员长,服从三民主义等等。予告以予亦极盼此种纠纷能循政治途径解决。惟现时国民党党中重要人员,多不愿意出任奔走之责,一则因为过去奔走其事者均失败,一则不易觅取商讨基础。盖除共党切实接受军事统一与政治统一之条件,则一切谈论都是枝节也。董表示希望蒋先生能指定一二人与彼等保持经

---

① 中共中央文献研究室编:《周恩来年谱(1898—1949)》,中央文献出版社2007年版,第547页。
② 中共中央文献研究室编:《毛泽东年谱(1893—1949)》中卷,中央文献出版社1993年版,第389、390页。
③ 中共中央文献研究室编:《毛泽东年谱(1893—1949)》中卷,中央文献出版社1993年版,第391页。

常接触。予允转达。"①当日,董必武致电毛泽东请示可否出席三届参政会及名额。6日,毛泽东复电董必武:"为争取国共好转,我们准备出席参政会,不争名额,但以维持原额为宜。恩来病状如何?甚念。"②7日,延安《解放日报》发表《中共中央为纪念抗战五周年宣言》。宣言指出:"中国各抗日党派不但在抗战中应是团结的,而且在抗战后也应是团结的。""战后的中国应当是民主的中国,既不是专制的半封建的中国,也不是苏维埃的或社会主义的中国。""战后的中国应当是各党派合作经过人民普选的民主共和国,而不是少数人专政多数人无权的中国。"③宣言重申中国共产党拥蒋合作的方针,明确表示:"全国军民必须一致拥护蒋委员长领导抗战,中国共产党承认,蒋委员长不仅是抗战的领导者,而且是战后新中国建设的领导者。"④10日,周恩来父亲周懋臣在重庆逝世。16日,周恩来派邓颖超访张治中。17日,周恩来会晤代表蒋介石对周懋臣去世表示吊唁的张治中,提出希望同蒋介石面谈。当日将情况电告毛泽东,主张同蒋谈些"解决问题的意见"。21日,蒋介石约见周恩来,称已指定张治中、刘为章与中共代表谈判。⑤毛泽东出席中共中央书记处工作会议,会议同意毛泽东起草的复周恩来电。

8月2日,《解放日报》发表社论《以团结力量建设战后新中国》,重申中国共产党主张联合各党派各阶级共同建立三民主义新中国的主张。⑥14日,蒋介石约见周恩来时,提出拟在西安约毛泽东一谈。周恩来将此情况电告毛泽东,并建议两个选择:(1)以林彪为代表,赴西安见蒋;(2)要求蒋带周至西安,然后周飞延安,再偕一人(林彪或其他负责人)回西安见蒋。⑦毛泽东采纳

---

① 王世杰著:《王世杰日记》第3册,"中研院"近代史研究所1990年版,第326页。
② 中共中央文献研究室编:《毛泽东年谱(1893—1949)》中卷,中央文献出版社1993年版,第392页。
③ 中央统战部、中央档案馆编辑:《中共中央抗日民族统一战线文件选编》(下),档案出版社1985年版,第604页。
④ 中央统战部、中央档案馆编辑:《中共中央抗日民族统一战线文件选编》(下),档案出版社1985年版,第605页。
⑤ 中共中央文献研究室编:《周恩来年谱(1898—1949)》,中央文献出版社2007年版,第549页。
⑥ 中央统战部、中央档案馆编辑:《中共中央抗日民族统一战线文件选编》(下),档案出版社1985年版,第873—874页。
⑦ 中共中央文献研究室编:《周恩来年谱(1898—1949)》,中央文献出版社2007年版,第550页。

了周恩来的意见。在17日为中共中央书记处起草复周恩来电中,毛泽东谓:"毛现患感冒不能启程,拟派林彪同志赴西安见蒋,请征蒋同意,如能征得蒋同意带你至西安,你回延面谈一次,随即偕林或朱赴西安见蒋则更好。"①22日,中共中央举行政治局会议,讨论毛泽东与蒋介石会谈问题,决定先派林彪去,看情况再定。29日,毛泽东致电周恩来谓:"蒋到西安时,决先派林彪见蒋,然后我去见他。依目前国际国内大局,我去见蒋有益无害,俟林彪见蒋后即确定我去时间。"②

9月3日,毛泽东致电周恩来,重申亲自见蒋介石的必要性,指出:"目前不在直接利益我方所得之大小,而在乘此国际局势有利机会及蒋约见机会我去见蒋,将国共根本关系加以改善。这种改善如果做到,即是极大利益,哪怕具体问题一个也不解决也是值得的。蒋如约我到重庆参加十月参政会,我们应准备答应他。蒋在兰州顿了半个月,这几天可能即到西安。林彪准备在蒋电约后即动身去,我则在林去后再定去西安的日期。"③5日,周恩来致电毛泽东,认为见蒋时机不成熟,提议林彪出面"勿将话讲死,看蒋的态度及要解决的问题,再定毛是否出来"。毛泽东采纳了这一意见。④ 8日,毛泽东就处理国共关系和党派问题的基本原则等致电周恩来,谓:

(一)林彪见蒋时,关于我见蒋应说我极愿见他,目下身体不大好,俟身体稍好即可出来会见,不确定时间。如张文伯愿来延则先欢迎他来延一叙,如此较妥。(二)我们与民主政团及地方军人的合作,应服从于国共合作,国共合作是第一位的,决定性质的,其他合作是第二位的,次要性质的,如果二者发生矛盾,应使第二位服从第一位,这是基本原则,必须坚持。(三)目前似已接近国共解决悬案

---

①中共中央文献研究室编:《毛泽东年谱(1893—1949)》中卷,中央文献出版社1993年版,第398—399页。
②中共中央文献研究室编:《毛泽东年谱(1893—1949)》中卷,中央文献出版社1993年版,第401页。
③中共中央文献研究室编:《毛泽东年谱(1893—1949)》中卷,中央文献出版社1993年版,第402页。
④中共中央文献研究室编:《周恩来年谱(1898—1949)》,中央文献出版社2007年版,第551页。

相当恢复和好时机,对于国民党压迫各事,应极力忍耐,不提抗议,以求悬案之解决与和好之恢复,并请注意。①

周恩来收到毛泽东电示,14日回电表示:

> 国共合作为主,地方与各党派为辅是历来统战的方针。不过武汉时代太重视了国共合作,甚至幻想一些成果,致完全冷落了各小党派及地方势力,且为国党所吓住,反令其易于操纵。这不能不是一个教训。重庆时期在你的斗争三原则及革命的两面政策指使下,国内外统战工作都得到了新的开展,除主要由于我中央领导正确和党的力量发展,使压迫者不得不有所顾虑外,统战工作亦曾在这方面有若干成绩。因此自去年反共退潮后,此间即一方面在国共关系不团结状态下采取不刺激办法,另方面却努力于国共以外他方面(外交、地方各党派、文化界)统战工作的开展。现在国共关系有趋于政治解决可能,我们自应主动的争取这种可能,你指示的两项原则完全正确且应坚持。②

周恩来并且表示,南方局在统战策略上有如下三项具体做法:(1)对国民党争取谈判的机会,但有步骤;(2)如国民党压迫我们,就与之说理,请求解除,压迫太过,也要从正面批评,不能默然而息,使其误认为我党屈服已经不复有任何要求;(3)对其他方面统战的中心在要求其与国民党比进步,非比落后。③ 林彪即日从延安动身,代毛泽东到西安见蒋。④ 同日,朱德、彭德怀就林

---

① 中央统战部、中央档案馆编辑:《中共中央抗日民族统一战线文件选编》(下),档案出版社1985年版,第611页。
② 中央统战部、中央档案馆编辑:《中共中央抗日民族统一战线文件选编》(下),档案出版社1985年版,第612页。
③ 中央统战部、中央档案馆编辑:《中共中央抗日民族统一战线文件选编》(下),档案出版社1985年版,第612—613页。
④ 金冲及主编:《周恩来传》上册,中央文献出版社2008年版,第607页。

彪到西安晋谒致电蒋介石,蒋表示同意。① 15日,毛泽东致电周恩来分析国共关系问题说:"国内关系总是随国际关系为转移,第一次反共高潮发生于德苏协定、苏芬战争及英美反苏时期,第二次反共高潮发生于德苏协定继续存在、英美苏关系仍未好转而轴心则成立三国同盟时期。自苏德战起,英、美、苏好转,直至今天,国共间即没有大的冲突。这个期间,又分两段,在英、美、苏未订具体同盟条约及滇缅路未断以前,蒋的亲苏、和共决仍是未下的,在此以后,他才下这个决心。我们估计这个好转的总方向是定了,目前任务是促成谈判,促成具体解决问题,故应避免一切枝节,极力表示好意。"还告知周恩来:林彪昨晨已乘车起身,闻蒋介石已返渝,我们仍要林到西安后要求赴渝,以期打开商谈门路。② 毛泽东在同一日还分别致电新四军方面的李先念、陈毅,山东方面的朱瑞等,说明目前要极力争取国共关系好转,以便坚持抗战。指示李先念:今后"设法与周围国民党军队改善关系"。指示陈毅:要极力"避免打摩擦仗并设法与周围国军取得和解为要","苏北报纸刊物请你抓紧,务使他们的宣传服从于党的当前政策。"指示朱瑞:"凡可避免的国共摩擦,均须避免。""一切报纸刊物宣传,分局均须抓紧,使不违背党的政策"。③ 16日,周恩来为《新华日报》"团结"副刊题字,并撰写发刊词《团结的旨趣》,④为国共关系的改善营造舆论气氛。18日,毛泽东致电林彪,嘱他在西安与各方多谈,然后赴重庆见蒋介石,并问问与胡宗南会谈结果。⑤ 由于山洪暴发,林彪抵达西安时,蒋介石已经回重庆。因此,林彪只好动身前往重庆。

10月7日,林彪作为中共中央代表飞抵重庆,皖南事变后国共两党再开

----

① 秦孝仪主编:《中华民国重要史料初编——对日抗战时期》第5编(4),中国国民党中央委员会党史委员会1985年版,第236页。
② 中共中央文献研究室编:《毛泽东年谱(1893—1949)》中卷,中央文献出版社1993年版,第403页。
③ 中央统战部、中央档案馆编辑:《中共中央抗日民族统一战线文件选编》(下),档案出版社1985年版,第614页;中共中央文献研究室编:《毛泽东年谱(1893—1949)》中卷,中央文献出版社1993年版,第403—404页。
④ 中共中央文献研究室编:《周恩来年谱(1898—1949)》,中央文献出版社2007年版,第552页。
⑤ 中共中央文献研究室编:《毛泽东年谱(1893—1949)》中卷,中央文献出版社1993年版,第405页。

谈判,国民党方面的代表为张治中,这次谈判谈谈歇歇,前后有8个月之久。①13日,林彪在周恩来、张治中陪同下会见蒋介石,并转达毛泽东和中共方面对于抗战建国的观察、国内团结问题、对于蒋介石和国民党的期望等根本问题上的意见。林彪表示:在抗战建国方面,中国共产党认为抗战的目的在建国,主张建设一个"以总理的主义和校长的领导为根据"的三民主义的新国家。要抗战胜利和建国成功,必须解决国内统一与团结问题,为此中共和毛泽东提出两党"彼此接近,彼此相同,彼此打成一片"三句口号。至于党与主义,林彪表示,中国共产党实际上就是救国的党,中国目前尚处在救国的阶段,所以救国实际上是国共两党目前唯一的共同任务,两党之间并不存在任何鸿沟。社会革命就目前中国现实状况而言,距离尚极辽远,完全为将来未定的问题,"也许为吾人及身之所不克亲见",目前则两党应"共趋团结抗战与统一建国之鹄的"。蒋介石问林在重庆勾留几日,林表示还要见何应钦和昔日黄埔诸同学,蒋表示在林重庆之前,在约时间谈话。②15日,蒋介石日记载:对共党应以军令政令之统一为先决条件。③16日,林彪、周恩来应约与张治中会谈。林彪提出停止全国军事进攻,停止全国政治进攻,停止对《新华日报》的压迫;释放新四军被俘人员,发饷发弹,允许将中共领导下的军队编为两个集团军(即"三停三发两编")要求。张治中将话头打断,建议林彪先同各方面多谈,然后再同他谈。④当天下午,林彪在张治中陪同下再次会见蒋介石。谈到两党关系时,要求彻底实行"三停三发两编"。蒋介石表示,解决问题会公道,不让你们吃亏,但不许再提新四军事。⑤17日,周恩来为国民党即将召开国民参政会,致电毛泽东并中共中央书记处,估计蒋对主席团人选的安排有三种可能:(1)照旧;(2)不同我们接洽,故意选我一人;(3)接洽后选

---

①中共中央文献研究室编:《周恩来年谱(1898—1949)》,中央文献出版社2007年版,第553页;秦孝仪主编:《中华民国重要史料初编——对日抗战时期》第5编(4),中国国民党中央委员会党史委员会1985年版,第245页。张治中著:《张治中回忆录》,中国文史出版社1985年版,第684页。

②秦孝仪主编:《中华民国重要史料初编——对日抗战时期》第5编(4),中国国民党中央委员会党史委员会1985年版,第236—242页。

③秦孝仪主编:《中华民国重要史料初编——对日抗战时期》第5编(4),中国国民党中央委员会党史委员会1985年版,第185页。

④中共中央文献研究室编:《周恩来年谱(1898—1949)》,中央文献出版社2007年版,第553页。

⑤金冲及主编:《周恩来传》上册,中央文献出版社2008年版,第609页。

我们一人。提出:第一种可听之,第二种讨厌,如第三种,毛泽东可参加。请示中央意见。18日,毛泽东电复:在延安的参政员请假,董必武、邓颖超出席,应采取"七七"宣言所持的态度。① 同日,毛泽东起草中共在延安的四位参政员毛泽东、陈绍禹(王明)、林伯渠、秦邦宪致重庆国民参政会秘书长王世杰电:"闻参政会定本月二十二日开会(三届一次国民参政会),弟等因事不克到会,特此请假"。② 21日,毛泽东为中共中央书记处起草复周恩来电:"如彼方提周为主席团,可予同意,不必以毛代,因毛不能经常出席。"③ 22日,第三届国民参政会第一次会议在重庆召开。董必武、邓颖超出席。26日,周恩来为缓和两党关系,对当前同国民党的谈判问题致电毛泽东,提议采取以下方针:(一)先尽力缓和两党表面上的关系,在根本问题(军队、政权等)上只从原则上说服国民党加以改变,"至少使他们当面不能反驳";(二)再次见蒋时,不提全部要求,或只谈原则,不提具体问题,或说愿听调遣,但有困难,要求"停打、接济";(三)对张治中,除要求停打外,还谈防地,说明愿听调遣,但须解决困难。如此林此来可完成两个任务,一是缓和双方表面关系,二是重开谈判之门。若要超过此种任务,则非在防地上大让步不可,恐今日尚嫌其早。林在此亦不能太等久了,恐夜长梦多,反为不好。④ 28日,毛泽东复电周恩来:同意所提方针,重在缓和关系,重开谈判之门,一切不宜在目前提的问题均不提;林在二次见蒋后即回延。⑤ 10月下旬,周恩来会见国民党驻延安的联络参谋陈宏谟。陈表示谈判中心在看八路军能否接受命令、听从调遣,至于防地问题,可以不尽如1940年10月"皓电"的要求,但军队必须移动。⑥ 30日,毛泽东致电彭德怀表示:"国共关系好转,边区可能取得合法地位。林

---

① 中共中央文献研究室编:《周恩来年谱(1898—1949)》,中央文献出版社2007年版,第553页。
② 中共中央文献研究室编:《毛泽东年谱(1893—1949)》中卷,中央文献出版社1993年版,第407—408页。
③ 中共中央文献研究室编:《毛泽东年谱(1893—1949)》中卷,中央文献出版社1993年版,第409页。
④ 中共中央文献研究室编:《周恩来年谱(1898—1949)》,中央文献出版社2007年版,第553—554页。
⑤ 中共中央文献研究室编:《毛泽东年谱(1893—1949)》中卷,中央文献出版社1993年版,第410—411页。
⑥ 中共中央文献研究室编:《周恩来年谱(1898—1949)》,中央文献出版社2007年版,第554页。

彪已去重庆,国民党派郑延卓来延安。"①

11月12—27日,国民党第五届第十次中央全会在重庆召开,会议听取了特种委员会报告,认为对中共问题今后仍容"宽大政策",一面要政府"依法制裁私自组织军队、企图割据地方、违反国家纲纪、扰乱社会秩序等事情"。②会议通过了与国共关系相关的决议,认为中共问题"一致主张用政治方法解决"。③中共认为这些决议为两党继续合作、谈判、解决悬案开辟了途径。25日,《王世杰日记》载:"今日蒋先生在十中全会表示:谓对外政策,我国不拟以东亚领导者自居,并反对任何帝国主义;对内政策,吾党对共产党态度,今后可改趋宽大。此一表示,党中同志颇有认为可虑者。"④29日,中共中央政治局会议通过《中共中央关于国民党十中全会问题的指示》,指出:"(国民党)十中全会的决议,表示了这种解决的原则,一言以蔽之,就是要求我们不超出他们所设定的严格的范围,他们则答应和我们合作"。因此,"摩擦还会有的,但方式会缓和一点。各地对于国民党人员应继续采取诚恳协商,实事求是,有理有节的态度,力戒骄傲夸大有害无益的态度,借以争取更进的好转"。⑤

12月1日,毛泽东致函蒋介石,对国民政府派郑延卓到延安赈灾表达谢忱。⑥3日,《王世杰日记》载:"十中全会关于加强团结之决议,本在表示中央对共党之宽大及无武力解决之意。今日午后何部长敬之召集党政军会报,出席之人,则欲藉此时机加强管制共党。盖群以共党之活动为可虑,且群认共党决无服从本党主义或领导之诚意也。予固极盼此一问题将来由政治途径

---

①中共中央文献研究室编:《毛泽东年谱(1893—1949)》中卷,中央文献出版社1993年版,第411页。
②高晓星收集整理:《中国国民党历次代表大会和部分重要会议简况》(下),《文史资料选辑》第119辑(合订本),中国文史出版社2000年版,第212页。
③秦孝仪主编:《中华民国重要史料初编——对日抗战时期》第7编(2),中国国民党中央委员会党史委员会1981年版,第312页。
④王世杰著:《王世杰日记》第3册,"中研院"近代史研究所1990年版,第396—397页。
⑤中央统战部、中央档案馆编辑:《中共中央抗日民族统一战线文件选编》(下),档案出版社1985年版,第620页。
⑥秦孝仪主编:《中华民国重要史料初编——对日抗战时期》第5编(2),中国国民党中央委员会党史委员会1985年版,第370页。

得到解决,但此希望之实现显然甚难。"①对于此种状况,中共是有准备的。12日,南方局在向中共中央提出的关于国共关系的报告提纲中分析说:"目前空气是缓和了,关系是恢复了,但好转是一个趋势,能否具体解决问题,还在两可之间。"②16日,林彪在张治中陪同下会晤蒋介石。周恩来致电中共中央,认为这次蒋向林彪谈的两点,一是显然对军队数目、组成、地区及干部使用有若干不同意见,一是对于党及边区的所谓政治团体要集中领导,语意含浑,显然还未定出具体办法。提出:为推动局势好转,拟主动找张治中解决中共的合法地位、军队扩编数、边区行政区人员不动和目前适当调整作战区战后再重新划分四个问题。18日,毛泽东以中共中央书记处名义复电周恩来、林彪,请他们同国民党交涉时依据以下的意见:"(1)在允许合法化条件下,可同意国民党到边区及敌后办党报。(2)军队要求编四军十二师,新四军在内。(3)边区可改为行政区,人员与地境均不动(地境不动一点请注意)。(4)黄河以南部队,确定战后移至黄河以北,但目前只能做准备工作,不能实行移动,此乃完全为事实所限制,绝对无法移动"。③ 24日,周恩来、林彪约张治中谈判,转达中共中央的四项要求,周恩来声明如认为这四条可谈,请留林继续谈,如相去太远,则请蒋介石提出具体方针交林带回延安商量。张逐条记下,答应报蒋。④ 对于这四项内容,张治中认为是可以接受的,并认为中共确实已经让步,并确实具有合作抗日的诚意。26日,张治中将中共四条意见抄送呈报给蒋介石。蒋介石随即召开了一次临时军事会议,会上大部分人的意见,对于第一条根本不同意,对于第二条认为办不到,对于第三条意见比较少,对于第四条认为措辞含混。总之,"充满了偏见与近视",结果国民党方面"本来应该而且可以接受的条款而不接受"。⑤ 31日,何应钦提出对中共四项要

---

① 王世杰著:《王世杰日记》第3册,"中研院"近代史研究所1990年版,第401页。
② 中央统战部、中央档案馆编辑:《中共中央抗日民族统一战线文件选编》(下),档案出版社1985年版,第629页。
③ 中共中央文献研究室编:《毛泽东年谱(1893—1949)》中卷,中央文献出版社1993年版,第417—418页。
④ 中共中央文献研究室编:《毛泽东年谱(1893—1949)》中卷,中央文献出版社1993年版,第418页;金冲及主编:《周恩来传》上册,中央文献出版社2008年版,第610页;秦孝仪主编:《中华民国重要史料初编——对日抗战时期》第5编(4),中国国民党中央委员会党史委员会1985年版,第248页。
⑤ 张治中著:《张治中回忆录》,中国文史出版社1985年版,第685页。

求的研究意见,断言中共四项要求"其目的在于对党政军各方面皆欲取得合法地位,不能认为有悔过诚意"。声称并主张"本党宽大政策之真正作用,应为瓦解中共,绝非培养中共。故林、周所提四项,不能作为商谈基础。"。认为国民党对于"不必要之商谈,似可冷淡置之,不予答复"。何应钦还提出国民党方面的谈判原则或谈判基础:"(1)中共不应有军队,其军队须由各战区长官各就驻在于战区内者。切实点验编遣整训。并指挥其作战,不得再行自力系统,及保留变相武装。(2)中共不应在各地方擅立非法政府,其各地非法政治组织须一律取消,由各该省府派员接管,恢复原有行政系统及区划。(3)以上两项办到后,始可予中共合法地位。假定上述原则中共不肯接受,则不必强求商谈,尽可加紧防制,使其停止于非法地位,以期动摇其内部,增加其苦闷,俾便将来之解决。"①

1943年1月1日,毛泽东致电周恩来、林彪,告知与国民党方面郑延卓谈话的情况:"郑延卓在延两星期,明日返渝。我同他谈了两次,表现尚好。参观了许多地方,接谈了几十个人。据称:观感与外边所见两样。谈到边区,我说区域维持现状,人员加以委任。谈到军队,我说应编四军十二师。此外停捉停打停封,发饷发弹发药,也说到了。""谈到三民主义,我应实行七分资本三分封建的民生主义,议会制的民权主义。谈到社会主义,我说将来要实行的,现在无条件。""他要求我给蒋一信,我答应了"。② 9日,中共代表周恩来、林彪再次同国民党代表张治中谈判。张提出中共去年12月18日所提四项同国民党方面的要求"相距较远"。周恩来、林彪表示,四项办法同"皓电"精神"并无不合",距离只在军队数目和移动时间。谈判未获结果。③ 张治中告诉中共代表,国民年党已指定何应钦、白崇禧主持与中共的谈判。④ 10日,周恩来、林彪将谈判情况电告中共中央,并建议:为了顾及蒋方面子,在谈判中

---

① 秦孝仪主编:《中华民国重要史料初编——对日抗战时期》第5编(4),中国国民党中央委员会党史委员会1985年版,第245、246页。
② 中共中央文献研究室编:《毛泽东年谱(1893—1949)》中卷,中央文献出版社1993年版,第421页。
③ 中共中央文献研究室编:《周恩来年谱(1898—1949)》,中央文献出版社2007年版,第559页。
④ 南方局党史资料征集小组编:《南方局党史资料·大事记》,重庆出版社1986年版,第205页。

可承认何白"皓电"及国民党中央提示案为谈判基础,说明我四项办法同皓电精神"并无根本不合处"。关于驻地的移动,请示可否以李先念部同山东于学忠部队对调,"以便统一山东"。① 周恩来、林彪的建议实际上涉及重大的让步,为此中共中央政治局在12日专门开会讨论。会议认为:移防事实上难办到,理由是走不通。决定由毛泽东起草给周恩来、林彪的复电,将情况进一步询问清楚后,中央再讨论决定。② 14日,周恩来应约同张治中谈话。张表示希望中共放弃军队。周恩来据理予以拒绝。③ 16日,毛泽东就国共谈判问题复电周恩来、林彪,谓:彼方提出以"前年的提示案"为谈判基础以及以何应钦、白崇禧为主持人,除面子问题外,是否还有借以拖延的目的?由于敌人封锁,李先念部"决难移动",对调"事实上办不到",似宜一口咬定铁一般事实,以"暂时不动,将来必动,为有理有利""具体解决问题的时机目前是否已经成熟?是否再等一下(苏联更胜利,国党抗敌更需要我们)较为有利?"④ 实际上,毛泽东的复电以协商和询问的态度,对周恩来的建议给了一个否定的答复。21日,周恩来致电毛泽东,说明顾及蒋的面子,是"为的更站在有理的地位,不使谈判弄僵",明了国民党方面的具体条件,好让林彪带回延安。并以事实证明不是我们弄僵,而是他们故意为难。提议采取以下两种办法结束这次谈判:(1)说明我方四条同"皓电"精神相合,只军队数目和移动时间之差,如不同意,要他们提对案,由林带回延安;(2)向他们直接要方案。⑤ 对此,毛泽东和中共中央没有马上给予答复。

2月1日,中央书记处指示周恩来、林彪在与国民党代表张治中谈判时,提出释放新疆的徐杰(即陈潭秋)、毛泽民等140余人。指示说,即便现在不能获释,也可作一次备案,以作为将来交涉之根据。⑥ 7日,为进一步改善国

---

① 中共中央文献研究室编:《周恩来年谱(1898—1949)》,中央文献出版社2007年版,第559页。
② 中共中央文献研究室编:《毛泽东年谱(1893—1949)》中卷,中央文献出版社1993年版,第423页。
③ 中共中央文献研究室编:《周恩来年谱(1898—1949)》,中央文献出版社2007年版,第559页。
④ 中共中央文献研究室编:《毛泽东年谱(1893—1949)》中卷,中央文献出版社1993年版,第423—424页。
⑤ 中共中央文献研究室编:《周恩来年谱(1898—1949)》,中央文献出版社2007年版,第560页。
⑥ 南方局党史资料征集小组编:《南方局党史资料·大事记》,重庆出版社1986年版,第207页。

共关系,毛泽东、朱德、叶剑英等联名发出加强统战工作的指示,指出:"国方上层虽仍采拖的办法,而其局部与下层已发现迫切需要与我党我军调整关系的现象。我们应不放松每一机会和每一小的事件,主动地加强局部统战工作,改善关系,以求更加促进国内整个形势的好转。各区应本此方针,按具体情况执行,并报告我们。如有摩擦事件,必须先经报告批准,不许自由行动"。①8日,毛泽东复电周恩来,同意其1月21日所提的前一种办法,"可照来电所提办法进行"。随后,周恩来即会见张治中,逐条宣读最后意见,张治中逐字予以抄录、核对。②9日,毛泽东致电周恩来、林彪,指出:"边区财政难关已渡过,现党政军积蓄资产值边币五万万以上(合法币二万万五千万以上),今年决定大发展农、工、盐、畜生产,提出丰衣足食口号,如不遭旱大有办法,人民经济亦大有发展,可达到丰衣足食。边区高干会(党政军民三百余人)展开彻底的自我批评,对过去历史,当前任务(生产与教育),整顿三风,精兵简政,统一领导诸问题都获圆满解决,气象一新,各事均好办了。"③这是一个重大消息,表明边区和根据地已经渡过1941年以后持续两年的经济难关。10日,周恩来、林彪收到中共中央书记处电,再次要求与张治中谈话时提出释放迪化被盛世才扣留的徐杰等140余人的要求,并准他们经兰州、西安回延安。即使上述要求一时不能实现,也不妨提出备案,作为将来交涉的根据。④12日,毛泽东复电林彪并告周恩来:"谈判方针昨已电告。可以答应以'皓电'为谈判基础。""国共谈判成功大概要等到实行反攻前夜,不到反攻,彼方认为是不需要和我妥协的。"⑤根据中共中央指示,周恩来同林彪见张治中。张治中答称,如承认何、白"皓电"精神,尚可继续谈,办法须在何应钦从印度返回后才能答复。3月3日周恩来将这次谈话的情况电告中共中央,

---

①中共中央文献研究室编:《毛泽东年谱(1893—1949)》中卷,中央文献出版社1993年版,第426页。
②中共中央文献研究室编:《周恩来年谱(1898—1949)》,中央文献出版社2007年版,第560页。
③中共中央文献研究室编:《毛泽东年谱(1893—1949)》中卷,中央文献出版社1993年版,第426页。
④中共中央文献研究室编:《周恩来年谱(1898—1949)》,中央文献出版社2007年版,第561页。
⑤中共中央文献研究室编:《毛泽东年谱(1893—1949)》中卷,中央文献出版社1993年版,第427页。

说目前国民党对共产党的态度与我去年的估计大致不错,即于他有利时相机解决,否则是拖。但局部压迫决不放松,采取上宽下紧逼我就范的政策,对小党派,最近有些改变。除对救国会外,都采取拉拢政策。对文化界也在拉拢中间分子,争取知识分子,企图孤立我们。目前政治斗争更复杂,新的困难也在增加,要求我们更要机动策略谨慎地处理各事。①

3月上中旬,在反"扫荡"作战中,新四军与韩德勤部的冲突,韩德勤被俘,陈毅等将经过情形电告毛泽东。19日,毛泽东、刘少奇复电陈毅、饶漱石,同意释放韩德勤。② 3月20日,中共中央召开政治局会议,决定调整及精简中央机构,推定毛泽东为政治局和书记处主席,书记处由毛泽东、刘少奇、任弼时三人组成,主席有最后决定之权。③ 28日,何应钦就两党摩擦问题约见周恩来、林彪。周恩来、林彪就韩德勤被新四军俘获一事作出解释的同时,提出国民党军队在苏北等地进攻问题,要求见蒋等4项要求,何同意由张治中答复。④ 30日,周恩来收到中共中央书记处致周恩来、林彪电:周回林留,或周、林均回。留在办事处和报馆工作的人愈少愈精愈好。⑤

4月5日,毛泽东主持中共中央书记处会议,决定:为着指导的便利,今后驻重庆办事处的工作归毛泽东直接管理,驻西安办事处的工作归任弼时管理。⑥ 6日,毛泽东复电周恩来:"此间日内即拟具给何应钦复电,你收到后即转交何,但暂不公开发表,俟彼方有进一步反共表示时(例如由中央社发表反共广播),即将此电公开发表。此次我方应取,待彼方进攻再行反驳,而不应

---

① 中共中央文献研究室编:《周恩来年谱(1898—1949)》,中央文献出版社2007年版,第561—562页。
② 中共中央文献研究室编:《刘少奇年谱》上卷,中央文献出版社1996年版,第414—415页。
③ 中共中央文献研究室编:《毛泽东年谱(1893—1949)》中卷,中央文献出版社1993年版,第430页。
④ 秦孝仪主编:《中华民国重要史料初编——对日抗战时期》第5编(4),中国国民党中央委员会党史委员会1985年版,第250页;中共中央文献研究室编:《周恩来年谱(1898—1949)》,中央文献出版社2007年版,第564页。
⑤ 中共中央文献研究室编:《周恩来年谱(1898—1949)》,中央文献出版社2007年版,第564页。
⑥ 中共中央文献研究室编:《毛泽东年谱(189—1949)》中卷,中央文献出版社1993年版,第433页。

事先公开发表文件。"①同日,中共中央书记处就不和国民党以外势力签订秘密文件给周恩来发出明确指示:"川滇方面只可联络,绝不要签订任何书面文件,亦不要有任何类似秘密文件书信给他们。对各小党派及英美外交人员亦须遵守此原则。无论国民党对我态度怎样不好,如我们与国民党以外之中外人员团体或党派,有任何足以引起国民党借口之秘密协定,在目前都是不妥当的。"②27日,毛泽东同朱德复电周恩来、林彪,答复刘斐所提问题,指出:"陇南、伊盟两处事件,事前我们毫不知情,事后未有任何一人参与,刘为章所称一切,全是诬词。""现闻陇南事变扩大,叛民武装达二万人,伊盟七旗拥护沙王反对陈长捷、何文鼎杀人夺地、夺牛夺马等虐政"。"太行山战事,我一二九师亦是被'扫荡'者,蒋、庞事前一意对我,现被敌攻,我军决不记前仇乘机图利。至所谓横山事件,乃是国民党特务机关派遣所谓反共同盟军二百余人装作土匪分股侵入边区,我军只在境内剿匪,绝无一兵一卒跨越边境,刘为章所说完全违反事实。"③28日,周恩来致电毛泽东和朱德:根据各方情况和刘为章信,估计国民党有在报上公开反共可能。请即将最近八路军、新四军作战和配合友军的情况以及他们进攻我军情况电告,以便将前者在《新华日报》上发表,并向外国记者宣传我们的战绩④。30日,毛泽东复周恩来28日来电,指出:"在国际酝酿反苏暗流下,国民党有发动反共宣传可能,你处准备答复是必要的,材料已要剑英即办。""望向各方先作口头解释,并要求见何见张见蒋,加以解释。"⑤4月,周恩来致电毛泽东,说明目前蒋的政策是向各方施行各种突然袭击和压迫,企图挽救其危机。所以,我们的对策,似宜非常灵活机动,不拘一式,以揭破其阴谋。建议:公布韩德勤前来进犯、被我俘虏的真相;将韩释放,送出境,退还枪支,此事也可公布,表示我党宽大;向蒋介石、何

---

①中共中央文献研究室编:《毛泽东年谱(1893—1949)》中卷,中央文献出版社1993年版,第433页。
②中央统战部、中央档案馆编辑:《中共中央抗日民族统一战线文件选编》(下),档案出版社1985年版,第643页。
③中共中央文献研究室编:《毛泽东年谱(1893—1949)》中卷,中央文献出版社1993年版,第435—436页。
④中共中央文献研究室编:《周恩来年谱(1898—1949)》,中央文献出版社2007年版,第565页。
⑤中共中央文献研究室编:《毛泽东年谱(1893—1949)》中卷,中央文献出版社1993年版,第436页。

应钦抗议蒋鼎文、庞炳勋的北进,并声明,如逼我太甚,只有自卫;如蒋、庞深入我区进攻,应准备坚决还击;公开抗议对我称"奸党""匪军",如不能登报,即发传单;加强同各党派和地方势力的联络。①

5月8日,关于目前不要刺激国民党等问题,毛泽东复电周恩来指出:"斯大林'五一'声明后国际形势将好转,第二条战线今年可能开辟,今冬明春可能击败德国,国民党可能对我好一点,目前彼方可能不发动宣传攻势,故我们不应先作公开声明,只作文电声明及口头解释。《解放日报》及各根据地报纸还是一点也不刺激国民党。"②24日《王世杰日记》载:今晨国防最高会议,论及第三国际解散事,群以为慰。孙哲生云,我国亦当从此与盟国谋接近,注重政治的民主化,即实行民权主义与言论自由。③同日,毛泽东为中共中央书记处起草致电南方局,因共产国际将解散,党中央将讨论中国的政策,通知周恩来即回延安。④25日,《王世杰日记》载:"今日蒋先生召集参事室会报,又召集特别会报。予力陈两点:(1)对中国共产党问题,我应尽力向政治解决之途为最大之努力,在宣传上尤不可造成政府准备以武力解决之印象……"⑤29日,《王世杰日记》又载:"日昨董必武在参政会为予言,共产党甚盼能早日打开现时僵局,并谓语必要时毛泽东亦可来渝。"⑥

6月2日,周恩来致电毛泽东:据张治中告,蒋介石对我返延问题正在考虑中,目前暂无表示,故发护照须推迟。⑦4日,毛泽东复周恩来电,要其争取能顺利回延安。⑧同日,张治中约见周恩来谈话,说何应钦称前方摩擦正在继续,谈判"须搁一搁",表示"在谈判中出乱子不好"。周恩来声明,谈判暂搁

---

① 中共中央文献研究室编:《周恩来年谱(1898—1949)》,中央文献出版社2007年版,第566页。
② 中共中央文献研究室编:《毛泽东年谱(1893—1949)》中卷,中央文献出版社1993年版,第438页。
③ 王世杰著:《王世杰日记》第4册,"中研院"近代史研究所1990年版,第77页。
④ 中共中央文献研究室编:《毛泽东年谱(1893—1949)》中卷,中央文献出版社1993年版,第440页。
⑤ 王世杰著:《王世杰日记》第4册,"中研院"近代史研究所1990年版,第78页。
⑥ 王世杰著:《王世杰日记》第4册,"中研院"近代史研究所1990年版,第80页。
⑦ 中共中央文献研究室编:《周恩来年谱(1898—1949)》,中央文献出版社2007年版,第568页。
⑧ 中共中央文献研究室编:《毛泽东年谱(1893—1949)》中卷,中央文献出版社1993年版,第444页。

是我们"意中事",但谈判中蒋方所提原则,我们都已接受,即根据"皓电"精神解决,我所提四点,仅时间与数目问题,现蒋方要搁,我们决定林彪回延安,如要谈可再来,"保证坚持敌后决不挑衅,边境不越雷池一步",等。张答应转报。7日,蒋介石约见周恩来、林彪,同意二人回延安。这是皖南事变后,蒋介石第一次答应周恩来返回延安。其间,张治中告诉周恩来,共产国际解散后,国民党对中共有两个方案,一是中共交出军权政权,同时组织合法化,一为两党合并。现只等中共的意见。周恩来答:"两党问题所以不能解决,主要是国民党政治不开放",如对各党派关系、民主问题和对我肯停止压迫本来都是可以先做的。① 9日,毛泽东为中共中央书记处起草致周恩来电:指出:"(1)回延安宜速勿耽搁;(2)望带孔原回延,留(刘)少文(在重庆)为董(必武)助手"。② 10日,蒋介石写了一封致毛泽东的亲笔函,答复前一年12月1日毛泽东的来函,请毛泽东"驾渝会晤"。③ 15日,毛泽东致电周恩来、林彪,叮嘱:"何时动身,盼七月一日前赶到延安,共商七七宣言。成都、西安两地望勿耽搁,一则求速,一则避嫌"。④ 月底,当林彪要离开重庆返回延安时,张治中在家中设宴为林饯行,并把蒋介石致毛泽东的亲笔信交给林。对此,中共并无回应。⑤ 28日,周恩来、林彪、邓颖超等一百多人乘坐客车从重庆起程返延安,参加中共七大的筹备工作和整风学习。⑥ 周恩来回延后,南方局的工作由董必武主持。

7月16日,周恩来、邓颖超、林彪一行100余人到达延安。⑦ 至此,全面抗战时期以林彪和张治中为主要谈判代表的第二次国共商谈画上句号。在这

---

① 中共中央文献研究室编:《周恩来年谱(1898—1949)》,中央文献出版社2007年版,第569—570页。

② 中共中央文献研究室编:《毛泽东年谱(1893—1949)》中卷,中央文献出版社1993年版,第445页。

③ 秦孝仪主编:《中华民国重要史料初编——对日抗战时期》第5编(1),中国国民党中央委员会党史委员会1985年版,第370页。

④ 中共中央文献研究室编:《毛泽东年谱(1893—1949)》中卷,中央文献出版社1993年版,第446页。

⑤ 张治中著:《张治中回忆录》,中国文史出版社1985年版,第685页。

⑥ 中共中央文献研究室编:《周恩来年谱(1898—1949)》,中央文献出版社2007年版,第571页。

⑦ 金冲及主编:《周恩来传》上册,中央文献出版社2008年版,第612页。

次商谈中,中共方面所提四项要求为国民党方面拒绝,林彪"空劳往返",①刘少奇在23日的党内指示中说:"恩来、林彪诸同志已回延安,在重庆与蒋关于改善国共关系的谈判没有获得任何具体结果。蒋在三月间出版《中国之命运》一书,其中心目标就是反对共产主义与共产党,并为内战作准备,最近且利用共产国际解散机会,宣传取消共产党取消边区,调集大军于边区附近,企图压迫我党作城下之盟。"②刘少奇在指示中还写道:

> 数年来,由于蒋介石顽固派在大后方实行极端反动政策的结果,已经使国民党的统治力量大大削弱,使国民党内部各派之间的矛盾及与人民的矛盾大大发展,现在大后方是民不聊生、民变蜂起,而国民党对之毫无改善的根本办法。如此下去,国民党顽固派的统治力量只有继续削弱崩溃。因此,国民党是否能在将来组织有力的对日反攻,实大成问题。而争取国民党顽固派好转的希望现在也已证明是不可能的了。③

"打破对国民党的幻想",中共方面在该指示中所透露出的对于国民党的失望情绪,溢于言表,明确而坚定。

(三)两党关系的新危机及化解

1942年10月10日,蒋介石宣布美英放弃在华特权的消息。④ 当晚,蒋介石约请国民政府外交部次长、参事、王宠惠、王世杰研商取消不平等条约事。王世杰在此次研商中表示:"此次英美废弃特权之举,必不以领事裁判权为

---

① 中央统战部、中央档案馆编:《中共中央抗日民族统一战线文件选编》(下),档案出版社1985年版,第783页。
② 刘少奇:《关于加强进行阶级教育打破对国民党的幻想的指示》,中央统战部、中央档案馆编辑:《中共中央抗日民族统一战线文件选编》(下),档案出版社1985年版,第659页。
③ 中央统战部、中央档案馆编辑:《中共中央抗日民族统一战线文件选编》(下),档案出版社1985年版,第659页。
④ 瞿韶华主编,萧良章编纂:《中华民国史实纪要(初稿)》(1942.10—12),"国史馆"1993年版,第109页。

限,而将设计租界、租借地、内河航权及在华驻兵权等等。我当力求诸事解决之彻底,租界问题,彼等容或提出若干之保障,我宜早定对策。"当时即决定外部拟具方案。① 随后,国民政府即与英、美开始相关外交谈判。年底,谈判结束。资料载:"日昨(1943年1月4日)外次吴国桢在国防最高委员会报告称:中美、中英关于废除不平等条约之谈判已告结束,将即签字。美方已无任何保留。英方对于一般问题与美一致,惟于九龙租借地即时承认退还一事,坚不接受我方要求。盖英内阁决定不于战事终结前处分英帝国之任何土地也(我则认九龙租借地并非英国领土,其性质与租界相似)。我政府为避免谈判之僵化,遂不坚持即时解决,但表示当于将来再提出交涉。"②1943年1月11日,中英、中美平等新约在重庆、华盛顿签字。③ 毫无疑问,无论有怎样的历史背景,美英放弃在华特权、不平等条约的废除、中英中美平等新约的签定,都是中国在外交方面的一个显著成就。这个成就是中国人民包括国民党领导的正面战场、中国共产党领导的敌后战场的英勇抗战,以及大后方人民和全国各族人民包括海外华侨支援抗战的结果。

  蒋介石想利用废除不平等条约为契机作一篇大文章。从1942年10月10日开始,蒋介石就着手编撰《中国之命运》,他找对中国社会经济史颇有研究的陶希圣写了初稿。然后从11月到12月,蒋介石在黄山官邸,"以四十多天的功夫,再三再四改稿,每一章每一节的命意与行文,经过七八次乃至十余次的修订与增删,方才定稿。"④12月下旬,书稿印出清样200份,送国民党中央及国民政府各部门负责人阅读并签注意见。1943年1月,根据收集的意见,又对书稿进行修改。2月1日,《中国之命运》付印,3月10日正式发行。⑤

  《中国之命运》分中华民族的成长与发达、国耻的由来与革命的起源、不平等条约影响之深刻化、由北伐到抗战、平等新约的内容与今后建国工作之

---

① 王世杰著:《王世杰日记》第3册,"中研院"近代史研究所1990年版,第374—375页。
② 王世杰著:《王世杰日记》第4册,"中研院"近代史研究所1990年版,第3—4页。
③ 瞿韶华主编,梁惠锦编纂:《中华民国史实纪要(初稿)》(1943.1—6),"国史馆"1994年版,第117页。
④ 陶希圣著:《潮流与点滴》,中国大百科全书出版社2009年版,第200页。
⑤ 瞿韶华主编,梁惠锦编纂:《中华民国史实纪要(初稿)》(1943.1—6),"国史馆"1994年版,第336、559页。

中心、革命建国之根本目的、中国革命建国的动脉及其命运决定的关头、中国的命运与世界的前途等八章和结论,全书10万字。从目的上看,用王世杰的话说,"盖是书在供国内青年阅读,主旨原不在国外也。"①该书主要旨趣在指斥中共为"变相军阀"与"新式封建"。在1943年1月25日日记中,蒋介石曾明确写道:"本日增补文稿指斥共产党为变相军阀与新式封建一段时,诚精思入神。此文如非自撰,恐任何人不能深入此境也。"其8月25日日记更明白记载:"本书重要之点,即试验其对军事政治有否抛弃其割据之局势,而可以政治方法和平解决之意。"②尽管如此,该书在国民党及其政权内部仍有很强烈的不同意见。如4月8日,王世杰曾在国民党中央党部秘书处约王宠惠、何应钦、吴铁城、朱家骅等人,商谈如何把《中国之命运》一书译成外文。但"到会诸人群感忧虑。亮畴(王宠惠)素日甚缄默,当日亦多忧虑之语。"③这些人的主要担心所在,在于该书的内容会否引起同盟国方面的不满。

实际上,同盟国方面并没有为此表现出特别的不满,甚至在《中国之命运》出版之初,中共方面也并没有给予太多的关注。但由于该书对中国共产党及其理论、军队、政权大肆攻击,不仅从理论上为国民党一党专政辩护,而且宣称要按照书中宣布的政策解决中共问题。这就不能不引起关于中国前途的争论,这场争论不仅成为国共两党抗战时期在第二次思想政治领域的交锋,也为国共两党在思想政治领域刻划出一道更深、更大的裂痕。根据美国驻重庆外交官谢伟思的观察和判断,《中国之命运》的发表,蒋介石"日益发展的自大狂和把自己装扮成不仅是领袖,而且是'先哲'这一倒霉的努力,使他失掉了许多在中国享有无可争议地位的知识分子的敬重。对他的独裁统治的抨击,越来越公言不讳。"④

5月15日,共产国际执行委员会主席团作出《关于提议解散共产国际的决定》。20日,季米特洛夫致电毛泽东通告了上述提议。21日,中共中央召

---

① 王世杰著:《王世杰日记》第4册,"中研院"近代史研究所1990年版,第49页。
② 黄仁宇著:《从大历史的角度读蒋介石日记》,九州出版社2008年版,第244、245页。
③ 王世杰著:《王世杰日记》第4册,"中研院"近代史研究所1990年版,第53页。
④ [美]约瑟夫·W.埃谢里克(周瑞德)编著,罗清、赵仲强译:《在中国失去的机会:美国前驻华外交官约翰·S.谢伟思第二次世界大战时期的报告》,国际文化出版公司1989年版,第140页。

开政治局会议,讨论季米特洛夫的电报并决定:先由毛泽东复电表示赞成共产国际主席团的提议①。会后,毛泽东即致电周恩来,通报了情况。22日,共产国际正式宣告解散。当晚,周恩来会见外国记者,就有关问题作了答复,表示中共在共产国际七大后"对本国问题一向自主决定,并自己解决本身问题"。② 26日,中共中央政治局会议,通过决定,完全同意解散共产国际,并指出:"中国共产党的创立,是一九一九年五四运动以后中国工人运动发展的结果,是近代中国历史发展的结果。""中国共产党革命斗争中曾经获得共产国际许多帮助;但是,很久以来,中国共产党人即已能够完全独立地根据自己民族的具体情况和特殊条件,决定自己的政治方针、政策和行动。""共产国际的解散,将使中国共产党人的自信心与创造性更加加强,将使党与中国人民的联系更加巩固,将使党的战斗力量更加提高。"③同日,周恩来电告毛泽东并中共中央书记处:国民党将在三天内就共产国际解散事发表宣言,要我交出军权和政权。估计国民党对边区的挑衅有扩大可能,建议中央立即发表决定,"以免国民党抢先"。④

据有关研究认为,共产国际成立本身,就是"一个非常严重的原则错误",集中制的共产国际,会"导致一种观点,认为世界上存在着领导民族与被领导民族,两者的关系是上下级关系,是改造者与被改造者的关系。"⑤然而,共产国际的解散,却成为中国国民党顽固派向中共发难的又一个堂皇的借口。共产国际解散后,国共关系一度由于国民党人借机在政治上乃至军事上向共产党人施加压力,企图迫使共产党就范,而陷入新的危机之中。

其实,早在1943年2月,驻兰州的第八战区司令长官朱绍良,就以绝密文件向胡宗南等下达了经蒋介石审定的《对陕北奸区作战计划》。胡宗南得令后,即根据计划进行作战准备。谢伟思在1943年初的报告也说,统一战线

---

① 中共中央文献研究室编:《毛泽东年谱(1893—1949)》中卷,中央文献出版社1993年版,第440页。
② 中共中央文献研究室编:《周恩来年谱(1898—1949)》,中央文献出版社2007年版,第567页。
③ 中共中央文献研究室编:《毛泽东年谱(1893—1949)》中卷,中央文献出版社1993年版,第441页。
④ 中共中央文献研究室编:《周恩来年谱(1898—1949)》,中央文献出版社2007年版,第567页。
⑤ 《胡乔木传》编写组编:《胡乔木谈中共党史》,人民出版社1999年版,第82页。

第三章　全面抗战中期国共两党的分歧、冲突与谈判　237

"肯定已经成为陈迹了",内战的爆发"只是一个能否推迟到打败日本之后的问题了"。国共双方都已经作好恢复战斗的充分准备。① 5月底,蒋介石又密令胡宗南乘共产国际解散之机,闪击延安,一举攻占陕甘宁共产党区域,限6月底完成部署,行动绝对保密。②

6月9日,何应钦、白崇禧、胡宗南等国民党军事首脑在陕西耀县召开秘密军事会议,策划闪击陕甘宁边区的军事部署。12日,西安劳动营训导处处长、复兴社特务分子张涤非,召集只有九个人参加的所谓西安文化团体,在张涤非操纵下,通过他事先写好的攻击马列主义已经破产、要求解散中国共产党的反动电文③。12日,蒋介石日记载其"处理中共方针"为:"外宽内紧,先放后收。"④18日,胡宗南在洛川主持军事会议,具体部署和落实进攻陕甘宁边区和"闪击延安"的计划,决定调60万军队,分兵九路进攻延安。⑤

此时,中共方面无意与国民党方面进行军事对抗,并酝酿驳斥《中国之命运》。6月16日,毛泽东主持中共中央政治局会议,作关于形势问题的发言。他分析说:现在苏联的力量增加,有可能在今年冬季把德军打出去。关于国共关系,两年来我党采取"和国"方针,不刺激国民党,也没有在报纸上反对国民党。去年我们估计国民党在5月会有一次反共高潮,但没有来,只搞了两次反共宣传。最近周恩来、林彪见蒋介石时,蒋说要照他的《中国之命运》一书所说的办,要共产党交出军权、政权。现在国民党不是大革命时代的国民党;他们所说的"民权主义"实际上是法西斯主义,没有民主;民生主义是闹得民不聊生,到处发生民变。毛泽东又说:我看日本的崩溃是必然的,国民党自蒋介石出版《中国之命运》一书后好转的可能很少。对国民党不采用决裂态度。国民党内部弱了,没有力量向我们大举进攻。边区现在进行生产建设、精兵简政、拥政爱民,做得很好。我们还需要时间,进行整风一年,读马列主

---

① 〔美〕迈克尔·沙勒著,郭济祖译:《美国十字军在中国》,商务印书馆1982年版,第117页。
② 熊向晖著:《我的情报与外交生涯》,中共党史出版社2007年版,第14—16页。
③ 中共中央文献研究室编:《毛泽东年谱(1893—1949)》中卷,中央文献出版社1993年版,第445、450页。
④ 《蒋介石日记》1943年6月12日,转自杨天石著:《找寻真正的蒋介石》,山西人民出版社2008年版,第409页。
⑤ 中共中央文献研究室编:《朱德年谱》,中央文献出版社2006年版,第1133页。

义一年,读中国问题一年。我们的对敌政策是反"扫荡"、反"蚕食"斗争;对国民党是避免公开武装冲突,把同盟者国民党的力量用去对付日本;对民政策是拥政爱民,发展生产,使我党与农民关系弄好;对党内是保存干部,教育干部,进行整风。①

7月2日,胡宗南电令各部于10日前完成一切准备,待命行动。② 此时从各处传出的情报表明,国民党方面将对陕甘宁边区有重大军事行动。③ 3日,毛泽东致电周子健转周恩来、林彪,指出:"胡部五十三师到洛川接替马禄防务后,已有一部侵入边区地境,修筑工事,似有逐步侵占企图。兹将富甘、陇东、关中三方面情形电达,请向胡提出交涉,退出侵占地区。""数月以来,迭据西安情报,蒋严令胡宗南准备进攻边区,已巧胡曾到洛川召集军官会议,部署军事,此事请在西安加以探询,并向胡商谈军事冲突对抗战团结之利害。"④4日,毛泽东致电周子健转周恩来、林彪:"近日边区周围国方部队纷纷调动增加,准备进攻,有数日内爆发战争可能,内战危机,空前严重。请向胡交涉,一切问题均可于你们回延时讨论解决"。同日,毛泽东又急电董必武,指出蒋介石调集20余师兵力包围陕甘宁边区,战事有在数日内爆发的可能,形势极度紧张。请董立即将此种消息向国内外传播,发动制止内战运动,特别通知英美有关人员。同时找张治中、刘斐交涉制止,愈快愈好。⑤ 同日,毛泽东以朱德名义致电胡宗南:"自驾抵洛川,边境忽呈战争景象。道路纷传中央将乘国际解散机会,实行'剿共'。我兄已将河防大军向西调动,弹粮运输,络绎于途,内战危机,有一触即发之势。当此抗战艰虞之际,力谋团结,犹恐不及,若遂发战,必致兵连祸结,破坏抗战团结之大业,而使日寇坐收渔利,陷民族于

---

① 中共中央文献研究室编:《毛泽东年谱(1893—1949)》中卷,中央文献出版社1993年版,第446页。
② 中共中央文献研究室编:《毛泽东年谱(1893—1949)》中卷,中央文献出版社1993年版,第445页。
③ 胡乔木著:《中国共产党的三十年》,人民出版社1951年版,第58页;金冲及主编:《毛泽东传》(1893—1949)下册,中央文献出版社1996年版,第538页。
④ 中共中央文献研究室编:《毛泽东年谱(1893—1949)》中卷,中央文献出版社1993年版,第449页。
⑤ 中共中央文献研究室编:《毛泽东年谱(1893—1949)》中卷,中央文献出版社1993年版,第449页。

危亡之境,并极大妨碍英美苏各盟邦之作战任务。"① 当晚,胡宗南召集军事会议,讨论军事行动泄密后"打不打"的问题,决定停止行动,并向蒋介石报告。6日,中央通讯社发表一新闻称:"西安各文化团体曾于第三国际解散后举行座谈会,讨论国际局势,并经决议联名电延安毛泽东先生,促其自觉,及时解散共党组织,放弃边区割据。"② 7日,中共中央政治局召开会议,作出进行军事上的作战准备等四项决定。③ 同时,毛泽东致电周恩来、林彪、彭德怀等,表明力求避免战事,不得已时恐须一战。④ 南方局在董必武领导下,开展一系列活动,揭露国民党发动内战的危险。也就在同一天,蒋介石电复胡宗南,同意罢兵。⑤ 同日,中共中央发表反内战通电。⑥ 9日,延安举行三万人大会,反对内战,并由毛泽东起草以朱德名义致电蒋介石、何应钦、胡宗南等电,要求国民党方面制止进攻。⑦ 在国内外反对内战的强大舆论压力下,同时由于胡宗南部需要对付甘肃南部自发武装组织的活动,蒋介石、胡宗南于11日致电朱德,声明无意进攻边区。12日,胡宗南命令原拟进攻边区的部分军队撤退。⑧

在胡宗南的军事进攻胎死腹中的同时,中共方面的政治进攻如火如荼地开展起来。延安的《解放日报》发表了一系列相关论文,其中有代表性的论文有范文澜的《斥所谓"中国文化的统一性"》(7月10日)、毛泽东的《质问国民党》(7月12日)、秦邦宪《在毛泽东的旗帜下,为保卫中国共产党而战》(7月13日)、陈伯达《评〈中国之命运〉》(7月21日)、范文澜《谁革命? 革谁的命?》(8月1日)、吕振羽《国共两党与中国之命运》(8月7日)、齐燕铭《驳蒋

---

① 熊向晖著:《我的情报与外交生涯》,中共党史出版社2007年版,第16页;中共中央文献研究室编:《朱德年谱》,中央文献出版社2006年版,第1136页。
② 中共中央文献研究室编:《毛泽东年谱(1893—1949)》中卷,中央文献出版社1993年版,第450页。
③ 中共中央文献研究室编:《毛泽东年谱(1893—1949)》中卷,中央文献出版社1993年版,第451—452页。
④ 中共中央文献研究室编:《毛泽东年谱(1893—1949)》中卷,中央文献出版社1993年版,第452页。
⑤ 熊向晖著:《我的情报与外交生涯》,中共党史出版社2007年版,第18页。
⑥ 中央统战部、中央档案馆编:《中共中央抗日民族统一战线文件选编》(下),档案出版社1985年版,第890—892页。
⑦ 中共中央文献研究室编:《朱德年谱》,中央文献出版社2006年版,第1139页。
⑧ 胡大牛主编:《中共中央南方局统战史稿》,人民出版社2008年版,第190页。

介石的文化观》(8月9日)、何思敬《驳蒋介石的法律观》(8月10日)、艾思奇《〈中国之命运〉——极端唯心主义的愚民哲学》(8月11日)、续范亭《感言》(8月16日)等。这些论文,针对国民党的军事进攻,更针对蒋介石的《中国之命运》。蒋介石在《中国之命运》中骂中共是"新式军阀""新式割据",中共则骂国民党顽固派"法西斯"。周恩来说:"等到现在,他(蒋介石)的抗战作用日益减少,反动方面日益扩大,并且著书立说,出了《中国之命运》一书。这样下去,必致抗战失败,内战重起。故我们就要公开地揭穿其法西斯实质了。过去只是因他的发展还没有像现在这样坏,故未强调,并不是没有什么法西斯派。"[①]周恩来还说:

> 为什么只反对国民党内的反动派,而不反对整个国民党呢?为什么只主张取消法西斯主义,而不提取消法西斯主义的头子呢?我们回答:这就因为以蒋介石国民党为代表的英美派大地主大资产阶级的两面性尚存在,尚未走到只有反动性的一面的地步,因为他们的抗战旗帜尚未倒下,国民党尚能影响一部分虽然是日渐减少的人民,尚不敢公开以法西斯主义为号召(不仅因为抗战,而且也由于中国大地主大资产阶级的软弱性而不能独立,因而也不敢公开承认)。故我们只反对国民党中的反动派,并不反对那些愿意抗战愿意民主的国民党员,并且还希望他们和我们一道去反对那些反动派。故我们只主张取消法西斯主义,并且还希望这些国民党员能自动地起来取消法西斯主义而真正实行孙中山的革命的三民主义。故我们只主张解散法西斯的特务组织,并不主张取消国民党组织。由于大地主大资产阶级的法西斯主义日渐抬头,甚至于写出一本《中国之命运》,提出最反动的取消中共的主张,故我们今天仍必须强调中国法西斯主义的危险及其实质。这不仅对于中国人民是一种警醒和教育,首先对于我们党内也是一种警醒和教育,并且这是最实际的肃

[①] 中共中央统战部、中共中央文献研究室编:《周恩来统一战线文选》,人民出版社1984年版,第67—68页。

清党内对于大资产阶级的投降主义的思想。①

8月3日毛泽东在党内指示中说：

> 蒋之代表张治中在周恩来、林彪两同志离渝前，非正式的告诉他们说，国民党在国际解散后，拟有两个方案：一是要中共交出军权、政权、以取得党的合法化，一是国共两党合一。据今年七月统计，全部在华日军三十六个师六十万人，国民党只抗击二十五万人，共产党抗击了三十五万人；全部汪精卫、王克敏的伪军六十二万人（大部分是蒋介石军队投敌伪化的），国民党只牵制了广东方面的六万人（但并不攻击他们），在华北、华中五十六万伪军均为共产党所抗击，国民党对之一枪不打。日本政府公开发表诱降声明，蒋介石连一个文字的驳斥也没有。蒋的部下大批的和日本特务人员及汪精卫的人员互相勾结，达到了惊人的程度，降敌者日益增多。英美两国舆论对于国民党抗战不力与政治黑暗日益不满。内各小党派及地方实力派和我们同样受压迫，同情我党的倾向在增长中。我党政策是尽一切方法避免和国民党破裂，避免大内战，同时揭露国民党的抗战不力与反共阴谋，对抗国民党的反共言论，并准备自卫实力。②

9月1日，蒋介石仍欲对延安采取军事行动，徐永昌日记载："午前会报，蒋先生手示拟即令准备进攻延安边区中共等。"③但蒋介石很快就又产生中共"不用武力讨伐"，而用"法纪制裁"，对边区采取"围而不剿"，"用侧面与非正

---

① 中共中央统战部、中共中央文献研究室编：《周恩来统一战线文选》，人民出版社1984年版，第69—70页。
② 中央统战部、中央档案馆编辑：《中共中央抗日民族统一战线文件选编》（下），档案出版社1985年版，第661—662页。
③ 徐永昌著：《徐永昌日记》第7册，"中研院"近代史研究所1991年12月版，第157页。

式方法以制之"等办法,并感到"万不宜公开或正面的方式应付也"。① 6日到13日,国民党召开了五届十一中全会,这次会议不仅表示抗战结束后要实行宪政,而且表示中共问题属于政治问题,将用政治方法解决。蒋介石在会上就中国共产党问题发表讲话,声称中国共产党问题"为一政治问题,应用政治方法解决"。②

在国共双方围绕《中国之命运》展开的这一场舆论战中,中共方面攻势凌厉,国民党方面有难以招架之势。10月2日,王世杰找留在重庆的中共代表、南方局负责人董必武商谈,他将督促政府政治解决两党分歧,希望停止双方刺激,并表示愿意约蒋与董见面,董迅速向延安作了报告。③ 对此中共方面表示欢迎,5日,毛泽东在给延安《解放日报》写的社论中断言:国民党五届十一中全会和参政会的决议的方向,就是"暂时拖,将来打"。并且表示中共方面"已忍耐到了极点"。同时又重申在抗战到底、国民党承认边区和敌后抗日根据地的民主政治、制止反共、撤退保卫陕甘宁边区的军队等要求后,又明确表示:"在蒋先生和国民党愿意的条件之下,我们愿意随时恢复两党的谈判"。④ 同时,毛泽东电示董必武,对国民党采取缓和的态度,愿意恢复两党谈判,欢迎政治解决不愿破裂,"以后谈判由你担任","如继续合作,则延安保证继续实践四条诺言要求撤退若干军队"。⑤ 11日《王世杰日记》载:午后董必武来言,彼已接到延安来电,谓已令延安及前线报纸,自10月6日以后,不再攻击国民党,并谓渝《新华日报》日昨著论拥护蒋主席,并表示愿意"政治解决",系遵延安之决定。⑥ 15日,董必武出席国民参政会三届二次驻会委员会第一次会议,两党关系从第三次危机中缓和下来。

---

① 《蒋介石日记》1943年9月11日,转自杨天石著:《找寻真正的蒋介石》,山西人民出版社2008年版,第420—422页。
② 蒋介石:《对中国共产党问题之指示》,孟广涵主编:《国民参政会纪实》下卷,重庆出版社1985年版,第1186页。
③ 中央统战部、中央档案馆编:《中共中央抗日民族统一战线文件选编》(下),档案出版社1985年版,第667—668页。
④ 《毛泽东选集》第3卷,人民出版社1991年版,第917、919、926页。
⑤ 中央统战部、中央档案馆编辑:《中共中央抗日民族统一战线文件选编》(下),档案出版社1985年版,第669页。
⑥ 王世杰著:《王世杰日记》第4册,"中研院"近代史研究所1990年版,第173页。

第四章　全面抗战后期与战后初期的两党格局及两党谈判

　　1944年，世界反法西斯战争和中国抗日战争均进入后期阶段。在欧洲战场上，盟国节节胜利。在中国战场，中共领导的敌后战场也已进入局部反攻。但在正面战场，面对日军的进攻，国民党军队却出乎意料地呈现出大溃败的局面。这一局面的出现对于国共关系的格局产生了重大的影响。9月中旬，在重庆举行的第三届第三次国民参政会上，中共参政员林伯渠作关于国共谈判的详细报告，公开提出联合政府主张，得到大后方中间党派异乎寻常的热烈响应。两党之间的关系与谈判由此进入一个全新的阶段。

一、全面抗战后期的国共谈判

（一）国共两党关系的格局变化

　　1944年1月初到3月初，日本中国派遣军、日军大本营相继制订和下达《指导一号作战的基本方针》《一号作战纲要》《一号作战计划》，并于3月12日向相关部队转达。这次被日军方面称为"打通大陆交通作战"的一号作战行动,中国方面称为豫湘桂战役。日本方面发动一号作战行动的目的在于:"击败敌军,占领并确保湘桂、粤汉及京广铁路南部沿线的要冲,以摧毁敌空军之主要基地,制止敌军空袭帝国本土以及破坏海上交通等企图,同时摧毁重庆政权继续抗战的意图。"①

整个豫湘桂战役由豫中、长衡、桂柳三次会战组成。1944年4月17日,日军从河南省中牟县强渡黄河发动进攻,中国守军还击,豫中会战开始。到5月25日洛阳陷落,豫中会战结束。在30多天的豫中会战中,国民党军队损失20多万军队,丢掉38座城市,河南全省沦陷。5月27日,日军兵分三路向湖南进攻,长衡会战开始。6月18日,长沙失守。8月8日,国民党衡阳守军向日军投降,衡阳沦陷。9月中旬,日军占领湖南全县(今全州),长衡会战结束。9月上旬,日军从湖南、广东向广西的桂林、柳州地区发动进攻。11月11日,桂林、柳州失守。24日,日军占领广西南宁。12月2日,日军占领贵州重镇独山,贵阳、重庆震动。10日从越南谅山北上的日军与从南宁南下的日军在绥渌会师。之后,至此,日军打通了大陆交通线,实现了战略意图。

日军方面在豫湘桂战役投入50多万兵力,在8个月的作战中,推进2000多公里,侵占国民党控制的河南、湖南、广西等省大片地区,大体上实现了既定的作战目标。国民党方面在8个月的作战中,损失近60万军队,丢掉146座城市、7个空军基地、36个飞机场,使6000万人民遭受日军铁蹄的蹂躏。②国民党的大溃败,暴露了其一党专政的腐败无能与保存实力、坐待胜利政策的荒谬和危害。③ 在大溃败的事实面前,国民党及其政权的国际地位和社会人心,迅速流失。谢伟思在1944年6月20日拟具的汇报中谓出:"一位国民党官员最近承认,对国民党现政府的不满情绪是如此广泛,以至如果现在举

---

① 日本防卫厅防卫研究所战史室著,天津市政协编译委员会译:《河南会战》(上),中华书局1982年版,第26页。
② 军事科学院军事历史研究所著:《中国抗日战争史》(下卷),解放军出版社2005年版,第473页。
③ 郭汝瑰、黄玉章著:《中国抗日战争正面战场作战记》(下册),江苏人民出版社2005年版,第1371页。

行自由选举的话,80%的人都会投票反对国民党。"①

中间党派和中间势力首先行动起来向国民党呼吁实行真正民主。在 4 月 22 日重庆保险业宪政座谈会上,孙科发表《必须实行民主》的讲演。② 在 5 月 20 日重庆宪政月刊社宪政座谈会上,工业家吴羹梅大声疾呼:"工业界没有生产的自由,没有运输的自由,没有营业的自由,像人没有言论、出版、结社、身体的自由一样的痛苦。"他说:"今后工业界要提出'生产自由'的口号,同时政治民主是工业生产的绝对必要条件,没有它,一切都无从谈起。"24 日,中国工业协会、西南实业协会等重庆五工业团体联合举办宪政座谈会,要求政治民主,生产自由,保障人权,并联名向当局提出"解决当前政治经济问题方案之建议"。③ 不仅重庆,大后方各地如昆明、成都等地也相继举办很多诸如宪政座谈会、宪政讲习会等活动,一些座谈会甚至变成人数多达一二千人的集会。正是通过座谈会以及报刊上的相关报道,民主宪政的观念,逐渐深入人心,并成为反对国民党一党统治的强大社会政治思潮力量。用一位美国在华外交官的话说就是:"在中国,人民要求民主的愿望已非常强烈。"④

在正面战争的凄风苦雨中,中外记者西北参观团于 5 月 17 日正式启程,从重庆飞抵宝鸡,然后乘火车抵达西安。之后,记者参观团到山西国民党第二战区参观访问。5 月 31 日西渡黄河到达陕北,次日抵达陕甘宁边区边区的南泥湾,受到王震热烈欢迎。6 月 9 日,记者参观团一行 21 人抵达延安,⑤受到中共中央领导人毛泽东等热烈欢迎。7 月 6 日、11 日,谢保樵、邓友德率领记者参观团全部中国记者及夏南汗神甫先后返回重庆。之后,五位外国记者又到各地参观,直到 10 月下旬才相继离开延安回到重庆。⑥ 这次访问,使国民党对陕甘宁边区和中国共产党领导的敌后根据地的新闻封锁被打破。美

---

① [美]约瑟夫·W.埃谢里克(周瑞德)编著,罗清、赵仲强译:《在中国失去的机会:美国前驻华外交官约翰·S.谢伟思第二次世界大战时期的报告》,国际文化出版公司 1989 年版,第 147 页。
② 《孙科演说主张实行民主应付难关》,《解放日报》1944 年 5 月 12 日,第 2 版。
③ 《大后方民族工业家要求政府实行民主》,《解放日报》1944 年 7 月 10 日,第 2 版。
④ [美]约瑟夫·W.埃谢里克(周瑞德)编著,罗清、赵仲强译:《在中国失去的机会:美国前驻华外交官约翰·S.谢伟思第二次世界大战时期的报告》,国际文化出版公司 1989 年版,第 154—155 页。
⑤ 中共中央文献研究室编:《周恩来年谱(1898—1949)》,中央文献出版社 2007 年版,第 590 页。
⑥ [美]哈里森·福尔曼著,陶岱译:《北行漫记》,解放军文艺出版社 2002 年版,第 1—12 页。

国的中国问题专家迈克尔·沙勒说:1944年7—10月的记者代表团及其报道说明了这样一个简单的事实:在共产党统治区里由一个受到民众拥护的政府领导着农民开展积极的抗日游击战。①

国民党统治的腐败与无能,还引起外国在华外交官对共产党力量的关注②。美国对国民党政权的观感、认识和态度也发生微妙但影响深远的变化。③在1944年6月20日写给美国副总统亨利·华莱士的报告中,谢伟思断言:"国民党已丧失了它的领导资格,因为它丧失了与这样一个国家的一致,而且也不再是这样一个国家的代表。这个国家通过战争的实践考验,政治上正变得更加觉醒,并且越来越认识到国民党的自私的缺点。"④基于上述认识和判断,他甚至直言不讳地向华莱士和美国当局建议:"停止在国际上和美国国内树立委员长和国民党的威望……在战争的早期阶段,我们把中国列为四强之一是为了一个有益的目的,并作为对日本人的种族宣传的反击,但是,现在已经失去了它的意义。"他还建议:"我们应该与国民党内的自由分子、各小党派和共产党人保持友好的关系。为要求和应该得到最大的效果,可以用公开的、正大光明的方式进行这一工作。这种工作所包含的意义,会很快被中国人理解。"⑤

6月20日,华莱士绕道莫斯科访问中国抵达重庆。21日晚,蒋介石特设宴欢迎。22日上午,蒋介石与华莱士持续两个小时的会谈。下午五时,华莱士与蒋介石继续会谈。据王世杰日记载:"蒋先生力述中国共产党宣传之虚伪,指其拥护抗战,拥护统一,拥护蒋委员长等口号,均绝对不可信。蒋先生

---

① 〔美〕迈克尔·沙勒著,郭济祖译:《美国十字军在中国》,商务印书馆1982年版,第180页。
② 〔美〕卡萝尔·卡特著,陈发兵译:《延安使命:1944—1947美军观察组延安963天》,世界知识出版社2004年版,第2页。
③ 国民党军队在豫湘桂战役中的溃败,甚至成为美英苏达成损害中国国家民族利益的雅尔塔秘密协议的一个直接原因。参见郭汝瑰、黄玉章著:《中国抗日战争正面战场作战记》(下册),江苏人民出版社2005年版,第1372页。
④ 〔美〕约瑟夫·W.埃谢里克(周瑞德)编著,罗清、赵仲强译:《在中国失去的机会:美国前驻华外交官约翰·S.谢伟思第二次世界大战时期的报告》,国际文化出版公司1989年版,第136、139、145页。
⑤ 〔美〕约瑟夫·W.埃谢里克(周瑞德)编著,罗清、赵仲强译:《在中国失去的机会:美国前驻华外交官约翰·S.谢伟思第二次世界大战时期的报告》,国际文化出版公司1989年版,第155、156页。

并谓中共以苏联为背景。华莱士氏初不甚信,经详谈后,亦相当的相信。蒋先生又力述:美国如期望中国政府'政治解决'的主张成功,最好在对中共问题表示冷静,或更劝中共服从中央命令,不可一味督促中国政府速求解决(蒋先生将中共最近所提要求,与我政府之答复交华氏阅看)。"① 双方对于派遣美军侦察人员(侦察日本军情)赴华北及陕北中共区域一事也有讨论,并有所商定。对于美军观察组打算到延安,毛泽东深表欢迎,并非常重视。28日,毛泽东致电林伯渠、董必武,请其转告美军事人员,表示欢迎。29日,中共中央为此举行会议讨论并决定由毛泽东、朱德、周恩来、彭德怀、林彪、叶剑英等亲自出面接待,中共中央把此事当作了外交工作的开始。②

随后,美军中缅印战区驻延安观察组(U.S. Army Observer Group)迅速成立,③其第一批成员并于7月22日抵达延安,开始了美国官方与中共的正式交往与合作,1947年3月最后一个观察员离开延安。④ 美军观察组长驻延安,对全面抗战后期国民党围困陕甘宁边区而言,无疑是一个牵制的力量。

(二)联合政府主张的提出

在豫湘桂战役期间,国共两党开始了第三次谈判,正是在这一次谈判期间,中共方面公开提出了"联合政府"的政治主张,而这一主张最早却由美国政府所提出,尽管两者之间的内涵未必完全一致。

早在1943年11月21日,蒋介石代表中国抵达埃及参加开罗会议。鉴于欧洲战场仍在激烈地进行,美国政府希望中国内部团结以便有效地抵抗和牵制日本,罗斯福向蒋介石表示:当战争尚在继续的时候,必须与延安合作组织联合政府。⑤ 对此主张,蒋介石并不赞成,但由此促使蒋介石寻机与中共方面重开谈判。1944年初,军事委员会派在十八集团军联络参谋郭仲容向毛泽

---

① 王世杰著:《王世杰日记》第4册,"中研院"近代史研究所1990年版,第339—340页。
② 金冲及主编:《毛泽东传》(1893—1949)下册,中央文献出版社1996年版,第682页。
③ 又被称为"迪克西使团"。
④ 〔美〕卡萝尔·卡特著,陈发兵译:《延安使命:1944—1947美军观察组延安963天》,世界知识出版社2004年版,第17页。
⑤ 〔美〕陶涵著作,林添贵译:《蒋介石与现代中国》,中信出版社2012年版,第184页;陶文钊著:《中美关系史(1911—1940年)》,重庆出版社1993年版,第302页。

东转达了蒋介石希望中共派代表到重庆谈判的信息。① 1月16日,毛泽东召郭仲容约谈,表示拟派周恩来、林伯渠、朱德总司令三人同行或其中一人到重庆,面见蒋介石,嘱郭向重庆报告。郭迅即给重庆军令部致电报告。2月2日,重庆军令部复电郭仲容:"朱、周、林各位来渝,甚表欢迎,来时请先电告。"②4日毛泽东致电南方局董必武表示:"观察今年大势,国共有协调之必要与可能,而协调之时机,当在下半年或明年上半年。但今年上半年我们应做些工作。除延安报纸力避刺激国民党,并通令各根据地采谨慎步骤,力避由我启衅外,拟先派伯渠于春夏之交赴渝一行,恩来则准备于下半年赴渝。"③ 17日,毛泽东再次约见郭仲容,告以中共决定派林伯渠到重庆谈判,行期在3月12日以后。④ 18日,郭仲容再次致电重庆军令部:"毛泽东先生谈,中共决先派林祖涵(林伯渠)先生赴渝。"⑤

鉴于国民党宣布抗战胜利后实行宪政,共产党方面决定从宪政问题入手进行谈判。3月1日,中共中央书记处发出《关于宪政问题的指示》,谓:"中央决定我党参加此种宪政运动,以期吸引一切可能的民主分子于自己周围,达到战胜日寇与建立民主国家之目的。"⑥5日,中共中央政治局召开会议讨论时局,周恩来在讲到宪政运动问题时说:全面抗战以来的宪政运动开端于中间党派,国民党现又提出来,是为了掩护党治,对付我们,束缚我们。我们的态度是坚持新民主主义原则,参加宪政运动。⑦ 10日,蒋介石日记中载其对共交涉方针,谓:"(1)政治放宽,军事从严。(2)政治可划定区域,军事不能指定专区。(3)其正规军数量必须加以限制,但可酌增之人数至多不得超过一倍,而以服从命令遵守纪律,以及经理、参谋、通讯人员,必须由中央派遣

---

①金冲及主编:《毛泽东传》(1893—1949)下册,中央文献出版社1996年版,第675页。
②张治中著:《张治中回忆录》,中国文史出版社1985年版,第686页。
③中央统战部、中央档案馆编辑:《中共中央抗日民族统一战线文件选编》(下),档案出版社1985年版,第677页。
④金冲及主编:《毛泽东传》(1893—1949)下册,中央文献出版社1996年版,第675页。
⑤秦孝仪主编:《中华民国重要史料初编——对日抗战时期》第5编(4),中国国民党中央委员会党史委员会1985年版,第262页。
⑥中央统战部、中央档案馆编辑:《中共中央抗日民族统一战线文件选编》(下),档案出版社1985年版,第678页。
⑦中共中央文献研究室编:《周恩来年谱(1898—1949)》,中央文献出版社2007年版,第585页。

第四章　全面抗战后期与战后初期的两党格局及两党谈判

为最低条件。(4)游击队数量可以放宽,但必须依照编制与成案,不得任意扩充,以示相当限制。"①12日,周恩来在延安各界纪念孙中山逝世十九周年大会上就宪政与团结问题发表演讲,公开表明中共对宪政运动支持的态度,并就国共关系问题表示:国民党和国民政府方面如果真愿用政治方式、民主途径合理解决两党问题,就应该承认中共合法地位;承认边区及各抗日根据地为其地方政府;承认八路军、新四军及一切敌后武装为其所管辖、接济的部队;恢复新四军番号;撤销对陕甘宁边区及各抗日根据地的封锁和包围。只要政治解决的内容公平合理,中共方面愿意坚守四项诺言。② 以上5条,即为此后国共谈判中中共方面的基本要求。

4月15日,中共中央书记处召开会议,讨论与国民党谈判的方针,一致认为谈判的态度是表示要求缓和,要求抗战到底,团结到底。③ 郭仲容致电重庆军令部,报告朱德、周恩来、林伯渠与其接洽结果:林伯渠定4月28日起程前往西安。④ 林伯渠是国共第一次合作时期的重要人物,当时是边区政府主席、国民参政会参政员。他以中共代表身份到重庆与国民党谈判,为中外特别注目。

国民党方面为此也作了一定程度的谈判准备。从2月中旬到3月,梁寒操、吴铁城、张厉生、陈布雷、陈立夫、何应钦、徐恩曾等军政要员多次召集开会,商讨对策和方案。3月15日,蒋介石就林伯渠来渝等表示:"我方应首先提出之最重要者为军政、军令之统一,中共方面必须遵守。""政治方面可酌予放宽一步,但于军事方面军政、政令与纪律三者,必须坚持绝对之统一,要求其严格遵守,而不容有丝毫违反"。⑤ 经过反复商谈,国民党方面制定出《中共问题政治解决办法草案》,其内容如下:

----

① 秦孝仪主编:《中华民国重要史料初编——对日抗战时期》第5编(4),中国国民党中央委员会党史委员会1985年版,第188页。
② 中央统战部、中央档案馆编辑:《中共中央抗日民族统一战线文件选编》(下),档案出版社1985年版,第679—686页。
③ 金冲及主编:《毛泽东传》(1893—1949)下册,中央文献出版社1996年版,第676页。
④ 秦孝仪主编:《中华民国重要史料初编——对日抗战时期》第5编(4),中国国民党中央委员会党史委员会1985年版,第262页。
⑤《林伯渠传》编写组:《林伯渠传》,红旗出版社1986年版,第296—297页。

一、方针：国家军令政令必须统一。（过去中共不遵照中央规定之任务，对敌作战，并擅自调动军队，袭击友军，扩编军队，乃破坏军令之最著者；至于夺占地方残害官吏，擅颁与中央政令抵触之法令规章，私制货币邮票等，乃破坏政令之最著者。此种破坏军令政令行为，必须彻底革除，严格遵守国家之军令政令，方有解决办法）。（此括弧内文字暂时不提交共党代表）

二、进行步骤：第一，军令军政问题：1.绝对服从军令，严守纪律；2.人事应遵照中央法规办理（参谋及政工人员应由中央派遣）（此括弧内字句暂时不提）；3.军需必须独立，严格遵守编制、员额及给与规定；4.军队教育应遵照中央颁行之教育纲领、教育训令实施，并由中央随时派员校阅。第二，关于十八集团军问题：1.十八集团军可准增编一个军，即共编为两个军（每军三师每师三团）；2.编制按照国军通行编制，由军政部颁发；3.不准在编制外另设支队及其他名目，以前所有者应一律取消；4.军费由中央按照国军一般给予规定发给；5.该集团军各级部队长、副部队长人选，准予按照人事法规呈报请委；6.该集团军如保送干部前来西安或桂林军官训练团受训，可予照办。第三，关于政令问题：1.严格遵守政府现行法令规章；2.实行新县制；3.取消现有一切破坏政令之行为。第四，关于陕甘宁边区问题：1.名称：改为陕北行政区，其行政机构称为陕北行政公署；2.区域：陕西省之绥德、米脂、吴堡、葭县、清涧、延长、延川、延安、保安、安定、安塞、甘泉、鄜县及定边靖边之各一部（定边县城不在内），甘省之合水、环县及庆阳之一部（县城不在内），以上共十八县（内三县系一部分）；3.隶属及管理：陕北行政公署暂隶属行政院，但归陕西省政府指导；4.组织：区公署设主任一员，其详细组织，由政府以命令定之，县以下之行政机构，一律按照中央现行规定，不得变更；5.人事：区公署主任由中央简派，其所辖各县县长，依照各省通例办理；6.其他各地区所有不合法行政组织，一律取消，由各该省政府派员接管,恢复其原有之行政系统及区划。第五,以上四项如中共均能确实遵办以后,政府可准予中国共产党之合法地位。①

4月18日,日本侵略军从河南开始,发动了"一号作战"军事行动。29日,林伯渠作为中共代表与王若飞、伍云甫等离开延安,5月2日抵达西安。国民党方面也于5月1日派张治中和王世杰到西安。2日,国共双方代表张治中、王世杰、林伯渠在西安进行了初步会谈。

从5月4日到11日,国共双方代表在西安进行了5次会谈。由国民党代表记录、林伯渠增删修改并于11日签字的记录原文详细记录了会谈的内容。②张治中、王世杰并把他们在西安与林伯渠谈话的经过及上述结果,报告国民党中央,由国民党中央考虑解决此项问题的具体方案。同时,国民党代表邀请林伯渠到重庆继续谈判。

15日,毛泽东就国共谈判的条件,致电林伯渠谓:王世杰、张治中"既屡求我方提具体意见,故决提全国者三条,两党者十七条,明日由军政部台发来,请备公函交给王、张"。"林案(指林彪1943年的提议)已被何应钦否决,年来情况亦大有变更,故须另提"。③16日,毛泽东致电林伯渠,把中共中央向国民党方面提出的解决若干急切问题20条意见转知。20条意见如下:

> 为克服目前困难,击退日寇进攻,并认真准备反攻起见,中共方面认为惟有实行民主与增强团结一途。为此目的,中共希望政府方

---

① 秦孝仪主编:《中华民国重要史料初编——对日抗战时期》第5编(4),中国国民党中央委员会党史委员会1985年版,第255—256页。
② 张治中著:《张治中回忆录》,中国文史出版社1985年版,第687—689页。秦孝仪主编:《中华民国重要史料初编——对日抗战时期》第5编(4),中国国民党中央委员会党史委员会1985年版,第258—259页。关于林伯渠在记录上签字事,《谢觉哉日记》(1944年10月6日)载:"看国民党宣布'中共问题'商谈经过及文件。国民党道理是没有的,但办事手段ans狠。如骗取林老在一不甚适当的谈话记录上签字。及称此为'中共问题',因而借此做出对中共十二条提案拒绝收受,说出'中共能否派负责代表来重庆解决本问题'侮辱林老",见谢觉哉著:《谢觉哉日记》,人民出版社1884年版,第693页。
③ 中共中央文献研究室编:《毛泽东年谱(1893—1949)》中卷,中央文献出版社1993年版,第511—512页;中央统战部、中央档案馆编辑:《中共中央抗日民族统一战线文件选编》(下),档案出版社1985年版,第693页。

面,解决若干急切的问题。有关于全国政治方面者三条,有关于两党悬案方面者,兹率直胪陈如下:

(甲)关于全国政治者:(一)请政府实行民主政治与言论、出版、集会、结社及人身之自由;(二)请政府开放党禁,承认中共及各爱国党派的合法地位,释放爱国政治犯;(三)请政府允许实行名副其实的人民地方自治。

(乙)关于两党悬案者:(一)根据抗战需要抗战成绩及现有军队实数,应请政府将中共军队编为十六个军,四十七个师,每师一万人,为委曲求全计,目前至少给予五个军十六个师的番号;(二)请政府承认陕甘宁边区及华北、华中、华南敌各抗日根据地民选抗日政府为合法的地方政府,并承认为抗日所需要的各项设施;(三)中共军队防地,抗战期间维持现状,抗日结束后另行商定;(四)请政府在物质上充分援助十八集团军及新四军:自一九四〇年以来,政府即无颗弹、片药、文钱、粒之接济,此种状况请予改变;(五)同盟国援助中国之武器、弹药、药品、金钱,应请政府公平分配于中国各军,十八集团军及新四军应获得其应得之一份;(六)请政府撤消对于陕甘宁边区及各抗日根据地的军事封锁与经济封锁;(七)请政府停止对于华中新四军及广东游击队的军;(八)请政府通令取消"奸党""奸军""奸区"等诬蔑与侮辱共产党、十八集团军、新四军及抗日民主地区的称号。此等诬蔑与侮辱的称号过去还是暗中流行,近更公开见诸报纸;(九)请政府停止特务人员对于共产党、十八集团军、新四军及抗日民主地区的破坏活动。此种活动,变本加厉,中共获有充分证据,如不停止,妨碍团结实重且大;(十)请政府释放各地被捕人员,例如一九四一年皖南事变时被俘的新四军官兵叶挺等,广东的廖承志、张文彬等,新疆的徐杰、徐梦秋、毛泽民、杨之华、潘同等,四川的罗世文、车耀先等,湖北的何彬等,浙江的刘英等,西安的宣侠父、石作祥、李玉海、陈元英、赵祥等。此等人员,均属爱国志士,久羁缧绁,惨受非刑,请予省释,以利抗日;(十一)请政府禁止在报纸、刊物上发表对中共造谣诬蔑的言论。例如西安特务人员谓:延安枪毙王实味等数十人,竟伪装王实味等亲友于三月二十九日在西安大开追悼会,在报纸上登载追悼广告与追悼新闻,实则王实味等绝无所谓枪毙情事。似此完全造谣有意诬蔑,应请饬令更正,并制止再有类似此等事情发生;(十二)又据确息:西安一带特务机关,准备于外国记者团到西北时,沿途伪装各种人物与伪造各种证件向外国人告状,借达破坏中共信誉之目的,闻彼辈所捏造之中共罪状共达十余项之多,似此不但妨碍团结,而且有辱国体,请政府予以制止。彼等伪装伪造,发踪指示,奔走布置,中共获有充分证据,如不制止,难免引起不快之后果;(十三)请政府允许中共在全国各地办党办报,中共亦允许国民党在陕甘宁边区及敌后各抗日民主地区办党办报;(十四)请政府停止对重庆中共《新华日报》之无理检查(例如禁登十八集团军及新四军的作战消息,禁登中共文件等。),破坏发行,威胁订户,扣压邮寄等事情;(十五)请政府发还在三原被政府军队扣留之英美援助十八集团军的药品一百零一箱;(十六)请政府允许恢复重庆、西安两处电台,以利通讯;(十七)请政府允许中共代表及十八集团军办事处人员有往来于渝延间及西延间之自由,及允许西渝两办事处人员有在该两地居住与购买生活物品之自由。①

在电报中,毛泽东明确要求将该文件"提交王世杰、张治中,并和他们谈判"。② 回到重庆的王世杰、张治中于18日上午晋见蒋介石汇报与林伯渠谈话情形③。但实际上,此时的蒋介石对于内政外交问题多迟疑不决。徐永昌日记本月17日载:"(蒋先生近来遇事颇多不决游移,坏事恐不在少)。蔚

---

① 中央统战部、中央档案馆编辑:《中共中央抗日民族统一战线文件选编》(下),档案出版社1985年版,第693—696页。
② 中央统战部、中央档案馆编辑:《中共中央抗日民族统一战线文件选编》(下),档案出版社1985年版,第693页。
③ 王世杰著:《王世杰日记》第4册,"中研院"近代史研究所1990年版,第315页。

文①云:午前委员长尚令电话询蒋(鼎文)、汤(恩伯),蒋、汤皆谓现在实掌握不到部队,委员长至此始觉无可奈何。"②19日徐永昌日记又载:"关于共党,以为拖延不之决为妥,蒋先生谓:尽允所求,到时在(再)说,如何。答以战事恐仍须二年,我经济力量不能供其无厌之求,且纵允其求,彼仍胡行无止境奈何?蒋先生似忧国际反感与我亲共者之横议论。"③21日,林伯渠收到毛泽东《中国共产党中央委员会向中国国民党中央执行委员会提出关于解决目前若干急切问题的意见》20条④。22日,林伯渠将中共20条《意见》交张治中、王世杰。

据林伯渠给毛泽东电报载:"张、王看后,沉默很久,才说出以下意见:(一)全文是宣布罪状精神,完全没有实践诺言及拥蒋表示;(二)与西安谈判内容不符,为何又不以林彪案为谈判基础;(三)你们无决心解决问题诚意;(四)是否因我们这样欢迎你,以为示软可欺;(五)我们正在令有关各部门研究西安谈判材料,准备提示案件;(六)希望你考虑修改二十条内容词句,并告你们中央。"⑤白修德说:中共所提的条件是有远见的和合理的,但对于中共所提作为谈判基础的条件,国民党的代表都为之大惊失色。政府有一个发言人很悲叹地说:"他们好像简直就忘了,无论如何我们是政府呀!"⑥林伯渠回答张治中、王世杰说:我方20条意见,都是实事求是的;西安初步商谈的意见,当时就约定各自向其中央请示,并非最后决定;我们只是为了真心诚意公平合理地解决问题,所以才出来谈判,根本说不上欺人;20条意见是我党中央对西安商谈材料的答复,在这里没有修改的余地。林伯渠与张治中、王世杰争辩两个多小时,后来张、王托词打电话,到内屋密商半小时,回到会议室后,将20条意见交还林伯渠,坚决拒收和转交蒋介石。⑦《王世杰日记》也载:

---

① 林蔚,字蔚文。
② 徐永昌著:《徐永昌日记》第7册,"中研院"近代史研究所1991年12月版,第309页。
③ 徐永昌著:《徐永昌日记》第7册,"中研院"近代史研究所1991年12月版,第311页。
④《林伯渠传》编写组:《林伯渠传》,红旗出版社1986年版,第298页。
⑤ 中央统战部、中央档案馆编辑:《中共中央抗日民族统一战线文件选编》(下),档案出版社1985年版,第700页。
⑥〔美〕白修德、贾安娜著,端纳译:《中国暴风雨》,香港广角镜出版社1976年版,第200页。
⑦《林伯渠传》编写组:《林伯渠传》,红旗出版社1986年版,第299页。

"晚间在张文伯宅与林伯渠晤见。林交来函,提出17条款,谓系奉延安之命而提出者。其本人在西安所表示之意见,似将完全撤废。如此反复,予与文伯均愤,因对彼所提17条款拒绝接受。"[1] 23日,林伯渠、董必武、王若飞致电毛泽东,认为蒋的独裁政治现在着严重日益困难,"我们从延安出发时的一些估计,必须随情况的改变而改变了,争取和平已不成基本问题,林彪同志过去提案已不适合今天情况"。明确表示:"我们完全同意中央所提二十条的精神,今天只有继续给蒋提出,只有继续揭露其欺骗,只有不给他敷衍捧场,才真正对整个团结抗战有利。同时新二十条虽不能马上实现,但可否定过去,成为今后新的谈判的基础。"[2]

29日,王世杰与张治中商拟解决中共问题方案。其主要内容有:在军事方面,规定第十八集团军应服从军委会命令,在行政方面,陕甘宁边区应实行中央法令。31日下午,王世杰与张治中向蒋介石把所拟方案呈蒋介石,力陈对中共问题必须寻找政治解决办法,并强调即使取得暂时的或局部的解决"亦属必要"。因此时如不解决,将来反攻时仍须商谈。[3] 同日,毛泽东就修改20条致电林伯渠谓:"请向张、王声明,拥蒋及执行四项诺言等屡经申明,故未重述于上次文件中。为尊重他们意见,故将其加入于此次文件。又20条均属事实,请求政府解决极为必要,为尊重他们意见,改为是12条,其余8条,作为口头要求,仍请政府考虑解决"。[4] 6月3日,蒋介石核准了王世杰与张治中所拟政治解决方案。该方案内容计关于军事者九条,关于陕甘宁边区者7条,关于党者2条。又设定口头约定事项2事。[5] 同日,毛泽东致林伯渠等电谓:"会见华莱士及拉铁摩尔时可以新十二条及口头提议八条均告知他们。"[6] 4日,林伯渠写信给张治中、王世杰表示:我党中央已复电,将原来所提

---

[1] 王世杰著:《王世杰日记》第4册,"中研院"近代史研究所1990年版,第318页。
[2] 中央统战部、中央档案馆编辑:《中共中央抗日民族统一战线文件选编》(下),档案出版社1985年版,第697—698页。
[3] 王世杰著:《王世杰日记》第4册,"中研院"近代史研究所1990年版,第322—323页。
[4] 中共中央文献研究室编:《毛泽东年谱(1893—1949)》中卷,中央文献出版社1993年版,第516页。
[5] 王世杰著:《王世杰日记》第4册,"中研院"近代史研究所1990年版,第325页。
[6] 中共中央文献研究室编:《毛泽东年谱(1893—1949)》中卷,中央文献出版社1993年版,第517页。

20条改为12条,而把一些次要问题改为备忘录。① 5日,国民党方面代表约请林伯渠晤面,把由蒋介石所核定《中央对中共问题政治解决提示案》②面交林伯渠。文件全文如下:

中央对中共问题政治解决提示案

(民国三十三年六月五)

兹以林代表祖涵在西安所表示之意见为基础,作以下提示案:

甲 关于军事问题:一、第十八集团军及其在各地之一切部队,合共编为四个军十个师,其番号以命令定之。二、该集团军服从军事委员会命令。三、该集团军之员额,按照国军通行编制(由军政部编发),不得在编制外另设纵队、支队或其他名目,以前所有者,应依照中央核定之期限取消。四、该集团军之人事,准予按照人事法规呈报请委。五、该集团军之军费,由中央按照国军一般给予规定发给,并须按照经理法规办理,实行军需独立。六、该集团军之教育,应照中央颁行之教育纲领、教育训令实施。并由中央随时派员校阅。七、该集团军之各部队,应限期集中使用,其未集中以前,凡其在各战区之内的部队,应归其所在地战区司令长官整训指挥。

乙 关于陕甘宁边区问题:一、该边区之名称定为陕北行政区,其行政机构称为陕北行政公署。二、该行政区域,以其现有地区为范围,但须由中央派员会同勘定。三、该行政区公署直隶行政院。四、该行政区须实行中央法令,其因地方特殊情形而需要之法令,应呈报中央核定施行。五、该行政区之主席由中央任免,其所辖专员县长等,得由该主席提请中央委派。六、该行政区内之组织与规程,应呈请中央核定。七、该行政区预算,逐年编呈中央核定。并在延

---

① 《林伯渠传》编写组:《林伯渠传》,红旗出版社1986年版,第300页;中央统战部、中央档案馆编:《中共中央抗日民族统一战线文件选编》(下),档案出版社1985年版,第702页;秦孝仪主编:《中华民国重要史料初编——对日抗战时期》第5编(4),中国国民党中央委员会党史委员会1985年版,第271页。

② 该案也称"中央提示案",或"第二次中央提示案"。

安设电台；同时国民党也承认中共在全国的合法地位，并允许在重庆设电台，以利两党中央能经常交换意见。八、该行政区暨十八集团军所属部队驻在地区，概不得发行钞票，其已发之钞票，应与财政部妥商办法处理。九、其他各地区所有中共自行设立之行政机构，应一律由各该省政府派员接管处理。

  丙 关于党的问题：一、在抗战期内，依照抗战建国纲领之规定办理。在战争结束后，依照中央决议召开国民大会，制定宪法，实施宪政，中国共产党应与其他政党遵守国家法律，享受同等待遇。二、中国共产党应再表示其忠实实行其四项诺言。①

国民党代表声明：中共如将以上办法实行后，则中央对于撤去防护地区守备部队，可予考虑，并可恢复该地区与邻地间的商业交通，即使中共人员违法被捕者，亦可宽酌予保释。林伯渠则拿出《中国共产党中央委员会向中国国民党中央执行委员会提出关于解决目前若干急切问题的意见》，交给张治中等。文件全文如下：

  国共两党合作抗战，已历七年，中共谋国之忠诚，抗敌之英勇，执行三民主义，实践四项诺言，拥护国民政府及蒋介石先生抗战建国始终如一，均为有目所共见。惟目前抗战形势极为严重，日寇继续进攻，而国内政治情况与国共关系，尚未走上适合抗战需要之轨道，为克服目前困难、击退日寇进攻，并认真准备反攻起见，中共方面认为惟有实行民主与增强团结一途。为此目的，中共希望政府方面，解决以下紧急万分的问题。这些问题，有关于全国政治方面者，有关于两党悬案方面者。兹率直胪陈如下：

  甲 关于全国政治者：一、请政府实行民主，保证言论、出版、集会、结社及人身之自由。二、请政府开放党禁，承认中共及各抗日党

---

① 张治中著：《张治中回忆录》，中国文史出版社1985年版，第689—691页。另见中央统战部、中央档案馆编：《中共中央抗日民族统一战线文件选编》（下），档案出版社1985年版，第894—895页。

派的合法地位,释放爱国政治犯。三、请政府允许实行名副其实的人民地方自治。

乙 关于两党悬案者:一、根据抗日需要,抗战需要,及现有军队实数,应请政府对中共军队,编十六个军四十七个师,每师一万人,为委曲求全计,目前至少给予五个军十六个师的番号。二、请政府承认陕甘宁边区及华北根据地民选抗日政府为合法的地方政府,并承认其为抗战所需要的各项设施。三、中共军队防地,抗战期间维持现状,抗战结束后,另行商定。四、请政府在物质上充分接济十八集团军及新四军,自一九四〇年以来,政府即无颗弹、片药、分钱、粒米之接济,此种状况,请速改变。五、同盟国援助中国之武器、弹药、药品,应请政府公平分配于中国各军,十八集团军及新四军应获得其应得之一份。六、请政府饬令军政机关,取消对于陕甘宁边区及各抗日根据地的军事封锁与经济封锁。七、请政府饬令军政机关,停止对于华中新四军及广东游击队的军事攻击。八、请政府饬令党政机关,释放各地被捕人员,例如皖南事变时,被俘的新四军官兵叶挺等,广东的廖承志、张文彬等,新疆的徐杰、徐梦秋、毛泽民、杨之华、潘同等,四川的罗世文、车耀先、李椿、张少明等,湖北的何彬等,浙江的刘英,西安的宣侠父、石作祥、李玉海、陈元英、赵祥等,此等人员均系爱国志士,请予恢复自由,以利抗日。九、请政府允许中共在全国各地办党办报,中共亦允许国民党在陕甘宁边区及敌后各抗日民主边区办党办报。

以上各条仅举其主要者,中共方面诚恳希望我国民政府,予以合理与尽可能迅速之解决,诚以西方反希特勒斗争,今年可胜利,东方反攻日寇,明年必可开展,而且日寇正大举进攻,威胁抗日阵线,若我国共两党不但继续合作,而且能对国内政治予以刷新,党派关系予以改进,则不特于目前时局大有裨益,且于明年配合同盟国举行大规模之反攻,放出坚固之基础,愿我政府实利图之。

中共中央代表　　林祖涵

民国三十三年六月四日①

12条之外，另有8条口头要求：

一、请政府停止对于华中新四军及广东游击队的军事。二、请政府通令取消"奸党""奸军""奸区"诬蔑与侮辱共产党、十八集团军、新四军及抗日民主地区的称号，此等诬蔑与侮辱的称号，过去都是暗中流行。近更公开见诸报端。三、请政府停止特务人员对于共产党、十八集团军、及抗日民主地区的破坏活动，此种活动变本加厉，中共获有充分证据，如不停止，妨害团结，实甚且大。四、请政府禁止在报纸刊物上发表对中共造谣诬蔑的言论，例如西安特务人员谓延安枪毙王实味等数十人，竟伪造王实味等亲友于三月二十九日在西安大开追悼会，在报纸上登载追悼会广告与追悼会经过，但王实味等确无所谓枪毙情事。似此完全造谣，有意诬蔑，应请饬令更正，并制止再有类似此等情事发表各报。五、据确息西安一带特务机关，准备于外国记者到西北时，沿途伪装各种人物与伪造各种证件，向外国人告状，借达破坏中共信誉之目的。闻特务所捏造之中共罪状，共达十余项之多，似此不但阻碍团结，而且有辱国体，请政府制止彼等伪装伪造。彼等如何布置，中共获有充分证据，如不制止，难免引起不快之后果。六、请政府停止对重庆中共《新华日报》之无理检查（例如禁登十八集团军及新四军的作战消息，禁登中共文件等），破坏该报发行，实行威胁定户，扣压邮寄等事情。七、请政府放还在三原被政府军队扣留，前英美援助十八集团军的药品一百零一箱。八、请政府允许恢复重庆、西安两处电台，以利通讯。②

---

① 中央统战部、中央档案馆编辑：《中共中央抗日民族统一战线文件选编》（下），档案出版社1985年版，第702—704页。
② 中央统战部、中央档案馆编辑：《中共中央抗日民族统一战线文件选编》（下），档案出版社1985年版，第704—705页。

据张治中所述,他当时对林伯渠说:"此次所提出之十二项,项目虽较前减少,但内容并未改变,本不能接受,惟不欲过拂先生的意思,仅允留下,但不能转呈。"不愿意转呈的原因还包括,中共方面"对于服从军令政令的根本观念,并无表示"。对此,林伯渠表示,就留在你们两位处参考亦好。① 在 5 日给毛泽东的电报中,林伯渠谓:"我们估计,蒋目前虽极困难,但绝无解决问题诚意(苏英美人士,小党派,地方实力派及孙科、许宝驹、王昆仑,都如此看法),今天只是作出谈判姿态给中外看。……所以,我们近几天并不急切去催张、王,平常请客会面时,也只着重要求先恢复电台。总之不闭谈判之门,也不存急切解决之想,而把精力全用在各个方面宣传我在敌后、边区,实行民主抗战成绩及力量,及推动国民党内外一切不满现状的人积极起来,争取民主运动,并使这一运动互相配合。"②

6 日,张治中等收到林伯渠 5 日信,信中声明两点:第一,认为中央提示案与中共 12 条正式意见相距甚远,除需要将提示案报告中共中央外,请国民党方面代表将中共 12 条转呈国民党中央作合理解决;第二,认为林伯渠与国民党方面在西安会谈的记录,是双方共同作成的"初步意见",不宜当作谈判的基础,主张"约定各自向其中央请示,再作最后决定"。③ 7 日,林伯渠关于国民党代表张治中、王世杰拒绝新 12 条问题致毛泽东电谓:5 日与张、王会面,"几经争执的结果,他们允留下我方文件(12 条——引者),作他二人的参考,但不是交给国民党中央,我则允许可以接收他们的文件(《中央提示案》——引者)转告我党中央,但谈判条件一定要依照新十二条。张、王又表示有些问题未在提示案的文件中写上,但可以实际商谈解决的。如一、对边区的军事封锁可以渐渐撤退。二、被捕押的人将来可以按情形由我取保释放。"④ 8 日,张治中、王世杰复信林伯渠谓:6 月 5 日所提的 12 条,因与前面所提"出入太

---

① 张治中著:《张治中回忆录》,中国文史出版社 1985 年版,第 693、694 页。
② 中央统战部、中央档案馆编辑:《中共中央抗日民族统一战线文件选编》(下),档案出版社 1985 年版,第 706 页。
③ 张治中著:《张治中回忆录》,中国文史出版社 1985 年版,第 693 页。
④ 中央统战部、中央档案馆编辑:《中共中央抗日民族统一战线文件选编》(下),档案出版社 1985 年版,第 709 页。

大,不能转呈"。西安谈话记录,既经过你修改切签字,应作为你的意见,且已将此件上报,政府"提示案"已尽量容纳了你的意见。①11日,林伯渠致函张治中、王世杰(同日收到),回复6月8日信。林伯渠首先对两人拒绝接收中共意见书表示抗议,其次是承认中共12条意见与西安商谈的意见有出入,但是中央提示案与西安商谈的意见也有出入。谈判过程中的出入双方都有,不足为异。他已经把中央提示案电告中共中央,国民党代表不应该拒绝把中共正式提出的意见转呈国民党中央。②随后,张治中等将中共12条意见转呈国民党中央政府,随即奉到指示谓:"中央六月五日已以提示案交林代表转达中共,凡中共意见,中央政府所能容纳者,该提示案已尽量容纳,希望中共方面接受。"③15日,国民党代表把国民党中央政府的指示,函达林伯渠,并申明此次商谈的基本精神,须本同意国家军令政令的原则,为改善现状,增强团结为前提。中共12条内容,对于如何实行中央政府的军令政令以及改善措施、整编部队等各点,均未提及。至于整编部队的数字,在西安会谈时国民党方面提出可能是4军8师,而中央提示案中决定为4军10师,这已经表明了中央尽量迁就的意思。④16日,林伯渠关于张治中、王世杰否认自己是国民党代表问题致电毛泽东谓:张、王"想用中央政府名义,压制我方不能在谈判中取平等地位,但实际上自己承认是两个政府的谈判,而且国民政府由国民党一党产生,这些不愿用党的名义的出面谈判的办法,也是自欺欺人的。以后谈判应如何进行。请示。"⑤17日,毛泽东电林伯渠谓:张治中、王世杰既不愿考虑我党中央所提意见,而又片面地提出所谓"提示案",我党坚决不能接受。

---

①《林伯渠传》编写组:《林伯渠传》,红旗出版社1986年版,第301页;张治中著:《张治中回忆录》,中国文史出版社1985年版,第694页。
②中央统战部、中央档案馆编辑:《中共中央抗日民族统一战线文件选编》(下),档案出版社1985年版,第710—711页。
③张治中著:《张治中回忆录》,中国文史出版社1985年版,第695页;《林伯渠传》编写组:《林伯渠传》,红旗出版社1986年版,第301—302页;中央统战部、中央档案馆编辑:《中共中央抗日民族统一战线文件选编》(下),档案出版社1985年版,第710页。
④张治中著:《张治中回忆录》,中国文史出版社1985年版,第695页。
⑤中央统战部、中央档案馆编辑:《中共中央抗日民族统一战线文件选编》(下),档案出版社1985年版,第717页。

指示立刻将国民党的所谓提示案退还张治中、王世杰。①

至此,谈判遂成僵局。

7月3日,林伯渠约张治中等会面,对中央提示案提出两点口头意见进行商量:第一,关于政治问题,希望中央将民主尺度放宽;第二,关于军队问题,希望按照5军16师扩编。同时表示中共中央欢迎国民党代表到延安商谈。对此张治中等表示:关于民主问题,政府已在采取各种措施,促进民主政治的实现,例如废止图书事先强制审查办法,严令后方各省完成县参议会的设置,而且中央即将公布保障人民身体自由的法令。至于军队扩编数目问题,中央正在厉行精兵政策,尽量紧缩单位,对于中共要求,已经尽最大限度容纳。张治中等甚至认为中共方面在故意拖延。13日,林伯渠再次约国民党方面代表会面,谈判仍无进展。23日,林伯渠致函国民党代表询问对中共12条意见,并再次邀请国民党方面代表到延安商谈。25日,双方代表会面,国民党代表向中共代表作详细口头解释,告知提示案为中央具体意见,并且向中共代表示,中共的态度很象是有意拖延,不愿意解决问题。② 26日,国民党中央社英文稿登载国民党中央宣传部部长梁寒操在记者招待会上关于国共谈判的谈话,称障碍在中共方面。

7月底到8月初,中共中央主要领导人对蒋介石集团和国民党的认识,与此前已大不相同。7月28日,在与谢伟思的谈话中,周恩来说:"国民党中国更像一个结核病患者,而不像一个患霍乱病的病人,会继续不断地衰落,但是不会突然爆发或崩溃。"周恩来甚至说:"委员长除非不得已是并不正视问题的。他是随风倒的机会主义者,他的周围尽是一些难以相信的愚蠢的、二流人物。"③ 8月3日,毛泽东在与谢伟思的谈话中说:"蒋介石是顽固的。但是,从根本上说他是一个匪徒。为了同他打交道,必须了解这一事实。我们已经

---

① 南方局党史资料征集小组编:《南方局党史资料·大事记》,重庆出版社1986年版,第234页。
② 张治中著:《张治中回忆录》,中国文史出版社1985年版,第695—696页。
③ 〔美〕约瑟夫·W. 埃谢里克编著:《在中国失掉的机会:美国前驻华外交官约翰·S. 谢伟思第二次世界大战时期的报告》,国际文化出版公司1989年版,第213页。

从经验中懂得这一点。"①

8月5日,国共双方代表再次见面,国民党代表表示预备把7月25日口头答复的意见,做成一个书面答复,同时表示等中共方面对于中央提示案有了确实答复后,再考虑是否去延安的问题。10日,国民党代表就中央提示案书面说明致函林伯渠,要旨如下:

> 关于中共十二条意见,第一至第三条,政府提示案中,已剀切申示:在抗战期内厉行中共及一切党派所已接受之抗战建国纲领;在抗战结束后一年内实行宪政,予各党派以同等地位,意义明豁而具体,若干申示以外,标举若干毫无边际之抽象文句,徒为异日增加纠纷。现在中央政府已定之政策,在依抗战进展、胜利接近与夫社会安定,逐渐扩大人民自由范围,促进地方自治,一方面政府希望中共接受中央提示案后,随时提出关于厉行抗战建国纲领之意见,并积极参加参政会及宪政实施协进会之工作,期彼此观点渐趋一致,国家真正统一团结,可以实现,此为政治解决之根本意义。
>
> 十二条中关于军队编制、数额、军队驻地、军饷、军械四条:十八集团军原来编为三师,现在允许扩编为四军十师,在政府厉行精兵政策裁减单位之时期中,自属委曲求全之至。关于军队驻地,提示案一面指示集中使用之原则,一面规定在集中前整训指挥系统,实已面面兼顾。至于军饷,则已规定与国军享受一律待遇。军械则政府当随时依需要与所负之任务为合理之分配。
>
> 十二条中要求政府承认"陕甘宁边区"及"华北根据地民选抗日政府"之一条,在陕北边区问题,政府提示案中已提出十分宽大之办法,至其他任何地区之行政机构,自当依照提示案,由各该管省政

---

① 〔美〕约瑟夫·W.埃谢里克编著:《在中国失掉的机会:美国前驻华外交官约翰·S.谢伟思第二次世界大战时期的报告》,国际文化出版公司1989年版,第255页。上述这一段话,还有另外一个译法:1944年7月,毛泽东对谢伟思说:"蒋是顽固的。可是他基本上是个匪徒。必须懂得这个事实,才好同他打交道。我们根据经验,不得不认识这一点。"见〔美〕迈克尔·沙勒著,郭济祖译:《美国十字军在中国》,商务印书馆1982年版,第184页。

府接管,以免分歧。

其他尚有若干要求,或则与事实不符,或则与事理不合,均已向先生口头说明,兹不赘述。①

其间,正面战场战局进一步恶化。8月8日衡阳失陷。12日,《解放日报》发表社论《衡阳失守后国民党将如何》,强调"一切问题的关键在政治,一切政治的关键在民众"。②毛泽东决心提高谈判筹码,他当天电示南方局,不要谈5军16师了,我军47万须要求政府全部承认。③13日《解放日报》以周恩来对新社记者谈话的方式,驳斥国民党中央宣传部部长梁寒操7月26日讲话,谓:中共代表林伯渠来重庆与国民党方面谈判三个多月,连任何一个具体的即使是最微小的问题,都没有得到解决。他批评国民党:"至今仍坚持国民党的一党统治与限制、削弱和消灭异己的方针,用一种自大和武断的精神,只强调别人应无条件地拥护政府、拥护统一,而不许问这种统一是否对抗战民主团结有利。这就是现时双方谈判所以相距甚远的真正原因。"④30日,林伯渠奉中共中央命令致函国民党代表对8月10日函作书面答复,指出解决问题的根本障碍在于双方观点差距很大;政治解决应从国家民族利益、有利团结抗战、有利促进民主的观点出发;中共重申四项承诺等。国民党代表看了中共代表林伯渠的回信,深感失望,认为"从去西安到现在,已经把问题愈谈愈远了。"⑤为使中共代表了解其主张,国民党代表张治中于9月10日给林伯渠回信,申述国民党方面的立场和主张。

国民党在军事上的出人意料的大溃败,使其统治的腐败无能暴露无遗,引起全国上下的愤慨,纷纷要求改组政府,结束一党专制,改组政府。由此,

---

①张治中著:《张治中回忆录》,中国文史出版社1985年版,第697—698页。全文可参见中央统战部、中央档案馆编:《中共中央抗日民族统一战线文件选编》(下),档案出版社1985年版,第896—898页。
②《毛泽东文集》第3卷,人民出版社2001年版,第202页。
③《毛泽东年谱(1893—1949)》中卷,中央文献出版社1993年版,第534页。
④中共中央文献研究室、中国人民解放军军事科学院编:《周恩来军事文选》第2卷,人民出版社1997年版,第439—440页。
⑤张治中著:《张治中回忆录》,中国文史出版社1985年版,第699页。

从 9 月份开始,两党谈判进入一个新阶段,其标志是"联合政府"主张的提出。

9 月 1 日,黄炎培等大后方著名人士 30 人,在《国讯》及《宪政》月刊同时发表《民主与胜利献言》,提出 9 项主张,要求实施民主制度、与民更始。① 4 日,中共中央就提出成立联合政府问题,由周恩来起草并致电林伯渠、董必武等谓:"目前我党向国民党及国内外提出改组政府主张时机已经成熟,其方案为要求国民政府立即召集各党、各派、各军、各地方政府、各民众团体代表,开国是会议,改组中央政府,废除一党统治。然后由新政府召开国民大会,实施宪政,贯彻抗战国策,实行反攻。估计此项主张国民党目前绝难接受。但各小党派、地方实力派、国内外进步人士,甚至盟邦政府中开明人士,会加赞成。因此,这一主张,应成为今后中国人民中的政治斗争目标,以反对国民党一党统治及其所欲包办的伪国民大会与伪宪。""望你们在起草回答张、王的信中加上此项主张,以说明这是我们对于实施民主政治的具体步骤和主张。""在这次参政会中,如取得小党派及进步人士同意,可将是项主张作成提案"。② 从此,改组国民政府成立联合政府成为两党谈判中的核心问题。

5 日,国民参政会开幕,胡政之、王云五提议在大会上公开报告与中共商谈经过,意见被大会采纳。③ 同日,中共中央复电林伯渠、董必武等谓,同意用我党中央的名义致函参政会,并利用林伯渠在参政会报告机会,提出我党关于改组政府之主张和步骤的办法,并联系说明这是我原来提案中三条政治主张的具体解决方案。④ 11 日,毛泽东复电林伯渠、董必武等谓:"根据来电,各小党派、地方实力派拟和我党联合提出改组政府,请你们考虑现在我党中央单独向参政会提出是否合宜"。⑤ 14 日,林伯渠、董必武就各民主党派不赞成

---

① 黄炎培等:《民主与胜利献言》,《宪政月刊》第 9 期,1944 年 9 月 1 日,第 1—2 页。
② 中央统战部、中央档案馆编:《中共中央抗日民族统一战线文件选编》(下),档案出版社 1985 年版,第 738—739 页。
③ 孟广涵主编:《国民参政会纪实》下卷,重庆出版社 1985 年版,第 1369 页。
④ 中央统战部、中央档案馆编辑:《中共中央抗日民族统一战线文件选编》(下),档案出版社 1985 年版,第 740 页。
⑤ 中共中央文献研究室编:《毛泽东年谱(1893—1949)》中卷,中央文献出版社 1993 年版,第 544 页。

用中共名义正式提出改组政府的问题致电毛泽东、周恩来。①

15日上午,林伯渠在参政会上作关于国共谈判的报告。在报告的最后,林伯渠代表中国共产党提出,"希望国民党立即结束一党统治的局面,由国民政府召开各党各派、各抗日部队、各地方政府,各人民团体的代表,开国事会议,组织各抗日党派联合政府,一新天下耳目,振奋全国人心,鼓励前方士气,以加强全国团结,集中全国人才,集中全国力量,这样一定能够准备配合盟军反攻,将日寇打垮。"②"联合政府"的主张就这样被提出来了。下午,张治中在国民参政会上作《关于中共问题商谈经过》的报告。16日,蒋介石在参政会报告中,重申用在政治方法解决中共问题。③16、17两日,重庆中央日报、大公报、新华日报等刊载了两人的报告及报告所附两党谈判文件,由此长期以来的两党秘密谈判,首次通过媒体向社会公开。尤其是林伯渠报告,在社会上引起强烈反响。17日全文刊载该文的《新华日报》,由于人们纷纷争购,曾使该报的销售量突然猛增。④18日,国民参政会第三届第三次会议闭幕。

19日,中国民主政团同盟在重庆上清寺特园召开代表会议,决定将中国民主政团同盟改组为中国民主同盟(简称"民盟"),发表政治主张,呼吁结束一党专政,建立联合政权,实行民主政治。⑤27日,毛泽东致电林伯渠、董必武谓:由于美国需要与国民党情况危急,国民党急于按照他们自己的愿望解决问题,张、王10日信又最无理取闹,复张、王信原稿语气欠健,不足以杀彼辈之气焰,故修改如另电。你们收到并交张、王后,请在报上发表,如不能发表,则印单张广为散发,并多送外国人。毛泽东重新起草了林伯渠复张治中、

---

①15日,毛泽东复林伯渠、董必武、王若飞14日来电中指出:小党派既不赞成我党单独向参政会提出改组政府,即请作罢。至于林报告谈判经过是否应当顺便提到此点则请你们酌情决定,但在答复张治中的信中则必须正面提出。参见中共中央文献研究室编:《毛泽东年谱(1893—1949)》中卷,中央文献出版社1993年版,第545页。
②中央统战部、中央档案馆编辑:《中共中央抗日民族统一战线文件选编》(下),档案出版社1985年版,第741—748页;秦孝仪主编:《中华民国重要史料初编——对日抗战时期》第5编(4),中国国民党中央委员会党史委员会1985年版,第281—286页。
③孟广涵主编:《国民参政会纪实》下卷,重庆出版社1985年版,第1313页。
④《林伯渠传》编写组:《林伯渠传》,红旗出版社1986年版,第306—307页。
⑤张军民著:《中国民主党派史》,黑龙江出版社2006年版,第271页。台湾方面的资料载:"自中国民主同盟成立后,中共便有了御用工具。"参见秦孝仪主编:《中华民国重要史料初编——对日抗战时期》第5编(4),中国国民党中央委员会党史委员会1985年版,第1页。

王世杰信。① 王世杰此时也注意到中共态度的日趋强硬,其日记在29日条载:延安解放日报于数日前登一评论:国共谈判,气益嚣张。指斥中央政府之态度为"夜郎自大",并谓中央之政令为违反民主之政令,中央之军令为引致抗战失败之军令,故彼等不能接受云云。文中尤主张改组统帅部及政府。目前中央对敌军事,迭遭挫折,中共方面之叫嚣,固意中事。国共谈判应否继续进行,似不能不重行考虑。②

10月3日,林伯渠致函王世杰、张治中谓,当务之急是召开国是会议,成立民主联合政府。③ 王世杰认为:该复函声明取消西安签字的意见,并要求召开国是会议组织联合政府,显系政治攻势,无与政府解决问题之意。尽管这样,他仍与张治中商定,"政府仍应以冷静处之"。④ 10日,周恩来在延安双十节纪念大会上,就国共谈判问题指出:"我们认为改组政府、改组统帅部,成立各党派联合政府、联合统帅部,废除失败主义的军令和法西斯主义的政令,是挽救目前危机切合时要的唯一正确方案。我们继续要求国民政府承认敌后全部抗日部队和各级民选政府,坚决反对取消敌后数十万抗日部队和民选政府。我党中央六月四日所提出的12条意见书与委托林伯渠同志口头提出的八条,仍应成为今后国共谈判的根据。我们继续邀请并欢迎国民政府代表张治中、王世杰两先生来延视察和谈判"。⑤ 13日,林伯渠再致函王世杰、张治中,这封实际上由毛泽东起草的信上再次强调:"现在唯一挽救时局的办法,就是要求国民政府与国民党立即结束一党专政的局面,由现在的国民政府立即召集全国各抗日党派,各抗日部队,各地方政府,各民众团体的代表,开紧急国是会议,成立各党派联合政府,并由这个政府宣布并实行关于彻底改革军事、政治、经济、文化各方面的新政策。"信中强调说:"我们这个建议,实是代表全国人民的要求,即贵党中亦有不少人士同具此心。""此计不决,则两党

---

① 中共中央文献研究室编:《毛泽东年谱(1893—1949)》中卷,中央文献出版社1993年版,第547—548页。
② 王世杰著:《王世杰日记》第4册,"中研院"近代史研究所1990年版,第408页。
③ 南方局党史资料征集小组编:《南方局党史资料·大事记》,重庆出版社1986年版,第244页。
④ 王世杰著:《王世杰日记》第4册,"中研院"近代史研究所1990年版,第412页。
⑤ 中共中央文献研究室、中国人民解放军军事科学院编:《周恩来军事文选》第2卷,人民出版社1997年版,第461页。

谈判即使可能解决若干枝节问题,至于关系国家民族的重大问题,必不能获得彻底解决的。"①25日,毛泽东在对即将去前线的干部所作的报告中指出:国民党没有一点希望了。我们对国民党的方针,自国共合作以来是改良方针,不是打倒它。因为日本人还在我们面前。现在的口号是改组政府、改组统帅部。这个口号不是改良主义的,而是革命性的。②周恩来后来回顾和总结这一段谈判的经验时说:"斗争的双方,在斗争的基本方针上是绝不会让步和变动的。基本方针,对蒋来说,是要用各种迂回方法消灭中共;对中共来说,是要用各种方法来实现民主,将反动阵营压下去。""联合政府是取消独裁政府的方针。"③

可见,第三次国共谈判中,国民党方面所"企求获得政治解决之方案",④在中共方面看来不过是用"迂回方法消灭中共",而中共所提出的联合政府主张,实际上是"取消独裁政府的方针"。双方谈判的基本方针如此,难以获致结果自然就属于意料中事。

(三)赫尔利介入下的国共谈判

1944年6月下旬,美国副总统华莱士访华,敦促国民党方面改善中苏、国共关系,以便把抗战持续下去。9月上旬,罗斯福的特使赫尔利和纳尔逊途经苏联莫斯科抵达中国,并表示愿意调停国共两党争端。资料载,赫尔利来华的使命为:"一、防止国民政府崩溃;二、支持蒋介石任共和国总统和军队统帅;三、协调委员长与美军指挥官的关系;四、促进中国战争物资的生产和防止经济崩溃;五、为打败日本统一所有中国军队。"⑤美国政府高度关注中国国共关系的目的,在于它希望通过貌似中立而实际上扶植国民党政权的干预政

---

①中央统战部、中央档案馆编辑:《中共中央抗日民族统一战线文件选编》(下),档案出版社1985年版,第782、783页。
②中共中央文献研究室编:《毛泽东年谱(1893—1949)》中卷,中央文献出版社1993年版,第552页。
③中共中央文献编辑委员会编:《周恩来选集》上卷,人民出版社1980年版,第260—261页。
④秦孝仪主编:《中华民国重要史料初编——对日抗战时期》第7编(2),中国国民党中央委员会党史委员会1981年版,第312页。
⑤金冲及主编:《周恩来传》上册,中央文献出版社2008年版,第632页。

策,在中国造成一个符合美国利益的国民党统治下的中国。关于此点,王世杰也看出了端倪。据王世杰的分析,美国此举,"其动机不外两项:(1)从旁协助调节,俾中国获得统一因而增进其国际地位,此于中美两国在未来国际舞台上之合作大有裨益;(2)美军不久将在我国海岸登陆,假使当地驻军为国军自无问题,但如为中共游击队,则因中共不受国民政府命令,问题将趋复杂;倘政府与中共之间能先期谋得政治解决,则美军登陆可减少若干困难。"①正是在此种情况下,美国因素正式介入国共两党关系和两党谈判。

9月19日上午,何应钦、张治中、王世杰与赫尔利在黄山官邸就中共问题商谈解决办法。赫尔利表示两点:(1)苏联表示不支援中共;(2)愿意以协助者之资格参加此项谈判,并偕张治中、王世杰等赴延安一行。王世杰则表示三点:"(一)赴延安商谈一次殊有益,因毛泽东为中共唯一能作主之人;(二)赫氏参加亦或有益,惟何时及以何方式参加尚须详细考虑;(三)如赫氏参加,应注意设法使中共方面不因此而认美国为其奥援,因而对中央政府更强硬。"②10月11日下午,王世杰与张治中拜访赫尔利,商谈中共问题。赫尔利表现出"热望参加此事之商谈"的态度。王世杰与张治中二人尽管感到赴延安商谈的时机尚未成熟,但开始考虑是否应让赫尔利在国共两党的会谈中发挥更多的作用。13日晚,吴铁城、张治中、熊式辉、陈布雷、王世杰等在蒋介石官邸商议是否由赫尔利出面调解国共间纠纷。当蒋介石了解到赫尔利与王世杰谈话中透露出赫尔利已由罗斯福授权,将出面促成国共两党纠纷后,决定接受王世杰建议,由赫尔利出面调解两党关系。王世杰向蒋介石提议:"(一)赫氏暂不赴延安(予与文伯亦暂时不赴延安);(二)赫氏约在渝之林祖涵、董必武一谈,告以美国态度及苏联对赫氏之表示;(三)如中共愿意美国调解,彼将于请求中国允许之后,提出解决方案。"③于是,赫尔利在蒋介石同意之下开始调处国共关系的工作。17日,赫尔利约见董必武。根据董必武、林伯渠当日致电毛泽东、周恩来的报告,谓:赫尔利表示他是在获得蒋介石允许

---

① 转自张治中著:《张治中回忆录》,中国文史出版社1985年版,第704页。
② 王世杰著:《王世杰日记》第4册,"中研院"近代史研究所1990年版,第402—403页。
③ 王世杰著:《王世杰日记》第4册,"中研院"近代史研究所1990年版,第420页。

后约林、董谈话的,蒋还允许他必要时去延安;中共军队组织、训练都好,力量强大,是决定中国命运的一种因素;蒋介石为抗日的领袖,是全国公认的事实;中国现政府不民主等等。董、林还说,"蒋见我态度强硬,怕我们不承认他是抗战领袖"。① 18日,赫尔利再次约见董必武。董必武、林伯渠致电毛泽东报告当日谈话情况说:"赫尔利说,他拟约张治中、王世杰和我们谈,得出两党合作初步结果后,他拟向蒋介石谈。蒋同意后,他便到延安来和毛泽东谈,求得双方合作的基础。最后蒋、毛见面,发出宣言,两党便合作起来了。"② 19日,毛泽东在董、林来电上写下一段分析、判断性质的批语,谓:"九月下半月至十月上旬,蒋对罗、丘压力,硬抗了几个星期。在此期间,对我方亦表示硬性。但在双十演说出了一通气话之后,又软下来。对美国软,对我方亦随着软些。邵力子召集的国、共及中间三方会议,决定派五参政员来延及要求延安停止骂蒋等,即其表现。蒋最怕指名批评他,美国亦怕我们不要蒋,故在许蒋存在条件下,可以作出一些有利于我们的交易来。"③ 20日上午,何应钦、张治中、王世杰与蒋介石面商中共问题的解决方案草案,拟将其送交赫尔利,并请赫尔利以自己名义向中共方面提出,当时即决定了该草案的内容。④ 21日,美国政府任命赫尔利代替高思为驻华大使,任命魏德迈代替史迪威为美军中国战区司令兼同盟国军中国战区总司令蒋介石的参谋长。同日,蒋介石把与何应钦、张治中、王世杰商拟的方案交给了赫尔利。23日,赫尔利与林伯渠、董必武进行第三次会谈。24日,董必武、林伯渠致电毛泽东,报告了23日同赫尔利谈话的情况:赫尔利说,蒋介石21日交他一方案,被他当场退回。至于方案的内容,他保守秘密。他只打了一个比喻说,蒋叫你们在前面打,他们在后面打,意思就是要消灭你们。他问蒋为什么不可以和共产党并肩作

---

① 中共中央文献研究室编:《毛泽东年谱(1893—1949)》中卷,中央文献出版社1993年版,第551—552页。
② 中共中央文献研究室编:《毛泽东年谱(1893—1949)》中卷,中央文献出版社1993年版,第552页。
③ 中共中央文献研究室编:《毛泽东年谱(1893—1949)》中卷,中央文献出版社1993年版,第552页。
④ 王世杰著:《王世杰日记》第4册,"中研院"近代史研究所1990年版,第427页。

战？他已告蒋,要马上行动,实行民主,释放政治犯,不能再等了。①

10月28日,赫尔利在何应钦、张治中、王世杰所拟方案的基础上提出了一个标题为《为着协定的基础》的新方案交给国民党代表。赫尔利在该草案提出五点建议条款。②11月3日下午,赫尔利与张治中、王世杰续谈中共问题。王世杰日记载:"彼谓(赫尔利)在美之美国军官及外交官均劝彼勿做调解之尝试,因中共实不愿与腐败之国民政府妥协。但赫氏自己则决意尝试,并拟于日内赴延安与毛泽东面谈,将促其偕来重庆与蒋先生晤见。"③6日,赫尔利向蒋介石请示"与中共协议之基本条件"。④ 同日,中共六届七中全会主席团举行会议,讨论赫尔利来延安谈判问题。毛泽东表示:赫尔利来我们要开个欢迎会,由周恩来出面介绍,再搞点音乐会⑤。周恩来提出:对国民党仍要批评,但可留点余地,不点蒋介石的名字。⑥ 7日,国民党方面对于赫尔利的方案作了重要修改后交还赫尔利。当天,在林伯渠陪同下,赫尔利飞抵延安,毛泽东、周恩来等到机场欢迎。⑦ 由此,开始了新一轮的谈判,后来国民党方面的资料称之为"第四次谈判"。

美国的直接介入,使国共两党的谈判出现了新的情况。周恩来说:"这个谈判不仅有第三方面的民主人士参加,而且有外国人参加;同时,谈判又是公开的。这是和过去谈判不同之点,是一个新的阶段。"⑧重新开始的两党谈判中,国民党方面的代表还是王世杰和张治中,有时候行政院代院长宋子文也参与其中。赫尔利作为美国总统特使和美国驻华大使参加。中共代表是周

---

① 中共中央文献研究室编:《毛泽东年谱(1893—1949)》中卷,中央文献出版社1993年版,第552页。
② 瞿韶华主编,王正华编纂:《中华民国史实纪要(初稿)》(1944.10—12),"国史馆"1994年版,第278页;金冲及主编:《周恩来传》上册,中央文献出版社2008年版,第634页。
③ 王世杰著:《王世杰日记》第4册,"中研院"近代史研究所1990年版,第437—438页。
④ 瞿韶华主编,王正华编纂:《中华民国史实纪要(初稿)》(1944.10—12),"国史馆"1994年版,第352页。
⑤ 中共中央文献研究室编:《毛泽东年谱(1893—1949)》中卷,中央文献出版社1993年版,第555页。
⑥ 中共中央文献研究室编:《周恩来年谱(1898—1949)》,中央文献出版社2007年版,第600页。
⑦ 秦孝仪主编:《中华民国重要史料初编——对日抗战时期》第5编(4),中国国民党中央委员会党史委员会1985年版,第288页。
⑧ 中共中央文献编辑委员会编:《周恩来选集》上卷,人民出版社1980年版,第198—204页。

恩来,中共中央主要负责人毛泽东也一度参加进来。

8日上午开始谈判,毛泽东、周恩来等中共领导人与赫尔利举行第一次会谈。赫尔利说明自己是罗斯福的私人代表,这次来延安,还得到蒋介石的同意和批准。他提交一份经蒋介石修改的有关国共协议基本条件建议案,该案有五条内容:

一、中央政府与中国共产党将共同工作,求得国内军队之统一,期能迅速击败日本,并建设中国。二、中国共产党之军队,应接受中央政府及其军事委员会之命令。三、中央政府及中国共产党将拥护孙中山之主义,在中国建立民有、民治、民享之政府,双方将采取各种政策,以促进及发展民主政治。四、中国仅有一个中央政府及一个军队。中国共产党军队之官兵经中央政府核定后,将依其职阶享受其与国军相同之待遇,其各单位对于军火及军需品之分配,亦将享受相等之待遇。五、中央政府承认中国共产党,并使之为合法之政党,所有在国内之各政党,将予以合法之地位。①

会上宣读了这一带有美国腔的文件。条款一经读毕,毛泽东"马上询问,这五条代表了谁的思想"。赫尔利答称说,这些观点是他自己的思想,蒋介石已经同意了。② 赫尔利说明了他的观点后,上午会谈就结束,历时50分钟。下午8时,毛泽东等同赫尔利进行第二次会谈。经过激烈辩论后,毛泽东对赫尔利提出的5条提出修改意见。9日下午3时,毛泽东等同赫尔利进行第三次会谈,讨论修改后的协定草案。毛泽东说:我们所同意的方案,如蒋介石先生也同意,那就非常好。赫尔利说:我将尽一切力量使蒋接受。赫尔利还说:如果蒋先生表示要见毛主席,我愿意陪毛主席去见蒋,并担保毛主席及其随员在会见后安全回到延安。毛泽东表示很希望在赫尔利将军离开中国以

---

① 秦孝仪主编:《中华民国重要史料初编——对日抗战时期》第5编(4),中国国民党中央委员会党史委员会1985年版,第289—290页。
② [美]包瑞德著,万高潮等译:《美军观察组在延安》,解放军出版社1984年版,第76页。

前见蒋先生,并提出五点协议在双方同意后,应当由双方共同签字,公开发表。赫尔利表示他也要在上面签字。会谈商定当天把文件准备好,次日签字。①

当日晚,中共六届七中全会举行全体会议,一致同意五点协定。10日上午10时,毛泽东等同赫尔利进行第四次会谈。毛泽东首先说明:我们所同意的文件,请赫尔利将军转达罗斯福总统;昨晚我们中央委员会开了会,一致通过这一文件,并授权我代表中共中央在这个文件上签字;我今天不能和赫尔利将军同去重庆,我们决定派周恩来和你同去。我们以全力支持赫尔利将军所赞助的这个协定,希望蒋先生也在这个协定上签字。② 随后,双方对《中国国民政府、中国国民党与中国共产党协定》(即五项协议草案)协议文本再次进行修改完善,毛泽东与赫尔利分别签字。协定如下:

一、中国政府、中国国民党与中国共产党,一致合作,以期统一中国所有军队,迅速击溃日本,并建设中国。二、改组现在之国民政府为联合国民政府,包含所有抗日党派代表,及无党无派之政治团体代表,立即宣布一新民主政策,规定军事政治经济及文化事业之改革,并使其发生实效。军事委员会应同时改组为联合军事委员会,由所有抗日军队之代表组成之。三、联合国民政府拥护孙总理之主义,建立一民有、民治、民享政府,实施各项政策,以资促成进步及民主,树立正义及信仰自由、出版自由、言论自由、集会结社自由,向政府诉愿权,保障身体自由权、居住权,并使无恐惧之自由,不虞之自由,两种权利,实行有效。四、联合国民政府及联合军事委员会,承认所有抗日军队,此项军队应遵守与执行其命令。自外国取得之供应品应公平分配之。五、联合国民政府承认中国国民党、中

---

① 中共中央文献研究室编:《毛泽东年谱(1893—1949)》中卷,中央文献出版社1993年版,第557页。
② 中共中央文献研究室编:《毛泽东年谱(1893—1949)》中卷,中央文献出版社1993年版,第556—558页。

国共产党,及所有抗日团体之合法地位。①

这个协定还有待于国民党政府主席蒋介石签字。② 根据赫尔利的建议,毛泽东还写信给美国总统罗斯福,谓:"我很荣幸地接待你的代表赫尔利将军。在三天之内,我们融洽地商讨一切有关团结全中国人民和一切军事力量击败日本与重建中国的大计。为此,我提出了一个协定。""这一协定的精神和方向,是我们中国共产党和中国人民八年来在抗日统一战线中所追求的目的之所在。""我现托赫尔利将军以我党我军及中国人民的名义将此协定转达于你。"③

下午2时,赫尔利携国共协定文本,在周恩来和包瑞德陪同下乘机离开延安。到重庆后,赫尔利当日即晋见蒋介石,并将协定呈阅。蒋介石对于该协定中"联合政府"一点,拒绝同意,对其他各点,认为可以商谈。④ 实际上是否定了协议。11日下午,赫尔利晤王世杰,出示毛泽东签字的协定草案,并表示他亦已表示赞同。王世杰见协议中有承认各"抗日政党"、承认自由与民主,改组政府为"联合政府",改组军委会为"联合军委会",中共军队及中央军队一律受此"联合军委会"之命令等内容,也认为该协议是国民党方面所无法接受的。他向蒋介石建议,不可使赫利成为史迪威第二。12日下午,王世杰、宋子文再次与蒋介石商议赫尔利带回的国共协定文本,"当经商定,不必拒绝,但要求再修改,并希望改定之件由赫[尔]利以彼之名义提出,作为彼之最后主张"。⑤ 15日上午,王世杰将国共协定文本面交赫尔利,"彼颇有难色"。⑥ 后来,王世杰在谈到这一份两党协议时说:

---

① 秦孝仪主编:《中华民国重要史料初编——对日抗战时期》第5编(4),中国国民党中央委员会党史委员会1985年版,第291—293页。
② 从资料影印件上看,赫尔利也没有签名,只有毛泽东的签名。
③ 中共中央文献研究室编:《毛泽东年谱(1893—1949)》中卷,中央文献出版社1993年版,第558页。
④ 秦孝仪主编:《中华民国重要史料初编——对日抗战时期》第5编(4),中国国民党中央委员会党史委员会1985年版,第288页。
⑤ 王世杰著:《王世杰日记》第4册,"中研院"近代史研究所1990年版,第442—443页。
⑥ 王世杰著:《王世杰日记》第4册,"中研院"近代史研究所1990年版,第445页。

此一草案与林伯渠氏在西安签字之文件,乃至六月四日中共提供之文件,显然又扩大了条件,变更了内容。但是政府仍极度忍耐予以考虑。当时政府认为政府可以容纳中共于政府机关之内,亦可承认中共为合法政党;中共之军队政府亦可承认,但必须经过整编。因承认之后,政府中对于中共军队之待遇与武器既须完全负责,自不能听任中共报多少便算多少;何况中央政府之国军近来亦在依照精兵主义,厉行整编。至于中共所要求之联合政府,其意义如为立即取消训政或党治,将政府最后决定权,立即移交于各党派,或各党派所共同组织之联合政府,则在理论上与实际上,政府均认为不能接受。在理论上,国民党之政权,只能移交于国民大会,不能移交于其他团体,否则便要违反孙中山先生之建国大纲。在实际上,在国民大会未召集前,政府便无新的重心。因之各党派如有争执,便无任何法定机关为之解决或裁判。在此种情况下,各党派间倘有争执不下之情形发生,政府便只有违法而行动;否则政治便要形成僵局或纷乱状态。现值反攻尚未开始,战事前途尚极严重之时,此种情形,何以应战?七八年来,我国以劣势之装备,居然能排除万难而抗强敌者大半因为有一个巩固的中央政府之存在。一个旦夕在摇动中的政府决不能应付战事。至于中共所提联合军事委员会(即彼等所谓联合统帅部)之议,政府亦认为甚不合理。因为中共军队如只服从中共所参加之联合统帅部,则彼等随时可以退出政府,造成再度分裂,造成内战,其危害性甚大。此种建议,势不能造成真正统一。①

蒋介石在15日的日记中,也表达了对赫尔利此次调解国共关系,竟然弄出这样一个协议的不满和无奈:"余惟有坚忍自持"。② 17日,赫尔利被美国

---

① 转自张治中著:《张治中回忆录》,中国文史出版社1985年版,第705—706页。
② 秦孝仪主编:《中华民国重要史料初编——对日抗战时期》第5编(4),中国国民党中央委员会党史委员会1985年版,第188页。

政府任命为驻华大使。18 日,蒋介石召集有关人员商讨应对中共问题的办法和妥协的限度。当天在日记中,蒋介石写道:"今日美国要求我与共党妥协,而欲牺牲我国体与人格,若我无限度的一意迁就,此乃由我自弃,乌乎可?故决示以最后之界限。至于美国将来是否接济,则概可不论。"[①]21 日,蒋介石提出一新的协定草案,共三条原则性办法。[②] 同日,王世杰奉命将该项所谓修正协议提交赫尔利转交周恩来。三条原则性办法是:

> 一、国民政府为达成中国境内军事力量之集中与统一,以期实现迅速击溃日本,及战后建国之目的,允将中国共产党军队加以整编,列为正规国军,其军队饷项军械及其他补给,与其他部队受同等待遇。国民政府并承认中国共产党为合法政党。二、中国共产党对于国民政府之抗战及战后之建国,应尽全力拥护之,并将其一切军队移交国民政府军事委员会管辖。国民政府并指派中共将领以委员资格参加军事委员会。三、国民政府之目标本为中国共产党所赞同,即为实现孙总理之三民主义,建立民有民治民享之国家,并促进民主政治之进步及其发展之政策。除为有效对日作战之安全所必需者外,将依照《抗战建国纲领》之规定,对于言论自由,出版自由,集会结社自由,及其他人民自由加以保障。[③]

关于周恩来对于对此案的态度,王世杰后来回忆说:

> 当时周氏表示谓彼虽不能放弃联合政府之主张而将继续为之奋斗,但同时表示现时可先接受政府方案之意。周氏并谓鄙明日将

[①] 秦孝仪主编:《中华民国重要史料初编——对日抗战时期》第 5 编(4),中国国民党中央委员会党史委员会 1985 年版,第 189 页。

[②] 中共中央文献研究室编:《毛泽东年谱(1893—1949)》中卷,中央文献出版社 1993 年版,第 559 页;金冲及主编:《毛泽东传》(1893—1949)下册,中央文献出版社 1996 年版,第 692 页。

[③] 秦孝仪主编:《中华民国重要史料初编——对日抗战时期》第 5 编(4),中国国民党中央委员会党史委员会 1985 年版,第 294 页。金冲及主编:《周恩来传》上册,中央文献出版社 2008 年版,第 637 页。

即飞延安,留延安一二日即返渝,返时即正式解决。因此,当晚赫尔利大使设宴举杯庆祝中国统一,周氏亦举杯答贺。赫尔利大使并拟与本人握手,表示祝贺。予笑答曰"还是等到周先生回渝的时候再说为好"。①

蒋介石通过观察也发现,"周(恩来)之态度,已不如从前之恭顺矣!"②周恩来表示要立即返回延安,同中共中央商量。周恩来于本日致电毛泽东,报告同赫尔利会见的情况。毛泽东在此电上批写:"党治不动,请几个客,限制我军"。③

23日,中共六届七中全会主席团召开会议,讨论国共两党谈判等问题。毛泽东说:我们坚持同赫尔利在延安签订的协定是有道理的,现在蒋介石不同意,要发动一个尖锐的批评。我们开七大宣布组织解放区联合委员会,这是一种步骤;另外一个步骤解放区联合委员会暂时不搞,还是提成立联合政府。可调一些人到广西、广东去,中国的国土蒋介石丢到哪里,我们就到哪里。华中来电决定向南发展,基本上可同意。还要准备几千干部到满洲去。④与中共方面的雄心勃发相对应,国民党方面显得死气沉沉,24日晚6时,何应钦约徐永昌餐叙,"饭罢偕诣曾家岩会报。蒋先生先述党政各机关之不振作,无战时气象,言下甚愤慨。张文白冷笑曰:仅如此说说恐终无效。冷嘲慨叹兼而有之,蒋先生无言。会罢留余与为章、蔚文研讨新疆事件。"⑤25日,中共中央发出经毛泽东修改审定的中共党内指示。其中判断:"最近八个月,中国政治形势起了一个大变化。国共力量对比,已由过去多年的国强共弱,达到现在的国共几乎平衡,并正在走向共强国弱的地位。我党现在已确实成了抗

---

①张治中著:《张治中回忆录》,中国文史出版社1985年版,第707页。
②秦孝仪主编:《中华民国重要史料初编——对日抗战时期》第5编(4),中国国民党中央委员会党史委员会1985年版,第189页。
③中共中央文献研究室编:《毛泽东年谱(1893—1949)》中卷,中央文献出版社1993年版,第560页。
④中共中央文献研究室编:《毛泽东年谱(1893—1949)》中卷,中央文献出版社1993年版,第560—561页。
⑤徐永昌著:《徐永昌日记》第7册,"中研院"近代史研究所1991年12月版,第490页。

日救国的决定因素。"①同日,蒋介石日记载:"去年今日在开罗商定中美英对处置日本与承认东三省、台湾为我国领土之宣言,是为外交优胜日,而今则何如耶?"②不胜今昔之慨。29、30 两日,周恩来将所拟复案和国民党方面的对案电告毛泽东,说明复案采纳了孙科的意见,"是用现有形式放进我们内容"。附有备忘录三点。如原则同意,提议由董必武先回延安报告,他拟将复案交赫尔利转蒋。毛泽东电复谓:(1)国民党方面的对案同五条协定距离太远,联合政府和联合统帅部是解决目前时局的关键,既不同意,则无法挽回时局;(2)国民党态度至今未变;(3)党中央须召开会议讨论,请周回延安。③ 由于飞机师生病,加上天气不好。周恩来第二天未能启程,耽搁了 10 多天。其间,桂黔战事日益恶化。12 月初,日军竟然攻陷贵州独山,贵阳一度告急。

12 月 7 日,周恩来同董必武、包瑞德飞回延安。董必武走后,重庆南方局正式改为重庆工作委员会(重庆工委)。中共召开六届七中全会全体会议,会议认为国民党既已拒绝五条协定,再去重庆谈判已无必要。会议决定:成立解放区联合委员会,由边区参议会发起。准备委员会党内由周恩来、林伯渠、高岗、薄一波等 14 人,党外李鼎铭、续范亭等 21 人组成。④ 8 日,周恩来复赫尔利,说明不再去重庆谈判的理由,并告赫尔利将公布五条协定。11 日,赫尔利致电毛泽东,表示不同意现在公布五条协定。⑤ 12 日,毛泽东、周恩来致电重庆工委王若飞,嘱他转告包瑞德:"我们毫无与美方决裂之意",并声明:"牺牲联合政府,牺牲民主原则,去几个人到重庆做官,这种廉价出卖人民的勾当,我们决不能干。这种原则立场,我党历来如此。希望美国朋友不要硬拉我们如此做。我们所拒绝者仅仅这一点,其他一切都是好商量的。"⑥

---

① 中共中央文献研究室编:《毛泽东年谱(1893—1949)》中卷,中央文献出版社 1993 年版,第 568—569 页。
② 《蒋介石日记》1944 年 11 月 25 日,转自邓野著《联合政府与一党训政》,社会科学文献出版社 2011 年版,第 75 页。
③ 中共中央文献研究室编:《周恩来年谱(1898-1949)》,中央文献出版社 2007 年版,第 603 页。
④ 中共中央文献研究室编:《毛泽东年谱(1893—1949)》中卷,中央文献出版社 1993 年版,第 563 页。
⑤ 中共中央文献研究室编:《周恩来年谱(1898—1949)》,中央文献出版社 2007 年版,第 604—605 页。
⑥ 金冲及主编:《周恩来传》上册,中央文献出版社 2008 年版,第 644 页。

21日，赫尔利致电周恩来表示，希望其仍能出来继续谈判。① 22日，周恩来为毛泽东起草复赫尔利21日电，谓："在目前，吾人认为国民政府尚无根据我们提议的五条方针来进行谈判的诚意，而周恩来将军又因有某种会议需要准备，一时难以抽身，故我们提议请你先派包瑞德上校来延一谈。"② 24日，毛泽东复电赫尔利拒绝其建议，坚持延安协定草案。③ 25日晨，赫尔利会晤宋子文，通报中共答复情况等。当日《王世杰日记》载："中共态度之日趋恶劣，可以概见。但予意认为我政府仍应以宽忍态度，应付此事，至少藉以取得美国政府之同情。但本党中一部分人，意气用事，似不容此次谈判继续下去。"④ 28日，周恩来致电赫尔利，并通过赫尔利向国民党提出四点要求：(1) 释放政治犯；(2) 撤销对边区的包围和对华中、华南抗日武装的进攻；(3) 取消限制人民自由的各种禁令；(4) 停止特务活动。⑤ 对此，国民党方面及赫尔利均觉无法接受，赫尔利复电周恩来要求中共放弃这些要求。⑥ 30日，赫尔利致函毛泽东及周恩来，提议于延安面商一切。⑦

1945年1月1日，蒋介石在元旦公告中宣称准备召开国民大会，企图以此对抗联合政府主张。⑧ 4日晚，蒋介石在与王世杰商谈中共问题时表示，考虑在行政院成立"战时行政会议"（即战时内阁），由7—9人组成，中共及其他党外分子可参加此会议，并嘱王世杰起草条例。⑨ 蒋介石此举目的在于抵制甚至化解中共"联合政府"主张。6日，赫尔利晋见蒋介石，商谈同中共继续谈判的方针，决定由赫尔利偕王世杰、张治中、宋子文到延安，作军事问题

---

① 中共中央文献研究室编：《周恩来年谱(1898—1949)》，中央文献出版社2007年版，第607页。
② 中共中央文献研究室编：《毛泽东年谱(1893—1949)》中卷，中央文献出版社1993年版，第568页；中共中央文献研究室编：《周恩来年谱(1898—1949)》，中央文献出版社2007年版，第607页。
③ 南方局党史资料征集小组编：《南方局党史资料·大事记》，重庆出版社1986年版，第259页。
④ 王世杰著：《王世杰日记》第4册，"中研院"近代史研究所1990年版，第475页。
⑤ 中共中央文献研究室编：《周恩来年谱(1898—1949)》，中央文献出版社2007年版，第607页；张治中著：《张治中回忆录》，中国文史出版社1985年版，第707页。
⑥ 张治中著：《张治中回忆录》，中国文史出版社1985年版，第707页。
⑦ 瞿韶华主编，王正华编纂：《中华民国史事纪要(初稿)》(1944.10—12)，"国史馆"1994年版，第913页；原文见秦孝仪主编：《中华民国重要史料初编——对日抗战时期》第5编(4)，中国国民党中央委员会党史委员会1985年版，第297页。
⑧ 中共中央文献研究室编：《周恩来年谱(1898—1949)》，中央文献出版社2007年版，第609页。
⑨ 王世杰著：《王世杰日记》第5册，"中研院"近代史研究所1990年版，第2—3页。

"统一指挥""最后之试谈",并以此表解决两党分歧的"诚意"。蒋介石同时提出组织战时行政会议以容纳各党派代表参加的主张,对此,赫尔利"甚表赞同",①蒋介石还为此召集五院院长商讨召开国民大会及组织战时行政会议的问题。在这种情况下,7日,赫尔利致电毛泽东、周恩来,提议在延安举行有他参加的国共谈判。②赫尔利的建议随即为中共方面拒绝,赫尔利介入下的这次国共谈判由此终结。③

1945年1月8日,赫尔利向重庆国民政府递交国书,正式就任美国驻华大使。④随后,赫尔利以美国驻华大使身份,参与国共两党的协商问题,力图迫使中共在原则问题上妥协,交出军队。11日,毛泽东复信赫尔利,拒绝其7日来信中所提与宋子文等同赴延安商谈等建议,指出"恐此项会议得不到何种结果"。信中还请赫尔利向国民党政府转达中共的提议:"在重庆召开国是会议之预备会议,此种预备会议应有国民党、共产党、民主政团同盟三方代表参加,并保证会议公开举行,各党派代表有平等地位及往返自由。"如果国民党政府同意这一提议,周恩来可到重庆磋商。⑤12日,赫尔利将毛泽东函呈蒋介石览阅,蒋介石在当日日记中载:"此举实出美国意料之外"。在中共拒绝商谈的情况下,1月14日,蒋介石约请宋子文、赫尔利商谈办法,决定采纳赫尔利的建议,扩大重庆国民政府,延揽国民党以外其他党派代表入阁。同日,赫尔利上书罗斯福,大致内容为:

> 在魏德迈将军离开重庆的中国战区司令时,他属下一部分军官草拟了一个使美军降落伞部队到共党控制区的计划,他们企图将共

---

① 秦孝仪主编:《中华民国重要史料初编——对日抗战时期》第5编(4),中国国民党中央委员会党史委员会1985年版,第299页。
② 中共中央文献研究室编:《周恩来年谱(1898—1949)》,中央文献出版社2007年版,第610页。
③ 国民党方面的有关资料把这次有赫尔利以美国总统私人代表身份介入的谈判,称为第四次国共谈判。
④ 秦孝仪主编:《中华民国重要史料初编——对日抗战时期》第5编(4),中国国民党中央委员会党史委员会1985年版,第298、300页。
⑤ 中共中央文献研究室编:《毛泽东年谱(1893—1949)》中卷,中央文献出版社1993年版,第572页;中央统战部、中央档案馆编辑:《中共中央抗日民族统一战线文件选编》(下),档案出版社1985年版,第785页。

党部队置于美国军官的指挥之下进行游击战。这个计划,是依据一部分美国军官和共产党之间的协议而制定的。他们是想瞒过国民政府而将物资供给共军,并打算直接加以指挥。这个军事计划,也满足了中共所求之不得的几点愿望——就是承认了中共、由中共接受美国租借物资,藉使国民政府瓦解;是要使我们不断支持国民政府的努力,前功尽弃。这个阴谋,是因共党突然向魏德迈要求毛泽东和周恩来前往美国和总统(罗斯福)会谈而露出了端倪。他们要魏德迈瞒着国民政府和我,可是在魏德迈的合作之下,乃使他们的阴谋完全揭露。现在,我们还没有将我已获悉的这项军事计划的情形通知共党,直到我们能使共党体认到他们绝不可能利用美国颠覆中国国民政府为止。我仍将尽全力使和谈继续。尽管如此,我们仍将尽量要求国民政府让步,使中共参加国民政府。①

赫尔利上罗斯福书清楚地表明了美国力图诱使中共方面参加国民政府的基本态度。20日,赫尔利致电毛泽东表示,建议再派周恩来到重庆谈判。② 同日,王世杰建议蒋介石暂时不要提出"战时内阁"问题,等中共及其他党派确实表明态度后再行决定,该建议为蒋介石采纳。③

22日,毛泽东电复赫尔利谓:派周恩来代表中共前往重庆同国民党谈判。24日,周恩来由延安飞抵重庆。这样,就开始了在赫尔利以美国驻华大使身份参与"调停国共纠纷"的情况下,以周恩来赴重庆为标志,1945年1月下旬国共再次开始谈判。④ 在周恩来临行前,毛泽东指示了此次谈判的要点包括:1.争取联合政府,与民主人士合作;2.召开党派会议作为具体步骤,国民党、共产党、民盟参加;3.要求国民党先办到以下各项——释放张学良、杨

---

① 秦孝仪主编:《中华民国重要史料初编——对日抗战时期》第5编(4),中国国民党中央委员会党史委员会1985年版,第301页。
② 中共中央文献研究室编:《毛泽东年谱(1893—1949)》中卷,中央文献出版社1993年版,第574页。
③ 王世杰著:《王世杰日记》第5册,"中研院"近代史研究所1990年版,第14页。
④ 国民党方面的有关资料把这次有赫尔利以美国驻华大使身份介入的谈判,称为第五次国共谈判。

虎城、叶挺、廖承志等,撤退包围陕甘宁边区的军队,实现一些自由,取消特务活动。① 1月14日,周恩来抵达重庆,王世杰和赫尔利在机场迎接。由此,国共双方开始了第五次谈判。当晚,周恩来在宋子文宅与王世杰、赫尔利等商谈数小时。周恩来表示:"中共不愿意参加国民党党治下之战时内阁,须先召集各党派会议并宣告党治之废除,然后能成立彼所提议之联合政府。"等等。商谈中,赫尔利且与宋子文发生激烈争论。②

1月25日,周恩来在重庆就此次来渝发表声明,表示:

> 此次来渝,……代表我党中央,向国民政府、中国国民党、中国民主同盟提议:召开党派会议,作为国事会议的预备会议,以便正式商讨国事会议和联合政府的组织及其实现的步骤问题。我认为除此并无别途可以动员和统一全中国人民的力量,击退敌人的进攻,配合盟国的反攻,也并无别途可以挽救目前的危机。至于其他一切头痛医头脚痛医脚的敷衍办法,不管其形式如何,决然无补于事。目前全国人民所期望于国民政府的,实为立即废除一党专政,成立民主的联合政府与联合统帅部,承认一切抗日党派的合法地位,取消一切镇压人民自由的法令,废除一切特务机关,停止一切特务活动,释放政治犯,撤退包围陕甘宁边区和进攻八路军、新四军的军队,承认中国解放区一切抗日军队及民选政府的合法地位等等。③

对此,蒋介石当日日记载:"中共周恩来此来,要求召开国是会议与改组联合政府、立即废除党治为其号召口号,绝无妥协之意思。余告赫尔利:'吾人抗战革命,全为遵奉国父遗教,实现三民主义。如余一日不死,则必贯彻此

---

① 中共中央文献研究室编:《毛泽东年谱(1893—1949)》中卷,中央文献出版社1993年版,第574页。
② 王世杰著:《王世杰日记》第5册,"中研院"近代史研究所1990年版,第16页。
③ 中央统战部、中央档案馆编:《中共中央抗日民族统一战线文件选编》下卷,档案出版社1985年版,第788页。

旨。'对于破坏我国家法统与革命制度者,决不能再有迁就也。"①同时,国民党方面决定在1944年11月22日提示案中所提三项原则外,再提三项办法,作成文件交给周恩来:

> 一、在行政院设置战时内阁性之机构(其人数约为七人至九人),俾为行政院决定政策之机关,并将使中国共产党及其他党派之人士参加其组织。二、关于中共军队之编制及军械补给等,军事委员会将指派中国军官二人(其中一人为现时中共军队之将领)暨美国军官一人,随时拟具办法,提请军事委员会委员长核定。三、在对日作战期间,军事为委员长将指派本国军官二人(其中一人为现时中共军队之将领),暨美国将领一人,为原属中共军队之指挥官。并以美国将领为总指挥,中国将领二人副之,该总指挥官等对于军事委员会委员长直接负责,在其所属战地之军令政令,皆须统一于中央。②

国民党方面认为该三项办法是重大让步,已经完全容纳了赫尔利从延安带回草案中中共原提五项要求。周恩来认为行政院无最后决定权,表示不能接受,并表示此次来渝目的是为提议召开"党派会议"。于是,国共双方代表开始就"党派会议"问题进行商谈,并决定就双方商谈结果做成记录,以便交换校正。③ 同一天,周恩来还同赫尔利进行了会晤。赫尔利说,昨晚同国民政府方面商谈了五点:(1)去年11月21日的三条仍要做;(2)行政院下设各党派参加的战时内阁性的新机构;(3)成立有国民党、共产党、美国各一人参加的整编委员会,整编中共军队;(4)为中共军队设一美军官作总司令官;(5)

---

① 秦孝仪主编:《中华民国重要史料初编——对日抗战时期》第5编(4),中国国民党中央委员会党史委员会1985年版,第301页。
② 张治中著:《张治中回忆录》,中国文史出版社1985年版,第708页;秦孝仪主编:《中华民国重要史料初编——对日抗战时期》第5编(4),中国国民党中央委员会党史委员会1985年版,第294—295页。
③ 张治中著:《张治中回忆录》,中国文史出版社1985年版,第710页。

国民政府承认中共合法。对此,周恩来予以拒绝,声明这不是解决问题的办法。随后,周恩来应约同宋子文举行商谈,宋子文陈述国民党和美国方面商量的几点,周恩来坚持先解决一党包办问题。① 可见,国共第五次谈判从一开始,双方就摆出了不妥协的架势。

26日,周恩来、宋子文、王世杰、赫尔利举行会谈,谈判地点在赫尔利寓所。周恩来重申联合政府主张,指出国民政府提出的五条不公平,双方发生激烈争论。② 27日,周恩来致电毛泽东报告25、26两日会谈情况谓:赫尔利和宋子文、王世杰提出在政务委员会以外的两个补充办法:1.由美国、国民党、共产党各派一人组织军队整编委员会;2.由美国派一将官任敌后中共军队的总司令,国民党、共产党各派一人为副总司令。他已经拒绝了这两个补充办法,指出这是不公允和无理的。③ 28日,毛泽东复电周恩来谓:"你拒绝了赫尔利的两个补充办法是很对的。这是将中国军队尤其将我党军队隶属于外国,变为殖民地军队的恶毒政策,我们绝对不能同意。""如果谈到国民大会问题时,应表示:我们不赞成在国土未完全恢复前召集任何国民大会,因为旧的国大代表是贿选的过时的,重新选举则在大半个中国内不可能。即在联合政府成立后也是如此,何况没有联合政府。并望以此征小党派同意,共同抵制蒋的国大把戏。"④ 30日,周恩来同宋子文、王世杰、张治中继续会谈。在王、张口头承认结束一党统治后,周恩来问如何做法。当王、张表示倾向于召集党派会议时,周恩来追问会议的成分和内容,并提出成分应包括国民党、共产党、民主同盟三方,内容应是讨论结束一党统治、共同纲领、改组政府。并说要有一个基本的政治解决方案,才会有利于真正解决问题。31日,周恩来同王世杰再次会谈。王世杰提出中共参加最高军事委员会、政府承认中共合法

---

① 中共中央文献研究室编:《周恩来年谱(1898—1949)》,中央文献出版社2007年版,第612页。
② 中共中央文献研究室编:《周恩来年谱(1898—1949)》,中央文献出版社2007年版,第612页;秦孝仪主编:《中华民国重要史料初编——对日抗战时期》第5编(4),中国国民党中央委员会党史委员会1985年版,第299页。
③ 中共中央文献研究室编:《毛泽东年谱(1893—1949)》中卷,中央文献出版社1993年版,第574页。
④ 中央统战部、中央档案馆编:《中共中央抗日民族统一战线文件选编》(下),档案出版社1985年版,第789页。

地位、同意召开由各党派参加的会议,但是不同意建立联合政府主张。周恩来表示不赞成成立整编委员会,主张改组军事委员会,坚持结束一党统治。当日周恩来把会谈情况电告毛泽东。

2月1日,周恩来继续同赫尔利、王世杰等会谈,互相通报情况①,并交换记录。周恩来记录办法四条,王世杰记录办法三条。周恩来办法四条如下:

一、党派会议应包括国民党,共产党及民主同盟三方代表。会议由国民政府负责召集,代表由各方自己推出。二、党派会议有权讨论和决定如何结束党治,如何改组政府,使之成为民主的联合政府,并起草共同施政纲领。三、党派会议的决定和施政纲领草案,应通过于将来国民政府召开的国是会议,方能成为国家的法案。四、党派会议应公开进行,并保证各代表有平等地位及往来自由。②

王世杰所提三条为:

兹为加强抗战力量,促进全国团结统一起见,请国民政府约集国民党代表与其他党派代表,以及其他若干无党派人士,从事会商:此项会商人数以不超过××人为度。此项会商可称为政治咨询会议。此项会议应研讨:(一)结束训政与实施宪政之步骤;(二)今后施政方针与军事统一之办法;(三)国民党以外党派参加政府之方式。以上研讨如获一致之结论,当提请国民政府准予施行。在会议期间,各方应避免互相攻击。③

双方上述记录中的主要分歧,一是"党派会议"与"政治咨询会议"名称的不同,二是"国是会议"是否有必要在此时提出的问题。王世杰所提实际上

---

① 中共中央文献研究室编:《周恩来年谱(1898—1949)》,中央文献出版社2007年版,第613页。
② 张治中著:《张治中回忆录》,中国文史出版社1985年版,第710页。
③ 张治中著:《张治中回忆录》,中国文史出版社1985年版,第710—711页。

是政府提案,周恩来随即将其电达延安。① 2日,根据毛泽东电告内容,周恩来起草关于党派会议的协定草案。内容有:党派会议应包含国民党、共产党和民主同盟三方代表,有权讨论和解决结束一党统治、改组政府、起草施政纲领,保证各代表有平等地位和来往自由等四条。草案拟就后交王世杰,王同时将国民党方面草拟的关于政治咨询会议的方案交周恩来。周恩来阅后声明:王的方案中没有改组政府字样,主张仍以协定草案为讨论基础。当晚,周恩来继续同王世杰谈判。王主张将党派会议改换名称,加入无党派人士。周恩来坚持党派会议必须讨论和决定结束一党统治、改组政府、起草纲领等问题。王表示希望找出一双方都能接受的方案,以和缓局势。周恩来电告毛泽东:蒋介石、王世杰有可能接受党派会议。② 3日,中共中央召开会议,讨论周恩来报告同国民党谈判情况的来电。毛泽东指出:去年九月提出建立联合政府的主张是正确的。这是一个原则的转变,以前是你的政府,我要人民,九月以后是改组政府,我可参加。联合政府仍然是蒋介石的政府,不过我们入了股,造成一种条件。为着大局,可能还要忍耐一点。如何避免缴枪,要采取慎重步骤。但要注意前途是流血斗争,绝不能剥笋,无法剥笋,要反对右的危险。党派会议是预备会议性质,是圆桌会议,不是少数服从多数。对我们提出的条件,国民党要先实行几条才能召开国事会议。蒋介石如提出召开国民大会,我们要抵制。③ 当日,毛泽东致电周恩来谓:罗斯福、丘吉尔、斯大林已在开会,数日后即可见结果。苏联"红军迫近柏林,各国人民及进步党派声势大振。苏联参与东方事件可能性增长。在此种情形下,美、蒋均急于和我们求得政治妥协"。"请明白告诉国民党及小党派:除非明令废止一党专政,明令承认一切抗日党派合法,明令取消特务机关及特务活动,准许人民有真正

---

① 一星期后,周恩来表示不能接受政府提案,但是可以考虑,并指出先决条件是国民党承认立即取消党治,不能将取消党治延迟到国民大会召开之时。参见张治中著:《张治中回忆录》,中国文史出版社1985年版,第711页。
② 中共中央文献研究室编:《周恩来年谱(1898—1949)》,中央文献出版社2007年版,第613—614页。
③ 中共中央文献研究室编:《毛泽东年谱(1893—1949)》中卷,中央文献出版社1993年版,第576页;中央统战部、中央档案馆编辑:《中共中央抗日民族统一战线文件选编》(下),档案出版社1985年版,第790页。

自由,释放政治犯,撤销封锁,承认解放区,并组织真正民主的联合政府,我们是碍难参加政府的"。并谓:除坚持废除党治外,请着重取缔特务、给人民真正的自由、释放政治犯、撤销对边区的包围四条。请直告赫尔利、宋子文、王世杰、张治中,"如这四条不先办到,不能证明废党治、行民主不是骗局,我们万难加入政府。因加入政府要负责任,没有先行四条,我们无从负责任,即使形式上废除党治,成立联合政府,亦将毫无用处,不过骗人空招牌而已"。① 4日,赫尔利谒蒋,商政治协商会议草案,赫尔利并把中、苏可能定立协定一事报告给美国国务院。② 5日,周恩来致电毛泽东谓:已准备了两个方案,拟择其中之一向蒋介石提出。一是坚持我方协定内容,另以口头要求实行放人、撤兵、给自由、废特务4条。第二案是将放人等四项加进协定中,再加党派合作一项。蒋绝对不会承认结束一党统治、国事会议和联合政府,因此,坚持第一案,以口头提出四项更会有利,并使赫尔利、小党派、孙科派及各省人士都能承认我们所取的态度。究以何案为好,请即电示。毛泽东复电周恩来:"同意你的做法,但请注意(1)对王世杰提案不完全拒绝,只说可回延商讨;(2)不要强调国事会议;(3)强调如无真民主,我们是万难加入政府的。请于三四天内探明各方真意后回延。"③ 8日,雅尔塔会议发表第一次公报,蒋介石担心美国会牺牲中国利益与英苏达成某种协定。④ 9日,周恩来会见赫尔利。赫尔利将王世杰关于政治咨询会议的意见相告,周恩来也将党派会议协定草案文稿交赫尔利看,并表示不能同意王的意见。⑤ 10日,周恩来继续同宋子文、张治中、王世杰、赫尔利谈判。提议在召集党派会议前,改善环境,先实现放人等4项主张。赫尔利敷衍其事,提出发表由他和宋子文起草、有利于国民党的共同声明,当场遭到周恩来断然拒绝。后赫尔利又提出要周恩来起草共

---

① 中共中央文献研究室编:《毛泽东年谱(1893—1949)》中卷,中央文献出版社1993年版,第576—577页。
② 朱汇森主编,徐鳌润编纂:《中华民国史实纪要(初稿)》(1945.1—4),"国史馆"1986年,第449页。
③ 中共中央文献研究室编:《毛泽东年谱(1893—1949)》中卷,中央文献出版社1993年版,第577页。
④ 秦孝仪主编:《中华民国重要史料初编——对日抗战时期》第5编(4),中国国民党中央委员会党史委员会1985年版,第302页。
⑤ 中共中央文献研究室编:《周恩来年谱(1898—1949)》,中央文献出版社2007年版,第615页。

同声明,周恩来提出如要发表声明,必须说明中共方面的要求以及国共双方主张的不同之点,以明真相。① 11 日,周恩来复毛泽东 5 日电:苏、美、英和蒋方对国共问题的真正态度是,苏联倾向于扶持民主运动和组织联合政权;美"深恐分裂",正"拉拢局面";英"不耐此种拖延,想另打开局面";蒋"无民主可能",但形式上想敷衍。② 周恩来本日会见了赫尔利。赫尔利仍要周恩来起草共同声明,并说将向罗斯福报告国共关系已接近。周恩来说,如果发表声明,就要说明我方的要求和国共双方意见不同之点何在,以明真相。③ 同日,雅尔塔会议在美、英、苏秘密达成牺牲中国利益的秘密协议后结束。12 日,毛泽东电周恩来说,"断然拒绝赫尔利,完全正确。我们必须坚持八条,否则将长独裁之志气,灭民主之威风。民主同盟纲领卖到二百元一份,可见民意所在。今日美新闻处广播美洲十家华侨报纸要求废止一党专政成立联合政府,可见我党主张已得海外拥护。外国多数舆论亦是拥护此项主张的。美政府扶蒋主张可能被迫放弃,我党必须攻掉此项主张"。④ 当日蒋介石在听取王世杰关于两党商谈的经过后,在日记中记其所感,称:"共匪骄横猖狂"。⑤ 13 日,蒋介石约见周恩来。周恩来同赫尔利一道会见蒋介石。蒋宣称:不接受组织联合政府的主张,党派会议等于分赃会议,组织联合政府无异于推翻政府。周恩来逐条予以批驳⑥。当日蒋介石日记载:"周恩来来见,余对共党所主张之'党派会议'与'联合政府'之意见,以及余之根本方针,皆恳切明示之,并对其提及总理北上为变更革命制度之言,严加斥责;彼固感不快,然余则必严正示之耳!"⑦至此,国共谈判又陷入僵局。

---

① 中共中央文献研究室编:《毛泽东年谱(1893—1949)》中卷,中央文献出版社 1993 年版,第 578—579 页。

② 中共中央文献研究室编:《周恩来年谱(1898—1949)》,中央文献出版社 2007 年版,第 616 页。

③ 为避免赫尔利的曲解,周恩来于 2 月中旬写出一份声明交赫尔利,阐明两党的基本分歧。中共中央文献研究室编:《周恩来年谱(1898—1949)》,中央文献出版社 2007 年版,第 616 页。

④ 南方局党史资料征集小组编:《南方局党史资料·大事记》,重庆出版社 1986 年版,第 272 页。

⑤ 秦孝仪主编:《中华民国重要史料初编——对日抗战时期》第 5 编(4),中国国民党中央委员会党史委员会 1985 年版,第 303 页。

⑥ 中共中央文献研究室编:《周恩来年谱(1898—1949)》,中央文献出版社 2007 年版,第 616 页。

⑦ 秦孝仪主编:《中华民国重要史料初编——对日抗战时期》第 5 编(4),中国国民党中央委员会党史委员会 1985 年版,第 190 页。

14日,王世杰在外籍记者会上发表声明,把谈判搁浅责任推到中共身上。① 同日,黄炎培等中间势力代表人士60余人,联名发表《对时局献言》,赞同"联合政府"主张。② 15日,周恩来代表发表声明,谴责王世杰14日声明不坦白、不公平,说明由于国民政府在谈判中坚持要中共把军队交给一党专政国民党领导,坚持不结束一党专政,反对民主的联合政府,所以谈判毫无结果③。对此,王世杰决定"不予反驳"。④ 16日,周恩来乘飞机返回延安,⑤临行告知赫尔利,同意将来召开"政治协商会议"以便成立联合政府。⑥ 同一日,赫尔利在与蒋介石的会谈中对蒋说:"等到对日战争结束,你那些装备优良的师团就可以轻而易举战胜共军了。"⑦正如已故著名史学家刘大年教授所说:这是赫尔利看穿了蒋介石消极抗日的用心,并"赞同那些用心。"⑧18日,周恩来出席中共六届七中全会主席团扩大会议,并报告同国民党谈判的情况、美国对华政策以及其内部在对日战略问题上的不同主张⑨。毛泽东提出,中共要求派代表参加制定联合国宪章的旧金山会议。⑩ 同日,周恩来致电赫尔利,说明中国目前没有民主的联合政府,国民政府完全是国民党独裁统治。因此出席旧金山联合国会议的中国代表团中,国民党代表人数只应占代表团人数的三分之一,中共代表和民主同盟的代表应占三分之二。国民党代表中还应包括国民党民主派的代表,如此方能代表全中国人民的意愿,否则绝不能代表

---

① 中央统战部、中央档案馆编辑:《中共中央抗日民族统一战线文件选编》(下),档案出版社1985年版,第899页;王世杰著:《王世杰日记》第5册,"中研院"近代史研究所1990年版,第30页。
② 秦孝仪主编:《中华民国重要史料初编——对日抗战时期》第5编(4),中国国民党中央委员会党史委员会1985年版,第303页。
③ 中央统战部、中央档案馆编:《中共中央抗日民族统一战线文件选编》(下),档案出版社1985年版,第791页。
④ 王世杰著:《王世杰日记》第5册,"中研院"近代史研究所1990年版,第30页。
⑤ 中共中央文献研究室编:《周恩来年谱(1898—1949)》,中央文献出版社2007年版,第617页。
⑥ 秦孝仪主编:《中华民国重要史料初编——对日抗战时期》第5编(4),中国国民党中央委员会党史委员会1985年版,第303页。
⑦ 赫尔利和蒋介石会谈备忘录(1945年2月16日),〔美〕迈克尔·沙勒:《美国十字军在中国》,郭济祖译,商务印书馆1982年,第208页。
⑧ 赫尔利和蒋介石会谈备忘录(1945年2月16日),〔美〕迈克尔·沙勒:《美国十字军在中国》,郭济祖译,商务印书馆1982年,第208页。
⑨ 中共中央文献研究室编:《周恩来年谱(1898—1949)》,中央文献出版社2007年版,第617页。
⑩ 中共中央文献研究室编:《毛泽东年谱(1893—1949)》中卷,中央文献出版社1993年版,第581页。

中国解决任何问题。要求将意见转达美国总统。① 蒋介石同日宴请赫尔利并谈话。② 19 日,赫尔利离开重庆返美述职。③ 24 日,王若飞在重庆拜访王世杰,询政府能否考虑由中共派代表参加旧金山会议。④ 25 日,周恩来为中共中央起草给王若飞指示谓:不能指望国共谈判短期会获得成功,"而只能运用公开谈判的形式,援助大后方民主运动的的发展"。⑤ 27 日,蒋介石决定对中共方针:1. 接受中央军令,不妨碍统一,则予合法地位;2. 国民党政权必须归于国民大会。国民大会召开前,政权与法统不能变更。⑥

3 月 1 日,为对抗中共和民主党派关于召集党派会议、成立联合政府的要求,蒋介石在重庆的宪政实施协进会上发表演说,提示实施宪政三步骤:1. 1945 年 11 月 12 日召开"国民大会";2. 自实施宪政之日起,各党派一律平等;3. 第四届国民参政会人数及职权扩大。⑦ 2 日,周恩来为中共中央起草致王若飞电谓:(1)蒋介石的演说证明王世杰所说接受党派会议、"结束党治可以讨论""可以改组政府"等等,"都是哄骗",望告民主同盟、孙科、黄炎培和李璜;(2)蒋党御用"国民大会"必须坚决反对,我们和民盟意见相同,主张先建立临时的联合政府,等到国土恢复,人民解放,条件具备时,再开全民普选的国民大会,成立正式的民主政府。⑧ 7 日,周恩来致信王世杰,声明两事:(1)蒋介石 3 月 1 日讲话宣布在 11 月 12 日召集国民大会,表明国民党政府一意孤行,国内团结问题的谈判再无转圜余地,因此对王所提的政治咨询会议草案,已无再答复的必要。(2)对于出席 4 月旧金山会议的中国代表团,中

---

① 20 日,赫尔利复电表示不能同意。中共中央文献研究室编:《周恩来年谱(1898—1949)》,中央文献出版社 2007 年版,第 617 页。
② 秦孝仪主编:《中华民国重要史料初编——对日抗战时期》第 5 编(4),中国国民党中央委员会党史委员会 1985 年版,第 303—304 页。
③ 南方局党史资料征集小组编:《南方局党史资料·大事记》,重庆出版社 1986 年版,第 274 页。
④ 王世杰著:《王世杰日记》第 5 册,"中研院"近代史研究所 1990 年版,第 36 页。
⑤ 中共中央文献研究室编:《周恩来年谱(1898—1949)》,中央文献出版社 2007 年版,第 618 页。
⑥ 秦孝仪主编:《中华民国重要史料初编——对日抗战时期》第 5 编(4),中国国民党中央委员会党史委员会 1985 年版,第 304 页。
⑦ 秦孝仪主编:《中华民国重要史料初编——对日抗战时期》第 5 编(4),中国国民党中央委员会党史委员会 1985 年版,第 304 页。
⑧ 中共中央文献研究室编:《周恩来年谱(1898—1949)》,中央文献出版社 2007 年版,第 618 页;中央统战部、中央档案馆编辑:《中共中央抗日民族统一战线文件选编》(下),档案出版社 1985 年版,第 795—796 页。

共中央认为必须包括中国共产党和中国民主同盟的代表,中共中央决定派中央委员周恩来、董必武、秦邦宪三人参加代表团。要求王世杰将以上两事迅速转达国民党政府。这封信经毛泽东修改后,于3月9日发出。[1] 8日,周恩来为中共中央起草关于反对国大坚持结束党治和联合政府等问题致王若飞电:蒋介石以御用国会伪装民主,这更危险可恶,必须公开揭穿,严词驳斥。电文还指出:现在更要到处坚持我关于开党派会议、结束一党统治、成立联合政府及战后无拘束的国民大会选举这一系列主张;对旧金山会议,仍应提出参加等。[2] 9日,周恩来致信赫尔利,将致王世杰信的内容通知已回美国的赫尔利,要他转达罗斯福。后来赫尔利复电,要求勿作最后决定,待他来后再商谈。[3]

由于美军已在琉球登陆,4月1日蒋介石断言日本侵华"已成强弩之末,不足为患也。"[4] 2日,赫尔利在美国华府记者会上谓:美国武器只供给中国中央政府。[5] 5日,蒋介石日记记其但外交问题上的基本立场谓:"关于旅顺问题,宁可被俄国强权占领,而决不能以租借名义承认其权利。此不仅旅顺如此,无论外蒙、新疆、或东三省被其武力占领不退,则我亦惟有以不承认、不签字以应之。盖弱国革命之过程中,既无实力,又无外援,不得不以信义与法纪为基础,而不能稍予以法律之根据。如此我民族之大,凭借之厚,今日虽不能由余手而收复,深信将来后世之子孙亦必有完成其领土、行政、主权之一日。要在吾人此时坚定革命信心,勿为外物胁诱,签订丧辱卖身契约,以贻害于民

---

[1] 中共中央文献研究室编:《毛泽东年谱(1893—1949)》中卷,中央文献出版社1993年版,第583页;中央统战部、中央档案馆编辑:《中共中央抗日民族统一战线文件选编》(下),档案出版社1985年版,第798页。
[2] 中共中央文献研究室编:《周恩来年谱(1898—1949)》,中央文献出版社2007年版,第619页;中央统战部、中央档案馆编辑:《中共中央抗日民族统一战线文件选编》(下),档案出版社1985年版,第800页。
[3] 中共中央文献研究室编:《周恩来年谱(1898—1949)》,中央文献出版社2007年版,第619—620页。
[4]《蒋介石日记》1945年4月1日,转自黄仁宇著《从大历史的角度读蒋介石日记》,九州出版社2008年版,第326页。
[5] 秦孝仪主编:《中华民国重要史料初编——对日抗战时期》第5编(4),中国国民党中央委员会党史委员会1985年版,第305页。

族,而得保留我国家独立、自主之光荣也"。① 由此显见此时的蒋介石和国民党暮气已深,全无收复东北主权以及保全外蒙古、新疆主权的信心。7日的徐永昌日记载:"午诣曾家岩会报并午餐。蒋先生首述苏联与日废约,谓苏恐有觊觎我东北之心。……今日蒋先生怒气一场,而全无补于事,殆于执简驭繁之道,尚有所不明欤?……照目前光景看来,人心已死,国将不国,部队不能说矣。无政工,无作用战报,无心思。……政治部固不尽职,军令部战讯发布亦办的太差,不能诱惑敌人。"② 23日,中国共产党第七次全国代表大会在延安开幕。24日,毛泽东向中共七大第二次全体会议提交《论联合政府》的书面政治报告。报告指出:我们在政治上的主张,是在彻底打败日本侵略者之后,建立一个全国绝大多数人民为基础而在工人阶级领导之下的统一战线的民主联盟的国家制度,即新民主主义的国家制度。当前我们主张废止国民党一党专政,建立民主的联合政府。毛泽东说:七大的路线是,放手动员群众,壮大人民力量,在我们党领导下打倒日本帝国主义,解放全国人民,建立新民主主义的中国。③ 5月5日到21日,国民党第六次全国代表大会在重庆举行,白崇禧作军事报告及"中共问题"报告。会议断然拒绝中共提出的建立民主联合政府的建议,指责共产党"武装割据,破坏抗战",指责中共准备召开的解放区人民代表会议是"颠覆政府,危害国家,致本党委曲求全政治解决之苦心迄无成效",因此国民党要竭力争取知识分子、第三党参加反共,并加强国际宣传,注意在社会团体和沦陷区的党团工作。会议决定成立统一的指导机关指导该项工作。为此会议通过了"本党同志对中共问题之工作方针"的内部文件,同时,会议通过"对中共问题之决议案",表示在"不妨碍抗战、有害国家之范围内,一切问题可以商谈解决","寻求政治解决之道"。④ 与大会

---

① 《蒋介石日记》1945年4月5日,转自杨天石著:《找寻真正的蒋介石》,山西人民出版社2008年版,第351页。
② 徐永昌著:《徐永昌日记》第8册,"中研院"近代史研究所1991年12月版,第66—67页。
③ 中共中央文献研究室编:《毛泽东年谱(1893—1949)》中卷,中央文献出版社1993年版,第593—594页。
④ 高晓星收集整理:《中国国民党历次代表大会和部分重要会议简况》(下),《文史资料选辑》第119辑(合定本),中国文史出版社2000年版,第216—217页;秦孝仪主编:《中华民国重要史料初编——对日抗战时期》第5编(4),中国国民党中央委员会党史委员会1985年版,第306页。

决议的狰狞面目相比,国民党六大又认为"本党对中共的失败,五届中委应负责。"①由于国民党拒绝中共联合政府主张,两党会谈,无形停止②。

5月31日,毛泽东在中国共产党第七次全国代表大会作关于政治报告讨论的结论,讲国际形势,国内形势,若干思想政策等三个问题。他归纳当时中共方面面临17项困难,其中之一就是"我们得不到承认"。对此他说:"现在我们是一个中指头,你不承认,将来是一个大指头,你也不承认,到了是一个拳头、两个拳头的时候,看你承认不承认?你九十年不承认,一百年不承认,将来到一百零一年,你就一定得承认。因为我们的政策正确,得到全国人民的拥护。"③关于国共谈判,毛泽东断言"谈拢的希望是一丝一毫也没有",但是还要谈。他说:"我们从来是主张要谈的,七大的文件上也规定了要谈,至于谈拢的希望是一丝一毫也没有。但现在我们还不向全国人民宣布,因为一宣布,下文必然就是要打倒蒋介石。我们说现在可能性总还有一点,这一点我们也不放弃,就是在没有破裂以前还要谈判。我们总是要求蒋介石洗脸、改造,如果有一天他变成大花脸,发动内战,那时我们党就要号召全国人民起来打倒蒋介石。现在我们还是极力阻止内战,在一定的条件下不拒绝跟他谈判,情况就是这样。"④毛泽东强调"二十四年的经验证明……我们的枪是一支一支地增加,地方是一点一点地扩大,然后合起来就壮大了,就可以夺取天下。"⑤6月11日,赫尔利、魏德迈与蒋介石会面,对魏德迈赴延安视察,蒋介石表示同意,但表示"不可为共党造成中央派其前往谈判或有任何要求之气氛。"⑥

---

① 徐永昌著:《徐永昌日记》第8册,"中研院"近代史研究所1991年12月版,第87页。
② 秦孝仪主编:《中华民国重要史料初编——对日抗战时期》第5编(4),中国国民党中央委员会党史委员会1985年版,第299页。
③ 中共中央文献研究室编:《毛泽东在七大的报告和讲话集》,中央文献出版社1995年版,第195页。
④ 中共中央文献研究室编:《毛泽东在七大的报告和讲话集》,中央文献出版社1995年版,第221—222页。
⑤ 中共中央文献研究室编:《毛泽东在七大的报告和讲话集》,中央文献出版社1995年版,第227—228页。
⑥ 秦孝仪主编:《中华民国重要史料初编——对日抗战时期》第5编(4),中国国民党中央委员会党史委员会1985年版,第306页。

二、抗战胜利前后国共两党的政治交锋

(一)六位参政员访问延安

早在1945年4月23日,国民政府就公布了第四届国民参政会参政员名单。但国民党六全大会决议拒绝结束训政,而且认定中共"坚持其武装割据之局,不奉中央之军令政令"。① 面对国共两党的尖锐对立,尤其是第四届国民参政会召开在即,中间党派和若干无党参政员担心中共不参加此次参政会。褚辅成、黄炎培、王云五、冷遹、傅斯年、左舜生、章伯钧等7位参政员,在与中共中央重庆工委王若飞沟通后,于6月2日致电毛泽东、周恩来,表达了希望国共两党恢复商谈的愿望,公电谓:

> 团结问题之政治解决,久为国人所渴望。自商谈停顿,参政会同仁深为焦虑。目前经辅成等一度集商,一致希望继续商谈。先请王若飞先生电闻,计达左右,现同仁鉴于国际国内一般情形,惟有从速完成团结,俾抗战胜利早临,即建国新奠实基。于此敬掬公意,仁候明教。②

16日,中共就拒绝参加此次参政会发表声明表示:以恢复团结和建立联合政府的起码条件,国民党政府一项也不愿意实行,反而变本加厉,而且国民党包办的国民参政会,中共及其他民主党派没有合法地位,特别是即将召开

---

① 孟广涵主编:《国民参政会纪实》下卷,重庆出版社1985年版,第1427页。
② 孟广涵主编:《国民参政会纪实》下卷,重庆出版社1985年版,第1430页。

的国民参政会,必将被迫通过许多具体办法,以实行国民党六全大会的决议,因此中共决定不参加第四届国民参政会,"以示抗议"。①18日,毛泽东、周恩来复电7参政员表示欢迎到延安访问,电文谓:

> 诸先生团结为怀,甚为钦佩。由于国民党当局拒绝党派会议、联合政府、及任何初步之民主改革,并以定期召开一党包办之国民大会制造分裂、准备内战相威胁,业已造成并将进一步造成绝大的民族危机,言之实深痛惜。倘因人民渴望团结,诸公热心呼吁,促使当局醒悟,放弃一党专政,召开党派会议,商组联合政府,并立即实行最迫切的民主改革,则敝党无不乐于商谈。诸公惠临延安赐教,不胜欢迎之至,何日启程,乞先电示。扫榻以待,不尽欲言。②

为接待7参政员的来访,延安有关部门投入紧张的准备工作。同时,7位在收到中共复电后,经过一系列紧急的商议。黄炎培说:"我们数度会商的结果,一致认定双方商谈的门,是没有闭的。蒋主席三月一日演词,和毛先生论联合府文,都说得明明白白的。但从三月初延安表示中止商谈以后,如果在商谈没有恢复以前,国民大会问题,尽管一步步进行。那末,国民大会可能被人认为某方面的国民大会,所通过的宪法,可能被人认为某方面的宪法,那就僵了。若一面尽管进行国民大会问题,恐于商谈的进行上,也将受到影响。因此,我们七个人一致主张两点:一、要从速恢复商谈;二、把国民大会问题的进行展缓些。"③议定之后,他们于6月27日晋见蒋介石陈述到延安的打算。蒋介石表示并无成见,同意前往。7参政员遂决定前往,并把出发日期定在7月1日,往返5天。重庆工委当即电告延安。后因王云五身体不适退出,7人变成了6人。

7月1日,褚辅成、黄炎培、冷遹、傅斯年、左舜生、章伯钧等6参政员在王

---

① 孟广涵主编:《国民参政会纪实》下卷,重庆出版社1985年版,第1429页。
② 孟广涵主编:《国民参政会纪实》下卷,重庆出版社1985年版,第1431页。
③ 黄炎培:《延安归来》,黄炎培著《八十年来》附录,文史资料出版社1982年版,第111页。

若飞陪同下乘飞机飞抵延安,毛泽东、周恩来、朱德、林伯渠等中共党政军和边区领导10多人到机场迎接。① 2日下午,毛泽东、朱德、周恩来、林伯渠、刘少奇、张闻天、任弼时、王若飞与六参政员举行会谈。当谈到国共双方商谈时,毛泽东说:双方商谈的门没有关,但门外有一块绊脚的大石头挡住了,这块大石头就是国民大会。3日下午,毛泽东等中共代表与6参政员继续会谈,最后由中共方面综合成文,次日共同审阅定稿。② 4日下午,双方第三次会谈,毛泽东拿出整理出来的会谈纪要,发给每人一份。会谈纪要如下:

> 来延六参政员和中共方面同意下列两点:一、停止国民大会进行。二、从速召开政治会议。中共方面之建议:为着团结全国各党派及无党派代表人物,共商国是,以便在民主基础上动员、统一和扩大全中国人民的一切抗日力量,配合同盟国,最后打败日本侵略者,建立独立、自由、民主、统一与富强的新中国起见,并在国民政府停止进行不能代表全国民意的国民大会之条件下,中国共产党同意由国民政府召开民主的政治会议,并提议在召开前须确定下列各点:(一)政治会议之组织由中国国民党、中国共产党、中国民主同盟三方各自推出同数之代表及由三方面各自推出三分之一(其数等于每一方面代表数)并经他方面同意之无党派代表人士共同组成之。(二)政治会议之性质:公开、平等、自由、一致、有权。(三)政治会议应议之事项:1.关于民主改革之紧急措施;2.关于结束一党专政与建立民主的联合政府;3.敢于民主的施政纲领;4.关于将来国民大会之召集。(四)政治会议召开以前,释放政治犯。(五)为使政治会议顺利进行起见,在政治会议召开前,应由各方面先作预备性质的协商,以便商定上述四点及具体内容。③

---

① 孟广涵主编:《国民参政会纪实》下卷,重庆出版社1985年版,第1432页。
② 孟广涵主编:《国民参政会纪实》续编,重庆出版社1987年版,第528页。
③ 孟广涵主编:《国民参政会纪实》下卷,重庆出版社1985年版,第1436—1437页;孟广涵主编:《国民参政会纪实》续编,重庆出版社1987年版,第529—530页。

这个文件包含了反对国民党一党包揽国民大会,争取召集民主的政治会议等重要内容,这些内容反映了中共和六参政员的共同主张。5日中午,六参政员乘飞机返回重庆。在这次延安之行中,黄炎培和毛泽东还有一个关于兴亡周期律和走民主新路跳出该周期律的著名对谈。① 回到重庆后,黄炎培在很短时间内写成《延安归来》,详细记述了在延安亲眼所见的中共施政成就,出版后发行十多万册,在大后方乃至沦陷的沪港地区,产生了巨大的政治和社会影响。②

六参政员的延安之行,是中共统一战线政策的"一个很大成功"。③

(二)中共拒绝参加四届国民参政会第一次会议

1945年7月7日,第四届国民参政会第一次会议在重庆国民政府军委会大礼堂开幕,中心议题是国民大会及实施宪政问题,中共参政员拒绝出席,并另行筹备召开"解放区人民代表会议"以为对抗。④

8日到12日,参政会举行第2到第10次大会,听取国民政府各个部门的施政报告,参政员们并就相关问题提出质询。14日为会议议程中所定集中讨论主席团所提《国民大会问题案》并对24件有关国民大会的提案进行一般性辩论的日期,事前职教派代表人物黄炎培、冷遹、江恒源等特别发表书面声明,不参加国民大会问题的讨论。⑤ 黄炎培等人的行动,一方面以温和的回避方式,表达了反对匆忙召开国民大会的立场;另一方面,也是对于民盟内部右翼人士对其延安之行责难的回应。14日,中共代表和职教派的缺席,大会显得冷落、尴尬和沉闷,但国民政府要员于右任、翁文灏、陈立夫、吴铁城等的到会,仍使大会增添若干生气。尤其是青年党参政员在此次大会上,作为民盟党团的组成部分,成为抗衡国民党一意孤行的主要力量。左舜生等提交的

---

① 黄炎培:《延安归来》,黄炎培著《八十年来》附录,文史资料出版社1982年版,第148—149页。
② 黄大能:《忆念吾父黄炎培》,见黄炎培著《八十年来》附录,文史资料出版社1982年版,第163页。
③ 孟广涵主编:《国民参政会纪实》续编,重庆出版社1987年版,第531页。
④ 秦孝仪主编:《中华民国重要史料初编——对日抗战时期》第5编(4),中国国民党中央委员会党史委员会1985年版,第306页。
⑤ 孟广涵主编:《国民参政会纪实》下卷,重庆出版社1985年版,第1456—1466页。

《请先实施民主措施从缓召开国民大会以保团结统一而利抗战建国案》,可以说是整个民盟意见的反应,引人注目。① 该案明确提出三项建议:

> 一、由政府正式承认各党派之合法地位,听其公开活动。二、尊重人民之身体、言论、出版、集会、结社等之基本自由,解除一切不合法及不必要之束缚。三、由国民政府从速召集全国各党派及无党派人士所组织之政治会议,解除一切重大问题,包括政府改组,并重订召集国民大会之时期与具体之办法。②

该案还详列四项理由对三项建议详加说明。在说明时,左舜生特别强调:我们提出该案的动机在于减少政府的困难,如果国民政府不顾全国存在强烈反对的声音和事实而一定要如期召开国民大会,其将造成"国家统一不可补救的裂痕",导致"国家和平不易恢复的事实",使"国际好评发生新的变化",所有这些"都是不难想象而知的"。他举出民国成立以来34年的教训说明:"我们只能期待在团结与和谐的空气中可以产生一部良好的宪法,却不能希望一经有了宪法,便可得到团结与和谐。我们只能期待在统一的条件下可以使宪法推行顺利,却不能希望一经有了宪法便可得到真正的统一。"在重申提案中三项建议外,左舜生还提出建议:国民大会召集日期,本会不要作出硬性的规定。他最后敬告国民党:"如果这种种都不能办到,而认为国民大会非在本年十一月十二日召开不可,那末,我们依于我们对这个问题的看发,依于我们对国家的责任感,我们便只好采取另一步骤,保留提出另一最后声明。"③大有与国民党决裂的架势。在会上与国民党大唱反调的不仅只是民主同盟,甚至国民党籍的一些参政员也起而发言,明确表示缓期召集国民大会。在这种情况下,大会主席团提出组织一个有36人组成的国大问题特种审查委员会,在会后对相关提案进行综合审查的解决办法。

---

① 闻黎明著:《第三种力量与抗战时期的政治》,上海书店出版社2004年版,第345—346页。
② 孟广涵主编:《国民参政会纪实》下卷,重庆出版社1985年版,第1471页。
③ 孟广涵主编:《国民参政会纪实》下卷,重庆出版社1985年版,第1472、1474页。

16日到18日,大会继续审查和讨论各种报告。19日,大会提出并讨论国民大会问题审查报告书的过程中,再次发生激烈争辩。最后,通过站立表决方式,通过《关于国民大会问题的决议》。决议主要有四项内容:

> 一、关于国民大会之日期,本会同人意见未尽一致,本会兹不提出具体建议,由政府斟酌情形决定。二、关于国民大会代表问题,请政府参照本会各参政员提案,衡量法律与事实,妥定办法,务使国民大会具有极完满之代表性。三、宪法制定时,应即予实施,俾政府还政于民之旨,早获实现。四、国民大会召集前,请政府从速采取次列各种措施:(一)继续采取可能之政治步骤及协调之精神,求取全国之统一团结。本会同人并盼中共方面,亦深体统一团结之重要,使政府今后所采之政治步骤,获得其预期效果。(二)保障人民身体、言论、出版及集会结社之合法自由。(三)对于各政治党派,依法予以承认。(四)依限完成后方各省各级民选机关之设置,以树立地方自治之基础。①

这个决议在内容上最突出的特点是把国民大会召开的日期问题以及旧代表是否有效的问题,交给重庆国民政府"决定"或"办理"。对此,著名政论家王芸生为《大公报》撰写的社评《关于国民大会问题》中评论道:国民大会召集日期和代表问题为什么不作硬性规定而要预留回旋余地呢?"都是因为共产党对国民大会问题有异议"。由此便"可以看出共产党的政治重量,也可以看出政府及各党派与无党派人士对共产党的尊重"②。国民党弱势独裁政党外强中干的竭蹶状况,在此暴露无遗。

20日参政会闭幕。正是从第四届国民参政会第一次大会开始,中共即不再出席国民参政会。抗战胜利前夕,国共两党政治分歧之大,两党关系之紧张,从此次参政会的各个方面可见一斑。

---

① 孟广涵主编:《国民参政会纪实》下卷,重庆出版社1985年版,第1483—1484页。
② 《关于国民大会问题》(社评),《大公报》1945年7月20日。

(三)毛泽东应邀到重庆"共商国是"

抗战胜利后,中国政治政治舞台上最引人注目的事件,非国共两党最高领导人在重庆举行谈判莫属。这次被称为重庆谈判或国共第六次谈判的事件之所以引人注目,不仅在其出乎意料、突如其来,更重要的是基于人们对于战争的厌倦和对于和平的殷切期盼。

就国共两党关系的态势而言,国民党与重庆国民政府对待中共问题的既定方针,首先是着眼于武力压服、武力解决。重庆谈判期间,蒋介石密令各战区司令长官谓:目前与中共谈判,"系窥探其要求与目的,以拖延时间,缓和国际视线,俾国军抓紧时机,迅速收复沦陷区中心城市。待国军控制所有战略据点、交通线,将寇军完全受降后,再以有利之优越军事形势与奸党作具体谈判。彼如不能在军令政令统一原则下屈服,即以土匪清剿之"。① 此一密令正是蒋介石筹划重庆谈判的真正用意所在。同时,如有不战而屈人之兵即政治解决共产党的机会,在蒋介石看来也不妨再作谋划甚至豪赌。

1945年2月4—11日,苏、美、英三国政府在苏联雅尔塔里瓦吉亚宫举行会议。11日,罗斯福、丘吉尔、斯大林签订了一个秘密协定,规定苏联在对德战争结束后三个月内参加对日作战,其条件为:维持外蒙古现状;大连港国际化并保证苏联在该港的优越权益;苏联租用旅顺港为海军基地;中东南满铁路应设立一中苏合办公司经营;库页岛南部及千岛群岛交与苏联。②

在雅尔塔会议期间和召开前后,国民政府就对此会议高度关注。由于在雅尔塔会议上,美苏两国在支持蒋介石统一中国以避免内战问题上达成一致,并一致同意由苏联与中国签订一项相关条约来实现上述意图。3月10日,国民政府外交部长宋子文急电美国总统罗斯福的顾问霍普金斯,提出希望访问美国,就中苏关系、共产党问题等听取罗斯福的意见。4月15日,宋子

---

① 中共中央党史研究室著:《中国共产党历史》第1卷下册,中共党史出版社2002年版,第869页。

② 中共中央文献研究室编:《周恩来年谱(1898—1949)》,中央文献出版社2007年版,第614—615页;秦孝仪主编:《中华民国重要史料初编——对日抗战时期》第5编(4),中国国民党中央委员会党史委员会1985年版,第302页。

文于出席旧金山会议途中,在华盛顿会晤了霍普金斯,谈了雅尔塔会议中斯大林对中国东北的要求等问题。6月9日,宋子文在华盛顿与美国总统杜鲁门的会谈中,得知了雅尔塔秘密协定的内容,杜鲁门并且表示,他支持罗斯福与斯大林达成的协议。①

6月25日,宋子文就任行政院院长。27日,宋子文以行政院院长兼外交部部长身份率中国代表团前往莫斯科访问,②30日抵达莫斯科。在7月2日晚上与斯大林的会谈中,斯大林提出外蒙古独立要求,宋子文未予同意,7日晚,宋子文与斯大林再次会谈,宋子文表示中国可接受雅尔塔协定,但外蒙古需维持现状,斯大林仍坚持外蒙古独立。在大连旅顺军港、国共关系、国民政府代表随苏军进入东北等问题上,双方交换了意见。9日宋子文与斯大林再次会谈,并根据前一日蒋介石可有条件同意外蒙古独立的指示电,表示中国政府在战事结束后,不反对蒙古人民投票表决外蒙古独立,对此斯大林表示满意。此后,宋子文与斯大林又相继进行了两次会谈。宋子文承认在莫斯科会谈中,在承认外蒙古独立问题上,已经超出了雅尔塔协议的内容,斯大林建议任何符合雅尔塔协议内容的合理部分都得到了满足。同时,在中苏友好同盟条约、满洲战时行政事务等方面,斯大林满足了中方的条件,并保证不支持新疆的叛乱者和不支持中国共产党。③

宋子文于7月15日返回重庆,很快即提出辞去外交部部长的请求。蒋介石力劝王世杰接任外交部长,王世杰日记在25日记载:"午后渡江赴黄山蒋先生山居,晚即在黄山宿。蒋先生亦促予兼任外交部部长。蒋先生说,子文因中苏谈判涉及承认外蒙独立之事,颇畏负责任,其所以先行返渝,亦正为此。由此可见子文之意在觅人与之共同负担此次对苏谈判结论之责任。蒋先生并说:外蒙早非我有,故此事不值顾虑。予谓此固是事实,但不知对于东北之退让,是否能充分照议定办法实行,如不实行则我之承认外蒙独立为单纯的让步;如彼确将东三省照议定办法交我,则此一让步可不受他人或后代

---

① 吴景平著:《宋子文政治生涯编年》,福建人民出版社1998年版,第455—462页。
② 7月2日又被任命为"中华民国与苏联政府商谈订立友好互助及同盟条约全权代表"。
③ 吴景平著:《宋子文政治生涯编年》,福建人民出版社1998年版,第465—469页。

责难。予对任外交部部长事仍未应允,但允再考量。予细思此事殊令我十分为难,因为我如拒绝,便为畏惧负责之表示,值此中苏情势紧张,关系极大之时,本身之毁誉不在考虑中也。"①之后,王世杰又几度推辞,最终还是在30日被正式任命为外交部长,接替宋子文。其间,7月26日,中、美、英三国发表《波茨坦公告》,促令日本无条件投降。

8月1日,宋子文、王世杰同时被任命为"中华民国与苏联政府商谈订立友好互助及同盟条约全权代表"。5日,两人率团前往莫斯科,7日抵达,继续中苏条约的谈判。9日,苏联对日宣战并出兵中国东北。当日获此消息的蒋介石不喜反忧:"今日接俄国已对日宣战之消息,忧虑丛集,而对国家存亡之前途,与外蒙今后祸福之关系,以及东方民族之盛衰强弱,皆系于一身,能不战栗恐惧乎哉。"②其间,6、9日,美军接连在日本广岛和长崎投下原子弹。

10日晚,日本发出乞降声明。11日晚,宋子文与斯大林会晤,经长时间争论,斯大林允诺苏联同意支持中国国民政府,不向中国持不同政见者提供道义、物资和军事援助。③13日,王世杰致电蒋介石说:"默察苏方态度,似非蓄意与我为难,其欲藉此次缔约,改善中苏之心,似属相当诚挚。就我方利害而言,则此次缔约,可以明中、苏之关系,减少中共之猖獗,保证苏军之撤退,限定苏方在东北之权益,凡此皆为今后统一及建国所必须,倘再停止谈判,则形势必立变,前途隐忧甚大"。④14日,王世杰、莫洛托夫分别代表中国政府和苏联政府在《中苏友好同盟条约》签字,⑤该条约是一个不平等条约。与《中苏友好同盟约》同时签订的还有《关于中国长春铁路之协定》《关于大

---

① 王世杰著:《王世杰日记》第5册,台北"中研院"近代史研究所1990年版,第130—131页。
② 蒋永敬、刘维开著:《蒋介石与国共和战:1945—1949》,山西人民出版社2013年版,第3页。
③ 吴景平著:《宋子文政治生涯编年》,福建人民出版社1998年版,第472页。
④ 秦孝仪主编:《中华民国重要史料初编——对日抗战时期》第3编(2),中国国民党中央委员会党史委员会1981年版,第650页。
⑤ 朱汇森主编,徐鳌润编纂:《中华民国史实纪要(初稿)》(1945.8—9),"国史馆"1988年版,第275页。据《王世杰日记》,实际上签订的时间在15日晨:"中俄文约稿书写需时,签字手续直至今晨六时始在克里姆林宫举行,但苏联已于数小时前广播谓已签字。盖日本接受投降条件之答复,适于今晨二时到达此间也。今晨签约时史达林亦出席。约文均由予及莫洛托夫签字。签毕,史氏作长谈,谓帝俄时代,俄国政策在分裂中国,与日本同一目的。苏联政府则在与中国为友,希望中国军力强盛,使日本不能再起。见王世杰著:《王世杰日记》第5册,1945年8月15日,"中研院"近代史研究所1990年版,第152—153页。

连之协定》及其《议定书》《关于旅顺口之协定》及其《协定附件》三个协定及附件。这三个协定及附件均与东北相关。24日国民党中央执行委员会和最高国防会议批准了这些协议及其附件,26日正式公布。承认雅尔塔秘密协定涉华条款,牺牲中国重大利益甚至领土主权,匆忙与苏联谈判和签署不平等的条约,蒋介石和国民政府的目的,无非是企图以此换取苏联不帮助、不支持中共,不与国民政府为难而是支持国民政府统一中国的承诺。蒋介石自以为有此承诺,就可以软硬兼施迫使共产党就范了。所以,蒋介石谓:"对俄协定交涉费尽半月余之心力,研究指导,不遗余力,收放刚柔,深思入神,运用之妙存乎一心,最后获得完成。此实为国家成败安危之一大关键。"①事实上,蒋介石、国民党及其政权,必将为牺牲中国重大利益和领土主权付出沉重的政治代价。

就在14日《中苏友好同盟条约》宣布已经签字的当天,蒋介石第一次致电毛泽东邀请其到重庆,就国际国内各种重要问题"共同商讨",②以此对中共施以巨大的政治压力。15日,日本宣布无条件投降。16日,毛泽东复蒋介石14日电谓:"朱德总司令本日曾有一电给你陈述敝方意见,待你表示意见后,我将考虑和你会见的问题。"③其中所说朱德电向蒋介石提出6项要求:1.国民政府在接受日伪投降及缔结相关协定和条约时,需事先与我方商量,取得一致意见;2.解放区抗日力量有权接受被包围的日、伪军的投降,收缴其武器,并实施同盟国受降后的规定;3.解放区抗日军民有全权派遣自己的代表,参加受降和其后的工作;4.解放区抗日军队有权选派代表团,参加处理日本的和平会议和联合国会议;5.停止内战,凡被解放区军队包围的日、伪军,由解放区军队接受其投降;6.废止一党专政,召开党派会议,成立民主联合政

---

① 《蒋介石日记》1945年8月31日,转自邓野著《联合政府与一党训政》,社会科学文献出版社2011年版,第156页。
② 秦孝仪主编:《中华民国重要史料初编——对日抗战时期》第7编(2),中国国民党中央委员会党史委员会1981年版,第23页。
③ 中共中央文献研究室编:《毛泽东年谱(1893—1949)》下卷,中央文献出版社1993年版,第7页;秦孝仪主编:《中华民国重要史料初编——对日抗战时期》第7编(2),中国国民党中央委员会党史委员会1981年版,第23页。

府,承认各党派合法地位,承认解放区民选政府及军队,释放政治犯等。① 实际上,对这些要求,蒋介石是不会同意的,所以这也等于中共方面拒绝了蒋介石的邀请。对此,蒋介石日记载:"朱之抗命,毛之复电,只有以妄人视之。"②

由于抗战突然胜利结束,中共方面此时对于爆发内战虽然也已有充分的思想,军事准备却仍需时日。在此情况下,中共的方针是先看一看,并作谈判和战争两种准备。8月11日,毛泽东就提出准备恢复国共谈判,他说:"国共谈判将以国际国内新动向为基础,考虑其恢复,延安对美国与国民党的批评暂时将取和缓态度。"③中共在军事方面的准备首先表现为军事动员。其次是迫使日伪投降,扩大解放区,争取武器和资源,放手发动群众。11日,毛泽东在为中共中央起草《关于日本投降后我党任务的决定》中说:"苏联参战后,日本已宣布投降。国民党积极准备向我解放区收复失地,夺取抗日胜利的果实。这一争夺战,将是极猛烈的。""目前阶段,应集中主要力量迫使敌伪向我投降,不投降者,按具体情况发动进攻,逐一消灭之,猛力扩大解放区,占领一切可能与必须占领的大小城市与交通要道,夺取武器与资源,并放手武装基本群众,不应稍有犹豫。""国共谈判将以国际国内新动向为基础,考虑其恢复,延安对美国与国民党的批评暂时将取和缓态度""但各地对蒋介石绝对不应存在任何幻想,必须在人民中揭破其欺骗,对蒋介石发动内战的危险,应有必要的精神准备,但目前阶段主要注意力应集中于解决敌伪,勇敢、坚决、彻底地夺取最大的胜利,不可分散注意力。"④ 13日,毛泽东起草朱德致蒋介石公开电,明确、坚决地拒绝蒋介石要求中共军队原地待命的命令,谓:"我们认为这个命令你是下错了,并且错得很厉害,使我们不得不向你表示:坚决拒绝这个命令。因为你给我们的这个命令,不但不公道,而且违背中华民族的民

---

① 秦孝仪主编:《中华民国重要史料初编——对日抗战时期》第7编(2),中国国民党中央委员会党史委员会1981年版,第25—26页。
② 《蒋介石日记》1945年8月18日,转自杨天石著《找寻真正的蒋介石》,山西人民出版社2008年版,第428页。
③ 中共中央文献研究室编:《毛泽东年谱(1893—1949)》下卷,中央文献出版社1993年版,第1—2页。
④ 中共中央文献研究室编:《毛泽东年谱(1893—1949)》下卷,中央文献出版社1993年版,第2页。

族利益,仅仅有利于日本侵略者和背叛祖国的汉奸们。"①16 日,毛泽东起草朱德总司令致蒋介石电,要蒋介石收回 8 月 11 日的命令,公开承认错误,并提出六项要求。② 其三是破坏交通,阻止国民党军队推进的速度。20 日,蒋介石第二次电邀毛泽东到重庆谈判,会商国是,并以受降办法为盟军总部所规定为由,③要求中共方面遵守。④ 22 日,中共中央书记处会议研究决定:复蒋介石邀请电,由周恩来先行到重庆见蒋介石。⑤ 周恩来在代毛泽东写的复电中表示:"兹为团结大计,特先派周恩来同志前来进谒。"⑥周恩来并草拟了准备对国民党政府提出的《目前紧急要求》14 条。⑦

22 日前后,中共中央收到斯大林来电谓:中国不能打内战,否则中华民族有被毁灭的危险,毛泽东应赴重庆和谈。⑧ 据师哲回忆,"这电文(指斯大林电——引者)引起毛泽东极大不快,甚至是很生气。他这样说:'我就不信,人民为了翻身搞斗争,民族就会灭亡?!'"⑨尽管这样,中共方面经过考虑接受了莫斯科的意见。23 日,蒋介石第三次向毛泽东发出邀请电,坚持要求毛

---

①秦孝仪主编:《中华民国重要史料初编——对日抗战时期》第 7 编(2),中国国民党中央委员会党史委员会 1981 年版,第 278 页。

②中共中央文献研究室编:《朱德年谱》,中央文献出版社 2006 年版,第 1201—1202 页。

③抗战胜利前后,美国基于自身的需要,开始明显地采取扶蒋抑共的对华政策。因此,抗战胜利后,在受降问题,美国以盟军总部的名义发出的命令中,公开国民党政权。美国总统杜鲁门在回忆录中公开承认:"事情是很清楚地摆在我们面前,假如我们让日本人立即放下他们的武器,并且向海边开去,那么整个中国就将被共产党人拿过去。因此我们就必须采取异乎寻常的步骤,利用敌人来做守备队,直到我们能将国民党的军队空运到华南,并将海军调去保卫海港为止。因此,我们便命令日本人守着他们的岗位和维持秩序。等到蒋介石的军队一到,日本军队便向他们投降,并开进海港,我们便将他们送回日本。这种利用日本人组织共产党的办法是国防部和国务院联合决定而经过我批准的。"参见〔美〕哈里·杜鲁门著,李石译:《杜鲁门回忆录》第 2 卷,生活·读书·新知三联书店 1974 年版,第 72 页。

④秦孝仪主编:《中华民国重要史料初编——对日抗战时期》第 7 编(2),中国国民党中央委员会党史委员会 1981 年版,第 27—28 页。

⑤中共中央文献研究室编:《朱德年谱》,中央文献出版社 2006 年版,第 1202—1203 页;秦孝仪主编:《中华民国重要史料初编—对日抗战时期》第 7 编(2),中国国民党中央委员会党史委员会 1981 年版,第 24 页。

⑥秦孝仪主编:《中华民国重要史料初编——对日抗战时期》第 7 编(2),中国国民党中央委员会党史委员会 1981 年版,第 28 页;中共中央文献研究室编:《周恩来年谱(1898—1949)》,中央文献出版社 2007 年版,第 629 页。

⑦中共中央文献编辑委员会编:《周恩来选集》上卷,人民出版社 1980 年版,第 221—222 页;中共中央文献研究室编:《周恩来年谱(1898—1949)》,中央文献出版社 2007 年版,第 629 页。

⑧中共中央文献研究室编:《周恩来年谱(1898—1949)》,中央文献出版社 2007 年版,第 630 页。

⑨师哲口述,师秋朗笔录:《我的一生:师哲自述》,人民出版社 2001 年版,第 223 页。

泽东到重庆谈判。在蒋介石第三次邀请的当日,中共中央召开政治局扩大会议,确定了"和平、民主、团结"的方针,通过了《中国共产党中央委员会对于目前时局的宣言》。这次会议作出的决定还有:毛泽东任中共中央军委主席,朱德、刘少奇、周恩来、彭德怀任副主席会议;在毛泽东去重庆期间,刘少奇代理其主席职务,①以及决定派干部到东北开展工作等。24日,毛泽东复电蒋介石,表示:"鄙人极愿与先生会见,商讨和平建国大计。俟飞机到,恩来同志立即赴渝晋谒。弟亦准备随即赴渝。"②对此,蒋介石感觉毛泽东"温驯已极","横逆与驯顺,一周三变"。③

25日晚,中共中央政治局会议正式决定,毛泽东、周恩来、王若飞为中共代表,赴重庆谈判。在当日发表的《对目前时局宣言》中,中共中央向国民党政府提出六项要求:承认解放区的民选政府和抗日军队;划定八路军、新四军及华南抗日纵队接受日军投降的地区;严惩汉奸,解散伪军;公平合理地整编军队;承认各党派的合法地位;立即召开各党派和无党派代表人物会议成立举国一致的民主的联合政府。④

26日,在部署军事上收复上党地区、破坏同蒲铁路、夺取大同,争取消灭阎锡山的同时,⑤中共中央召开政治局会议,继续讨论去重庆谈判相关问题。毛泽东在会上说:我去重庆,可以取得全部主动权。在有利条件下是可以考虑让步的,我们让步的第一批是广东至河南,第二批是江南,第三批是江北。陇海路以北迄外蒙一定要由我们占优势。东北行政大员由国民党派,我们去干部,一定有文章可做。我们党的历史上除何鸣事件外,还没有随便缴枪的

---

① 中共中央文献研究室编:《毛泽东年谱(1893—1949)》下卷,中央文献出版社1993年版,第10—12页。
② 秦孝仪主编:《中华民国重要史料初编——对日抗战时期》第7编(2),中国国民党中央委员会党史委员会1981年版,第29页。
③《蒋介石日记》1945年8月25日,转自杨天石著:《找寻真正的蒋介石》,山西人民出版社2008年版,第430页。
④ 秦孝仪主编:《中华民国重要史料初编——对日抗战时期》第7编(2),中国国民党中央委员会党史委员会1981年版,第30页。
⑤ 中共中央档案馆编:《中共中央文件选集》第15册,中共中央党校出版社1991年版,第250—251页。

事。①会议决定派五个团的部队及干部团到东北。②据说在赴重庆之前,毛泽东又与刘少奇谈了整整一天一夜,大致意思是:"我在重庆期间,前方和后方都必须积极活动,对蒋介石的一切阴谋都要予以揭露,对蒋介石的一切挑衅行为,都必须予以迎头痛击,有机会就吃掉它,能消灭多少就消灭多少。我军的胜利越大,农民群众活动越积极,我的处境就越有保障、越安全。须知蒋委员长只认得拳头,不认识礼让。"③国民党方面在 28 日中午毛泽东到达前夕,也商定了谈判的方针:"以诚挚待之。政治与军事应整个解决,但对政治之要求予以极度之宽容,而对于军事则严格之统一不稍迁就。"④当蒋介石看到当日重庆《新华日报》发表中共本月 25 日中共中央政治局会议决定的《对目前时局宣言》,对于其中向国民党所提六项要求,认为:"仍弹旧调,似其实未知最近国际内容与情势之发展,而更未知中苏协定之内容,可怜极矣。彼犹不知早为苏俄所摒弃矣。"⑤在蒋介石看来,美苏均已站在自己一边,中共已奥援全失。因抗战胜利而声名正处于巅峰的蒋介石,似乎有充分的理由蔑视自己的对手。

28 日上午,刘少奇、朱德、任弼时等及延安党政机关团体代表数百人到机场送行,气氛悲壮。11 时许,毛泽东、周恩来、王若飞在赫尔利、张治中陪同下乘飞机离开延安。下午 3 时许抵达重庆。毛泽东在重庆机场发表书面讲话后,乘车到张治中官邸桂园。稍事休息后,会见郭沫若、王世杰、新闻记者等。之后,到红岩八路军办事处,会见章汉夫、许涤新、胡绳、戈宝权等人。晚 8 时 30 分,在张治中、邵力子陪同下,毛泽东与周恩来、王若飞应邀赴蒋介石山洞林园官邸出席欢迎宴会。随后,毛泽东应蒋介石之请,在林园下榻。⑥

---

① 中共中央文献研究室编:《毛泽东年谱(1893—1949)》下卷,中央文献出版社 1993 年版,第 14 页。

② 中共中央文献研究室编:《朱德年谱》,中央文献出版社 2006 年版,第 1204 页。

③ 师哲口述,师秋朗笔录:《我的一生:师哲自述》,人民出版社 2001 年版,第 224 页。

④ 秦孝仪主编:《中华民国重要史料初编——对日抗战时期》第 5 编(4),中国国民党中央委员会党史委员会 1985 年版,第 190 页。

⑤ 《蒋介石日记》1945 年 8 月 28 日,转自邓野著:《联合政府与一党训政》,社会科学文献出版社 2011 年版,第 190 页。

⑥ 中共中央文献研究室编:《毛泽东年谱(1893—1949)》下卷,中央文献出版社 1993 年版,第 16—17 页。

这样,在长时间停顿之后,国共两党间的谈判重新开始。全面抗战以来两党的谈判已经有多次,但这样由两党最高领袖直接出面参与谈判,还是第一次,也是唯一的一次。

29日上午,毛泽东等在林园同张治中经商谈议定,"头四天任意交换意见,以奠立谈话基础"。从第五天开始,商谈具体问题。① 下午,毛泽东、蒋介石第一次会晤并交流意见,蒋介石表示愿听取中共方面意见,并提出谈判的三原则:1. 所有问题整个解决;2. 一切问题之解决,均须不违背政令军令之统一;3. 政府之改组,不得超越现有法统之外。② 蒋介石在当天日记中表示:对于中共六条,"皆应留有余地,而不加以正面拒绝,但须有确定前提。"③因此,上述这三原则,算是对中共六条要求的回应。当晚,毛泽东同张治中、王世杰、张群等交换意见。30日,周恩来与王世杰、张群、张治中、邵力子等交换意见。同日,毛泽东致电刘少奇并转告中共中央,准备下月初向国民党提出11条意见。④ 31日和9月1日,国共双方代表周恩来、王世杰、张群等连日交流和商谈。2日上午,毛泽东在桂园约见王世杰,就政治会议、国民大会、自由、政党、释放政治犯、解放区行政、中共军队、受降等问题简明扼要地阐述了中共方面的主张,王世杰在晤谈后记录下了当时谈判的过程和内容:

一、政治会议问题:

毛氏之主张如下:(甲)此次双方会谈结果时,由政府与其他党派人士,亦非正式与之交换意见。(乙)交换意见后由蒋主席约集其他党派人士及无党派者若干人(名额及人选可由蒋主席酌定),与政府及中共代表开一会议,以极短之时间通过政府与中共所商谈之结

---

① 秦孝仪主编:《中华民国重要史料初编——对日抗战时期》第7编(2),中国国民党中央委员会党史委员会1981年版,第45页。

② 中共中央文献研究室编:《毛泽东年谱(1893—1949)》下卷,中央文献出版社1993年版,第17页;秦孝仪主编:《中华民国重要史料初编——对日抗战时期》第7编(2),中国国民党中央委员会党史委员会1981年版,第34页。

③ 《蒋介石日记》1945年8月29日,转自杨天石著:《找寻真正的蒋介石》,山西人民出版社2008年版,第431页。

④ 中共中央文献研究室编:《毛泽东年谱(1893—1949)》下卷,中央文献出版社1993年版,第18—19页。

果。此一会议,即可名之为政治会议,该会议亦不必常开会,以后有必要时,始再召集。

二、国民大会问题上:

毛氏之意见如下:国民大会问题,如政府坚持旧有代表必须有效,则中共不能与我方达成协议。

三、自由问题:

毛氏完全赞同下列文字(其大意系余所拟)

"抗战结束后,关于身体信仰言论出版集会结社等事,当给予人民以一般民主国家在平时所享有之自由,现行法令当依此原则分别予以废止或修正。"

四、关于政党问题:

毛氏表示谓予各党派以合法地位,但亦不反对制定政治结社法,惟谓结社不宜受限制。

五、关于释放政治犯问题:

毛氏谓应并列入共同声明之文字当中。予谓此事政府准备自动办理,恐不愿列入共同声明。至何人宜释放,彼可酌提人名于政府。

六、关于解放区行政问题:

予谓此事政府至多只能作下列之然诺:"收复区(予不赞成'解放区'名词)内原任抗战行政工作人员,政府可依其工作能力与成绩酌量使其继续为地方服务,不因党派关系而有所歧视。"毛氏对以上意见未提异议,惟续询对此等区域哪之地方民选团体将如何处置?予谓制度恐不可纷歧。

七、关于中共军队问题:

(甲)毛氏谓中共军队须改编为四十八个师。予拒绝讨论,只请注意两点,十二师之数系中央尚未裁兵时所定之数。中央最近数月已裁去八十余师。(乙)军队指挥问题。毛氏表示谓宜以北平行营给予中共将领,俾秉承蒋委员长之命,指挥中共在山东、江苏、河北、热、察、绥等地方之军队。

予谓此不可行。中央军事委员会中或可有中共将领参加。

八、受降问题：

毛氏最后表示谓南京总受降纵因盟国规定，不能加派中共人员，分区受降必须指定若干中共将领在其区域内执行。①

蒋介石在2日日记中所记对共谈判策略为："主动与之妥治，准予整编共军为十二个师，如其真能接受政令，军令，则政治上当准备委派共党二人，并予以一省之主席，以观后效。以目前形势，如由我主动为之，实于大局无损，而有益也。"② 显然，双方相互期望之间的距离很远。

3日下午5时半，中共代表周恩来、王若飞向国民党方面提出《谈判要点》11项，全文如下：

一、确定和平建国方针，以和平、团结、民主为统一的基础，实行三民主义（以民国十三年第一次代表大会之宣言为标准）。

二、拥护蒋主席之领导地位。

三、承认各党各派合法平等地位并长期合作和平建国。

四、承认解放区政权及抗日部队。

五、严惩汉奸，解散伪军。

六、重划受降地区，参加受降工作。

七、停止武装冲突，令各部队暂留原地待命。

八、结束党治过程中，迅速采取各项必要措施，实行政治民主化、军队国家化，党派平等合作。

九、政治民主化之必要办法：（一）政治会议即党派协商会议，以各党派代表及若干无党派人士组织之，由国民政府召集，其讨论事

---

① 秦孝仪主编：《中华民国重要史料初编——对日抗战时期》第7编（2），中国国民党中央委员会党史委员会1981年版，第37—39页。
② 秦孝仪主编：《中华民国重要史料初编——对日抗战时期》第7编（2），中国国民党中央委员会党史委员会1985年版，第34页。

项如下:1.和平建国大计;2.民主实施纲领;3.各党派参加政府问题;4.重选国民大会;5.复员善后问题。(二)确定省、县自治,实行普选,其程序应由下而上。(三)解放区解决办法:1.山西、山东、河北、热河、察哈尔五省主席及委员由中共推荐;2.绥远、河南、安徽、江苏、湖北、广东六省由中共推荐副主席;3.北平、天津、青岛、上海四直辖市由中共推荐副市长;4.参加东北行政组织。(四)实施善后紧急救济。

十、军队国家化之必要办法:(一)公平合理整编全国军队,分期实施,中共部队改编为十六个军四十八个师;(二)重划军区、实施征补制度,中共军队集中淮河流域(苏北皖南)及陇海路以北地区(即中共现驻地区);(三)保障整编后各级官佐;(四)参加军事委员会及其所属各部工作;(五)设北平行营及北平政治委员会,由中共推荐人员分任;(六)安置编余官佐;(七)解放区民兵由地方编作自卫队;(八)实行公平合理之补给制度;(九)确定政治教育计划。

十一、党派平等合作之必要办法:(一)释放政治犯;(二)保障各项自由,取消一切不合理的禁令;(三)取消特务机关(军统、中统等)。[①]

这11条在30日就已经确定的谈判条款,涉及到解放区问题、军队问题、国民大会问题、政党问题等问题,其中第四、第九、第十项内容,因为关乎解放区政权和军队、政治民主化与军队国家化等关键问题,成为此后正式谈判中双方争议的焦点问题。

晚8时半,毛泽东与周恩来、王若飞去林园赴蒋介石晚宴。宴会后,毛泽东、蒋介石进行再次直接会谈,蒋介石阐述了国民党方面关于中共领导下的军队编组数目和驻地、解放区、政治会议、国民大会代表等问题上的主张,蒋介石表示:

[①] 张治中著:《张治中回忆录》,中国文史出版社1985年版,第717—723页。

一、军队问题　关于中共军队之编组,去年张(文白)王(雪艇)两氏与中共代表林伯渠在西安商谈时,已允予整编为八个师至十个师,嗣后余因顾念事实,后于去年冬国民参政会议席上,允予编组为十个至十二个师。现在抗战结束,全国军队均须缩编,情势已不相同,但余之诺言仍为有效,不过此十二师之数,乃中央所能允许之最高限度。

至于军队驻地问题,可由中共方面提出具体方案,经双方商讨决定。

二、解放区问题　中共方面所提解放区,为事实所绝对行不通者。吾人应本革命者精诚坦白之精神与态度来解决这一问题,只要中共对于军令政令之统一能真做到,则不仅各县行政人员中央经过考核可酌予留任,即省行政人员,如主席。中央亦必本"用人唯才"之旨,延引中共人士参加。

三、政治问题　日前谈话中,毛泽东询余对此一问题如何解决,余答以现在战事完结,拟改组国防最高委员会为政治会议,由各党各派人士参加,共同参与政治;至于中央政府之组织与人事,刻因国民大会即将召开,拟暂变动,一俟国民大会集议新政府产生之时,各党派与无党派人士均可依法参加中央政府,但中共方面如现在即欲参加中央政府,中央亦可予以考虑。

四、国民大会问题　毛泽东氏询问及国民大会将如何召开,余答以当选之国民大会代表仍应有效,中共方面如欲增加代表,则除已当选者外,可以酌量增加名额。①

当日蒋介石在日记中写道:"共毛之态度又变,要求无厌。余以极诚对彼,而彼竟利用余精诚之言,反要求华北五省主席及北平行营主任,并要编组共军四十八万人,以为余所提之十二师三倍之数,最后将欲以二十四师为其

---

① 秦孝仪主编:《中华民国重要史料初编——对日抗战时期》第7编(2),中国国民党中央委员会党史委员会1981年版,第44—45页。

基准乎？毛共诚不可理喻也。此事惟有赖上帝之力以成全之，痛心极矣！"①蒋介石显然已经清楚地认识到，在军队问题上双方达成一致是困难的。

4日上午9点，蒋介石约集国民党方面谈判代表张群、张治中、邵力子谈话，听取诸人昨晚与周恩来谈话经过，自感"脑筋深受刺激"，②并把他亲自拟订的《对中共谈判要点》交给国民党谈判代表张群等人。③当晚9时到12时，国共谈判正式开始。国民政府方面代表提出中共11条中第9、10两条"令政府为难""根本无从讨论"。周恩来表示："我等在延安时，即预先考虑此次谈判，我等究竟可能让步至何种程度？第一，认为联合政府既不能作到，故此次并不提出，而只要求各党派参加政府。第二，召开党派会议产生联合政府之方式，国民党既认为有推翻政府之顾虑，故我等此次根本未提党派会议。第三，国民大会之代表，中共主张普选，但王雪艇（世杰）先生与毛先生（泽东）谈话时既认为不可能，中共虽不能放弃主张，亦不反对参加，现在亦未打算在北方另行召开会议。凡此让步，皆为此次谈话之政治基础，亦即国共两党从此政治休战，足以保证此次谈判之成功。国民党是中国的领导党，本党乃一小党。我等以上述之让步，政治既可安定，各党派间亦可和平合作。"周恩来并谓："我们提出解放区解决办法的四点有两个原因：（1）我党对国民大会之选举现已让步，我党仅为少数党。（2）国民大会以后无论在政府在议会，我党亦必仍为少数党之地位；如此，我党干部之安插与党的政治地位之保持，俱发生问题。所以我党主张凡一省一市我党占多数者，其省主席与直辖市市长由我党推荐，占少数者，由我党推荐副主席或副市长。"邵力子说："你们主张何省应归中共，何省应归国民党，何省应由中共参加，以此方式提出要求，无怪乎社会评论将形成南北朝。""即使中共军队再多一些，亦决不能打倒国民党。"张治中甚至说："吾前天与恩来兄谈及中国在此次战后，已成为世界五强

---

① 秦孝仪主编：《中华民国重要史料初编——对日抗战时期》第5编（4），中国国民党中央委员会党史委员会1985年版，第191页。
② 《蒋介石日记》1945年9月4日，转自杨天石著：《找寻真正的蒋介石》，山西人民出版社2008年版，第433页。
③ 张治中著：《张治中回忆录》，中国文史出版社1985年版，第718—720页；秦孝仪主编：《中华民国重要史料初编——对日抗战时期》第7编（2），中国国民党中央委员会党史委员会1981年版，第44—45页。

之一,我们必须朝现代化的方向前进。固然我们现在尚不能一步登天走到英美一样,但吾人一切措施,决不可再蹈军阀时代的覆辙。军队复员可以依照功勋以定升叙,但决不可恃其武装,向中央要求地盘。其他文武官员,亦莫不然。"周恩来理反驳说:"兄等以封建军阀割据来比拟中共,我不能承认。我们两党之拥有武装,且有十八年之斗争历史,此乃革命事实发展之结果。今日我等商谈,即在设法避免双方武装斗争,而以民主之和平的方式为政治上之竞争。"并谓:"我们现在皆认定'打'是内外情势所不容许的,所以只能以政治解决。本此宗旨,我党已提出解决问题的方案,只看中央对此事之解决,所准备之具体方案如何?"①第一次会谈没有取得具体结果。

对于中共的11条方案,双方经过多次交换意见之后,9月8日双方代表举行第二次会谈,国民党方面代表张群并将国民党方面于9月3日拟订的《对于中共九月三日提案之答复案》交给周、王两位中共代表,答复全文如下:

第一项:和平建国自为共同不易之方针,实行三民主义亦为共同必遵之目的,至民主与统一必须并重,民主固为统一的基础,统一亦必为民主的基础。

第二项:拥护蒋主席之领导地位,承明白表明,甚佩。

第三项:各党派在法律之前平等,本为宪政常轨,今可即行承认。曾承说明"平等非均等"与"长期合作和平建国"之旨,甚佩。

第四项:"解放区"名词应成过去,雪艇先生曾谓政府至多只能作下列之然诺:"收复区内原任抗战行政工作人员,政府可依其工作能力与成绩,酌量使其继续为地方服务,不因党派关系而有所歧视",余等甚能够。

第五项:此在原则上绝无问题,惟惩治汉奸,必依法律行之,解散伪军,亦须用妥慎办法,以免影响当地安宁。

第六项:参加受降工作,在已接受中央命令之后,自可考虑。

---

① 对话均见秦孝仪主编:《中华民国重要史料初编——对日抗战时期》第7编(2),中国国民党中央委员会党史委员会1981年版,第47—55页。

第七项：一切武装冲突，自须即行停止，惟中央部队不能专赖空运，在必要时，中共军队不应阻止其通过。

第八项：此条仅举原则，自无问题。

第九项：(一)政治会议之组织，或如蒋主席与毛先生所谈："现在战事完结，拟改组国防最高委员会为政治会议，由各党各派人士参加，共同参与政治"，或如毛泽先生与雪艇先生所谈"由蒋主席约集其他党派人士及无党派者若干人(名额及人选可由蒋主席酌定)，与政府及中共代表开一会议，以极短时间通过政府与中共所商谈之结果，此一会议即可名之曰政治会议，不必常开会，有必要时始召集"，可再商谈决定。至其讨论事项，似可不必预为规定。关于国民大会，蒋主席曾谓"已选出之代表应为有效，但其名额可使其酌量增加和合理的解决"，毛先生曾表示"如政府坚持旧代表必须有效，则中共不能与政府成立协议，但可不因是而不出席国民大会"，吾人可再继续商谈，并据以提出于政治会议。(二)自在原则上甚同意，惟希望不以此影响国民大会。(三)"解放区"问题，已如第四项所答复。中共对于抗战卓著勤劳且在政治上有能力之同志，可提请政府决定任用，蒋主席与毛先生谈："只要中共对于军令政令之统一能真做到，则不仅各县行政人员中央经过考核可酌予留任，即省行政人员，如主席，中央亦必本'用人唯才'之旨，延引中共人士参加"，其指示极其明白；倘必指定由中共推荐某某省主席及委员，某某省市副主席等，则即非"真诚做到军令政令之统一"，希望以革命者精诚坦白之精神与态度解决自一问题。(四)此为政令统一后必然应办之事。

第十项：(一)关于军队整编问题，蒋主席已与毛先生面谈："现在抗战结束，全国军队均须缩编，情势已与去岁国民参政会时不同，但余当时所作可将中共军队编为十个至十二个师之诺言，仍为有效；必当负责做到"，全国军队缩编情形，亦迭由文白、辞修诸先生面告，故十二个师在中共实已为允许之最高限度，务望郑重考虑。

(二)中共军队驻地问题,可由中共提出方案,讨论决定,于依令编组后实施。(三)(四)(六)(八)(九)均无问题,其详细办法倘中共有意见,均可提出商谈。(五)北平行营主任,不宜规定由中共推荐,北平政治委员会之设置,更不相宜。(七)只能视地方情势与有必要与可能时酌量编置,不宜作一般之规定。

第十一项:(一)政府准备自动办理,中共可将应释放之人提出名单。(二)雪艇先生曾提出文字:"抗战终结后,关于身体、信仰、言论、集会、结社等事,当给予人民以一般民主国家人民在平时所享有之自由,现行法令当依此原则分别予以废止或休整",已得毛先生赞同。(三)此项可赞同恩来先生面谈之意,只办情报,严禁有逮捕拘禁等行为。①

从《谈话要点》和《答复》看,国共双方在承认国民政府法统等问题上是有共识的,但在解放区问题、中共军队数量等问题上距离甚远。如关于军队问题,张治中不无揶揄地说:"前年林彪来渝,中共要求十至十二个师,去年林伯渠来渝,则要求六个军十五个师,时间只相差一年半,已增了四个师。此次来渝,则要求十六个军四十八个师,较之一年前更增加了三十二个师,兄等军队之扩充,何如此之快!"王若飞说:"过去国民党一党专政,实行训政,而我党则要求结束党治,取消训政,此为双方之对立。此次我等来渝,乃正视现实,承认国民政府之法统,与军令政令统一之原则,但亦要求政府承认我党解放区政权与军队,彼此互相承认,正视现实,始能求得问题之解决。否则便无法再谈!"且认为双方谈不拢的原因在于国民政府"未承认我党之地位"②。

10日到12日,双方举行第三到第五次会谈,主要涉及政治(政治会议、国民大会、省区)、军事(重划受降区、缩编军队)、党派问题进行讨论。关于

---

① 张治中著:《张治中回忆录》,中国文史出版社1985年版,第720—723页;秦孝仪主编:《中华民国重要史料初编——对日抗战时期》第7编(2),中国国民党中央委员会党史委员会1981年版,第41—44页。

② 对话见秦孝仪主编:《中华民国重要史料初编——对日抗战时期》第7编(2),中国国民党中央委员会党史委员会1981年版,第57—59页。

谈判的情形,中共方面的判断是国民党方面没有诚意,只有单方面的要求,企图迫其就范,因此谈判进展不顺利。13日中共中央书记处向各中央局、分局及区党委所发的关于谈判的通知说:

> (一)我们与国民党初步交换意见的谈判,已告一段落,国民党毫无诚意,双方意见相距甚远,谈判将拖延一时。(二)蒋对具体问题表示:政府法统不容紊乱,军令政令必须统一,国大要速开,旧代表有效,但可增名额容纳各方,容纳各党派参加政府。(三)关于两党关系的重要问题:对军队只允编十二个师,需完全服从命令,按指定地区集中。对解放区民主政府,则表示含糊。(四)蒋表面上对毛、周、王招待很好,在社会上造成政府力求团结的气象。实际上对一切问题不放松削弱以致消弱(灭)我的方针,并利用全国人民害怕与反对内战心理,利用其合法地位与美国的支持与加强他(保障美国在远东对苏联的有利地位),使用强大压力,企图迫我就范,特别抓紧军队国家化问题。因此在谈话态度上只要求我们认识与承认他的法统及军令政令的统一,而对我方则取一概否认的态度。①

在这一个阶段的会谈中,蒋介石迅速从"俯视"中共变为有心无力。早在第二次会谈结束当日(8日),蒋介石就在日记谓:"此时唯一政策,在接收国内各地区敌军之投降与缴械,其次为接收东北之失地,使俄国不能不履行其条约义务为首务。否则敌械未缴,西陲起衅,反为俄共与敌寇所利用,使中国纷乱不可收拾。"② 其当日所记《上星期反省录》谓:"共毛各种无理要求与不法行动,自受俄之主使,余亦惟有一意忍耐处之。"③"惟有一意忍耐处之"

---

① 中共中央档案馆编:《中共中央文件选集》第15册,中共中央党校出版社1991年版,第276—277页。
② 《蒋介石日记》1945年9月8日,上星期反省录,转自邓野著:《联合政府与一党训政》,社会科学文献出版社2011年版,第240页。
③ 《蒋介石日记》1945年9月8日,转自杨天石著:《找寻真正的蒋介石》,山西人民出版社2008年版,第434页。

的处理方法和心态表明,经过两次会谈一个回合的较量,蒋介石已经深感力不从心,而其首先接收处理关内日军投降与缴械其次接收东北失地的政策,则为共产党军队在东北的发展和抢占先机,留下了时间和空间。到15日,蒋介石更感到"共毛近来态度从容"。① 这恰与蒋介石自己"对俄、对共,惟有以诚与敬对之,未知果能收效否?"的疑虑重重,②形成鲜明的对照。

15日,双方举行第六次会谈。17—19日中共中央提出并确定了"向北推进,向南防御"的全国战略方针,③任命彭真为书记并在沈阳正式成立东北局,领导东北各项工作。19日上午,毛泽东与周恩来、王若飞研究谈判新方案,要点有二:(1)关于国、共军队数目,愿意让步为六与一之比,即中央现有二百六十三个师,我方应编为四十三个师,以后如中央军队缩编为六十个师,我方应为十个师。(2)关于军队、驻地和解放区,第一步,撤退海南岛、广东、浙江、苏南、皖南、湖北、湖南、河南等八个地区之共军,集中于苏北、皖北及陇海路以北地区(包括山东、河北、热河、察哈尔等四省全部,山西大部、绥远小部、豫北及陕甘宁边区)。第二步,再将苏北、皖北、豫北地区的军队撤退。所有43个师的部队集中于山东、河北、察哈尔、热河与山西之大部分,绥远之小部分,及陕甘宁边区等七个地区。解放区随军队驻地的规定而变化,合二为一,即山东、河北、察哈尔、热河、陕甘宁边区(划为一省)等省主席由中共推荐,山西、绥远两省副主席,天津、北平、青岛三个特别市的副市长,也由共方推荐的人士充任,北平行营由中共方面主持,并仿东北行营例,设政治委员会,由中共负责。④

19日下午3时,国共双方举行第七次会谈。周恩来把所拟方案向国方提出,国方代表张治中看后认为共方新方案太过分。他说:

---

① 《蒋介石日记》1945年9月15日,上星期反省录,转自邓野著:《联合政府与一党训政》,社会科学文献出版社2011年版,第201页。
② 《蒋介石日记》1945年9月11日,转自杨天石著:《找寻真正的蒋介石》,山西人民出版社2008年版,第434页。
③ 中共中央档案馆编:《中共中央文件选集》第15册,中共中央党校出版社1991年版,第279页。
④ 秦孝仪主编:《中华民国重要史料初编——对日抗战时期》第7编(2),中国国民党中央委员会党史委员会1981年版,第87页。

关于军队问题，兄等要求太过，不必再讨价还价。余认为此一问题，非距离之大小问题，而为根本观点之不同的问题。中共之观点，总以为必有军队，有地盘，控制军政机关，始有保障。而中央则认为军令政令必须统一，于此原则之下始可解决问题。如依中共之办法，则非为谋军令政令之统一，而完全为分裂。所谓民主，乃分裂之民主，所谓统一，亦系分裂之统一。兄等试思中共军队悉数撤退至黄河以北，而据有黄河以北之地区，是无异分疆而治，欲三分天下有其一。……兄等所要求者距离中央所能允许者如此之大，复何能讨论。兄等去年尚只说所有官兵不过四十余万人，今则忽增至一百二十余万，未及一年时间，而中共军队何来如许官兵。①

对此，中共代表王若飞反唇相讥，表示："现在我方官兵都极愤慨，汉奸军队都已获得中央之委任，而中共抗日部队，反不能得到中央之承认。须知中共军队即令不获中央之承认，不获中央之接济，亦必能生存发展。"②20日蒋介石对于能否迫使中共就范、苏联是否会履行条约义务、美国是否还会给予其援助，均显出毫无把握的焦躁。其日记载："目前最重大的问题，为共毛问题，国家存亡，革命成败，皆在于此。俄国对共毛之袒护，几乎以此为奇货，预备制造其傀儡，美国蒙昧，且为之保证，殊为可叹！此时俄是否因此借口毁灭其盟约义务？促使蒙疆内侵与久踞东北？果尔，则国际形势犹能容忍否？又美国舆论与政策，是否因之改变，弃绝我国不再予以接济乎？中共因之叛变，其能有成乎？"③

21日，双方举行第八次会谈，继续商谈军事问题。张治中首先发言，言辞激烈，责难中共代表说："兄等所提华北四省主席应由中共推荐，省政由中

---

① 秦孝仪主编：《中华民国重要史料初编——对日抗战时期》第7编(2)，中国国民党中央委员会党史委员会1981年版，第88—89页。
② 秦孝仪主编：《中华民国重要史料初编——对日抗战时期》第7编(2)，中国国民党中央委员会党史委员会1981年版，第89页。
③ 秦孝仪主编：《中华民国重要史料初编——对日抗战时期》第5编(4)，中国国民党中央委员会党史委员会1985年版，第192页。

共主持,此何异乎割据地盘,是否中共欲由此四省以北联外蒙,东北联东三省? 果如此,则兄等(按指共方代表周恩来等)究系作何打算,作何准备?"他甚至表示:"国民党领导国民革命,推翻满清专制,创造中华民国,彼时你们中国共产党尚不知在何地方。"王若飞拍案而起回敬道:"中央将我党军队都消灭好了!""你们国民党政府是什么政府,是墨索里尼政府,是希特勒政府!"①周恩来说:国民党的观念是自大的,不平等地对待中共,必将引起我党的愤怒。今日商谈,应取平等态度。如果成立联合政府,我党一切军队皆可交出。建议用民选方法解决解放区问题。② 谈判无法持续,陷于僵局,遂休会五天。其间,赫尔利找毛泽东谈话,要求中共交出军队,否则破裂,态度强硬。毛泽东表示:不承认,也不破裂,问题复杂,还要讨论③。26 日,中共中央就重庆谈判情况通知各局、各区党委:"在最近的继续谈判中,除军队允许增加几个预备师,特务机关可不再捉人杀人,政治犯可释放一部分外,基本上无若何进展,即起草联合公报事,亦为蒋所阻,谈判乃遭受挫折。"④

27 日,蒋介石偕宋美龄以休息为名飞往西昌。⑤ 同日,双方代表恢复谈判,举行第九次会谈,双方同意另设小组谈军事问题。关于解放区问题,周恩来提出暂维现状,对方仍不同意。最后决定交政治协商会议解决。针对国方提出的政府军受降、进兵,中共不得阻止的意见,周恩来说:胡宗南、阎锡山、李延年部队利用黄河以北铁路向前推进,有用武力解决解放区的意向,中共方面不能坐视。⑥ 同日,毛泽东在《新华日报》发表答路透社记者贝尔书面提出的 12 个问题,指出:"中共准备作重要的让步,包括缩减解放区的军队在

---

① 秦孝仪主编:《中华民国重要史料初编——对日抗战时期》第 7 编(2),中国国民党中央委员会党史委员会 1981 年版,第 91、95 页。
② 中共中央文献研究室编:《周恩来年谱(1898—1949)》,中央文献出版社 2007 年版,第 636 页。
③ 中共中央文献研究室编:《毛泽东年谱(1893—1949)》下卷,中央文献出版社 1993 年版,第 28—29 页;金冲及主编:《周恩来传》上册,中央文献出版社 2008 年版,第 666 页。
④ 中共中央文献研究室编:《毛泽东年谱(1893—1949)》下卷,中央文献出版社 1993 年版,第 29 页。
⑤ 蒋介石此次到西昌,实为实施倾覆云南龙云政权的计划。其结果是昆明发生"十月三日事变",10 月 6 日龙云被迫到重庆担任无实际权力的军事参议院院长职。参见杨维真著:《从合作到决裂——论龙云与中央的关系(1927—1949)》,"国史馆"2000 年版,第 216—255 页。
⑥ 中共中央文献研究室编:《周恩来年谱(1898—1949)》,中央文献出版社 2007 年版,第 636 页。

内。""中共的主张见于中共中央最近的宣言,这个宣言要求国民党政府承认解放区的民选政府与人民军队,允许他们参加接受日本投降,严惩汉奸伪军,公平合理地整编军队,保障人民自由权利,及成立民主的联合政府。""我们完全赞成军队国家化与废止私人拥有军队,这两件事的共同前提就是国家民主化。"①重申"联合政府"主张,表明毛泽东和中共方面开始在谈判中转守为攻,同时争取中间党派和中间势力。针对毛泽东的上述谈话,蒋介石异常愤怒,当日在日记中指毛泽东为"变相之汉奸""第一罪魁祸首""罪大恶极之祸首",甚至认为对毛泽东等人,"如不加惩治,何以对我为抗战而死亡军民在天之灵耶!"②28日,双方举行第十次会谈,周恩来出席。此次会谈达成两项协议:关于参加军队整编小组人员名单,中共方面为叶剑英,国民党方面为林蔚、刘斐(军令部次长)。关于政治会议,双方同意在结束训政、实施宪政以前,设政治会议,由国民政府召集之,各党各派及社会贤达推荐代表出席,协议和平建国方案与召开国民大会问题。③在讨论政治协商会议问题时,周恩来提议:代表人数定为37人,国、共、民盟和无党派每方9人,加一名主席。会议除讨论和平建国方案、召开国民大会外,还可讨论其他问题。协议结果应有最后拘束力。④29日,远在西昌的蒋介石在其日记中历数所谓中共十大罪恶以及所谓四项解放区暴政⑤。蒋介石对于中共认识如此,不仅难以期望其合作,连期望谈判有所进展其实也难。⑥

10月2日,双方举行第十一次会谈,周恩来出席。在商讨政治协商会议问题时,张群提出青年党代表人数太少。周恩来同意从中共名额中让出两

---

① 中共中央文献研究室编:《毛泽东年谱(1893—1949)》下卷,中央文献出版社1993年版,第29页。
② 秦孝仪主编:《中华民国重要史料初编——对日抗战时期》第7编(2),中国国民党中央委员会党史委员会1981年版,第102—103页。
③ 中共中央文献研究室编:《毛泽东年谱(1893—1949)》下卷,中央文献出版社1993年版,第30页。
④ 中共中央文献研究室编:《周恩来年谱(1898—1949)》,中央文献出版社2007年版,第636页。
⑤ 秦孝仪主编:《中华民国重要史料初编——对日抗战时期》第7编(2),中国国民党中央委员会党史委员会1981年版,第103—104页。
⑥ 据杨天石研究,离开重庆到西昌"休息"的蒋介石,一度产生扣留和"惩治"毛泽东的想法,此种观点可备一说。参见杨天石著:《找寻真正的蒋介石》,山西人民出版社2008年版,第435页。

名,给青年党和民主党派。说明如规定若干大城市由中央受降,若干地区中央不进兵,则铁路交通的恢复是容易的。并提出中共拟将谈判记录整理后发表,以回答人民。① 同日,蒋介石在其日记中分析中共在谈判中的态度和要求,谓:"共党反盗为主,其到重庆在军事政治上作各种无理要求,尤在其次,而且要将国民政府一切法令与组织根本推翻,不加承认,甚至实施宪政之日期,与依法所选举之国民大会代表,亦欲彻底推翻重选,而代之以共党之法令与组织,必使中国非依照其主张受其完全控制,而成一纯一共党之中国,终不甘其心,否则,必以不民主之罪名,而强置于一切民主制度之上也"。② 在 3 日发生昆明的事变后,国共双方于 5 日举行第十二次会谈,周恩来出席并将谈判记录交给对方。针对对方提出的用行政专员区来解决解放区的问题,周恩来指出:解放区的存在,是历史事实。只在苏北、皖北等地可用行政专员区的办法。并说明毛泽东将于下周返回延安。③ 蒋介石在 5 日日记中载:"此时应不必为俄多所瞻顾,积极肃清内奸,根绝'共匪',整顿内政,巩固统一为第一。如其以此借口,强占我东北,扰乱我新疆,则彼干涉我内政,侵害我主权,否则仍使共匪余孽捣乱边疆,此乃彼一贯政策。不有此事,亦必不免也。余以为最多新疆暂失,东北未复而已,而本部之内,只[至]少可以统一矣,此乃天予之时也。"④似乎对某种大事有所决断,但 6 日日记又记:"对共问题,郑重考虑,不敢稍有孟浪。总不使内外有所借口,或因此再起纷扰,最后惟有天命是从也。"⑤时而要"顺天应命"采取行动,时而要"听天由命"顺其自然,蒋介石处理国事和两党关系的非理性与迟疑不决,跃然纸上,实际上这正是蒋介石在处理毛泽东和共产党问题上无可奈何窘困情状的真实流露。台湾学者蒋永敬评论说:"双方代表在谈判中,各有长篇大论,更有针锋相对的争论。一

---

① 中共中央文献研究室编:《周恩来年谱(1898—1949)》,中央文献出版社 2007 年版,第 636 页。
② 秦孝仪主编:《中华民国重要史料初编——对日抗战时期》第 7 编(2),中国国民党中央委员会党史委员会 1981 年版,第 104 页。
③ 中共中央文献研究室编:《周恩来年谱(1898—1949)》,中央文献出版社 2007 年版,第 636 页。
④《蒋介石日记》1945 年 10 月 5 日,转自杨天石著:《找寻真正的蒋介石》,山西人民出版社 2008 年版,第 440 页。
⑤《蒋介石日记》1945 年 10 月 6 日,转自杨天石著:《找寻真正的蒋介石》,山西人民出版社 2008 年版,第 441 页。

般而言,共方之论,较重实际,志在维持现状,求其合法化。在谈判方式上,表示有让有取;实际则为让虚取实。而国方有纳有拒,实际则为纳虚拒实。"①

不管怎样,在四十大多天的会谈中,双方代表12次谈判,另有毛泽东和蒋介石8次直接会谈,终于获得了一个难能可贵的协议。《会谈纪要》不仅把双方已一致同意的内容在文字上确定下来,而且对没有取得一致的问题也分别说明双方各自看法。在解放区地方政府问题上还说明了中共先后提出的四种解决方案和双方争执所在。②

8日,国共双方代表就周恩来起草的《会谈纪要》交换意见并修改定稿。9日,毛泽东同周恩来、王若飞应蒋介石夫妇邀请,赴林园共进午餐。餐后,毛泽东与蒋介石直接商谈并辞行。蒋介石日记载:"毛泽东今日来作别,与之谈约一小时,先问其国共两党合作办法及其意见如何?彼吞吐其词不作正面回答,余乃率直告他——国共非彻底合作不可,否则不仅于国家不利,而且于共党有害。余为共党今日计,对国内政策应改变方针,即放弃军队与地盘观念,而在政治与经济上竞争,此为共党今后唯一之出路。"③对此,毛泽东表示不能同意。④

10日下午,《双十协定》由双方签字成立。《纪要》规定"和平建国的基本方针","在蒋主席领导之下,长期合作,坚决避免内战","政治民主化、军队国家化及党派平等合法,为达到和平建国必由之途径";"由国民政府召开政治协商会议";关于双方军队整编问题,"中共愿将其所领导的抗日军队由现有数目缩编至二十四个师至少二十个师",并迅速将其在南方八个地区的抗日军队北撤。具体计划"双方同意组织三人小组(军令部、军政部及第十八集团军各派一人)进行之"。关于解放区政权和国民大会问题,纪要规定"提交政治协商会议(中共原来提出的是召开各党派政治会议。政治协商会议这一

---

① 蒋永敬、刘维开著:《蒋介石与国共和战:1945—1949》,山西人民出版社2013年版,第7页。
② 中共中央文献研究室编:《毛泽东年谱(1893—1949)》下卷,中央文献出版社1993年版,第31页。
③ 秦孝仪主编:《中华民国重要史料初编——对日抗战时期》第7编(2),中国国民党中央委员会党史委员会1985年版,第104—105页。
④ 中共中央文献研究室编:《毛泽东年谱(1893—1949)》下卷,中央文献出版社1993年版,第32页。

名称,是根据国民党王世杰的拟议商定的)解决"。双方军队的整编方案未达成协议,东北问题未谈。①

纪要签字的10日晚,蒋介石与毛泽东在林园谈话,毛泽东与其意见有所不合。11日晨蒋介石与毛泽东共进早餐后再谈,蒋表示"所谓'解放区'问题,政府决不能再有迁就,否则不成其为国家之意"。希望中共方面"了解"。② 毛泽东则答以此事留待周恩来、王若飞继续商谈。③

回到延安的当天即11日,毛泽东主持政治局会议,报告重庆谈判的经过。毛泽东报告结束后,会议一致同意《国民政府与中共代表会谈纪要》。④ 关于重庆谈判的意义和局限,周恩来说:

> 解决的最重要的有三点:
> 一、承认了中共的地位。尽管到现在,国民党在各地还捉杀我们的人,我们的党在蒋管区还处在地下,但中共在全国全世界的地位,从双十会谈纪要发表后,是不同了。我们的地位已为国内外人民所承认,这是历史上一个很重要的问题。十年前西安事变后,蒋还在庐山向我提出要朱、毛出洋的要求,把我们看成是地方军阀,污辱我党;抗战,我们向蒋提出国共共同纲领,他不理,自己发表了抗战建国纲领;抗战八年中,蒋对共产党无论在形式上本质上,都不是放在平等的地位。但在日本投降后,因为经过我们八年的努力,解放区有了一万万四千万人口,共产党军队达到了一百四十万的人数,中国的问题,要没有共产党的过问是不行的,因此,蒋也不能不一而再再而三地打电报请毛泽东同志去。毛泽东同志的去重庆是关系着中共在中国及在世界上的地位的问题,去年这一次去是完全

---

① 中共中央文献研究室编:《周恩来年谱(1898—1949)》,中央文献出版社2007年版,第637—638页。
② 秦孝仪主编:《中华民国重要史料初编——对日抗战时期》第7编(2),中国国民党中央委员会党史委员会1981年版,第105页。
③ 杨天石著:《找寻真正的蒋介石》,山西人民出版社2008年版,第445页。
④ 中共中央文献研究室编:《毛泽东年谱(1893—1949)》下卷,中央文献出版社1993年版,第33—34页。

需要的,对我们没有任何损失。虽然力量的发展是八年的成绩,但毛泽东同志去后就不同了,取得能适合我党现在力量的地位。所以今年九月蒋在庐山训话中说,中共已不像过去江西时代那样容易"剿灭"的,他是有了国际地位了。

二、承认了各党派的会议。在这以前,蒋根本不承认各党派的地位,而此后却承认了,提高了各党派的地位。历史的发展是非常之快的。党派会议、联合政府都是中共提出的,各党派今天之所以有地位,是共产党与人民的努力取得的,连青年党也不得不暗自说,因为有共产党才能有他们的地位。张君劢虽参加了"国大",但在其见记者时,还说希望共产党原谅。这样使国民党不能一党包办,中国的事情,一定要经过各党派协商,这也就是实行了毛泽东同志的"三三制"思想。"三三制"有两个特点:一个就是共产党不一定要在数量上占多数,而争取其他民主人士与我们合作。任何一个大党不应以绝对多数去压倒人家,而要容纳各方,以自己的主张取得胜利。第二个特点就是要各方协商,一致协议,取得共同纲领,以作为施政的方针。这两特点是毛泽东同志"三三制"的思想。

三、承认了中共领导的人民军队的地位与数目。在此方案中,承认了我军二十个师。但抗战初期只给我们三个师,林彪同志去时,我们要九个师,蒋只给六个师;林伯渠主席去时,我们要十六个,蒋只给八个,毛主席去,一下就给了二十个师。

以上三点是双十会谈纪要的收获。我们并不因为蒋破坏了这些协定,就以为没有了收获。因为全中国人民都承认了这样的事实,认为中共的地位是不容抹杀的。国民党虽背叛了协议,但他还不敢放弃党派协商。

另一方面,没有达到协议的是地区问题与政权问题。在那时,我们的方针是要争取承认我们已有的民主政权,由此推向其他地方使之民主化。这对蒋来说,比前面的三个问题重大得多,因为凡是民主的地方,就没有独裁者的份儿。这对蒋是一个根本的威胁,因此蒋不承认。同时这也是与赫尔利闹翻的中心。毛泽东同志回来后，我与若飞同志还同国民党谈了一个半月。我们用各种方法想使他们承认，但他们还是不承认，中心就是他们不愿中国人民得到一个民主的根据地。中国这样大的国家，革命不可能是平衡前进，中国的革命就是这样的走出来，起起伏伏，一个阵地一个阵地地发展。所以对中国人民来说，根据地比什么都重要。武装固然重要，但武装毕竟是保持根据地的工具，武装脱离了根据地就无法生存。蒋看清了这点，他也特别懂得这个问题的重要性，因此，他无论如何不承认。

还有形式上承认而实质上未执行的问题，就是受降、遣俘、改编伪军三个问题。原则上虽已承认，但实际上他干他的。受降，他要经过美国人，而这样他的军队才由西南到了各大城市，同时又利用日俘、伪军打我们，把内战重新打起来了。①

对于国民党而言，由于事前对于谈判准备不足，仅为政治权谋并自以为与苏联已经达成了协议而可以在政治上对中共施加强大压力以使中共就范，从而三次贸然发出邀请中共谈判的电报，实际上等于昭告天下中共已经具有合法的性质。中共出乎意料地答应派出最高领导人出面谈判，使国民党在政治方面陷入处处被动局面，并使国民党方面在军事方面陷于更大被动。蒋介石后来在总结其失败过程和原因的时候说：重庆谈判和《会谈纪要》的发表，"使国民政府陷于孤立的地位，坠入既不能和又不能战的困境。"②对拿主权及东北的国家利益与外国交换集团私利的蒋介石及其政权而言，这种在内政方面上"不能和又不能战的困境"只是其必须面临的更大困境的开始而已。对于中共而言，重庆谈判由于决定召开政治协商会议而开辟了争取中间势力、孤立国民党的政治斗争的新舞台，同时在军事上更加坚定坚守华北、夺取东北的决心。

---

① 中共中央文献编辑委员会编：《周恩来选集》上卷，人民出版社 1980 年版，第 251—255 页。
② 蒋中正著：《苏俄在中国》，黎明文化事业公司 1989 年版，第 125 页。

12日,延安、重庆同时发表《政府与中共代表会谈纪要》。蒋介石回想与毛泽东的多次接触,觉得此人不好对付,其本日日记谓:"共毛态度鬼怪,阴阳叵测,硬软不定,绵里藏针。"①本日晋冀鲁豫军区部队在继10月6日于上党地区歼灭阎锡山部6个师及省防军一部之后,又歼灭由长治西逃的国民党军,共歼11个师和一个挺进纵队共3.5万余人。②13日,蒋介石发布进攻解放区的"酉元密令",要求国民党军队将领:"务本以往作战之精神,遵照中正所订的'剿匪'手本,督励所属,努力'进剿',迅速达成任务,其功于国家者必得膺赐,其迟滞贻误者,当必执法以罪。希转饬所属'剿共'部队官兵一体悉遵为要。"③当日蒋介石在日记谓:"断定其人[毛泽东]决无成事之可能,而亦不足妨碍我统一之事业,任其变动,终不能跳出此掌一握之中。仍以政治方法制之,使之不得不就范也。"④中共指责国民党方面未等《双十协定》墨迹之干,就密颁《剿匪手册》。国民党也声称中共军队仍然不守原地,袭击国军。和平建国的商谈迅速朝向如何使战争停下来的停战谈判转换。

17日,毛泽东在延安干部会议上作《关于重庆谈判的报告》,指出:"谈判的结果,国民党承认了和平团结的方针。这样很好。"他强调:"人民的武装,一支枪、一粒子弹,都要保存,不能交出去。"⑤

三、国民党军队的进兵和东北角力的迅速展开

蒋介石和国民党战后初期的战略部署和战略目标是:在完全占领长江以

---

① 《蒋介石日记》1945年10月12日,转自杨天石著:《找寻真正的蒋介石》,山西人民出版社2008年版,第445页。
② 中共中央文献研究室编:《周恩来年谱(1898—1949)》,中央文献出版社2007年版,第637页。
③ 中共中央文献研究室编:《毛泽东年谱(1893—1949)》下卷,中央文献出版社1993年版,第35页;中共中央文献研究室编:《朱德年谱》,中央文献出版社2006年版,第1214—1215页。
④ 《蒋介石日记》1945年10月13日,转自杨天石著:《找寻真正的蒋介石》,山西人民出版社2008年版,第446页。
⑤ 中共中央文献研究室编:《毛泽东年谱(1893—1949)》下卷,中央文献出版社1993年版,第37页。

南地区的同时,以重兵夺取苏皖北部、华北战略要地及交通线,分割、压缩中共各解放区并打开进入东北的通道,然后依据对其有利的中苏条约的规定,出兵占领整个东北。① 中共的基本军政方略是集中力量拿下整个东北,为此迟滞和阻止国民党军队在华北的进兵。双十协定签订后,国共两党在华北军事和东北问题上的角力迅速展开。

(一)国民党军队进兵华北及遇阻

在受降问题上,国民党以接收为名,坚持其军队可以开赴一切敌占区受降,而不准许共产党军队受降。周恩来在稍后的政协会上说:"关于进兵问题,政府军队要求开赴一切敌占地区受降,中共方面则要求有些原来由中共领导的武装在那里活动已经解放了的敌占地区,或已由中共领导的武装保卫的敌占地区,希望在受降问题解决之前,双方部队都暂驻原地不进。因彼此未能同意,所以会谈纪要没有列入。很清楚的,会谈纪要公布后,继续冲突的扩大,其根源即在于此。"② 因此,1945 年 8 月中旬以后,国民党军队沿平绥、同蒲、平汉、津浦等铁路,由西向东,由南向北,逐步向华北各解放区及苏皖边区推进。据统计,自日本投降至 10 月 17 日两个月内,国民党军队侵占解放区城市 30 座。中共也迅速调整战略布局,并以阻止国民党军推进和控制平绥、同蒲、平汉、津浦等四条铁路干线为作战目的,从 10 月份起,开始了一系列保卫解放区的作战。③

10 月 18 日到 12 月 14 日,中共晋察冀军区和晋绥军区主力 5 万余人,为阻止傅作义部东下,组织了绥远(平绥)战役,歼灭傅作义部 1 万余人。10 月 24 日到 11 月 2 日,中共晋冀鲁豫军区部队 6 万余人,组织邯郸(平汉)战役,歼灭国民党军队 3 万余人。10 月 18 日到 1946 年 1 月 13 日,中共山东野战

---

① 中共中央党史研究室著:《中国共产党历史》第 1 卷下册,中共党史出版社 2002 年版,第 869 页。
② 秦孝仪主编:《中华民国重要史料初编——对日抗战时期》第 7 编(2),中国国民党中央委员会党史委员会 1981 年版,第 140 页。
③ 中共中央党史研究室著:《中国共产党历史》第 1 卷下册,中共党史出版社 2002 年版,第 869、875 页。

军在华中野战军配合下,组织实施津浦路徐(州)济(南)段战役,歼灭国民党军队5万余人。10月26日到1946年1月13日,中共晋冀鲁豫军区太岳纵队等部,组织同蒲路南段作战,歼灭国民党军8000余人。上述绥远、邯郸、津浦路战役和同蒲路作战,加上此前的上党战役,歼灭国民党军20万左右,不仅保卫、巩固、扩大了解放区,同时起到了迟滞甚至阻止国民党军队从华北陆路向东北进军的图谋。①

(二)中共党政军力量大举挺进东北

苏联8月9日对日宣战并发起远东战役,以150万人的绝对优势兵力出兵中国东北,9月2日日军投降,全歼包括70余万日本关东军在内的日、伪军近百万,整个战役历时24天。② 斯大林同意在日军投降三周内开始从中国东三省撤退,撤退期限不超过三个月。③ 但由于各种原因,到1946年5月,苏军才从东北完全撤军。④

中共高层早就高度关注和重视东北问题。中共七大期间的5月31日,毛泽东在讲到革命转变问题时,明确提出了争取东北的战略意义。他说:

> 东北是一个极其重要的区域,将来有可能在我们的领导下。如果东北能在我们领导之下,那对中国革命有什么意义呢?我看可以这样说,我们的胜利就有了基础,也就是说确定了我们的胜利。现在我们这样一点根据地,被敌人分割得相当分散,各个山头、各个根据地都是不巩固的,没有工业,有灭亡的危险。所以,我们要争城市,要争那么一个整块的地方。如果我们有了一大块整个的根据

---

① 中共中央党史研究室著:《中国共产党历史》第1卷下册,中共党史出版社2002年版,第875—876页。
② 中国人民抗日战争纪念馆编著:《抗战时期苏联援华史论》,社会科学文献出版社2013年版,第240—241页。
③ 秦孝仪主编:《中华民国重要史料初编——对日抗战时期》第7编(1),中国国民党中央委员会党史委员会1981年版,第24页。
④ 中国人民抗日战争纪念馆编著:《抗战时期苏联援华史论》,社会科学文献出版社2013年版,第255—256页。

地,包括东北在内,就全国范围来说,中国革命的胜利就有了基础,有了坚固的基础。现在有没有基础呢?有基础,但是还不巩固,因为我们没有工业,没有重工业,没有机械化的军队。如果我们有了东北,大城市和根据地打成一片,那末,我们在全国的胜利,就有了巩固的基础了。①

6月10日,毛泽东在七大选举候补中央委员时,再次讲到东北问题。他说:"我觉得这次要有东北地区的同志当选才好。东北是很重要的,从我们党,从中国革命的最近将来的前途看,东北是特别重要的。如果我们把现有的一切根据地都丢了,只要我们有了东北,那末中国革命就有了巩固的基础。"②由此,毛泽东正式提出了战后争取东北的重大战略设想。

抗战胜利后,由于有《中苏友好同盟条约》的约束,中共在实施争取东北战略设想的过程中难免受到相应的限制,并有所顾忌,但是一向坚持独立自主原则和灵活策略的中国共产党,依然在困难中迅速而有步骤地开始推进该战略决策。8月11日,朱德发布延安总部的第2号命令,就是命令部队向热河、察哈尔、辽宁、吉林进发。22日,刘少奇为中共中央起草电报,指示山东分局立即抽调大批干部和部队进入东北,并指示晋察冀中央局以同样方法争取热河、察哈尔。8月中下旬,中共冀热辽军区司令员兼政委李运昌根据延安总部展开全面反攻的第2号命令,成立了东进工作委员会和指挥部,调集2500多名地方干部和1.3万余人的部队,分西、中、东三路,挺进东北。其中西路军于中旬与苏军在承德会师,中路军于20日在平泉与苏军会师,东路军(曾克林部)于30日与苏军在山海关外会师后,相互配合作战当日攻下山海关。③随后,中共从各地抽调的部队也陆续向东北前进。26日,毛泽东为中共中央起草致林枫并转吕正操及贺龙电谓:"(1)赴东北四省工作之干部团一千二百人及赵副旅长所率一个团不日由延安出发,交林枫率领开至热河边

---

① 《毛泽东文集》第3卷,人民出版社2001年版,第410—411页。
② 《毛泽东文集》第3卷,人民出版社2001年版,第427页。
③ 田酉如著:《彭真主持东北局》,人民出版社2007年版,第22—24页。

境,相机进入东四省工作;(2)军队是否能去辽吉黑三省,现在尚不知道。目前晋绥争夺战极其重要,故正操及其所部暂时仍在现地执行原任务"。① 28日下午,即毛泽东、周恩来赴重庆谈判乘机起飞后不久,朱德在中共中央党校大礼堂为即将出发去东北工作的干部作报告,强调:"这次去有大文章做",蒋介石的部队"大部分在南方,到东北要走半年","即使走到了,他有百把万人,我们也有百把万人,顶多还是他占城市,我占乡村,像日本占领东北那样。打日本我们有办法,对他我们就没有办法吗? 不怕!"我们现在要派五万军队、万把干部插进去,将来还要派更多的人去。是去争取三千万群众和我们在一起,把东北变为民主的东北。② 29日,中共中央在相关指示中谓:"我党我军在东三省之各种活动,只要他不直接影响苏联在外交条约上之义务,苏联会采取放任的态度,并寄予伟大之同情……红军将于三个月内全部撤退,这样我党还有很好的机会,争取东三省和热、察"。指示并要求晋察冀和山东方面的负责人,迅速派遣干部和部队到东三省,以控制广大乡村及中小城市,建立地方政权及地方部队。③

9月4日,冀热辽军区第16军分区司令员曾克林所率部队乘火车进入锦州,在此地与苏军再度会师。曾克林以所属第18团组成锦州卫戍司令部后,率部乘火车北上,5日到达沈阳火车站。经与苏军两度交涉,6日进驻沈阳。苏军向上级汇报后,与曾克林部开始友好相处。此后,双方经过会谈,建立了相互信任的合作关系。④ 7日,刘少奇致电华中局,要求抽调部队经山东送往东北。11日,中央电令山东分局抽调4个师2.5到3万人由萧华率领经海路进入东北。⑤ 13日,中共中央初拟组织东北局,并拟派彭真为书记。

身在长春的中共东北委员会(又称中共辽吉黑三省工作委员会)书记周

---

①中共中央文献研究室编:《毛泽东年谱(1893—1949)》下卷,中央文献出版社1993年版,第15页。
②中共中央文献研究室编:《朱德年谱》,中央文献出版社2006年版,第1204页。
③中共中央档案馆编:《中共中央文件选集》第15册,中共中央党校出版社1991年版,第257—258页。
④田西如著:《彭真主持东北局》,人民出版社2007年版,第24—25页。
⑤曾成贵著:《刘少奇的峥嵘岁月》,湖北人民出版社2012年版,第156—157页。

保中,①与苏军总司令华西列夫斯基元帅有密切的联系,当他从沈阳的抗联干部处得知八路军在沈阳与苏军接洽的消息后,迅速与华西列夫斯基元帅说明情况,华西列夫斯基元帅向苏共中央作了汇报。经苏共中央和斯大林同意,华西列夫斯基元帅给苏联红军派驻东北前线总司令马林诺夫斯基元帅打电话,要他派代表去延安,向中共中央说明,限于中苏友好条约,中共不要留在沈阳、长春、哈尔滨这些大城市,但可以到农村去发展,去没有国民党和苏军的地方去发展。马林诺夫斯基按照莫洛托夫传达的苏共中央和斯大林的意见,给毛泽东写了一封亲笔信,选派贝鲁罗索夫中校,带翻译谢德明(即西季赫缅诺夫)去延安。② 14日,贝鲁罗索夫乘飞机前往延安,与中共方面联络,此前抵达沈阳的曾克林同行。中经内蒙古多伦,15日到达。贝鲁罗索夫向朱德、叶剑英转达了马林诺夫斯基元帅的口头通知:在苏联红军撤退前,国民党和共产党的军队均不得进入东北;八路军个别部队已到沈阳、大连,请朱总司令命令这些部队退出苏军占领区;苏联红军统帅部转告朱总司令,红军不久将撤退,届时中国军队如何进入东北应由中国自行解决,苏方不干涉中国内政。曾克林被带到中央政治局会议上作了汇报,由此中央大致掌握了东北的情况。刘少奇在政治局会议上表示:"苏军要求八路军撤,有三种撤法,一是撤名义;二是小部分到乡下,主要部分留沈阳;三是从沈阳至营口、山海关,把撤退闹得轰轰烈烈。三种办法都用,公开撤,秘密又去。但是,冀热辽军区所辖的热、察地区不能撤,这里是抗战以来八路军活动的地区。从山东派出的4个师,还是照去,大城市不能进,可以到后方。方针是争取东北。"③根据刘少奇的提议,会议正式决定成立东北局,代表党中央领导东北地区的工作,并协调中共军队与苏军的行动,以彭真、陈云、程子华、林枫、伍修权为委员,彭真任书记。16日,彭真、陈云、伍修权和叶季壮(中央军委后勤部部长),同

---

① 原抗联教导旅随苏军进入东北后,该旅的党委在8月下旬改组成为中共东北委员会,周保中任书记。
② 田酉如著:《彭真主持东北局》,人民出版社2007年版,第27页。
③ 曾成贵著:《刘少奇的峥嵘岁月》,湖北人民出版社2012年版,第158页。

贝鲁罗索夫和曾克林一起,乘一架运输机飞赴沈阳。① 当日,刘少奇并以中共中央名义向各中央局发出指示谓,华北、华中应派出能拉起100个团的各级干部,其中华中20个、山东30个、晋察冀25个、晋冀鲁豫25个。17日,刘少奇为中共中央起草致重庆中共代表团电,提出"向北推进,向南防御"的战略方针,电文谓:"东北为我势所必争,热、察两省必须完全控制。……为了实现这一计划,我们全国战略必须确定向北推进,向南防御的方针。否则我之主力分散,地区太大,处处陷于被动。"提议将新四军江南主力部队立即转移到江北,调华东新四军主力10万到冀东,或调新四军主力到山东,再从山东、冀鲁豫调10万人到冀东、热河一带。另从延安派去1300名干部和炮兵学校近1000人。当日,毛泽东与周恩来即复电完全同意。19日,刘少奇召集政治局会议,进一步讨论争取东北的战略方针和部署。会后,刘少奇一面致电毛泽东和中央代表团,一面向各中央局传达"向北发展,向南防御"的战略方针及部署。② 23日,毛泽东为中央起草致东北局电,要求竭尽全力独占全东北,万一不成亦造成对抗力量,以利将来谈判。③ 与此同时,中共江北、山东部队奉命迅速向东北进发。④ 9月下旬,刘少奇根据苏军将在10月2日从东北撤出及美军将帮助国民党军队进入东北的情势判断,中共完全控制东北比较困难。于是,他在9月24日和9月29日分别以个人和中央名义指示东北局,进入东北的部队,不再集中于南满阻止国民党军队,而应分散到靠进热河和外蒙古的西满、靠近朝鲜的东满、靠近苏联的北满,建立持久斗争的基点。⑤

10月3日和4日,东北局书记彭真分别两次与苏方代表秘密会晤,增强了争取全东北的信心。为集中统一领导中共在东北的军队,6日,中共军队在东北的临时指挥机关——东北军区司令部成立,程子华为司令员,彭真为

---

① 伍修权著:《伍修权回忆录》,中国青年出版社2009年版,第142页。说明:实际上因飞机故障在山海关降落,彭真一行改乘火车,18日到达沈阳,很快与苏军建立了联系。参见田酉如著:《彭真主持东北局》,人民出版社2007年版,第34—35页。
② 曾成贵著:《刘少奇的峥嵘岁月》,湖北人民出版社2012年版,第158—160页。
③ 中共中央文献研究室编:《毛泽东年谱(1893—1949)》下卷,中央文献出版社1993年版,第37—38页。
④ 黄克诚著:《黄克诚自述》,人民出版社2004年版,第223—234页。
⑤ 田酉如著:《彭真主持东北局》,人民出版社2007年版,第51页。

政委,伍修权为参谋长。12 日,中共公开成立辽宁省政府,以张学思为省主席。①31 日,中共中央决定成立东北人民自治军总部,以林彪为总司令,吕正操、李运昌、周保中、萧劲光(兼任参谋长)为第一、第二、第三副司令,彭真、罗荣桓为第一、第二政委。②同时,中共中央决定成立东北局北满分局,以陈云为书记,任务为控制北满,巩固后方③。随即,东北人民自治军对进入东北的部队和新扩充的部队进行了整编。

11 月 19 日,苏军通知中共中央东北局,中共军队必须撤出大城市。随后东北局撤出沈阳,迁往本溪,其他大城市也逐渐放弃。22 日,刘少奇在致周恩来电中,把中共军队在东北的策略概括为"让开大路,占领两厢"。④25 日,黄克诚部 3.2 万人经长途跋涉到达锦州附近的江家屯,这支部队成为当时中共在东北地区实力最强的部队。26 日,中共军队撤出锦州。同日,黄克诚给毛泽东发去一封电报,除报告所部位置外,着重报告了所遇困难的情况。他说:"我在电报中讲了'七无'等情况,即'无党(组织)、无群众(支持)、无政权、无粮食、无经费、无医药、无衣服鞋袜等。部队士气受到极大影响。锦州、山海关以西地区土匪极多,少数人不能通行,战场极坏。而敌人已占领锦州,将直达长春。我提议我军暂不作战,进行短期休整,恢复体力,并以一部主力去占领中小城市,建立乡村根据地,作长期斗争之准备'。"⑤不久,黄克诚与相距有二三十华里的东北人民自治军总司令部取得了联系,与林彪会合。28 日,毛泽东为中共中央起草了给东北局的著名电报指示。他指出:"我党现时在东北的任务,是建立根据地,是在东满、北满、西满建立巩固的军事政治的根据地。"⑥至此,中共东北工作的方针得以明确。此时,中共在东北的军队已经有 30 万余人,其中,从各地抽调而来的有 10 万余人,新扩大的有 20 多万。随后,以李富春为分局书记、以黄克诚为司令员的西满根据地、以陈云为书记

---

①田酉如著:《彭真主持东北局》,人民出版社 2007 年版,第 55—61 页。
②伍修权著:《伍修权回忆录》,中国青年出版社 2009 年版,第 144 页;田酉如著:《彭真主持东北局》,人民出版社 2007 年版,第 81 页。
③田酉如著:《彭真主持东北局》,人民出版社 2007 年版,第 81 页。
④曾成贵著:《刘少奇的峥嵘岁月》,湖北人民出版社 2012 年版,第 163 页。
⑤黄克诚著:《黄克诚自述》,人民出版社 2004 年版,第 227 页。
⑥《毛泽东选集》第 4 卷,人民出版社 2009 年版,第 1179 页。

的北满根据地相继创建,使中共在东北的发展壮大有了可靠的依托。到 12 月,从各解放区集中到东北的中共干部已经达到 2 万余人。①

(三)国民政府接收东北的进展及困难

由于雅尔塔协定及其秘约,《中苏友好同盟条约》及三个相关条约,以及美苏关系,对于蒋介石和国民党政权而言,接收东北主权实际上成为一件非常复杂的事情。恰恰在这个复杂的问题上,蒋介石政权所表现出来的外交上的拙劣暴露无遗。被当作最可靠盟邦的美国拿中国的主权与苏联作交易,达成雅尔塔协定及其秘约,蒋介石无奈予以认可。这种认可又经过中苏谈判,转化为《中苏友好同盟条约》及三个相关条约。在这些条约和协定谈判过程中,国民政府方面的全权代表宋子文与斯大林在 7 月 11 日第五次会谈中有如下一段对话:

> 斯大林:在你提出的草案中,有一节是:"苏联军队在 3 个月内撤退",使我非常不愉快。对于解放一个国家的军队,要求其在一定的时间内撤退,像这样的国家,在哪里见到过?如果法国在美、英两军登陆之前提出这样的问题来,请问,会发生怎么样的后果呢?
>
> 宋子文:这样说来,我倒要重新请教,当日本被打败之后,苏联军队还要在东北逗留多久?
>
> 斯大林:在日本投降之后,想必还得要有两三个星期。
>
> 宋子文:撤退行动完全结束,所需的时日呢?
>
> 斯大林:要看铁路的运输量和军队的数量。我相信日本会在满洲作大规模的战斗,所以我们需要集中足够的军力。然而,在两个月以内,总可以撤退完毕。
>
> 宋子文:阁下能否声明,的确能够在 3 个月以内撤退?

---

① 田酉如著:《彭真主持东北局》,人民出版社 2007 年版,第 47 页。

斯大林:若无意外事件发生,相信不会要3个月。①

"友好条约"的谈判,语言如此生硬,气氛如此尴尬,可见谈判中真正友好的成分实在有限,更多的是各自对利害的盘算。国民党政权与苏联谈判并签订《中苏友好同盟条约》,获得了苏联方面在接收东北主权方面协助的许诺,从而从苏联手中不费力气就可以顺利接收东北,并断绝中共来自苏联的援助。美国总统杜鲁门就曾经说:"事实上,蒋介石甚至连再占领华南都有极大的困难。要拿到华北,他就必须同共产党人达成协议。如果他不同共产党人及俄国人达成协议,他就休想进入东北。"②苏联方面则希望达成中苏条约,使国民政府在俄美之间能够保持中立的态度,尤其是不希望美国的势力进入到中国东北。但实际上,在包括接收在内的一系列问题上,如果没有美国的援助,国民党政权寸步难行。这就从根本上决定了国民党政权从苏联人手中接收东北主权,决不会是一件轻而易举的事情。因为苏军可以根据自己的判断,决定把东北移交给重庆国民政府还是移交给中共方面。③ 甚至像双方约定中国政府派中国军事代表团派驻苏军总司令部保持联系此类急切、必须的事项,都仅仅停留在书面上,而未见重庆国民政府有任何的实际行动。

8月30日,国民政府颁布收复东北各省处理办法要纲6项,其中要点有:1.军事委员会在长春设立行营,内设政治与经济两个委员会;2.东三省重行划分为九个省;3.在长春设立外交部特派员公署。④ 9月3日,国民政府明令派熊式辉为东北政务委员会主任委员(行营主任),张公权(尚在美国)为中国长春铁路理事长兼东北经济委员会主任委员。14日,张公权从美国返国抵达重庆。26日下午,张公权往访苏联驻华大使彼得罗夫谈话,当闻知苏军在东北已经发行军用券后,断定接收东北事决非易事。其当日日记所感想

---

① 〔日〕古屋奎二主笔,《蒋介石秘录》翻译组译:《蒋介石秘录》第1卷,湖南人民出版社1988年版,第37页。
② 〔美〕哈里·杜鲁门著,李石译:《杜鲁门回忆录》第2卷,生活·读书·新知三联书店1974年版,第72页。
③ 熊式辉著:《海桑集·熊式辉回忆录》,明镜出版社2008年版,第481页。
④ 姚崧龄编著:《张公权先生年谱初稿》上册,台北传记文学出版社1982年版,第513页。

谓:"苏联视今后之东北,犹如'满洲国'以前日人之东三省,并非一经接收即可收回东北。"①27日,朱德就美国海军陆战队先后在天津、烟台、青岛、秦皇岛等地登陆事件,以总司令名义命令第18集团军参谋长叶剑英向延安美军观察组伊万·叶敦上校致口头声明并转告美军总部:山东省烟台市、威海卫市和河北省秦皇岛市都已在第18集团军的控制之下,附近并无日军。"如果美军事前未经与十八集团军总部作任何协商和决定,突在上述地点登陆,将引起中外人士怀疑美军干涉中国内战";"因此,朱总司令希望美军不要在上述地点登陆"。②随着9月底到10月初美国海军陆战队约1.9万余人在塘沽、秦皇岛登陆,苏联有迅速反应。当载有美国军人的船只要求在大连停泊时,遭到苏军的严词拒绝。同时苏方亦通告重庆方面"运兵船舶不准由大连登陆,其态度甚凶横"。蒋介石在其《日记》中记曰:"此或为美军近日在秦皇岛、天津登陆之故,使之疑忌嫉妒而有此举。"③

10月1日,苏联驻华大使在重庆会晤行政院长宋子文,表示:苏方已派定马林诺夫斯基元帅与中国最高统帅部(指东北行营)商量撤兵问题,时间订于10月10日到15日。2日,熊式辉到行政院与宋子文、陈诚、蒋经国等商议苏联撤军问题,主张等中国军队到达后再开始撤。④12日,熊式辉、张公权、蒋经国(外交特派员)等国民政府接收大员乘飞机抵达长春,但所遇景况十分尴尬。熊式辉、张公权一行人被很快发现:住处的厨子、卫队为苏军司令部所派俄人,长春市市长及公安局长也是苏军委派,市面不能使用法币,也不知道如何与当地工商界及经济事业机关人员接触,"如同身在异国"。⑤13日,熊式辉、张公权、蒋经国等与苏方马林诺夫斯基元帅在苏军司令部进行第一次会谈。熊式辉等提出协商的主要事项有:1.海运登陆港口及轮船的指定;2.陆

---

① 〔日〕伊原泽周编注:《战后东北接收交涉纪实:以张嘉璈日记为中心》,中国人民大学出版社2012年版,第5页。
② 中共中央文献研究室编:《朱德年谱》,中央文献出版社2006年版,第1213页。
③ 蒋永敬、刘维开著:《蒋介石与国共和战:1945—1949》,山西人民出版社2013年版,第86—87页。
④ 熊式辉著,洪朝辉编校:《海桑集:熊式辉回忆录》,香港明镜出版社2008年版,第492—493页。
⑤ 熊式辉著:《海桑集:熊式辉回忆录》,明镜出版社2008年版,第493页;〔日〕伊原泽周编注:《战后东北接收交涉纪实:以张嘉璈日记为中心》,中国人民大学出版社2012年版,第6页。

运铁路车辆的拨用;3.空运少数部队到沈阳、长春等大城市的降落问题等。苏方答复:1.根据中苏友好同盟条约,大连为自由港,中国军队不能由此登陆;营口、葫芦岛、安东三处港口设备不详,且安东不在苏军管辖范围,无权答复。轮船没有剩余,无法拨借;2.空运中国军队到东北各大城市问题,应由两国政府解决。会谈前后3小时,熊式辉认为:可以说是毫无结果。① 张公权则感到:苏方除斩钉截铁宣布11月30日撤至境外之外,其他均成问题。如对于所题运输军队,苏方无积极援助之意。对于行政接收,苏方设词延宕。马林诺夫斯基元帅甚至提出要求:国民政府在东北的秘密组织必须停止活动,否则将有严厉措施。② 15日。国民党军队在美军的帮助下,从秦皇岛登陆,并从海、空运送4个军占领北平、天津、唐山、秦皇岛。16日,毛泽东急电东北局彭真,"坚决阻止登陆"。③ 17日,熊式辉等东北行营人员再次与马林诺夫斯基会谈,坚持海运部队到大连登陆,请求苏方协助具体事项为:1.中国军队两个军由海运到东北,11月初在大连登陆,请苏方协助;2.另两个军由陆路经山海关进入东北,请苏方将山海关到沈阳的铁路及时修复;3.若干宪兵及员警先行空运到东北各大城市,并由东北行营派人赴各地筹编若干保安团队,请苏方予以便利及协助;4.东北行营先派人赴各主要城市如大连、哈尔滨等地视察,俾便准备接收;5.希望先接收交通事业及伪满政府与日本民营工业机构等。马林诺夫斯基元帅先通告苏军从各地撤退的日期,12月3日为止,全部撤入苏联国境。马林诺夫斯基元帅并答复:1.山海关到沈阳铁路,苏军可以修复,但车辆希望由关内拨用;2.中国空运少数部队到东北各城市问题,苏方不表反对;3.行营派人赴各地筹编保安队事,须俟请示苏联政府,始能答复;4.行政接收问题,须俟请示苏联政府;5.经济接收问题,伪满邮政机构已解体,铁道电讯及其他电业,现在军事占用期间,不能移交。各种工厂大部分为日本所经营,属于伪满者甚少。熊式辉对于上述答复的感觉是:"毫无诚意

---

① 熊式辉著,洪朝辉编校:《海桑集:熊式辉回忆录》,香港明镜出版社2008年版,第494页。
② [日]伊原泽周编注:《战后东北接收交涉纪实:以张嘉璈日记为中心》,中国人民大学出版社2012年版,第7—8页。
③ 田酉如著:《彭真主持东北局》,人民出版社2007年版,第66页。

商谈,力事推拖"①。张公权的感觉是:"反应冷淡"。② 19日,毛泽东在刘少奇起草的给东北局的电报中加上了一段:我党方针是集中主力于锦州、营口、沈阳之线,次要力量于庄河、安东之线,坚决拒止蒋军登陆及歼灭其一切可能的进攻,首先保卫全东北,改变过去分散的方针。23日,毛泽东为中共中央起草复东北局电,提出:本月底下月初,你们应收到大批军队及干部,请按辽热两省及安东省为第一位,北满、东满为第二位之次序部署力量。总之,竭尽全力,霸占全东北,万一不成,亦造成对抗力量,以利将来谈判。③ 29日,马林诺夫斯基在与熊式辉、张公权的会谈中,对美军协助国民政府运送军队到东北问题,表示惊讶:"最近发现大连航线有美国军舰行驶入港,并有军舰人员登陆,其舰长为西脱尔。苏方极为惊讶!认为有碍中苏邦交。因无论港内或航线上,均不应有任何国军舰。"④张公权当即注意到:"马林诺夫斯基一再提及美军舰驶入大连港及舰长登陆,可见其对于我方借助美国力量送军队入东北之不满。更显见苏联不愿见美国势力侵入东北。"⑤张公权的判断是正确的,正是美军积极帮助国民党运送军队到东北,引起了苏联的反感、警觉。东北问题越发复杂起来。此后,苏军对中共军队在东北的活动,采取了容忍甚至暗中协助的态度。同日,林彪、萧劲光在李运昌陪同下到达沈阳。经东北局研究决定,林彪、萧劲光立即赶赴锦州,布置山海关。11月初,国民党接收人员发现苏方对于葫芦岛、营口的中共军队阻碍国民党军队登陆的行动,有意纵容,"已极明显"。⑥ 6日,张公权发现:共党在长春公开活动,且声称要驱逐国民政府军事委员会长春行营人员出境。7日,蒋介石日记载:"今既于东北各海口不能登陆,只能由山海关陆路前进之一途,此后对东北只可如俗语所

---

① 熊式辉著,洪朝辉编校:《海桑集:熊式辉回忆录》,(香港)明镜出版社2008年版,第496页。
② 〔日〕伊原泽周编注:《战后东北接收交涉纪实:以张嘉璈日记为中心》,中国人民大学出版社2012年版,第12页。
③ 田酉如著:《彭真主持东北局》,人民出版社2007年版,第70—74页。
④ 〔日〕伊原泽周编注:《战后东北接收交涉纪实:以张嘉璈日记为中心》,中国人民大学出版社2012年版,第21页。
⑤ 〔日〕伊原泽周编注:《战后东北接收交涉纪实:以张嘉璈日记为中心》,中国人民大学出版社2012年版,第24页。
⑥ 〔日〕伊原泽周编注:《战后东北接收交涉纪实:以张嘉璈日记为中心》,中国人民大学出版社2012年版,第27页。

谓:死马当作活马医而已。必须先收复关内与内蒙,而后再图东北也。"。① 9日下午,蒋介石约雪艇商对俄共策略,决派蒋经国赴俄,往见斯大林,"作最后之一着,以卜成败"。② 12 日,张公权获得消息称:八路军2000多人从沈阳到长春,共产党控制的保安大队招募队员,长春机场附近已经有大批中共武装。③ 鉴于苏军态度的急剧转变,蒋介石不得不作出撤退东北行营的决定,并通知苏联驻华大使馆。15 日,熊式辉函指示东北行营经山海关迁移北平。16日,东北行营宣布撤退命令。17 日,东北行营及准备到东北各省市接收的人员大部撤至北平。④ 面对此种局面,蒋介石在东北问题上开始表现出极大的犹豫,并开始调整其军事计划。16 日,山海关被从秦皇岛登陆的国民党军队攻陷。蒋介石却在此时表示:"统帅部原定派三个军接收东北,后来又加派二个军,一共五个军。现在苏联不负责任,借口登陆的地点为共军占领,给我们以种种阻碍,因此我们军队入境,事实上非常困难。而且我们即令将这五个军开入了东北,仍不能确实掌握地方,东北的主权仍然不得完整,一切接收都不能进行,建设更无从谈起。在这种情形之下,我们宁可将东北问题暂时搁置,留待将来解决。我决定将东北行营移驻山海关。而以原来准备开入东北的五个军,加入华北方面,首先来肃清华北方面的土匪,先安关内,再图关外。这种由近及远的政策,我想一定不会错误的。"⑤美国驻华最高军事指挥官魏德迈12 月 5 日对这个计划的阐述是:

  对于中央军队分配基本原则的决定,应视中国本部之政治及军事情形如何而定。职信钧座与职同意,吾人须稳定自长城以南至越南边界内整个中国的政治经济及军事情况。

---

① 《蒋介石日记》1945 年 11 月 7 日,转自邓野著:《联合政府与一党训政》,社会科学文献出版社 2011 年版,第 254 页。
② 《蒋介石日记》1945 年 11 月 9 日,转自邓野著:《联合政府与一党训政》,社会科学文献出版社 2011 年版,第 275 页。
③ 姚崧龄编著:《张公权先生年谱初稿》上册,台北传记文学出版社 1982 年版,第 543—547 页。
④ 熊式辉著,洪朝辉编校:《海桑集:熊式辉回忆录》,香港明镜出版社 2008 年版,第 499 页;姚崧龄编著:《张公权先生年谱初稿》上册,台北传记文学出版社 1982 年版,第 554 页。
⑤ 秦孝仪主编:《先"总统"蒋公思想言论总集》第 21 卷,台北国民党党史会出版 1984 年版,第 189—190 页。

在南部中国,即扬子江以南地区,吾人已完成军事安全与政治控制,所尚须努力者,厥为该地区内工商业的复原。

在北部中国,即扬子江以北,长城以南,情形不颇为复杂,若内部及早坚决挽救,必至益趋混乱,职意吾人须以稳定华北之军事的与政治的控制,为第一要着。因此,吾人对此一事,须采取适当措置。

钧座曾表示,拟开五个军入华北,该项军队,即可完全控制该地区,当华北之战略要地,如交通据点,交通路线,实业区域,产粮区域及海口等,完全归中央军队控制之时,则吾人可进而建立政治控制,从事经济建设。

同时,职复相信,吾人须先稳固华北华南,乃能进而从事东北,倘如上段所述,吾人对华北之事,有力做到,则除非苏联或中共反对,吾人须立即以军队开赴东北。倘苏俄真实与中国政府合作,一如其最近与中国订立三十年条约所言,则吾人应可占领长春与沈阳。关于此点,职须郑重声明,开赴华北及东北之军队数量,必使不超过吾人供应能力,即弹药、装备、粮食是。

钧座深知职对于敝国政策,不能过分作主,但职深觉美国对华将继续援助,譬如运输中央军队及弹药装备等至华北是。职又相信,美国将协助中国送回中国战区内之二三百万日人,不久职可当接到有关此项事宜之确切通告。职甚了解,上述美国协助迟拖一日,则使吾人所遇之问题,更加困难,但职已尽所能,使敝国政府了解此项协助之紧急性。

假定吾人能得到美国援助,如运输等等,则吾人应尽速选五个精锐的军,开入长城南之华北,吾人或亦可利用葫芦岛以一个军开入东北,在上述军队开入之后,吾人即须保证,对于此等军队之弹药及装备,当源源接济。此外,吾人须自扬子江以北开动军队,一沿津浦铁路前进,一沿平汉路前进,职须郑重指出,中央军军队须及早完全控制交通线、工业区、产粮区及华北各大城市与港口,此点做到,即须任用最优秀之人充任各该地省主席、市长等职,且必须令人民选举县长。

　　假令职有权负责送还日人,职保证可于十二个月内遣还中国境内——包括东北及台湾——之日人返日。①

11月17日,国民政府东北行营大部分人员即行撤出长春。19日,重庆国民政府外交部向苏联大使表示,如果苏方对中国军队的接收予以协助,中国政府可以同意苏军延期一个月撤退。24日,张公权与国民政府军事委员会东北行营离开长春,飞北平,仅留下若干人以军事代表团名义与苏军保持联系。30日,苏联大使向王世杰送一照会,内容为苏联政府同意撤军延期到1月3日。② 国民党接收东北遭遇严重挫折。重庆国民政府方面采取各种措施企图有所挽救,但美军积极协助国民党军队到东北的行动既未收敛,苏军偏袒中共而阻滞国民党军队的趋势势难改变。

---

①秦孝仪主编:《中华民国重要史料初编——对日抗战时期》第7编(1),中国国民党中央委员会党史委员会1981年版,第159—161页。
②熊式辉著,洪朝辉编校:《海桑集:熊式辉回忆录》,香港明镜出版社2008年版,第501—502页。

第五章 战后两党合作建国的努力及失败

1945年12月5日,周恩来向中央报告两党在重庆正在进行的谈判的情况说:"(国共两党)问题的解决系于美苏的关系和力量的对比"。① 美苏两国日趋紧张的关系,深刻地影响到中国国内军政格局的演变。在这一背景下,国共两党之间一面以东北为重点展开军事较量,一面在重庆和南京的两党谈判为重心展开政治较量。从1945年12月到1946年11月的这一场国共谈判,中共方面有"1946年谈判"之说,其间又有"南京谈判"、"10月谈判"等时段的谈判。台湾的中国国民党官方学者则称这一时期的谈判为国共第七次谈判,又称为"马歇尔调处",盖因此次谈判有美国总统特使马歇尔的参与。1946年谈判或国共第七次谈判,涉及政协会议及其决议案实施、停战谈判、整军方案及其实施、东北停战协议、国民大会等一系列问题和一系列谈判。这是第二次国共合作期间两党之间的最后一次谈判,最终以失败收场。由此,战后国共两党合作建国的希望落空,国共第二次合作以分裂告终。

---

① 中共中央文献研究室、中共南京市委员会编:《周恩来一九四六年谈判文选》,中央文献出版社1996年版,第3页。

一、昙花一现的"和平民主新阶段"

(一)马歇尔来华及其使命

1945年12月5日,周恩来就与国民党谈判的方针,指出:"我们今后谈判的方针,应本着反内战、争民主、求和平的基本方针,实行政治进攻、军事自卫的原则,确定双十会谈纪要我方提案为基本价钱,来进行'边谈边打'的谈判"。至于政协会议问题,他表示:"政协之开,应以政治问题尤其是施政纲领、改组政府、民选国大及宪草原则为主题,才能合于我们的政治攻势,自然,停战问题亦应有所讨论。"①同日,中共中央就与国民党谈判的策略问题致电董必武、王若飞指示:在美国特使马歇尔来华之前,不要明确答复国民党提出的问题。②国民党代表邵力子通知中共代表董必武等,国民党方面同意全面停战,并同意12月8日派飞机接运中共代表团到重庆。6日,驻美大使魏道明在美国华盛顿与马歇尔特使会晤。马歇尔询问了中国东北情形、苏联最近态度好转的原因何在、华北中共情形等,魏道明作了相应回答。③

15日,美国总统杜鲁门在马歇尔起程来华前两小时发表对华政策声明。根据梁敬錞的研究,马歇尔使华训令主要由包括杜鲁门对华声明在内的三份文件构成,但除文本外尚有多种附件,公布的训令文字与原本有出入,文本和附件外尚有口头指示等,口头指示外还有执行方法及权力集中的安排等。④但就三份训令言,其一为杜鲁门15日致马歇尔的令函。该令函中表示:"予

---

① 中共中央文献研究室、中共南京市委员会编:《周恩来一九四六年谈判文选》,中央文献出版社1996年版,第11、13页。
② 南方局党史资料征集小组编:《南方局党史资料·大事记》,重庆出版社1986年版,第337页。
③ 秦孝仪主编:《中华民国重要史料初编——对日抗战时期》第7编(3),中国国民党中央委员会党史委员会1981年版,第47页。
④ 梁敬錞译注:《马歇尔使华报告书笺注》,"中研院"近代史研究所1994年版,第614—626页。

与国务院皆深望中国能依和平之方法,及早实现其统一。望阁下以特使之身份,以适当而现实之态度,运用美国之影响力。达到上述之目的。具体言之,阁下宜敦促中国政府召开全国政治分子会议,使中国得到统一,尤其在华北方面停止敌对之行为。""予授权阁下坦白陈述,即谈到对华经援、军援或技术援助时,阁下不妨明言:'一个分裂而经过内争摧残之中国,将不能成为美国考虑援助之实际对象。'"①其二是美国对华政策全文。其主要内容有:"左列两点美政府认为重要:(1)国民政府、中国共产党与其他政见不合之军队应作停止敌对行动之安排,使中国全境得复归与中国之有效控制,在华日附,得以迅速遣送。(2)召开一全国政党代表会议,以谋解决目前之内争,实现中国之统一。""美国政府将继续以军事物资援助国民政府,续运国军使其得以重新建立其解放地区——包括满洲在内——之统治。为便利停战安排与政治协商起见,美国将不运送国军于妨碍此两目的之地域,例如华北。""美国之援助应竭力避免其对于反政府分子发生任何影响。尤其不使其发展到军事干涉内争之形势。""美国深知现在中国国民政府乃一党之政府,美国深信此政府之基础如加扩大,包容全国其他政治分子,则中国之和平统一,将必更见迈进。职是之故,美国坚持所有中国国内主要政治分子,应各推代表举行一全国性之会议,商定办法,使彼等在中国国民政府内,均享有公平而有效之代表权。此种措施,自须将孙中山国父所创之暂时训政制度向迈进民主之进步中加以修正。""自主性之共产军对与中国之政府统一不相容,或使其成为不可能。一旦广泛的代议制度树立时,此类自主军队,均应有效地归并于中国国军之内。"②其三是美国国务卿致美国陆军部长函,其主要内容和观点是:"蒋介石政府是一发展民主最适当的基础,但是我们也深信这政府的基础必须扩大,将现时在政治上无发言权而在组织上有基础之代表分子包容在内。解决此事并不容易,既需机智,也需明辨、忍耐、自制,且须中国各领袖自己努力。但如我们的影响力,是一解决因素,则其成就,就要看我们如何能使此影响力

---

①秦孝仪主编:《中华民国重要史料初编——对日抗战时期》第7编(3),中国国民党中央委员会党史委员会1981年版,第52页。

②秦孝仪主编:《中华民国重要史料初编——对日抗战时期》第7编(3),中国国民党中央委员会党史委员会1981年版,第52—53页。

造出情势,以鼓励中国(1)中央政府(2)所谓共产党及(3)其他党派之让步。……质言之,马将军将致力促使中国召集一个全国主要党派代表会议,实现中国统一,停止各地尤其是华北之敌对。"[①]稍后,国民政府驻美国大使魏道明就杜鲁门指示马歇尔调停方针电呈蒋介石,明确表示:"(杜鲁门)总统指示马歇尔之方针,为支持国民政府、安定内部、中共武力并入国军、调停两党的纠纷、中共参政、援助中国复兴等各点。当时马歇尔曾询总统,谓如中共不就范,或我政府不愿照中共条件,容其参加政府时,则将如何?总统答:支持钧座。"[②]

16日,由周恩来和吴玉章、叶剑英、陆定一、邓颖超组成的中共代表团部分成员在周恩来率领下为出席政治协商会议乘飞机抵达重庆。[③]当天,周恩来召集中共代表团、重庆工委、八路军驻重庆办事处、《新华日报》等相关主要负责人开会,宣布撤销重庆工委,组织重庆局,以董必武为书记、王若飞为副书记。17日,两党恢复谈判。[④]18日,在中共代表团举行的记者招待会上,周恩来介绍中共代表这次来重庆,有参加政治协商会议和继续国共谈判两项任务。19日,中共代表团宴请国民党谈判代表邵力子。周恩来向邵力子提出:中共希望政协迅速开幕,开幕前停止内战,其他具体问题可在战争停止后用商谈方法求得解决。21日,蒋介石在南京接见美国总统特使马歇尔。22日,马歇尔来华重庆,周恩来到机场迎接。[⑤]23日,周恩来、董必武、叶剑英访晤马歇尔并举行会谈。周恩来说:中国在抗战期间作出了巨大牺牲,不能发生内战,要求立即无条件停止内战。中国共产党的总路线,是由政治协商会议

[①] 秦孝仪主编:《中华民国重要史料初编——对日抗战时期》第7编(3),中国国民党中央委员会党史委员会1981年版,第55—56页。

[②] 秦孝仪主编:《中华民国重要史料初编——对日抗战时期》第7编(3),中国国民党中央委员会党史委员会1981年版,第61页。

[③] 中共中央文献研究室编:《周恩来年谱(1898—1949)》,中央文献出版社2007年版,第646页;南方局党史资料征集小组编:《南方局党史资料·大事记》,重庆出版社1986年版,第338页。

[④] 中共中央文献研究室编:《毛泽东年谱(1893—1949)》下卷,中央文献出版社1993年版,第51页。

[⑤] 中共中央文献研究室编:《周恩来年谱(1898—1949)》,中央文献出版社2007年版,第646—647页。

准备宪法草案,由联合政府筹备召开国民大会,通过宪法,成立中国的立宪政府。① 周恩来并表示:"美国有许地方值得我们学习:(1)华盛顿时代的民族独立精神;(2)林肯的民有、民治、民享和罗斯福的四大自由的精神;(3)美国的农业改革和国家的工业化。"② 在这样的情况下,尤其是在马歇尔使华的强势影响下,国共两党在停战、政协、整军三大议题上展开谈判,并迅速达成相关协议。

(二)三大协定的达成

三大协定中,首先的当务之急是国共停战。1945 年 10 月 26 日,国民政府代表向中共代表提出避免冲突恢复交通办法③,之后经过几个星期的商谈,又经过几个星期的停顿。12 月 27 日再开谈判,周恩来将中共代表团提议的停战三项办法交国民党代表转蒋介石。三项办法是:(1)双方下令所属部队暂驻原地,停止一切军事冲突;(2)凡与避免内战有关的一切问题如受降、解除敌军武装、解散伪军、恢复交通及解放区、收复区等,在军事冲突停止后用和平协商方法解决;(3)为保证实现上述两项,在政协会议指导下,组织全国各界考察团分赴有内战的各地区考察,随时报告事实真相,公诸国人④。28日,苏、美、英三国莫斯科外长会议就中国问题达成一致,认为:"必须在国民政府之下建立一个团结而民主的中国,必须由民主分子广泛参加国民政府的所有一切部门,而且必须停止内争。他们重新确认:他们对于不干涉中国内政的政策信守不渝。"⑤同日,毛泽东指示中共中央东北局,要求在东北建立巩固的根据地。指示说:"我党现时在东北的任务,是建立根据地,是在东满、北满、西满建立巩固的军事政治根据地。""建立巩固根据地的地区,是距离国民

---

① 孟广涵主编:《政治协商会议纪实》下卷,重庆出版社 1989 年版,第 822—824 页。
② 中共中央文献研究室编:《周恩来年谱(1898—1949)》,中央文献出版社 2007 年版,第 647 页。说明:所谓四大自由即世界各地都有言论自由,宗教自由,摆脱贫困的自由,摆脱恐惧的自由。
③ 秦孝仪主编:《中华民国重要史料初编——对日抗战时期》第 7 编(2),中国国民党中央委员会党史委员会 1981 年版,第 134 页。
④ 中共中央文献研究室编:《周恩来年谱》,中央文献出版社 2007 年版,第 648 页。
⑤ 中共代表团梅园新村纪念馆编辑:《国共谈判文献资料选辑(1945.8—1947.3)》,江苏人民出版社 1980 年版,第 19 页。

党占领中心较远的城市和广大乡村。""在确定建立巩固根据地的地区和部署力量之后,又在我军数量上已有广大发展之后,我党在东北的工作重心是群众工作。""群众工作的内容,是发动人民、进行清算汉奸的斗争,是减租和增加工资运动,是生产运动。"指示要求东北局:"迅速在西满、东满,北满划分军区和军分区,将军队划分为野战军和地方军。将正规军队的相当部分,分散到各军分区去,从事发动群众,消灭土匪,建立政权,组织游击队、民兵和自卫军,以便稳固地方,配合野战军,粉碎国民党的进攻。"①该项指示表明,中共经营东北的方针,由集中力量完全控制改为分散占领大城市和交通线以外的广大地区。29日,毛泽东在致前方将领和中原局的电报中判断:"估计国内和平的趋势已经确定,只是具体实现和平还有许多曲折。"②这表明,中共此时的打,立足点在于与国民党的谈与和。30日,蒋介石日记载:"马歇尔自动密商对共党军队处理问题,愿加参加,并主张共军改编时,应与国军混合编成,以免其共军割据地盘之顾虑。彼果有此主张,则可信任其参加三人小组会议,使能负责调处也。"③31日,蒋介石日记中又载:"(一)马歇尔主张共军改编时,应于国军混合编成,以免共军割据地盘之顾虑;彼果有此主张,则可信任其参加三人小组会议,使能负责调处。(二)对共条件应着重在军队统一与统辖于中央,而对政治方面尽量开放为主,如马歇尔能参加,则当信任之,交其主持。"④显然,蒋介石对"国军混合编成"的整军思路和整军方法非常欣赏。同日上午,周恩来和王世杰就停战问题进行谈判。王世杰递交国民党对于中共三项办法的复文:同意停止一切军事冲突并恢复铁路交通;由国共双方各派代表一人,会同马歇尔商定有关停止军事冲突、恢复交通以及其他与受降和遣送敌俘有关的办法,请政府实施;由参政会驻会委员会推定人员组织军

---

① 《毛泽东选集》第4卷,人民出版社2009年版,第1179、1180、1182页。
② 中共中央文献研究室编:《毛泽东年谱(1893—1949)》下卷,中央文献出版社1993年版,第51—52页。
③ 《蒋介石日记》1945年12月30日,转自邓野著:《联合政府与一党训政》,社会科学文献出版社2011年版,第345页。
④ 《蒋介石日记》1945年12月31日,转自秦孝仪主编《中华民国重要史料初编——对日抗战时期》第5编(4),中国国民党中央委员会党史委员会1985年版,第195页。

事考察团,赴冲突地区考察军事状况与交通情形,提出报告。① 国民党方面所提出的这个复案,把美军在中国协助国民党军队办理受降及遣送日俘问题,与停止冲突恢复交通,当作一事。② 对此,中共代表大体同意。当天下午,国共双方代表继续商谈。

1946年1月1日,周恩来同马歇尔会谈,双方就成立有国、共、美三方代表组成三人委员会达成一致。该委员会后简称三人会议,由国民政府代表张群、中共代表周恩来,与马歇尔组成,负责处理有关停战、恢复交通和受降事宜,取一致协议方式,每方都有否决权。一切决议须送国、共最高当局核准后始生效。三人委员会可在离冲突地区较近的地方设一机构处理有关的一切具体问题。③ 2日,马歇尔向蒋介石提出国共双方停止军事冲突令稿备忘录,其主要内容如下:

一、一切战斗行动立即停止。

二、在中国本部及满洲境内一切军事调动,皆须停止;中华民国国军,为重行建立在满洲主权而开入满洲及在满洲境内调动,当系例外。为必须之给养、行政及警卫而作之纯粹地方性的军队调动,亦属例外。

三、破坏与阻碍各项交通线之习惯动,必须停止。并须立即拆除诸陆路交通线之障碍物。

四、在目前一切部队,借维持其现时地位。

五、此时将发布其他训令与命令。④

---

① 秦孝仪主编:《中华民国重要史料初编——对日抗战时期》第7编(2),中国国民党中央委员会党史委员会1981年版,第134页;中共中央文献研究室编:《周恩来年谱(1898—1949)》,中央文献出版社2007年版,第648—649页。

② 秦孝仪主编:《中华民国重要史料初编——对日抗战时期》第7编(2),中国国民党中央委员会党史委员会1981年版,第134—135页。

③ 中共中央文献研究室编:《周恩来年谱(1898—1949)》,中央文献出版社2007年版,第650页;秦孝仪主编:《中华民国重要史料初编——对日抗战时期》第5编(4),中国国民党中央委员会党史委员会1985年版,第194页。

④ 秦孝仪主编:《中华民国重要史料初编——对日抗战时期》第7编(3),中国国民党中央委员会党史委员会1981年版,第63—64页。

此项备忘录同时交周恩来转交毛泽东签字。3日,周恩来同马歇尔会谈,转告中共欢迎其参加调处国共关系的协商。马歇尔提出在北平设军调执行部及具体办法,并说美国有义务帮助国民党运兵去东北。周恩来回答,东北有特殊性,如何规定尚在考虑。同日,周恩来、董必武、叶剑英、王若飞同国民党代表会谈,原则同意国民党政府复文中的主张,希望马上全面停战,尤其是国民党军在热河的进攻应迅速制止。① 4日,中共中央军委决定,东北人民自治军改称东北民主联军,总司令林彪,政治委员彭真,副司令员吕正操、李运昌、周保中,副政治委员罗荣桓、程子华,副司令员兼参谋长萧劲光。② 当晚,王世杰与马歇尔长谈。马歇尔所拟国共停战协定草案,主张停止一切军事行动,惟政府派兵接收满洲之行动应不受牵制。③ 5日,周恩来和马歇尔会谈,讨论《关于停止国内军事冲突、恢复交通的命令和声明》的具体条文。周恩来说:我们承认东北问题的特殊性,因为它关系到政府接收东北的主权,牵连到美国协助中国经海路运兵到东北境内,应由国民政府直接与美苏办理,中共不参与其事。马歇尔表示将可以运兵去东北的内容,从命令和声明的正文中删去而作为"会议记录"单列。④ 同日,中共代表与国民党政府代表就停止军事冲突、恢复交通问题达成协议。该协议主要有三条:

一、停止国内各地一切军事冲突,并恢复一切交通。关于停止冲突及恢复交通之命令,依第二条之规定商定之。

二、因国内军事冲突及交通阻塞等事,与我国盟邦所负有之受降及遣送敌俘等义务有关,故应于政府与中共各派代表一人,会同马歇尔将军从速商定办法,提请政府实施。

三、由国民参政会驻会委员会及政治协商会议,各推定国共两党当事人以外之公正人八人,组织军事考察团,会同国共双方代表

---

① 中共中央文献研究室编:《周恩来年谱(1898—1949)》,中央文献出版社2007年版,第650页。
② 中共中央文献研究室编:《朱德年谱》,中央文献出版社2006年版,第1221页。
③ 王世杰著:《王世杰日记》第5册,"中研院"近代史研究所1990年版,第242页。
④ 中共中央文献研究室编:《周恩来年谱(1898—1949)》,中央文献出版社2007年版,第651页。

分赴全国发生冲突区域考察军事状况、交通情形,以及其他与国内和平恢复有关事项,随时将事实真相提出报告,并公布之。①

随后,双方开始讨论并拟定停战命令以及在北平设立军事调处执行部等问题。② 7日,张群、周恩来、马歇尔举行首次三人会议,讨论《关于停止国内军事冲突、恢复交通的命令和声明》的具体内容。周恩来提出:停止冲突应包括全国。拆除阻碍交通的障碍物应包括影响交通的碉堡、工事。关于交通的定义包括铁路、公路、轮船、电报、邮政等等。张群同意全国停战,但认为东北和华北的赤峰、多伦例外,因为政府要从苏联手中接收主权。并认为恢复交通主要是铁路。周恩来提出接收主权涉及到苏联,讨论时应有苏联代表参加。现在赤峰、多伦已由中共接收。马歇尔提议暂时不讨论这个问题。自此到10日,三人会议4天中举行6次商讨,达成停止冲突命令草稿、了解事项、军事调处执行部、共同声明等4个文件。③ 其中在9日的会谈中,周恩来经过力争,马歇尔斡旋,国民党方面放弃以接收主权为名,从中共手中"接收"多伦、赤峰的要求,蒋介石同意与中共达成停战协定。④ 中共控制多伦、赤峰,使晋察冀解放区北部的安全与东北解放区交通的通畅获得保证。⑤ 1月10日,蒋介石和毛泽东同时下达停战令:

一、一切战斗行动立即停止。

二、除下列第五项附注另有规定者外,所有中国境内军事调动一律停止,惟对于复员、换防、给养、行政及地方安全必要军事行动,乃属例外。

---

① 秦孝仪主编:《中华民国重要史料初编——对日抗战时期》第7编(3),中国国民党中央委员会党史委员会1981年版,第66页。
② 《毛泽东年谱(1893—1949)》下卷,中央文献出版社1993年版,第53页。
③ 中共中央文献研究室编:《周恩来年谱(1898—1949)》,中央文献出版社2007年版,第651页;秦孝仪主编:《中华民国重要史料初编——对日抗战时期》第7编(2),中国国民党中央委员会党史委员会1981年版,第135页;秦孝仪主编:《中华民国重要史料初编——对日抗战时期》第7编(3),中国国民党中央委员会党史委员会1981年版,第292页。
④ 王世杰著:《王世杰日记》第5册,"中研院"近代史研究所1990年版,第247页。
⑤ 中共中央文献研究室编:《周恩来年谱(1898—1949)》,中央文献出版社2007年版,第652页。

三、破坏与阻碍一切交通线之行动必须停止，所有阻碍该项交通线之障碍物，应即拆除。

四、为实行停战协定，应即在北平设一军事调处执行部。该执行部由委员三人组成之，一人代表中华民国国民政府，一人代表中国共产党，一人代表美国，所有必要训令及命令应由三委员一致同意，以中华民国国民政府主席名义，经军事调处执行部发布之。

五、附注：

甲、本命令第二节，对国民政府在长江以南整军计划之继续实施，并不影响。

乙、本命令第二节，对国民政府军队为恢复中国主权而开入东北九省或在东北九省境内调动，并不影响。

丙、本命令第三节内所云之交通线包括邮政在内。

丁、国民政府军队在上项规定之下行动，应每日通知军事调处执行部。

六、上开命令应自即日起开始实行，迟至本年一月十三日下午十二时止，务必在各地完全实施，仰各遵行，不得违误为要。①

此次停战又称第一次停战。毛泽东在停战令中指出："本党代表与国民政府代表对于停止国内军事冲突之办法、命令及声明，业已成立协议，并于本日公布在案。凡在中国共产党领导之一切部队，包括正规军、民兵、非正规军及游击队，以及解放区各级政府，共产党各级委员会，均须切实严格遵行，不得有误。中国人民在战胜日本侵略者之后，为建立国内和平局面所作之努力，今已获得重要之结果。中国和平民主新阶段，即将从此开始。"②11日，关于停战后中共在东北的政策，中共中央致电东北局，指出："国共停战协议及命令已公布，望遵行。停战是包括满洲在内的，但我们同意国军开入满洲及

---

① 秦孝仪主编：《中华民国重要史料初编——对日抗战时期》第7编（3），中国国民党中央委员会党史委员会1981年版，第69—70页。

② 中共中央文献研究室编：《毛泽东年谱（1893—1949）》下卷，中央文献出版社1993年版，第54页。

在满洲境内调动,并在谈判记录上取得默契四点,即在满洲不得驻兵过多;国军只能开入满洲;如派遣国军经过华北我区其他路线而入满洲,须事先经过协商;进入满洲各地的国军调动,须按日报告北平执行总部。"在停战令下达后,蒋介石不顾上述默契,坚持认为东北是接受主权问题,不包括在停战协定之内,并继续向东北增兵进攻中共部队。[①] 12 日,蒋介石日记载:"停战之目的:(甲)恢复铁路交通,(乙)整顿国军,(丙)整编共军。"[②] 中共则针锋相对,中共中央于13日致电林彪、彭真,指出:国民党拒绝与我谈判东北问题,国民党军队进入东北后要向我们进攻是不能避免的。望东北局立即布置一切,在顽军进入东北向我进攻时,坚决击破其进攻。[③]

由于恢复交通是此次停战中国民政府方面的主要目标之一,为此,三人会议在2月9日召开恢复交通会议,国民政府代表为张治中、中共代表为周恩来,美方代表为马歇尔,讨论白鲁德所拟草案。经过半天的讨论,草案获得通过,签字后于2月11日公布实施。[④]

对于停战令,周恩来在政协会议上曾经说:"九年来,我参与商谈两次,提出同样的要求,都实现了停止内战,虽然一面是感慨万端,另一方面觉得两度达到目的,首先为中国人民着想,就是个人也觉得获得一点安慰。"[⑤]

第一次停战令所包括的范围不包括东北,表明东北恰恰就是双方争议的焦点地区。中共中共中央在1946年1月21日对重庆谈判代表团及东北局的指示中说:

> 停战命令规定东北九省为恢复主权,国方可以调运军队,对于我们在东北地位未加承认。据情报,新六军已由上海开入东北,苏

[①]《毛泽东年谱(1893—1949)》下卷,中央文献出版社1993年版,第54—55页。
[②] 秦孝仪主编:《中华民国重要史料初编——对日抗战时期》第5编(4),中国国民党中央委员会党史委员会1985年版,第196页。
[③]《毛泽东年谱(1893—1949)》下卷,中央文献出版社1993年版,第54—55页。
[④] 秦孝仪主编:《中华民国重要史料初编——对日抗战时期》第7编(3),中国国民党中央委员会党史委员会1981年版,第293、310—312页。
[⑤] 秦孝仪主编:《中华民国重要史料初编——对日抗战时期》第7编(2),中国国民党中央委员会党史委员会1981年版,第139页。

军可能很快就要撤退。国方似不愿承认我在东北地位,而不想谈东北问题。因此我们现在似须主动提出东北问题与国方谈判。要向他们声明如不先谈好,在东北不可避免的要发生冲突,并必然影响全国的和平。与国方谈判时可考虑提出以下几点:

一、政府接收东北主权时,各党派及东北民主人士及民众团体均须有代表参加,要求取消行营,改为东北行政委员会,包括各党派代表为委员,释放张学良并参加接收工作。

二、承认在东北的八路军及东北人民组成的自卫武装,并编为地方自治政府的保安部队及民警。

三、由乡到省政府实行民选,并承认现在各地已经民选地方政府的合法地位。

四、派进东北的政府军队数额不得超过十万至十五万人,分驻东北各地军队之数额和运进路线,须加协商。

是否还须提出其他问题请加考虑。至于我在东北武装力量不必否认(已决定黄克诚师及梁兴初一师称八路军,其他称自治军、自卫军、义勇军等),要解决东北问题,如果预先没有确实的妥协,将来总是免不了要打一下,不过当此停战时不好现在就打,现在主要是立稳脚准备力量。

谈东北问题可考虑也请马歇尔参加,特别关于限制去东北军队数目问题,在政协会上也可提出我方解决东北问题的意见。①

蒋介石接收东北的预定计划是:(1)若铁路沿线之重要地区,皆为共军所陷,决待俄军撤退后再收复。(2)我军主力集结于北宁路,并推进至沈阳近郊,完成准备接收工作。②

中共中央这时提出的解决东北问题的办法很明确,即:

---

① 中共中央档案馆编:《中共中央文件选集》第16册,中共中央党校出版社1992年版,第55—56页。
② 蒋永敬、刘维开著:《蒋介石与国共和战:1945—1949》,山西人民出版社2013年版,第42页。

一、反对一党包办东北接收机构,要求改组行营及所谓东北政治经济委员会和东北各省政府,尽量吸收各党派和无党派人士参加,使一切民主分子享有公平有效的代表权。

二、承认并整编东北现有抗日民主部队,应使之与国民党军队共同维护地方治安,消灭土匪。

三、承认东北各县民主自治政府。

四、限制开入东北的国民党军队的数量。①

对于东北问题在国共斗争和谈判中的重要地位,周恩来有充分的认识。在整军方案签字前夕的1946年2月24日,周恩来致电毛泽东说:"在表面上蒋尚不能撕毁停战协定、政协决议及整军方案,且须为自己擦粉。但新的破坏阴谋仍将继续。东北问题仍将为斗争焦点。马歇尔说,今后三个月为空前危机。此意所指军队挑衅与进攻。请中央预为防范与预备,而对东北亦须有更主动之答复。"25日与马歇尔的会谈中,周恩来强调停战和整军应把东北包括在内。②

政治协商会议的召开是各党派使中国战后政治走向正常的努力的重要组成部分,也是马歇尔使华的重要使命之一。重庆谈判国共双方签订的会谈纪要,规定于1945年11月20日在重庆召开政治协商会议。因此,《双十协定》后,自10月20日至11月17日,中共代表团与国民党政府代表团又进行了十次谈判。10月20日,周恩来、王若飞与张群、王世杰、邵力子在重庆德安里举行谈判。双方就政治协商会议的性质、代表总数和各方应推出的代表数、会议职权、表决方式以及由谁出面召集等五个问题进行了商谈③。周恩来不同意对方提出的青年党占六个名额的意见。这是签订《双十协定》后的第

---

① 《新华日报》1946年2月16日。杨奎松著:《抗战前后国共谈判实录》,新星出版社2013年版,第318页。
② 中共中央文献研究室、中共南京市委员会编:《周恩来一九四六年谈判文选》,中央文献出版社1996年版,第119—121页。
③ 南方局党史资料征集小组编:《南方局党史资料·大事记》,重庆出版社1986年版,第325—326页。

一次国共谈判。21日,周恩来出席国共谈判。经过斗争,中共意见被采纳,确定各方面参加政协代表的人数为:国民党八人,共产党七人,民主同盟九人,青年党五人,无党派九人。周恩来指出:国民党军进犯解放区已达七十万人,再前进,必引起内战。停止进兵、重划受降区、恢复交通、解散伪军四者互相关联,必须先解决,办法是承认各边区政府。25日周恩来等返回延安,国共谈判暂停。27日,美国驻华大使赫利辞职,杜鲁门决定派马歇尔为特使赴华。①

12月1日,中共代表通知国民党代表,中共中央决定再派代表团到重庆谈判,并参加政治协商会议,但要求国民党停止进攻。②周恩来12月初分析:

> 内战能不能停止呢?在蒋没有试验失败以前,他不会真正停止的。由于国内外的要求,一时的表面的停止是可能的。我们提议的前四条,再加以内战考察团的组织,如果真能做到,对我们是有利的。但他在目前条件下,仍不会答应的。并且停战以后,谈判不成,又会打起来的。即在停战之中,对华中、华南的"清剿",恐也不会停止的。因此,边打边谈会成为今后相当时间的国共关系的特点。
>
> 黄埔、CC是要战的,但对战,尤其是军人并无足够信心。政学、英美、元老三系是倾向和的,当然希望照他们能出的价钱和下去,对我们说来,太低了,则不能接受。王世杰在我临走前一次会议上说,如需要,他愿到延安来和毛主席谈,这说明他们是在做和的一面工作的。③

5日,周恩来就政协会议问题表示:"政协之开,应以政治问题尤其是施政纲领、改组政府、民选国大及宪草原则为主题,才能合于我们的政治攻势,

---

① 中共中央文献研究室编:《周恩来年谱(1898—1949)》,中央文献出版社2007年版,第639—640、642页。
② 南方局党史资料征集小组编:《南方局党史资料·大事记》,重庆出版社1986年版,第335页。
③ 中共中央文献研究室、中共南京市委员会编:《周恩来一九四六年谈判文选》,中央文献出版社1996年版,第8页。

自然,停战问题亦应有所讨论。"①同日,中共中央就关于与国民党谈判的策略问题致电董必武、王若飞。指示在美国特使马歇尔来华之前,不要明确答复国民党提出的问题。②国民党代表邵力子通知中共代表董必武等,国民党方面同意全面停战,并同意8日派飞机接运中共代表团到重庆。16日,由周恩来和吴玉章、叶剑英、陆定一、邓颖超组成的中共代表团部分成员③在周恩来率领下为出席政治协商会议乘飞机抵达重庆。④周恩来召集中共代表团、南方局、重庆八办、《新华日报》主要负责人会议,代表中共中央宣布撤销南方局重庆工作委员会,恢复南方局(暂名重庆局),以董必武为书记、王若飞为副书记。17日两党恢复谈判,周恩来在出席马歇尔宴请时,就政协会议和东北问题进行了会谈。18日,周恩来和董必武、叶剑英、王若飞、邓颖超、陆定一等举行记者招待会。周恩来在会上表示:当前"首先待解决的是停止内战问题","尤其是解放区一万万人民,现在处于被进攻的状态中,更是迫切的要求停止内战";其次是"要讨论出一个和平建国方案,这个方案将包括共同纲领、政府改组、复员善后问题等";还要讨论国民大会的问题,"包括国民大会代表的改选问题"。解放区的问题,"要在讨论全国实行地方自治问题下去解决"。军队国家化的问题,"现在的政府还是一党专政的政府",我们不能把抗日的军队交给它,也反对参加请客式的政府。我们要求改组成为各党派参加的民主政府,由它来统一全国的军队。关于东北问题,"国民政府代表中国去接受东北主权,这是应当的。但是如何建设东北,却是内政问题,不能混为一谈"。⑤29日,周恩来和董必武等以中共代表团名义,先后宴请沈钧儒、陶行知、邓初民、李公朴、史良、章伯钧等,就政协会议问题交换意见。31日,蒋介石决定于翌年一月十日召开政治协商会议。⑥当日蒋介石在日记中所记

---

① 中共中央文献研究室、中共南京市委员会编:《周恩来一九四六年谈判文选》,中央文献出版社1996年版,第11页。
② 南方局党史资料征集小组编:《南方局党史资料·大事记》,重庆出版社1986年版,第337页。
③ 中共中央文献研究室编:《周恩来年谱(1898—1949)》,中央文献出版社2007年版,第646页。
④ 南方局党史资料征集小组编:《南方局党史资料·大事记》,重庆出版社1986年版,第338页。
⑤ 中共中央文献研究室编:《周恩来年谱(1898—1949)》,中央文献出版社2007年版,第646—648页。
⑥ 中共中央文献研究室编:《周恩来年谱(1898—1949)》,中央文献出版社2007年版,第648—649页。

"对政治方面尽量开放为主"。① 这表明，他此时对于政协会议并未看重，这显然是一个严重的政治失误。

1946年1月5日，周恩来、董必武等联名致函国民代表王世杰、张群、邵力子，通报了中共方面出席政治协商会议七名代表（周恩来、董必武、王若飞、叶剑英、吴玉章、陆定一、邓颖超）和八名顾问（李澄之、何思敬、王世英、沈其震、许涤新、张友渔、华岗、王炳南）的名单。② 同一日，国民政府公告承认外蒙古独立。③ 6日，国民党政府公布《召开政治协商会议办法》及各方面代表的名单。其中《召开政治协商会议办法》中规定："国民政府为在宪政实施之前，邀集各党派代表及社会贤达共商国是起见，特召开政治协商会议。"④关于政协代表的情况，周恩来曾向中央报告说：

> 政协的人数定为三十八人：计国民党八人：孙科、张群、王世杰、邵力子、张治中、陈立夫、张厉生、陈布雷；中共七人；青年党五人：曾琦、陈启天、余家菊、常燕生、杨叔明；民主同盟九人：张表方、黄炎培、梁漱溟、张君劢、罗隆基、沈钧儒、张申府、张东荪、章伯钧；无党派九人：王云五、傅斯年、胡政之、邵从恩、李烛尘、郭沫若、缪云台、莫德惠、钱新之（或张奚若、陈嘉庚）。观此阵容，国民党并不能得到压倒的优势。以青年党作国方与党算，国方得确定的十三人。我方加上郭、章、沈、张（申府）亦得确定的十一人。但青年党在民主问题上不能完全同意国方，而国方内部在省制上亦大有分歧（孙、张、张、王、邵均赞成均权，只CC三人主集权），故国方不及我整齐。至其他十四人，目前居右者四人（胡、傅、莫、钱），居左者四人（罗、东荪、缪、李烛尘），余六人则居中（黄、梁、表方、王、邵、君劢）。若以赞成

---

①秦孝仪主编：《中华民国重要史料初编——对日抗战时期》第5编（4），中国国民党中央委员会党史委员会1985年版，第195页。
②南方局党史资料征集小组编：《南方局党史资料·大事记》，重庆出版社1986年版，第349页。
③朱汇森主编，叶忠巨编纂：《中华民国史实纪要（初稿）》（1946.1—3），"国史馆"1989年版，第42页。
④秦孝仪主编：《中华民国重要史料初编——对日抗战时期》第7编（2），中国国民党中央委员会党史委员会1981年版，第111、113页。

民主与否来分,则君主派不如新旧民主派占优势。①

7日,周恩来所写《蒋介石元旦演说与政治协商会议》作为《解放日报》社论发表。针对蒋介石的演说,指出:国民党的所谓"国民大会","是一个企图把一党专政合法化并延长到无限期的东西"。我们反对在联合政府成立之前召开国民大会。蒋氏演说一字不提即将召开的政治协商会议;他的"军令政令必须统一","必然是愈'统一'而民主民生愈悲惨"。"政治协商会议的任务,必须是实现无条件停止内战,结束一党专政,改组国民政府,成立民主联合政府。"②

1946年1月10日上午,政治协商会议在重庆召开,蒋介石致开幕词。在致完开幕词后,蒋介石宣布国民政府决定实施四项政策:"一、'人民之自由':人民享有身体、信仰、言论、出版、集会、结社之自由,现行法令依此原则分别予以废止或修正,司法与监察以外机关,不得拒捕审讯及处罚人民。二、政党之合法地位:各政党在法律之前,一律平等,并得在法律范围之内,公开活动。三、'普选':各地积极推行地方自治,依法实行由下而上之普选。四、'政治犯':政治犯除汉奸及确有危害民国之行为者外,分别予以释放。"③周恩来代表中共代表团在会上致词:"我们今天在先烈的昭示之下,在中山先生遗像之下,应痛下决心,不仅在今天下令停战,而且要永远使中国不会发生内战。我们中共代表团是带着这种信念和决心来参加会议的。""政治协商会议,就要请各党代表及社会贤达,一起来订出如何实现政治民主化、军队国家化及党派平等合法的方案。并在此过渡期(即宪政实施前——引者注)中,我们提议要在共同纲领的基础上,实现各党派,无党无派代表人士合作的举国一致的政府。于此:人民权利和党派合作更是当前急迫待决的问题。方才听到蒋主席关于保证人民权利四项的公布,我们欢迎这个公布,并愿为实现这

---

① 中共中央文献研究室、中共南京市委员会编:《周恩来一九四六年谈判文选》,中央文献出版社1996年版,第11—12页。
② 中共中央文献研究室编:《周恩来年谱(1898—1949)》,中央文献出版社2007年版,第652页。
③ 秦孝仪主编:《中华民国重要史料初编——对日抗战时期》第7编(2),中国国民党中央委员会党史委员会1981年版,第129页。

四项权利而奋斗。"①下午,在重庆国民党中央党部,两党代表举行茶会。在孙科说明国民政府对于改组政府、军队国家化、宪法草案、国民大会等问题的意见之后,中共代表董必武、王若飞、周恩来、陆定一等先后询问国民党方面在相关问题上的具体主张并发表意见。如王若飞询问国民政府职权扩大后,国民党中央的地位如何、国府委员如何产生、国民政府主席对于国务会议决议案有无最后决定权、扩大政府组织是否使用于省级、县长民选办法等问题。周恩来询问党派合法存在是否须经过登记程序、政党公开竞选是否有法规的规定、国民参政会届满后是否停止等问题,周恩来并发表意见表示:政治协商会议不应该只开一次就结束,如宪法草案在本次会议决定后,其修改则必须再开一次政协会议以决定新草案;军队国家化与政治民主化应该平行进行,要顾及理论与现时,否则国民政府方面认为"解放区"是割据,而中共则认为国民政府不民主;必须制定共同纲领以使宪政实施前政府能够稳定;省县普选也应定出程序和步骤;宪法为百年大计,在颁布前宪法草案必须郑重、详细讨论,不能惮烦,不可草率决定;对国民大会暂保留意见。对此,陈布雷判断:"中共所侧重者:(一)共同纲领即其所谓'联合政府之共同施政纲领',(二)地方政权,(三)选举,(四)宪法草案。至'人民基本自由'及'党派地位平等'等则无一言提及,或其将运用民主同盟等提案。"②政治民主化、军队国家化、国民大会问题是政协会议斗争的焦点。11日下午,国共双方代表张群和周恩来相继在政协第二次会议上报告关于停止军事冲突以及恢复交通问题的商谈经过。周恩来指出:停止冲突应是全面的,没有条件的;内战问题,全国反对,世界不满,应该迅速解决。"谈判方法上应该公开","凡是一件与国家民族和人民有关的事,能够公之于众,就能得到公意,认识公意,就能得到解决的标准"。并指出现在十三个省区(多在交通线上)仍有冲突。③

1月12日上午,政协举行第三次会议,周恩来、邵力子报告关于国共会谈

---

① 秦孝仪主编:《中华民国重要史料初编——对日抗战时期》第7编(2),中国国民党中央委员会党史委员会1981年版,第130页。
② 秦孝仪主编:《中华民国重要史料初编——对日抗战时期》第7编(2),中国国民党中央委员会党史委员会1981年版,第133页。
③ 中共中央文献研究室编:《周恩来年谱(1898—1949)》,中央文献出版社2007年版,第653页。

经过,并决定由何基鸿等 8 人为军事考察团代表,冷遹等 4 人为候补代表。①关于 11、12 日政协会议情形,《王世杰日记》载:"昨今两日,政治协商会议中之中共及民主同盟分子,均在会议中作宣传性之演说。梁漱溟、张东荪强调自由,周恩来为张学良、杨虎城之释放,作长篇演说。"②对于政协会上的此种现象,蒋介石甚为不满,在日记记载:"政治协商会议分子复杂,其真有国家观念主持公道者,实不多见,可痛也。"又说:"国家经二十五年之奋斗,基础粗已奠立,建国前途必能完成,故一切横逆污蔑之来,皆当容忍之。"③13 日,政协会议五人程序小组商定政协会的主要议程排列办法。④

14 日到 19 日,大会先后按照议程就政府组织、施政纲领、军事、国民大会、宪法草案等五大议题进行了讨论。⑤ 其中 14 日举行的政协第四次会议,王世杰代表国民党代表团提出《关于扩大政府组织之意见》,曾琦代表青年党提出《改革政治制度实行政治民主化案》,董必武代表中共代表团提出了《关于改组政府的八项主张》。⑥ 周恩来在会上提出释放张学良、杨虎城的要求。⑦ 15 日,《王世杰日记》载:重庆中大等校学生游行,以"政治协商会议,只许成功,不许失败"为其主要口号。彼等至国民政府,各党之出席政治协商会议者,多当场演说,保证会议之成功。⑧ 16 日,政治协商会议举行第六次大会,讨论军事问题。中共中央致电中共代表团谓,政府改组,各方委员应有一定比例,国民党不得高于三分之一,军队国家化,首先要国民党军队做到。⑨ 中共代表团向政协会议正式提出《和平建国纲领草案》,要求以和平、民主、团

---

① 秦孝仪主编:《中华民国重要史料初编——对日抗战时期》第 7 编(2),中国国民党中央委员会党史委员会 1981 年版,第 137 页。
② 王世杰著:《王世杰日记》第 5 册,"中研院"近代史研究所 1990 年版,第 248 页。
③ 秦孝仪主编:《中华民国重要史料初编——对日抗战时期》第 5 编(4),中国国民党中央委员会党史委员会 1985 年版,第 195、196 页。
④ 秦孝仪主编:《中华民国重要史料初编——对日抗战时期》第 7 编(2),中国国民党中央委员会党史委员会 1981 年版,第 145—146 页。
⑤ 金冲及主编:《周恩来传》上册,中央文献出版社 2008 年版,第 681 页。
⑥ 秦孝仪主编:《中华民国重要史料初编——对日抗战时期》第 7 编(2),中国国民党中央委员会党史委员会 1981 年版,第 146 页。
⑦ 中共中央文献研究室编:《周恩来年谱(1898—1949)》,中央文献出版社 2007 年版,第 654 页。
⑧ 王世杰著:《王世杰日记》第 5 册,"中研院"近代史研究所 1990 年版,第 255 页。
⑨ 南方局党史资料征集小组编:《南方局党史资料·大事记》,重庆出版社 1986 年版,第 361 页。

结、统一为基础;迅速结束训政,将现政府改组为容纳各抗日民主党派及无党派人士的联合的国民政府;改组后的政府负责协同政协商定中国民主宪法草案及国民大会选举法、组织法,并立即根据新的选举法进行选举;实行地方自治,"省得自订省宪"进行民选,"凡已实行普选的地方政府,应承认其为合法"。① 周恩来出席政协全体会议,提出实现军队国家化的十二条建议。② 此时的蒋介石早已精疲神倦,其本日日记中载:"近日神志消沉,意态悒郁,所有反动派皆乘协商会机会对政府与本党施以各种污辱欺凌。此乃不足为意,而一般智识分子及青年,平时自称为爱护党国者,皆不以此为痛愤,视若无睹。呜呼,是非已无,邪正莫辩,公理泯灭,国家焉得不乱也。抗战胜利实为党国威信最高之时,余乃反因之受辱招侮……是乃余之智力不足之所致耳,能不愧悔?"③蒋介石这里所说"余之智力不足",应是真情实感。17 日下午,政协举行第七次会议,讨论国民大会问题。国民党代表团提出了《关于国民大会之意见》,坚持国民党一党包办的旧代表仍然有效,受到中共、民盟和无党派代表反对,要求重选。④ 18 日上午,政协举行第八次会议,继续讨论国民大会问题。⑤ 18 日,周恩来发言指出:政治解决就是相互容让、妥协,但要有一定原则。我党"不承认旧代表,又不要分裂",就要在许多问题上找民主化的出路,比如改组政府问题,我们"不是要几个位置,而是要有确定的共同纲领"。"在原则上有了共同点,大家才能根据共同的政策去奋斗,为人民谋利益。"⑥ 19 日上午,政协举行第九次会议,讨论宪法草案问题。⑦

22 日,马歇尔特使见蒋介石,递交所提《临时政府组织法》建议案,并就

---

① 中共中央文献研究室编:《周恩来年谱(1898—1949)》,中央文献出版社 2007 年版,第 654 页。
② 中共中央文献研究室编:《周恩来年谱(1898—1949)》,中央文献出版社 2007 年版,第 654 页。
③《蒋介石日记》1946 年 1 月 16 日,转自邓野著:《联合政府与一党训政》,社会科学文献出版社 2011 年版,第 354 页。
④ 秦孝仪主编:《中华民国重要史料初编——对日抗战时期》第 7 编(2),中国国民党中央委员会党史委员会 1981 年版,第 196 页。
⑤ 南方局党史资料征集小组编:《南方局党史资料·大事记》,重庆出版社 1986 年版,第 363 页。
⑥ 中共中央文献研究室编:《周恩来年谱(1898—1949)》,中央文献出版社 2007 年版,第 654—655 页。
⑦ 秦孝仪主编:《中华民国重要史料初编——对日抗战时期》第 7 编(2),中国国民党中央委员会党史委员会 1981 年版,第 206 页。

国共问题交换意见。① 马歇尔所提《临时政府组织法》建议案中第3条内容有:"在立宪政府成立之前,非经国务委员会委员十六人之同意,国民政府不得发布影响各县各行政区纯地方性质事务之法令,但有关国家安全及福利之事务除外。各地方政府仍由颁发此法令时现有之行政官员管理之。在其他行政人员未曾经确定之地区,国务委员会应成立一小组委员会,二人代表国民党,二人代表共产党,以选拔上举地区之临时行政人员。"对此,蒋介石审阅后在日记中说:"此为共党所不敢提者,可知客卿对他国政治之隔阂。若本身无定见,不仅误事,且足以召(招)亡国之祸也。"②

23日,为使各项议案经代表充分协商后能达成一致协议,政协会议成立由国民党、共产党、民盟、青年党及无党派人士五方面代表组成的综合委员会,并举行第一次会议,周恩来、董必武为成员并参加了会议。③ 连日来政治协商会议讨论热烈,使蒋介石颇不耐烦。本日(23日)蒋介石日记载:"政协协商会议中,共党蛮横,强词夺理,而马歇尔对我国国情隔阂异甚,美使馆新闻处长费正清又左袒共党,甚有重演前年史迪威不幸事件之可能……嗟乎!'忧心忡忡,愠于群小',实余今日之谓也。"④ 27日,周恩来、董必武、叶剑英、王若飞、邓颖超、陆定一联名在政协会上提出《关于请政府报告四项诺言实现情形之提案》。⑤

27日提交政协提案后,周恩来、陆定一乘飞机返回延安⑥。中共中央书记处当即召开会议,听取周恩来报告关于停战、政协等问题的情况。⑦ 28日,周恩来先后出席中共中央书记处会议和政治局会议。中共中央书记处会议初步商定中共参加国民政府的名单为:毛泽东、朱德、林伯渠、董必武、吴玉

---

① 秦孝仪主编:《中华民国重要史料初编——对日抗战时期》第5编(4),中国国民党中央委员会党史委员会1985年版,第196页。
② 秦孝仪主编:《中华民国重要史料初编——对日抗战时期》第7编(3),中国国民党中央委员会党史委员会1981年版,第71页。
③ 中共中央文献研究室编:《周恩来年谱(1898—1949)》,中央文献出版社2007年版,第655页。
④ 秦孝仪主编:《中华民国重要史料初编——对日抗战时期》第5编(4),中国国民党中央委员会党史委员会1985年版,第196—197页。
⑤ 中共中央文献研究室编:《周恩来年谱(1898—1949)》,中央文献出版社2007年版,第656页。
⑥ 中共中央文献研究室编:《朱德年谱》,中央文献出版社2006年版,第1223页。
⑦ 中共中央文献研究室编:《周恩来年谱(1898—1949)》,中央文献出版社2007年版,第656页。

章、刘少奇、张闻天、周恩来。政治局会议继续听取周恩来报告关于停战、三人会议、政协等情况,并同意代表团商订的政协会议各项文件,委托代表团签字。① 同日,29日,周恩来、陆定一等由延安飞重庆。途中因天气恶劣,阻于西安。30日下午周恩来、陆定一飞抵重庆。

31日上午,周恩来与马歇尔会谈,转达毛泽东对马歇尔的谢意。马歇尔表示他要说服蒋介石解除对中共动机的疑惧。② 下午1时,参加协商的各方就国民大会问题终于达成一致。下午3时,在王世杰要求下,国民党召开中常会,讨论并核定政治协商会议各项协议结果,以为国民党代表于政治协商会议大会上正式接受的准备。"常会开会时,谷正纲反对宪草协议甚烈,至于流泪。最后仍由常会通过。"③下午6时半,政治协商会议举行第十次会议,讨论各分组委员会报告并通过《政府组织案》《国民大会案》《和平建国纲领》《军事问题案》《宪法草案案》④。傅斯年"对于宪草之协议,曾表示不满,但投票时仍投赞同票"。⑤ 上述五项决议案,合称《政治协商会议决议案》。其中,《政府组织案》规定国府委员40名,国民党20名,其他党派及无党派人士20名;《国民大会案》规定1946年5月5日召开国民大会,国民大会代表2050名,已经选举的1200名照旧,新增台北、东北以及各党派和社会贤达850名;《和平建国纲领》规定;《军事问题案》规定了建军原则、整军原则、以政治军、整编办法等;《宪法草案案》认定国民大会为选民团体、立法委员直接选举、行政院长对立法院负责等。随后举行闭幕式,蒋介石在闭幕词中说:"(本人)觉得各项方案的内容,都是大家竭诚洽商的结晶,我敢代表政府先行声明,政府必然十分尊重,一俟完成规定手续以后,即当分别照案实行。本人认为各案之中要算和平建国纲领为各种方案之中心……确合时代要求,充满了统一

---

① 中共中央文献研究室编:《周恩来年谱(1898—1949)》,中央文献出版社2007年版,第656—657页。
② 中共中央文献研究室编:《周恩来年谱(1898—1949)》,中央文献出版社2007年版,第657—658页;秦孝仪主编:《中华民国重要史料初编——对日抗战时期》第7编(2),中国国民党中央委员会党史委员会1981年版,第249—250页。
③ 王世杰著:《王世杰日记》第5册,"中研院"近代史研究所1990年版,第260页。
④ 秦孝仪主编:《中华民国重要史料初编——对日抗战时期》第7编(2),中国国民党中央委员会党史委员会1981年版,第228页。
⑤ 王世杰著:《王世杰日记》第5册,"中研院"近代史研究所1990年版,第260页。

性,充满了民主性,确实是渡到宪政时期最适宜的纲领。"他还说:"今天虽不能说国民革命已经完全成功,但是铲除障碍的工作,确已告一段落。自今伊始,国家完全进入建国大业开始的时期了。"①周恩来说:政协会议各项问题已获得政治解决,使中国政治开辟一民主建设的康庄大道,树立民主楷模,此项协议,乃各方互让互谅精神所得之结果,但要保证其实现,不分地区,不分党派,皆当遵从,努力奋斗。②晚9时会议闭幕。

中国共产党在政治协商会议期间作了哪些基本让步?周恩来在会后回答《读者文摘》女记者史沫特莱女士所提的这个问题时说:"例如通过的纲领和中共的原提案有颇多的出入;在军队国家化上,终止了十八年来的武装斗争,改变了军队的制度;在改组政府上,我们放弃了我们根据边区经验所提的三三制,即最大的党不得超过三分之一,而同意国民党可在国府委员会中占二分之一,在行政院中占大多数;在民主宪草的原则上,我们接受英美式的初期民主,例如解散国会制度;最后在国大问题上,我们做了大让步,我们容许始终为人民所反对的十年前代表的继续存在。"③尽管如此,中共方面仍对政协决议给予了充分的肯定。毛泽东在2月1日说:重庆政治协商会议"已获得重大结果","从此中国即走上和平民主建设的新阶段"。毛泽东甚至表示,"中国革命的主要斗争形式,目前已由武装斗争转变为非武装的群众的议会斗争"。④2日,《新华日报》社论评论说:这次政协解决问题的方式,"打开了和平建设的大门"。⑤3日为农历正月初二,延安各界二万余人集会庆祝政协会议的成功。6日,中共中央政治局会议讨论通过以下决定:(1)毛泽东、林伯渠、董必武、吴玉章、周恩来、刘少奇、范明枢、张闻天八人参加国府委员,如范不能去,改提彭真;(2)周恩来、董必武、吴玉章、秦邦宪、何思敬五人为宪

---

① 秦孝仪主编:《中华民国重要史料初编——对日抗战时期》第7编(2),中国国民党中央委员会党史委员会1981年版,第246页。
② 秦孝仪主编:《中华民国重要史料初编——对日抗战时期》第7编(2),中国国民党中央委员会党史委员会1981年版,第243—244页;孟广涵主编:《政治协商会议纪实》上卷,重庆出版社1989年版,第464页。
③ 金冲及主编:《周恩来传》上册,中央文献出版社2008年版,第684页。
④ 中共中央文献研究室编:《毛泽东年谱(1893—1949)》下卷,中央文献出版社1993年版,第55页。
⑤ 孟广涵主编:《政治协商会议纪实》上卷,重庆出版社1989年版,第493页。

章审议委员;(3)周恩来、林伯渠、董必武、王若飞参加行政院,分任行政院副院长、两部长及不管部长。①毛泽东在当日为中共中央起草致重庆中共代表团的电报中,转达了上述决定。② 9 日,毛泽东在延安对美联社记者发表谈话,说:"政治协商会议成绩圆满,令人兴奋。但来日大难,仍当努力,深信各种障碍都可加以扫除。""总的方面,中国走上民主舞台的步骤,已经部署完成,其间马歇尔特使促成中国停止内战,推进团结、和平与民主,其功殊不可没。实际上中国恢复和平,建立民主政府,世界各国也交相有利。"③后来,周恩来还评论说:"政协各项决议,是各党派协议的临时大宪章。"④

与中共方面的兴高采烈相比,蒋介石很快发现情况不妙。蒋介石在 1 月 31 日的日记中谓:"本月处境惟有二语:冬天饮寒水,雪夜渡断桥。"又记:"审阅协商会商定之宪法草案……不禁骇异莫名。余初以为五五宪草是阿科(孙科——引者注)自身所主持,故对其加入宪草组,必力争其主张,为本党负责保持总理对宪法与建国大纲一贯之立场也。不料其协议结果,所有本党党纲与总理主张,以及其五五宪草全部在根本上整个推翻,重新换取一套不三不四、道听途说之妄议。而彼(孙科——引者注)即引以为是,竟订定此一违反总理革命之原则,真使人啼笑皆非,欲泣无泪矣,为之奈何。"⑤2 月 2 日,蒋介石约见周恩来,告以:1. 政治犯释放命令,可不日发表;2. 人民自由保障委员会,可发起组织;3. 军事三人小组,于农历春节后,将加紧会议,以制定军队国家化之具体方案;4. 召开国民大会之筹备,将积极进行;5. 第一届国民大会之任务,为制定宪法。周恩来对此无异言,并到处宣传"军党分离"与"国共长期合作"等口号,且对马歇尔表示:"中共有亲美而疏俄之意"。这使国民党方面甚至蒋介石也感到周恩来态度大变,前后判若两人。满怀狐疑的蒋介石

---

① 中共中央文献研究室编:《朱德年谱》,中央文献出版社 2006 年版,第 1224 页。
② 中共中央文献研究室编:《毛泽东年谱(1893—1949)》下卷,中央文献出版社 1993 年版,第 56 页。
③ 中共中央文献研究室编:《毛泽东年谱(1893—1949)》下卷,中央文献出版社 1993 年版,第 56 页。
④ 中共中央文献编辑委员会编:《周恩来选集》,人民出版社 1980 年版,第 242 页。
⑤《蒋介石日记》1946 年 1 月 31 日,转自邓野著:《联合政府与一党训政》,社会科学文献出版社 2011 年版,第 355 页。

在2月2日的日记中断言:"此中必另有阴谋也!"①国民党中CC系人马反对政协协议决议尤其强烈。在CC系的强烈反对下,主持国共谈判并主导达成协议的政学系官员也表现出退缩。2月4日《王世杰日记》载:"午后,中央党部开中央委员谈话会。出席发言之委员大都为党中某一系统之人,均反对政治协商会议之结果,而尤攻击宪草案。"王世杰且在日记中承认:"宪草案确多不妥之处,予与哲生、力子两君,当时确不免轻忽将事。"②

双方反差如此明显,预示着达成的协议必将命运多舛。

军队问题究竟是国共两党争议的核心问题,因此整军谈判无疑是马歇尔使华使命中最为艰巨的使命。

1945年12月31日,蒋介石日记载:"马歇尔主张'共军'改编时,应与国军混合编成,以免'共军'割据地盘之顾虑;彼果有此主张,则可信任其参加三人小组会议,使能负责调处。"对马歇尔此项主张,蒋介石给了了充分的肯定。他在当日的日记中载:"对共条件,应着重于军队统一与统辖于中央"。③显然,整军谈判才是蒋介石关注的两党谈判的重心所在。

1946年1月5日,蒋介石就曾向马歇尔提出整编中国军队问题,马歇尔以当务之急是停战问题而婉言拒绝。6日,张群向马歇尔提出成立军事三人小组,以制定办法整编,着重配置中国军队。10日,由张群、周恩来、马歇尔组成的三人会议通过停止军事冲突命令草稿等4项协议后,张群再次提议成立包括马歇尔在内的军事三人小组,商定中共部队整编及驻地具体实施办法,获得周恩来、马歇尔赞成。④14日,关于军事三人小组的备忘录由三人会议代表分别签字,并函送国共双方领袖蒋介石和毛泽东。22日、23日,国共双方分别明确表示同意设立军事三人小组,并赞成马歇尔以顾问身份参加该小组。国民政府方面派军事委员会政治部部长张治中、中共方面派周恩来为

---

① 秦孝仪主编:《中华民国重要史料初编——对日抗战时期》第5编(4),中国国民党中央委员会党史委员会1985年版,第197页。
② 王世杰著:《王世杰日记》第5册,"中研院"近代史研究所1990年版,第263页。
③ 秦孝仪主编:《中华民国重要史料初编——对日抗战时期》第5编(4),中国国民党中央委员会党史委员会1985年版,第195页。
④ 秦孝仪主编:《中华民国重要史料初编——对日抗战时期》第7编(2),中国国民党中央委员会党史委员会1981年版,第136—137页。

代表。①

在军事三人小组正式开会之前,张治中与周恩来,马歇尔与张治中和周恩来,分别就整编军队的有关问题进行了商谈。2月1日,周恩来和马歇尔会谈,面交毛泽东致马歇尔的信。马歇尔介绍了西方民主制度形成的历史及内容。建议国共双方军队混编,中共军队主要驻华北,一部可驻东北、华南。周恩来希望三人会议能尽快到各地视察,他们既可调查停战和恢复交通的情况,又可就整编问题同各地将领交换意见。同日,周恩来同蒋介石会面,转达毛泽东关于军党分立、长期合作的意见,并说毛泽东将参加联合政府。蒋介石说政府仅派张治中一人出席军事三人小组,张群不再参加。5日,周恩来致电中共中央,汇报分别同马歇尔、张治中会谈情况。说马歇尔主张按西方民主制度改变中国军队制度及军人思想。张治中不同意共产党军队整编为20个师,主张按七分之一比例整编共产党军队。我们的意见是可以原则同意马歇尔的建议,因他是限制统帅权的。关于整军程序,我们主张第一步平行整编,各编各的,坚持解放区军队整编为20个师。6日,中央回电:马歇尔所提办法,对于破坏国民党及许多军队的原系统是彻底的,但事实上今天行不通,可在原则上赞成他的意见。军队问题最为重要,必须谨慎处理②。11日上午,张治中与周恩来在桂园进行会谈,周恩来提出整编、征兵、军事制度、教育等15个问题,提出军事三人小组任务是讨论国共双方军队整编问题。建议第一期各自按政协决定和双十协定规定的数目整编,用10个月时间双方分别遣散200万和100万军队,第二期的数目在军事三人小组研究后统一整编。③ 中午12时,张治中、周恩来同访马歇尔,举行军事三人小组准备会议,决定三人会议与军事三人小组会议自14日起合并举行。④ 12日,中共中央政治局召开会议,讨论同国民党谈判整军方案问题。毛泽东说:美国和蒋

---

① 中国社会科学院近代史研究室译:《马歇尔使华》,中华书局1981年版,第56—57页。
② 中共中央文献研究室编:《周恩来年谱(1898—1949)》,中央文献出版社2007年版,第658—659页。
③ 中共中央文献研究室编:《周恩来年谱(1898—1949)》,中央文献出版社2007年版,第661页;秦孝仪主编:《中华民国重要史料初编——对日抗战时期》第7编(3),中国国民党中央委员会党史委员会1981年版,第74页。
④ 中共中央文献研究室编:《周恩来年谱(1898—1949)》,中央文献出版社2007年版,第661页。

介石要以全国军队统一来消灭我们,我们要统一而不被消灭。军党分立还不是最危险的,合编分驻才是最危险的。杂牌军还没有与蒋介石的嫡系部队合编的,连杂牌的集团军都没有与蒋介石嫡系部队掺杂合编。我们现在只有对付好,才能摆脱危险。①

14日下午,与三人会议合并举行的军事三人小组会议在重庆尧庐正式举行第一次会议,研讨马歇尔提出的整军方案,商谈比较顺利。关于中共军队数目,双方同意暂编为18个师,以后当全国军队编为60各师时,中央军编为50个师,中共军队缩编为10个师,合并编成。15日下午,军事三人小组举行第二次会议,商讨关于政府军队及中共军队复员、混合编组等问题,这是整军谈判中一次至关重要的会议。张治中主张全国军队第一期缩编为108个师(其中政府军90个,中共18个),12个月内实行混合编组,即每军由政府军两个师与中共军1个师或政府军1个师与中共军2个师混合编成。12个月后的6个月内,即第二期全国军队从108个师缩编为60个师(政府军50个师,中共军10个师)时,应实行彻底的混合编组,使60个师内不再有政府师与中共师的界限之分,成为真正的国家化的军队。周恩来对此坚决反对,他主张在第一期缩编的12个月内,政府军90个师,中共军18个师各自编成,不相混合。第二期缩编的6个月内缩编为60个师时,政府军50个师,中共军10个师始可以师为单位初步混合编组成军的单位。至于彻底的混合编组,应视局势进展情形再议。由于双方意见不一,马歇尔提议下次再议②。18日,周恩来和马歇尔会谈。马歇尔提出设立学校,由美国军官训练中共军队。③ 19日,周恩来返回延安向中共中央汇报工作,毛泽东到机场迎接。21日,周恩来飞抵重庆并与马歇尔会谈,表示中共中央原则同意军队分两步统编的步骤。同时提出三人小组应去东北、停战令适用于东北、军队整编方案应包括东北等三条要求。由此,整军谈判中遭遇到的主要问题获得表面上的

---

①中共中央文献研究室编:《毛泽东年谱(1893—1949)》下卷,中央文献出版社1993年版,第57页;中共中央文献研究室编:《朱德年谱》,中央文献出版社2006年版,第1225页。
②秦孝仪主编:《中华民国重要史料初编——对日抗战时期》第7编(3),中国国民党中央委员会党史委员会1981年版,第75—76页。
③中共中央文献研究室编:《周恩来年谱(1898—1949)》,中央文献出版社2007年版,第661页。

解决。21、22 日,军事三人小组连续会议,讨论整军方案的名称及具体条文。①

25 日下午 4 时,军事三人小组张治中、周恩来、马歇尔在重庆签署《关于军队整编及统编中共军队为国军之基本方案》②。该方案规定:到年底全国陆军应为 108 个师(每个师不超过 14000 人),其中中共部队编成 18 个师,分驻东北、华北、华中等地。在整军方案中,中共军队取得了同国民党军平等的地位,人民军队除整编外,还可以保安部队的形式存在。从此谈判的焦点转为军队驻地问题,即解放区问题。周恩来在签字仪式上讲话说:协定要付诸实行会遇到困难和阻碍。凡我们签订的文件,都要使它百分之百地实现。强调军队之整编和统编"是包括全国范围的,无论任何地域或任何武装力量,都不能除外"。③

应该怎样看待这个方案呢? 周恩来在 1946 年年底向党内干部作过说明:

> 整军方案是使中国人民的武装受束缚的,但也受保障的,这有它的两面性。在数目上,五十比十,对我们是一个束缚,但也还不是主要的,主要的是规定要经过美国装备,我们的十个师也包括在内。装备虽好,但可把你集中起来,不给你汽油弹药,那你就没有办法,而且这些东西都是美国来的,如果打起来是废铁一堆。美国人是想经过这些东西来控制我们,但这是否能把我们完全困死了呢? 不会的。整军方案还有它好的一面,这就是地方自治。人民的武装是地方自治的东西,六十个师只是用在国防上的。地方自治要依靠人民的武装的自卫,我们这里已经自治了,不再需要国家的军队来防匪

---

① 中共中央文献研究室编:《周恩来年谱(1898—1949)》,中央文献出版社 2007 年版,第 661—662 页。
② 秦孝仪主编:《中华民国重要史料初编——对日抗战时期》第 7 编(3),中国国民党中央委员会党史委员会 1981 年版,第 79—84 页。
③ 中共中央文献研究室编:《周恩来年谱(1898—1949)》,中央文献出版社 2007 年版,第 662—663 页。

了,这样就保障了我们解放区人民自己的武装不受国家军队的干涉。这样一看人民并不吃亏。受束缚的就是美国人插进来一只手,但也不要紧,我们就准备着把那十个师变为废铁好了。①

在26日的军事三人小组会上,马歇尔约张治中、周恩来同赴华北视察,并商定了议程。据郭汝瑰回忆,鉴于马歇尔和张治中不承认华南和东北有中共部队问题。周恩来在商议过程中说:"你们一口两口说'班底士,班底士(英文 Bandit's,土匪),那我们干脆到广东,到东北去看看!"马歇尔见状,不慌不忙地说:"周恩来将军,那就看看飞机的情况如何,再作决定吧。"周恩来随即向张治中说:"张治中先生,我们出巡,必须有一致的语言,如果新闻记者问我们东北停战如何? 我们是否可答,东北停战正在研究中。"张治中不知如何回答,转向马歇尔说:"马歇尔将军,你看怎么说好?"正在玩弄小刀的马歇尔抬起头,看似漫不经心地回答说:"就说'这个问题我们以后再商量'好了。"②

这真正是高手过招,不动声色。

但无论如何,在马歇尔使华之初短短的两个月内,协助国共双方达成三大协定,应该说各项工作进展顺利。这一点,连马歇尔自己都有些心中忐忑。③ 显然,国共在战与和的问题上已经真正站在了十字路口,杜鲁门在后来的回忆录中,他说:"在最初的阶段里,共产党代表对于马歇尔的态度看来似乎比中央政府的领袖们还温顺些,他印象中觉得,共产党人感到他们在政治战场上比在战术性的军事战场上更容易取得胜利,因为他们的组织控制得比较严密,而在国民党方面则还有许多爱发议论的分子。他印象中还觉得,共产党人比国民党人更倾向于在政治斗争方面多利用机会。马歇尔似乎觉得,国民党人看来好像已决定要采取实力政策,而他认为这将使他们走向毁灭的

---

① 中共中央文献编辑委员会编:《周恩来选集》上卷,人民出版社1980年版,第256—257页。
② 孟广涵主编:《政治协商会议纪实》下卷,重庆出版社1989年版,第1700—1701页。
③ 1946年3月4日,马歇尔在延安杨家岭的欢宴晚会上说:"帮助中国调解国共纷争,十八年的对立,很短时间得妥协,战争全面停了,出我预料。"见谢觉哉著:《谢觉哉日记》,人民出版社1984年版,第902页。

道路。"①应该说,马歇尔对当时国共分两党的这种政治上感觉是敏锐的和准确的。中共方面确实考虑过"和平民主新阶段"或转入"议会斗争"阶段,但是,国民党并没有准备放弃一党专政,没有放弃从根本上消灭共产党的打算。由于国民党的错误选择,历史留给国民党的机会已经不多了。

(三)东北停战谈判

1945年12月5日向中共中央提出的关于国共谈判具体方案的书面报告中,周恩来就关于东北问题的方案是:"我们不一定急于求解决,但国民党既然多次询问我们意见,我们不能永远缄默,应从原则上主张:(一)东北应实行民选,由乡到省,成立地方性的联合政府;(二)长春铁路线上,应容许双方驻兵;(三)人民自卫武装,应归各地民选政府管辖整编;(四)东北经济建设,应由民主联合机构管理,保证不使用于内战。如果国方对此四点有商榷的意思,我们可不拒绝商谈。"②

1946年2月9日,东北的国民党军队遵令向北宁线两侧进攻。同时,美海军协助大批运输国民党军队到东北,使美械装备的东北国民党军队迅速增加到28万余人。③ 19日,国共商谈东北问题。④ 21日,周恩来在与和马歇尔的会谈中,再次提出东北问题。⑤ 22、23日,彭真致电中央,报告东北苏军对中共态度的变化:东北苏军代表向东北局表示,将尽可能满足我方的需求,帮助我方面组建炮兵、坦克部队、设立训练基地等。苏军代表承认他们过去比较顾虑第三次世界大战,态度比较软,现在不同了,因为国民党发动反苏运动,显示必欲取消苏联在东北的特殊地位,美国则试图借门户开放之名,深入

---

① [美]哈里·杜鲁门著,李石译:《杜鲁门回忆录》第2卷,生活·读书·新知三联书店1974年版,第86页。
② 中共中央文献研究室、中共南京市委员会编:《周恩来一九四六年谈判文选》,中央文献出版社1996年版,第14—15页。
③ 金冲及主编:《周恩来传》上册,中央文献出版社2008年版,第691页。
④ 秦孝仪主编:《中华民国重要史料初编——对日抗战时期》第7编战后中国(3),中国国民党中央委员会党史委员会1981年版,第78页。
⑤ 中共中央文献研究室编:《周恩来年谱(1898—1949)》,中央文献出版社2007年版,第661—662页。

东北,但美军很难开到东北来。因此,中共应确保对东北的控制。①24日,周恩来也致电中共中央并毛泽东,谓:对东北问题须有更主动之答复。②此时,东北民主联军已经发展到30万,其中,正规军10万,非正规军20万。③

3月4日,军事三人小组成员马歇尔、张治中、周恩来飞抵延安。关于东北问题,毛泽东向马歇尔表示:内政和外交应分开,外交目前应由政府与苏联直接商办。内政应停止冲突后整军,改组政委会及省政府,实行民选县长。④5日《王世杰日记》载:"予今日在二中全会作外交报告。予郑重申说,东北问题需要迅速解决,不可使成悬案。并说予对于维护国家权益与维持中苏亲善两事具有同等之决心。报告后,邹海滨、白崇禧、王正廷、齐世英、张道藩、黄宇人、任卓宣(即叶青)、胡秋原、胡健中等均以激烈攻击之语调,指责予之外交软弱,或主张将中苏争执(东北问题)提付国际会议。萧铮在会场发言,主张罢免外交部长。"⑤9日,蒋介石在马歇尔在离华返美前就停战小组的任务提出具体意见如下:

一、小组应随政府军行动,并避开苏军仍然占领之地区;二、他们应进至冲突地点,或政府军与中共部队密接地点,促成停战并进行必要的调整,以免后患;三、政府军有权占领任何必须重建中国主权之地区,并占领中苏条约提到的长春铁路线的两侧各三十公里地带;四、中共部队应撤出政府为重建主权而要占领的任何地区、交通线、煤矿及公共设施等;五、中共军队将不得进入和占领苏军撤退之地区。⑥

马歇尔很快对蒋介石的提案做了文字上的改动,在征得蒋的同意后,当

---

① 《彭真传》编写组编:《彭真年谱》第1卷,中央文献出版社2012年版,第399页。
② 中共中央文献研究室编:《周恩来年谱(1898—1949)》,中央文献出版社2007年版,第662页。
③ 中共中央文献研究室编:《周恩来年谱(1898—1949)》,中央文献出版社2007年版,第662—663页。
④ 中共中央文献研究室编:《周恩来年谱(1898—1949)》,中央文献出版社2007年版,第665页。
⑤ 王世杰著:《王世杰日记》第5册,"中研院"近代史研究所1990年版,第281页。
⑥ 杨奎松著:《抗战前后国共谈判实录》,新星出版社2013年版,第321页。

日,与周恩来会谈,把修改过的条件交给了周恩来:

一、执行小组只管军事不管政治;二、执行小组随政府各军行动,与共军保持联络,协商停战;三、政府军队有权接收中苏条约规定的长春路,沿途铁路三十公里境内中共军应撤退;四、政府有权进驻矿区;五、凡政府军接收主权时,中共军队不得阻拦并应撤退。①

对此,周恩来表示,在东北问题上,我们一向把对内和对外分开,就是中国政府与苏联之间的交涉请政府办,"我们只求内政部分的解决"。② 马歇尔说他12日将返美,由吉伦中将参加三人会议,并提出在国民党二中全会准备接受政协决议时,延安发表社论指责国民党内有法西斯分子活动,使结果变坏了。③ 当晚马歇尔即见蒋介石交涉派执行小组随军接洽停战等问题。交涉结果,蒋同意派执行小组去东北。10日,周恩来和马歇尔会谈,希望马歇尔在解决东北问题后再回国。周恩来提出解决东北问题的原则:(1)外交和内政分开,中共不介入外交,内政要协商;(2)军事和政治平行解决。政府军在东北只保留五个军的兵力,实行政治民主,地方自治。④ 马歇尔向周恩来转达了9日蒋介石提出的五项条件:(1)执行小组只管军事不管政治;(2)执行小组随政府军行动;(3)凡中共与政府军有冲突的地区,执行小组都可以去;(4)政府军可占领一切为恢复主权所必须的地方,有权接收沿长春路两侧三十公里内地境的主权,这些地区的中共军应撤出;(5)中共军撤出矿区、铁路。周恩来指出:蒋的五条,实质是其军队可以接收一切地区,要中共军队从任何

---

① 杨奎松著:《抗战前后国共谈判实录》,新星出版社2013年版,第321页。
② 中共中央文献研究室、中共南京市委员会编:《周恩来一九四六年谈判文选》,中央文献出版社1996年版,第122页。
③ 中共中央文献研究室编:《周恩来年谱(1898—1949)》,中央文献出版社2007年版,第666页;中共中央文献研究室、中共南京市委员会编:《周恩来一九四六年谈判文选》,中央文献出版社1996年版,第124页。
④ 中共中央文献研究室编:《周恩来年谱(1898—1949)》,中央文献出版社2007年版,第666页。

地方都撤出。马歇尔表示再协商。①当日周恩来回到驻地后与代表团商定对策三项:甲、东北问题必须军事与政治一道解决。乙、赞成执行小组至冲突地带,首先停止冲突。丙、政府军队接收的范围,待前方视察后方能商定。②会后周恩来将情况电告中共中央,"我们估计蒋企图以此挑起美苏冲突,不愿现在解决东北问题"。③11日,军事三人小组马歇尔、张治中、周恩来再度举行会谈,商讨扩大北平执行部权限及东北问题,获得原则协议,并决定由军调部派出执行小组前往东北。④马歇尔离渝返美后,吉伦代理其职务继续军事三人小组有关东北问题的商谈。

12日,东北局致电中共中央:友人告,红军最近要由沈阳撤退,不是全满皆撤。凡红军撤退处都可打。因为国民党两次要求推迟撤兵,同时又借口苏联不撤兵煽起反苏反共运动。现在红军撤出沈阳,谁进沈阳都与苏联外交无关。同日,苏军全部撤离沈阳,沿中长路回国。⑤13日中共中央复电周恩来,谓:

(一)东北同志的想法和你们及我们都有很大距离,他们雄心很大。不了解为什么要让出许多地方给国民党,东北全党全军都是这种心理,东北局诸同志不过是反映这种意见。但在蒋军尚不承认东北停战,拒绝与我谈判东北问题及不承认我在东北地位时,他们采取比较强硬的政策,是好的。只有如此,才能逼蒋承认我在东北地位。故我们暂不要他们退让。但在国民党真意与我谈判,并承认我在东北地位时,我们必须有某些让步才能达到妥协。也只有到那

---

①秦孝仪主编:《中华民国重要史料初编——对日抗战时期》第7编(3),中国国民党中央委员会党史委员会1981年版,第86页;中共中央文献研究室、中共南京市委员会编:《周恩来一九四六年谈判文选》,中央文献出版社1996年版,第125—130页。
②中共中央文献研究室、中共南京市委员会编:《周恩来一九四六年谈判文选》,中央文献出版社1996年版,第132页。
③中共中央文献研究室编:《周恩来年谱(1898—1949)》,中央文献出版社2007年版,第666—667页。
④秦孝仪主编:《中华民国重要史料初编——对日抗战时期》第7编(3),中国国民党中央委员会党史委员会1981年版,第91、296页。
⑤《彭真传》编写组编:《彭真年谱》第1卷,中央文献出版社2012年版,第406页。

时,才能说服东北同志。

(二)在谈判中,你们现在可以承认在停战条件下国军可以接收沈阳至哈尔滨之长春路上各城市(路两旁不在内),至政府军以后再要进驻那些地区和我军须从那些地区撤退,须待政治问题解决及我军驻防地区确定,并须到东北和我军负责人员商讨后才能具体解决。到东北和我军负责人商讨一点须十分重视。但我们内心的盘子,长春路的主要部分(即沈阳至哈尔滨)及抚顺、鞍山、本溪、营口、辽阳等数地,是要让给国民党的。但此种让步须有交换条件,你们暂时不要答应国方并且也未征求东北局同意。现在你们切不可一般承认国军有权全部接收长春路及苏军撤退区。因中东路大部南满路南段应力争由我接管,至于两路以外之苏军驻扎区,大部已交我接管,一部即将交我,其中除抚顺、本溪准备让出外,其余均不能让。如你们答应国民党有权接收苏军撤退区,则安东、通化、延吉、海龙、合江、佳木斯、黑龙江、洮南、通辽、辽源等地及其他广大地区均到过苏军而我决不能让,将来不好收口。我们并想以让出长春路主要部分及抚顺、本溪交换国方从热河撤兵。自然在东北保持我们这种地位,须要经过严重的外交斗争以至军事斗争,我们要以一切力量去争取。

(三)你们在此问题的交涉中,须通盘计划步步设防,并与中央及东北密切联络,以期做到算无遗策。因东北与华北、华中不同,华北、华中是就地冻结,各守原防,而东北则须由我们让出许多地方,所以最难说服同志,而可能造成党内纠纷(在整军问题上各地不同意见已有很多)。再则,在长春全路及东北全境大打内战,美蒋均有顾虑,蒋方对东北内战消息向苏方讳莫如深,就是证据。蒋方对东北问题大吹大擂,高声恐吓,其实是想达不战而得大部地方之目的。不论他的兵力、士气与民心,也不论国际国内环境,都无在东北大打久打与反苏反共到底之可能。此点亦请注意。再则东北友人态度甚硬,亦堪注意。

(四)希望你能回延一次,住四五天然后返渝。由于苏军突然撤兵,蒋介石急欲解决东北问题,我倒可不急,迟几天无不利之处。①

同一日,国民党军进驻沈阳,并以沈阳为基地从东、南、北三方面向东北民主联军进攻。到 24 日,国民党军队占领了新民、彰武、盘山、辽中、法库、辽阳、抚顺、铁岭等地。14、15 日,周恩来董必武出席政协综合委员会和宪草审议协商小组联席会议。会上,中共代表团在宪草修改原则问题上作出三点让步:(1)将无形国大改为有形国大;(2)政协商定的宪草修改原则第六项第二条条文(如立法院对行政院全体不信任时,行政院或辞职,或提请总统解散立法院,但同一行政院长不得再提请解散立法院)取消;(3)省得制定省宪改为省得制定省自治法。② 15 日,中共中央政治局召开会议,讨论时局并通过了《关于目前时局及对策的指示》,指示说:"苏军已从沈阳及其附近撤退,国共两军在东北的冲突即将展开。"为了对付国民党反动派,"除开审慎应付东北问题外,华北、华中各地应即提起警觉,密切注意顽方动态,并在军事上做必要准备"。朱德说:"东北他们一定要打,他们要打,我们也就打。"武器他们好,但士气我们强,能够打赢他们。③ 当日,毛泽东为中共中央起草致周恩来(中共代表团)电:"哈尔滨决不能让国民党驻兵,抚顺及营口要力争双方不驻兵。"并指出重庆苏联友人态度过于软弱,他们的话不要全听。④ 16 日凌晨1 时,东北局彭真致电中共中央:友人再表示,凡友方撤退之地包括沈阳、四平街,我可以放手大打,并希望我放手大打。请中央考虑,在军事上可能的条件下,在国民党公开宣传东北军事调处在外,拒绝与我谈判,不承认我之地位的前提下,于苏军撤退,可否在友方同情下消灭四平以北各大城市的顽军,并占领上述各大城市,逼使国民党与我谈判,必要时再让出一部给国民党以换

---

① 中共中央档案馆编:《中共中央文件选集》第 16 册,中共中央党校出版社 1992 年版,第 89—91 页。
② 中共中央文献研究室编:《周恩来年谱(1898—1949)》,中央文献出版社 2007 年版,第 667 页。
③ 中共中央文献研究室编:《朱德年谱》,中央文献出版社 2006 年版,第 1226 页。
④ 中共中央文献研究室编:《毛泽东年谱(1893—1949)》下卷,中央文献出版社 1993 年版,第 60 页。

得和平。我们已同意李富春、黄克诚夺取四平,可否立示。① 同日,周恩来和张治中会谈,说明中共军队在东北所占的地方不能让。张治中表示谅解,承认共产党军队在东北的地位。周恩来提出:国民党军只能进驻现时苏军撤出的地区;如要进驻现时中共部队驻在地区,应经过商定;以后东北驻军依整军方案另定。张治中坚持删去"现时"两字,未能达成协议。此时美国海军运去东北的国民党军已达五个军,包括其精锐的"五大主力"中的新一军、新六军。②《王世杰日记》16日载:"东北问题,蒋先生力陈此事不可以和平以外之方法求解决。"③17日,周恩来根据中共中央的指示正式提出了中共方面关于派遣停战小组去东北的指令草案,其主要内容如下:

一、执行小组将根据执行部的指令执行其使命。

二、执行小组应在政府军队及中共军队所驻扎地区建立,避免进入仍为苏军占领的地区。

三、小组应前往中共军队及政府军队冲突或密切接触的地点,执行停战并做必要的再调整。

四、在接收满洲主权时,政府有权调动军队,进入苏军现时撤出的地区,即:沈阳到长春之间的铁路线,以及位于铁路线两侧三十公里以内的地区。

五、如果政府军队需要进入中共军队目前控制的地区,须经过执行小组的讨论,如不能达成协议,应由较高的机构解决。

六、将来在东北的一切军队将根据整军计划予以配置。

七、政府保证按照政协解决的路线,立即与中国共产党讨论有关满洲的政治问题。在政治问题解决之前,作为一项临时的办法,政府将维持地方民选政府的现状,不得予以任何妨碍和干涉。④

---

① 《彭真传》编写组编:《彭真年谱》第1卷,中央文献出版社2012年版,第410页。
② 中共中央文献研究室编:《毛泽东年谱(1893—1949)》下卷,中央文献出版社1993年版,第60页。
③ 王世杰著:《王世杰日记》第5册,"中研院"近代史研究所1990年版,第287页。
④ 杨奎松著:《抗战前后国共谈判实录》,新星出版社2013年版,第323—324页。

18 日,苏军撤出四平,东北民主联军进入该城,从而阻断了国民党军沿长春铁路北进的通路。与此同时,进占沈阳的国民党军开始向辽阳、抚顺、鞍山、海城、营口、铁岭、法库等地进攻,并先后占领上述各城市。[①] 同日,周恩来和吉伦会商东北问题。19 日,美国政府派至国民党政府的军事顾问团成立,[②]公开协助蒋介石打内战。在政协各项决议遭到践踏的政治背景下,蒋介石在美国支持下扩大内战的前提下,国共双方的军事谈判不可能取得进展乃为情理中事。台北学者蒋永敬教授所说当时未能获致协议的真正原因在于"周氏无意解决问题",[③]与事实显有不符。

在谈判无果的情况下,21 日,周恩来乘飞机回延安,向中共中央作报告,研讨整军问题、东北问题以及对付国民党破坏协决议坚持法西斯独裁的方针、策略。[④] 同一日,马歇尔特使回美国报告要点,表示调停中的困难来自某方(苏联),东北局势严重,国防军事先于战后建设,不愿意卷入对苏联战争旋涡,苏联已经获得了原子弹秘密。23 日商震将军呈蒋介石关于与李海、尼米兹对中共认识和美国政策文:会见李海,据说马歇尔回国后杜鲁门决定支持蒋,认为共产党是军阀、土匪组成,与苏联不同,会见尼米兹,美国决定拨 271 艘登陆艇,其他 1 艘。[⑤] 24 日,毛泽东为中共中央起草致东北局并告林彪,黄克诚、李富春电,谓:"我党方针是用全力控制长、哈两市及中东全线,不惜任何牺牲反对蒋军进占长、哈及中东路,而以南满、西满为辅助方向。""黄李部动员全力坚决控制四平街地区,如顽军北进时,彻底歼灭之,决不让其向长春

[①]中共中央文献研究室编:《毛泽东年谱(1893—1949)》下卷,中央文献出版社 1993 年版,第 62 页。
[②]中共中央文献研究室编:《周恩来年谱(1898—1949)》,中央文献出版社 2007 年版,第 668—669 页。
[③]蒋永敬、刘维开著:《蒋介石与国共和战:1945—1949》,山西人民出版社 2013 年版,第 44 页。
[④]南方局党史资料征集小组编:《南方局党史资料·大事记》,重庆出版社 1986 年版,第 390 页。
[⑤]秦孝仪主编:《中华民国重要史料初编——对日抗战时期》第 7 编(3),中国国民党中央委员会党史委员会 1981 年版,第 100—101 页。

前进。"①25日,周恩来由延安飞抵重庆。当晚即与张治中商讨东北问题。②26、27日两日,周恩来连续与吉伦会谈,说延安已批准东北停战协议,指出:国民党军委会发言人说国军占领抚顺不是打仗,"我们认为只要不执行协商的进占便是冲突"。③27日,军事三人小组在重庆签订《调处东北停战的协议》,协议规定:"甲、小组之任务,仅限于军队事务调处工作。乙、小组应在政府军队及中共军队地区内工作,并避免进入仍属苏军驻留之地区。丙、小组应从速前赴冲突地点,及势将接触或冲突之地点,使其停战,并依据停战命令中之基本协定作必要及公平之调处。"④但是该停战协议何时生效,没有具体的规定,实际上乃成为一纸空文。甚至在下达该命令的同时,美方代表同时密令:"小组应通知政府军有权执行:1.占领所有村镇、城市及交通线上之要点;2.政府军单独管理所有公路、铁路、水运、空运交通,包括上述交通之设备,两侧三十公里之地区;3.政府军占领并管理所有工厂、煤矿、电厂及其他设备之地区。"⑤

对于上述谈判以及达成的协议,周恩来说:"在这一阶段初期应该说有成绩,如一月十日停战令,一月底政协决议,二月整军协议,三月东北停战协议等四个文件的签订。"⑥

二、两党的分歧、冲突的再度激化

1946年3月到5月,国共两党政治分歧再次凸显,政协决议实际上被国

---

①中共中央文献研究室编:《毛泽东年谱(1893—1949)》下卷,中央文献出版社1993年版,第62—63页。

②中共中央文献研究室编:《周恩来年谱(1898—1949)》,中央文献出版社2007年版,第670页。

③中共中央文献研究室编:《周恩来年谱(1898—1949)》,中央文献出版社2007年版,第670页。

④秦孝仪主编:《中华民国重要史料初编——对日抗战时期》第7编(3),中国国民党中央委员会党史委员会1981年版,第94页。

⑤秦孝仪主编:《中华民国重要史料初编——对日抗战时期》第7编(3),中国国民党中央委员会党史委员会1981年版,第94页。

⑥中共中央文献编辑委员会编:《周恩来选集》上卷,人民出版社1980年版,第255页。

民党推翻。军事冲突在东北演变为四平之战,四平的战局又影响到两党的谈判,"和平民主新阶段"也好,"政治解决中共问题"也好,均迅速化为泡影。

(一)国民党六届二中全会否决政协决议

与共产党方面对政协决议的欢天喜地态度相反,中国国民党方面态度可谓是悲悲戚戚。当1月31日王世杰将《宪法草案案》向中常会提出表决接受时,"谷正纲反对协议草案甚烈,至于流泪"。① 多疑的蒋介石见周恩来兴高采烈,感到莫名其妙,在2月2日日记中记其观察和判断说:"周恩来态度大变,此中必另有阴谋也!"②4日午后,国民党中央党部开中央委员谈话会,CC系委员群起发言,"反对政治协商会议之结果,而尤攻击宪草案"。王世杰在众人攻击下,在重新审视决议案后,深感"宪草案确多不妥之处",并承认自己与孙科、邵力子"当时确不免轻忽将事"。③ 改组政府的工作根据政协决议要在3月份进行,而要进行该项工作,首先需要国民党中央全会审查和通过政协决议。

3月1日,中国国民党六届二中全会在重庆开幕。蒋介石首先考虑了美国的态度,并"断定美国决不能以中共为其对华政策之基础!"④4日,《王世杰日记》载:翁文灏(经济部长)、俞鸿钧(财政部长)在全会上报告经济、财政后,CC系当即发难,起而"热烈攻击",萧铮并且在会场中要求罢免翁文灏等人,"此为彼等预定之攻击计划"。⑤ 对于CC系上述动作,中共给予了高度关注,10日,在与马歇尔的谈话中,周恩来指出:

> 说到国民党二中全会,这些人的企图是要推翻政协的一切决议,他们不仅是反对中共,而且反对国民党内一切主张民主、和平、

---

① 王世杰著:《王世杰日记》第5册,"中研院"近代史研究所1990年版,第260页。
② 秦孝仪主编:《中华民国重要史料初编——对日抗战时期》第5编(4),中国国民党中央委员会党史委员会1985年版,第197页。
③ 王世杰著:《王世杰日记》第5册,"中研院"近代史研究所1990年版,第263页。
④ 秦孝仪主编:《中华民国重要史料初编——对日抗战时期》第5编(4),中国国民党中央委员会党史委员会1985年版,第197页。
⑤ 王世杰著:《王世杰日记》第5册,"中研院"近代史研究所1990年版,第280页。

统一的人士。在这几天会议中，CC派中委几乎天天骂人，连张治中将军都不否认。前两天在孙哲生先生处讨论宪草，他和邵力子先生也不否认。这决不能说是因为中共的一些宣传和声明就能破坏过去的一些成果；而是这些分子先在闹，他们要撤换国民党出席政协的代表。陈立夫自己身为政协的国民党代表之一，却暗中指挥反对政协。他们对王世杰、邵力子、张群、孙科，甚至对张治中、宋子文、翁文灏等都反对。这些事和中共以及和东北问题都无直接干系。其目的是要推翻政协的决议。他们觉得这些对他们的派系不利。正因此，我非常担心政协的决议会被他们推翻。因为他们要变更政协的一切决议，要变更宪草修改的原则，使之成为维持集权主义而非民主主义的。对改组政府，他们一方面要把国民党内主张和平民主的人士逐出政府之外，另方面又要求别党所提出的参加政府人员的名单要由国民党二中全会通过。关于国民大会，要变更原定的人数。在施政纲领方面，要由他们派人接收我们现有的区域，不准实行民选等等。他们还要求政协的决议不能约束国大中各党代表。这一切也都和东北无关。故在我看来，东北问题不过是他们的一个借口，实际是顽固分子不愿放弃一党独裁权，这是最本质的原因。①

鉴于CC系在全会上肆意攻击参加政协会议的党内人士，在11日晨举行的二中全会纪念周中，蒋介石"指责彼等缺乏党德，并以互信自信之语责其改过"。但蒋介石的斥责并未能使彼CC系诸人改变态度。② 16日上午，国民党六届二中全会对政协决议规定的宪草原则作出重大修改：(1)国民大会为有形之组织，行使四权。(2)取消立法院之不信任权，及行政院提请解散立法院之权。(3)取消省宪，改为省得制定自治法规。全会还讨论并通过：(1)将来国民大会开会时，总裁除以国家元首资格当然出席指导外，并应为本党出席

---

① 中共中央文献研究室、中共南京市委员会编：《周恩来一九四六年谈判文选》，中央文献出版社1996年版，第129—130页。
② 王世杰著：《王世杰日记》第5册，"中研院"近代史研究所1990年版，第284—285页。

国民大会代表。（2）国民政府委员，由国民政府主席提请中央执行委员会全体会议选任；如各党派人选在二中全会闭会前不能提出名单，则由国民政府主席提请常务委员会选任。全会并以全体起立方式，通过了上述经过重大修改的政治协商会议各项协议。① 台湾学者蒋永敬、刘维开也认为"这是对政治协商会议大翻案"。② 17日，国民党六届二中全会闭幕。同日《王世杰日记》载：二中全会今日闭幕。中央执、监委员会常务委员，均由执、监察委员选举，不由总裁提候选人，亦不用记名投票。结果有众多资望能力薄弱之委员，趋附党中央所谓CC派者，均当选。党内党外均不免失望。实则党中央现惟彼一派有组织，此种结果自属当然。③

对于国民党二中全会关于宪法原则等政协协议的重大修改，中共立即作出强烈反应。在国民党六届二中全会闭幕的当日，毛泽东为中共中央起草致重庆中共代表团电谓："如果蒋介石坚决要修改宪法原则，我们便须考虑是否参加政府及是否参加国大的问题。我党国府名单及国大代表名单暂勿提出，民盟亦然，请与民盟商酌。"根据这一指示，中共代表团未交出参加国民政府的名单。④ 18日，中共中央并致电前方主要将领和西北局表示：

> 据密息，国民党中宣部于三月十二日，向各地国民党部颁发了第六十二次宣传通报，说宪章制定仅国大有此权力，在国大通过之前，政协决议不能成为定案。因此国民党主张：（甲）国大为有形组织，代表人民行使四权。（乙）省为中央代表机关，不赞成制省宪。（丙）中央政府维持总统制，此事最后决定权既在国大，故二中全会提出意见，不能认是变更政协决议云云。现二中全会已根据这三项原则，通过了五条决议，公开发表，不管文字上如何曲折，实质上是

---

① 秦孝仪主编：《中华民国重要史料初编——对日抗战时期》第7编（2），中国国民党中央委员会党史委员会1981年版，第260页；王世杰著：《王世杰日记》第5册，"中研院"近代史研究所1990年版，第287页。
② 蒋永敬、刘维开著：《蒋介石与国共和战：1945—1949》，山西人民出版社2013年版，第23页。
③ 王世杰著：《王世杰日记》第5册，"中研院"近代史研究所1990年版，第287页。
④ 中共中央文献研究室编：《毛泽东年谱（1893—1949）》下卷，中央文献出版社1993年版，第56页。

将政协决定的国会制、内阁制、省宪自治等基本原则完全推翻。这是一件有关中国人民命运的原则问题,是中国走民主道路还是走独裁道路的问题,各地应严重注意和警惕。……

在坚持实现政协决议,宪草原则,反对修改的斗争中,我们不要害怕破裂,事头上我们愈坚持不许修改,国方就愈不敢破坏。我们在精神上必须准备不怕分裂,不怕打内战,然后才能压倒反动派的破坏,并可能免于分裂。如国方因我坚持政协决议并利用东北问题实行分裂,发动全国内战,我亦不应惧怕,即是再打内战,我虽可能受些损失,但大势所趋,仍将归于和平,而那时反动派的阴谋必将更加暴露,他们的气焰亦将大为降落,人民再受一次教育,和平、民主的前途更有保障。在反动派如此嚣张,蒋介石如此阴谋百出的情形下,和平、民主是完全没有保障的。最近时期一切事实证明,蒋介石反苏、反共、反民主的反动方针,一时不会改变的,只有经过严重斗争,使其知难而退,才有作某些较有利于民主的妥协之可能。①

同日,中共中央致电中共代表团:"十五日所决定的修正宪草原则三点,我们仍深感不妥,因为这动摇了议会制、内阁制及省之自治地位"。因此"必须迅速加以挽救"。"国民党二中全会是坚决反对国家民主化的,他们必然坚持要修改宪草原则,国大代表名额他们又擅自增加,我与民盟在国大保持否决权将不可能,在这种情形下,我们决不能参加国大参加政府。此点望你们即与民盟人士商量,并在适当时机告知国民党。"此后,中共仍力争和平,但不再提实行和平民主新阶段的政策。②《新华日报》当天也发表社论《出尔反尔——评国民党二中全会》,谴责国民党和蒋介石的背信行径。③ 为此,周恩来特别就国民党六届二中全会的闭幕在重庆招待中外记者,就保障人民权

---

① 中共中央档案馆编:《中共中央文件选集》第 16 册,中共中央党校出版社 1992 年版,第 96—97 页。
② 中共中央文献研究室编:《周恩来年谱(1898—1949)》,中央文献出版社 2007 年版,第 668—669 页。
③ 南方局党史资料征集小组编:《南方局党史资料·大事记》,重庆出版社 1986 年版,第 387 页。

利、改组政府、整军、停战等问题,列举事实,批评国民党"二中全会的决议动摇了政治协商会议的决议……可怪的是这两个会议的决议既如此相反,却都是在蒋主席主持和领导之下通过的"。周恩来表示:"我们同意马歇尔将军说的:中国在今后几个月内,将是一个极严重的时期。照国民党二中全会决议发展下去,将会更加严重,不能像某些国内外舆论那样的乐观。但情势不是不能更改,这须要全国人民的努力,友邦的帮助,特别是政协各方代表要努力来维护政协决议。"周恩来警告:"政协的一切决议不能动摇或修改,这是由五方面代表起立通过的,应成为中国的民主契约。谁要破坏,谁就是破坏今天中国的民主和平团结统一。"周恩来并重申"东北的内政与外交问题应分开解决:外交问题,过去一直是政府负责的,现在依然如此;但是内政问题,大家都有责任,必须用政治方法和平解决"。① 19日,鉴于国民党二中全会推翻政协协议,周恩来、董必武、王若飞同王世杰、邵力子商谈实施政协决议具体办法,未获结果。这样,中共中央正式决定中共参政员拒绝参加3月20日召开的四届二次国民参政会。②

(二)已成破车的国民参政会

3月20日,第四届国民参政会第二次会议开幕,国民党把推翻政协决议的决议公开化。③ 22日,周恩来在延安两次致电董必武等,传达中共中央决定,政协谈判应以宪草为中心。宪草修改,应力争立法、监察两院合为国民大会,而将省自治法改回为省宪,以保证解放区的地位。④ 23日,商震呈蒋介石关于与李海、尼米兹对中共认识和美国政策文谓:会见李海,据说马歇尔回国后杜鲁门决定支持蒋,认为共产党是军阀、土匪组成,与苏联不同;会见尼米兹,美国决定拨271艘登陆艇,其他1艘。⑤ 同日,张群在国民参政会报告共

---

① 中共中央文献编辑委员会编:《周恩来选集》,人民出版社1980年版,第226、230、231页。
② 中共中央文献研究室编:《周恩来年谱(1898—1949)》,中央文献出版社2007年版,第669页。
③ 朱汇森主编,叶忠钜编纂:《中华民国史实纪要(初稿)》(1946.1—3),"国史馆"1989年版,第836页。
④ 中共中央文献研究室编:《周恩来年谱(1898—1949)》,中央文献出版社2007年版,第669页。
⑤ 秦孝仪主编:《中华民国重要史料初编——对日抗战时期》第7编战后中国(3),中国国民党中央委员会党史委员会1981年版,第100—101页。

军整编方案。24日,邵力子在国民参政会作关于政治协商会议的报告。① 4月1日,蒋介石在国民参政会上发表演说,拒绝承认在东北的中共军队和政权,并谓:"我们可以说东北九省在主权的接收没有完成以前,没有什么内政问题可言。""军事冲突的调处,只在不影响政府接收主权、行使国家行政权力的前提之下进行。"他还说:"政治协商会议在本质上不是制宪会议。政治协商会议关于政府组织的协议案在本质上更不能够代替约法。"②2日,国民参政会通过关于政治协商会议及停止军事报告等决议后闭幕。

4日,周恩来举行中外记者招待会,列举事实,说明国民党破坏政协决议,推翻政协修改宪草的原则,不承认中共在国大的否决权,至今不分配国府委员名额,还破坏停战令。表示这些问题不解决,中共决不参加政府。正告美国,如果不能在政协的基础上组成举国一致的政府,同盟国家就随便给中国以帮助,特别是财政上的帮助,"那只会增加中国国内的不安,便利一党独裁"。③ 15日,蒋介石在国民政府约集政协综合小组各方代表,商谈国大及政府改组问题,周恩来出席。针对蒋介石要各方在20日前提交国大代表和参加政府委员名单一事,周恩来表示:两个月来侵犯人权的事层出不穷,政府又不同意给中共和民盟有支配否决权之政府委员名额,修改宪草发生修改原则的争论,整军方案和停战协定在执行中也发生不少问题,希望政府在20日前将上述问题全盘迅速解决。蒋遂即指定张群、邵力子、张厉生为代表,雷震襄助,负责与各方商讨,尽速解决。16日,周恩来同上述四人会谈,没有具体结果。28日,出席重庆文化界话别茶会的周恩来在会上感叹:"重庆真是一个谈判的城市。""差不多十年了,我一直为团结商谈而奔走渝、延之间。谈判耗去了我现有生命的五分之一,我已经谈老了!多少为民主事业努力的朋友却在这样长期的谈判中走向监狱,走向放逐,走向死亡。……民主事业的进程是多么艰难啊!"④

---

① 秦孝仪主编:《中华民国重要史料初编——对日抗战时期》第7编(2),中国国民党中央委员会党史委员会1981年版,第152、261页。
② 金冲及主编:《周恩来传》上册,中央文献出版社2008年版,第691—692页。
③ 中共中央文献研究室编:《周恩来年谱(1898—1949)》,中央文献出版社2007年版,第671页。
④ 中共中央文献研究室编:《周恩来年谱(1898—1949)》,中央文献出版社2007年版,第677页。

(三)东北战事愈演愈烈

3月31日,周恩来对美方允诺再为国民党运五万兵到东北,使国民党用美机运入东北的兵力超过整军方案的规定一事提出严重抗议。4月1日,周恩来和吉伦会谈,指出政府军在东北已有7个军,美国仍应允再运4个军去东北,这对东北停战构成威胁,要求三人会议研究对策。周恩来并就东江纵队和琼崖纵队问题提出:政府应承认,停止冲突,并允许转移。后来东江纵队主力2500人乘美国军舰到达烟台,参加华东野战军。会谈时,周恩来得知国民党改派陈诚参加三人会议①。同日,国民政府参军长商震致电蒋介石,报告与美国总统杜鲁门会见情况称,杜鲁门表示:中美关系日臻密切,凡有利害,当与共之。② 美国的态度,使蒋介石对中共态度益加强硬。2日,周恩来致电中共中央并东北局,分析东北军事局面并建议:照目前情况看,四平街、本溪、鞍山都有失掉的危险,长春也暂难为我所有。我们不如以消灭蒋军为主,守城为次,这样较易争取主动,打得蒋痛,以利谈判。③ 4日,毛泽东为中共中央起草致东北局及林彪电谓:"(1)美蒋决以十五个军(已到七个,尚有八个待运)向我大举进攻,尽占东北点线,然后与我谈判。(2)我方对策,一方面利用停战小组力争停战;另二方面不要被停战小组所迷惑,必须同时有对付十五个军进攻的全盘与持久计划。"④在军事三人小组会议未就东北停战日期达成协议的情况下,国民党军继续进攻,迫近四平和本溪。⑤《调处东北停战的协议》签字后,周恩来声明:(1)国民党军委会人说东北无内战,完全不合事实;(2)政府军去东北接收,五个军兵力已足,希望政府不要破坏协议,再运兵

---

①中共中央文献研究室编:《周恩来年谱(1898—1949)》,中央文献出版社2007年版,第670—671页。

②秦孝仪主编:《中华民国重要史料初编——对日抗战时期》第7编(3),中国国民党中央委员会党史委员会1981年版,第103页。

③中共中央文献研究室编:《周恩来年谱(1898—1949)》,中央文献出版社2007年版,第671页。

④中共中央文献研究室编:《毛泽东年谱(1893—1949)》下卷,中央文献出版社1993年版,第64—65页。

⑤中共中央文献研究室编:《毛泽东年谱(1893—1949)》下卷,中央文献出版社1993年版,第63页。

去东北;(3)执行小组以沈阳为中心,将分往各地。① 6 日,毛泽东为中共中央起草致林彪并告彭真电谓:"林支日(4 月 4 日)从四平所发电悉。集中六个旅在四平地区歼灭敌人,非常正确。党内如有动摇情绪,哪怕是微小的,均须坚决克服。""本溪方面亦望能集中兵力,歼灭进攻之敌一个师。""上述两仗如能打胜,东北局面即可好转。""在当前数日内,争取四平、本溪两个胜仗,则是关键。"并谓:"各军区后方剿匪与发动群众斗争,一刻不能松懈,望同时严督实行。"② 6 日,蒋介石"决心亲飞锦、沈指导与部署。此时应集中全力扑灭四平街以南地区之共匪主力,则东北之事易为矣"③。但考虑到各种因素,蒋介石旋即放弃赴东北的打算。8 日,吉伦向蒋介石呈递《停止东北军事冲突方案》。该方案内容有:

一、在东北之中共部队不得再事调动;

二、在中苏条件所载铁路线上及其附近共军占领之区域,共军应由此撤退至铁路两侧至少一日行程,俾政府军可使用铁路自由通过;

三、在铁路线上及铁路所有之城镇为共军所占据者,应撤退至少一日之行程;

四、共军依据上述各条撤退时,中央军不得追击及干扰,中央军对于遵照一、二、三条规定驻在上述铁路附近之共军,亦不得追袭干扰。④

同日(8 日),三人会议讨论东北问题,周恩来会后致电中共中央谓:东北情况已变,许多问题必须重新估计。陈诚透露出要接收长春、哈尔滨、齐齐哈

---

① 中共中央文献研究室编:《周恩来年谱(1898—1949)》,中央文献出版社 2007 年版,第 670 页。
② 中共中央文献研究室编:《毛泽东年谱(1893—1949)》下卷,中央文献出版社 1993 年版,第 65 页。
③《蒋介石日记》1946 年 4 月 6 日,转自邓野著《联合政府与一党训政》,社会科学文献出版社 2011 年版,第 421 页。
④ 秦孝仪主编:《中华民国重要史料初编——对日抗战时期》第 7 编(3),中国国民党中央委员会党史委员会 1981 年版,第 109 页。

尔,美国企图帮蒋接收长春路。这样,非打不足以刹其风。① 9日,周恩来致电中共中央转东北局:三人小组到沈阳后可先提出:(1)停止冲突;(2)停止运兵到东北;(3)国民党军退出3月27日以后攻占的地区。12日,秦德纯(代表陈诚)、罗瑞卿(代表周恩来)、陈士榘(代表叶剑英)、吉伦由北平飞沈阳视察,16日抵渝述职。② 10日,毛泽东为中共中央起草致叶剑英、饶漱石、周恩来并告彭真、林彪电谓:"此次国、美急于要三人会议去沈,目的全在压迫我方承认国方占领长、哈、齐三市及沈哈铁路线。恩来在渝已据理力争,根本拒绝,望叶、饶注意,切勿答应国、美任何要求。"③

4月11日,周恩来致电中共中央并转东北局谓:陈诚会见东北人士,忽改口赞成先停战。我估计可能是四平过不去。建议在两天内派兵进入长春。同时,周恩来举行记者招待会,表示"在政治与军事问题没有完全获得解决以前,中共将拒绝参加五月五日召开的国民大会"。④ 12日,毛泽东为中共中央起草致东北局及林彪电谓:"同意林真子电(4月11日),以集中力量歼灭敌人为主,不以固守城市为主,并须统筹全局,作长期打算。"⑤魏德迈呈蒋:马歇尔坚持训练10个师共军;再运两个师到东北。⑥ 13日,中共中央起草致林彪并告彭真电谓:"马歇尔有于文日(12日)动身来华说。马到华后东北可能停战,国方必于数日内尽力攻夺四平、本溪。望注意在可能条件下击退其进攻,守住四平、本溪,以利谈判。"⑦14日,中共中央电周恩来,指示向马歇尔表示在东北问题上我方不再让步。⑧ 16日,中央电告东北局:按周恩来11日电

---

① 中共中央文献研究室编:《周恩来年谱(1898—1949)》,中央文献出版社2007年版,第673页。
② 中共中央文献研究室编:《周恩来年谱(1898—1949)》,中央文献出版社2007年版,第673页。
③ 中共中央文献研究室编:《毛泽东年谱(1893—1949)》下卷,中央文献出版社1993年版,第66页。
④ 中共中央文献研究室编:《周恩来年谱(1898—1949)》,中央文献出版社2007年版,第674页。
⑤ 中共中央文献研究室编:《毛泽东年谱(1893—1949)》下卷,中央文献出版社1993年版,第68页。
⑥ 秦孝仪主编:《中华民国重要史料初编——对日抗战时期》第7编(3),中国国民党中央委员会党史委员会1981年版,第112页。
⑦ 中共中央文献研究室编:《毛泽东年谱(1893—1949)》下卷,中央文献出版社1993年版,第68页。
⑧ 南方局党史资料征集小组编:《南方局党史资料·大事记》,重庆出版社1986年版,第397页。

办。① 同日,毛泽东为中共中央起草致重庆中共代表团电谓:"长春守军全部是伪军,东北人民现在与将来都有权利消灭这些伪军,谈判时不要承认伪军为政府军。"②中共代表周恩来等与国民党张群、邵力子、张厉生三代表商谈。周恩来致电中共中央并转东北局等谓:蒋仍是两面做法,表面公开催促各方交参加政府及国大的名单,催促赶快修改宪草,暗中却召集秘密会议。何、白已奉蒋命布置军事,陈诚赴沪,定有阴谋。我决求全盘解决,东北不停战,决不参加政府。"全盘解决,中心在人权、宪草、东北、停战、整军五个问题。"宪草中心是将"有形国大定为无形国大,东北强调停战、停运"。③ 18 日,周恩来到机场迎接马歇尔④。

就在 4 月 18 日,国民党军向四平发动猛烈进攻,东北民主联军予以回击。在国共两军之间的四平攻防战打响的同时,东北民主联军占领进入长春。毛泽东得知东北民主联军占领长春消息后,致电东北局:"我应力争保持长春于我手中,如我能在四平地区大量歼灭顽军,此种可能性是有的。但目前尚难作最后决定,须看斗争结果如何而定。在未作最后决定前,你们应作长期保持计划。"⑤19 日,毛泽东为中共中央起草致重庆中共代表团电:"长春已得,已令彭、林、周、陈、高夺取哈、齐,并发动群众,整顿军队,为保卫长春而战。同时增强四平兵力,歼灭进攻之敌,坚决保卫整个北满。至西满、南满我军已打出经验,寸土必争,决不退让。""如国、美要求我让出长春,请断然拒绝。"在毛泽东看来,四平保卫战具有战役决战的性质,要引起高度重视。在为中共中央起草致彭真、林彪的电报中,毛泽东谓:"要战胜顽敌保卫长春,必须准备对付飞机坦克,并集中绝对优势兵力,于四平南北地区举行数次大的战役决战,才能解决问题。"⑥中共中央军委致林彪电谓:"请考虑增加一部分

---

① 中共中央文献研究室编:《周恩来年谱(1898—1949)》,中央文献出版社 2007 年版,第 674 页。
② 中共中央文献研究室编:《毛泽东年谱(1893—1949)》下卷,中央文献出版社 1993 年版,第 68 页。
③ 中共中央文献研究室编:《周恩来年谱(1898—1949)》,中央文献出版社 2007 年版,第 675 页。
④ 中共中央文献研究室编:《周恩来年谱(1898—1949)》,中央文献出版社 2007 年版,第 675 页。
⑤ 中共中央文献研究室编:《毛泽东年谱(1893—1949)》下卷,中央文献出版社 1993 年版,第 69 页。
⑥ 中共中央文献研究室编:《毛泽东年谱(1893—1949)》下卷,中央文献出版社 1993 年版,第 70 页。

守军,化四平街为马德里。"①蒋介石此时判断:(一)俄军强占北满,制造共党傀儡政权。(二)共党不参加国民大会,待我召开国民大会时,彼亦召集其所谓解放区国民大会。(三)组织共党伪政权,割裂中国。为此,蒋介石确定"对策"如下:"(一)我应表示坚决态度,共党虽不参加国民大会,我仍将如期召开国民大会,即使其召集伪国民大会或成立伪政权亦所不顾,以现状言,彼盖久已与伪政权无异也。(二)如对共党妥协,则彼贪得无厌,除非政府完全屈服;否则,必不能满足其欲望,此应使马歇尔特使了解者也。"②又云:"若采取过去对共党怀柔与妥协之方法,则将贻误大计,必根本失败而后已。"③显然,蒋介石认为对中共问题,已经很少妥协的余地。

20日,毛泽东为中共中央起草致东北局及林彪电要求:"长春防御工事一概保留,准备于必要时把长春变为马德里",并要求"南满部队速调一部北上,交林直接指挥作战"。根据这一指示,在本溪方向的东北民主联军第三纵队于四月下旬北调参加四平保卫战,东北民主联军约十万人在四平一线同国民党军展开激战。毛泽东为中共中央起草致周恩来、叶剑英电:"为争取时局好转之可能,东北美机轰炸事除由报纸发表外,请叶向罗伯逊提出抗议,周暂时不用抗议形式。因马歇尔初来,周应和他维持过去那样的良好关系,以期争取东北停战,并解决一切国内大问题。看马歇尔在这些问题上所取态度如何,再考虑我们是否应取强硬态度。"④周恩来立即起草中共代表团声明,中共从不认为可以孤立解决参加国民政府及国民大会的名单问题,而置政协决议、停战协议、整军方案任人破坏于不顾,尤不认为在内战重新扩大民主毫无保障的现况下可以参加政府,召开国大。声明于次日送交国民党代表。⑤毛泽东为中共中央起草致周恩来电,强调对美、蒋要区别对待,指出:"不要准备

---

① 中共中央文献研究室编:《朱德年谱》,中央文献出版社2006年版,第1228页。
② 秦孝仪主编:《中华民国重要史料初编——对日抗战时期》第5编(4),中国国民党中央委员会党史委员会1985年版,第198页。
③ 秦孝仪主编:《中华民国重要史料初编——对日抗战时期》第7编(3),中国国民党中央委员会党史委员会1981年版,第115页。
④ 中共中央文献研究室编:《毛泽东年谱(1893—1949)》下卷,中央文献出版社1993年版,第71页。
⑤ 中共中央文献研究室编:《周恩来年谱(1898—1949)》,中央文献出版社2007年版,第676页。

对国、美两方同时弄僵。我们坚决反对国民党内战与独裁方针,力争和平与民主,为此目的,不怕与国民党弄僵。但对美国则除非他恢复赫尔利政策,公开全面地赞助国民党实行内战与独裁,我们不应和他弄僵。因此,我党一切反内战反独裁的主张(东北、宪草、国大、自由、组府、运兵、借款等),均应向马歇尔严正表示意见,但应避免用激烈态度与抗议形式。周、马之间仍应尽可能保持友好关系,使国民党无隙可乘。"① 在本日日记中,蒋介石记下了其"对东北政策与战略"为:"占领四平街后再不北进,先肃清南满、沈阳,巩固重工业与北宁全路。"② 21 日,毛泽东为中共中央起草致林彪、彭真电谓:"现在蒋军作战重心已经放在北面,以争夺长、哈为目标,故南满我军宜多抽调向北,并须兼程开进,以便集中优势兵力歼灭大量敌人(至少三四个师),保卫长、哈。一切决定于战场胜负,不要将希望放在谈判上。"同日,毛泽东再为中央起草致东北局及林彪电谓:新一军是缅甸远征军蒋军主力,必须集中绝对优势兵力,选择良好地形条件,将其全部或大部歼灭,"总期集中优势兵力,争取这一有决定性的战役胜利。"③ 中共中央致电中共代表团,指出反对独裁是制宪最基本的原则,是我们的立足点。④ 马歇尔为落实整军方案中装备中共 10 个师及中共设在张家口的军事学校向蒋介石提交备忘录⑤。

22 日,周恩来在重庆怡园同马歇尔举行会谈。周恩来说中共愿执行 3 月 27 日指令,而国民党违背指令,武力占领中共方面 7 个城市,中共方面遂也进占长春。苏军即将撤完,东北已无接收问题,因此不应再有军队调动,东北应无条件停战。会谈后,马歇尔对张君劢、罗隆基说,周恩来是他从未遇到过的

---

① 中共中央文献研究室编:《毛泽东年谱(1893—1949)》下卷,中央文献出版社 1993 年版,第 71 页。
② 《蒋介石日记》1946 年 4 月 20 日,转自邓野著:《联合政府与一党训政》,社会科学文献出版社 2011 年版,第 445 页。
③ 中共中央文献研究室编:《毛泽东年谱(1893—1949)》下卷,中央文献出版社 1993 年版,第 72 页。
④ 南方局党史资料征集小组编:《南方局党史资料·大事记》,重庆出版社 1986 年版,第 399 页。
⑤ 秦孝仪主编:《中华民国重要史料初编——对日抗战时期》第 7 编(3),中国国民党中央委员会党史委员会 1981 年版,第 113—114 页。

对手,希望张、罗在谈判中能起作用。① 蒋介石日记载:"东北我军既告顿挫,共军气焰猖獗,俄国必暗助共军,以期在东北消灭我中央军主力,进而统制华北,达成其赤化中国之阴谋,而我中央军则须由美军代为运输,一切计划皆受其牵制,且彼时时以撤退其海军,中止其运输,以为胁迫,使我不能不迁就彼对共党妥协之建议。殊不知此时对共党妥协,实无异对俄国屈服,当共党气焰高张之时,其要求条件之苛刻,决难忍受,故应对马歇尔直说之,以促其觉悟也。"②

23日,毛泽东为中共中央起草致重庆中共代表团电,提出要求延期召开国大的指令:"关于国大问题:我们希望在和平民主条件下,各党派合作开国大,但现在一切重要问题都未解决,东北在打仗,宪草未定,政府未改组,自由无保障,五五时间太促,决不能开,必须延期,请与民盟协同力争延期为要。"③周恩来函复国民党三代表张群、邵力子、张厉生:22日来函对中共代表团21日声明所提各点无具体答复,"似在卸脱责任"。给共产党、民主同盟、青年党、无党派人士按八四四四分配政府委员名额,动摇了三分之一否决权(即十四名),我方绝对不能考虑;东北内战又在扩大,何能改组政府?宪草争议未决,何能先开国大?如政府径自召开国大,则违反政协决议,破坏团结,造成分裂局面。周恩来电告中共中央并转叶剑英,要各地司令部将各解放区周围国军布置修筑碉堡的情况送重庆、北平各一份,以便向外公布和提出交涉。④本日,徐永昌日记载:"午在曾家岩会报并午餐。蒋先生于会报前约余商谈晤马歇尔应注意事项……二时半去怡园晤马歇尔……马歇尔历述谈判以来,我方每不遵守协商条件,予共方以口实,因小失大,即我方小失信而共据以行大的报复,尤其我方常认不利为有利,结果招致今日东北之不利形势。……渠

---

① 中共中央文献研究室编:《周恩来年谱(1898—1949)》,中央文献出版社2007年版,第676—677页。
② 秦孝仪主编:《中华民国重要史料初编——对日抗战时期》第7编(3),中国国民党中央委员会党史委员会1981年版,第115—116页。
③ 中共中央文献研究室编:《毛泽东年谱(1893—1949)》下卷,中央文献出版社1993年版,第73页。
④ 中共中央文献研究室编:《周恩来年谱(1898—1949)》,中央文献出版社2007年版,第677页。

继谈周恩来精敏异常,为鲜见之人物。"①蒋介石日记本日也载:"马歇尔氏于谈话中,全用压力,意在迫使我政府对东北问题再作让步,并提出调处东北战事办法四条,其内容与一月十日之停战协定相较,改变甚大,在在予我政府以多方面之限制,且有承认共党伪地方政权之无理拟议,余当为之详尽说明,对共党之政策及今后应取之态度;惟彼若无动于衷者。余又明告以美方协助我对东北之海运不力,且自下月起将减少运输舰至十四艘,使我后方联络线有随时断绝之虑,因之我东北军心不安,士气低落,而与共军在俄国支助下,以哈尔滨为其后方根据地,交通畅行无阻者相比,更形捉襟见肘之意以警告之。并要求其确定下半年内整个海运计划,明告我方,彼始允运足九个军至东北,并以海运之具体计划送途阅也。"②

24日,东北民主联军在苏军从齐齐哈尔撤退后,占领该市。③ 周恩来同马歇尔会谈,向他指出:苏军已撤完,东北已无接收问题,因此不应再有军队调动,东北应无条件停战④。马歇尔向国共双方提出了一个新的《满洲立即停战协议》(草案),试图采用一种折中的方式来达到在东北停战的目的。其要点包括以下几点:

一、自本协议签订后二十四小时之内,政府和中共双方应立即发布停战命令,并下令停止一切军队调动。

二、在满洲的一切军队和部队的地位将根据整军方案予以配置,特殊地区的占领问题将由三人委员会决定,正在运往满洲途中的第六十、九十三两军应即运完。

三、政府军队为恢复主权和保卫主要铁路线安全而进行的调动,只能由三人委员会专门授权进行。

---

① 徐永昌著:《徐永昌日记》第8册,"中研院"近代史研究所1991年12月版,第265页。
② 秦孝仪主编:《中华民国重要史料初编——对日抗战时期》第5编(4),中国国民党中央委员会党史委员会1985年版,第199页;秦孝仪主编:《中华民国重要史料初编——对日抗战时期》第7编(3),中国国民党中央委员会党史委员会1981年版,第116页。
③ 中共中央文献研究室编:《毛泽东年谱(1893—1949)》下卷,中央文献出版社1993年版,第73页。
④ 金冲及主编:《周恩来传》上册,中央文献出版社2008年版,第695页。

四、政府代表与共产党代表将讨论满洲的政治问题,在政治问题未获解决之前,目前民选的地方政府将予以维持,并不得妨碍和干扰。①

对此,蒋介石建议:

一、停战协定及其与之有关的附属条款,应在满洲充分执行。
二、国共所属之一切军队和部队在东北的地位,应根据整军计划配置。
三、满洲的长春铁路全线及其长春铁路沿线两侧三十公里以内地区,应由政府军接收,中共军队不得阻碍政府恢复主权。
四、除上述第三条外,与中共军队控制地区有关的政治问题,应由国民政府代表与中共代表谈判解决。②

周恩来出席蒋介石招待政协综合小组各方代表的茶会。各方代表协议:政协原定于五月五日召开的国民大会,延期召开。会上,周恩来询问蒋介石对四项诺言的保证问题,蒋表示已经在办。③

26日,毛泽东为中共中央起草致程世才、萧华、罗舜初并告林彪、彭真电,提出:"如敌向你们进攻,未能在野战中粉碎其进攻时,你们应以有力一部(例如两个团)死守本溪,以主力在外面行动,挫敌锐气,争取时间,以待停战到来。停战时机已不在远。"本日,毛泽东又为中央起草致林彪并告彭真电:"马歇尔已提出停战方案,有停战之可能。望加强四平守备兵力,鼓励坚守,挫敌锐气,争取时间。"④周恩来则在同一天在渝举行记者招待会,重申无条件停战为讨论与解决目前东北问题的先决条件。他说,"我们的要求很简

---

① 杨奎松著:《抗战前后国共谈判实录》,新星出版社2013年版,第330页。
② 杨奎松著:《抗战前后国共谈判实录》,新星出版社2013年版,第331页。
③ 中共中央文献研究室编:《周恩来年谱(1898—1949)》,中央文献出版社2007年版,第677页。
④ 中共中央文献研究室编:《毛泽东年谱(1893—1949)》下卷,中央文献出版社1993年版,第73页。

单——无条件停战。这是我们很久以来的一贯要求,中共自去年十一月起即提这一要求。"他谴责国民党政府当局现在不仅在关外正以全力扩大内战,而且在关内到处挑衅。"①

27日,毛泽东为中共中央军委起草致林彪电:"四平守军甚为英勇,望传令奖励。""请考虑增加一部分守军(例如一至二个团),化四平街为马德里。"②周恩来同马歇尔会谈东北问题。马歇尔征求对接替陈诚人选的看法。周恩来说:既能代表蒋介石,又确愿把事情弄好。徐永昌是好人,但不能代表蒋介石。陈诚能代表蒋介石,但冲动起来又说要消灭中共。③ 马歇尔又提出一个修正案,主张双方军队隔离,铁路线不驻兵,改组东北政治经济委员会为东北临时行政委员会,由国民党、共产党及东北人士三方参加,暂时负责恢复交通及长春线上各大城市的管理等。④ 蒋介石再经过考虑,认为"共党为俄国作伥,必将听从俄国之指使,因其有俄国之背景,故东北问题较华北问题更难解决。……以共党过去在华北之行动为例,则在东北更难望其信守诺言。"⑤ 蒋介石本日日记且载:"本周局势严重,内外挟攻,不仅俄与共协以谋我,而美马(马歇尔——引者注)且用最大压力,使我对共屈服……可痛可耻"。⑥ 因此,对于马歇尔的修正案予以拒绝。28日,毛泽东为中共中央起草致重庆中共代表团周恩来电,指出:"马歇尔说为蒋设想,总要接收一些地方才行。你应告马,蒋除占沈阳及北宁线外,近一个半月又占我抚顺、鞍山、辽阳、海城、营口、铁岭、昌图、开原直至四平附近。这一带是满洲主要工业区,我占地面积虽较宽,但工业甚微,故我决难再让。东北军民对蒋军屠杀政策甚愤慨,要求设立民主机构。"⑦苏军自哈尔滨撤退,东北民主联军进入该市。同日,蒋介

---

① 南方局党史资料征集小组编:《南方局党史资料·大事记》,重庆出版社1986年版,第401页。
② 中共中央文献研究室编:《毛泽东年谱(1893—1949)》下卷,中央文献出版社1993年版,第73页。
③ 中共中央文献研究室编:《周恩来年谱(1898—1949)》,中央文献出版社2007年版,第677页。
④ 杨奎松著:《抗战前后国共谈判实录》,新星出版社2013年版,第331页。
⑤ 蒋永敬、刘维开著:《蒋介石与国共和战:1945—1949》,山西人民出版社2013年版,第49页。
⑥ 《蒋介石日记》1946年4月27日,转自邓野著:《联合政府与一党训政》,社会科学文献出版社2011年版,第441页。
⑦ 中共中央文献研究室编:《毛泽东年谱(1893—1949)》下卷,中央文献出版社1993年版,第73—74页。

石告诉马歇尔说:"今后共党在东北已与俄国联成一气,对美国既无所顾忌,亦无所企求。若美国不改变已往之消极政策,积极支助我国政府,则必不能贯彻其协助我收复东北主权与和平统一之政策,而美国在东亚之声望,亦将因此丧失殆尽,无法挽回。"①蒋介石本日日记也载:近察马歇尔氏之心理及其态度,乃极以对共交涉之破裂或停顿为虑,凡与共党心理抵触之条件,皆不敢向共方试谈,其畏共之心理,竟至如此!余乃不得不剀切开导,说明美国以往对共党之调处政策,虽采取消极与怀柔方法,因当时共党尚在华北,未与俄国打成一片,故美国尚可以声威制之。今后共党在东北已与俄国联成一气,对美国既无所顾忌,亦无所企求。若美国不改变已往之消极政策,积极支助我国政府,则必不能贯彻其协助我收复东北主权与和平统一之政策,而且美国在东亚之声望,亦因此丧失殆尽,无法挽回。马歇尔氏若果有政治眼光与国际正义,并明辨美国自身之利害,当能领悟余言之不谬也。② 29 日,周恩来同马歇尔会谈。马歇尔转达蒋介石坚持必须占领长春的态度。周恩来指出:蒋介石(1)不愿承认中共已有的地区;(2)凡是能用武力则用武力,只有不得已时才能谈判;(3)他是"中央",一切要听他的命令,他只在被迫时才让一点。因此很难协商。③马歇尔本日向蒋介石呈递报告及其与周恩来交涉经过备忘录谓:"本人今日与周恩来晤谈,说明停战方案之内容,并告彼:本人已竭尽一切调停办法,若此项建议不能接受,彼唯有与政府方面直接商谈之一途。周对本人之建议未表示具体意见,但称必将本人谈话之内容及建议之条款电知延安,并谓恐须至星期三(五月一日)始可得到覆电,故拟于星期四赴京。鉴于此,若委员长无其他指示,则本人定于明日(三十日)下午十时启程赴京。"④蒋介石对于马歇尔的建议和主张颇不以为然,其日记载:"此时应明告马歇尔特使,……今日俄、共在东北之形势,亦复如是。此时对共党既非空言

---

① 蒋永敬、刘维开著:《蒋介石与国共和战:1945—1949》,山西人民出版社 2013 年版,第 49 页。
② 秦孝仪主编:《中华民国重要史料初编——对日抗战时期》第 5 编(4),中国国民党中央委员会党史委员会 1985 年版,第 199 页。
③ 中共中央文献研究室编:《周恩来年谱(1898—1949)》,中央文献出版社 2007 年版,第 677—678 页。
④ 秦孝仪主编:《中华民国重要史料初编——对日抗战时期》第 7 编(3),中国国民党中央委员会党史委员会 1981 年版,第 119 页。

威信[胁]所能制止,惟有准备实力,积极行动,协助我政府,并明示其决心,则俄、共皆将慑服。否则,美国在东亚领导之声望,决难维持,而第三次世界大战亦必以此为起因矣!"①民盟提出解决东北问题方案:中共军队退出长春,国民党只派行政人员和平接收长春,不得派军队进入。同时,国共重开政治谈判,依据政协决议和整军方案的精神解决东北问题。周恩来表示可以考虑,将请示延安做最后决定。马歇尔表示接受,但蒋坚持要打到长春。30日,周恩来在重庆中山三路中共代表团驻地举行中外记者招待会,对东北问题发表谈话。指出:为停止东北内战问题,中共及第三方面民盟与马歇尔多日以来奔走商谈,但因政府当局坚持"打下长春,再谈停战",故此种努力仍未能达到目的。希望到南京后继续协商。中共代表团迁南京后,在重庆设立驻渝联络处,与中共四川省委合署办公。周恩来介绍中共代表团驻渝联络代表兼四川省委书记吴玉章、副书记王维舟及新华社负责人同记者见面。②

5月初,除旅顺、大连外,苏军已经全部撤出中国东北。

5月1日,毛泽东为中共中央起草致各中央局、分局电谓:"国民党反动派除在东北扩大内战外,现正准备发动全面内战。在此种情况下,我党必须有充分准备,能够于国民党发动内战时坚决彻底粉碎之。"接此指示后,立即下令全军练兵,上级督促检查,将此看成决定胜负的关键之一。毛泽东致电林彪谓:"我们必须在四平、本溪两处坚持奋战,将两处顽军打得精疲力竭,消耗其兵力,挫折其锐气,使其以六个月时间调集的兵力、武器、弹药,受到最大消耗,来不及补充,而我则因取得长、哈,兵力资材可以源源补充,那时便可能求得有利于我之和平。"③周恩来为国民党军事当局密令11个军30余万之兵力围攻我中原解放区李先念所部一事,往晤国民党军令部长徐永昌,同时致电南京马歇尔。周恩来指出,此系国民党反动派有计划的阴谋,企图突然发动全国性大内战。要求立即采取有效办法制止这一重大流血阴谋的实现,制

---

① 秦孝仪主编:《中华民国重要史料初编——对日抗战时期》第5编(4),中国国民党中央委员会党史委员会1985年版,第199—200页。
② 中共中央文献研究室编:《周恩来年谱(1898—1949)》,中央文献出版社2007年版,第678页。
③ 中共中央文献研究室编:《毛泽东年谱(1893—1949)》下卷,中央文献出版社1993年版,第76页。

止对停战协定之任意破坏,提出与徐、马同往宣化店监督停战。并以同样内容致电马歇尔。①

5月3日,国民政府还都南京。② 同日,周恩来和邓颖超、陆定一、廖承志、齐燕铭、章汉夫、钱瑛、王炳南、童陆生、宋平、章文晋等10余人飞南京,住梅园新村。随后,中共南京局成立,领导四川、云南、贵州、西康、上海、武汉、湖南、广东、广西、闽粤边及香港的地下党组织。③ 当晚,周恩来在梅园新村举行记者招待会,重申东北应实行无条件停战,再谈其他问题。周恩来致电中共中央:"最近上海、南京、重庆等地接到许多封关于苏北清算斗争的信件,众口一词,提到过火。""来信者多与我方原有好感,故不能一律以斗争初期不可免的判断答之。"建议"可否在苏北之斗争方式择较温和办法,以便争取上层中产者阶级"。④

5月4日,中共中央召开会议,原则通过《中共中央关于土地问题的指示》(又称"五四指示")。指示将减租减息政策转变为实行"耕者有其田"的政策。⑤ 自此,各解放区迅速开展土地改革运动。同日,周恩来在南京为调处中原军事冲突访马歇尔进行会谈,表示为制止进攻,希望政府派代表到湖北协商解决第五师的转移问题。马歇尔表示他可以派北平军调部执行组美方代表白鲁德由北平直接飞汉口。当晚,马歇尔告知,徐永昌同意去中原调处。⑥

5日,国民政府于本日举行庆祝还都大典。周恩来致电中共中央并转东北局和叶剑英、罗瑞卿等:东北应准备大打,决勿幻想国方能让步。关内,国

---

① 中共中央文献研究室编:《周恩来年谱(1898—1949)》,中央文献出版社2007年版,第678页。
② 朱汇森主编,叶忠鉅编纂:《中华民国史实纪要(初稿)》(1946.4—6),"国史馆"1989年版,第366页。
③ 中共中央文献研究室编:《周恩来年谱》,中央文献出版社2007年版,第679页。
④ 中共中央文献研究室编:《周恩来年谱(1898—1949)》,中央文献出版社2007年版,第680页。说明:7月19日,中央致电周恩来、董必武:只有实行耕者有其田,才能为国家民主化、工业化打下巩固基础。除敌伪大汉奸的土地外,一般不采取没收办法。拟根据孙中山照价收买的精神采取适当办法解决之。过火行为是个别现象,是难免的。请向民盟说明中共的土地政策。参见中共中央文献研究室编:《周恩来年谱(1898—1949)》,中央文献出版社2007年版,第680页。
⑤ 中共中央文献研究室编:《毛泽东年谱(1893—1949)》下卷,中央文献出版社1993年版,第77—78页。
⑥ 中共中央文献研究室编:《周恩来年谱(1898—1949)》,中央文献出版社2007年版,第680页。

方重在蚕食、封锁与破坏,我拟进一步揭穿之,将关内问题与东北问题联起来解决。①10日,周恩来、白鲁德、徐永昌在汉口杨森花园签订关于停止中原内战的协议,协议规定制止本地区小规模战斗、立即停止部队移动、立即停止新碉堡和永久性工事的构筑等七条。为贯彻执行协议,增设第三十二执行小组,驻宣化店。当天和徐永昌、白鲁德飞返南京。②同日,马歇尔向蒋介石建议:"政府在军事上有确切而严重的弱点,共军则占战略上之军事优点,且中国人民渴望和平,而世界各国人士亦均渴望和平。……余(马)认为倘有必要时,采取利用在长春设调处执行部之妥协,不仅派一小组。正足以昭告世界:阁下(蒋)正在尽一切努力以增进和平。……即使引起苏联政府之反感,或坚持参加,亦不能顾虑矣。最后,余谨提供此一意见,即某种之妥协,必须获得,且应迅速获得,否则,中国无论在军事上、财政上,及经济上,将陷于混乱之状况。"③12日,蒋介石大体上明确了先关内后关外的军事战略:"东北战略止于辽源与四平街,专以空军杀伤其人马……待关内统一巩固以后,方可与俄国交涉北满问题,再从根本解决。"④

三、两党关系的最后破裂

(一)中共弃守四平面临军事上的严峻局面

5月13日,周恩来电告中共中央,谓:在东北问题上,马歇尔、蒋介石双方意见已相去不远,在关内问题上美我关系日趋对立。形势真正好转绝无可

---

① 中共中央文献研究室编:《周恩来年谱(1898—1949)》,中央文献出版社2007年版,第671—672页。
② 中共中央文献研究室编:《周恩来年谱(1898—1949)》,中央文献出版社2007年版,第681页。
③ 秦孝仪主编:《中华民国重要史料初编——对日抗战时期》第7编(3),中国国民党中央委员会党史委员会1981年版,第123—124页。
④《蒋介石日记》1946年5月12日,转自邓野著:《联合政府与一党训政》,社会科学文献出版社2011年版,第449页。

能,全面破裂则蒋尚有顾虑,最后要看力量的变化和对比来决定,必须动员群众,以待决战。①14日,东北国民党军集中10个师兵力,向四平发起总攻。18日,东北民主联军撤出四平,19日,国民党军队占领四平。23日,国民党军队攻占长春,这是毛泽东认为"最坏"的情况。蒋介石则志得意满,在国民党军队攻占长春的当日即飞抵沈阳了解情况,并在行前交给马歇尔三项条件与中共谈判。这三项条件是:坚持"接收东北主权","恢复交通",在国共双方争执时由美方行使"最后决定权"。对此中共方面坚决拒绝。②蒋介石到沈阳了解情况之后,一时间对于先关内后关外的战略方针又动摇起来,其日记载:"关于东北军事政治与对俄、对共、对美方针应作重新考虑,此次长春收复之速,'共匪'主力败亡之惨,实在想象之外,非有上帝保佑,何能有此奇缘也。"③在这种情况下,蒋介石一度有"应速定收复东北全境之方针,令杜聿明长官部向哈尔滨兼程挺进"的考虑。④但实际上却不能不顾及苏联因素及孤军深入的巨大风险。

面对最坏局面的毛泽东,于24日为中共中央起草致南京中共代表团电谓:"退出长春后,无论政治上、军事上我方已获自由,并非不利。"26日,毛泽东为中共中央起草致周恩来并告叶剑英、罗瑞卿电谓:"东北方面,我们让到长春双方不驻兵为止,此外再不能有任何让步。美蒋要打,让他们打去,要占地,让他们占去。我们绝不能在法律上承认他们的打与占为合法。"27日,毛泽东为中共中央起草致东北局及林彪电谓:"东北是未了之局,我党须准备长期斗争,最后总是要胜利的。"⑤蒋介石此时开始越来越感受到来自马歇尔的压力:"马歇尔氏之心意,亦一如往日,只希望我立即下令停战,俾其个人任

---

①中共中央文献研究室编:《周恩来年谱(1898—1949)》,中央文献出版社2007年版,第682页。
②中共中央文献研究室编:《毛泽东年谱(1893—1949)》下卷,中央文献出版社1993年版,第85—86页。
③《蒋介石日记》1946年5月23日,转自邓野著:《联合政府与一党训政》,社会科学文献出版社2011年版,第464页。
④蒋永敬、刘维开著:《蒋介石与国共和战:1945—1949》,山西人民出版社2013年版,第53页。
⑤中共中央文献研究室编:《毛泽东年谱(1893—1949)》下卷,中央文献出版社1993年版,第86页。

务,得以迅速达成,而不顾我国脉民命之存亡绝续,为可慨也!"①28 日,周恩来电告中共中央谓:"蒋自进长春后,在全国更积极备战","现内战已临全面化边缘。除非马(歇尔)给蒋(介石)压力或我给蒋以决定性打击,恐难有挽救可能"。"另一种压力,须是发动人民,反对内战。"②29 日,毛泽东为中共中央起草致各军区首长及政治部主任电,谓:"望根据中央五四土地问题指示,通令全军协同地方党政帮助农民群众解决土地问题。此项通令应在连队中宣布,并解释其重要性。"③国共双方均已开始进行全面的战争动员,准备最后的决裂。

29 日,清楚地看到国共全面内战严重性的马歇尔向蒋介石建议停战,并在向蒋介石提交的备忘录中说:"政府在东北之军队,继续不断向前推进,阁下除于蒋夫人函中独自指定停战条件外,复无其他终止战争之行动,此种情形,使鄙人之调停工作,极端困难,且可使鄙人之调停,实际上成为不可能之事"。④ 30 日晨,宋子文会晤马歇尔,双方谈二小时。马歇尔答应继续调停,并主张中共军队退出哈尔滨、齐齐哈尔等地。⑤ 周恩来与马歇尔会谈,得知蒋介石 28 日曾建议:(1)军队整编方案先在东北实行;(2)派官员和警察接收被中共占领的地区;(3)给美代表以修复铁路和其他交通的决定权;(4)同意美代表的决定权限于特定事务;(5)监督中共严格遵守这些协定。周恩来据此判断:蒋介石试图以武力解决问题,无意停止战争。对美国军官决定权问题,表示共方不能接受。⑥

31 日,毛泽东为中共中央起草致周恩来、叶剑英电:"国民党在东北扩大战争,占我长春、吉林等十余城,现正向哈尔滨进攻中。在关内五个月来,占

---

① 秦孝仪主编:《中华民国重要史料初编——对日抗战时期》第 5 编(4),中国国民党中央委员会党史委员会 1985 年版,第 200 页。
② 中共中央文献研究室编:《周恩来年谱(1898—1949)》,中央文献出版社 2007 年版,第 685 页。
③ 中共中央文献研究室编:《毛泽东年谱(1893—1949)》下卷,中央文献出版社 1993 年版,第 86 页。
④ 秦孝仪主编:《中华民国重要史料初编——对日抗战时期》第 7 编(3),中国国民党中央委员会党史委员会 1981 年版,第 140 页。
⑤ 秦孝仪主编:《中华民国重要史料初编——对日抗战时期》第 7 编(3),中国国民党中央委员会党史委员会 1981 年版,第 140 页。
⑥ 中共中央文献研究室编:《周恩来年谱(1898—1949)》,中央文献出版社 2007 年版,第 685 页。

我城镇乡村数百处。本日悉,北平十一战区出动兵力数万,大举攻我冀东三河、宝坻、香河、宁河等县,而不用任何事先通牒。因此,我将在各地采用报复手段,如国、美质问时,你们可以上述理由答之。"①内容相似的电报还同时发给了华东局以及刘伯承、邓小平、薄一波、邓子恢、张鼎丞、粟裕、谭震林等。"不用任何事先通牒"即遂行战争行为和"将在各地采用报复手段"的双方态势表明,全面内战到了一触即发的危急时刻。

立即意识到问题严重性的马歇尔,于5月31日请宋子文向蒋介石转呈备忘录,恳请东北国民党军停止前进和攻击。马歇尔备忘录谓:"政府在东北军队之继续前进,不但使鄙人之调解愈趋困难,即鄙人之信用人格,亦已大为摇动,因之鄙人特再恳请钧座,立郎下令停止政府军队之前进攻击与追击,并请准许调处执行部前进人员立赴长春。"宋子文在转述马歇尔的备忘录后谓:"马帅心情,由此可见,恳钧座即日返京,以便面商。"②蒋介石以马歇尔态度"甚为躁急",乃允下令停战。③经过周恩来与马歇尔会商后,马歇尔于6月5日中午把协商达成的协议与停战时期呈报蒋介石。蒋介石除把停战时间由建议的6日中午改为7日中午开始外,其余全部接受,并于6日发布第二次停战令:命令在东北的国民党军队,"自六月七日正午起,停止攻击前进及追击,其期限为十五日。此举在使中共再获得一机会,使能确实履行其以前所签订之协定,政府采取此一措施,绝不影响其根据中苏条约有恢复东北主权之权利。"停战令要求在停战的15天内解决以下3个问题:"(一)完全停止东北冲突之详细办法。(二)完全恢复国内交通之详细办法及进度。(三)获得一确切之基础,迅即实施本年二月二十五日有关全国军队复员、整编统编之协定。"④马歇尔之所以在看似顺利的国民党军队胜利进攻的局势下紧急叫停,我们从杜鲁门后来的回忆录中似乎能够找到一定程度的解答:"当时有一

---

① 中共中央文献研究室编:《毛泽东年谱(1893—1949)》下卷,中央文献出版社1993年版,第87页。
② 秦孝仪主编:《中华民国重要史料初编——对日抗战时期》第7编(3),中国国民党中央委员会党史委员会1981年版,第141、142页。
③ 蒋永敬、刘维开著:《蒋介石与国共和战:1945—1949》,山西人民出版社2013年版,第53页。
④ 秦孝仪主编:《中华民国重要史料初编——对日抗战时期》第7编(3),中国国民党中央委员会党史委员会1981年版,第175、176页。

些国民党中央政府的领导人物颇有信心地认为可以在战场上打败共产党,这种估计在马歇尔看来是极端错误的。他认为蒋委员长的军队不但不可能很快地取得胜利。而且失去了这种立即取胜的机会之后,他们会发现他们所面临的是一个得到苏联支持的共产党。最后,失败的只会是蒋介石——要不然就是美国进行全面的干涉。"①

第二次停战令公布后,国共双方开始进行谈判即六月停战谈判。15日,周恩来电告中共中央转东北局并叶剑英、罗瑞卿等:蒋介石"想在最后决定权、路警、(军队)驻地、兵力、省主席(名额)五问题上,逼我让步或破裂。马不愿破裂,更想我让步。我们认为既要避免破裂,又要不大让步"。②17日,蒋介石提出关于东北共军驻地方案,要点为:(1)东北共军三个师分驻兴安、黑龙江与嫩江三省,由哈尔滨至满洲里之中长路,由政府护路宪警进驻。(2)共军三个师如欲留驻延吉一个师,则其他两师分驻兴安与黑龙江两省,政府派一个师驻嫩江。(3)热河、察哈尔及烟台、威海卫之共军全部撤退。③蒋介石此时深信:"共果不就范,一年内可削平"。④周恩来见到上项方案,大为愤慨。其致中共中央的电报说:"蒋提三文件(关内、东北整军、交通),混蛋之至,战意已大明。"⑤18日,周恩来同马歇尔会谈,周恩来对17日晚上所接到的国民党方面提出的整军方案表示愤慨,并表示中共对该方案无考虑的可能。⑥周恩来并致电毛泽东谓:我们观察,马、蒋区别日益缩小,"东北案系马提,关内案系蒋提,马并非完全反对","因此,美马作用亦值得重新估计"。⑦19日,中共中央向刘、邓等关内前方主要将领发出部署指示并判断:"观察近日形势,蒋介石准备大打,恐难挽回;大打后,估计六个月内外时间,如我军大

---

① 〔美〕哈里·杜鲁门著,李石译:《杜鲁门回忆录》第2卷,生活·读书·新知三联书店1974年版,第93页。
② 中共中央文献研究室编:《周恩来年谱(1898—1949)》,中央文献出版社2007年版,第689页。
③ 蒋永敬、刘维开著:《蒋介石与国共和战:1945—1949》,山西人民出版社2013年版,第55页。
④ 徐永昌著:《徐永昌日记》第8册,"中研院"近代史研究所1991年12月版,第289页。
⑤ 中共中央文献研究室、中共南京市委员会编:《周恩来一九四六年谈判文选》,中央文献出版社1996年版,第442页。
⑥ 中共中央文献研究室编:《周恩来年谱(1898—1949)》,中央文献出版社2007年版,第690页。
⑦ 中共中央文献研究室编:《毛泽东年谱(1893—1949)》下卷,中央文献出版社1993年版,第92页。

胜,必可议和;如胜负相当,亦可能议和;如蒋军大胜,则不能议和。因此,我军必须战胜蒋军进攻,争取和平前途。"①21日,蒋介石、周恩来同时宣布东北停战期延长8天到6月30日。22日,蒋介石在日记中分析共产党情形,谓:"共党阴谋:(一)先主张全面与长期之停战。(二)各种协定分别先后解决。(三)政治与军事同时解决。(四)牵引俄国加入调处。(五)对美国代表之仲裁权,只允限于局部事件或某一特定事件,而不允赋予其对于全般事件与在三人会议中之最后决定权。凡此皆为其拖延时间,使各种问题无法获得解决,彼乃得乘机坐大也。"②应当说,"拖延时间"不假,但共产党决非"坐大"。24日,周恩来同马歇尔、俞大维会谈,通过《终止东北冲突之训令》和《恢复华北华中交通线指令》《解决执行小组交通小组北平军调部及长春军调分部中某些争执之条款》。周恩来主张立刻签字,国民党代表反对。会后,周恩来致电中共中央并转东北局、叶剑英:"谈判将临最后关头,我在停战、交通及美国职权上均做了某些让步",留下的争论在整军。我方拟提出以政治军,军民分治,军需、军令、军训三权分立三原则,"请中央批准我们在此相机行事,以便使谈判破裂做得愈于我们有利愈好。"次日中央回电:"你可根据既定方针,便宜行事。"③25日,周恩来同马歇尔会谈。再次提出让第五师从湖北撤走;表示共方不能从苏北、皖北、山东、承德等地撤退,主张先实行已经通过的几个方案,或者先解决以下几个原则问题:(1)行政问题交改组后的联合政府,军队不加干涉;(2)双方军队集中后驻在不使对方感到威胁的地方;(3)某些地区国共双方可以协商不驻兵;(4)对东北先商定一个办法。④同日,毛泽东为中共中央起草致南京中共代表团电谓:"我党方针是争取长期全面和平;如不可能则争取再延长休战时间;又不可能则请考虑恩来托故回延,准备召开人民代表会议,并带必要人员回来,而留董老及其他同志坚持代表团工作,以待

---

① 中共中央档案馆编:《中共中央文件选集》第16册,中共中央党校出版社1992年版,第196页。
② 《蒋介石日记》1946年6月22日,转自秦孝仪主编:《中华民国重要史料初编——对日抗战时期》第5编(4),中国国民党中央委员会党史委员会1985年版,第201页。
③ 中共中央文献研究室编:《周恩来年谱(1898—1949)》,中央文献出版社2007年版,第693页。
④ 中共中央文献研究室编:《周恩来年谱(1898—1949)》,中央文献出版社2007年版,第694页;秦孝仪主编:《中华民国重要史料初编——对日抗战时期》第7编(3),中国国民党中央委员会党史委员会1981年版,第186页。

时局之变化。大概半年之后又可能和。"①26 日,国民党方面以 30 万大军进攻中原解放区,这表示关内也开始大打。②27 日,蒋介石决定:"'剿匪'军事决不能用正式讨伐方式,只有用不宣而战局部的逐渐解决。"③此时,先行一步新四军第五师主力已向西突围,并于 29 日突破封锁线,越过平汉路,④胜利地突破敌人的包围。28 日徐永昌日记载:"连日共方提出之对案仍系拖延政策,一味胡缠,如言苏北、热南某某地区可让出,但既不许另去官吏接收,且须留多少地方团队防卫,而又说不能改变其政治设施,彼此谁也不许驻兵。是真滑稽到极点,欺人到极点。按所谓争天下者不如此如何争得。"⑤

7 月 2 日上午,蒋介石召见周恩来作为时 1 小时的谈话。蒋介石表示:"余今日所欲提出之问题,乃系最近一个月内所发生之重要问题,即共军进据热河承德、东北安东、山东胶济路及苏北等地所引起之严重局面;至于政治问题,将来自可从长商谈,因最近发生的问题如不能解决,则冲突随时可以发生,政治问题实无法商谈。余可坦白相告,如共军必须占据以上地区,威胁政府,则政府认为一切无法续谈。"对此,周恩来一一予以答复,实际婉言拒绝。⑥这次会谈,也成为周恩来和蒋介石之间最后的直接谈判。3 日,国防最高委员会通过 11 月 12 日召开国民大会的决议。7 日,中共中央于公开广播发表《七七宣言》,主张:

> (一)立即重行发布全国(包括东北)无例外无条件限期的停止冲突、停止运兵、停止建立工事、停止征兵的命令;(二)重开政治协商会议,实行上一届政治协商会议的一切决议,改组国民党一党专政的各级政府成为各级民主联合政府,改组国防、外交、财政、经济、

---

①中共中央文献研究室编:《毛泽东年谱(1893—1949)》下卷,中央文献出版社 1993 年版,第 97 页。
②蒋永敬、刘维开著:《蒋介石与国共和战:1945—1949》,山西人民出版社 2013 年版,第 60 页。
③《蒋介石日记》1946 年 6 月 27 日,转自邓野著:《联合政府与一党训政》,社会科学文献出版社 2011 年版,第 490 页。
④中共中央文献研究室编:《周恩来年谱(1898—1949)》,中央文献出版社 2007 年版,第 694 页。
⑤徐永昌著:《徐永昌日记》第 8 册,"中研院"近代史研究所 1991 年 12 月版,第 293 页。
⑥秦孝仪主编:《中华民国重要史料初编——对日抗战时期》第 7 编(3),中国国民党中央委员会党史委员会 1981 年版,第 195 页。

内政、交通、教育等部,解散一切特务机关,清洗法西斯分子、好战分子,取缔官僚资本,实行保护关税,没收大汉奸大贪污分子的财产,救济民族工业,救济失业工人、灾民和饥饿战线上的公教人员;(三)在政治协商会议的监督之下,实行最大限度与最高速度的复员裁兵,彻底废除军队属于少数个人的军阀制度,立即停征并发还军粮,裁减军费到最低限度,移军费做救济费和教育费,封存一切剩余武器,停购军火,送还美国一切租借军火,谢绝美国军事顾问团,通知美国立即撤退一切在华海陆空军,并声明在我国民主联合政府成立以前美国一切贷款我国人民概不负责;(四)要求美苏英三国重申忠实执行莫斯科会议决定,每求美国政府停止武装干涉我国内政,停止助长我国内战,取消对华租借法案,停止派军事顾问团,并自动撤退一切在华海陆空军。①

8日,周恩来在与马歇尔会谈中表示:"政府之立场,为中共人员须无条件自苏北撤退止陇海铁路以北;而我方之立场,则为地方行政不能破坏,此为我方之基本态度。因此两党各自坚持己见相互敌对,而解决终不能得。商谈者,实含妥协之意,否则吾人将仅仅获得僵局耳。"马歇尔自问自答说:"商谈是否已经停止结束!"周恩来说:"余与马歇尔将军之看法相同"。② 11日,马歇尔提名的司徒雷登被任命为美国驻华大使,表明他仍试图设法调处国共关系。就在这一天,李公朴遭暗杀。12日,周恩来致电中共中央及北平叶剑英谓:"苏北大战即将开始",国民党部队"由徐州向南、津浦线向东、江北向北,三面同时开始以武装难民作先锋,先求解决苏北后再打通津浦、平汉等"。③ 13日,从苏北开始,关内全面大打开始。④

---

① 《中共中央解放战争时期统一战线文件选编》,档案出版社1988年版,第115页。
② 秦孝仪主编:《中华民国重要史料初编——对日抗战时期》第7编(3),中国国民党中央委员会党史委员会1981年版,第199、200页。
③ 中共中央文献研究室编:《周恩来年谱(1898—1949)》,中央文献出版社2007年版,第698页。
④ 蒋永敬、刘维开著:《蒋介石与国共和战:1945—1949》,山西人民出版社2013年版,第121—122页。

李维汉说:"停战谈判未得结果,关内大战迅即展开。当时的主要战场中原、山东、苏北、晋南四个地区。国民党用于内战的正规军达一百九十三个旅(师),约一百六十万人,占其全部正规军的百分之八十。蒋介石、陈诚吹嘘说:两个月消灭苏北中共军队,五个月在军事上整个解决中共。"①对这一阶段的谈判,周恩来后来有一段总结性的分析:

> 东北三、四、五月大打,从沈阳打到长春,停战、政协都被破坏了。但为什么又有六月休战呢?因为国民党占了长春后,兵力分得很散,没有兵再进。当时我们在东北占了有利的地位,山东、山西收复了几个伪军占领的城市,这样国民党需要在东北实行几个月的休息,而在关内动手大打,于是有东北休战。二十三天的谈判,讨论了许多问题,我们还打算再让一二个地方以保广大的解放区。在停止东北战争、恢复交通、整军等题上,都作了许多的让步,但结果还是破裂,中心问题仍是政权问题、根据地问题。蒋在形式上是要我退出苏、皖、承德、安东、冀东等地,但他承认的只是黑龙江、兴安两省及嫩江半省,华北只是临沂、大名、上党等几个地区,想把我们完全隔开,先限制在这几个地区,然后再来消灭我们。②

由于不断扩大内战,国民党此时更加孤立。7月26日蒋介石日记载:"共党以要求参加政府为名,而在实际上则阻挠政府扩大范围,并不许其他党派参加政府,以图达到其孤立政府之目的,共党又以要求召开国民大会为名,而在实际上则破坏国民大会之召开,以诬陷政府为一党专制,此完全为其假借民主名义而实行其共产党无产阶级专政之一种手段而已。而一般所谓中立派投机分子又复同声附和,吠声吠影,不知其自身将为共党俎上之肉,更不顾国家民族及其子孙之祸福,令人痛心极矣!"③8月6日,周恩来应邀与司徒

---

① 李维汉著:《回忆与研究》(下册),中共党史资料出版社1986年版,第640页。
② 中共中央文献编辑委员会编:《周恩来选集》上卷,人民出版社1980年版,第258页。
③ 《蒋介石日记》1946年7月26日,转自秦孝仪主编:《中华民国重要史料初编——对日抗战时期》第5编(4),中国国民党中央委员会党史委员会1985年版,第201页。

雷登会谈。司徒雷登转达蒋介石的意见:中共接受五个条件,即可由司徒雷登和国共双方派人组成非正式小组,商量改组政府。这五个条件是:(1)让出苏皖边区;(2)让出胶济线;(3)让出承德和承德以南地区;(4)10月15日以前在东北让出除黑龙江、兴安河和嫩江、延吉以外的撤区;(5)在山东、山西退出6月7日后占领的地区。周恩来表示不能接受,会谈后周恩来把蒋的条件电告中共中央。8日,中共中央复电谓:"蒋的五条绝对不能接受","各解放区正在动员全力粉碎蒋的进攻。"①10日下午,马歇尔和司徒雷登发表声明,承认国共两党目前无法停止冲突,调处工作不能解决双方的分歧。②这等于宣布调处失败。

在粟裕等指挥下,华中解放区取得"七战七捷"的军事胜利,到8月31日为止,共歼敌5万余人,迟滞了国民党军队对苏皖和山东的进攻。③全面内战爆发后,和平谈判成功的希望已经彻底断绝,但双方都没有宣布停止谈判。表面上谈判仍在继续,但是性质已经完全不同了。④毛泽东在稍后致陆定一的信中指出:7月以后,"解放区军民心目中的中心问题是能否胜利与如何取得胜利。"⑤周恩来说"这个阶段是表面谈判,实际大打,也就是拖中大打。一方面是我们坚持政协路线,另一方面是蒋不断地破坏它。我们把谈判作为教育人民的工作,这个方针,连马歇尔也对叶剑英说:周将军最近几个月来,并不是为谈判而谈判,而是为宣传而谈判"⑥。事实上也确实如此。

---

①中共中央文献研究室编:《周恩来年谱(1898—1949)》,中央文献出版社2007年版,第702页。
②杨奎松著:《抗战前后国共谈判实录》,新星出版社2013年版,第339页。
③粟裕著:《粟裕回忆录》,解放军出版社2007年版,第278—312页。关于"七战七捷",原国民党军队将领李默庵晚年在其回忆录中说:"在苏中的七次作战,粟裕称'七战七捷',消灭蒋军六个半旅。当时,我部上报损失,在五个旅左右,约有四万人。不少官兵被俘后,加入了解放军的队伍,我们还损失了不少武器装备。但是,由于双方作战目的不一样,各自评价也不一样,我当时奉命作战目的主要在于收复地盘,以占领城市,驱走解放军,维护占领区的安全。所以,尽管损失了一些部队,但最终收复了盐城以南的大部分地区,保障了浦口至南京的铁路以及长江下游的交通,解除了解放军对南京政府的威胁。从这点上看,我部达到了作战目的。由于我指挥的部队较多,损失一些,也算正常,南京政府从来没有怪罪我什么。"见李默庵著:《世纪之旅——李默庵回忆录》,中国文史出版社1995年版,第274—275页。
④金冲及主编:《周恩来传》上册,中央文献出版社2008年版,第709—711页。
⑤中共中央文献研究室编:《毛泽东年谱(1893—1949)》下卷,中央文献出版社1993年版,第137页。
⑥中共中央文献编辑委员会编:《周恩来选集》上卷,人民出版社1980年版,第258—259页。

(二)国民大会召开后两党最后决裂

9月16日,周恩来离开南京到了上海。此时蒋介石的盘算是:"共党所切望者在停战,而其所不愿者在参加国民大会;至于参加政府,则不过为其夺取政权之一种手段而已,此乃共党对我政府之策略也。而其最大关键,乃在反对美国调解,此或为俄国之授意耳。故我军收复张家口以后,我当自动停止前进,以期促使共党参加国民大会;其进行方式,可宣布停战十日,由马歇尔电共党商谈条件为妥。如共党再不接受,亦可使美国了然于共党之悖乱也。"[①]20日,国民党进攻张家口。30日,周恩来受命声明:"如政府不立即停止对张家口及其周围的一切军事行动,中共不能不认为政府业已公然宣告全面破裂,并已最后放弃政治解决的方针。"[②]马歇尔亦对蒋介石表示:"现政府坚欲收复张家口,本人无权作任何批评,但本人处于调人之地位,在战事延及整个华北之情况下,实无调停之余地,并无再留之必要。"[③]

10月9日,马歇尔到上海邀请周恩来回南京谈判,遭到周恩来斥责:"你(马)与司徒大使只在中共拒绝政府要求时才发声明,而在政府拒绝中共要求时则不发声明……司徒大使参加谈判,政府提出五点要求,等于破坏司徒大使的调处,你们那时又不发声明。而在五项要求遭中共拒绝以后,你却发出声明了。"[④]11日,国民党军队占领张家口,并宣布国民大会如期召开。12日,中共中央发表声明,斥责蒋介石此举不过是"为了再一次蒙蔽人民,以达到自己的野心,乃故意装出和平之态"。[⑤]13日,中共中央致电周恩来并告叶剑英谓:"在全国大打条件下,一切谈判是为彻底暴露美蒋反动面目,教育群众。只要美蒋一日不主动放弃政治谈判,以欺骗群众,则我亦不应主动对美蒋宣告谈判最后的破裂,使自己陷于被动。"并谓:"你们对京、平两地的坚持布置

[①] 秦孝仪主编:《中华民国重要史料初编——对日抗战时期》第5编(4),中国国民党中央委员会党史委员会1985年版,第202页。
[②] 李维汉著:《回忆与研究》(下册),中共党史资料出版社1986年版,第646页。
[③] 杨奎松著:《抗战前后国共谈判实录》,新星出版社2013年版,第341页。
[④] 中共中央文献研究室、中共南京市委员会编:《周恩来一九四六年谈判文选》,中央文献出版社1996年版,第671—672页。
[⑤] 杨奎松著:《抗战前后国共谈判实录》,新星出版社2013年版,第344页。

甚好。"①

几个月战争的结果,中共方面在失城失地的同时,消灭国民党大量机动兵力。毛泽东对此进行了认真的分析:"对付解放区的全部正规蒋军,除伪军、保安队、交警等不计外,共计一百九十几个旅,此数以外,至多再从南方抽调一部分向北增援,此后即难再调。而此一百九十几个旅中,过去三个月已被我歼灭二十五个旅",加上其约半数需要担任守备,占地越多,守备越多,它"必定越打越少"。再歼其二十五个旅,即足以停止蒋军进攻,并可收复部分失地。如能再歼其二十五个旅,"那时国共军力对比必起重大变化"。②但蒋介石对局势的判断与毛泽东显然有巨大的差异,认为于己有利,并于16日关于处理时局的声明中,提出了极为苛刻但实际上不着边际的8项停战条件:

  1. 依照今年六月间三人小组所拟定之恢复交通办法,立即恢复交通。

  2. 在军事调处执行部各执行小组及北平之执行部内,双方不能同意之争执,依照今年六月间三人小组所拟定之办法处理之。

  3. 关外之国军与共军暂驻现地,由三人小组应即依照所拟定之东北军队驻地,定期实施。

  4. 华北、华中之国军与共军暂驻现地,以待三人小组协议商决国军与共军之驻地分配及整军统编与缩编诸事宜,而达成全国军队统一之目的。

  5. 五人小组所成立之协议,应即交政协综合小组,获得其协议。

  6. 关内之地方政权问题,由改组后之国府委员会解决之。关外之地方政权,凡沿长春铁路之各县市,应由中央先行执行。其余各地方政权,亦由改组后之国府委员会解决之。

  7. 宪草审议委员会应即召开,商定宪法草案,送由政府提交国民大会作为讨论之基础。

---

① 中共中央文献研究室编:《周恩来年谱(1898—1949)》,中央文献出版社2007年版,第715页。
② 《毛泽东选集》(合订本),人民出版社1964年版,第1101—1102页。

8. 在共产党同意以上各案后,即下停止军事冲突令。在下令之同时,共产党应宣布参加国民大会,并提出其代表之名单。①

中共中央书记处于17日召开会议,讨论了蒋介石的8项条件,通过复周恩来电。该电谓:(1)对蒋介石八条,延安将以中共中央名义发表声明。(2)蒋介石的方针是政治大攻,军事大打,现在他骄气正盛。(3)同意你酉酰(十月十六日)电方针,给第三者面子,参加三人会商与政协综合小组,不参加非正式五人小组,"在会上提出我们实行停战令及政协决议的主张","对于美蒋背信弃义,破坏和平,作历史性的解释"。(4)要逼马歇尔及蒋介石对实行一月停战令表示态度。②中共中央在18日发表的声明中谓:蒋介石10月16日声明中提出的八项条件,只是为了再一次蒙蔽人民,"本党为表示最后最大让步计,兹特郑重声明:今日一切会谈如欲有其真实结果,必须承认停战、政协两协定的神圣效力,即承认恢复一月十三日国共双方军事位置为一切军事商谈的准则,承认实行政协一切决议为一切政治商谈的准则。"③

应第三方即中间党派的要求和邀请,周恩来于21日从上海回到南京。④24日晚8时,周恩来同黄炎培、罗隆基于交通银行客座深谈两小时。黄炎培表示:"我很忧虑,蒋非打不可,早看清楚了,中共实际的力量怎样?准备没有?"周恩来回答说:"我们看法是相同的,我们当然有准备,多缓和一天总是好的。"⑤26日晚,黄炎培、梁漱溟、章伯钧、罗隆基到梅园新村同周恩来、董必武等商谈。当梁漱溟透露国民党军队攻占安东的消息时,周恩来愤怒地表示:我们要回延安,从此以后不再谈了。蒋介石和我们打了十几年交道,并不了解共产党。共产党从无到有,从最底层翻上来,哪怕国民党的压力?怕压力,当初就不会有共产党!黄炎培、梁漱溟力劝周恩来暂时不要回延安,以免

---

① 秦孝仪主编:《中华民国重要史料初编——对日抗战时期》第7编(3),中国国民党中央委员会党史委员会1981年版,第229页。
② 中共中央文献研究室编:《朱德年谱》,中央文献出版社2006年版,第1241页。
③ 中共中央文献研究室编:《毛泽东年谱(1893—1949)》下卷,中央文献出版社1993年版,第142—143页。
④ 李维汉著:《回忆与研究》(下册),中共党史资料出版社1986年版,第645页。
⑤ 黄炎培著:《黄炎培日记》第9卷(1945.1—1947.8),华文出版社2008年版,第209页。

不明真相的人误解。黄、梁并表示:第三方面以后有什么重要主张和行动,民盟必先同共产党协商,并征得同意。①

11月4日,共产党声明,拒绝参加国民大会。蒋介石此时断言:"第三方面各党派已为共党所胁制,不能参加国民大会,而共党所提之一切条件,皆不过借题作梗,其唯一目的,乃在迫使美国马歇尔特使、司徒雷登大使回国,不容其参加调处,无论政府如何忍让,顾终不能求得问题之解决;但马歇尔、司徒雷登尚不觉悟对我政府所持之政策,并不积极协助,且妄冀求得共党之妥协,此无异于缘木求鱼,良可慨也!"② 8日,国民党当局片面颁布第三次停战令,命令自11月11日正午12时起,"全国军队一律停止战斗,各守原防,以示政府和平忍让之至意。"同时,蒋介石宣布11月12日正式召开"国大"。③ 10日,马歇尔与周恩来晤谈,马歇尔表示:国民党"一般军政首长均认为国共问题舍武力以外无法解决",周恩来则表示:"1.如未来两日内,政治讨论未能获致协议,而政府单独召开国大,政治方面必然产生决裂,而军事方面亦将不无影响。2.按主席文告停战谈判将根据共党所不能接受之八点,故此一会议之重开以前,将明了其缺少成功之可能。"④ 11日,周恩来又警告说:"国民党片面召开国大即表示政治分裂",因为"这个国大不是根据政协决议或通过协商来召开的,这个大会一开即表示政治是分裂了……因为这个国大不是大家协议决定召开的,一切问题都未解决。眼看明天国大要召开了,开了便是政治分裂。在政治分裂的情形下,如何能有一个军事上的和平!"⑤ 蒋介石不为所动,当日发表和平统一政策声明,重申国民大会于12日如期举行,并发表

---

① 金冲及主编:《周恩来传》上册,中央文献出版社2008年版,第729页。
② 《蒋介石日记》1946年11月6日,转自秦孝仪主编:《中华民国重要史料初编——对日抗战时期》第5编(4),中国国民党中央委员会党史委员会1985年版,第203页。
③ 中共中央文献研究室编:《周恩来年谱(1898—1949)》,中央文献出版社2007年版,第720—721页;秦孝仪主编:《中华民国重要史料初编——对日抗战时期》第7编(3),中国国民党中央委员会党史委员会1981年版,第241页。
④ 秦孝仪主编:《中华民国重要史料初编——对日抗战时期》第7编(3),中国国民党中央委员会党史委员会1981年版,第242、243页。
⑤ 中共中央文献研究室、中共南京市委员会编:《周恩来一九四六年谈判文选》,中央文献出版社1996年版,第685—686页。

文告。① 中共代表团则发表声明,予以谴责:

> 关于参加国民政府及国民大会之名单问题,中共代表团一向不认为此等事件可以孤立解决。而置政协决议、停战协议及整军方案任人破坏于不顾;尤不认为在内战重新扩大,民主毫无保障之现况下,可以参加政府,召开国大。就政协本身而言,政府四项诺言,不仅迄未切实履行,且更变本加厉,放纵特务,恣意横行,使人民自由权利毫无保障。国民党二中全会所造成违反政协决议之混淆情形,不仅未加澄清,且更坚持训政约法,一党统治,使政府改组毫无意义。宪草修改不仅利用协议三点,企图改变代议制,且更拟动摇其他原则,否定行政院对立法院负责制而回到五五宪草之总统独裁制。在国府委员及行政院政务委员中,中共提议之名额(国府十名、行政院四名)不仅始终未获政府同意,即已确定之国府委员中否决权问题,亦在发生动摇。国大代表名额,政府又拟增加,在宪草修改原则屡遭损害之际,在民主制与独裁制争论未决之时,何能考虑及此!? 在此种严重情况下,中共目前已无提出国府委员及国大代表之可能,若再加以东北内战之严重状态,并有牵入关内之势,则冲突不停,政府何能改组,而国大亦何能从容召开!?②

中共表示在上述问题得到全盘解决之前,无法考虑参加国民政府、行政院及提供国民大会代表名单。同时,中共方面宣布撤回驻南京代表团。为此,社会贤达莫德惠、钱新之、缪云台、傅斯年、胡政之等人面见蒋介石并转呈第三方面意见书,请求延期召开国民大会。蒋介石接受其意见,决定国民大

---

① 秦孝仪主编:《中华民国重要史料初编——对日抗战时期》第7编(2),中国国民党中央委员会党史委员会1981年版,第636页。
② 秦孝仪主编:《中华民国重要史料初编——对日抗战时期》第7编(3),中国国民党中央委员会党史委员会1981年版,第245页。

会召开日期延期3天,于15日召开。①

12日,周恩来向孙科表示,"即使国民大会于15日开会,中共代表仍将留京,不即撤去。"② 对此,蒋介石在日记中判断:"共党日前曾坚决表示,如国民大会于十一月十二日如期开会,则政治商谈决裂,共党代表团即行撤去,以为恫吓。余全不信其言,今果不出余之所料也。盖共党代表团一旦撤退,则不特不能操纵其他党派,而对政府亦将无所施其要挟故技矣。"③但中共方面的判断是:各方面斡旋失败,至此国共和谈乃告决裂。④ 13日,周恩来对马歇尔说:"此一决裂,乃由政府而非由吾人所发动。整个问题固系于政府而非系于吾人也。"马歇尔认为共方有"一种错误的畏惧",对国方的建议及一切举措,均不置信。⑤ 台湾学者蒋永敬指出:国共和解之不成,美、苏二强在华之角力,尤为重要的原因。马歇尔为调处工作的成功,其重要措施,即为拉拢中共,采取对共"怀柔"政策,目的是求共军之就范,使整编军队得以和平解决;希望中共脱离苏联关系,而倾向美国;不使共军占据东北,而成为苏联之傀儡。同时,马歇尔所主导的停战令,使蒋"先图关外",名义上是为接收东北主权,实际则为美国势力插足东北。而苏方亦即采取针锋相对的报复措施,最有效的办法,便是帮助共军控制东北,阻止国军的接收,并鼓励东北共军"放手大打",使马之调处工作为之落空。因此,在美苏两强的角力下,实亦加剧了国共的冲突,和解更难了。⑥

15日,国民大会正式召开幕。除青年党、民社党及少数无党派人士外,第三方面人士大部分未参加。⑦ 毛泽东当日为中共中央起草致南京中共代表

---

① 秦孝仪主编:《中华民国重要史料初编——对日抗战时期》第5编(4),中国国民党中央委员会党史委员会1985年版,第203页。
② 秦孝仪主编:《中华民国重要史料初编——对日抗战时期》第5编(4),中国国民党中央委员会党史委员会1985年版,第203页。
③ 秦孝仪主编:《中华民国重要史料初编——对日抗战时期》第5编(4),中国国民党中央委员会党史委员会1985年版,第203页。
④ 李维汉著:《回忆与研究》(下册),中共党史资料出版社1986年版,第625页。
⑤ 秦孝仪主编:《中华民国重要史料初编——对日抗战时期》第7编(3),中国国民党中央委员会党史委员会1981年版,第247、251页。
⑥ 蒋永敬、刘维开著:《蒋介石与国共和战:1945—1949》,山西人民出版社2013年版,第80页。
⑦ 中共中央文献研究室编:《周恩来年谱(1898—1949)》,中央文献出版社2007年版,第722页。

团电谓:"'国大'已开会,除董及少数人留京外,周及其余各人宜即回延。"①16日,周恩来在梅园新村最后一次举行记者招待会并宣布:我们中国共产党人坚决不承认这个"国大",和谈之门已为国民党当局一手关闭了。②蒋介石很快下达手令声称:"我国军'剿匪'工作至此已达九仞一篑之时,只要我将领在今后一年期内,淬砺精诚,奋发努力,彻底消灭万恶之奸匪,扫除革命之最后障碍,则滔天大祸敉平于一旦,三民主义实现于全国。"国民党方面甚至估计:"剿共"军事,"三个月至多五个月便能解决问题。"③16—18日,中共也召开重要军事会议部署军事。④ 17日,周恩来致函郭沫若等谓:"青年党混入混出,励老动摇,均在意中","民盟经此一番风波,阵容较稳,但问题仍多,尚望兄从旁有以鼓舞之。民主斗争艰难曲折,居中间者,动摇到底,我们亦争取到底"。"今后要看前线,少则半载,多则一年,必可分晓。"⑤18日,毛泽东在为中共中央起草关于蒋介石召开伪国大和准备进攻延安给各中央局指示中,第一次将"自卫战争"改称"人民解放战争",并指出蒋介石的前途是灭亡。⑥

至此,国共两党在政治上彻底分裂了。周恩来举行记者会表示:"自国民党召开所谓一党国大后,已经把政协决议破坏无遗,政协以来和谈之门已被最后关闭。"中共方面保留南京上海两个办事处,中共代表团即将返回延安。⑦

(三)中共代表团撤回延安

11月19日,周恩来率中共代表团一行十余人飞返延安。董必武暂留南京,继续领导中共驻南京、上海办事处的工作。周恩来说:"七月以来谈判的

---

① 中共中央文献研究室编:《毛泽东年谱(1893—1949)》下卷,中央文献出版社1993年版,第149页。
② 中共中央文献编辑委员会编:《周恩来选集》,人民出版社1980年版,第244页;中共中央文献研究室编:《毛泽东年谱(1893—1949)》下卷,中央文献出版社1993年版,第149—150页。
③ 杨奎松著:《抗战前后国共谈判实录》,新星出版社2013年版,第345页。
④ 秦孝仪主编:《中华民国重要史料初编——对日抗战时期》第7编(2),中国国民党中央委员会党史委员会1981年版,第310页。
⑤ 中共中央文献研究室编:《周恩来年谱(1898—1949)》,中央文献出版社2007年版,第723页。
⑥ 中共中央文献研究室编:《毛泽东年谱(1893—1949)》下卷,中央文献出版社1993年版,第150页。
⑦ 中共中央文献研究室、中共南京市委员会编:《周恩来一九四六年谈判文选》,中央文献出版社1996年版,第692页。

本身不会有什么结果,但马歇尔、蒋介石还在欺骗。假如那时我们不谈就会孤立,因为人民不了解,我们只有在"国大"开了之后才能走,一定要在第三个阶段结束后才能走,这样才能完成教育人民的一课。"①

11月21日,毛泽东、刘少奇、周恩来在延安枣园开会,周恩来首先作国共谈判等情况的报告。毛泽东说:我们的问题是要熬过明年一年,后年就要好转。南京谈判是有了成绩,达到了教育人民的目的。现在是否提打倒蒋介石?做此工作而不提此口号,口号仍是1月13日停战位置与政协决议。毛泽东在这次谈话中,第一次提出做打倒蒋介石的工作。会议肯定了谈判的成就,确定了"打"的方针,认为共产党能够战胜蒋介石集团,预计用三年到五年,也可能十年到十五年。但目前尚不公开提"打倒蒋介石"的口号。②23日,周恩来致电叶剑英:"目前方针,南京、上海、重庆、北平、长春五处仍留我最低限度之工作人员,进行联络宣传工作,而内部则加强学习。一旦无余地可留,则全部撤走。留时,以西办周子健作榜样,但亦应准备坐集中营。"③

12月2日,中共中央书记处召开会议,确定在"国大"闭幕后发表声明,并对马歇尔复电,表示只要解散非法"国大",撤退侵犯军队,则仍可继续谈判。会议决定周恩来兼任中共中央城工部部长。④ 3日,周恩来致函马歇尔谓:"一党包办之国大既开,政协决议遂被蒋主席破坏无遗,国共两党谈判之基础亦不存在。"⑤18日,杜鲁门总统发表对华政策声明。⑥ 马歇尔的调处,至此以失败结束。对此,马歇尔曾经说:"过去我常常觉得,国民政府愿意有美国的调解,是为了给它的军事行动充当盾牌,现在我觉得,共产党已不再需要

---

① 中共中央文献编辑委员会编:《周恩来选集》上卷,人民出版社1980年版,第258—260页。
② 中共中央文献研究室编:《毛泽东年谱(1893—1949)》下卷,中央文献出版社1993年版,第150—151页;中共中央文献研究室编:《周恩来年谱(1898—1949)》,中央文献出版社2007年版,第724页;中共中央文献研究室编:《朱德年谱》,中央文献出版社2006年版,第1245页。
③ 中共中央文献研究室编:《周恩来年谱(1898—1949)》,中央文献出版社2007年版,第724页。
④ 中共中央文献研究室编:《周恩来年谱(1898—1949)》,中央文献出版社2007年版,第726页;中共中央文献研究室编:《朱德年谱》,中央文献出版社2006年版,第1246页。
⑤ 秦孝仪主编:《中华民国重要史料初编——对日抗战时期》第7编(3),中国国民党中央委员会党史委员会1981年版,第253页。
⑥ 秦孝仪主编:《中华民国重要史料初编——对日抗战时期》第7编(3),中国国民党中央委员会党史委员会1981年版,第255页。

美国的调解,但如果正式拒绝这样一种调解,又担心因此而陷于不利的地位。因此,我说,正像以往我一度为国民党所利用,现在我已经在为共产党所利用。我曾经向共产党问过一个简单的直截了当的问题,而至今我并不认为我已经得到了答复。但是,我不能听任我被任何一方当作一种便宜来利用,更不能听任美国被耍弄而陷入使它的正直遭到怀疑的境地。"①周恩来在回顾抗战胜利后两党谈判的历史,总结谈判的经验教训也说:"斗争的双方,在斗争的基本方针上是绝不会让步和变动的"。"武装斗争、和平谈判都是为着政协路线亦即联合政府的实现。"②25日,国民大会通过中华民国宪法后闭幕。26日,董必武往访南京美国驻华大使馆,表示不拒绝美国调解,愿意恢复和谈,如果国民党决定用政治方法解决共产党问题,则周恩来可以到南京来谈,而不必由南京派代表到延安。如果国民党决定采用武力解决办法,就等解决后再谈。对此,蒋介石在日记中分析:"(一)共党以政府派代表如赴延安,商谈不成,则决裂之责任乃在共方,故尔先行拒绝代表,不使有延安之行。(二)延宕国军反击。(三)共党投马歇尔之所好,以免马歇尔不因其拒绝调解而即日返美,转而留华以协助政府也。"③29日,北大、清华、燕京等校学生一万人在北平举行了"抗议美军暴行大游行"。④

1947年1月2日,国民党代表邵力子受命与中共代表接触,试探重开谈判的条件。⑤但中共方面对国民党方面拟派员赴延安作和谈之建议,并不欢迎,坚持取消宪法与恢复去年1月13日前军事位置。至此,马歇尔也真正感觉到两党谈判和调处已经"无法进行"。⑥6日,周恩来得知司徒雷登转告国民党政府要派张治中赴延安和谈后,起草中共中央致董必武电谓:我们的方针应使这种欺骗性的和谈恢复不成,"对司徒通知的回答,仍是坚持恢复一月

---

① 中国社会科学院近代史研究所翻译室编:《马歇尔使华》,中华书局1981年版,第436页。
② 中共中央文献研究室编:《周恩来年谱(1898—1949)》,中央文献出版社2007年版,第728—729页。
③ 秦孝仪主编:《中华民国重要史料初编——对日抗战时期》第5编(4),中国国民党中央委员会党史委员会1985年版,第204页。
④ 中共中央文献编辑委员会编:《周恩来选集》上卷,人民出版社1980年版,第838页。
⑤ 中共中央文献研究室编:《毛泽东年谱(1893—1949)》下卷,中央文献出版社1993年版,第158页。
⑥ 王世杰著:《王世杰日记》第6册,"中研院"近代史研究所1990年版,第2页。

十三日位置与取消蒋宪另开制宪会两条"。① 7 日,马歇尔准备离华,并发表长篇声明,其声明以美国的思维方式,对自己使华使命的失败作了一个说明。其中谓:"和平之最大障碍,乃中国共产党及国民党彼此所怀之完全而几乎具有压倒力量之怀疑心理。"②就国共两党缺乏信任这此一点而言,马歇尔是正确的。因为,周恩来也有近似的表述,他曾向马歇尔表示:"军队的统编、整编和训练是蒋最不放心的,所以一切他都可以不谈,而先把此事弄成合乎他的愿望。如一切都照他的希望实现,他放心了,而我们就不放心了,因为一切都无保证了。"③

20 日,国民党中央宣传部发表《政府恢复和平商谈之愿望与经过》,认为政协决议多未实行的原因在于:东北接收问题、未能达成解决争端的有效协议、国民党提出的折中方案未为中共方面同意、中共拒绝承认国民大会及其通过的宪法④。同时,该文提出包含四项内容的新方案:

> 抗战胜利已逾一年,和平统一不容再缓,深盼中共体谅政府相忍为国,力求政治解决之苦心,捐除成见,继续协商,政府仍愿以最大之忍让,竭诚相与,虚怀接纳,特再揭橥恢复和平四方案,以为继续和谈,与改组政府之依据。方案如左:
>
> (一)政府愿意派员赴延安,或请中共派员来京,继续进行商谈,或举行圆桌会议,邀请各党派及社会贤达参加。
>
> (二)政府与中共双方立即下令就现地停战,并协议关于停战之有效办法。
>
> (三)整编军队及恢复交通,政府仍愿根据三人会议过去协议之原则,继续商谈军队驻地、整编程序及恢复交通之实施办法。

---

① 中共中央文献研究室编:《周恩来年谱(1898—1949)》,中央文献出版社 2007 年版,第 734 页。
② 秦孝仪主编:《中华民国重要史料初编——对日抗战时期》第 7 编(3),中国国民党中央委员会党史委员会 1981 年版,第 263—266 页。
③ 中共中央文献研究室、中共南京市委员会编:《周恩来一九四六年谈判文选》,中央文献出版社 1996 年版,第 466 页。
④ 秦孝仪主编:《中华民国重要史料初编——对日抗战时期》第 7 编(2),中国国民党中央委员会党史委员会 1981 年版,第 313 页。

(四)在宪法实施以前,对于有争执区域之地方政权,政府愿意与中共商定公平合理之解决办法。①

24日,国民政府又通过司徒雷登向中共方面转达上述方案。但此时,中共方面早已没有任何再开谈判的兴趣,坚持以恢复1946年1月13日之前军事位置,及取消国民大会所制定的宪法为先决条件。② 在这种情况下,美国驻华大使馆于29日向蒋介石发表声明,宣布美方结束与三人军事小组及军调执行总部的关系,同时声明美方将容许在必要的时间,在遣送中共人员返还中共地区方面给予援助。③ 同日,国民政府发表声明,把决绝和谈的责任推诿于中共。④ 30日,国民政府声明对美方退出调解表示遗憾,同时声明军事调处执行部及三人小组解散。⑤

2月1日,中共中央政治局召开会议,讨论了毛泽东为中共中央起草的关于时局与任务的指示。该指示指出:"为着彻底粉碎蒋军的进攻,必须在今后几个月内再歼蒋军四十至五十个旅,这是决定一切的关键。"在会议讨论中,毛泽东分析形势并下定决心说:现在总的形势是,革命高潮快要到来。我们还没有提出打倒美帝国主义和蒋介石的口号,实际上是要打倒他们。⑥ 周恩来在发言中分析国民党统治区的人民运动,指出这是第二战场。会议通过了毛泽东为中共中央起草的对党内的指示——《迎接中国革命的新高潮》。27—28日,国民党南京、上海、重庆卫戍警备司令部通令中共在上述三处地方的代表机构必须在3月5日以前全部撤离完毕。3月7日,董必武由南京飞

---

① 秦孝仪主编:《中华民国重要史料初编——对日抗战时期》第7编(2),中国国民党中央委员会党史委员会1981年版,第314—315页。
② 秦孝仪主编:《中华民国重要史料初编——对日抗战时期》第7编(2),中国国民党中央委员会党史委员会1981年版,第315页。
③ 秦孝仪主编:《中华民国重要史料初编——对日抗战时期》第7编(3),中国国民党中央委员会党史委员会1981年版,第269页。
④ 秦孝仪主编:《中华民国重要史料初编——对日抗战时期》第7编(2),中国国民党中央委员会党史委员会1981年版,第315页。
⑤ 王世杰著:《王世杰日记》第6册,"中研院"近代史研究所1990年版,第16页。
⑥ 中共中央文献研究室编:《毛泽东年谱(1893—1949)》下卷,中央文献出版社1993年版,第166—168页。

返延安。8日,吴玉章率中共四川省委、新华日报社的同人飞抵延安。① 至此,第二次国共合作彻底终结。这时候,中国共产党同蒋介石的力量对比问题还没有解决,蒋介石和国民党方面依然具有表面上明显的军事优势。

3月12日,杜鲁门在美国众议院大厅的讲台,向国会联席会议发表演说,②这次演说就是著名的"冷战宣言"。15—24日,国民党六届三中全会在南京召开。蒋介石在开幕辞中认定:"政治解决的途径已经绝望","不能坐视变乱不加制止"。会议通过的宣言宣告同中共彻底决裂,宣称要采取坚决迅速的措施遏止、消弭"国家统一、政治民主、经济建设之最大障碍"。此次会议期间的秘密会议上,蒋介石表示:"从现在起至九月,是或生或死的关头",号召国民党员一起来同共产党拼命。③ 但正如徐永昌在其日记中所说:此时的国民党及其政权,"经济紊乱,几将崩溃,无论军政,到处贪污,其危险且非军事所能补救。况军队战斗力多趋衰弱耶!"④

其实,国共两党军队间的战争早就开始了。1947年元旦,黄炎培作《元旦四绝》讽时诗,谓:

去年一月内战松,今年战火北西东。天干不见雪花白,但见血花遍地红。

去年一月政协开,今年决议烧作灰。借问将军马歇尔,将军究为何事来!

去年陪都度新年,今年首都谒先灵。先灵地下惟痛哭,哭了民权哭民生。

去年战后呼苦恼,今年舆论换一套。居不得安食不饱,死去还

---

① 中共中央文献研究室编:《周恩来年谱(1898—1949)》,中央文献出版社2007年版,第736—743页。
② 〔美〕哈里·杜鲁门著,李石译:《杜鲁门回忆录》第2卷,生活·读书·新知三联书店1974年版,第121—122页。
③ 高晓星收集整理:《中国国民党历次代表大会和部分重要会议简况》(下),《文史资料选辑》第119辑(合定本),中国文史出版社2000年版,第221页。
④ 徐永昌著:《徐永昌日记》第8册,"中研院"近代史研究所1991年12月版,第377页。

比活着好。①

这一场大规模的内战也许是可以避免的。杜鲁门在回顾马歇尔使华失败原因的时候仍坚持说:"蒋委员长的态度和行动和一个旧军阀差不多,他和军阀一样没有能得到人民的爱戴。我毫不怀疑地认为,只要蒋介石稍微迁就些,本是可以达成一项谅解的。"②

但是,国共之间持续十年的合作走到了尽头,两党全面的、公开的军事政治较量就要开始了。

---

① 《黄炎培氏讽时四绝诗》,《解放日报》1947年1月17日,第1版。
② 〔美〕哈里·杜鲁门著,李石译:《杜鲁门回忆录》第2卷,生活·读书·新知三联书店1974年版,第103页。

结束语

就抵抗日本侵略而言,国共两党都达到了目的,挽救了民族的危亡,这是通过抗日民族统一战线取得的,而抗日民族统一战线的基础是国共两党的合作。两党合作及以此为基础的抗日民族统一战线,是坚持抗战,坚持持久抗战并最终取得胜利的最主要的因素。坚持抗战并取得最终的胜利,这是一个了不起的成就,这是一个近代以来,乃至于是中国"秦汉以来所未有"的"全胜之局"①。这个胜利为国民党,也为共产党赢得了历史的荣誉,为苦难深重的中华民族迎来了重生的转机。

国共两党在长达10年左右的第二次合作中,始终存在着严重的分歧和冲突。中共在敌后开展游击战,开辟抗日根据地,得到迅速的发展。正如美国记者白修德所说的那样:"游击的中国是中共的称霸之地。在蒋介石和中共的协议之下,蒋担任阵地战,中共担任在敌人的后方发动游击战。以前的红军,如今改名为中央政府的第八路军,于1937年秋从他们陕北小小的不毛而多沙的根据地出发,开始了军史上最令人惊异的冒险之一。中共的军事力量1937年是八万五千人,到战争结束时达一百余万。中共在政治上统辖的人数则自一百五十万增至约九千万人。在抗战的最初几个月,中共从万山丛中发展开去。他们的师和正面部队分解为旅,旅化为一个个营和连,点点滴滴穿过日军的阵线,到敌后的乡间。在战争爆发以后四个月内,中共部队已

---

① 冯友兰:《国立西南联合大学纪念碑碑文》,见北京大学、清华大学、南开大学等编:《国立西南联合大学史料》(一),云南教育出版社1998年版,第283页。

站在大海之滨,离出发地七百哩,组织了敌人后方的新的战争"。共产党力量的这种扩大当然是中国抗战力量的扩大,然而在国民党看来,这种力量的扩大又是一个实实在在的威胁。因此在中共敌后武装力量得到一定发展的1938年、1939年,就与力图限制其发展的"(国民党)政府部队不断发生摩擦",并由摩擦演变为冲突。白修德认为:国共"分歧的基本原因,是共产党的扩大"。① 国民党方面蓄意挑起的两党冲突和摩擦,确实给1940年和1941年的中共根据地造成了严重的困难。毛泽东在1942年12月曾经说:"五年以来,我们经过了几个阶段。最大的一次困难是在1940年和1941年,国民党的两次反共摩擦,都在这一时期。我们曾经弄到几乎没有衣穿,没有油吃,没有纸,没有菜,战士没有鞋袜,工作人员在冬天没有被盖。国民党用停发经费和经济封锁来对待我们,企图把我们困死,我们的困难真是大极了。但是我们渡过了困难。"②

蒋介石及其领导的国民党,在第二次国共合作过程中两党的分歧、冲突和谈判中,最终成为最大的输家,毛泽东及其领导的共产党成为最大赢家。美国著名记者白修德说过:"中共并没有施用魔术,他们明白人民所需要的变化,他们发动了这些变化。……共产党有人民在一起,而且因为和人民在一起,他们形成了自己的新的正义。在战争的最后一年间,纵然美国的技术力量移来支持蒋介石了,美国成了他的后盾,也并不能使蒋氏重新获得他在光辉的抗战初年所曾经拥有过的权力。"③毛泽东后来与张元济、程潜、李明灏、陈明仁等游天坛时曾说:此次革命实为人民革命,非共产党所得为私。④ 梁漱溟也深究过国共消长胜败的原因,颇称赞共产党军队中的政治、经济、军事三

---

① [美]白修德、贾安娜著,端纳译:《中国暴风雨》,香港广角镜出版社1976年版,第50、69—70页。说明:抗战胜利前后中共解放区人口的确切数字,应该是一个尚需认真研究的问题。"延安五老"之一的谢觉哉在1946年7月1日的日记中说:"据说去年八月以后,解放区扩大二倍至三倍,人口现有一万万三千万,而去年八月以前,解放区实际负担的人口只五千万。七大毛主席报告:'中国解放区现领有九千五百五十万人口',虽包括边缘区和游击区说的,但统计材料疑不实。"见谢觉哉著:《谢觉哉日记》,人民出版社1984年版,第937页。
② 毛泽东:《抗日时期的经济问题和财政问题》,《毛泽东选集》第3卷,人民出版社1991年版,第1081页。
③ [美]白修德、贾安娜著,端纳译:《中国暴风雨》,香港广角镜出版社1976年版,第X—XI页。
④ 张元济著:《张元济全集》第7卷,商务印书馆2008年版,第387页。

大民主。他并引用毛泽东《井冈山的斗争》中关于红军中民主主义的论述来证明自己的看法。① 在梁氏所引毛泽东论述的原文最后部分,谓:"中国不但人民需要民主主义,军队也需要民主主义。军队内的民主主义制度,将是破坏封建雇佣军队的一个重要的武器。"②本来,中共方面并无一套完备的关于现代民主的理论,但即使如此,共产党在民主方面的实际作为,却比国民党来得更多、更实际。政治方面的联合政府主张,根据地政权建设中的三三制原则,经济上的土地政策主张,军队中的军事民主,都是国民党无法比拟的。

国民党并非缺乏有关民主的系统的理论,孙中山甚至还设计了一个从军政到宪政的路线图。不过,20世纪三四十年代的国民党,无论其党内还是由其主导的国民政府,都缺乏民主的实际作为,训政的理论和实际变为国民党一党专政的独裁理论和实际。③ 20世纪30年代的民族危机,使国民党内部的抗日情绪勃然喷发,两广事变甫定,西安事变又起,终于使蒋介石和国民党"安内攘外"的内战政策一变而为抗日和共的抗战政策。当抗日战争进入相持阶段,国民党方面在"抗日和共"政策上急剧倒退,一面坚持抗战,一面却高唱"一个主义、一个政党、一个领袖"的滥调,采取一系列措施"防共""限共""反共"。"一个主义、一个政党、一个领袖"主张与全面抗战爆发以来的全民族抗战潮流背道而驰,不仅使国民党大失人心,而且国民党自身也缺乏实施

---

① 梁漱溟著:《东方学术概观》,巴蜀书社1986年版,第63页。说明:梁氏所引毛泽东的原话为:"红军的物质生活如此菲薄,战斗如此频繁,仍能维持不敝,除党的作用外,就是靠实行军队内的民主主义。官长不打士兵,官兵待遇平等,士兵有开会说话的自由,废除繁琐的礼节,经济公开。士兵管理伙食,仍能从每日五分的油盐柴菜钱中节余一点作零用,名曰'伙食尾子',每人每月约得六七十文。这些办法,士兵很满意。尤其是新来的俘虏兵,他们感觉国民党军队和我们军队是两个世界。他们虽然感觉红军的物质生活不如白军,但是精神得到了解放。同样一个兵,昨天在敌军,不勇敢,今天在红军很勇敢,就是民主主义的影响。红军像一个火炉,俘虏兵过来马上就熔化了。"见《毛泽东选集》第1卷,人民出版社1991年版,第65页。

② 《毛泽东选集》第1卷,人民出版社1991年版,第65页。

③ 根据著名历史学家茅家琦教授的观点,对于孙中山提出的"训政时期"的理论,"学术界有持批判态度者。政治上说,由于后来中国国民党利用'训政时期',实行一党专政——'以党治国',就否定了'训政时期'的重要意义。其实,上述批判'训政时期'的理由,正是需要有一段'训政时期'的理由。"见茅家琦著:《桑榆读史笔记:认识论、人生论与中国近代史》,南京大学出版社2012年版,第252页。

该主张的实际能力。因为,共产党的敌后抗战,正是保卫重庆的重要力量呢。[①] 结果,共产党所提出的联合政府的主张获得了更多的响应,尤其是中间党派热烈欢迎。蒋介石、国民党、国民政府选择了保持旧制度,但人民需要变化,中共党人适应这种情况,与人民在一起。于是,历史的天平一点点地变化,最后,共产党方面成了历史的重心。国共第二次合作过程中出现的看似奇怪的情形说明,历史发展不以某一个人、某一个政党的意志为转移。

国共两党在第二次合作期间的分歧、冲突和谈判,主要围绕军队、政权、政党问题这三个基本问题展开。双方的基本分歧在于:蒋介石、中国国民党及国民政府的高官和理论家们,在政治和理论,完全缺乏关于国共合作及抗日民族统一战线的观念,并对于抗日民族统一战线形势及格局下的国共关系作出不切实际的错误认知。这种错误认知,导致蒋介石、中国国民党及国民政府,在全面抗战时期乃至于战后一系列重大军政措置上的严重失误,使国共两党在以抗战建国为现实目标的第二次国共合作中冲突不断,险象环生。这种矛盾、冲突愈演愈烈的状况,不利于战时团结抗日,也不利于战后合作建国,并导致最后两党关系的破裂。

双方的冲突表现在政治、军事、思想文化等各个方面:政治上,国民党方面掌握着中央政权,在政治上长期占据有利地位。国民党以中央政府名义,强调军令政令统一和训政体制,要求中共交出军队,取消根据地政权。国民党拒绝承认中共合法地位,长期把中共置于"文化团体"的地位。军事上,国民党不断制造摩擦、冲突并对陕甘宁边区实行封锁。思想文化上,强调三民主义,共产主义不适合中国国情等。中共方面,强调其作为政党的独立性,并在团结、民主、抗战、建国的旗帜下,要求国民政府允许其扩编军队并补充饷弹,承认根据地民选政权,承认中共及一切抗日当派的合法地位。战时合作抗战,抗后合作建国;要求国民党实行真正民主,最后提出"联合政府"的政权

[①] 1940年8月,共产党军队在敌后发动被称为"百团大战"的大规模军事行动,远在重庆的冯玉祥在9月2日的日记中记述并评论道:"午饭后,尹新田来,说周恩来先生前在国府报告工作,曾有一百个团同时动作,平汉路、平绥路、津浦路同一天内被破坏截断。他们保护重庆,是在敌人后方作的,不是在重庆附近作的。"见中国第二历史档案馆编:《冯玉祥日记》第5册,江苏古籍出版社1992年版,第909页。

主张,否认国民党一党专政的合法性。中共并强调:现阶段当然信奉三民主义,但将来还是要致力于共产主义的事业。

双方的谈判大致上分为战时和战后两个阶段:第一次和第二次谈判围绕防区及中共军队的扩编、边区政权的范围等具体问题展开,第三、四、五次围绕"联合政府"问题展开,第六次重庆谈判围绕"和平建国"问题展开,第七次围绕和平民主及政协决议展开。双方主张在谈判中呈现渐行渐远的总体趋势。

国共双方的分歧、冲突和谈判,为中国近代以来艰难演进的现代化进程开拓出了相对宽阔的发展空间。政治上,民主观念得到广泛传播并深入人心,并在抗战胜利后诞生出政治协商会议这样崭新的政治协商形式。军事上,敌后游击战从普通的战术形式,演变为军事战略,并成功开辟出由中国共产党领导的敌后战场,创建了一系列敌后根据地,根据地、游击区和深入敌占区的武工队,造成人民战争的汪洋大海,使侵略者深深陷入无边的泥淖而不能自拔,中华民族的解放事业也由此迎来了云开日出的万道霞光。最终,迎来了抗战的胜利,民族伟大复兴的转折点终于来到了。

蒋介石和中国国民党想通过谅解来"溶共""防共""限共"甚至消灭共产党,但其目的没有达到。毛泽东和中国共产党想通过与国民党合作来对付日本侵华并通过与国民党的联合抗日来发展和壮大自身,其目的实现了。在抗日民族统一战线建立之初,急需解决的主要问题是国共两党合作的共同纲领和组织形式问题,但蒋介石和国民党方面无意解决这些问题,只想采取邀请几个共产党人参加个别部门或个别机构的局部措施来敷衍。结果,共同纲领、两党合作的组织形式等问题均成悬案。

抗战时期的国共两党关系,实际上可以分为战略和事务两个层面。战略层面上的国共合作是两党在合作抗日的前提下,在国民政府的旗号下,分工合作,坚持抗战,分别担任正面战场和敌后战场的抗敌责任。事务层面上的国共合作是在国民政府框架下,即政权、军队、意识形态、咨询机关(国防参议会、国民参政会)等领域进行有限度的接触、磨合、沟通与协作。后来两党摩擦产生的根源,在于中国共产党注重战略层面的合作即合作抗日,并力图通过抗日合作来发展壮大自身的军事实力,扩大政治影响。而中国国民党则侧重事务层面的合作,即力图通过接触、容纳、沟通甚至军事政治的胁迫方式,将中国共产党领导的军队和政权纳入由中国国民党主导的国民政府体制之下。为此,两党只能不断进行沟通和谈判。在谈判难有进展的情况下,国民党必将利用其掌握着中央政权的政治军事地位进行胁迫。对于这种胁迫,必须以政治军事的方法加以对抗。毛泽东明确提出:"争取政治上的民主自由,则为保证抗战胜利的中心一环……中国真正的坚实的抗日民族统一战线的建立及其任务的完成,没有民主是不行的。"①

为维持全面抗战时期的国共关系,中国共产党在用词、用语上是非常注意克制的。如1940年11月4日,毛泽东、朱德、王稼祥就友军工作致电叶挺等人,指出:"根据各方面经验,抗战到底,团结到底,大敌当前,中国人不打中国军队,一切中国同胞、中国友军联合起来,抗日救国,反对内战,反对中国人自相残杀等口号,仍是思想上瓦解反共军队和争取友军对我同情的有力武器。当发生摩擦战争时,望将这些口号在我军驻地周围及友军驻扎境内到处书写和张贴,尤其要设法动员民众和同情分子在汤恩伯、李品仙等部队所经过之一切地带,遍贴遍写这类标语口号。当汤、李部队开近我防区周围时,发动大规模联欢运动,即在战斗行动开始后,也不要放松在火线上呼团结抗日口号及部分谈判妥协工作。同时,对汉奸部队或顽军等类口号,切忌乱用。根据过去经验,乱用这类口号,反足增加反共军之反感和团结。"②11月6日,毛泽东致电李克农、项英、董必武等人,指出:"我们应向国民党人员及各方奔走呼号,痛切陈词,说明剿共则亡党亡国,投降则日寇必使蒋崩溃,有百害无一利。应动员党内外多数人员出马作上述积极热烈的活动。说话时不要骂蒋骂国民党,只骂亲日派,要求大家注意自己的存亡问题,我们共产党爱护蒋,爱护抗战与团结,只要不'剿共'不投降,等到因'剿共'投降而闹到亡党亡国之时,我们就爱莫能助了。要告诉党员与一切抗日人员,只要大家团结

---

① 《毛泽东选集》(合订本1卷本),人民出版社1964年版,第236页。
② 中国人民解放军历史资料丛书编审委员会编:《新四军·文献》(1),解放军出版社1988年版,第193页。

与积极活动,制止"剿共"投降还有可能性,还来得及,还有这种时间。各地情形望告中央为盼。"①在《反对投降挽救时局的指示》中,中共中央指出:"党内外积极分子作宣传时,应当注意自己的态度。不要骂蒋,不要骂国民党,不要骂中央军与黄埔系,不要骂杂牌军,不要骂三青团与复兴社,也不要骂英美与英美派(我们当然不能同意加入英美集团,因为它是帝国主义战争集团,但这不是目前斗争的中心),而要集中一切注意力痛骂亲日派阴谋家及内战挑拨者,强调日本的诱降阴谋,响亮的提出反对投降反对内战的口号,提出枪口对外中国人不打中国人的口号,提出全国人民团结起来制止投降、制止内战、驱逐亲日派的口号。我们态度要诚恳积极热烈,尽一切可能到处奔走呼号,不惜舌敝唇焦,表现自己是一个团结全民捍卫民族的爱国志士与忠心朋友。当此紧张时机,全党中心任务是反对投降与内战,我们过去对于顽固派斗争的火力,现在主要的要转移到亲日派与内战挑拨者身上,以此为中心而痛击之。如果亲日派与内战挑拨者被击破,顽固派要投降就比较困难了。"②

抗战胜利前后,国民党政权与苏联匆忙签订《中苏友好同盟条约》,蒋介石还曾为此自鸣得意。但为胁迫中共党人就范而不惜严重牺牲国家主权和民族重大利益,蒋介石此举无异饮鸩止渴。国民党政权本来高擎三民主义旗帜,但在全面抗战中后已经被嘲笑只剩下"民族主义"而成了"一民主义"。到国民政府与苏联签订的《中苏友好同盟条约》公布,国民党政权连"一民主义"也没有了。自然,蒋介石作为国民党政权的象征总还是有人趋附的,但没有了"主义"的国民党,与"新民主主义"的共产党对垒,趋附效应的对比则是鲜明的。同时,中共方面从重庆谈判直到 1946 年的 6 月,一直在争取和平,打仗也是为了争取和平道路,为了实现与国民党政权的和平谈判。1946 年 7 月关内大打以后,国民党方面的将领扬言半年即可从军事上解决中共问题。

---

① 中国人民解放军历史资料丛书编审委员会编:《新四军·文献》(1),解放军出版社 1988 年版,第 194 页。
② 中国人民解放军历史资料丛书编审委员会编:《新四军·文献》(1),解放军出版社 1988 年版,第 197 页。

从这时开始,中共方面才真正对"和平民主建国"不再抱持希望,①并以自卫战争对抗国民党的军事进攻,同时不主动中断谈判和两党接触。这样边打边谈不到一年,国共双方的情形已完全改观。在双方力争的东北,国民党军队在军事上已转入战略防御,中共方面则转入战略进攻,整个东北军事形势发生根本性变化。②在陕北和山东,国民党军队的重点进攻也接连受挫,尤其1947年5月的孟良崮一战,装备精良的国民党整编74师被全歼,"极大地震动了蒋军内部"。③6月14日,白崇禧在南京的一个高级军事会议上忧心忡忡地说:参加"剿共"的军队"士气甚低","士气低落,人心怨上畏匪"。④士气人心如此,以至于蒋介石"每因时局泣哭",复每于祈祷后"泣哭"⑤。而此时转战在陕北沟壑中的毛泽东,则一讲到对战争进程的估计,就"喜笑颜开",甚至已经在憧憬"传檄而定"时刻的到来了。⑥无论如何,第二次国共合作最终以破局收场,总有些令人惋惜。早在1944年11月,谢觉哉在其日记中就分析说:"蒋介石早变可以不倒。现在呢?变,倒得快;不变,倒得较慢。蒋于这有自知之明。然而人民就要多受些苦。"⑦从更长远的影响看,第二次国共合作的破裂,还为中华民族复兴的伟大事业留下了诸多严重的隐忧。

中国国民党与中国共产党都有光辉的历史,都出现过严重的政策失误。两党有说不尽、剪不断、理还乱的历史纠葛。但说到底,国民党和共产党还是亲兄弟。其实,不单国共两党,而且两岸同胞也是骨肉兄弟。从大陆停止炮

---

① 金冲及著:《一本书的历史:胡乔木、胡绳谈〈中国共产党的七十年〉》,中央文献出版社2014年版,第96—97页。

② 郑建邦、胡耀平整理:《郑洞国回忆录》,团结出版社2008年版,第276页。

③ 粟裕著:《粟裕回忆录》,解放军出版社2007年版,第399页。

④ 徐永昌:《徐永昌日记》1947年6月14日,第8册,"中研院"近代史研究所1991年12月版,第431—432页。

⑤ 徐永昌著:《徐永昌日记》1947年6月20日、21日,第8册,"中研院"近代史研究所1991年12月版,第437页。

⑥ 杨尚昆晚年回忆说:"那时我们从延安撤出来,胡宗南军队还占领着陕甘宁边区的许多地方,我们还是比较困难的,毛主席当面对我说,照他的看法,同蒋介石的这场战争可能要打60个月,60个月者,5年也。这60个月又分成两个30个月,前30个月是我们'上坡','到顶',也就是说战争打到了我们占优势;后30个月叫做传檄而定,那时候我们是'下坡',有的时候根本不用打仗了,喊一声敌人就投降了。……现在我还记得很清楚,一讲到对战争进程的估计时,毛主席是喜笑颜开,眉飞色舞。"见杨尚昆著:《追忆领袖战友同志》,中央文献出版社2001年,第12页。

⑦ 谢觉哉著:《谢觉哉日记》,人民出版社1984年版,第704页。

击金门到提出两岸同属一个中国,从蒋经国开放老兵回乡探亲到中国国民党主席连战应邀访问大陆,从民主进步党籍高雄市长陈菊访问大陆到民进党创党元老谢长廷到北京调酒,两岸关系,国共关系,党际交流,经贸往来,人员往来,令人眼花缭乱。两岸有吵有闹很正常,重要的是要在吵闹中携起手来,为中华民族和五千年古国开创一个光明美好的未来。

参考书目

1. 中央统战部、中央档案馆编辑:《中共中央抗日民族统一战线文件选编》(上、中、下),档案出版社1985年版。

2. 中共中央文献研究室编:《毛泽东在七大的报告和讲话集》,中央文献出版社1995年版。

3. 中共党史资料征集委员会编辑:《第二次国共合作的形成》,中共党史资料出版社1989年版。

4. 中央档案馆:《中共中央文件选集》第11—16册,中央党校出版社1991—1992年版。

5. 中央文献研究室和中共南京市委:《周恩来1946年谈判文选》,中央文献出版社1996年版。

6. 中共中央统一战线工作部、中共中央文献研究室编:《周恩来统一战线文选》,人民出版社1984年版。

7. 中共中央文献编辑委员会编:《周恩来选集》,人民出版社1980年版。

8. 中共中央文献研究室、中国人民解放军军事科学院编:《周恩来军事文选》(1—4卷),人民出版社1997年版。

9. 中共代表团梅园新村纪念馆编辑:《国共谈判文献资料选辑(1945.8—1947.3)》,江苏人民出版社1980年版。

10. 中共中央毛泽东选集出版委员会编:《毛泽东选集》(一卷本),人民出版社1969年版。

11. 中共中央文献研究室编:《毛泽东文集》(1—8卷),人民出版社1993年版。

12. 中共中央书记处编:《六大以来》(上、下册),人民出版社1981年版。

13. 《毛泽东早期文稿》,湖南人民出版社2008年版。

14. 中共中央文献研究室刘少奇研究组编:《刘少奇选集》,中共中央党校出版社1984年版。

15. 彭德怀传记编写组编:《彭德怀军事文选》,中央文献出版社1988年版。

16. 《彭德怀自述》编辑组编:《彭德怀自述》,人民出版社1981年版。

17. 刘树发主编:《陈毅年谱》,人民出版社1995年版。

18. 中共安顺地委等编写:《王若飞文集》,贵州人民出版社1996年版。

19. 无锡市史志办公室编:《秦邦宪(博古)文集》,中共党史出版社2007年版。

20. 中共四川省委党史工作委员会《吴玉章传》编写组编:《吴玉章文集》,重庆出版社1987年版。

21. 《李维汉选集》编辑组:《李维汉选集》,人民出版社1987年版。

22. 李维汉著:《回忆与研究》,中共党史资料出版社1986年版。

23. 胡乔木著:《胡乔木回忆毛泽东》,人民出版社2003年版。

24. 胡乔木:《中国共产党的三十年》,人民出版社1951版。

25. 中央统战部、中央档案馆编:《中共中央第一次国内革命战争时期统一战线文件选编》,档案出版社1991年版。

26. 朱德著:《朱德选集》,人民出版社1983年版。

27. 南方局党史资料征集小组编:《南方局党史资料》(1—6),重庆出版社1986—1990年版。

28. 中共湖北省委、武汉市委党史资料征集编研委员会编:《抗战初期中共中央长江局》,湖北人民出版社1991年版。

29. 孟广涵主编:《政治协商会议纪实》,重庆出版社1989年版。

30. 孟广涵主编:《国民参政会纪实》(上、下册),重庆出版社1985年版。

31. 孟广涵主编:《国民参政会纪实续编》,重庆出版社1987年版。

32. 中共重庆市委党史研究室、重庆市政协文史资料委员会、红岩革命纪念馆编:《重庆谈判纪实》,重庆出版社1993年版。

33. 重庆市政协文史资料委员会、重庆市委党校、红岩革命纪念馆合编:《抗战时期国共合作纪实》(上、下),重庆出版社1992年版。

34. 黄修荣编写:《抗战时期国共关系纪事(1931—1945)》,中共党史出版社1995年版。

35. 黄修荣编:《国共关系70年纪实》,重庆出版社1994年版。

36. 吴玉章等著:《新华日报的回忆》,四川人民出版社1979年版。

37. 石西民、范剑涯编:《新华日报的回忆续集》,四川人民出版社1983年版。

38. 田酉如著:《彭真主持东北局》,人民出版社2007年版。

39. 黄克诚著:《黄克诚自述》,人民出版社2004年版。

40. 伍修权著:《伍修权回忆录》,中国青年出版社2009年版。

41.《彭真传》编写组编:《彭真年谱》,中央文献出版社2012年版。

42. 刘大年著:《我亲历的抗日战争与研究》,中央文献出版社2000年版。

43. 童小鹏著:《风雨四十年》,中央文献出版社1994—1996年版。

44. 童小鹏著:《在周恩来身边四十年》,华文出版社2006年版。

45. 中共中央党史研究室科研管理部、中共重庆市委党史研究室编:《见证红岩——回忆南方局》,重庆出版社2004年版。

46. 郭沫若著:《沫若自传》,求真出版社2010年版。

47. 熊向晖著:《我的情报与外交生涯》,中共党史出版社2007年版。

48. 吕正操著:《吕正操回忆录》,解放军出版社2007年版。

49. 粟裕著:《粟裕回忆录》,解放军出版社2011年版。

50. 艾思奇等著:《论中国之命运》,香港晓明(光)社1946年版。

51. 陈伯达等著:《评"中国之命运"》,华北新华书店1949年版。

52. 罗瑞卿、吕正操、王炳南著:《西安事变与周恩来同志》,人民出版社1978年版。

53. 中共中央文献研究室编:《文献和研究》(1985年汇编本),人民出版社1986年版。

54. 王明著,王小英等译:《中共50年》,东方出版社2004年版。

55. 郭汝瑰著:《郭汝瑰回忆录》,中共党史出版社2009年版。

56. 熊向晖著:《我的情报与外交生涯》,中国党史出版社2006年版。

57. 中共四川省委党史工作委员会《吴玉章传》编写组:《吴玉章文集》,重庆出版社1987年版。

58. 盛永华主编:《宋庆龄年谱》,广东人民出版社2006年版。

59. 中共中央文献研究室编:《毛泽东哲学批注集》,中央文献出版社1988年版。

60. 余子道、黄美真编:《王明言论选辑》,人民出版社1982年版。

61. 郭德宏编:《王明年谱》,社会科学文献出版社2014年版。

62. 张培森主编:《张闻天年谱》,中共党史出版社2010年版。

63. 阳翰笙著:《风雨五十年》,人民文学出版社1986年版。

64. 中国人民解放军历史资料编纂委员会编:《八路军新四军驻各地办事机构》,军事科学出版社2009年版。

65. 聂荣臻著:《聂荣臻回忆录》,解放军出版社1984年版。

66. 中国人民解放军历史资料丛书编审委员会编:《新四军·参考资料》,解放军出版社1991年版。

67. 中国人民解放军历史资料丛书编审委员会编:《新四军·文献》,解放军出版社1988年版。

68. 中共中央组织部、中共中央党史研究室、中央档案馆编:《中国共产党组织史资料》,中共党史出版社2000年版。

69. 中国第二历史档案馆编:《中华民国史档案资料汇编》第5辑,江苏古籍出版社1994年版。

70. 秦孝仪主编:《革命文献》,中国国民党中央委员会党史委员会1980年版。

71. 秦孝仪主编:《中华民国重要史料初编——对日抗战时期》,中国国民党中央委员会党史委员会 1985 年版。

72. 中华民国史事纪要编辑委员会编:《中华民国史事纪要(初稿)》,台北"国史馆"1974 年以后刊印相关各册。

73. 中国第二历史档案馆编:《国民党政府政治制度档案资料选编》,安徽教育出版社 1994 年版。

74. 荣孟源编:《中国国民党历次代表大会及中央全会资料》(上、下),光明日报出版社 1985 年版。

75. 蒋介石著:《苏俄在中国》,台北黎明文化事业公司 1989 年版。

76. 蒋介石著:《中国之命运》,台北正中书局 1976 年版。

77. 吴景平、郭岱君主编:《风云际会——宋子文与外国人士会谈记录(1940—1949)》,复旦大学出版社 2010 年。

78. 陈立夫著:《成败之鉴:陈立夫回忆录》,台北正中书局 1994 年版。

79. 萧铮著:《土地改革五十年:萧铮回忆录》,台北中国地政研究所 1980 年版。

80. 陈布雷著:《陈布雷回忆录》,东方出版社 2009 年版。

81. 王世杰著:《王世杰日记》,"中研院"近代史研究所 1990 年版。

82. 陈诚著:《陈诚回忆录:抗日战争时期》,台北"国史馆"2005 年版。

83. 白崇禧口述,马天纲等访问记录:《白崇禧先生访问纪录》(上、下),台北"中研院"近代史研究所 1989 年版。

84. 张治中著:《张治中回忆录》,中国文史出版社 1985 年版。

85. 熊式辉著:《海桑集:熊式辉回忆录》,香港明镜出版社 2008 年版。

86. 程思远著:《政海秘辛》,北方文艺出版社 1991 年版。

87. 王云五著:《岫庐八十自述》,台北商务印书馆 1967 年版。

88. 王云五著:《岫庐论国是》,台北商务印书馆 1965 年版。

89. 公安部档案馆编:《在蒋介石身边八年——侍从室高级幕僚唐纵日记》,群众出版社 1991 年。

90. 陶希圣著:《潮流与点滴》,中国大百科全书出版社 2009 年版。

91. 高宗武著:《高宗武回忆录》,中国大百科全书出版社 2009 年版。

92. 周佛海著,蔡德金编注:《周佛海日记全编》,中国文联出版社 2003年版。

93. 黄绍竑著:《五十回忆》,岳麓书社 1999 年版。

94. 李学通、刘萍、翁新钧整理:《翁文灏日记》,中华书局 2010 年版。

95. 姚崧龄编著:《张公权先生年谱初稿》,台北传记文学出版社 1982年版。

96. 唐德刚撰写:《张学良口述历史》,中国档案出版社 2007 年版。

97. 张友坤、钱金、李学群编:《张学良年谱》,社会科学文献出版社 2009年版。

98. 毕万闻主编:《金凤玉露:张学良、赵一荻合集》第 1—5 部,时代文艺出版社 2000 年版。

99. 康泽著:《康泽自述》,团结出版社 2012 年版。

100. 徐永昌著:《徐永昌日记》,"中研院"近代史研究所 1991 年 12 月版。

101. 龙显昭主编:《张澜文集》,四川教育出版社 1991 年版。

102. 中国社会科学院近代史研究所整理:《黄炎培日记》,华文出版社 2008 年版。

103. 中国文化书院学术委员会编:《梁漱溟全集》(1—8),山东人民出版社 2005 年版。

104. 汪东林著:《梁漱溟答问录》,湖北人民出版社 2004 年版。

105. 梁漱溟著:《我生有涯愿无尽——梁漱溟自述文录》,中国人民大学出版社 2004 年版。

106. 梁漱溟著:《忆往谈旧录》,金城出版社 2006 年版。

107. 马寅初著:《马寅初全集》,浙江人民出版社 1999 年版。

108. 孙大权、马大成编注:《马寅初全集补编》,上海三联书店 2007 年版。

109. 章立凡编:《章乃器文集》(上、下),华夏出版社 1997 年版。

110. 张新颖编:《储安平文集》,东方出版中心 1998 年版。

111. 欧阳哲生主编:《傅斯年全集》(1—7),湖南教育出版社 2003 年版。

112. 欧阳哲生编:《胡适全集》(1—13),北京大学出版社 1998 年版。

113. 曹伯言整理:《胡适日记》(1—8 册),安徽教育出版社 2001 年版。

114. 史良著:《史良自述》,中国文史出版社 1987 年版。

115. 杜毅、杜颖编注:《还我河山——杜重远文集》,文汇出版社 1998 年版。

116. 胡世华、吕慧敏、宗朋整理:《胡厥文回忆录》,中国文史出版社 1994 年版。

117. 陈嘉庚著:《南侨回忆录》,岳麓书社 1998 年版。

118. 中国韬奋基金会韬奋著作编辑部编:《韬奋全集》(1—14 卷),1995 年版。

119. 陈竹筠、陈起城选编:《中国民主党派历史资料选辑》,华东师范大学出版社 1985 年版。

120. 中国民主同盟中央文史资料委员会编:《中国民主同盟历史文献(1941—1949)》,文史资料出版社 1983 年版。

121. 闻一多著:《闻一多全集》,湖北人民出版社 1993 年版。

122. 胡政之著:《胡政之文集》,天津人民出版社 2007 年版。

123. 耿志云、欧阳哲生编:《胡适书信集》,北京大学出版社 1996 年版。

124. 沈谱、沈人骅编:《沈钧儒年谱》,中国文史出版社 1992 年版。

125. 杨维真著:《从合作到决裂——论龙云与中央的关系(1927—1949)》,"国史馆"2000 年版。

126. 中国第二历史档案馆编:《冯玉祥日记》,江苏古籍出版社 1992 年版。

127. 梁漱溟著:《东方学术概观》,巴蜀书社 1986 年版。

128. 陈白尘著:《对世人的告别》,生活·读书·新知三联书店 1997 年版。

129. 牛军著:《从延安走向世界》,中共党史出版社 2008 年版。

130. 秦立海著:《民主联合政府与政治协商会议》,人民出版社 2008 年版。

131. 汪朝光著:《1945—1949:国共政争与中国命运》,社会科学文献出版社 2010 年版。

132. 张军民著:《中国民主党派史》,黑龙江人民出版社 2006 年版。

133. 王奇生著:《党员、党权与党争》,上海书店出版社 2003 年版。

134. 闻黎明著:《第三种力量与抗战时期的中国政治》,上海书店出版社 2004 年版。

135. 刘大年著:《抗日战争时代》,中央文献出版社 1996 年版。

136. 郭汝瑰、黄玉章主编:《中国抗日战争正面战场作战记》,江苏人民出版社 2005 年版。

137. 逄先知主编:《毛泽东年谱》,人民出版社 1993 年版。

138. 金冲及主编:《毛泽东传(1893—1949)》,中央文献出版社 1996 年版。

139. 中共中央文献研究室编:《周恩来年谱(1898—1949)》,中央文献出版社 2007 年版。

140. 金冲及主编:《周恩来传》,中央文献出版社 2008 年版。

141. 刘树发主编:《陈毅年谱》(上、下),人民出版社 1995 年版。

142. 杨云若、杨奎松著:《共产国际和中国革命》,上海人民出版社 1988 年版。

143. 梅良眉著:《对日抗战期间中共统战策略之研究》,台北正中书局 1976 年版。

144. 胡大牛主编:《中共中央南方局统战史论》,人民出版社 2008 年版。

145. 中共重庆市委党史研究室编:《中共中央南方局史》,中共党史出版社 2009 年版。

146. 王福琨、邓群主编:《中共中央南方局的统一战线工作》,中共党史出版社 2009 年版。

147. 陈清林、夏远生、王文珍主编:《中共中央南方局的党建工作》,中共党史出版社 2009 年版。

148. 彭亚新主编:《中共中央南方局的文化工作》,中共党史出版社 2009 年版。

149. 叶文益主编:《中共中央南方局的军事工作》,中共党史出版社 2009 年版。

150. 卓人政主编:《中共中央南方局的群众工作》,中共党史出版社 2009 年版。

151. 周勇主编:《红岩精神研究》,中共党史出版社 2009 年版。

152. 戴茂林、曹仲彬著:《王明传》,中共党史出版社 2008 年版。

153. 张云著:《潘汉年传》,上海人民出版社 2006 年版。

154. 李良志著:《度尽劫波兄弟在——战时国共关系》,广西师范大学出版社 1993 年版。

155. 戴茂林、曹仲彬著:《王明传》,中共党史出版社 2008 年版。

156. 刘大年著:《抗日战争时代》,中央文献出版社 1996 年版。

157. 刘大年著:《我亲历的抗日战争与研究》,中央文献出版社 2000 年版。

158. 邓野著:《联合政府与一党训政》,社会科学文献出版社 2011 年版。

159. 郝晏华著:《从秘密谈判到共赴国难——国共两党第二次合作形成探微》,北京燕山出版社 1992 年版。

160. 马齐彬主编:《国共两党关系史》,中共中央党校出版社 1995 年版。

161. 杨奎松著:《失去的机会?战时国共谈判实录》,广西师范大学出版社 1992 年版。

162. 杨奎松著:《国民党的"联共"与"反共"》,社会科学文献出版社 2008 年版。

163. 杨奎松著:《西安事变新探》,山西人民出版社 2012 年版。

164. 张云著:《潘汉年传》,上海人民出版社 2006 年版。

165. 《胡乔木传》编写组:《胡乔木谈中共党史》,人民出版社 1999 年版。

166. 胡乔木著:《中国共产党的三十年》,人民出版社 1951 年版。

167. 张德良、周毅主编:《东北军史》,辽宁大学出版社 1987 年版。

168. 申伯纯著:《西安事变纪实》,人民出版社 1979 年版。

169. 《林伯渠传》编写组:《林伯渠传》,红旗出版社 1986 年版。

170. 李海文、熊经浴著:《张浩传》,当代中国出版社 2001 年版。

171. 张宝裕、杨美君、关继廉主编:《杜重远传》,新疆大学出版社 1987 年版。

172. 吴景平著:《宋子文政治生涯编年》,福建人民出版社 1998 年版。

173. 韩辛茹著:《新华日报史》,重庆出版社 1990 年版。

174. 新四军战史编辑室:《新四军战史》,解放军出版社 2000 年版。

175. 张宪文、方庆秋主编:《蒋介石全传》,河南人民出版社 1996 年版。

176. 张学继、张雅蕙著:《陈立夫大传》,团结出版社 2008 年版。

177. 杨天石著:《蒋介石与南京国民政府》,中国人民大学出版社 2007 年版。

178. 杨天石著:《找寻真实的蒋介石》(上、下),山西人民出版社 2008 年版。

179. 杨天石著:《抗战与战后中国》,中国人民大学出版社 2007 年版。

180. 经盛鸿著:《胡宗南传》,团结出版社 2009 年版。

181. 黄仁宇著:《从大历史的角度读蒋介石日记》,九州出版社 2008 年版。

182. 郑大华著:《张君劢传》,中华书局 1997 年版。

183. 蒋永敬、刘维开著:《蒋介石与国共和战:1945—1949》,山西人民出版社 2013 年版。

184. 金冲及著:《一本书的历史:胡乔木、胡绳谈〈中国共产党的七十年〉》,中央文献出版社 2014 年版。

185. 郭汝瑰、黄玉章著:《中国抗日战争正面战场作战记》,江苏人民出版社 2005 年版。

186. 中国第二历史档案馆编:《中国民主社会党》(1893—1949),中央文献出版社 1996 年版。

187. 沙健孙著:《毛泽东思想概论》,人民出版社 2013 年版。

188. 郑大华著:《张君劢传》,中华书局 1997 年版。

189. 章伯锋、庄建平主编:《抗日战争》,四川大学出版社 1997 年版。

190. 中共中央党史研究室著:《中国共产党历史》第 1 卷,中共党史出版社 2002 年版。

191. 黄仁宇著:《从大历史的角度读蒋介石日记》,九州出版社 2008 年版。

192. 军事科学院军事历史研究所著:《中国抗日战争史》,解放军出版社 2005 年版。

193. 逄先知:《抗日民族统一战线的几个问题》,《红旗》1985 年第 17 期。

194.《抗战初期中共之输诚与攘夺政权之阴谋》,《抗战建国史研究论文集》,"中研院"近代史研究所 1985 年版。

195. 金冲及:《抗日战争后期中国政局的重要动向——论 1944 年大后方的人心剧变和"联合政府"主张的提出》,见金冲及著:《转折年代——中国的 1947 年》,三联书店 2006 年版。

196. 龚育之著:《党史札记二集》,浙江人民出版社 2004 年。

197. 苏仲波、孙宅巍、陈鹤锦主编:《历史的回顾与展望:全国第三届国共两党关系史学术讨论会文集》,江苏人民出版社 1991 年版。

198. 刘大年主编:《中日学者对谈录》,北京出版社 1990 年版。

199. 中国抗日战争史学会编:《抗日战争与中国历史》,辽宁人民出版社 1994 年版。

200. 吴景平主编:《宋子文与战时中国,1937—1949》,复旦大学出版社 2008 年版。

201. "中研院"近代史研究所编:《抗战建国史研讨会论文集》,台北"中研院"近代史研究所 1985 年版。

202. 中国社会科学院近代史研究所编:《中国抗战与世界反法西斯战争:纪念中国人民抗日战争暨世界反法西斯战争胜利 60 周年学术讨论会文集》,社会科学文献出版社 2009 年版。

203.〔日〕伊原泽周编注:《战后东北接收交涉纪实:以张嘉璈日记为中心》,中国人民大学出版社 2012 年版。

204.〔日〕古屋奎二主笔:《蒋介石密录》,湖南人民出版社 1988 年版。

205. 〔日〕矶野富士子整理,吴心伯译:《蒋介石的美国顾问——欧文·拉铁摩尔回忆录》,复旦大学出版社1996年版。

206. 〔美〕白修德著,崔述译:《中国抗战秘闻:白修德回忆录》,河南人民出版社1988年版。

207. 〔美〕白修德著,马清槐、方生译:《探索历史:白修德笔下的中国抗日战争》,生活·读书·新知三联书店1987年版。

208. 〔美〕约翰·司徒雷登著,程宗家译:《在华五十年:司徒雷登回忆录》,北京出版社1982年版。

209. 〔美〕司徒雷登著,陈礼颂译:《司徒雷登日记——美国调停国共争执期间前后》,黄山书社2009年版。

210. 〔美〕约瑟夫·W.埃谢里著:《在中国失掉的机会——美国前外交官约翰·W.谢伟思第二次世界大战时期的报告》(1974年)。

211. 〔美〕哈里·杜鲁门著,李石译《杜鲁门回忆录》,生活·读书·新知三联书店1974年版。

212. 〔美〕包瑞德著,万高潮等译:《美军观察组在延安》,解放军出版社1984年版。

213. 〔美〕约瑟夫·W.史迪威著:《史迪威日记》,世界知识出版社1992年版。

214. 〔美〕白修德、贾安娜著,端纳译:《中国暴风雨》,香港广角镜出版社1976年版。

215. 〔美〕入江昭、孔润华编:《巨大的转变:美国与东亚(1931—1949)》,复旦大学出版社1991年版。

216. 〔美〕约翰·斯·谢伟思著,王益、王昭明译:《美国对华政策,1944—1945》,中国社会科学出版社1989年版。

217. 〔美〕哈里森·福尔曼著,陶岱译:《北行漫记》,解放军文艺出版社2002年版。

218. 〔美〕冈瑟·斯坦著,马飞海等译:《红色中国的挑战》,上海译文出版社1999年版。

219.〔美〕埃德加·斯诺著,宋久等译:《斯诺文集》(1—4),新华出版社1984年版。

220.〔美〕埃德加·斯诺著,宋久等译:《我在旧中国十三年》,三联书店1973年版。

221.〔美〕史沫特莱著,袁文等译:《史沫特莱文集》,新华出版社1985年版。

222.〔美〕卡箩尔·卡特著,陈发兵译:《延安使命》,世界知识出版社2004年版。

223.〔美〕巴巴拉·W.塔奇曼著,万里新译:《史迪威与美国在华经验(1941—1945)》,新星出版社2007年版。

224.〔苏〕彼得·弗拉基米洛夫著,吴文镜等译:《延安日记》,东方出版社2004年版。

225.〔苏〕瓦·伊·崔可夫,万成才译::《在华使命——一个军事顾问的笔记》,新华出版社1980年。

226.〔德〕奥托·布劳恩(李德)著,李逵六等译:《中国纪事》,东方出版社2004年版。

后　记

2009年，周勇教授主持的国家哲学社会科学基金特别委托项目《第二次国共合作及其经验研究——以中共中央南方局和抗战大后方为中心》（项目批准号:09@ZH012）获准立项，其中"第二次国共合作的分歧、冲突与谈判"作为八个子课题之一，分派给我负责。随后，重庆市也把这一课题列为社会科学规划重大专项（批准号2009—ZDZX05），由我主持。现在这个书稿，就是这两个课题研究及中央高校基本科研业务费专项资助项目《抗战大后方研究》（立项号SWU1709101）的最终成果。

就研究领域而言，我本人多年以来主要从事中国社会经济史的研究，涉及的问题包括抗战时期后方企业史及企业家群体史、宁波商帮史、城市史等，但对于中国近代的政党史、政治史，从未涉及。当然，未涉及不意味着没有这方面的学术兴趣。因此，对于承担"第二次国共合作的分歧、冲突与谈判"这样一个研究任务，一方面感受到如临深渊般的巨大压力，一方面又有些跃跃欲试的兴奋雀跃。经过数年努力，现在课题终于大体上完成，对我来说，既有如释重负的轻松之感，也有发自内心的无限快慰。

课题总负责人周勇教授为保证课题的顺利进行，多次召集包括胡大牛、张国镛等在内的各子课题负责人集体讨论、交换意见，并邀请重庆有关方面专家如黄晓东研究员、刘志平研究员等一起参加讨论，有效保障了课题的顺利进展。中国抗战大后方研究协同创新中心潘洵教授、刘志英教授，对本课题的研究，给予了很大的帮助、支持。中心副教授赵国壮博士通读了书稿，发现了若干舛误,并提出了很好的修改意见。最后,周勇教授又审读了整个书稿,提出进一步修改和完善的意见,最后定稿。对于以上诸位的支持和帮助,特此表示由衷的感谢!

记不清哪个学者说过:古之学者为己,今之学者为人。我自己尽管也出版了几本小册子,教了不少年的书,但自己心中明白实在与学者这个称号沾不上边。但通过这个研究,我自己对一直以来感到困惑的一些相关问题,确实有了比较清晰的认识,从这一点看,这个研究到底还是有些"为己"的因素或成分。当然,这个课题更多承载的是对现实特别是对两岸关系的关注。希望这个研究,能够在一定程度上深化对第二次国共合作的分歧、冲突与谈判这一历史问题的认识,同时能对有关方面有若干参考的作用。

张守广

2015 年 7 月初稿